戦国・織豊期 大坂の都市史的研究

大澤研一 著
Osawa Kenichi

思文閣出版

もくじ◆戦国・織豊期大坂の都市史的研究

戦国・織豊期大坂の都市史的研究

※他書から引用した図版の出典は巻末にまとめた

序章

はじめに

本書は「戦国・織豊期大坂の都市史的研究」と題し、中世、とくに十六世紀から十七世紀前半にかけて、大坂[1]が都市としてどのような構造と特質を有し、どのように変遷を遂げていったのかを実証的に提示し、そのうえでわが国の都市史のなかにおける大坂の意義を明らかにすることを課題とする。

現在、わが国において有数の大都市となった大阪は、原始古代以来当地に住まった人びとの営為の積み重ねの上に成り立っている。一方、その都市としての淵源を探ってみると、直接的には徳川期にそれを求めるのが長らく通説的な理解となっていた。徳川期の大坂は江戸に次ぐ第二の人口規模を誇る都市であり、町人の町・経済の町という現在でも大阪を語る際に持ち出されるイメージと一定の事実は、主としてこの徳川期の大坂の所産である。

しかし、実際には、その淵源は確実に豊臣期の大坂までさかのぼる。大坂には羽柴(豊臣)秀吉が天正十一年(一五八三)に建設を開始した大坂城と大坂城下町[2]があった。天下一統をもくろむ豊臣秀吉は天正十一年、清洲会議によって政治の主導権を握るとまもなく自らの本拠を大坂に定め、大坂城下町を営んだ。その意味で大坂城下町は大阪の歴史にとってのみならず、近世という時代の幕開けを象徴する存在であった。それゆえに大坂城下町の研究は、日本史全体の課題として認識される必要があるといえよう。

ただ、そうした豊臣大坂城下町の重要性を認めるにしても、この城下町は前代に何もなかった場所に突然姿を現したわけではない。古代以来、難波宮こそ廃絶したが、古代創建の寺院が性格を変えながらも中世にかけて存続し、また中世の王権や武家政権もその影響力を行使すべく当地に介入した。そうした歴史的・社会的背景をもとに、当地では性格を異にする中世都市の存立・盛衰がみられたのであり、それら都市が醸成したものを吸収あるいは取捨選択し、さらに新たな要素を加えることで秀吉は大坂城下町を実現したのであった。

そして、当地での都市形成の背景として、大阪湾に臨むという好立地があったことも忘れることはできない。京都・奈良を含む内陸部と西日本・アジアを結ぶ海の玄関口として、大坂は時代を超えて交通・流通の要衝として機能したのである。大坂をめぐる豊かな内在的・外在的諸条件が大坂に先進的な都市を育んだのであった。

本書はこうした大坂の都市について、大坂の中世都市・本願寺寺内町・豊臣大坂城下町という大きな三つのくくりを設け、それぞれに個別課題の検討をおこなうとともに、中世から近世初めにかけての都市展開の実態を明らかにしてゆく。

なお、本書は原則的に文献史学の立場に立った研究方法を採るが、考古学の発掘成果や歴史地理学・建築史学の成果も積極的に取り入れている。戦国・豊臣期の大坂について物語る文献史料は必ずしも多くないことから、とりわけ膨大な件数の発掘調査データは、この時代の歴史復元にはもはや欠かすことのできないものとなっていることに鑑みてのことである。

一　中世都市とその近世都市への移行をどうとらえるか

最初に、都市史における大坂の位置づけを考える視角を得るため、これまで都市史研究のなかで中世都市が、そして中世都市から近世都市への移行がどのようにとらえられてきたのかをふりかえっておきたい。

都市研究の泰斗であった豊田武は、都市の展開を時系列に沿って古代都市、封建都市、近代都市と整理し、さらに初期封建都市（中世都市）の諸類型として、門前町・宿場町・港町・城下町を抽出した(3)。これら類型が指摘されたことで、中世都市はさまざまな性格の都市核（寺社や武家勢力など）をもち、多様な存在形態をもつ可能性が示されることになった。この中世都市の多様性は、近世への都市展開、とりわけ在郷町（在方町・門前町・宿場町・港町など）を研究するにあたっては参照される必要があるが、近世都市の典型とされる城下町の形成過程を考えるにあたっても念頭に置かれるべきであろう。近世城下町の誕生には中世都市がおよぼした影響が具体的に問われなければならないからである。その意味で、豊田による多様な中世都市類型の抽出は近世への都市展開を考えるうえでも重要な提起となっていよう。ただし、この分類はあくまで概念的分類として受け止めるべきである。ひとつの都市で複数の性格をもつ場合もあり、内実は単純ではない。その点で、類型はあくまで検討の道しるべと認識すべきであろう。

一九七〇年代後半、網野善彦が「無縁」「公界」「楽」という中世社会の原理に注目し、それにもとづいて広範に都市的場が存在したことを指摘した(4)。それをうけ、八〇年代後半から九〇年代前半にかけて中世都市研究は空前の盛り上がりをみせた。網野は社会における分業は早くより成立しており、非農業的生業に従事した人びとの活動の拠点として、遅くとも十三世紀後半以降、都市的な場が各地で顕著に発達したと述べている。それまで中世では都市の存在は限定的にとらえられていたが、中世社会のありかたに由来する都市の必然性に着目した網野の発言は注目されるものであり、その後、各地での研究事例が相次いだのであった。

そうしたなかで、小島道裕は網野理論を援用し、戦国城下町が大名の主従制にもとづく城下凝集域(惣構内)と公界である周縁市町(惣構外)の二元的構造を有し、その克服によって近世城下町が成立しえたとの見解を発表した。(5)それに対し、寺社社会をも含む多元性・分散性に中世都市の特徴をみる市村高男の指摘や、(6)市町を公界とみることを疑問視し、城下町への統合の原理を「公」にみようとする仁木宏の指摘・批判が示された。(7)

以上のような動きは、中世都市の実態を詳細に明らかにする研究と、中世から近世への城下町展開に関する研究の活発化を呼び起こすこととなってゆく。(8)

一九八〇年代後半からは近世史・建築史による都市への注目が高まった。その牽引役の一人である吉田伸之は都市を分業の所産としてとらえ、その過程で誕生した「町」を重視し、分析を進めた。そのうえで中近世都市に共通する都市性の抽出と城下町の類型・展開序列を示し、身分制と結びつけた城下町の分節構造論を提起したのであった。(9)

吉田の所説は、近世都市(城下町)の特質を社会構造(とくに「町」)と結びつけて論じ、その前提となる中世末の都市との関連性についても読み解こうとしており、中世都市の分析作業にも重要かつ有効な示唆を与えるものとなっている。ただし、吉田の関心の所在が近世都市(城下町)にあるがゆえに、中世都市への関心はその要素の淵源を求める対象に絞られているように見受けられる。吉田が前近代の都市(伝統都市)としての類型を都城と城下町に限っているのは、(10)それとは無縁ではなかろう。また、近世都市の分節構造として提示されている町人地・武家地・寺社地・足軽町の系譜については、戦国期・織田期・豊臣期の都市(城下町)研究の深化を踏まえた跡づけ作業を進めていく必要があろう。

建築史の成果としては、玉井哲雄の研究をとりあげたい。玉井は近世都市空間の特質を論じたなかで、三都においては、中世都市の住人が関与してできあがった長方形街区・短冊型地割・両側町という町割手法が取り込まれた一方、中世都市の空間そのものは近世へ持ちこまれることなく解体・再編成され、統一権力による武家地・寺社地・町人地という身分制にともなう居住区分が施行されたと指摘した(11)。こうした街区構造や都市プランへの注目は建築史学の特長であり、それゆえその直接の淵源を求めて中世都市の空間構造へ関心が向けられるのは必然といえよう。都市空間は当該都市の社会状況を反映したものであることから、景観・建造物を含め研究を深めている建築史学の成果に学ぶべき点は多い。考古学についても、詳細は省くが、発掘成果から復元される都市プランや都市生活の実相面で参考にすべき成果は少なくない(12)。

以上のような研究動向をうけ、現在、中世都市研究をリードしているのが仁木宏である。仁木は中世史研究の立場から、中世社会のありかたを前提に展開した多様な都市・都市的場に精力的にアプローチしている(13)。たとえば「山の寺」はその象徴的なテーマといえよう。仁木は中世都市の固有性と特質、およびその達成が近世都市へと継承される側面を重視する点に研究視角上の大きな特徴をもつが、個別都市研究が進展するにしたがって、その発展段階の整理および理論立てが難しくなっている感がある。中世都市研究全体の課題として認識し、検討を深めなければならないだろう。

ところで、中世都市を考える際に避けて通れないものに宗教との関連性がある。さきの豊田武の類型に戻るまでもなく、中世都市と宗教は密な関係にあるといってよい。網野は都市を「無縁」「公界」「楽」の空間とみたが、さらに都市を神仏が支配していた空間とし、そこで繰り広げられる商業・金融活動、およびそこで暮らす人びとの救済という側面で宗教は都市と不可分な関係にあったとの論を展開させている(14)。

伊藤毅も、吉田伸之が都城・城下町だけを類型とした前近代都市のなかに中世都市を再定置する作業をおこない、宗教都市と交易都市を中世都市の類型として提起した(15)。さらに玉井哲雄も中世都市の多くが宗教施設(寺院)

を核としていたとし、中世都市を宗教都市と特徴づけることを提起している[16]。政治権力が都市形成に際して中心的役割を果たしたというのが古代・近世の特質だったとすれば、中世では諸権門や共同体の存在が主導性をもつ事例が少なくなかった。そうした状況を背景に生まれた都市は、先の豊田の指摘のように細分化が可能であるが、そこから共通項を括り出そうとすると、宗教が掲げられるのは妥当と考えられる。

ではなぜ、寺社は都市核となりえたのか。そこで宗教が果たした役割は具体的に何だったのか。実のところ、その点についてこれまで十分な検討がおこなわれてきたかといえば、そうではない。先の網野善彦の指摘も中世社会の一面を照射した点で意義深いものであるが、問題提起にとどまっている。中世社会における宗教の役割に関する研究成果を参照しながら、宗教と都市のかかわりを具体的に検討することが求められるといえよう[17]。

では、以上のふりかえりを念頭に、古代末(平安)から豊臣大坂城下町にいたる大坂の都市研究史とそれに関連する主要な先行研究を、全般的な研究と個別都市研究に分けて確認し、これまでの成果と具体的な課題の抽出をおこなう。

二　大坂の都市史研究の歩み――成果と課題――

(1)　全般的研究

大坂では古代に置かれた難波宮が延暦三年(七八四)に停廃された。そしてその翌年には三国川が開削されたため、大坂を経由せずして京都と瀬戸内海が結ばれたことから、大坂は衰退の道を歩んだとの見方が長らく定説の位置を占めていた。さらに、中世後期の地域史研究は通常守護大名・戦国大名を軸におこなわれることが多いのに対し、大坂のように地域に根差し卓越した大名がいないところでは地域全体を捉える軸が作りにくかったうらみもある。そのため、中世大坂の研究は全般的に低調な時代が続いた。

　そうしたなかで、一九八四年の加地宏江・中原俊章『中世の大阪』[18]は、中世大坂の特質を王家と密接な関係にあった武士団の渡辺党を軸に描きだした点で優れた著作であった。南北朝時代以降は渡辺党が衰退傾向となったため、十六世紀に関しては最終章において簡単に触れられるにとどまった点はやむを得ないが、中世前期において大坂が淀川河口部という立地ゆえに王家や鎌倉幕府に重視され、渡辺党の活動を支える条件となっていたという指摘は、中世大坂の非農業的世界、およびそれと不可分な関係をもって行動する諸集団に目を向ける必要性を投げかけた点で、中世大坂を都市史的に考えるにあたって大きな示唆を与えるものといえよう。

　一九八〇年代後半に入ると、内田九州男・伊藤毅が立て続けに近世（豊臣）大坂城下町の建設過程・空間構造に関する新たな論考を発表した。両氏の主たる関心の所在は近世大坂城下町にあったが、その前提として中世後期の都市にも目を向け、中世末から近世へと連続的に大坂を見る視点を提示した点に、まずは両氏の業績を見出すことができよう。

　そのうえで内田九州男は一九八五年に「城下町大坂」、および一九八九年に「石山本願寺の時代」「豊臣秀吉の大坂建設」「よみがえる商都・大坂」を発表した[19]。内田はこれらのなかで、秀吉が城下町建設当初内裏の大坂移転や堺までの都市建設の構想をもっていたこと、中世都市平野からの移住民によって豊臣大坂城下町の平野町が建設されたこと、寺町は大坂が濫觴と考えられること、慶長三年（一五九八）の大坂町中屋敷替えによって上町（うえまち）から船場へと城下町が拡大したことなどの基本的事実を明らかにした。

　一方、一九八七年に伊藤毅が発表した『近世大坂成立史論』[20]はタイトルの通り、十六世紀から十七世紀にかけての大坂の変貌を主題とした著作で、建築史の視点に文献史料の分析を合わせ、大坂の中世都市から豊臣城下町への展開を大坂寺内町や天満・船場などを素材に丹念に検討し、徳川城下町出現を展望した労作である。とりわけ城下町の前提となる中世都市という明確な視角を導入し、大坂寺内町と四天王寺門前町の構造分析をおこなった点は卓見であった。それまでは両都市ともに、都市構造や近世都市への展開という側面から考察がおこなわれることはほとんどなかったからである。本書を貫く視角は当該期大坂研究にとって画期的といえるものであり、その後の大坂の都市史研究に与えた影響は少なくない。考古学や建築史の研究者による大坂研究の活発化を促した点でも大きな意味をもつ成果だったといえよう。

こうした内田・伊藤の研究や中世都市あるいは都市史全般の研究の盛り上がりを受け、大坂でも中世都市の個別研究があらわれるようになった。それらについては次項にまわすこととし、ここでは全般的研究として、中世後期の摂津・河内・和泉（摂河泉）の都市から大坂城下町への動態を追究している仁木宏の諸研究をとりあげたい。[21]仁木は十六世紀に摂河泉で簇生（そうせい）がみられた都市を総覧し、それらが在地の豊かな経済発展の上に立って、さまざまな性格の都市核のもとに個性的かつ先進的な空間構造・社会構造を実現させていたことを明らかにした。高い求心力・中心性をもった大坂寺内町はその代表格であり、とりわけ大坂寺内町を頂点とした寺内町群の都市ヒエラルキーは注目されるものと評価した。こうした都市が大阪湾岸、そして陸上・河川交通の要衝において発達したことが、世界規模で発展しつつあった交易や遠隔地流通をこの地域が受けとめることを可能とし、秀吉が大坂に拠点を構える前提になったという。この仁木の研究は、大坂城下町成立にいたる動きを都市史・地域史など多様な観点からとらえている点で重要である。

なぜ秀吉は大坂の地を選んだのか。この問題は都市史のみならず中近世移行期研究にとって大きな検討課題である。織田信長が「日本一の境地」（『信長公記』）と評価した大坂の地で、秀吉は政治・経済の中心機能を集中させた大都市（首都）を実現させようとしたのであった。その背景として仁木の指摘する国際情勢や、藤田達生が指摘する当時の政治状況[22]の存在が指摘されており、それらを含めて新首都建設にふさわしい条件の整いつつあったのが大坂であったとみるべきだろう。この問題については幅広い観点からの検討が欠かせない。

なお、大坂の都市としての特質を明らかにするためには、大坂の相対化、すなわち比較研究が重要な方法となる。これにかかわっては、豊臣大坂城下町の歴史的位置を把握すべく、同時期の京都・江戸との比較検討や、[23]信長の城下町からの発展形態として大坂城下町をどう位置づけるのかという視角が提起されてきた。[24]後者については比較すべき先行の城下町の評価がいまだ定まっていない部分があり、そもそも大坂自体の研究が十分に進展していないという問題点もある。そのため比較作業には慎重さが求められるが、他都市の研究成果に学ぶべき点自体は少なくない。

次に都市史研究そのものではないが、都市にかかわる政治史・権力論をとりあげたい。近年、畠山氏・細川氏・三好氏を対象に畿内の戦国期権力論研究が急速に深められている。それらの研究では大名権力の発露の場として随時都市に対する言及がおこなわれているが、そのなかで本書の関心にかかわる注目点は以下のとおりである。畠山氏については真宗寺内町と協調体制を図り、その権力基盤のなかに組み込んだこと、[25]細川氏については守護職を保持する分国において淀川下流や大阪湾岸に存在する港湾都市の掌握に努めたこと、[26]細川氏の後に台頭した三好氏については自ら城下町を建設することなく既存の都市を支配して流通支配に乗りだしたこと、[27]である。これらの成果は中世都市が自立性と高い経済力をもつがゆえに、武家勢力はそれとの協調路線も選択しながら領国支配を進めていったことを明らかにするもので、大坂周辺の従来の中世都市イメージに再考を迫るものである。

秀吉政権論については、横田冬彦の提起が注目される。横田は秀吉政権における伏見・聚楽第・大坂の意義に着目し、秀吉にしたがう大名・直臣団がどこに、どう居住したのかを検討することで、三ヵ所の機能分担を明らかにした。[28]これにより、秀吉の政権構造のなかで大坂が占める位置を考える視角が提起された点で大きな意義が認められる。伏見と大坂を並行して考える視角は曽根勇二も提起しており、両者が連動しながら秀吉の拠点とされた点を重視した。そして朝鮮出兵等の観点から大坂の経済機能が高まり、その掌握は秀吉没後の徳川幕府にとっても重要な課題であったことを指摘した[29]。秀吉政権の権力構造と大坂が深くかかわっていることはある意味自明だが、都市史研究のなかではその視点は十分に組み込めていなかったと思われる。政治・経済といった観点への注意喚起を両氏の研究は投げかけている。

権力論にもかかわる点として、都市支配および都市の社会構造の問題は欠かせない。その点でもっとも重要な存在となるのが「町」であることは衆目の一致するところである。朝尾直弘は中世後期以降のわが国の都市構造の特質を体現する存在として「町」に注目した[30]。地縁的住民組織である「町」は家屋敷と財産を共同保全し、居住民を決定する目的と権限を有して近世都市の基礎単位となったのである。

「町」は、京都においては中世後期に誕生していたことが確認されるが、大坂ではどうだったのだろうか。豊臣大坂城下町は吉田伸之によって「創出型」の都市という評価が与えられ[31]、中世とは連続しない都市という理解がもたれている。たしかに豊臣大坂城下町は秀吉政権の強い主導のもと形づくられた。では実際、大坂の「町」はどのようにして誕生したのだろうか。豊臣大坂城下町の「町」の系譜を具体的に解明することは大きな課題のひとつといえよう。

最後に、当該期の大坂研究にかかわる学際的成果の動向をとりあげておきたい。まずは、一九八九年の佐久間貴士編『よみがえる中世　二　本願寺から天下一へ　大坂』[32]である。本書の白眉はそれまでの大坂における当該期の発掘調査の成果をいかんなくまとめ、文献研究の成果と合わせて豊臣大坂城下町の時期変遷を具体的に提示したことであり、ここでまとめられた基本的事実は現在でも色あせておらず、当該期大坂研究の基本図書となっている。なお、二〇一五年にはその後の発掘調査成果を集大成した『大坂　豊臣と徳川の時代　近世都市の考古学』が刊行されており[33]、最新の発掘成果が一覧できる。

また、二〇一四年には長年にわたっておこなわれてきた大阪上町台地における発掘調査によって蓄積された膨大な考古学的データを基礎に実施された科研の成果報告書『大阪上町台地の総合的研究』も刊行される（以下、『上町科研報告書』）[34]。ここでは原始古代以降、「中世後期」「豊臣時代後期」を含む五つの時代の古地理図が提示されたほか、本書にかかわる部分では平安時代を対象とする最新の研究が公表された。詳細については本書で触れるが、それらでは遺跡や寺社などで一〇世紀頃に画期がうかがえる点が指摘された。これは律令国家の衰退および国制の変化にともなうものであるが、一方で立地環境が大きな条件となる交通・流通機能については基本的に継続している事実も確認できる。難波宮を求心力とした古代から地域分化が進行していく様子が具体的に明らかにされた点でおおいに参照されるべき成果といえよう。

（2）個別都市の研究

次に大坂の個別都市の研究状況をふりかえり、課題の確認をおこないたい。

渡辺

まずは渡辺である。渡辺は中世武士団として著名な渡辺党の本貫地である。渡辺党については先にふれた加地宏江・中原俊章による的確なまとめがあり、近年では生駒孝臣が在地での権力基盤に踏み込んだ詳細な研究を公表している[35]。

一方、渡辺の地域史については、大村拓生の研究がある。京都貴顕による寺社参詣の盛行などを背景に注目度が高まった結果、十二世紀になると渡辺はやや広範な地域呼称として用いられるようになったが、渡辺党は南北朝時代以降当地での影響力が弱体化したことにより、室町期になると周辺地域に都市機能が分散し、都市として十分な発展を遂げることができなかったとされる[36]。

渡辺の中心的存在が大川（淀川支流）の河川交通と熊野街道の陸上交通の結節点に位置した渡辺津であった。こうした条件から、渡辺は一定の都市的空間を形成していたことが容易に想定されよう。しかし、渡辺津自体、長らく所在地すら不明確であり、発掘成果の集成により大川（淀川支流）南岸の北浜付近に中心部のあることが確実となったのは近年のことである[37]。それに加えて、最近では渡辺津周辺の地形変化の検討が進み[38]、中世後期には港湾機能の低下がみられた可能性が高くなるなど、渡辺をめぐる具体的な状況が明らかにされつつある。

以上をふりかえると、これまでの渡辺をめぐる研究は、渡辺党そのものや渡辺地域の大きな動向を対象とするものであり、渡辺の都市構造の具体的解明は残された課題であることがわかる。ただし、その作業の切り口となるのが渡辺党であることはまちがいないだろう。渡辺党が王朝国家の成立後、諸権門が併存する状況のなかで王家や鎌倉幕府とのつながりをもって活動した当地の中心的な社会集団であったことは論を待たないからである。したがって、渡辺党が都市形成にどう絡んだのかという観点から検討をおこなうことで、当地の都市の特質もみえてくると考えられる。

なお、渡辺は豊臣大坂城下町の前提のひとつとなった都市でもある。大坂城下町との関連性という視点をもちつつ、その解明にあたる必要があろう。

四天王寺

中世の四天王寺を都市の観点から分析した研究で注目されるのは、前述した伊藤毅のものである[39]。伊藤は四天王寺の周囲に展開した門前町と村落に注目し、四天王寺境内の西側には浜市が開設されていた史料が存在することから、四天王寺の北・東・南側には寺領の村落が存在した一方で、西側には遅くとも十五世紀には多くの商工業者が定住する門前町が形成されていたことを明らかにした。また四天王寺は、織田信長と大坂本願寺の戦争のあおりで焼亡し、その後、豊臣大坂城下町構想のなかに組み込まれて復興を遂げてゆくことが指摘されており、前述の内田の研究とあいまって、中世都市の継承という観点から重要な提起となっている。

伊藤以後、四天王寺の都市空間としてのありようにかかわる研究としては、大村拓生が四天王寺を中心とした都市域を「天王寺」ととらえ、複数の宗教権門(寺中寺院や神社)の集合体であったと指摘した[40]。そのほか、難波京条坊を継承する正方位地割が四天王寺周辺では戦国期末まで存在していたとする市川創の指摘があるほか[41]、著者も四天王寺を描いた絵画・絵図から四天王寺の領域認識を検討したことがある[42]。これらの研究は、四天王寺が一定の広がりの地域のなかで、その中心核として求心力を保っていたことを重視するものである。

このように四天王寺を都市とみる研究は、その空間構成をめぐって少しずつ前進をみせてきた。ただし、その都市の内部(社会)構造の分析はまだ十分とはいえないだろう。四天王寺が寺院であることを前提に考えると、寺院構造と都市空間・構造がどのように関連しあっていたのかを検討する必要があるとともに、四天王寺の宗教構造とのかかわりも重要な検討課題といえるのではなかろうか。

平野　現大阪市の南端に近い場所に位置する平野は堺と並ぶ「自治都市」として評価をうけてきた。その自治的な運営の一端は土橋家文書によってよく知られたところであるが[43]、十六世紀には三好氏の支配が及ぶ場所であったことが近年天野忠幸の研究により明らかになった[44]。三好氏を含めた武家による都市支配と平野の都市自治の関係を再考する必要が生じてきたといえよう。

一方、平野の都市構造にかかわっては、松尾信裕により近世都市に顕著な両側町ではなく、道路を町境として町が構成される面的街区だったことが明らかにされ、これは農村的構造を示していると評価された[45]。この件については寺内町同様、それがいつまでさかのぼりうるのかが焦点となろう。その点、平野は大坂の中世都市のなかでは比較的多くの発掘調査に恵まれた場所である。絵図の検証も兼ね、平野の都市としての形成を文献史学と考古学の成果をつきあわせることで総合的に解明する必要があろう。ただ、両側町との異同は平野の都市形成過程と直結する問題であり、それはまた中世都市の都市構造への問題提起にもつながってゆくことを自覚しなければならない。

さらに平野については、初期豊臣大坂城下町の平野町の母体となったことが内田九州男により指摘されている。[46]近世都市が中世都市の達成を継承した事例といえる一方で、中世都市は近世都市大坂を支える存在として繁栄を奪われていったとする評価もある。[47]豊臣大坂城下町への移住については複眼的な評価が必要であるとともに、平野と平野町の「町」構造の比較検討が課題となろう。

大坂寺内町

大坂寺内町については長い研究史があるが、[48]近年の研究の起点となったのはやはり伊藤毅の成果であろう。[49]伊藤は関連の史料を博捜し、初めて空間構造・社会構造の双方の視点から都市としての大坂寺内町に切り込んだ。とくに町の役負担のありかたから都市構造に迫っている点は重要な視点といえよう。そして、その検討結果を踏まえて、これも初めてであったが、寺内の空間復元図が提示された点も注目されよう。この復元図に刺激を受け、一九九〇年代なかば以降大坂寺内町の研究が急速に活発化してゆくので、伊藤の研究が大きな画期となったことはまちがいない。

伊藤に続いたのが、仁木宏・藤田実・天野太郎の諸氏である。[50]それらの関心の所在は必ずしも同じではなかったが、このなかで注目すべきは仁木宏の研究である。仁木は都市史における寺内町の位置づけについて、惣構を備え求心的な空間構成が志向されて織豊城下町に影響を与えたとみられること、本願寺を頂点とした特権の確保とその広がりがみられたことを明らかにし、寺内町の最上位に位置する大坂寺内町は中世都市の一つの到達点との評価を与えている。[51]仁木の所論は広く同時代の都市を比較検討した成果に裏づけられたものであり、高い説得力をもつ。

しかしながら、寺内町が本願寺(寺院)を中核とした都市であることを前提とすると、都市内外の諸結合を宗教の観点から読み解き、それが中世都市においてどのような意味をもっていたのかを解明することは課題として残っているといえよう。たとえば大坂寺内町は中世大坂では数少ない「町」の存在が明らかな都市として貴重であり、親町である六町は役負担の単位となって近世の町の萌芽がみられる点については塚田孝の指摘がある。(52) 寺内町という点を踏まえると、この「町」についても宗教の側面から迫っていく必要があるのではなかろうか。

そして、大坂寺内町が豊臣大坂城下町誕生の直前に、同じ場所に存在したことはやはり重視しなければならない。大坂寺内町は焼亡したとされ、にわかに両者の関係を明らかにすることは難しいが、中世の到達点とされる大坂寺内町と近世城下町の萌芽とされる豊臣大坂城下町がまったく無縁の都市だったのかどうかは、都市系譜の問題として意識し続ける必要があろう。

なお大坂寺内町の空間復元については、一時的に議論が起きたものの、その後復元研究は進展をみていない。復元の前提となる史料解釈の対立はいかんともしがたい部分があるが、若干ではあるものの比定地周辺での発掘調査数が増え、さらに古地形の復元研究も進展してきたことを踏まえ、再考がおこなわれる必要があると考える。

豊臣大坂城下町

豊臣大坂城下町は、封建都市研究の立場から早くより注目された存在であった。豊臣大坂城下町に関する文献史料はけっして恵まれているとはいえないが、中部よし子は他都市の事例を参照しつつ、土地支配や都市民支配のありかたについて検討を加えた。(53) その視角は、領主権力による都市支配という点で近年の潮流と異なる部分もあるが、そこで示された事実や見通しは貴重なものが多い。中部以降、こうした視角による研究は低調となっているが、批判的な継承が必要である。

現在の豊臣大坂城下町研究のベースとなっているのは、やはり内田九州男の研究である。(54) すでに述べた点と重なるが、内田は天正十一年（一五八三）の城下町建設当初において内裏の大坂移転がもくろまれていたこと、堺までの都市建設構想があったこと、中世都市平野からの移住民によって豊臣大坂城下町の平野町が建設されたこと、寺町は大坂が濫觴と考えられること、慶長三年（一五九八）の「大坂町中屋敷替え」によって上町から船場へ城下町が拡大したことなど、豊臣大坂城下町建設のポイントとなる事項を明らかにした。また、伊藤毅も天満や船場・

三津寺の分析を通して中世から近世都市への転換の経過を具体的に跡づけた[55]。これらの研究はのちに改められた部分があるものの、慶長三年(一五九八)を豊臣大坂城下町の重要な画期とみなす点など、大枠で承認されており、影響力を保っている。

こうした内田・伊藤の研究に刺激を受け、考古学の立場からも調査成果に依拠した旧地形・地割の復元、そして城下町の形成過程を考える研究が活発化した。それをリードしてきたのが松尾信裕である。松尾の成果として、文献ではわからなかった豊臣初期における城下町建設のうち、北部の島町を中心とした街区が渡辺津を城下町に組み込むために整備されたことが明らかにされ、それにより城下町建設の全体の流れがよりつかみやすくなった点があげられよう[56]。加えて、大坂城下町における人びとの生活の実態も見えてきた点で、考古学の成果は大きい。内田・伊藤両氏の研究内容は基本的に首肯できるものであり、松尾の研究も調査データに裏打ちされた説得力のある内容である。ただし、文献史研究の側に顕著な問題であるが、これまでの研究は平野町・天満・船場を対象とした一方、上町は検討対象とされてこなかった。これは史料不足に起因するところが大きいので難しい問題ではあるが、上町が大坂城膝下という重要な場所に位置することから、その研究の立ち遅れは強く認識しておく必要があろう。

豊臣大坂城下町は、個別城下町研究にとどまらず、近世城下町研究全体のなかでも注目されるべき存在である。そうした視角から、文献史・考古・建築史の成果を総合し、近世城下町における大坂の意義を明確に打ち出したのは玉井哲雄である[57]。玉井は、慶長三年以降と位置づけられる豊臣後期の大坂城下町において身分的居住が完成し、都市が線上から同心円状に、面的に展開したとみられることから、この段階の大坂城下町をもって求心的な近世城下町成立の画期と位置づけることができると評価した。つまり大坂城下町は、豊臣前期段階ではまだ中世的要素を保持していたが、それが一六〇〇年頃に切り替わったということになるわけで、大坂は近世城下町の成立過程を探るうえで鍵となる存在といえよう。ただし、その切り替えが具体的にどのように準備され、どのように実行に移されたのか。また、確かに慶長三年(一五九八)に大きな画期があったとして、近世的要素の出現(中世的要素の消滅)は一六〇〇年頃に集中的にみられたのか。こうした点はまだ未解明のまま残されていると思われる。

それにも連動すると思われる指摘が仁木宏から提示されている。仁木は、大坂城下町を織田信長以来の「政権直轄の最先端城下町の系譜につらなる」と位置づけたうえで、小牧・安土と比較した場合、初期大坂城下町は街区規模でおよばない点がみられる一方、直線的な規格性にもとづく街区が実現できている点では〝前進〟と評価されるという[58]。そうなると、大坂城下町は当初からすべてが最先端ではなく、試行錯誤の結果、玉井が評価するような近世城下町に到達したと考えるのがふさわしいと思われる。ただし、そうであれば、前期から後期への移行過程についてはこれまで以上に丹念に跡づける必要があるといえるのではなかろうか。城下町研究の鍵的存在であるがゆえに、大坂城下町は慎重かつ問題提起的な研究の深化が求められているといえよう。

以上を念頭に置きつつ、当面の具体的な検討課題として想起されるものを掲げておきたい。まず空間構造では、その構成要素の分析である。具体的にはまず武家地があげられよう。発掘調査成果にもとづく考古学サイドからの発言は若干あるものの、文献史学からの研究は皆無に近い。また寺町についても内田九州男[59]や伊藤毅の検討[60]があるものの、すべての寺町が検討されたわけではなく、全体像がいまだ不分明である。町人地についても、個別町の実態がまったくわかっていないのが現状である。これらの課題が残されてきたのは史料の制約が大きいためであるが、大坂城下町全体の把握のため、その検討は避けて通れない。

社会構造では「町」の構造解明が重要である。これについても史料の制約があって、豊臣期をあつかった先行研究は、前期では天満寺内町を対象とした伊藤毅[61]、後期では内田九州男[62]と八木滋[63]の研究にほぼ限られる。これらによれば、天満の事例では前期より近世的な「町」の存在は確認でき、慶長期になると個別町の町制機構が整い、年寄衆(惣町か個別町かは不明)が家屋敷売買に関与する、元和期以降の姿が登場してくるという。ただし「町」の機能にかかわっては、文禄期までは家屋敷売買が当事者のみで手続きが完結している可能性が高いという。そうなると町制として文禄期と慶長期のあいだに画期があったことになるが、なお文禄期を含む豊臣前期の状況ははっきりしていない。

研究環境が整わないなかで研究を進めていくことは困難をともなうが、吉田伸之が近世初期の町を「安堵型」と「創出型」に分類し、都市建設の契機とその特徴を指摘した点は注目される[64]。この分類にしたがえば、大坂城下町は「創出型」に分類されるというが、同じ「創出型」とされる江戸の事例で挙げられた銀座四町は、役負担の代償として与えられた拝領町だったという。一方、中部よし子によれば、周辺都市から大坂城下町へ誘致された商工業者たちには拝領地が与えられた可能性があるという[65]。

大坂城下町の建設が実際どのように進められたのか、その解明作業はまだ緒についたばかりである。発掘成果で得られた諸情報や類縁の史料、他の城下町研究の成果を参照しつつ、その過程と特質を明らかにしていく必要がある。

(3) 本論文の構成とねらい

以上の研究史の確認から見えてきた課題を前提とし、本書を構成する部と章ごとに、それぞれの視角とねらいをまとめておきたい。

第一部 中世大坂の歴史環境と都市

第一部の目的は、中世大坂に都市が成立するための大きな条件である立地環境や交通路(とくに上町台地一帯の道)の実態と、それを基盤として当地に展開した中世都市のうち、渡辺・四天王寺・平野の存在形態を個々に明らかにすることである。その際重視したいのは、中世大坂が有した地形などの自然的条件と政治・経済・宗教・文化といった人文的条件の特質であり、それらを総合化した地域的固有性を前提に、当地に誕生した中世都市の全体評価を図っていきたい。なお、第一部は第二部とともに、中世大坂の個別都市の実態を明らかにする作業であり、かつ第三部であつかう豊臣大坂城下町の前提条件がどのように醸成されたのかを考える作業でもある。

大阪湾に面した当地は原始古代以来、国内外の東西交流の玄関口であり、かつ実際に交流がおこなわれた場所であった。とくに古代の都城が奈良・京都という内陸部に存在したことから、大坂（難波）がその外港として重要な機能を果たしたことはいうまでもないことであるが、本書であつかう平安期直前の状況でいえば、白雉三年（六五二）から延暦三年（七八四）まで二度にわたって置かれた難波宮と条坊制の存在が、当地における都市的様相生成の重要な要因だったといえよう。ただし、難波宮といってもその存在は上町台地や大川（淀川支流）という自然条件に規制されるものであり、その条件も含めた難波宮およびその関連施設・地域が平安期大坂の前提となったことを認識しておく必要がある。

第一章「中世大坂の道」では、そうした難波宮における条坊制、および最新の上町台地の地形復元研究を前提・参照しながら、大坂一帯の都市基盤となる歴史環境を考える素材としての道の重要性に着目し、上町台地周辺における道の復元的研究に取り組む。中世大坂の主要道がどこに存在し、どのように変遷したのかを明らかにし、都市生成の動きを考える手がかりとする。

第二章「『日本一鑑』所収「滄海津鏡（そうかいしんきょう）」の基礎的検討――十六世紀大阪湾周辺の地形と港湾都市」では、十六世紀に中国から訪れた鄭舜功によって制作された『日本一鑑』所収の「滄海津鏡」に描かれた中世大坂一帯の図から、大阪湾周辺に存在した戦国期の都市および交通の実態を把握する。本図はこれまで未検討の史料であり、かつ大阪湾周辺を対象とした広域図であることから、その特徴を活かし、戦国期における大坂とその周辺の都市展開の概況を明らかにする。

第三章「渡辺の都市構造」は、中世大坂を代表する港湾であった渡辺に関する個別研究である。渡辺は古代からの継承、王朝国家および中世の王権、さらには鎌倉幕府とのつながりが想定・指摘される場所である。そうした条件が都市のありかたにどのように影響したのかが、渡辺を考える際のポイントになると思われる。

ここでは、渡辺が古代の難波からどのような継承・断絶を経て誕生したのか、渡辺が都市として存在しえた背景にはどのような条件があったのか、さらにはその都市空間の実態はどのようなものであったか、という点を重視し、渡辺党の存在形態と結びつけてその都市構造を明らかにする。

第四章「中世上町台地の宗教的様相——四天王寺を中心に」は、中世社会と中世都市の存立に重要な役割を果たした宗教に着目する。そして、大坂を代表する四天王寺における多様な信仰の実態、およびその周辺に展開した都市（渡辺・大坂寺内町）との関係を信仰面から解明する。四天王寺が幅広い立場・階層の精神的支えになっていたことを述べ、四天王寺の門前に都市空間が形成されるにいたった原動力や、四天王寺が被災した際も時の権力者によって再々復興されていった信仰的背景をうかがう。

第五章「摂津国平野の成立と変容」は、平野の都市的成立の過程を文献史料と発掘調査成果から検討し、その成立・変容の画期を明らかにする。その際の注目点は平野の構成体である「町」の動向で、惣的結合による都市空間の形成や都市運営層の動向という観点から分析をおこなう。そして、豊臣大坂城下町建設に際し平野の住人が大坂へ吸収された折りに、平野町がどのように形成されたのかを考える前提としたい。

以上、第一部における論考では、古代の状況および淀川河口部への立地・上町台地の存在という自然的条件、京都の王権が政治的・経済的に重視するという歴史的・宗教的条件、さらに地域社会での都市的場の創出の動きから、中世大坂における都市形成のありかたを具体的に把握することをめざしたい。

第二部　寺内町の成立と展開

第二部では、大坂寺内町を中心とした戦国期の寺内町（史料用語は「寺内」）をとりあげる。寺内町は浄土真宗において顕著に形成された都市として著名であり、早くから真宗史研究(66)、あるいは都市史研究(67)のなかで注目されてきた。

これら早い段階の研究のなかで、寺内町は宗教的連帯感に支えられた都市と位置づけられることがあったが、戦国社会のなかにおける寺内町の意義について考えたのは藤木久志であった(68)。藤木は、いわゆる寺内特権の伝播に注目し、寺内町が大坂本願寺を頂点とした一向一揆体制の地域における拠点として果たした役割を重視した。寺内町が必ずしも織田信長に抵抗したのではなかったことはのちに明らかにされたが(69)、全国教団となった本願寺が大坂本願寺を頂点とし、重層的な構造をもって地域に寺内特権が及んでいったことへの着目は、他にみられない都市ヒエラルキーの存在を明らかにした点で重要であった。中世大坂はまさにその大坂本願寺の所在地であり、さらに大坂を含む摂津国、およびその隣国河内国・和泉国はそのヒエラルキーのもとにもっとも多くの寺内町が展開した地域であった(70)。寺内町は大坂の中世都市を考える際には欠くことのできない都市類型といえよう。

この第二部では、その寺内町について本山系寺内町をとりあげ、その基本構造を明らかにするとともに、大坂寺内町および摂津・河内・和泉の寺内町について成立過程・教団構造、そして近世在郷町への展開過程を検討する。また大坂寺内町の構造についても従来の研究に再考を加え、寺内町の意義を追究する。

第一章「真宗寺内町の構造と展開――山科寺内町を軸に」では、真宗寺内町（寺内）の特質と展開過程を、本山系寺内町の画期となる山科寺内町を基軸に据え、その前後の吉崎・大坂との比較を経たうえで明らかにする。そこでは、真宗寺内町形成の宗教的背景を仏法領の観念から、また経済的背景をその中心となる本願寺・新宗寺院が立脚する流通経済の観点から検討を加え、真宗寺内町の全体的な特徴を把握する。また、本山系寺内町における山科寺内町の位置づけを確認することで、大坂寺内町への展開の意義を探る。

第二章「蓮如の大坂進出の前提——浄照坊の動向を中心に」は、本願寺が大坂に移転してくる前段の条件整備を、本願寺第八世蓮如の時期にさかのぼって検討することを目的とする。ここで注目するのは、河内国久宝寺在の蓮如の高弟法円である。蓮如の段階は本願寺教団の組織がまだ人的ネットワークに大きく依存していた時代であった。法円の大坂進出が蓮如の大坂坊舎建設、そしてその後の大坂の本願寺教団の展開を生み出す基盤となったのである。

第三章「大坂寺内の空間構造——古地形と町の観点から」で考察する大坂寺内町は、その都市史的意義が高く評価されつつも、史料不足もあってその具体像には不明な点が少なくない。本章では、そのひとつである空間構造について、主要な研究成果である仁木宏・藤田実両氏の研究成果を検証し、さらに近年の古地形復元研究の成果を踏まえたうえで、新たな復元作業を試みる。さらに、中世大坂の「町」史料として注目されてきた大坂寺内の「町」について、これまで検討されることのなかった宗教講との関連をとりあげ、寺内町の社会構造を宗教の視点からも検討することを目指す。

第四章「摂河泉における戦国期本願寺の地域編成」は、大坂本願寺の膝下地域であった摂津・河内・和泉を対象に、本願寺教団の構造を本末・直参・与力の三つの結集形態から分析し、どのような地域編成がおこなわれたのか、その実態を明らかにする。とくに与力的結集として本願寺が地域拠点とした御坊は、周辺の末寺・門徒が集結した点で教団組織上重要な存在であるが、一方でその御坊を中心に寺内町が形成されている事例が少なくない。御坊を教団史的にとらえることで、地域における存在の意義を明らかにしたうえで、地域社会の核としての御坊、さらにはそれを中心とした寺内町の形成を想定し、寺内町の地域における意義を総合的に明らかにする一途としたい。

第五章「中近世移行期における在地寺内町の動向——摂河泉を中心に」では、摂津・河内・和泉に展開した戦国期の真宗寺内町が近世へどのように展開したかを考察する。この地域の近世の在郷町の多くは中世寺内町の系譜を引いている。一向一揆の拠点となりながらのちに性格を変え、近世へと継続したのは、そこが地域社会の核としての地位と機能をあわせもった、地域に根づいた存在となっていたためと考えられる。そうした寺内町が織田政権期・豊臣政権期・徳川政権期という時代の転換期をいかに乗り切ったのかを検討することで、寺内町の歴史的意義を明確にすることができるとともに、近世都市の一類型である在郷町の意義を考える素材の提供が可能となろう。

以上、第二部では寺内町に焦点をあて、寺内町の全体的動向と大坂における展開の実態を、町の構造や教団構造とのかかわりも視野に入れながら検討することで、大坂を代表する中世都市としての意義を考える。

第三部　豊臣大坂城下町の成立と展開

第三部の目的は、豊臣大坂城下町の形成過程の再検討、および従来研究が手薄だった武家地・寺町といった個別の構成要素の実態解明、さらには「丁目」を手がかりとした空間構成などの検討作業を通じて、豊臣大坂城下町の全体構造を再把握し、その特質を明らかにしようとするものである。またそのうえで徳川大坂城下町への展望を述べる。

すでに述べたように、従来の研究においては、大坂城下町の全体像を描きながらも、構成要素の個別研究は必ずしも十分ではなく、また成立過程についても、慶長三年(一五九八)を画期として位置づけるのにとどまっていた。大坂は秀吉が政権を握ったのちに初めて建設した城下町であり、首都移転もめざした高度な政治的産物であった。そのため、この城下町がどのような構想をもって建設されたのかという点を押さえつつ、実際の建設経過がどのようなものであったのかという観点からその実態を見、これを通して大坂城下町の評価を下していく必要があると考えている。ここでは、そうした認識から城下町の構成要素について検討を進めてゆく。

第一章「豊臣大坂城下町の建設――初期を中心に」では、天正十六年(一五八八)頃までの豊臣大坂城下町建設の状況を、当初の建設構想とその変更という視点から検討し、建設開始から数年後に最初の画期があったことを明らかにし、大坂城下町が近世都市として初源的な存在であり、かつ当時の政治状況の影響下で段階的な建設がおこなわれた見通しを提示する。また中世都市からの「継続」についても、新たな史料を用い、その実態解明に努め、大坂城下町の建設過程に再考を迫る。

第二章「文献史料からみた豊臣大坂城の空間構造」は、豊臣大坂城(城下町を含む)の建設過程とその空間構成(防御施設・ライン)の実態を、当時の人々の認識という観点から文献史料によって再検討する。そして、豊臣大坂城の空間は基本的に本丸・二ノ丸・三ノ丸による三重の空間を防御ラインである惣構が取り巻く構造であり、三ノ丸の新規造営と評価されてきた慶長三年(一五九八)の第四期大坂城普請の実態に再考を加える。

第三章「文献史料からみた豊臣前期大坂城の武家屋敷・武家地」は、これまで個別研究が少なかった大名屋敷・武家地に着目し、後世の伝承・記録ではなく、同時代の文献史料を中心に検討を加え、実態の解明をめざす。主として豊臣前期までの大名屋敷の建設実態と、武家地の所在地を明らかにし、大坂城下町が近世城下町に占める位置づけを考える一助とする。

第四章「豊臣期大坂城下町の寺町考――城南寺町を中心に」は、近世城下町の寺町の初源として注目されている大坂城下町の寺町のありかたを、城南寺町を中心に、法華宗寺院も含めてその全体像を再検討する。そして、寺町には都市境界としての機能のほか、都市における街区整備の一環として建設された可能性のあることを指摘するとともに、先行する小牧・長浜・姫路の各城下町との比較のなかで、城下町の寺町としてはやはり濫觴に位置づけられることを確認する。

第五章「大坂の陣後の町の復興と玉造地区の武家地転換――高津屋史料の紹介をかねて」は、新出史料を紹介しながら、慶長二十年（一六一五）の大坂の陣後、大坂城下町が復興してゆく過程と、それに対する大坂町人の関与の実態を明らかにする。また、城下町再興にかかわったゆえに町人開発地として保持することになった肝煎地の実態について述べ、町人による城下町の土地保有を考える例とする。

補論1「「丁目」史料からみた豊臣大坂城下町の空間構造」は、豊臣大坂城下町の空間構造を解明するにあたり有力な一次史料が少ない現状にあって、これまで注目されてこなかった「丁目」史料に目を向け、その検討から城下町の建設過程と空間の実態把握を試みる。その際、他都市との比較で、「丁目」が「創設型」の城下町に特有の存在である可能性について述べる。

補論2「「石山」呼称の再検討——豊臣大坂城評価の観点から」は、従来、大坂本願寺の別称と考えられてきた「石山」の語源について全面的に再考を加え、それが豊臣大坂城に由来するものであることを論証する。そのうえで、「石山」は豊臣大坂城の城郭としての画期性を端的に表現する呼称として評価すべきことも指摘し、大坂城が豊臣政権においてどのような位置づけであったのかを考える素材とする。

以上、第三部では豊臣大坂城下町について、信長の城下町あるいは大坂に先行する秀吉の城下町との比較、および徳川大坂城下町への継承・断絶を念頭に置きながら、その建設の構想や画期、構造の実態を明らかにし、近世城下町に占める位置づけを明らかにしたいと思う。

（1）前近代における「大坂」はきわめて狭い、特定の場所のみを指す地名であり、かつその指し示す範囲は時代により違いがみられた。本書では原則、あつかう時代の用法に沿って「大坂」を使用し、現代的な意味で使用する際は「大阪」を用いるが、煩雑さを避けるために、一般的表現で「大坂」を用いる場合もある。

（2）以下、大坂城下町の用語は、町場のみを指すのではなく、城地・武家地・町人地・寺社地の総体として使用する。

（3）『豊田武著作集　第四巻　封建都市』吉川弘文館、一九八三年、初出は一九五二年。
（4）網野善彦『増補　無縁・公界・楽』平凡社、一九八七年、初版は一九七八年。同「中世都市論」（『日本中世都市の世界』筑摩書房、一九九六年、初出は一九七六年）。
（5）小島道裕「戦国期城下町の構造」（『日本史研究』二五七号、一九八四年。のち同『戦国・織豊期の都市と地域』青史出版、二〇〇五年に再収）。
（6）市村高男「中世後期における都市と権力」（『戦国期東国の都市と権力』思文閣出版、一九九四年、初出は一九八五年）。
（7）仁木宏『空間・公・共同体』青木書店、一九九七年。同「近世社会の成立と城下町」（『日本史研究』四七六号、二〇〇二年）。
（8）内堀信雄・鈴木正貴・仁木宏・三宅唯美編『守護所と戦国城下町』高志書院、二〇〇六年。仁木宏・松尾信裕編『信長の城下町』高志書院、二〇〇八年。
（9）吉田伸之「近世都市の成立と展開」（『伝統都市・江戸』東京大学出版会、二〇一二年、初出は一九八八年）。同「都市と農村、社会と権力――前近代日本の都市性と城下町――」（『巨大城下町江戸の分節構造』山川出版社、二〇〇〇年、初出は一九九三年）。同「都市の近世」（同編『日本の近世　九　都市の時代』中央公論社、一九九二年）。
（10）吉田伸之「城下町の構造と展開」（佐藤信・吉田伸之編『新体系日本史　六　都市社会史』山川出版社、二〇〇一年）。
（11）玉井哲雄「近世都市空間の特質」（前掲註9『日本の近世　九　都市の時代』）。同「都市の計画と建設」（『岩波講座日本通史　第一一巻　近世一』岩波書店、一九九三年）。
（12）考古学からの大坂に関する代表的な成果として、松尾信裕「豊臣期大坂城下町の成立と展開」（『ヒストリア』一九三号、二〇〇五年）がある。
（13）仁木宏「戦国期摂河泉都市のオリジナリティ」（『ヒストリア』一八六号、二〇〇三年）。同「寺内町と城下町――戦国時代の都市の発展――」（有光友學編『日本の時代史　第一二巻　戦国の地域国家』吉川弘文館、二〇〇三年）。同「近世都市の成立」（歴史学研究会・日本史研究会編『日本史講座　五　近世の形成』東京大学出版会、二〇〇四年）。同「「山の寺」研究の方法をめぐって」（『西村山地域史の研究』三〇、西村山地域史研究会、二〇一二年）。
（14）網野善彦「中世都市民と宗教」（中世都市研究会編『中世都市研究　四　都市と宗教』新人物往来社、一九九七年）。

(15) 伊藤毅「宗教都市と交易都市」(『UP』三九七号、東京大学出版会、二〇〇五年)。
(16) 玉井哲雄「日本都市史の構築――アジアを視野に――」(国立歴史民俗博物館・玉井哲雄編『アジアからみる日本都市史』山川出版社、二〇一三年)。
(17) 宗教思想と都市の空間デザインのかかわりについては、榎原雅治が熊野修験を題材に検討している(同「都市という場の宗教性」〈『新体系日本史　一五　宗教社会史』山川出版社、二〇一二年〉)。また戦国社会における宗教の役割とその実態については、神田千里『戦国と宗教』(岩波書店、二〇一六年)が参考となる。
(18) 加地宏江・中原俊章『中世の大阪』松籟社、一九八四年。
(19) 内田九州男「城下町大坂」(『日本名城集成　大坂城』小学館、一九八五年)。同「石山本願寺の時代」「豊臣秀吉の大坂建設」「よみがえる商都・大坂」(佐久間貴士編『よみがえる中世　二　本願寺から天下一へ　大坂』平凡社、一九八九年)。
(20) 伊藤毅『近世大坂成立史論』生活史研究所、一九八七年。
(21) 註(13)仁木「戦国期摂河泉都市のオリジナリティ」、同「寺内町と城下町――戦国時代の都市の発展――」。同「戦国時代摂津・河内の都市と交通――中核都市・大坂論――」(栄原永遠男・仁木宏編『難波宮から大坂へ』和泉書院、二〇〇六年)。同「十六世紀大阪論」(大阪市立大学豊臣期大坂城研究会編『秀吉と大坂――城と城下町――』和泉書院、二〇一五年)。
(22) 藤田達生「小牧・長久手の戦いと羽柴政権」(『愛知県史研究』一三号、二〇〇九年)。
(23) 註(11)玉井「都市の計画と建設」。
(24) 註(8)仁木・松尾編著。
(25) 小谷利明『畿内戦国期守護と地域社会』清文堂、二〇〇三年。
(26) 古野貢『中世後期細川氏の権力構造』吉川弘文館、二〇〇八年。
(27) 天野忠幸『戦国期三好政権の研究』清文堂、二〇一〇年。
(28) 横田冬彦「豊臣政権と首都」(日本史研究会編『豊臣秀吉と京都』文理閣、二〇〇一年)。
(29) 曽根勇二「秀吉の首都圏形成について」(註21『秀吉と大坂――城と城下町――』)。

(30) 朝尾直弘「日本近世都市の特質——一七世紀の町を中心に——」(『都市と近世社会を考える』朝日新聞社、一九九五年、初出は一九八六年)。
(31) 吉田伸之「町人と町」(『近世都市社会の身分構造』東京大学出版会、一九九八年、初出は一九八五年)。
(32) 註(19)参照。
(33) 大阪歴史博物館・大阪文化財研究所編『大坂　豊臣と徳川の時代——近世都市の考古学——』高志書院、二〇一五年。
(34) 公益財団法人大阪市博物館協会大阪文化財研究所・大阪歴史博物館編『大阪上町台地の総合的研究』平成二一～二五年度科学研究費補助金(基盤研究(A))研究成果報告書、二〇一四年。
(35) 註(18)加地・中原『中世の大阪』。生駒孝臣『中世の畿内武士団と公武政権』戎光祥出版、二〇一四年。
(36) 大村拓生「平安時代の摂津国衙・住吉社・渡辺党」(註21栄原・仁木編『難波宮から大坂へ』)。同「中世渡辺津の展開と大阪湾」(『大阪の歴史』七〇号、二〇〇七年)。
(37) 松尾信裕「船場地域における大坂城下町下層の遺跡」(『大阪市文化財協会研究紀要』二号、一九九九年)。同「中世の上町台地北辺の景観」(『大阪市文化財協会研究紀要』四号、二〇〇一年)。
(38) 趙哲斎「大坂城下町跡の自然地理的背景について」(『大坂城下町跡Ⅱ』財団法人大阪市文化財協会、二〇〇四年)。
(39) 註(20)伊藤著書。
(40) 大村拓生「中世天王寺の都市的展開」一六一七会四天王寺例会レジュメ、二〇一一年。
(41) 市川創「考古学からみた中世四天王寺とその周辺」(財団法人大阪市博物館協会大阪文化財研究所編『シンポジウム大阪上町台地から都市を考える二　寺社と中世都市——京都・博多・大坂——』二〇一一年)。同「受け継がれた都市計画——難波京から中世へ——」(『上町科研報告書』二〇一四年)。
(42) 拙稿「絵画・絵図にみる中近世の四天王寺の空間構造とその認識」第一六回四天王寺と都市大阪研究会レジュメ、二〇〇九年。
(43) 本城正徳「史料紹介　戦国末期から近世初期の平野郷関係史料について」(『待兼山論叢』一三号、一九七九年)。
(44) 註(27)天野著書。
(45) 松尾信裕『近世城下町における帯状街区・面的街区の受容に関する調査研究』平成一六年～平成一七年度科学研究費

補助金(基盤研究(C))研究成果報告書、二〇〇六年。
(46) 註(19)内田「城下町大坂」。
(47) 中部よし子「豊臣氏時代の城下町の特質」(『中世都市の社会と経済』日本評論社、一九九二年、初出は一九八二年)。
(48) 大澤研一・仁木宏編『寺内町の研究』第二巻(法藏館、一九九八年)所収論文を参照のこと。
(49) 註(20)伊藤著書。
(50) 仁木宏「大坂石山寺内町の復元的考察」(中部よし子編『大坂と周辺諸都市の研究』清文堂、一九九四年)。同「大坂石山寺内町の空間構造」(井上満郎・杉橋隆夫編『古代・中世の政治と文化』思文閣出版、一九九四年)。藤田実「大坂石山本願寺寺内の町割」(『大阪の歴史』四七号、一九九六年)。天野太郎「大坂石山本願寺寺内町プランの復原に関する研究――位置比定と内部構成をめぐって――」(『人文地理』四八巻二号、一九九六年)。
(51) 註(13)仁木「寺内町と城下町――戦国時代の都市の発展――」。
(52) 塚田孝『歴史のなかの大坂――都市に生きた人たち――』岩波書店、二〇〇二年。
(53) 註(47)中部「豊臣氏時代の城下町の特質」。
(54) 註(19)内田「城下町大坂」。
(55) 註(20)伊藤著書。
(56) 松尾信裕「豊臣期大坂城下町の成立と展開」(『ヒストリア』一九三号、二〇〇五年)。
(57) 註(11)玉井「都市の計画と建設」。
(58) 仁木宏「「信長の城下町」の歴史的位置」(註8仁木・松尾編『信長の城下町』)。
(59) 註(19)内田「城下町大坂」。
(60) 伊藤毅「近世都市と寺院」(註9吉田編『日本の近世　九　都市の時代』)。
(61) 註(20)伊藤著書。
(62) 内田九州男「船場の成立と展開」(『ヒストリア』一三九号、一九九三年)。同「秀吉の遷都構想と大坂の都市建設」(『歴史科学』一七六号、二〇〇四年)。
(63) 八木滋「慶長・元和期の町と町人」(註62『歴史科学』一七六号)。

(64) 註(31)吉田論文。

(65) 註(47)中部論文。

(66) 長沼賢海「寺内町の発達」(『日本宗教史の研究』教育研究会、一九二八年)。

(67) 西川幸治『日本都市史研究』日本放送出版協会、一九七二年。

(68) 藤木久志「統一政権の成立」(『岩波講座日本歴史 第九巻 近世一』岩波書店、一九七五年)。

(69) 堀新「織田権力の寺内町政策」(『古文書研究』三三号、一九九〇年)。

(70) 註(13)仁木「寺内町と城下町——戦国時代の都市の発展——」。

第一部

中世大坂の歴史環境と都市

第一章　中世大坂の道

はじめに

都市史研究が盛んになるなかで、一九九〇年代後半より中世大坂に関する活発な議論がおこなわれるようになった。

そのひとつが大坂寺内町をめぐる研究である。これをめぐっては仁木宏・藤田実の論争があり、両者の関心の所在は必ずしも同じではなかったが、これを通じて大坂寺内町の構造や都市機能（とくに周辺地域との関係）に対する関心・研究が深まってきたといえよう[1]。

もうひとつの動向は考古学の側からの研究の活発化である。これについては鋤柄俊夫や松尾信裕らの成果が蓄積されてきたが、とくに松尾は従来の発掘成果を再検討し、中世大坂の景観復元について積極的な発言をおこなっている[2]。

しかし、こうした成果がみられる一方で、中世の大坂については不明な点がまだ多く残されていることも事実である。たとえば、本章で検討をおこなう道など、大坂をめぐる歴史環境については、もっとも基本的な問題であるにもかかわらず、十分な検討がおこなわれてきたとはいえない[3]。

そうしたなかで、いわゆる熊野街道[4]については、そのルートの現地比定をめぐってこれまでにいくつかの見解が提示されてきた。熊野街道は渡辺津[5]から紀州熊野へいたる道で、中世の大坂を南北に縦断していた道としてはもっとも著名なものである。神野清秀はそれらの先行研究を整理し、現段階でもっとも妥当なルートを提示したが[6]、それ以外の道に対する関心はほとんど向けられてこなかった。それは、熊野参詣、あるいは古道という特定の道が持つ個性や話題性への関心が中心であったためで、大坂の歴史環境を形成する要素として道をトータルにとらえていこうとする視角がみられなかったことに由来するものである。

以上のような認識から、本章では中世大坂の歴史環境に関する基礎的考察として、上町台地一帯の道を復元する作業に取り組んでみたい。

一　古代の道

さて、本章で検討する中世大坂の道のなかではやはり熊野街道が注目されるが、その道筋については神野清秀が次のような復元をおこなっている。すなわち、渡辺津（現在の大阪市中央区京橋二丁目四八番地にあった江戸時代の八軒家浜およびその付近）から御祓筋（またはその近辺）を南下し、内安堂寺町通にいたって東折し、さらに上汐町筋（平野町を通る南北道）の延長線から上汐町筋に入るという道筋である（第1図）。その比定にあたっては、建仁元年（一二〇一）『熊野行幸日記』などの熊野参詣関係史料にほぼ共通してみえる、渡辺津→坂口王子→郡戸王子→四天王寺という経路とともに、上町台地の地形が考慮されたのであった。

また神野は、「この道筋が、はるか古代より上町台地上に存した自然道であり、仁徳の高津宮の南門大道（竹山説）、孝徳の難波古京の朱雀大路もその線上に存在し、天武の前期難波京造成に際しても消滅することなく（梶山説)、「引続き上町台地背稜線上の通路として存在し続けたとの共通認識を持っているものである」とも述べている。上汐町筋が前期・後期難波宮の朱雀大路に相当しないことはすでに明らかであるが(7)、中世の道の前身として古代の道をどう考えるのかというのは重要な視点である。

そこで、古代の道について概観しておくと、摂津周辺の古代の計画古道を研究した足利健亮によれば、難波京から有馬温泉へ向かう古道は現在の大阪市内において天神橋筋とその延長線上(松屋町筋)にあたり、長柄より北西方向をとって有馬へ向かうという(8)。この天神橋筋─松屋町筋は後期難波京の東西方向が八坊で藤原京と同規模であったと考えた場合、その西京極大路とも合致することから(9)、古代の道として存在した蓋然性が高いといえよ

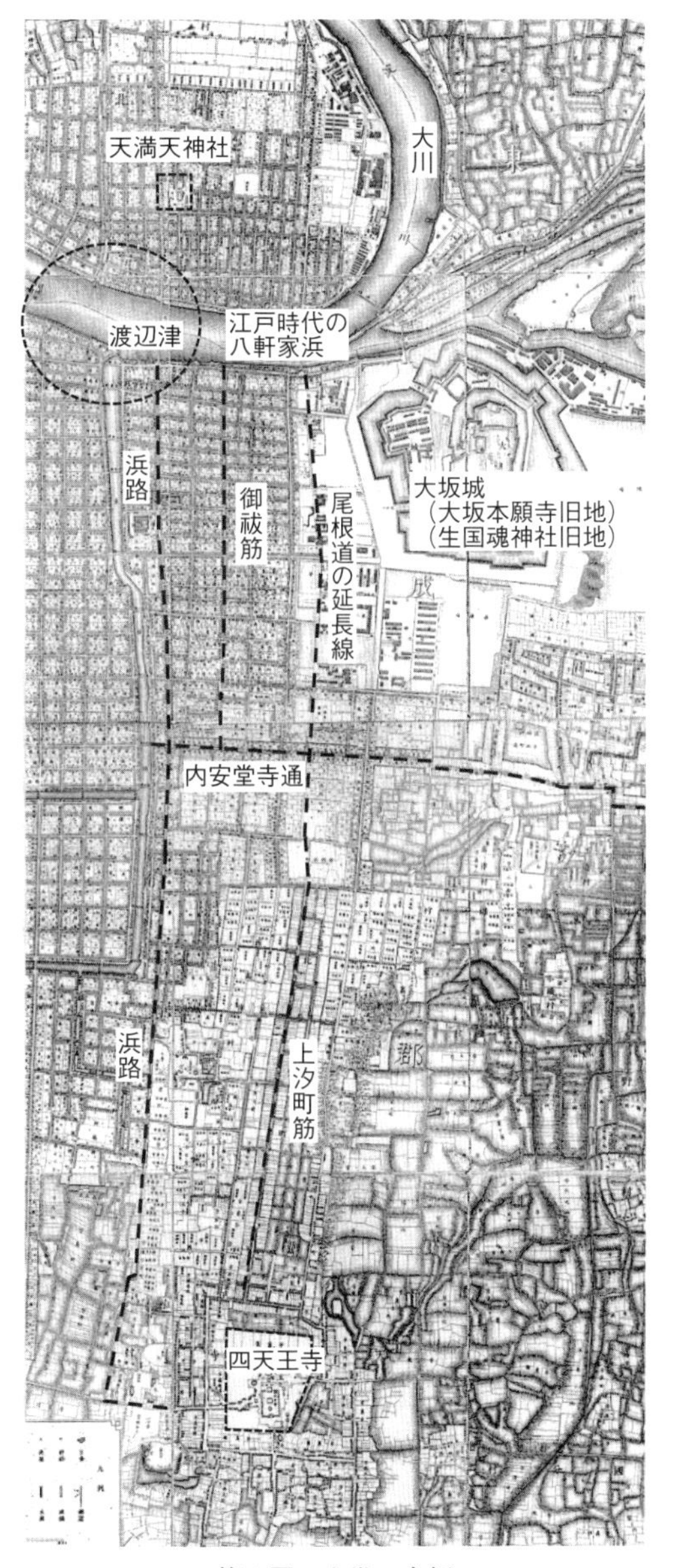

第1図　中世の大坂

う(10)(第2図(11))。

ここでは、当地の古代の道として、天神橋筋—松屋町筋が存在したであろうことを確認しておきたい。

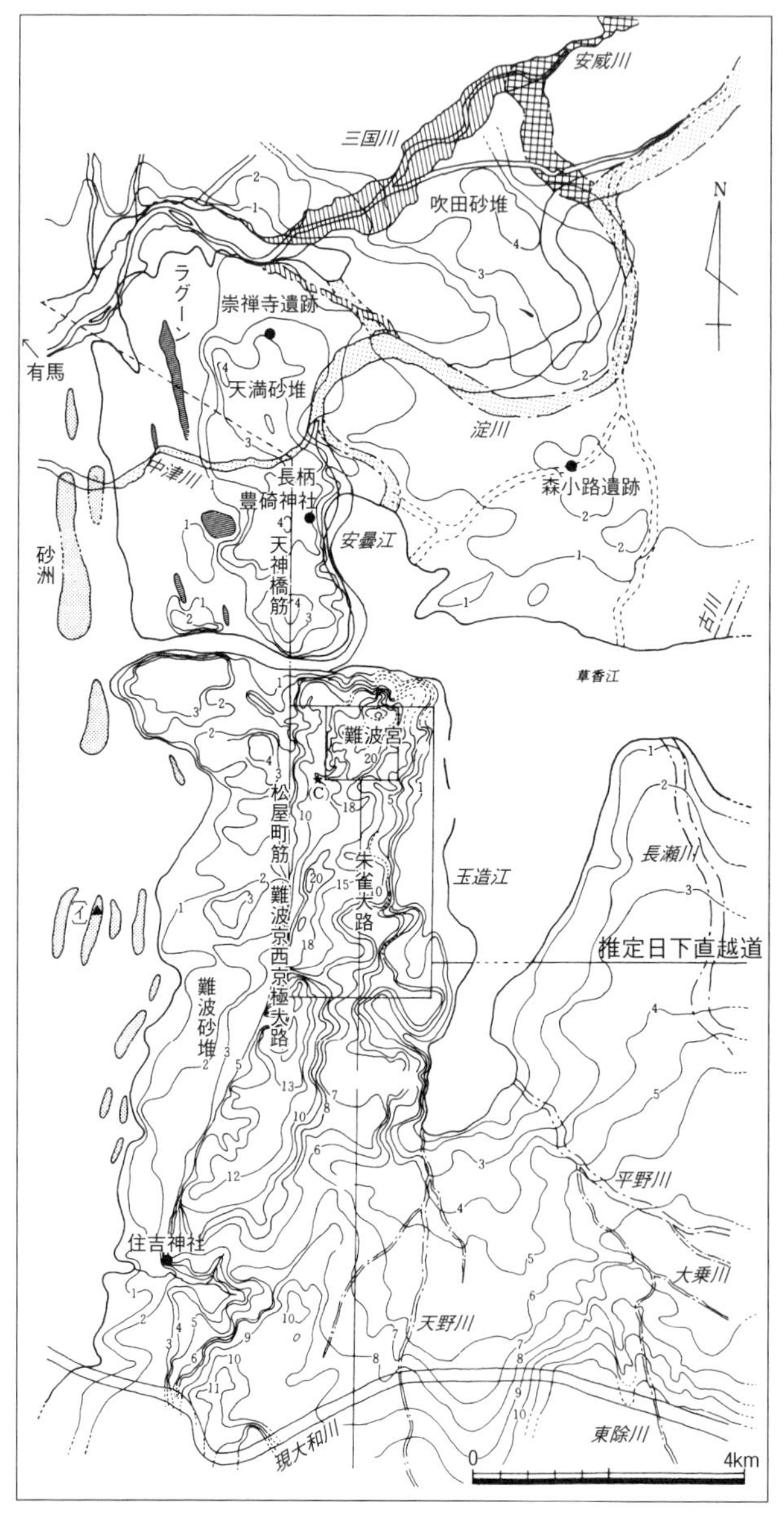

第2図　古代難波地域の微地形復元図(一部加除をおこなった)

二　上町台地縁辺部の道

中世大坂の道は上町台地などの地形環境と無関係ではない。そのため上町台地を軸に、大きくその縁辺部と台地上に分けて検討してみたい。行論上、上町台地縁辺部の道から復元をおこなう。

（1）西縁辺部の道

最初にとりあげるのは上町台地の西縁辺部を南北に通る道（「浜路（はまみち）」）である。

【史料1】『中右記』天仁二年（一一〇九）十一月八日条[12]

天晴、鶏鳴之後出宿所、行廿余町許過篠田社間、漢天已明、行路纔見、仍止続松、辰刻許留前河内守宣基宅、暫昼養、〈住吉社辺也、〉午刻出此処、（中略）行浜路、過天王寺西海辺、未一刻着窪津、右馬允実達来参進菓子等、宣基又相随従此処乗船、

この史料は熊野へ赴いた藤原宗忠（むねただ）が和泉信太（いずみしのだ）・住吉に立ち寄ったのち、窪津（渡辺津）へいたった様子を述べている。これによれば、住吉社付近で昼養したのち馬で「浜路」をとり、天王寺西の海辺を通り過ぎ、渡辺津に達したことがわかる。

【史料2】『台記』久安四年（一一四八）五月十七日条[13]

十七日（中略）次参御金堂・聖霊院、令飲亀井水給、自浜路至大渡、御舟還向、宿三島江、〈乍乗舟、〉

【史料3】『台記』仁平元年（一一五一）三月九日条[14]

丑時、〈八日丑時、〉出於鳥羽南津乗船、未時至大渡乗馬、経浜路〈住吉前下馬過、〉就住吉南仮屋〈乍住吉社南十許町造之、〉

ここからは、一一四八年に藤原頼長が四天王寺から「浜路」を通って渡辺津にいたったこと、一一五一年には

同じく頼長が渡辺津から乗馬し、「浜路」を経て住吉社の社前に達したことがわかる。

以上の三つの史料から十二世紀には「浜路」と呼ばれる道のあったこと、そしてそれが渡辺津⟷天王寺西海辺⟷住吉社を結んでいたことが知られる。そうなると次に問題となるのが「浜路」の具体的な道筋である。「浜路」が結ぶ各地点の位置を検討することで、その道筋を明らかにしてみたい。

まずは渡辺津の位置である。従来この点については、先の神野清秀のように「八軒屋浜又はその付近」[15]、あるいは「現在の天満橋付近を中心に、かつての大阪湾に面した広い地域」「現在の天神橋と天満橋の中間の大川南岸にあった」[16]などと、天満橋付近を中心としつつかなりの幅を持つ形で説明されてきた。その一方、近年、船場周辺地域の発掘調査が進むなかで、東横堀周辺に中世遺跡が多いことから、松尾信裕は天神橋から東横堀周辺に渡辺津の中心があったのではないかと推測している[17]。この件については著者も同様の見通しを持っている。次の史料4をみてみたい。

【史料4】『実隆卿記』大永四年(一五二四)五月二日条[18]

二日、丙寅、晴、早朝起光明院詣住吉社、所々巡見、自御前橋参御社、御神楽申付之、次詣天王寺、所々巡礼、百疋付光明院令進寺中、至コウツ(高津)光明院被相送、於堂小駄餉有湯漬、事終請暇被帰了、乗船之処、自芥川能勢源五郎馬三疋・人夫・輿・同輿丁等送之、自是光明院人夫・輿等返之、光明院樽三荷為宮笥被送之、丁重之芳志也、

この史料によれば、三条西実隆は朝に堺の光明院を発ち、住吉社・四天王寺を経て高津へ到着した。ここで実隆を送ってきた光明院は帰ったが、実隆はそののち乗船して京都へ戻った。問題となるのはその乗船地であるが、十六世紀の主要港湾が渡辺津であることは疑いないので、ここでも渡辺津より乗船したものと考えるのが素直だろう。そうなると、天王寺から高津(台地縁辺部に由来する地名だろう)を経由したうえでの渡辺津到着となるの

で、渡辺津は上町台地西縁を北上した位置にあったとみなすのが妥当ではなかろうか。この位置は松尾が推定する渡辺津の位置と合致するものである。

次に「天王寺西海辺」である。四天王寺が上町台地上にあり、その西側が海へ向かって傾斜していることは現在の地形でもわかるが、問題は当時の海岸線の位置である。『土地条件図』(国土地理院)によれば松屋町筋以西は砂堆であり、かつて海であったことがうかがえる。では平安～鎌倉期はどうであったか。

最新の古地形・古環境の復元研究によれば、上町台地の西側では古代の段階でのちの西横堀付近まで砂堆が形成されているが[19](第3図・砂洲E)、それより東側に位置する住友銅吹所跡でも中世の湿地・水田と推定される堆積状況が確認されているので[20](第4図・★)、上町台地寄りの場所でも長らく水域の名残が存続したといえよう。

この問題に関連して注目したいのは四天王寺の西方に位置する「今宮」の集落である(第4図)。今宮は今宮供御人の本拠地として知られているが、この今宮の初見は『源平盛衰記』巻四七の「今宮の前木津と云ふ所より海人を語ひて」[21]である。『源平盛衰記』の成立は鎌倉時代であり、他の史料でも今宮の登場は鎌倉時代であることから、今宮付近で居住に適した安定した陸地(砂堆)が得られるようになったのはそのころからと考えるべきだろう。ただし供御人たちの生業を考えると、今宮は陸地(砂堆)と水面が併存する環境にあったと推測されよう。以上が「天王寺西海辺」の実像だったと推測されるのである。

こうした手がかりをもとに考えると、十二世紀の段階で「天王寺西海辺」と表現されながら安定的であり、かつ「浜路」という名にふさわしい道の比定地は上町台地の西縁辺部、すなわち現在の松屋町筋あたり(第4図・太線)といえるのではないだろうか。

次に住吉社付近である。住吉社は古代より海のまぢかに西面して立地していた。【史料3】では「浜路」を通り「住吉前」にいたっているが、この「住吉前」とは住吉社の門前を意味すると思われる。住吉社の門前とは住

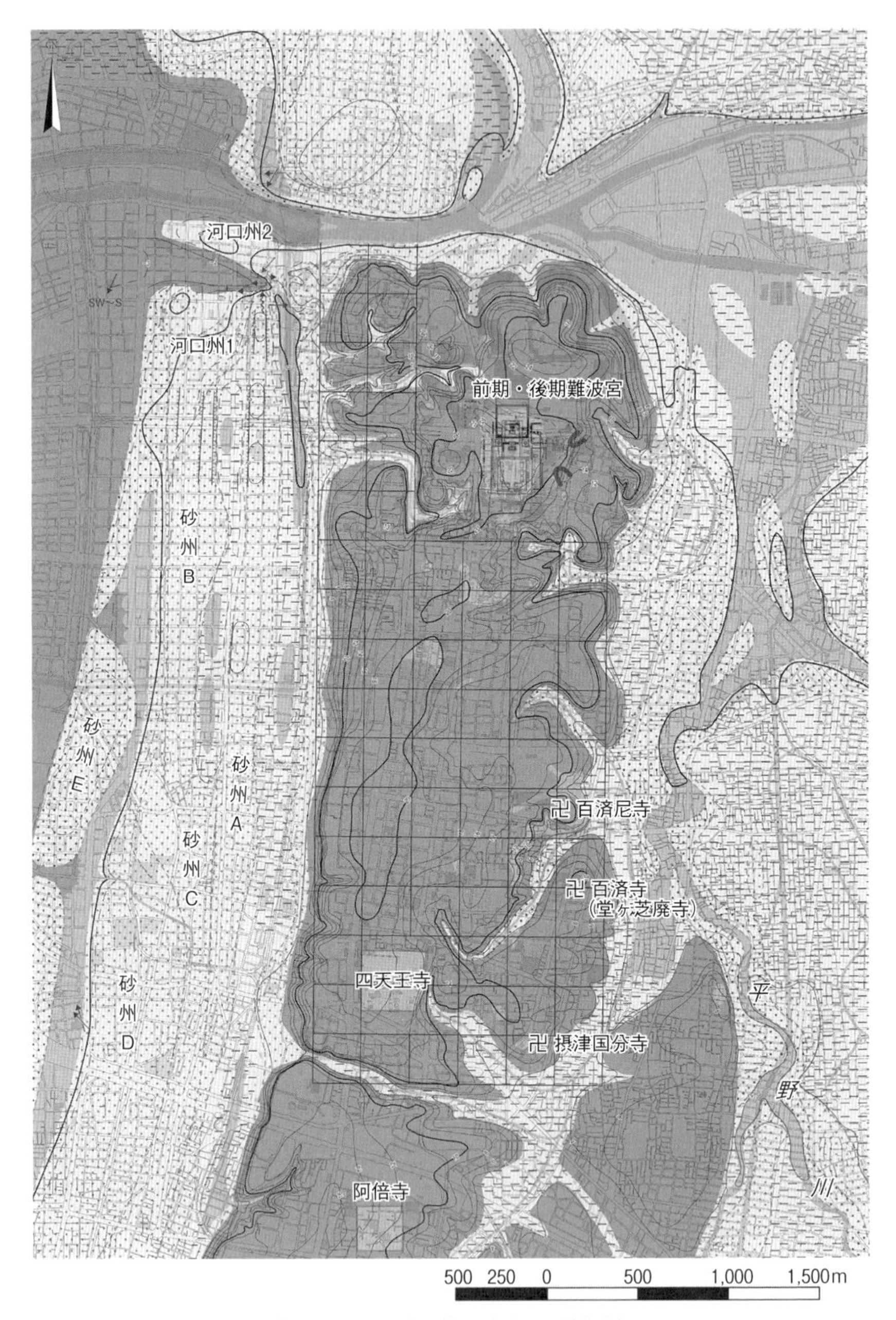

第３図　上町台地復元古地理図（古代）

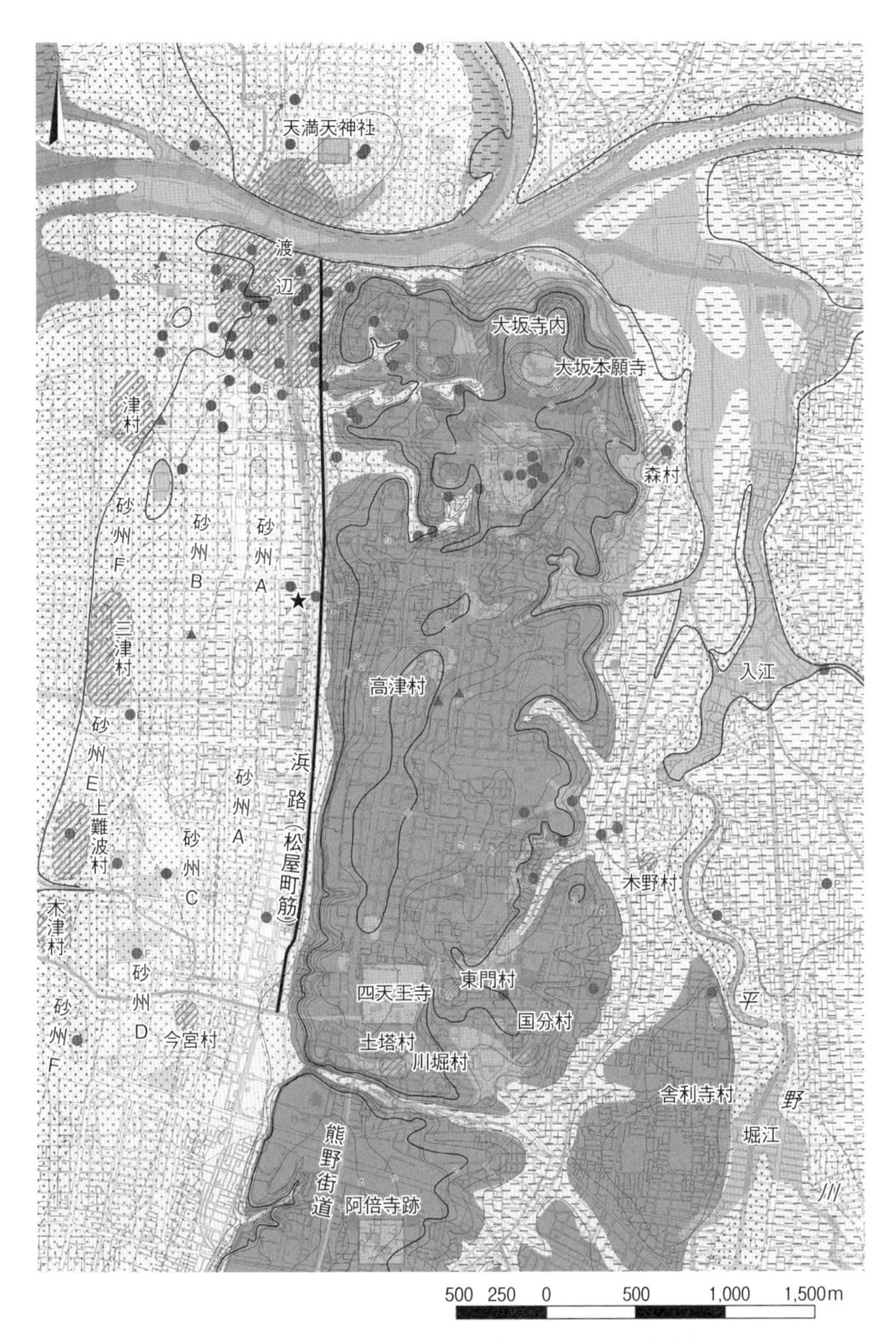

第４図　上町台地復元古地理図（中世後期／一部加筆）

吉社の西側を指すことは間違いなく、したがって「浜路」も住吉社の西側を通っていたことが推測される。住吉社は『土地条件図』によれば、上町台地の西端に位置し、その西側はやはり砂堆である。この砂堆の形成時期はよくわからないが、住吉社の北方にありこの砂堆にのる粉浜(こはま)・勝間(こつま)ではそれぞれ保元二年(一一五七)～応保元年(一一六一)と仁治年中(一二四〇～四三)の開発伝承がある。[22]その真偽は検証できないが、同様の砂堆に位置する今宮が文献史料に登場する時期とさほど違わない点は注目されよう。したがって住吉社付近で安定的な道が形成される位置としては住吉社のすぐ西側、やはり段丘の西縁辺部といえよう。[23]

以上、渡辺津・天王寺西海辺・住吉社を結ぶ「浜路」について検討してきた。その結果、「浜路」は上町台地の西縁辺部を南北に通るルートの道であった可能性の強いことが明らかになったといえよう。

さて、ここまでおこなってきた「浜路」の道筋比定で注目しておきたいのは、今述べてきた「浜路」の道筋が松屋町筋と重なり、さらにそれが前述した古代の道(第2図)とも一致する点である。「浜路」は古代の道を継承し、かつ中世には渡辺津を起点(終点)にもつ道であったことから、中世大坂のなかでもっとも中心的な道であったといえるのではなかろうか(第4図)[24]。

なお、この「浜路」は十六世紀末～十七世紀初めにおいてもその名を史料に見ることができる。

【史料5】『鹿苑日録』慶長四年(一五九九)十二月二十九日条[25]

未刻赴帰路之次、侍天皇寺(王)遊行、浜路ヨリ赴于住吉、

【史料6】『鹿苑日録』慶長十二年(一六〇七)閏四月二十日条[26]

帰寺之次、天皇寺(王)一覧、其次清水山之寺一覧シテ、浜路帰院、

【史料5・6】では、四天王寺および「清水山之寺」と住吉のあいだを「浜路」で移動している。「清水山之寺」

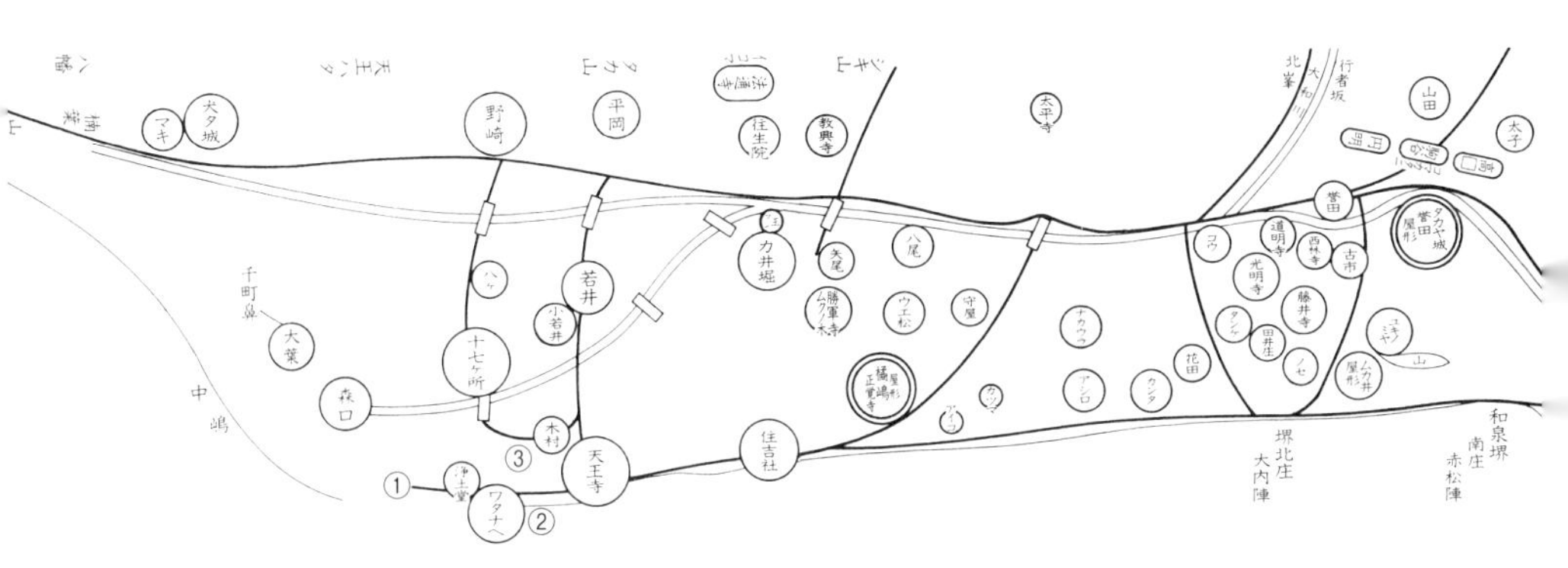

第５図　明応二年御陣図(読み取り図)

注：一部加筆。

とは四天王寺の西方(上町台地上の西端)にある清光院の可能性があり、[27]また本史料において「帰寺」する寺院は住吉の慈恩寺である。慈恩寺の場所は住吉社東方のいわゆる熊野街道沿いであり、「浜路」の道筋からは外れている。しかし、移動ルートとして「浜路」を経由することはありえることだろう。この段階では砂堆はほとんどが陸地化しており、「浜」そのものは中世初期よりかなり後退している。

また成立時期は不明であるが、遅くとも十七世紀初め頃までには、中世の「浜路」より西側を通る現在の堺筋にあたる道も存在していたと考えられる。立地的にみれば、近世初頭の時期としてはこちらの道がより「浜路」の名にふさわしいかもしれないが、ここでは同一呼称であることを重視し、ここでの「浜路」は中世と同一ルートであると考えておきたい。

以上の検討から、「浜路」とは北は窪津＝大渡＝渡辺津から現在の清光院(新清水寺)付近を経て南は住吉社へと続く道であったことがうかがえる。その位置については上町台地の西縁辺部と考えられるのであり、おおよそ現在の松屋町筋とその南延長線上にあたるとみるのが妥当である。なお、この道筋は中世の大阪を描いた図としては数少ない「明応二年御陣図」にも描かれている[28](第５図①、この比定については後述)。「浜路」の名は、かつて海岸線が上町台地近くに及んでいた古環境を伝える呼称だが、京都から四天王寺・住吉社方面へ参詣する貴顕の日記等を読む限り、【史料1・3】のように渡辺津から（まで）「浜路」を利用する例はみられても上町台地上を確実に通行している史料は、十五世紀までは管見に触れない（本章末第1表参照）。また、熊野参詣時においても往路は四天王寺・住吉社に立ち寄るのが通例であったことを考えると、渡辺津～四天王寺間についてはいわゆる熊野街道も「浜路」にあてる方が妥当性が高いのではなかろうか[29]。以上から、中世上町台地周辺のもっとも主要な南北道はこの「浜路」だったと考えるべきであろう。

（2）東縁辺部の道

上町台地の東縁辺部を通る道も存在が認められる。まず「明応二年御陣図」（第5図）をみてみよう。四天王寺から東方向、若井（若江）へ向かう道から木村（このむら）方面に分岐し、「十七ヶ所」へ進む道③が描かれている。本図は概略図のため、十七世紀の図ではあるがもう少し詳細な「明暦元年大坂三郷町絵図」（第6図[30]）でみてみると、四天王寺から国分村を経て東行する道から北へ分かれて伸びる道Ⓓが確認できる。それはまさに木村を通っており、さきの③に該当するとみてよい。これが東縁辺部を南北に通る道のひとつである。

もう一本、道がある。応永三十四年（一四二七）、足利義満側室の北野殿が熊野から京都へ戻った際の記録をみてみよう。

【史料7】『熊野詣日記』応永三十四年（一四二七）十月九日[31]

御昼、天王寺、御やと大こく屋、供御の、ち北野殿、亀井の水めしよせられてきこしめさる、水なを筒に入て京にもたせらる、御夢想の告あるによりてなり、しきの（鴫野）、わたり御船なり、た、一艘にて、上下をわたしたてまつる程に、はるかに時うつれり、御宿、森口、

これによれば、北野殿は四天王寺「御やと大こく屋」（西門前か）で昼食をとったのち境内の亀井の水に立ち寄った。そして出発後、「しきの、わたり」（鴫野渡）を船で越えたのち陸路を森口（守口）へ向かったことがわかる。ここで問題となるのは四天王寺から鴫野までの道筋である。可能性としては先に指摘した木村を通る南北道（第6図のⒹ）もありえるが、北へ向かうには迂回ルートとなるので、むしろ次の道を提唱したい。それは、四天王寺の東門から出、上町台地を刻む北北東方向の谷（第7図「明治十九年大阪実測図」[32]の「字下ノ大道」）を抜け、小橋村を経て猫間川沿いに鴫野へ向かうという道筋（第6図ではⒸ）である。これは自然地形に沿ったコースであ

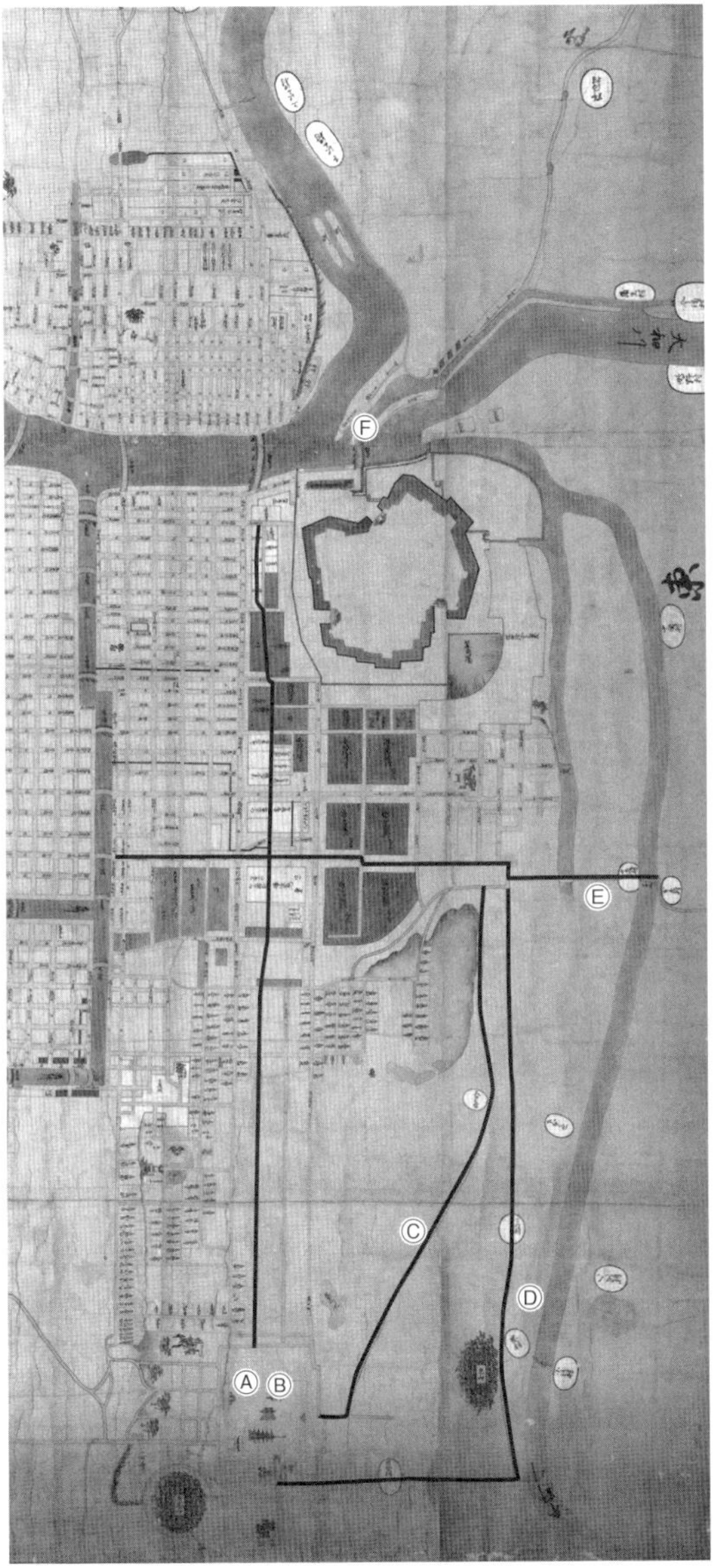

第6図　明暦元年大坂三郷町絵図

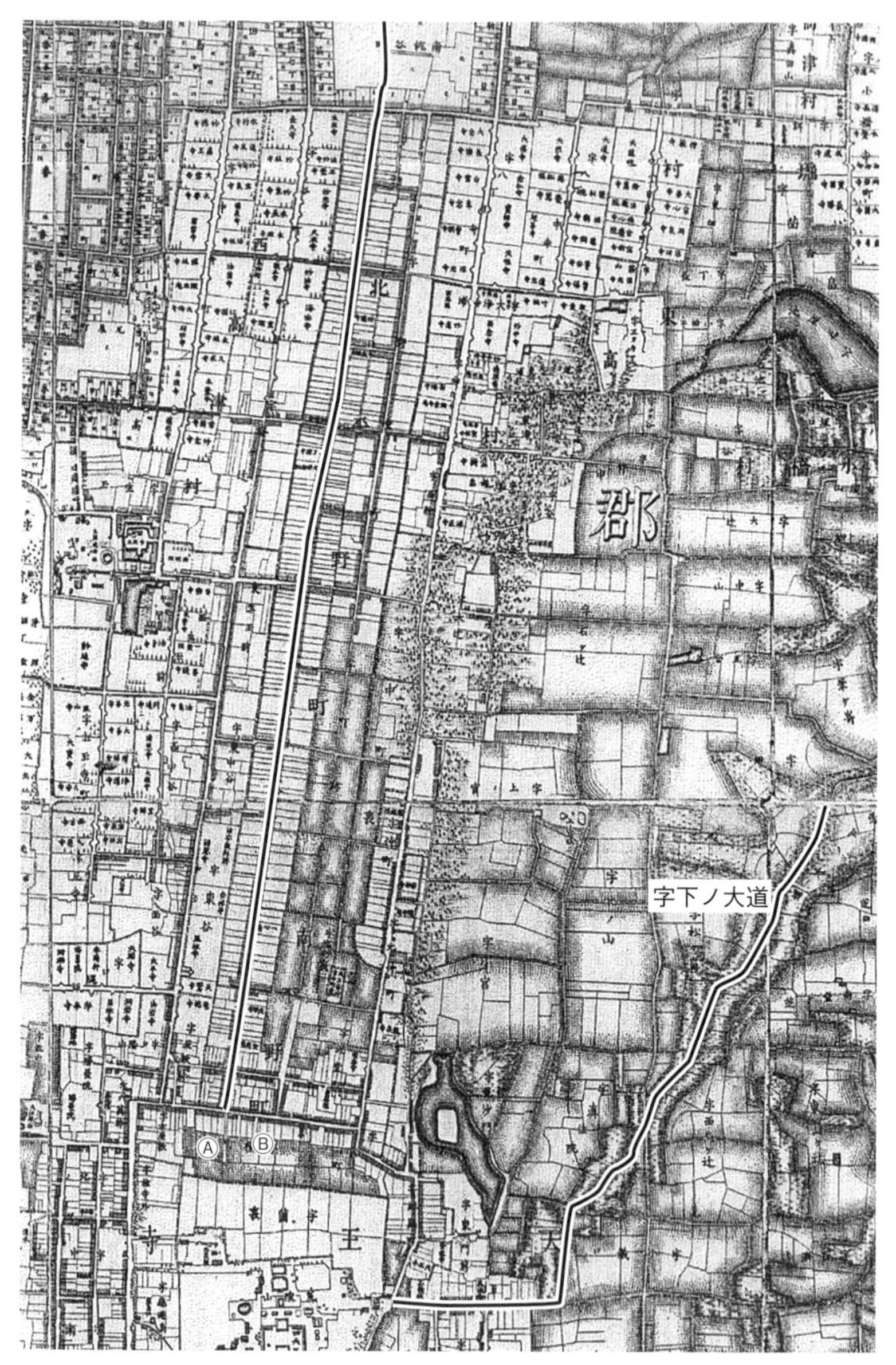

第７図　明治19年大阪実測図

り、また四天王寺から鴫野へいたる最短ルートとみなせるためである。

【史料7】でたどった道筋として、四天王寺から上町台地上を北進する道筋も想定されないことはないが、その可能性は低いだろう。その理由のひとつが【史料7】以前に同地を縦断する中世の道が史料上確認されないこと。さらに次の【史料8】からわかるように、大坂本願寺が成立した十六世紀前半以降においても上町台地北端部の大坂から陸上を京都へ向かう際は、鴫野で大沢橋[33]を渡るルートを経由していることなどがあげられる。


【史料8】『私心記』天文二十四年(一五五五)五月三日条[34]

烏丸殿、御堂御見物ニ参候、其後御暇乞ニ東座敷へ参ル、ヤガテ上洛、殿原衆ワウサワ(大沢)橋マデ送申サレ候、

つまり、上町台地北端部からであっても京都方面に向かう場合はそこから直接北へ大和川を越えるのではなく、いったん東側にある鴫野を経由するルートが採られているのである。そうなると、四天王寺から京都方面をめざす場合には上町台地上を北端まで進むことはかえって迂回となるのである。よって、四天王寺付近から陸路で京都へ向かう際には上町台地東縁辺の道が使用された可能性を指摘しておきたい。

このことは、中世において近世の京街道に相当する上町台地北端部から直接現在の都島区域へ越え、京都方面に向かう陸上ルートが存在しなかったか、あるいは存在しても主要な道でなかったことを示唆しており、注目されよう。

三　上町台地上の道

次に上町台地上の道について述べていく。台地上の道は南北の道と東西の道を取りあげる。

（1）南北の道

上町台地上の南北道はどのような状況だったのか。さきに中世を通して「浜路」が主要道だったと推測したが、ふたたび十五世紀末の「明応二年御陣図」（第5図）を見てみよう。「天王寺」から北行する道は①・②の二本が確認できる。①は渡辺をかすめるように浄土堂へ、②は「ワタナヘ」（渡辺）で止まる。「天王寺」とは必ずしも四天王寺そのものに限定されず、台地膝下の今宮も含む広域地名でありうること[35]、高麗橋から平野町一帯にかけては水域が復元され、渡辺津の存在が想定されること[36]、浄土堂の所在地は大川にせりだす上町台地北西突端部（楼の岸）と推定されること[37]、を総合的に判断すると、①については上町台地の西側縁辺部を通りながら浄土堂の西寄りへ至る点で「浜路」に当てるのがふさわしいだろう。そうなると②はさらにその西側に位置しながらも渡辺津に到達しているので、候補としてはのちの堺筋（紀州街道）があげられよう。ただしこの道については情報が少ないため[38]、ここでは可能性を指摘するのみにとどめたい。ただ、いずれにしても①・②は上町台地上の道とはみなしがたいのである。

そこで、確実に上町台地上の南北道とみなせる史料を探ると、それは十六世紀に下るようである。

【史料9】『永正記』大永三年（一五二三）三月三日[39]

三日、（中略）小坂一宿、（中略）四日、晴、朝飯巳後立小坂歩行、天皇寺（王）、一里、

【史料10】『吉野詣記』天文二二年（一五五三）三月一二日[40]

けふは水無瀬までまかるべき程とをしとていそぎけるに、この寺の舎利毎日巳の刻に出させ給へども（中略）、秋野といふ人、道までをくりにとて楼の岸、わたなべの大江まで酒もたせきたりける、

【史料9】は一五二三年、醍醐寺理性院宗永が京都から紀州へ向かう途中で「小坂」に泊まり、徒歩で四天王寺へ向かったことを伝えている。ここでいう「小坂」とは明応五年（一四九六）、本願寺蓮如が創設した大坂坊舎

が次代実如の時に発展した大坂御坊（寺内町）を指していることは間違いない。その所在地はいまだ確定的でないものの現在の大阪城二ノ丸付近であることは動かないので、上町台地北端部で宿泊したのち翌日に四天王寺へ向かったことになる。そうなるとこの時の移動ルートは上町台地上の南北道と考えるのが素直だろう。

【史料10】は一五五三年、三条西公條が吉野参詣の帰りに四天王寺から楼の岸を経て「わたなべの大江」に達したとするものである。楼の岸は上町台地北西端で大川（淀川支流）に臨む台地突端部のことであり、そこを経て川縁の渡辺に至ったということは、まず台地上を北行し、北端近くで西へ向きを変えて楼の岸を通り、台地を降りて渡辺へ向かったというルートが想定されよう。

以上、【史料9・10】を検討したが、上町台地上を南北に縦断する道がそう多くあったとも想定しにくいので、断定することはもとより困難であるものの、【史料9・10】にみえる道は同じ道を指す可能性があると考えておきたい(41)。

上町台地北端部は蓮如による明応五年の大坂坊舎建立を契機に都市的様相をみせはじめた。こうした状況はそれまで同地ではみられなかったものである。つまり、この頃から上町台地北端部は流通・交通の拠点として機能しはじめたのであり、いきおい上町台地上の交通も活発になったと推測されよう。これが【史料9・10】のような十六世紀以降の道史料の増加、すなわち交通路としての重要度が高まる状況をもたらしたものと思われる。

では、この上町台地上の南北道の位置はどこに復元されるべきであろうか。これにかかわる文献史料は見出せていないが、大坂御坊・大坂本願寺と四天王寺を結ぶもっとも単純な道筋を地形条件とあわせて考えてみると、上町台地の軸線に沿った南北方向の尾根道が有力な候補となるのではなかろうか（第6図・第7図のⒶ）。この道は現在でも空堀の南から四天王寺にかけては尾根道の様相をよく残しており、空堀北部においても低い谷地形を越える部分はありながらも比較的台地の高所を通り大川まで達するルートとして復元が可能である（第8図「上

第８図　上町台地北端の旧地形復元図

町台地北端の旧地形復元図」(42)のⒶ)。さらに、天正十三年（一五八五）に架橋された天満橋がこの道のほぼ延長線上に位置していることも(43)、この道の歴史的性格を示唆していよう。このように考えると、現状では南北方向の尾根道を中世の台地上の南北道と考えるのが妥当かと思われるのである。

　上町台地上の南北道については、四天王寺以南ではあるが次のような史料もある。

【史料11】『鹿苑日録』慶長十二年（一六〇七）七月五日条(44)

　未明卯刻赴大坂、社家者可為上道之條、予者赴下道、於天皇寺(王)石鳥居各行逢、

これは住吉社家と住吉慈恩寺に居住していた西笑承兌が豊臣秀頼に対して社中造営の礼をするため、住吉から大坂へ向かう際の記事である。これによれば、住吉社家は「上道」を行き、一方の西笑承兌は「下道」を通って両者は四天王寺石鳥居のところで落ち合ったことになる。

　この「上道」「下道」という呼称については、管見ではこの史料以外には見当たらない。その呼称からみて固有名詞というより、相対的な位置関係を示した便宜的な呼び名とみてよかろう。その場合、相対的な位置関係と

は「上」「下」、すなわち地形的に高いところを通る道が「上道」、低いところを通る道が「下道」という理解が妥当であろう。

具体的に四天王寺～住吉間でその道筋を考えてみよう。まず「上道」であるが、地形的に高いところを通るという前提で考えると、その有力候補となるのは上町台地上のいわゆる熊野街道（四天王寺～阿倍野～住吉）である。

【史料12】『鹿苑日録』慶長五年（一六〇〇）二月十二日条(45)

自朝晴、斎早晨ニ受用、甚右衛門尉相伴、斎了卯尾ニ至嶋、未尾ニ至住吉、於途中安辺野伊賀・少弐両人ニ逢、入慈恩、

これは西笑承兌が住吉に戻る際の記事であるが、住吉への途中で「安辺野」（阿倍野）を通過していることがわかる。四天王寺から阿倍野を経て住吉へ至る道としては、建仁元年（一二〇一）の『熊野行幸日記』および承元四年（一二一〇）『修明門院熊野御幸記』に四天王寺→阿倍野王子→住吉社という道筋で熊野参詣に向かった記事がみえる。これは上町台地上の熊野街道に当たる。【史料11・12】で四天王寺～住吉間を上町台地上で移動し、さらに阿倍野を通過していることを考えると、「上道」については四天王寺～阿倍野王子～住吉社を通る上町台地上の道筋とみてまちがいあるまい。なお「下道」については、【史料11】以外の史料は管見にとまらないので、高さの相対的比較という観点から、上町台地の下、すなわち「浜路」がそれに該当する可能性を指摘するにとどめておきたい。

（2）　**東西の道**

次は、上町台地上の東西道である。東西道では大和から生駒山を暗峠で越え、中河内地域を通って上町台地にアプローチする道が知られている(46)。

【史料13】『二条宴乗記』永禄十三年（一五七〇）二月五日条

五日　天晴、（中略）、宿へヰトマコヰ候て出、（中略）□□ハ同道可申由申候処ニ、松原まて被上
□森川キハまて御迎、学専、松原ニ逗留、

この史料は永禄十三年、大坂本願寺を訪れていた二条宴乗が大坂から森・松原（東大坂）を経て暗峠越で奈良に帰る際のものである。二条宴乗は大坂本願寺に滞在していたため森から大和へ向かっているが、逆に暗峠から松原を経て西へ直進すると、近世では中通から玉造付近を経て内安堂寺町通へと通じることになる（第6図のⒺ）。この内安堂寺町通が中世にさかのぼることを示す史料は得られていないが、地形条件的な障害はみられず、また前述のように十六世紀には上町台地上の南北道利用が活発化するので、その頃にはそれと接続する内安堂寺町通の前身の道も存在したとの想定もありうるのではなかろうか。可能性として指摘しておきたい。

以上、上町台地周辺の中世の道を検討してきた。南北道は少なくとも平安時代から十七世紀まで存続する「浜路」の存在が確認できた。一方、台地上の南北道はその尾根を通る道が十五世紀末以降重要度を高めたことがうかがえた。なお上町台地から京都方面への道は、中世末まで鴫野で大和川を渡る道筋が主だったようである。東西道については史料が乏しいが、河内・大和方面に続く近世の内安堂寺町通が中世にさかのぼる可能性を述べた。

四　「大阪」の地名について

最後に、中世大坂の景観に大きくかかわる地名「大阪」についてその初見と意味について述べておきたい。「大阪」の初見史料に関しては長らく明応五年（一四九六）の本願寺蓮如の『御文』といわれてきた。「摂州東成郡大坂」である。しかし管見によれば、遅くとも正安三年（一三〇一）までに成立している『宴曲抄』[47]のなかの「九

品津、小坂、郡戸の王子」の記述がさらに古い事例と思われる。「小坂」がそれで、ここでは熊野王子三ヶ所のひとつとして掲げられている。「九品津」（窪津）の王子は渡辺王子、そして「郡戸」の王子は郡戸王子であり、その間とされる「小坂」の王子は通常「坂口王子」と呼ばれる王子に当たると考えられる。

なお「大阪」（「大坂」「小坂」）の語源については、次の本願寺蓮如の和歌が参考となる。

【史料14】和歌　蓮如筆(48)

又舟ニ　ノリテソトヲル　ワタナヘノ　磯キハトヲル　大サカノ山

蓮如は大坂や堺の坊舎と本願寺があった山科の間をしばしば往来したが、その途中で見た光景を詠んだのがこの歌だったと思われる。蓮如は船で大川を通った際、渡辺津近くで〝大坂の山〟を見たのであるが、この〝大坂の山〟とは船上から上町台地最北端の斜面を見上げた際の印象を〝山〟という表現であらわしたのだろう。上町台地北斜面は急崖になっており、それが山の姿に見えたものと考えられる。

「坂口王子」は上町台地の北端ではないが、やや南へ下ったところの西斜面上に位置する。その意味で〝坂口〟とはその斜面の登り口を意味した可能性があるだろう。(49)この上町台地の北端周辺の地形が「大阪」という地名の語源になったと考えておきたい。

おわりに

以上、中世大坂の歴史環境について、道を中心にして考えてきた。その結果、中世大坂の主要な道としては古代以来の道筋を継承する、上町台地西縁辺部を南北方向に通る「浜路」（現在の松屋町筋にあたる）が挙げられることを指摘した。この道は、北は渡辺津に端を発し、四天王寺の西側を南下して住吉へ至るもので、中世大坂の主要地点を結んでいる点からその重要性が理解できよう（第1図参照）。その意味で、熊野参詣への往復もこの道がもっともよく利用されたのではないかと考える。

そして、十六世紀に入ると同じ南北方向の道として、上町台地上の道が史料に姿をあらわす。これは上町台地の尾根道に該当すると推測される道で、台地北端に蓮如が大坂坊舎を建立し、これがのちに大坂本願寺に展開したことが、台地上の交通を活発化させ、道の利用を促したためと推測される。

中世大坂の道は地形条件に規定されつつも、それが結ぶ交通の要衝や都市と刺激しあいながら展開をみせていったのであった。

（1）　仁木宏「大坂石山寺内町の空間構造」（井上満郎・杉橋隆夫編『古代・中世の政治と文化』思文閣出版、一九九四年。のち『寺内町の研究』第二巻、法藏館、一九九八年に再収）。同「大坂石山寺内町の復元的考察」（中部よし子編『大坂と周辺諸都市の研究』清文堂、一九九四年）。同「大坂石山寺内町の復元・再論」（『寺内町研究』三号、一九九八年）。藤田実「大坂石山本願寺寺内の町割」（『大阪の歴史』四七号、一九九六年）。同「寺内町大坂（石山）とその地理的環境」（渡辺武館長退職記念論集刊行会編『大坂城と城下町』思文閣出版、二〇〇〇年）。同「大坂にみる新設型寺内の構造――仁木宏氏の大坂寺内論への再批判をかねて――」（『寺内町研究』五号、二〇〇〇年）。なお、第二部第三章も参照のこと。

（2）　鋤柄俊夫ほか『大坂城跡の発掘調査三』（財団法人大阪文化財センター、一九九三年）。鋤柄俊夫「大坂城下町にみる都市の中心と周縁」（『中世都市研究Ⅰ　都市空間』新人物往来社、一九九四年）。松尾信裕「船場地域における大坂城下町下層の遺跡」（『大阪市文化財協会研究紀要』二号、一九九九年）。同「中世の上町台地北辺の景観」（『大阪市文化財協会研究紀要』四号、二〇〇一年）。

（3）　そうしたなかで重要な成果としては、仁木宏「『二条宴乗記』に見える大坂石山寺内町とその周辺――「石山合戦」開戦時を中心に――」（『人文研究』四九巻六分冊、一九九七年）がある。また、拙稿「戦国期大坂の本願寺門徒衆と寺院」（註1『大坂城と城下町』）では、真宗寺院の存在を手がかりに中世集落の所在地等を考える試みをおこなった。

（4）中世における熊野街道の呼称としては「熊野大道」が散見される。康永二年（一三四三）十一月十日「道阿弥陀仏畠地売券」（開口神社文書）、正和五年（一三一六）裏書「和泉国日根荘日根野村荒野開発絵図」（宮内庁書陵部蔵）など。本章では便宜上、熊野街道と称する。

（5）渡辺津には「窪津」（『玉葉』文治三年八月二十二日条）や「大渡」（『同』文治四年九月十五日条）、「国府大渡」（『扶桑略記』治安三年十月二十八日条）の異名があった。本章では史料の原文引用時をのぞいて、渡辺津に統一する。なお、第一部第三章も参照のこと。

（6）神野清秀「街道の現状　大阪市域」（『歴史の道調査報告書　第一集　熊野・紀州街道――調査報告篇――』大阪府教育委員会、一九八七年）。

（7）『新修大阪市史　第一巻』（大阪市、一九八八年、八二五～七頁）。

（8）足利健亮『日本古代地理研究』（大明堂、一九八五年）。

（9）積山洋『古代の都城と東アジア』（清文堂、二〇一四年）。

（10）吉田晶は古代の難波市について述べるなかで、「難波市では水運との直接的関係を考えることはできず、むしろ台地の周縁を南北に通ずる古道（天神橋から南行する松屋町筋）による陸上交通との関係を重視」する視点を提示している（同『古代の難波』教育社、一九八二年）。吉田によれば、難波市は伝統的な地域的交易圏のなかで機能していたと推測されており、そうした場合、古道である天神橋筋～松屋町筋の存在は重要な役割を果たしたと考えられる。

（11）木原克司「古代難波地域周辺の景観復元に関する諸問題」（『大阪の歴史』四八号、一九九六年）。

（12）『増補史料集成　中右記二』（臨川書店、一九七〇年）。

（13）『増補史料集成　台記一』（臨川書店、一九七〇年）。

（14）『増補史料集成　台記二・台記別記一』（臨川書店、一九七〇年）。

（15）平凡社地方資料センター編『日本歴史地名大系二八　大阪府の地名Ⅰ』（平凡社、一九八六年、「渡辺津」項）。

（16）『新修大阪市史　第二巻』（大阪市、一九八七年）。

（17）註（2）松尾「船場地域における大坂城下町下層の遺跡」。

（18）『史料纂集　実隆卿記』巻六上（続群書類従完成会、一九六一年）。

(19) 二〇一四年に『大阪上町台地の総合的研究』が刊行された(公益財団法人大阪市博物館協会大阪文化財研究所・大阪歴史博物館編、平成二一～二五年度科学研究費補助金〈基盤研究(A)〉研究成果報告書。以下、『上町科研報告書』)。本書には上町台地周辺の古環境・古地形の最新の研究成果がまとめられているが、第3図はそこに収められた「古地理図三　古代」である。なお後掲の第4図も本書所収の「古地理図四　中世後期」である。

(20) 『住友銅吹所跡発掘調査報告』(財団法人大阪市文化財協会、一九九八年)。

(21) 『源平盛衰記』(有朋堂書店、一九三五年)。

(22) 『西成郡史』(大阪府西成郡役所、一九一五年)。

(23) 大村拓生は「中世渡辺津の展開と大阪湾」(『大阪の歴史』七〇号、二〇〇七年)のなかで、拙稿において天王寺以南の「浜路」の位置を上町台地直下に置いたことを批判し、近世紀州街道と重ね合わせ、今宮をその起点とみるほうが自然だと述べた。今宮が鎌倉期に存在したことは事実であるが、その今宮を通る南北道(近世紀州街道)が鎌倉期の段階で存在したかどうかは慎重に考える必要があろう。なお後述のように「明応二年御陣図」(第5図)においてこの道筋が確認される。

(24) 註(19)『上町科研報告書』所収「古地理図四　中世後期」。

(25) 『鹿苑日録　第三巻』(太洋社、一九三五年)。

(26) 『鹿苑日録　第四巻』(太洋社、一九三五年)。

(27) 現在、四天王寺の西には「新清水寺」の通称を持つ清光院がある。清光院は寛永十七年(一六四〇)、京都の清水寺から千手観音を移して本尊として以降、新清水と呼ばれたというが、かつて有栖山有栖(川)寺と号したともいわれている(註15『日本歴史地名大系二八　大阪府の地名Ⅰ』「清光院」項)。なお、「在栖河寺」という寺院が四天王寺の末寺として天文三年(一五三四)に存在している(「天王寺誌」『四天王寺史料』清文堂、一九九三年)。

(28) 『新修大阪市史　第二巻』大阪市、一九八八年、図35。

(29) 熊野街道の比定にかかわっては王子の位置が問題になる。この点について、王子では遙拝がおこなわれたためその位置は台地上でなければならないという話を聞くことがあるが、王子で遙拝をおこなったという例は確認できず(小山靖憲『熊野古道』岩波書店、二〇〇〇年)、その必然性は認められない。なお、渡辺～天王寺間の王子の所在地については、

えている。

(30) 渡辺王子(窪津王子)は現在の坐摩(いかすり)神社御旅所付近、坂口王子を朝日神明社跡付近、郡津王子を現在の高津神社付近と考
(31) 大阪歴史博物館蔵。
(32) 『神道大系　文学編五　参詣記』(神道大系編纂会、一九八四年)。
(33) 大阪歴史博物館蔵。
(34) 註(1)仁木宏「大坂石山寺内町の空間構造」。
(35) 『真宗史料集成　第三巻』(同朋舎、一九八三年)。
(36) 大村拓生「中世天王寺の都市的展開」一六一七会四天王寺例会レジュメ、二〇一一年。
(37) 趙哲斎「大坂城下町跡の自然地理的背景について」(『大坂城下町跡Ⅱ』財団法人大阪市文化財協会、二〇〇四年)。
(38) 註(1)藤田実「大坂にみる新設型寺内の構造——仁木宏氏の大坂寺内論への再批判をかねて——」。
(39) 堺筋(紀州街道)の文献上の初見は、管見によれば慶長二十年「大坂濫妨人幷落人改帳」(『新修大阪市史　第五巻　大坂城編』大阪市、二〇〇六年)にみえる「日本橋筋」である。また発掘調査では、堺筋沿いのHB14-1次調査で豊臣後期の堺筋に直交する敷地境とも推定される溝が確認されている(「中央区東心斎橋一丁目における建設工事に伴う東心斎橋一丁目所在遺跡C地点発掘調査(HB14-1)報告書」『大阪市内埋蔵文化財包蔵地発掘調査報告書(二〇一四)』大阪市教育委員会・大阪市博物館協会大阪文化財研究所、二〇一六年)。よって堺筋の前身となる道が豊臣後期に存在していたことはまちがいない。
(40) 『大日本史料　第九編之一九』東京大学史料編纂所、一九九一年。
(41) 『群書類従　第一八輯』続群書類従完成会、一九五九年。
台地上の南北道にかかわっては、次のような史料もある。『私心記』天文二十一年(一五五二)六月二十六日条「泉勢トホリ候ヲ西町ニテ見物候、自津国退候也」(『真宗史料集成　第三巻』同朋舎出版、一九八三年)。これは泉州勢が退散する光景を実従が大坂本願寺の西町から目撃した際の記述である。西町は大坂本願寺寺内では西側にあることから泉州勢が退散する道は寺内の西側を通る道と思われる。「浜路」は本願寺寺内がある上町台地の西側縁辺部なので、寺内からは距離もあっておそらくは見えなかったと想像されるので、この道は台地上の道だった可能性が高いと考えている。

(42)『難波宮址の研究　第一二』財団法人大阪市文化財協会、二〇〇四年。
(43)拙稿「忘れられた歴史の道」(『うえまち』七四、ＮＰＯ法人まち・すまいづくり、二〇一一年)。
(44)註(26)『鹿苑日録　第四巻』。
(45)註(25)『鹿苑日録　第三巻』。
(46)註(3)仁木論文」。【史料13】も仁木論文による。
(47)『続群書類従』第一九輯下(続群書類従完成会、一九五八年)。なお『群書解題』第四巻(続群書類従完成会、一九六〇年)も参照。
(48)『真宗史料集成　第二巻』同朋舎出版、一九八三年。
(49)坂口王子の比定地としては、「浜路」から上町台地を上った朝日神明に当てる説がある(『摂津名所図会』巻四「朝日神明宮」項。『日本名所風俗図会』一〇、角川書店、一九九〇年)。

渡辺⇔四天王寺⇔住吉	備考
くま河→住吉（船）	
（難波）←天王寺←住吉	復路はすべて「浜道(ママ)」（難波は御祓の地）
大渡→天王寺→住吉	住吉社では奉幣
大渡→住吉	
大渡←天王寺（僧房宿）←住吉	天王寺から「浜路」を通り「浜際」で祓をし、大渡到着
窪津←天王寺西海辺←住吉社辺	すべて「浜路」利用
大渡→天王寺	大渡泊
窪津→天王寺西大門	往路は御車で「難（陰）道」を経て天王寺へ
窪津←浜←西門	滞在中、西浜に出て海を見る
窪津→住吉前浜	輿に乗る
大渡←住吉前浜	
（八幡）→天王寺（宿）→住吉→河内路→政所	
賀島辺←一洲←西海（船）←天王寺	天王寺西海から一洲経由加島辺へ
大渡→西門外	
大渡←天王寺	復路は「浜路」
窪津→松原庄	
大渡←住吉辺	
窪津→天王寺→住吉前	
渡辺←堺	渡辺で宿船
（梅津）→天王寺宿房→住吉前津	
窪津←天王寺宿房←住吉辺	
大渡→住吉前→住吉南仮屋	往路は「浜路」
今津辺（宿）←大渡←（船）←住吉	今津辺で宿す
窪津→天王寺西門	天王寺宿所は故俊資入道塔廊
渡辺王子→天王寺→安部野→墨江→和泉国府	渡辺王子の初見。天王寺宿所は経尊法眼が用意
クホ津（王子）→坂口王子→コウト王子→天王寺→阿倍野王子→住吉社	窪津～郡戸各王子で奉幣・経供養・里神楽・上下乱舞、安倍野で奉幣、住吉社で奉幣・経供養・相撲三番・和歌講義
ナカラ宿所←天王寺←住吉	

第１表　上町台地近辺の道関係史料

	年月日			出典	参詣者・記録者	目的
1	長元４年	1031	9.27、28 9.28、29	栄花物語・(左経記)	上東門院彰子	住吉参詣
2	永保元年	1081	9.22	大御記	藤原為房	熊野参詣
3	応徳元年	1084	9.14 9.14、15	後二條師通記	内大臣藤原師通	住吉参詣
4	天仁２年	1109	11.8	中右記	中御門宗忠	熊野参詣
5	大治２年	1127	2.4	中右記	中御門宗忠	熊野参詣
6	康治２年	1143	10.20 10.23	台記	藤原頼長	天王寺参詣
7	久安３年	1147	5.2 5.23	御室御所高野山御参籠日記	覚法法親王	高野参詣
8	４年	1148	3.12.13 3.20	台記	藤原頼長	高野参詣
9	〃	〃	5.10 5.17	台記	藤原頼長	天王寺参詣
10	〃	〃	閏6.10 8.6	御室御所高野山御参籠日記	覚法法親王	高野参詣
11	５年	1149	4.3、4 8.14	御室御所高野山御参籠日記	覚法法親王	高野参詣
12	６年	1150	6.6、7 7.19、20	御室御所高野山御参籠日記	覚法法親王	高野参詣
13	仁平元年	1151	3.9 3.10	台記	藤原頼長	住吉参詣
14	保元３年	1158	9.27	山槐記	中山忠親	高野参詣
15	承安４年	1174	9.21、22	吉記	吉田経房	熊野参詣
16	建仁元年	1201	10.5、6 10.25	熊野道之間愚記(熊野行幸日記)・明月記	後鳥羽院・藤原定家	熊野参詣

渡部・大渡王子→坂口王子→郡戸王子→天王寺→安部野王子→住吉社	渡部で「構御船寄打板也」、大渡・坂口王子で奉幣・供灯明・経供養・里神楽・馴子、安部野で奉幣・灯明・経供養・里神楽
長柄御所←渡部←(近木)	
窪津・王子→天王寺→墨江釣台→住吉社	窪津の王子で奉幣・経供養・里神楽・馴子舞・白拍子
渡部王子→天王寺→住吉南里	天王寺に宿す
江口←近木	
窪津→天王寺西門→南大門→住吉	天王寺周辺に宿す
窪津→天王寺西大門	
今津→天王寺→堺	天王寺に宿す
渡部←天王寺←近木	天王寺で昼養
窪津王子→天王寺→国府	
江口←国府	
窪津→天王寺宿→国府	
江口宿所←国府	
渡部·大渡→天王寺→住吉	天王寺から「浜路」利用。女院は「安部野」経由で住吉へ。19日は女院が安井殿西門前から住吉へ(浜路経由)。
天王寺←住吉	幸路は「安部野」、供奉人は「浜路」経由
渡部→住吉	
長柄→難波の浦→みつの浦→(船)→たみのの嶋→野田の玉河→天王寺→住吉	
わたなへの岸・王子→天王寺→住吉社→堺	宿は渡辺？の「律院」
森口←しきのゝわたり←天王寺 御やと大こく屋←すみよしの浜	守口に宿す
森口←天王寺	守口に宿す
渡辺→堺	
渡名部・阿ミタ浄土堂→勝万院・天王寺→浄土寺・住吉	浄土堂から勝曼院までは台地上ルートの可能性あるか
吹田←(二里渡)←渡辺←(二里)←天王寺←(道一里)←住吉←(路一里)←堺	
小坂→(一里)→天王寺→(一里)→住吉→(一里)→堺北庄→(船)→加太	小坂一宿、小坂→天王寺は確実に台地上ルート。復路は奈良経由。

17	承元4年	1210	4.21、22 5.11	修明門院熊野御幸記	修明門院	熊野参詣
18	建保5年	1217	9.30 10.1	後鳥羽院・修明門院熊野御幸記	後鳥羽院・修明門院	熊野参詣
19	承久2年	1220	10.26、27 11.12	頼資卿熊野詣記	四辻頼資	熊野参詣
20	嘉禄2年	1226	9.15 9.21	民経記	広橋経光	天王寺参詣
21	寛喜元年	1229	10.25、26 11.12	頼資卿熊野詣記	四辻頼資	熊野参詣
22	建長6年	1254	8.19 9.10	経俊卿記	吉田経俊	熊野参詣
23	康元2年	1257	閏3.20 4.9～10	経俊卿記	吉田経俊	熊野参詣
24	弘安8年	1285	10.14、18 10.18	実躬卿記	三条実躬 亀山上皇	天王寺・住吉参詣
25	嘉元2年	1304		高野山検校帳	二條師忠(行証)	
26	貞治3年	1364	卯月	住吉詣	足利義詮	住吉参詣
27	応永34年	1427	9.20、21 10.9	熊野詣日記	足利義満側室北野殿	熊野参詣
28	嘉吉3年	1443	4.19	看聞御記	田向宰相入道	天王寺参詣
29	文明16年	1484	11.6	蔗軒日録	季弘大叔	
30	長享3年	1489	8.18	大乗院寺社雑事記	尋尊	
31	文亀元年	1501	5.12	忠富王記	白川忠富王	
32	大永3年	1523	3.4	永正記	醍醐寺理性院宗永	高野参詣

おさか→天王寺→住吉→堺→さの	「おさか」に宿す
楼の岸←渡辺←かう津←天王寺←住吉←堺←さ野	楼の岸は船から見る。楼の岸は「松のみどりにみえ侍り」
鳥羽→小坂宿→天王寺→住吉→堺	
小坂←堺	
わたなべの大江←楼の岸←天王寺←住吉	天王寺→楼の岸は確実に台地上ルート
大坂烏丸亭→天王寺→(大坂)→住吉→堺	宿は烏丸亭
(大坂烏丸亭)←堺	
八幡→大坂→天王寺→堺	大坂一宿
(大坂)→天王寺→住吉	天王寺から「浜路」利用とあり。大坂の前田玄以邸からの帰途。天王寺で遊行。
→安辺野→住吉	“上道”
天王寺→清水山之寺→住吉	「浜路」利用
天王寺石鳥居←住吉	社家は「上道」、予は「下道」

33	大永４年	1524	４月 5.2	高野参詣日記	三条西実隆	高野参詣
34	天文13年	1544	5.22、27 5.28	言継卿記	山科言継	
35	22年	1553	3.11、12	吉野詣記	三条西公條	吉野参詣
36	永禄７年	1564	7.14、18 7.25	言継卿記	山科言継	
37	9年	1566	7.16	鹿苑日録		
38	慶長４年	1599	12.29	鹿苑日録	鶴峯宗松	
39	5年	1600	2.12	鹿苑日録	鶴峯宗松	
40	12年	1607	閏4.20	鹿苑日録	鶴峯宗松	
41	〃	〃	7.5	鹿苑日録	鶴峯宗松	

第二章

『日本一鑑』所収「滄海津鏡」の基礎的検討
——十六世紀大阪湾周辺の地形と港湾都市

はじめに

『日本一鑑』は、中国人鄭舜功が弘治二年・嘉靖三十五年（一五五六）、倭寇の取り締まりを要請する目的で来日した際の見聞をもとに撰述した日本研究書である。その紹介は早くに一九一四年、富岡謙蔵によっておこなわれ[1]、その後、国語学・歴史学・地理学など各分野から研究が進められてきた[2]。

『日本一鑑』の記述内容は大きく日明関係史と日本研究のふたつに分けられるが、編集構成上は「隁島新編（せつとうしんぺん）」「窮河話海（きゅうかわかい）」「桴海図経（ふかいずきょう）」の三部からなっている。

さて、このうち「桴海図経」巻之二には「滄海津鏡（そうかいしんきょう）」と称する台湾近海から九州・瀬戸内、そして京都に及ぶ広域の地図が収録されている（第1図。以下、本図と称す）[3]。本図は一見してわかるように、中世の日本図として流布したいわゆる行基図よりも大縮尺の図であり、その分、川・島をはじめとする地形表現が豊かであるのに加え、港津や都市的集落の名が多くみられることから、十六世紀頃の西日本に対する地理的認識が知られる貴重な地図である。

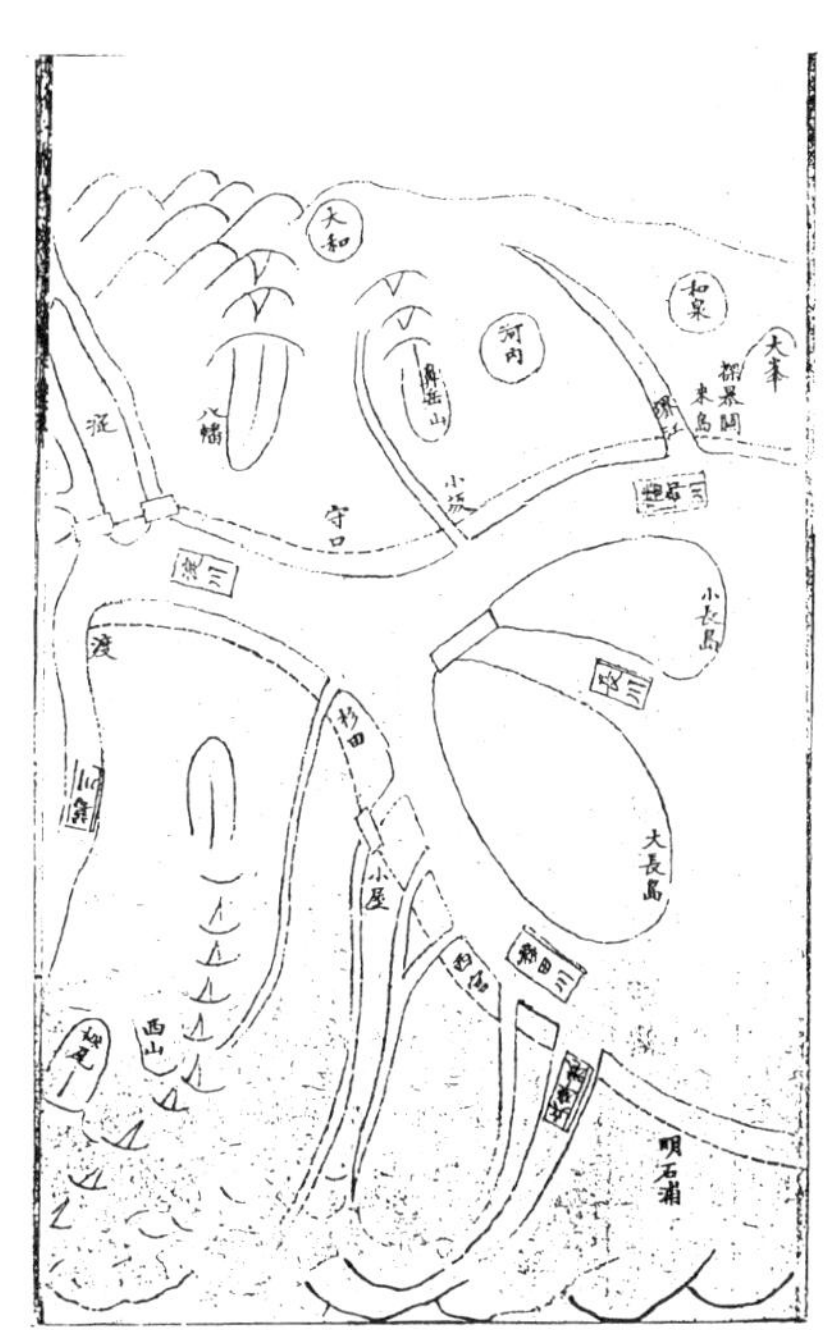

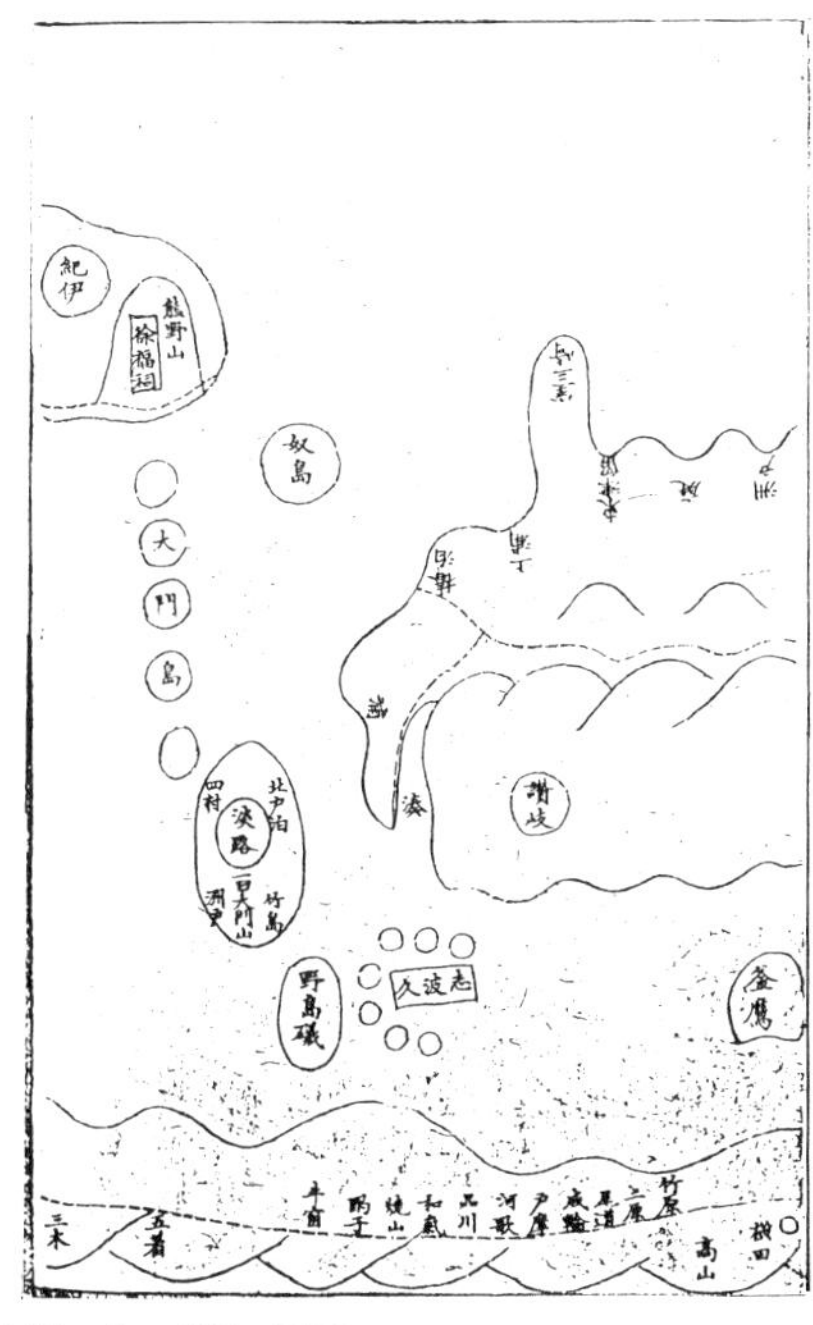

第１図　「滄海津鏡」(『日本一鑑』所収)

本図については早くに地理学の立場から藤田元春が注目した。藤田は本図の成立・伝来について、鄭舜功が滞在先の豊後で本図の元図となる海路図を入手したと考え、室町初期にはすでにこの種の地図の原本が瀬戸内航路者の手元にあったこと、あるいはそれ以前の鎌倉時代にはこの種の海洋見取り図が存在していたと推測した。また、記載内容についても一部言及し、とくに大阪湾周辺の地名や地形表現に対し若干の検討を加えたうえで、「本地図が中世の大阪を有力に語ることは慥かである」との見通しを述べている[4]。

このように藤田は本図に関する基本的な部分で一定の見解を示したが、残念ながらその後、地理学・地図史の立場から本図を全面的に検討した研究はあらわれておらず[5]、地域史研究の素材としても九州をフィールドとした研究で利用されるにとどまっている[6]。本図の描く範囲が広く西日本に及んでいることを考えると、流通経済史・都市史・地域史など幅広い研究で活用できると思われ、その成立背景と記載内容について十分な基礎的研究がなされる必要があるといえよう。

こうした研究状況にある本図だが、大阪地域史研究の立場からしても藤田元春以来、注目されることはまったくなかったといってよい。そこで、本章では文献史学の立場で、本図が歴史史料として大阪地域史の解明にどれほど資するのかという関心から、そこに描かれている大阪湾周辺（摂河泉地域）の地形や港津都市・集落・交通路へ対する認識について検討してみたい。

ところで、大阪近辺を描いた中世の地図としては「明応二年御陣図」（第一部第一章第5図・四五頁）がよく知られている。同図は河内国を中心とした内陸図であり、かつその名のとおり明応の政変にともなう高屋城包囲戦に対する関心がもとで作成された一種の主題図である。それに対して本図は対象が広域に及んでおり、地形や港津・都市的集落、交通路に関する情報が少なからず盛り込まれているとともに、『日本一鑑』本文中には本図の理解を助ける解説文も記されている。したがって、本図を詳細に検討することにより、戦国時代の同地域に関する新知見が得られる期待が持てるのである。

なお、そうした作業の結果として、本図の地図史的意義を考える手がかりが得られる可能性が生じてこよう。本章の最後では、それらの問題についても若干の言及をおこないたいと思う。[7]

一　「滄海津鏡」と関連する「万里長歌」「天使紀程」の記述

まず「滄海津鏡」を読み解くにあたって、最初に中島敬の整理にしたがい、「滄海津鏡」を含む「桴海図経」の内容を簡単に確認しておくと、次のようになる。[8]

〔趣旨〕日明間の航路を明らかにすること。

〔構成〕以下の三部構成となっている。

①「万里長歌」：鄭舜功の来日経路を中心とした日明航路の概述

②「滄海津鏡」：「万里長歌」を地図で表現したもの

③「天使紀程」：航路別の経由地紹介

これらから、「桴海図経」が航路に関する解説文と地図（「滄海津鏡」）をセットにしたものであり、日明航路に関連する港湾等に大きな関心が寄せられていたことがうかがえる。

続けて、「万里長歌」「天使紀程」から「滄海津鏡」の大阪湾岸部分に関連する記事を抜粋し、【史料1～4】として掲げておく[9]。

【史料1】「万里長歌」

彼山城国都、本夷云、自本島上、若乗西南風、開津而行、去東北約六十五更至堺江、光経椿泊、歴奴島、上越五小山、曰大門島、寄音大慕佳世邁、望見淡路島、彼一曰、国又謂大門山、我自山右過来島抵堺江、用平底舟、遡進山城国都矣、

【史料2】「万里長歌」

日本夷云、若於種島得西南風、用艮寅縫鍼約六十一更半、径取椿泊、歴奴島之上、過来島到堺江、用平底舟、乃進山城国都、否則種島乗南風、用艮寅縫鍼約至六更、渡棒津、（中略）自棒津次京泊津、次阿久津、（中略）次牛窓、次室、次兵庫港、港用平底舟、次西宮、次杉田、次山崎、次下鳥羽、用小舟、次日本王居

【史料3】「天使紀程」夷海右道

椿泊（茲法気 大邁利）、土佐地方、可停、避東南風、次一百二十里経奴島（怒世 邁）、南海淡路（押法 致）地方、孤山於山之上、渡経五小島、一曰大門島（大目佳 世邁）、島如一字連珠、次渡採暴関（太乂懦 歪射気）、次至来島、

来島(課世邁)、五畿和泉(易茲密)地方、可停、次一百三十里至堺江、
堺江(腮佳耶)、和泉摂津(茲儒固乂)、昆連地方、可停、南至紀伊(気儒固乂)、熊野山(固邁儒耀邁)、一百八十里北、用平底之舟、遡進
　内港、幡部川(歪大奈穴佳歪)、山河淡水、次六十里至小坂、
小坂(阿腮佳)、五畿摂津地方、山河淡水、次五十里至守口、
守口(目利固致)、五畿河内(佳歪致)、摂津交界地方、山河淡水、次六十里至八幡、
八幡(耀歪太)、官寺名、五畿山城(耀邁射六)地方、(以下略)

【史料4】「天使紀程」夷海上道

室(慕六)、可停、次一百三十里、経明石浦(押佳射烏刺)、皆山陽幡摩(法里邁)地方、次至兵庫港、
兵庫港(押耀烏課儒烏刺)、一曰日護(沸課)、五畿摂津(茲儒固乂)地方、可停港内、杉田川(自大佳歪)中港、長川(奈佳茲佳歪)、有橋阻舟、下
　港、幡部川(歪大奈穴佳歪)、則於兵庫港用平底舟、次五十里至西宮、
西宮(乂世儒密耀)、摂津地方、摂津司牧居処、近田川(押固太佳歪)、山河淡水、可停、次五十里生(至)杉田、
杉田(自太)、摂津地方、山河淡水、次六十里至山崎、
山崎(耀邁腮気)、摂津山城(耀邁射六)、昆連地方、山河淡水、可得次三十里至下鳥羽、
下鳥羽(世日大法)、小舟可遡至日本王居、若下鳥羽取導陸路、牛車轎馬、次一十五里至上鳥羽、
上鳥羽(佳密大法)、遡運至日本三居、

続けて、各史料の概要を述べておく。

【史料1】は本島(ここでは屋久島)からの四国沖を通って山城(京都)へいたる南海ルートを示している。これによれば、「椿泊(つばきどまり)」(徳島県阿南市)・「奴島(ぬしま)」(兵庫県南あわじ市沼島)を過ぎ、五つの群島、すなわち「大門島」=「大慕佳世邁」(ともかしま=友ヶ島、和歌山県和歌山市)を経たのち、淡路島を望みながら「来島(こじま)」(大阪府岬

町小島）を過ぎ堺へといたることがわかる。ここから平底の舟を使用し、山城の都へと向かう。

【史料2】は種子島からの南海ルートと瀬戸内ルートを述べている。前者は【史料1】と同じであるため省略する。後者は「棒(坊)津」から九州西岸をまわり、瀬戸内海に入ったのち、「牛窓(うしまど)」、「室津(むろつ)」、「兵庫港(津)」の順にいたる。兵庫港内では平底舟を用いたと言い、その後西宮、「杉(吹)田」、山崎、下鳥羽を経て、小舟を用い最終的に王都（京都）へと到着する。なお、【史料1】【史料2】ともに「本(日)夷云」と書き出し文言がみられることから、以上の内容は日本人からの聞き取り情報によるものとみなすことができ、注目される。

【史料3】は「夷海右道」と呼ばれた南海ルート上にあった主要港湾に関する説明である。とりあげられている港湾都市は【史料1】とほぼ同じであるが、港湾間の距離などの情報が少し詳しくなっている。なお、ルートに関しては、椿泊→沼島→友ヶ島までは【史料1】と同じだが、その次に立ち寄るのは「探暴関」＝「太懦歪射気」（たむのわせき＝淡輪関：大阪府岬町淡輪(たんのわ)）となっており、その後に「来島」＝「課世邁」（こしま＝小島：大阪府岬町小島）を訪れることになっている。次いで「堺江」へいたり、ここでは平底の舟を利用して内港（堺港と思われる）へ向かう。そして「幡部川」＝「歪大奈穴佳歪」（わたなべかわ＝渡辺川）を経て「小坂」＝「阿腮佳」（あさ(お)か＝大坂）に進み、さらに守口を過ぎて八幡へと達している。

【史料4】は瀬戸内ルート上の主要港湾である。室津、明石を経た後、兵庫港へ到着する。ここでは「長川」＝「奈佳茲佳歪」（なかつかわ＝中津川）に橋が架けられており、船の通航が妨げられていること、兵庫港内では平底舟の使用されることが指摘されている。

兵庫港の次は「西宮」である。西宮は「摂津司牧」（摂津国司）の居住地とする。ここからは「近田川」＝「押固太佳歪」（あくたかわ＝芥川）を経由して吹田へいたり、さらに山崎を経て下鳥羽へ到着する。ここからは小舟を利用するか、あるいは陸路を利用して上鳥羽から京都へ入っていく。

以上、史料の内容をおおまかに紹介したが、一見するだけで、これらには当時の航海ルートや港湾の状況に関するいくつかの興味深い記述が含まれていることに気づくであろう。そこでこれらを参考に、次節で本図の描写内容を地域別に読み解いていくことにしたい。なおその際、同時代の文献史料による検証をおこない、本図の史料性もあわせて考えていくことにする。

二　「滄海津鏡」の描写内容の検討

では、摂津、河内、和泉、紀伊、淡路の順で地域ごとに描写内容を検討してゆきたい。なお、検討は名称が記されているものから始め、次いで名称のない地形表現の順としたい。最初は摂津国である。

(1)　摂津国

「杉田川」「長川」「幡部川」

本図では京都方面から流れてくる淀川が、下流部で大きく三つに分流している様子が描かれている。「杉田川」と「長川」、そして「幡部川」である。これらは【史料3・4】から「杉田川」＝「自大佳歪」(すたかわ)＝吹田川、「長川」＝中津川、「幡部川」＝渡辺川であることがわかる。それぞれ現在の神崎川・淀川本流(中津川を利用しつつ開削)・大川(淀川支流)に該当する。さて、これらの河川名称であるが、吹田川と中津川については『信長公記』[10]に、また渡辺川についても、『細川両家記』に天文十五年(一五四六)九月のこととして、三好宗三らが「渡辺川を渡る」という記述があることから[11]、遅くとも十六世紀後半には呼称として定着していた様子がわかる。本図は作成当時、すでに一般的に使用されていたこれら三河川の呼称をそのまま盛り込んだものとみてよかろう[12]。

「大長島」「小長島」

次に島である。本図では上記三河川に挟まれた位置に「大長島」と「小長島」の二島がある。これらはその位置からいわゆる北中島と南中島を指すことが明白である。この「長島」については【史料1～4】に何ら記述はないが、『日本一鑑』「隴島新編」巻之二「島」の項に次のような説明がある。

長島是二坂為腴田、西大、東小、間有橋梁、二島東西河、通山城、島皆摂津地方、為小城之門戸

これによれば中島は肥沃な田地に恵まれており、「大」「小」の二島を橋が結んでいたことがわかる。確かに十五世紀なかばの中島崇禅寺へ対する寺領寄進状等をみると、中島には田畠が多く存在したことや茶園のあったことが知られ[13]、生産性の高い土地との認知を受けていても不思議ではない。

ところで、実質二島からなっていた中島であるが、中世段階の呼称としては中島として一本化されており、近世以降、南・北中島の呼称が生まれたとみるのが通例である[14]。しかし、管見によれば「南中嶋」の初見は天正九年（一五八一）[15]であるので、十六世紀後半には中島を南・北と分けて呼び始めていた可能性はあろう。ただし、中島を「大」「小」で呼び分けた事例は寡聞にして知らない。今後さらに検討する必要があるが、この「大」「小」表記は中島の古名である可能性もあるし、本図の特有の表現である可能性もあろう。

「長原橋」

【史料4】によれば、「長川」（中津川）には橋が架けられており、船の通航の障害となっていたという。また、先に引用した「長島」の説明にも、大小中島の間に橋梁があったと述べられている。そこで本図を見ると、大・小中島をそのもっとも東寄りで結ぶ矩形が描かれていることに気づく。これは橋を意味した一種の記号と思われる[16]。この橋について、『日本一鑑』「隴島新編」巻之二「橋」の項には次のような説明がある。

長原橋在摂津二長島間

ここではふたつの「長島」(中島)に跨る橋の名は「長原橋」であったことが述べられている。この「長原橋」とは、その架けられた位置と「長原」という文字から判断すると、長柄(ながら)橋であったとみて問題なかろう。

長柄橋については、貞治三年(一三六四)の「住吉詣」では「今ははしの跡」と記されているが、[17] 永正元年(一五〇四)に日根荘(ひねのしょう)を去って上洛する途中、この地を通過した九条政基一行が「なからの橋屋への御礼」として一〇〇文を支出していることから、[18] 少なくとも十六世紀初頭には長柄橋が存在していたことは間違いなく、本図にはそうした状況が反映されていると思われる。

なお、長柄橋が船の通航障害となっていたとする【史料4】の指摘については、詳細は不明なものの、高さなど、橋梁の構造上の問題があったためと考えておきたい。[19]

「小坂」

渡辺川と大和川に面する位置に「小坂」(＝大坂)がある。【史料3】によれば、音は「あ(お)さか」となる。「小坂」という地名の淵源は鎌倉時代にあるが(本書第一部第一章)、歴史上その名がクローズアップされるようになったのは、天文二年(一五三三)、上町台地の突端部に大坂本願寺が成立したのちであった。『日本一鑑』「隴島新編」巻之二では「小坂」を次のように説明する。

小坂 城名在摂津又所名隷豊後

すなわち摂津国の「小坂」は本図作成段階において「城」という認識がもたれていたことがわかるのである。これが大坂本願寺とその周りに展開した寺内町を指していることは明らかだろう。したがって、この「小坂」は本図成立の上限を考える際の目安となろう。

それに関連して注目されるのが、本来ならば「小坂」の西隣にあり、また「明応二年御陣図」では「ワタナヘ」と明示されていた渡辺(津)が、本図には登場しない点である。これについては、中世前期以来、主要な港湾都市として独立して存在していた渡辺津が大坂寺内町の勃興にともない、その勢力圏に一定程度組み込まれていったとする仁木宏の見解が参考となる[20]。つまり、本図は渡辺津が「小坂」に包摂され、集落としての独立性を失いつつあった段階のものとみることが可能となる。

ちなみに、十六世紀後半以降は、本図のように大坂のみを記す地図が主流となっていくようである[21]。その点で、本図は渡辺津を描かず大坂のみを描くもっとも早い時期の地図と評価することができ、当時の大坂付近の都市動態を伝える貴重な史料といえよう[22]。

「杉田」

「杉田」＝吹田（現大阪府吹田市）は「杉田川」＝神崎川に面した位置にある。平安時代以降、皇室の御厨（吹田御厨）や諸権門の荘園（吹田庄）が置かれたが、集落の中心は淀川（神崎川）舟運と神崎川の渡しの結節点となる吹田津であったと思われる。吹田津は十五世紀頃から急速な発展を遂げ、その東には吹田寺内が発達するなど、複合的な都市の姿をみせていたが、のちに羽柴秀吉らが「吹田津」に宛てた禁制を発給しており[23]、その港津としての性格がもっとも重視されるべきものであったことがうかがわれる。

「西宮」

「杉田川」に面するように「西宮」（現兵庫県西宮市）がある。西宮の地名の初見は大治四年（一一二九）以前で、鎌倉期以降、西宮神社の境内に市が立ち、それを核とした都市形成が進行したことで、十六世紀にはこの地域を代表する都市となった[24]。なお、本来ならば「杉田川」から大きく離れている「西宮」が同川に面するような表現となっている理由は不明である。

「兵庫港」

「杉田川」という文字の近くに「兵庫港」の表記がみられる。兵庫津のことである。川の河口部に位置しているが、この川は湊川で間違いなかろう。兵庫津は古くは大輪田泊と称し、鎌倉末期以降、兵庫津と呼ばれるようになった。『日本一鑑』が編まれた十六世紀には繁栄のピークを過ぎていたものの、豪商正直屋棰井（しょうじきやたるい）氏が存在するなど[25]、港津都市としては以前健在であった。

ところで、【史料4】にはいくつかの興味深い記述がみられる。ひとつは「兵庫港」という表記である。「兵庫港」は「押耀烏課儒烏刺」（あやうこのうら）という音が付されているので、「兵庫」を「あやうこ」、「港」を「うら」と読ませていたことがわかるが、「港」の文字を使用するのは、表記上、稀である。二点目は、「兵庫港」が「杉田川」＝神崎川のなかの港と解説されている点である。本図でも「杉田川」の河口部に位置するような描写となっているが、事実関係としては誤っているといわざるをえない。しかし、そのように認識されている理由については別途検討する必要があろう。三点目が「於兵庫港用平底舟」という記述である。兵庫津内では平底舟を用いるということで、港内の水深が浅く、喫水の深い船は直接入港できなかった様子がうかがわれる。兵庫津へ荷揚げをするためには、いったん沖合いで平底舟に荷の積み替えをおこなったのであろう。河口部に位置する港の宿命ともいえる状況であるが、当時の兵庫津をめぐる環境の具体像が知られる好史料といえよう。

次いで、名称のない河川と山陽道について検討する。

芥川・猪名川等の河川と山陽道・「小屋」

本図では「杉田」（吹田）から「兵庫港」（兵庫津）にかけて六つの河川が「杉田川」へ流れ込んでいる様子が描写されている（前述のように吹田川＝神崎川が兵庫津まで及んでいた事実はない）。では、これらの河川名は何であろうか。『日本一鑑』「絶島新編」巻之二「川」の項をみると、そこには摂津国を流れているとされる次の九河川が掲げられている。

長川・杉田川・近田川・紀川・庫里川・堦川・沼田川・高田川・善川

このうち「長川」と「杉田川」はすでに検討した。また「近田川」については【史料4】から芥川を指すことがわかる。さらに「堦川」はその読みから武庫川を指すことは間違いない。また、そのほかについては「夷都城関図」（第2図）をみると「善川」が猪名川、その他は猪名川と武庫川の上流河川の呼称であることが判明する。

これらを参考に、六河川を現在の河川に比定する作業をおこなってみたい。まず「杉田」（吹田）の京都寄り（第1図に向って左側）にある河川である。吹田に隣接するように流れているが、淀川に直接流れ込んでいることや、

「夷都城関図」(第2図)を参照すると、これは芥川に当たると思われる。【史料4】では、西宮から吹田へ向かう際に芥川を利用するかのように述べられているが、神崎川の地域呼称[26]を勘案したとしても誤認とみなさざるをえない。なお、芥川の初見は平安期頃の歌枕であるとされる[27]。

一方、西端の「兵庫港」にある河川は前述のように湊川である。なお、湊川の初見は古く天平十九年(七四七)「法隆寺伽藍縁起幷流記資財帳」の「弥奈刀川」とみられる[28]。

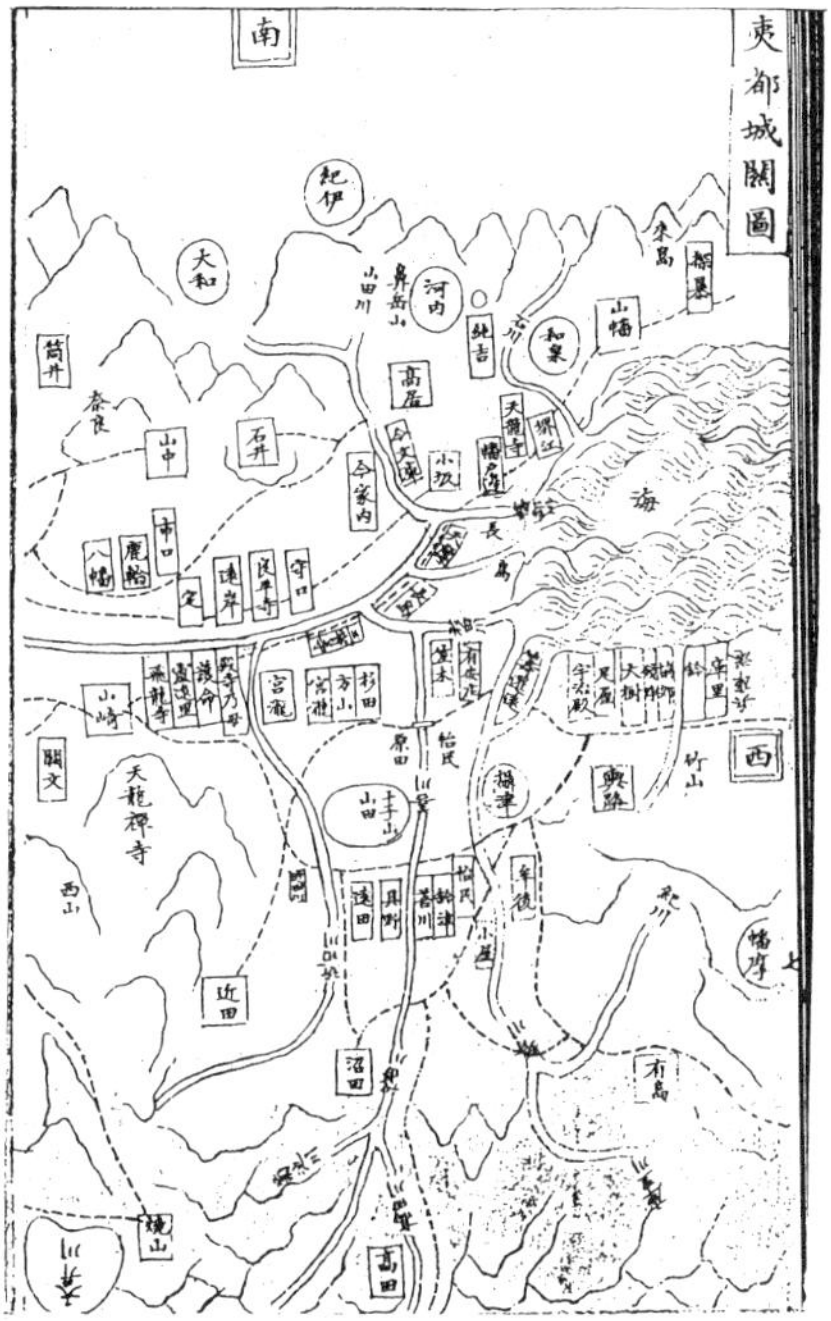

残る四河川であるが、表現が特徴的なのは「西宮」の東方を流れる二河川で、もともと一河川であったのが、途中で分流している様子がわかる。この位置関係と形状を手がかりに「慶長十年摂津国絵図[29]」で該当しそうな河川を探ってみると、同じ形状の河川があることに気づく。すなわち東側が武庫川で、西側の西宮に近い方が枝川に該当することが判明する。武庫川は先にみた「壻川」である。したがって、本図からこの二河川の形状が少なくとも十六世紀後半にさかのぼることがわかるのである。

第2図　「夷都城関図」(『日本一鑑』所収)

次に芥川と武庫川に挟まれた河川である。本川を比定する際に手がかりとなるのは、その流れが「小屋」の東方にある点である。「小屋」は中世の「小屋庄」として地名が確認できる[30]。現在の兵庫県伊丹(いたみ)市昆陽(こや)である。昆陽の東側を流れる川としては、実際には少し距離を隔てているが猪名川がある。

猪名川は神崎川に流入する河川であるから、本図の表現(「杉田川」＝神崎川に合流する)と合致する。よってこの河川は猪名川と推測されよう。

ところで、この猪名川には先述した橋を意味する矩形表現がみられることに注意しなければならない。そして、この橋表現を途中にもつ点線は、西宮から昆陽、吹田付近を経て京都へいたっていることから山陽道を指すものと思われる(吹田はやや離れているが)。そうなると、この橋は猪名川に架かる山陽道の橋ということになる。猪名川に架けられていた中世の橋としては、宝徳四年(一四五二)四月七日、瑞渓周鳳(ずいけいしゅうほう)が有馬温泉へ向かう途中に渡った「弥那河橋」が知られる。(31) しかし、この橋は山陽道から分岐したいわゆる有馬街道が池田の南方で猪名川を渡る場所に架けられていたもので、山陽道そのものの橋ではなかった。現段階では寡聞にしてこの橋についての情報を知らない。むしろ本図が山陽道の橋の存在を示す貴重な史料である可能性があろう。大方のご教示をお願いしたい。

最後は「西宮」と「兵庫港」の間にある河川である。「慶長十年摂津国絵図」によれば、西宮と湊川の間には東から夙(しゅく)川・芦屋川・御影(みかげ)川・大石川・「トガ川」・生田川という六本もの河川が確認できる。しかし、先の『日本一鑑』「滄島新編」巻之二「川」にはこれらに該当すると思われる河川は見当たらない。つまり『日本一鑑』の本編と本図の表現は必ずしも対応しているわけではなく、それぞれに独自の情報が盛り込まれていることに注意を払う必要があろう。なお、本川についてはこれ以上の手がかりは見出せないため、名称の特定は保留しておきたい。

以上、不明な点は残されているが、河川と山陽道については、主要な河川が示されている様子や、武庫川・枝川の特徴的な形状が的確に描かれていること、山陽道の橋がとりあげられていることなどが判明した。しかし、その一方で河川の位置については厳密さを欠く部分もあることがうかがえたと思われる。

（2）河内国

「守口」

北河内の淀川縁に河内国の「守口」（現大阪府守口市）がある。「守口」の史料上の初見は正平六年（一三五一）十一月日付の土屋宗直軍忠状（土屋家文書）であるといわれている。[32]「熊野詣日記」によれば、守口には応永三十四年（一四二七）段階で宿泊施設があったことが知られ[33]、また永禄九年（一五六六）にも旅籠のあったことが確認できる。[34]十五世紀以降、守口は北河内の交通の拠点として、重要な役割を担い続けたのであった。

「鼻岳山」と大和川

河内国に丘陵状に迫り出している「鼻岳山」がある。この山はどの山を指すのであろうか。この山について『日本一鑑』「隆島新編」巻之二「岳」の項にごく簡単な解説がある。

鼻岳 山名在河内

河内国所在ということで読み方すら付されていないが、その比定には傍を流れるように描かれている川の特定が必要であると思われる。

この川は大和国方面から流れ、「小坂」の横で「幡部川」に流入するように表現されているが、その名は『日本一鑑』の本文内にも見当たらない。しかし「夷都城関図」（第2図）によれば、本川へは上流部で「山田川」が合流している。「山田川」はその名から竹内峠付近を源とし、現太子町山田を経て石川に流れ込む飛鳥川（あるいは石川か）を指すと推測されるので、それが合流する川としては大和川となろう。

そのように考えると、河内国内でかつ大和川の南方にある「鼻岳山」の候補としては、音の近さもあり、「嶽山（だけやま）」（富田林市）があげられよう。

淀川左岸から大阪湾に沿って紀州方面へ続く道（一）

淀川の左岸から大阪湾を南へ伸びていく点線で示された道がある。この道の河内国部分については、応永三十四年（一四二七）の「熊野詣日記」[35]が参考となる。

これは足利義満の側室の熊野参詣記であるが、これによれば熊野からの帰途、四天王寺から陸路で鴫野(しぎの)の渡りを越え、「森口」にいたって宿泊したことが知られる。このルートは鴫野から蒲生・野江を経て守口へいたるもので、十六世紀の大坂本願寺成立以降も京都との間の陸路の幹線であったと推定されている(36)。

なお、このルートは上記からわかるように十五世紀半ば以降確実に存在していたわけだが、「明応二年御陣図」には描かれていないことに注意したい。このことは、「明応二年御陣図」が一般的な地理的情報を載せた図というよりも、特定の関心のもとで描写内容に選択を加えて作成したものであることを示唆しよう。一方、本図については先の山陽道と言い、本道と言い、主要道という地図としての基本的な情報を掲載している点で、一般図に近い図とみなすこともできよう。

(3) 和泉国

「堺江」　摂津国と和泉国にまたがる位置に存在するのが堺(現大阪府堺市)である。本図ではその位置に河川を描いて「堺江」とし、さらに『日本一鑑』「絶島新編」巻之二で次のように記している。

堺　江名在和泉摂津間

ここで「堺」は「江」をともなって表現されている。「江」とは「入江、または、湾(37)」を指す単語であり、「堺江」とは堺の港と解することもできるが、【史料3】において「堺江」の二文字に「腮佳耶」(＝さかえ)があてられていることから、「堺江」が「堺」(さかい)の音をあらわす表記のひとつとみても問題はないと思われる。なお、史料上、堺は「堺浦」「堺津」「堺浜」と表記した事例は確認できるが、「堺江」は管見にとまらない。「兵庫港」同様、本図特有の表記である可能性に注意しておきたい。

では、表記はそうだとして、堺付近には本図が描くように河川はあったのだろうか。これについて「夷都城関図」(第2図)をみると、「堺江」の紀州寄りに石津川に該当すると思われる「石川」[38]が流れていることに気づく。本図では、この「石川」を誤って「堺江」の川としてしまった可能性が高いのではなかろうか。[39]

さて、堺で注目すべきは【史料3】から兵庫津同様「平底舟」によって「内港」へ入ると指摘されていることである。『天文日記』天文七年(一五三八)正月十七日条に「堺浦にハ船少も懸候ハす候」とあるように、この頃の堺の海岸部は、船(大型船)を直接着岸させるに適した地形条件にはなかった。堺の海岸部は、十五世紀後半〜十六世紀にかけて史料上「堺浜」と表現されることが多いことから基本的に砂浜であったと推測され、そのため大型船は沖合いに停泊させ、喫水の浅い「平底舟」に荷を積み替えたうえで、浜へ荷揚げする方法をとっていたものと考えられる。そして、この浜が文字通り荷揚げの場であったことから「内港」と表現されたのであろう。[40]こうした堺港における小舟の利用は、文明十八年(一四八六)十月八日に堺から朝鮮へ向けて出発した鉄牛が港から「乗小船、直出之」たという事例が存在する。[41]

このように『日本一鑑』が兵庫津と堺に限って、「平底舟」の利用という実際に入港する際の方法を詳細に記しているのは、この両港が明との交通において重要な役割を果たしたとする認識が鄭舜功にあったためと思われる。

「探暴関」

【史料3】から「探暴関」＝「太乂懦歪射気」(たむのわせき＝淡輪関(たんのわせき)：大阪府岬町淡輪)であることは先に述べたとおりである。ところで、この淡輪関は次の小島とともに、本図掲載の集落のなかではとくに注目される存在であると思われる。【史料3】によれば、これらに対しては海上ルート上の有力な寄港地との認識がもたれていたように思われるが、鄭舜功の関心はおそらくそれだけではなかったと推測される。以下、その点を中心に述べてみたい。

淡輪関にかかわっては次の「真鍋真入公有増御一生之御書付」[42]に注目したい(以下、抄出)。

【史料5】

一、元来は備中之国の古より代々の人にて御座候、備中の国真鍋島とて于今御座候由、

一、真入公（真鍋貞成）　六代以前に泉州之淡輪村へ引越参申候由、（以下略）

一、女子以上五人御座候由、壱人は淡輪殿へ被参候、一人はふけ（い）殿、一人は生（壬）殿、一人は阿波之志野宮殿へまいられ、今一人泉州之内にて候へ共覚不申候、

一、真入公は淡輪にて誕生被成候、（以下略）

一、四国伊予にては来嶋関、九州に而は皆々それ〴〵の関有之、（中略）泉州にては真鍋関にて御座候、然故九州四国より上方へ往来之舟には真鍋方へ帆別とて口前を出し申候由

本史料の中心人物は真鍋真入斎貞成であるが、真鍋氏は瀬戸内海の真鍋島を本貫とし、貞成の六代以前に淡輪へ移住したとする。藤田達生によれば、貞成の父貞友は織田信長が大坂本願寺攻めの際に重視した水軍の棟梁であり、もとをたどれば真鍋氏の淡輪移住は室町期と想定される(43)。その真鍋氏は泉州南部の土豪と姻戚関係を結びながら、「真鍋関」を拠点に帆別銭を賦課する海賊行為をおこなっていたのである。この「真鍋関」こそが淡輪関であろう。淡輪関は同時代史料ではその名を確認することができないが、和泉の海賊衆としての真鍋氏の存在は藤田達生の研究から疑うべくもない。よって、淡輪関の存在も事実と考えてよかろう。本図は、その淡輪関の存在を示す稀少な同時代史料として大変貴重なものといえるのではなかろうか。

「来島」

「来島」＝「課世邁」（こしま）は、和泉国の最南端に位置する小島（大阪府岬町小島）を指す。この小島は集落の規模としてはかなり小さいにもかかわらず、淡輪関同様、本図にとりあげられている点でまずは注目される。小島は紀淡海峡に臨み、友ヶ島の島づたいに紀淡海峡を渡る際の和泉側の玄関口のひとつである。そのため海上交通の拠点となっており、文明八年（一四七六）に出発した第一二回遣明使節の船のなか

の一隻を請け負った林太郎左衛門尉の在所である泉州小島は当地であったと推定されているほか(44)、航海の神として信仰を集めた住吉社の分社の存在も知られる(45)。

本図にかかわって重要なのは、小島が淡輪同様、海賊衆の拠点であった点である。貞和五年(一三四九)十月中旬に日向国の細嶋を発った了性坊らは阿波国勝浦で海賊に捕らえられ、そのまま「和泉国小嶋」へ連行されたのち、約一ヵ月間小島に留まっている(46)。十四世紀段階において小島が海賊衆の拠点であった様子が知られよう。

その小島が十六世紀まで継続して海賊衆の根拠地であったとする明証は確認できないが、【史料5】によれば真鍋真入斎貞成の伯母・叔母が淡輪氏や「ふけ殿(い)」(小島の北にある「深日」の土豪と推定)に嫁いでいたとする。これにより、少なくとも十六世紀前半までは淡輪から小島周辺にかけて真鍋氏の姻戚関係が形成され、海賊衆のネットワークが存在していたことが推測されるので、小島の海賊衆も健在であったとみてよかろう。

では、どうしてこの淡輪関が「来島」＝小島とともに数少ない泉州南部の集落として本図でとりあげられたのであろうか。その理由のひとつは、【史料1・3】からうかがえるように航路上の要津であったことがあげられる。しかし、理由はそれにとどまらないだろう。

本図を監修している鄭舜功は倭寇の取り締まりを要請する目的で来日したのであって、日明間の安全な通交とそのルートに大きな関心を抱いていたはずである(【史料1〜4】はそうした関心のあらわれである)。したがってその通交を阻害する条件には重大な注意を払わざるをえなかったに相違ないが、淡輪関や小島における海賊の存在はまさにもっとも大きな関心事項ではなかったか。『日本一鑑』の撰述時に鄭舜功は当然倭寇情報を入手していたと推測されるので、淡輪関や小島に関する情報を得た鄭舜功が和泉国の海賊衆への注意を喚起するために、本図上へ表記したとみることもできるだろう。

実際、鄭舜功は和泉国を倭寇の拠点のひとつとして認識していたようである。それは『日本一鑑』「窮河話海」

の次の記事から知られる。

【史料6】「窮河話海」巻四 「風土」

和泉之民、積貨為生者昔有姦慝居家探暴関、嘗駕小舟浪流土佐豊後海洋間、隠泊野島窺伺商船劫掠之、嘉靖丙辰土夷細屋脅従徐海入寇矣、

【史料7】「窮河話海」巻六 「流通」

明年丙辰、海乃糾結種島之夷、助才門即助五郎、薩摩夥長掃部、日向彦太郎、和泉細屋、凡五六万衆、船千余艘、欲往広東為銓報仇、

すなわち、和泉国には流通を生業とする住民が少なくなく、またそのなかには淡輪に住む者もあって四国・九州方面で海賊行為に及んでいたが、嘉靖丙辰(三十五年＝一五五六年)に細屋と名乗る者が他国の人と糾合して中国の広東を襲ったというのである。この時の倭寇の侵入はかなり大規模であったようで、『籌海図編』(一五六二年)によれば、その前年からの倭寇は和泉・薩摩・肥前・津州・対馬の日本人から構成されていたとされる(47)。

鄭舜功が『日本一鑑』を著した際、こうした倭寇情報を入手、意識していたことはいわば当然であろう。そのため鄭舜功は、倭寇の拠点のひとつである和泉国について倭寇の実態に関する情報収集に努めたに違いない。その結果、淡輪関と小島が海賊衆の拠点となっている事実を把握し、その成果が本図における淡輪関・小島の表記へ結びついたと考えておきたい。

なお、本図では小島が淡輪関より北に位置するように描かれているが、これは事実に反している。このような誤謬の理由は想像の域を出ないが、鄭舜功が淡輪関と小島の地理的位置関係に関する詳細な情報まではもちあわせていなかったため、その位置を誤って図示した可能性があろう。

淀川左岸から大阪湾に沿って紀州方面へ続く道(二)

淀川の左岸から大阪湾を南へ伸びていく道のうち、河内国部分の淀川左岸部分の道については、先に検討した。ここではそれに続く、「小坂」から堺・淡輪方面への道について述べる。

「小坂」付近(渡辺津を含む)から南方へ向けて、上町台地上とその西縁辺に位置する「上道」「下道」のふたつの道が近世初頭まで確認できることは別に述べたが(本書第一部第一章)、本図では省略されているのか、道は一本のみで大阪湾岸沿いに淡輪まで描写されている。淡輪へいたるという点から、本道を熊野街道ではなく紀州街道の前身とみることも可能であるが、その場合この道は中世を通じてあまり発展せず、住民の生活道路程度であったという推定がされている[48]。しかし、十六世紀中葉という時期で考えると、泉南の海岸沿いには岸和田・貝塚・佐野といった港津をもつ都市が出揃いつつある。したがって、本道は、それらを結ぶ後の紀州街道と、そこから分岐し海側を通る浜街道を示している可能性があると思われる。道筋の表現は必ずしも厳密なものではなく、検討の余地は残されているものの、ひとまず以上のように推測しておきたい。

(4)　紀伊国・淡路国

「奴島」「大門島」　紀淡海峡に「奴島」と「大門島」がある。【史料1・3】でみたように、現在の兵庫県南あわじ市沼島(ぬしま)と和歌山市の友ヶ島に該当する。沼島は次に掲げた『土佐日記』[49]にその名が登場しており、十世紀には阿波から紀淡海峡を越えて和泉に向かう際の有力な目印的存在であったことが知られる。

【史料8】

かいぞくはよるあるきせざなりとき〻て、よなかばかりにふねをいだして、あは(阿波)のみとをわたる。よなかなれば、にしひんがしもみえず。をとこをんな、からくかみほとけをいのりて、このみとをわたりぬ。とろうのときばかりに、ぬしま（沼島）といふところをすぎて、たなかは（多奈川）といふところをわたる。からくいそぎて、いづみのなだといふところにいたりぬ。

ところが、沼島もまた南北朝時代には海賊衆の拠点であった(50)。海賊衆のその後の動向は史料不足からはっきりしないが、先に述べたように、鄭舜功による倭寇への関心の一環としてその存在が注目されていた可能性は十分あろう。

一方の友ヶ島であるが、『類聚国史』(国史大系本)の天長三年(八二六)十二月二十七日条に「去八月廿八日、慶雲於海部郡賀多村伴島上」と、瑞雲が観測された場所として記録されているものの、【史料1・3】のような航海との関わりは史料上、意外に確認できない。しかし、紀州の加太と淡路の由良を結ぶ古代の南海道ルート上に点在する友ヶ島は、潮流の早い紀淡海峡を横断する際には重要な足掛かりとなったものと推測される。本図であたかも海峡を塞ぐようにやや強調されて描写されるのは、そうした友ヶ島の存在に対する関心の高さを示しているのではなかろうか。なお、友ヶ島は【史料1・3】では五つの島からなるとしているが、現在は四島と認識されている(51)。なお、淡路島本島の検討は他日を期したい。

以上、少々長くなったが、本図の内容について検討してきた。その結果を簡単にまとめると次のようになる。

①地形に関しては、中島を二つに表現するほか、河川についても武庫川と枝川の表現など細かな部分で正確に描写がおこなわれている。しかしその一方で、その中島が兵庫津近くまで誇張気味に描写され、それにともなって吹田川も兵庫津近くまで及んでいるなど、大雑把な表現もみられる。

②道については、ルートは厳密でないものの、山陽道と淀川左岸から紀州街道という主要な道が図示されている。

③港津や都市的集落については、当時この地域に存在したものをとりあげる一方、渡辺津が描写されないなど、十六世紀半ばの認識としては十分にありえるものとなっている。また、とくに日明間の交通や倭寇にかかわる港津等が意識的に選ばれている印象がある。なお、内陸部の都市については表記がないが、これは原図の問題なのか鄭舜功が除外したのかは明らかでない。

④橋の矩形など、他の日本製中世図と共通する表現が存在する一方、「兵庫港」「堺江」といった当時の日本の文献史料に登場しない表現がみられる。

⑤全体的な評価としては、既知の史料の欠を埋める情報が少なからず含まれており、また年代的にもとくに矛盾が感じられないことから、貴重な地図史料ということができよう。

では、これらの検討結果を踏まえ、次章では本図の成立過程について若干の検討を試みてみたい。

三　「滄海津鏡」の成立と鄭舜功

「滄海津鏡」はどのような経過を経て成立し、『日本一鑑』に収録されたのであろうか。鄭舜功が日本で入手した地図をそのまま流用したのであろうか。あるいは誰かに作成を命じたものだったのだろうか。

この点について、藤田元春は最初に紹介したように、鄭舜功が豊後で本図の元図となるものを入手したと考え、さらにその前提としてすでに鎌倉時代には同種の海洋見取り図が存在していたと推測している。しかし、鄭舜功が記載内容に関与したかどうかについてはとくに言及をおこなっていない。

ところで、「滄海津鏡」に元図が存在するか否かという問題や、鄭舜功の内容面での関与の可能性については、前節での検討により示唆される部分が少なくないが、さらに鄭舜功の日本における行動とも関連づけて考える必要がある。したがって、ここではまず、後者について確認し、上記の問題を考える手がかりを得てみたい。

鄭舜功が来日したのは弘治二年・嘉靖三十五年（一五五六）であったが、その目的は当時の明沿岸を荒らし回るいわゆる後期倭寇を沈静化させるため、日本を宣諭することにあった。広東を出航した鄭舜功は沖縄本島から種子島近海を北上し、京都を目指したが、途中で暴風雨に遭い、豊後に漂着することとなった。同年七月頃のことである。鄭舜功は豊後で大友義鎮を頼り、倭寇禁圧のための協力を仰ぐとともに京都行きを画策した。しかし結局、鄭本人は上京を断念し、ともに来日していた従事沈孟綱と胡福寧に書を託して派遣し、将軍に全国での倭寇禁圧を要請したのであった。鄭舜功が任を終え帰国したのは同年十二月である(52)。

このように鄭舜功は基本的に豊後を離れることがなく、豊後において禅僧から情報収集をおこなったのであったが、その情報収集意欲は旺盛で(53)、自らも日本図二点を入手したほか、「命従事、将其図冊絵録之」（『隴島新編』巻之一）とあるように、上京させた従事に命じて日本に関する資料を記録せしめた。その結果、従事沈孟綱も一点の日本図を得ている。鄭舜功によれば、『日本一鑑』の編集時にはそれらを含め七種類の日本図が中国に伝来していたという。それら日本図の種類について、「隴島新編」巻之一は次のような記事を載せる。

【史料9】

按日本図、来中国者凡七、其一為定海考畧図、其二亦定海続為考畧図、其三予初至彼所得也、其四予久館彼得之也、其五従事於彼後得者、其六為広輿図所附者、其七為図纂之所絵者(54)、

このうち、従事沈孟綱が入手した図は、本人が帰国後殺害され、図も焼かれてしまったため鄭舜功も未見であったと言い(55)、そのため実際に『日本一鑑』に収録された日本図としては六種類となる。なお、ここで日本図と称しているものは日本全図であり、これらを見る限りでは図様的に「滄海津鏡」と直接関連する図は見当たらない。

一方、『日本一鑑』に収録されている日本関係図は「滄海津鏡」のような、全国図ではないものも含め全部で

第１表　『日本一鑑』所収日本関係図対照表

	史料名	所収	中国到来の日本図７種とその内容（「絶島新編」）	
1	中国東海外藩籬日本行基図	「絶島新編」	其四：予久館彼得之	次得行基図
2	豊後島夷意画図	〃	其三：予初至彼所得	初得之図、豊後島夷意画
3	初梓考略図	〃	其一：定海考略図	定海初為考略図、尚欠讃岐、又筑豊肥前後倒著、
4	続梓考略図	〃	其二：定海続為考略図	続為考略図、乃定海武臣之作所、大概如前、考略図増絵屋久等島矣、
5	広輿図附図	〃	其六：広輿図所附	琵琶亦欠讃岐而乱堺江、又島小路誤作淡路、
6	日本図纂図	〃	其七：為図纂之所絵	不乱堺江、亦欠讃岐而誤淡路、
7	夷都城関図	〃		
8	夷王宮室図	〃		
9	久保宮室図	〃		
10	山城坊市図	〃		
11	平戸島嶼図	〃		
12	滄海津鏡	「桴海図経」	其五：従事於彼後得	従事沈孟綱之得之図、惟伝聞焉、蓋予以書諭夷王、旋帰陷殺於広潮、潮人之得而燬之、於予之所未見者、疑是行基之図、

注：「絶島新編」所収図の番号は便宜的に付与した。

一二図ある。これらは『日本一鑑』の構成上、「滄海津鏡」のみが「桴海図経」に含まれ、他の一一図はすべて「絶島新編」巻之一のなかにある。そこに先の六種類の日本全図も含まれている。それらを対照させると次の第1表のようになる。

このなかで、先の日本全図六種類を除く五種類の図（第1表の7～11）については、収集の経緯がまったくわからない。おそらく鄭舜功が収集した（収集させた）地図だと推測されるが、じつはここに「滄海津鏡」の成立を考える際に参考となる「夷都城関図」（第2図）が含まれている。

「夷都城関図」は「滄海津鏡」と比較すると、地図として対象としている地域は狭いものの、大阪湾から京都にかけての範囲でみると、道を点線で表示したり、橋を矩形で示したりする点が一致する。

また国名を丸囲みで表記する点も共通する。

そこで「夷都城関図」について、「𨶑島新編」巻之一の解説を検討してみる。

【史料10】

右第七図夷都城関図也、都之東北阻以大山、都之西南近縁海道故多立木、城設関防以共守之、非本国人不易入也、凡観是図、按地名、凡観是図、按地名者、円為国、方為城、長為関也、

ここで鄭舜功は〝按ずるに〟という表現を用い、円囲みは国名を指すであろうなどと第三者的にその表記方法を分析しようとしている。こうした姿勢は本図が鄭舜功の作成にかかるものではなく、日本で入手したものであったことを暗示しよう。橋を矩形で示す点も日本で作成されたことが確実である「明応二年御陣図」と共通しており、よって「夷都城関図」、ひいては「滄海津鏡」のベースとなる図が日本で作成されたものであったことは間違いない。

では、鄭舜功はそうした図をそのまま『日本一鑑』へ取り込んだのであろうか。おそらくはそうではなかろう。前節で明らかにしたように、「滄海津鏡」には「堺江」や「兵庫港」のように当時の日本では使用されていなかったと思われる呼称が見られるとともに、淡輪関や小島のように日明間の交通と倭寇という特殊な関心に立って選ばれたとしか考えようのない地名が登場する。これらは鄭舜功の指示によって書き込まれたものと考えるのが妥当ではあるまいか。おそらく地形や道といった元図で使用できる部分はそのまま残し、それに必要と判断された情報を追加したものと思われる。

前述のように、「滄海津鏡」は鄭舜功の来日経路を中心に日明航路を概述した「万里長歌」の理解を助けるために掲載された付図である。したがって、日本で得られた地図をベースとするのはむしろ当然といえよう。それは藤田元春が想定したような海洋見取り図であったかもしれないが、前節の検討を踏まえると、大阪湾周辺に

限っていえば、十六世紀中頃の様相をかなり具体的に反映させた図であったと推測される（ただし、元図が十六世紀のものであったかどうかは、鄭舜功によってどこまで改変されたかが不明であるため、判断を保留せざるをえない）。しかし、鄭舜功の立場からすれば、そこに来日目的に応じて必要な情報を追加したり、逆にそこから不必要な情報を削除することもまた当然であったろう。

そうした作業の結果として完成したのが「滄海津鏡」なのである。

おわりに

以上、「滄海津鏡」の内容と成立の経過について検討してきた。本章の問題関心に沿って検討結果をまとめると次のようになろう。

①現状で本図の内容は鄭舜功の関心に沿ったものとなっている。しかし、地形や道については日本で作成された地図をそのまま流用して、表現されていると思われる。

②港津・都市的集落については、日明関係の視点から鄭舜功の手によって加除されている可能性があるものの、おおむね十六世紀中頃に存在した重要都市（とくに日明関係港津）はとりあげられている。

③以上を前提とする限りにおいて、本図は大阪湾周辺を大縮尺で示した地図としては現存最古級のものと評価できよう。

一方で、残された課題もある。そのひとつは、当然のことではあるが、今回の検討が大阪湾周辺に限定したものであったため、元図や描写内容に関する今回の成果を全体評価に及ぼすことができるかどうか、本図の全面検討がおこなわれる必要がある。

ふたつめは、元図についての検討を地図史の立場から詰めていかなければならない。描かれた西日本の形状等を他の図と比較したうえで、元図の地図史的位置を吟味することが求められる。

三つめは、本図と深い関係にあると推測される「夷都城関図」(第2図)の分析・検討をおこなわなければならない。「夷都城関図」は本図にくらべ描かれる地域は狭いが、地名等の記載は大変豊富であり、やはり地域史の史料として活用が期待される。そのため、本図と同様、記載内容の史料性と地図史的位置を明らかにし、さらにその成果をもって本図を含めた中世の地図研究を深めていく必要があろう。

いずれも大きな課題ではあるが、検討を続けてゆきたいと思う。

(1)　富岡謙蔵「日本一鑑解題」(『芸文』第五年第九号、一九一四年)。

(2)　以下、『日本一鑑』の概要と研究史については、中島敬の次の論文によった。「『日本一鑑』の日本認識」(『東洋大学文学部紀要　第四九集　史学科篇　第二一号』一九九六年)。同「『日本一鑑』研究史」(『東洋大学文学部紀要　第五〇集　史学科篇　第二二号』一九九七年)。

(3)　本書で使用する『日本一鑑』の収録図(本稿第1図・第2図)およびテキストはすべて木村晟等編『日本一鑑の総合的研究　本文篇』(棱伽林、一九九六年)による。

(4)　以下、藤田元春の所説はすべて『改訂増補 日本地理学史』刀江書院、一九四二年、四〇三~四一〇頁。

(5)　海野一隆が部分図を引用しながらその存在を紹介している程度である(「町図と道中図」『日本古地図大成　解説』講談社　一九七二年)。

(6)　『大分県史　中世篇Ⅲ』大分県、一九八七年。徳永和喜「島津氏の南島通交貿易史――南島の国際性と薩摩藩の琉球口貿易の展開――」(『海と列島文化　第五巻　隼人世界の島々』小学館、一九九〇年)など。なお、註(2)中島「『日本一鑑』研究史」も参照のこと。

(7)　『日本一鑑』には山城・摂津・河内・和泉の四ヵ国を描いた「夷都城関図」という別の図が収められている(第2図)。「夷都城関図」には「滄海津鏡」にみられない情報が少なくなく、今後詳しく検討・活用すべき図であると認識するが、本章では先の研究史を踏まえ、まずは「滄海津鏡」を検討の対象とする。なお、「滄海津鏡」を理解するうえで「夷都城関図」は有益であるため、本章でも適宜参考とした。

（8）中島敬「『日本一鑑』の評議」（『前近代の日本と東アジア』吉川弘文館、一九九五年）。

（9）『日本一鑑』の記述に着目し、南九州～紀の湊への航海ルートを検討した研究としては、山本賢司「戦国末期紀の湊周辺～南九州の交易・交流と海上交通」（『和歌山地理』二二号、二〇〇二年）がある。

（10）『信長公記』巻一三、角川書店、一九六九年。

（11）「細川両家記」（『群書類従　第二十輯』、続群書類従完成会、一九五九年）。

（12）なお【史料4】によれば、「兵庫港」（兵庫津）は吹田川（神崎川）の途中にあると理解されている。これは誤認かと思われるが、註（10）『信長公記』（三二七頁）には現在の神崎川に該当すると推測される吹田川・江口川・神崎川の三河川の名が登場する。これは、中世において現神崎川の呼称に地域呼称があったことを示唆するものであるが、それぞれが指す範囲を特定することは困難である。

（13）「崇禅寺支証目録」「中嶋崇禅寺領目録」。ともに『吹田市史　第四巻』吹田市役所、一九七六年、所収。

（14）平凡社地方資料センター編『日本歴史地名大系　大阪府の地名』（平凡社、一九八六年、「中島」項）。

（15）天正九年十一月三日付岡本又助他寄進状写（「摂州西成郡南中嶋融通大念仏宗由緒書」『融通念仏信仰の歴史と美術――資料編――』東京美術、二〇〇〇年）。

（16）本図においては、この矩形はすべて橋をあらわしていると考えられるが、「明応二年御陣図」でも同じ表現がみられる点は注目される。「明応二年御陣図」について、そうした視点からの検討はおこなわれたことがないと思われるが、この矩形は中世の地図における表現のルール（記号）のひとつである可能性がある。本図の成立過程を考えるうえでもひとつの手がかりになるといえよう。

（17）「住吉詣」（『群書類従　第一八輯』、続群書類従完成会、一九五九年）。

（18）九条家文書「日根荘料足散用状」（『新修泉佐野市史　第四巻』泉佐野市、二〇〇四年）。政基はこの時、入山田（いりやまだ）から堺を経て渡辺に到着した。そして大川の渡船に二〇〇文を支出して対岸へ渡り、長柄橋を越えたのち吹田にて乗船したようである。渡船や渡橋での礼銭の実態が知られ興味深い。

(19)　水路関の存在を通航の障害と考えることも可能だと思われるが、長柄付近に水路関があったという記録は見当たらない。また『日本一鑑』の本文中では河川の水路関に関する言及がまったくなく、関心が薄かったと推測されることから、ここでは橋の構造上の問題と考えておく。
(20)　仁木宏「大坂石山寺内町の空間構造」(上横手雅敬監修『古代・中世の政治と文化』思文閣出版、一九九五年。のち『寺内町の研究　第二巻』法藏館、一九九八年に再収)。
(21)　ヨーロッパで出版された日本図としてはもっとも古い時期の作成となる一五六三年刊の「Lazaro Luiz 1563」でも渡辺津はみえず、兵庫・尼崎・堺の他に「ozaca」(大坂)があるのみである(中村哲『鎖国前に南蛮人の作れる日本地図Ⅰ』東洋文庫、一九六六年)。
(22)　なお、想像を逞しくすれば、日明関係に重大な関心を抱く鄭舜功は、大坂本願寺が天文九年以来唐船の権利を得、さらに天文十六年に膝下の「寺内之浦」に唐船を入港させるにいたった(『天文日記』天文九年四月二十六日条、同十六年十月一日条〈『真宗史料集成　第三巻』同朋舎、一九八三年〉。以下、『天文日記』の出典は同じ)という情報を入手していた可能性があり、それゆえ「小坂」という場所に注目していた可能性もあろう。
(23)　『吹田市史　第二巻』吹田市役所、一九七五年。仁木宏「戦国期摂河泉都市のオリジナリティ――多核都市の「克服」と流通ネットワーク――」(『ヒストリア』一八六号、二〇〇三年)。なお、註(18)も参照のこと。
(24)　『西宮市史　第一巻』西宮市役所、一九五九年。
(25)　平凡社地方資料センター編『日本歴史地名大系　兵庫県の地名』平凡社、一九九九年、「大和田泊・兵庫津」項。
(26)　註(12)参照。
(27)　註(14)『日本歴史地名大系　大阪府の地名』「芥川」項。
(28)　註(25)『日本歴史地名大系　兵庫県の地名』「湊川」項。
(29)　川村博忠編『江戸幕府撰　慶長国絵図集成　付江戸初期日本総図』柏書房、二〇〇〇年。以下、同図はすべて本書による。
(30)　註(25)『日本歴史地名大系　兵庫県の地名』「小屋庄」項。
(31)　「温泉行記」(『有馬温泉史料』上巻、名著出版、一九八一年)。

(32)　註(14)『日本歴史地名大系　大阪府の地名』「守口」項。
(33)　『神道大系　文学編五　参詣記』神道大系編纂会、一九八四年。
(34)　「備中国新見荘使入足日記」(『教王護国寺文書』巻一〇、平楽寺書店、一九七〇年)。
(35)　註(33)に同じ。
(36)　註(20)仁木論文および同「『二条宴乗記』に見える大坂石山寺内町とその周辺」(『人文研究』四九巻六分冊、一九九七年)。
(37)　『邦訳日葡辞書』岩波書店、一九八〇年。
(38)　『日本一鑑』「隩島新編」巻之二では、「石川」を「川名在和泉」と説明している。
(39)　「慶長十年摂津国絵図」によれば、堺の北方、安立町との間に小河川が存在した。これは現在の大和川の河口部にあたる位置を流れていた狭間川である。この狭間川の河口部一帯には古代において榎津と呼ばれる津があり、また浅香浦という名勝地も隣接していた(「慶長十年摂津国絵図」の「浅香名所」はこれを指すものと思われる)。日下雅義は古代の榎津を海岸砂洲背後の水域として復元し、宝永元年(一七〇四)の大和川付け替えまでこうした地形環境が続いたとしているが(同『古代景観の復原』中央公論社、一九九一年)、「慶長十年摂津国絵図」による限り、この水域は近世初期にはほとんど姿を消していたと推測される。したがって、本図の年代である十六世紀後半にはこの水域は存在したとしても相当狭められ、狭間川も小河川であった可能性が高いだろう。したがって、堺近辺の河川としてはやはり石津川が有力であると思われる。
(40)　吉田豊は中世堺の港について、近世の絵図にみえる「タラリラ川」(住吉御旅所から流れ出る)の河口部が小船を泊める港として候補になりうることを指摘している(第一四回堺歴史史料研究会サブ報告レジュメ「河口港と堺の歴史——日本の港と町再考——」)。
(41)　『蔗軒日録』岩波書店、一九五三年。
(42)　『南紀徳川史』第五冊　巻之四九、清文堂、一九九〇年。
(43)　藤田達生「渡り歩く武士」(『日本近世国家成立史の研究』校倉書房、二〇〇一年)。
(44)　近藤孝敏「戦乱の時代と岬町」(『岬町の歴史』岬町、一九九五年)。

(45) 永正七年(一五一〇)に浄土宗僧燈誉良然が「こしまのすみよし」を訪ね、和歌を詠じている(山中吾朗「岸和田市西福寺所蔵『朽木集』」〈『ヒストリア』一五七号、一九九七年〉)。
(46) 定善寺文書「日睿上人縁起」(『宮崎県史　史料編　中世一』宮崎県、一九九〇年)。現存する伝本は文政五年の書写本であるが、原本には文安六年(一四四九)の年紀がある。
(47) 鄭樑生『明・日関係史の研究』雄山閣出版　一九八五年。和泉に海賊衆が多く存在した様子は、藤田家文書「寛永十七年佐野浦書上」(『泉佐野市史』泉佐野市役所、一九五八年)にみられる浦役銭の由緒書に「昔当国他国所々浦々ニ海賊人数多御座候而、舟路之往還茂不容易」とあることからもうかがえる。
(48) 三浦圭一「文献からみた和泉の古道」(『歴史の道調査報告書　第一集　熊野・紀州街道　論考篇』大阪府教育委員会、一九八七年)。
(49)『日本古典文学大系二〇』岩波書店、一九五七年。
(50) 戸田芳美「中世南海の水軍領主」(『初期中世社会史の研究』東京大学出版会、一九九一年)。
(51) 平凡社地方資料センター編『日本歴史地名大系　和歌山県の地名』(平凡社、一九八三年、「友ヶ島」項)。『日本一鑑』で五島と認識されていた理由は不明である。
(52) 以上、鄭舜功の来日時における行動については、中島敬「鄭舜功の来日について」(『東洋大学文学部紀要　第四七集史学科篇　第一九号』一九九四年)に負うところが大きい。
(53) 第一節で述べたが、【史料1・2】の内容は日本人からの聞き取り情報に基づいている。
(54) なお、秋岡武次郎は著書『日本地図史』(河出書房、一九五五年)三九頁において、「其五従事於彼後得者」の部分を「其の五は事に彼に従いて後得たるもの」と読んでいるが、従事が得た図と解釈するのが正しい。
(55)「隝島新編」巻之一に「従事沈孟綱之得之図、惟伝聞焉、蓋予以書諭夷王、旋帰陥殺於広潮、潮人之得而燬之、於予之所未見者、疑是行基之図」とある。

第三章　渡辺の都市構造

はじめに

延暦三年(七八四)、難波宮が停廃された。そして翌年には淀川と神崎川を結ぶ土木工事が実施された。これらにより難波の地は政治・経済機能の低下が避けられなかったことから[1]、難波の「衰退」イメージが印象づけられることとなった。

その「衰退」に歯止めをかけるきっかけのひとつとなったのが十一世紀から盛んとなった紀州熊野等への参詣にともなう渡辺津[2]の発展とされてきたが、従来この渡辺にかかわる主要な研究といえば、同地に根付いた武士団渡辺党に関するものであった[3]。渡辺党は畿内武士団の特質を考える好個の素材とされ、近年では生駒孝臣が室町期にいたる長い時間幅で渡辺党の動向を詳細に検討している[4]。

その一方で、渡辺という「場」については故地の特定作業が不十分だったり、渡辺党の非農業的性格が指摘されながらもその拠点である渡辺を都市の側面からとらえようとする研究は立ち遅れていた。しかしながら前者については、発掘調査によるデータの蓄積から松尾信裕は従来唱えられてきた八軒家浜説に疑問を呈し、現在の天神橋南側から北浜方面にかけての大川南岸へ比定する見解を示した[5]。また後者にかかわっては多方面からのアプローチが蓄積されつつある。そのひとつが積山洋による、渡辺津の比定地を含む大川両岸における難波宮廃絶以降平安時代にかけて継続的に遺構・遺物が確認されている考古学的成果のまとめである[6]。また大村拓生は、文献史学の立場から渡辺が港としての機能を高めていくのは十二世紀のことであり、それは淀川河口部の難所化が進行する一方、同地が淀川の水運と熊野街道などの陸上交通路との結節点として人・物資の経由地となったことに理由があると述べ、そのうえで渡辺は鎌倉後期には大川両岸を包摂し、長柄(ながら)（現北区）、福島（現福島区）までも含む広域の呼称として使用されたと指摘した[7]。さらに拙稿でも中世大坂の主要道が「浜路」であったことを明らかにし、渡辺が「浜路」と水路の結節点に立地していた点を重視した（本書第一部第一章）。加えて大村拓生は、渡辺津における摂津国衙・寺社勢力の動きに着目し[8]、生駒孝臣も渡辺への諸勢力進出の実態を明らかにしている[9]。渡辺の都市性を明らかにするうえで都市を構成する諸集団の動静が重要であることはいうまでもない。これらも含め渡辺の「場」にかかわる新たな研究・情報が着実に蓄積されつつあるといえよう。

本章では、以上のような渡辺に関する研究の成果を踏まえ、渡辺の都市構造、とりわけ空間構造について素描してみたいと思う。なおこの点にかかわっては、大村拓生がすでに複核的な構造をもっていたとの見通しを述べており[10]、著者も基本的に同意するものである。しかしその見通しは概括的なものであり、空間構造を具体的かつ正面からとりあげた研究はこれまでみられなかったことから、本章では近年新たな成果が得られた古地形・古環境復元研究の成果なども参照しながら、渡辺の都市空間の実態と特質を考えてみたいと思う。

一　難波津から渡辺津へ

渡辺はどのようにして都市空間を形成していったのであろうか。まずはその前段となる難波宮廃絶以降、平安期にいたる当地の状況を押さえておきたい。この時期の当地に関する文献史料は必ずしも恵まれていないものの、長年にわたる発掘調査により、平安期を含む上町台地上の遺跡の消長が明らかになっている。ここではそれらを集大成して二〇一四年に刊行された『大阪上町台地の総合的研究』[11]の諸成果を手がかりとしたい。

難波宮廃絶以降、平安時代から中世にかけての遺跡の消長を見通した村元健一は地域ごとの状況を次のようにまとめた[12]。

①難波宮中枢部 ──→平安期は空白期。耕地化。十六世紀の大坂本願寺期の遺構は正方をとらず。

②難波宮北西部（上町台地突端部および大川〈淀川支流〉南岸）

──→九世紀まで官衙的施設が存在。整然とした建物群。十世紀に継承されず。

③天神橋地区（大川北岸）

──→平安期から中世に集落が継続。寺院・官衙も想定可。瓦・塼・緑釉陶器が出土。

④北船場地区（大川南岸）

──→平安期から中世に集落が継続。柱穴、緑釉陶器が出土。

⑤四天王寺地区 ──→平安期にかけて遺跡が顕著。中世に継承。遺構方位は正方位。

これによれば、上町台地北部の①②ではおおよそ平安期の遺跡が乏しく、②の大川近辺において官衙的施設が九世紀まで確認されるのみである。その一方で大川の北岸となる③天神橋地域、および大川をはさんで南向かいとなる④北船場周辺、さらには上町台地南方の⑤四天王寺周辺では中世にかけて遺跡に大きな断絶はみられないことがわかる。このうち大川南岸の④北船場地区が近年の渡辺津の有力比定地である。

このうち①・②においては難波宮の存在・影響力が大きく、それが前提となって存立した施設は遅くとも九世紀までに退転してしまい、その後は遺跡の空白期を迎えることになったとみられる。

また③・④の地区については文献史学の西本昌弘による研究がある。[13] 西本によれば延暦二十三年（八〇四）、桓武天皇が紀伊行幸への往復の際に立ち寄った難波行宮、承和三年（八三六）に円仁が中国へ出国した際に難波で立ち寄った難波離宮（『慈覚大師伝』）、元慶五年（八八一）に斎内親王（識子内親王）が赴いた難波宮はいずれも難波駅を改造した施設として、現在の天神橋（渡辺橋＝大江橋）の北詰東側にその存在が想定されるという。また天神橋南詰には難波小郡（内政用庁舎）があった可能性もあり、大川を挟んだ一帯では国家的施設の所在地としての機能が古代から少なくとも九世紀までは機能していたとされるのである。このように九世紀までのあいだ、難波の大川近辺に長らく国家的施設が存在していたという指摘は②の動向とあわせて興味深いものである。しかしそれらについてもまもなく史料から名を消してゆく。

ではそうした施設が消えながら③・④で平安期から中世へと遺跡が存続する背景にはどのような理由が想定されるのであろうか。

これは②の大川南岸もあわせて考えていく必要があるが、まず検討すべきは摂津国衙（国府）の存在である。摂津国は延暦十二年（七九三）に摂津職が格下げされたもので（『日本紀略』同年三月九日条）、本来難波の京職を兼ねていたことから難波宮付近に国衙が所在したと推測されるが、延暦二十四年（八〇五）をもって「江頭」に移転した経緯をもつ（『日本後紀』同年十一月二十日条）。その後一時的に豊島郡へ移転したものの、さらに承和十一年（八四四）には鴻臚館（こうろかん）をもって国府にあてることになった（『続日本後紀』同年十月九日条）。河音能平はこの鴻臚館を「江頭」付近と考えている。[14] 一般に鴻臚館の故地と想定されている天満橋付近あるいは北船場の大川沿い[15]は、「江頭」（川に面した場所）の表現とは矛盾はなく、大川南岸に考えるのが妥当だろう。

そのうえでさらに、治安三年（一〇二三）、後一条天皇が四天王寺に参詣したのち、「国府大渡下」で乗船したという史料（『扶桑略記』同年十月二十八日条）にこだわってみたい。この「国府大渡」という表現は、国府が管理する大渡（渡河点）と理解されるが、その立地は国衙から大きく離れたものではなかったと推測される。そこでその場所を考えるに、大川の主要渡河点という観点から、主要な陸路との接点にあったとの推測が可能であろう。大川と交わる陸路といえば、本書第一部第一章でとりあげた「浜路」（現在に松屋町筋に比定される）が代表的かつ重要である。したがって、これを手がかりとすれば、国衙は現在の天神橋南詰付近に存在していたと考えることができるのではなかろうか。

遺跡の理解と連動する候補としては寺社もあげられる。大村拓生は寺社の動向から平安時代の大阪について検討を加えた[16]。その結果、八世紀から上町台地周辺に存在した安曇寺・三津寺・生国魂社（東成郡式内社）・坐摩社（西成郡式内社）らは平安時代を通して存続し、さらに十二世紀以前に太融寺・天満天神社などが創建される動きのあったことを明らかにした。遺跡・遺物から推測される寺社の痕跡がこれらの寺社と直結するものではないが、なんらかの寺社が存在した可能性をうかがうことは可能であろう。もっとも、寺社においては十世紀後半に中央寺社の系列下に属するという動きがあったとされる。大村が述べるように、性格の変化をともないつつ寺社が存続・創建されるということはそれに対応する地域社会が存在しているということであり、なにより当地には多数の寺社が存続していることから、これら寺社が当地で醸成される都市的状況の基盤となったことは容易に想像されるところである。

その都市的状況を考えるうえで、平安期の同地の経済機能について一瞥しておきたい。この点について河音能平は、大同元年（八〇六）に難波津ほかで酒甕の封印がおこなわれたこと（『日本後紀』同年九月二十三日条）を指摘したほか、承和十年（八四三）に文室宮田麻呂が「難波の宅」を持ち経済活動をおこなっていたこと（『続日本後紀』同年十二月二十二日条、二十四日条）、長保三年（一〇〇一）に平惟仲が摂津の「久保津御庄壱処」（倉庫）を有していたこと（『平安遺文』四〇九・四一〇）を紹介し、三国川ルートが開通したのちも難波の経済的要地としての性格は継続していたと述べた[17]。当地で繰り広げられた経済活動がどれほどの規模だったのかは知るすべがないが、当地が淀川河口部の主要港湾のひとつとしての機能を継続させていたことは明らかであり、それが都市的な場の形成・拡大を支える基盤となったことは相違なかろう。

以上のように文献史料をみてみると、摂津国衙や寺社については一部性格を変えながらも当地で存続し、さらに大川周辺での経済活動や人びとの営みも継続したことがわかるが、前述のように国家的施設については十世紀以降、その存在が確認できなくなるようである。そうした施設の衰微の背景に律令国家の衰退があったことは明らかであり、一方で寺社の再編などは国制が王朝国家へと変化していく十世紀の状況をよく示した動きと理解すべきだろう。

こうした九～十世紀をまたいでみられる変化のうち、律令制の崩壊と連動した動きと考えられるのが当地の呼称の変化である。古代における当地の呼称は「難波長柄豊碕」(『日本書記』大化元年十二月癸卯)に代表されるように、「難波」が長らく国家的認知を得て用いられてきた。しかし平安期に入ると、歌枕などの文学作品や儀礼の場としての用例をのぞけば、延長五年(九二七)「難波津頭海中立澪標」(『延喜式』雑式)、承平五年(九三五)「難波に着きて河尻に入る」(『土佐日記』)あたりを境に用例は激減し、他の地域(港)呼称が複数出現するようになるのである。

たとえばさきに紹介した長保三年(一〇〇一)に平惟仲が倉庫を置いた「久保津」(窪津)はそのもっとも早い事例である。これは第三節で述べるように同津が立地した場所の地形環境を表現した呼称と考えられる。さらにこれも前述したが、『扶桑略記』治安三年(一〇二三)十月二十八日条には「国府大渡下乗御船」が登場する。「大渡」はこれ以降多く史料にみられるものであり、河音能平はこの史料を「国府大渡のあたり」と理解すべきとし「渡辺」の語源はここにあると考えている[18]。

そしてその渡辺は、永保元年（一〇八一）の「渡辺住人武久」（『為房卿記』九月二十一日条）が初見となっている。なおこの武久という人物については、十一世紀末に当地へ入部した渡辺党とは別ものと考えられており[19]、渡辺党は当地への土着を契機に当地の呼称である「渡辺」を名乗ることになったのである。

これらの津呼称が同じ場所を指すことは、文治三年（一一八七）「窪津渡陪也」（『玉葉』同年八月二十二日条）、文治四年「渡部謂之大渡也」（『玉葉』同年九月十五日条）の記述からも明らかである。そして「窪津」「大渡」「渡辺」は併用される時期がしばらく続いたが、「窪津」の終見が『経俊卿記』正嘉元年（一二五七）閏三月二十日条となされているように[20]、十三世紀後半には「渡辺」へと収斂されていった模様である。

「窪津」「大渡」「渡辺」呼称が使用され出した理由や使用主体は明らかでないが、難波（津）という統一的な呼称から複数の呼称が併用される状況への転換の背景には、律令国家の解体とともに、当地におけるさまざまな社会集団の存在と、それぞれの活動があったものと想定されよう。そして、それらが「渡辺」呼称へと再び収斂していくのは、当地において新たな地域秩序が誕生したことを示唆していると考えられるのである。

二　渡辺党と渡辺

この渡辺の地に入部し、当地随一の武士団として成長したのが渡辺党である。ここでは主として生駒孝臣の研究を参照しつつ[21]、本章の関心に沿って渡辺党の構造や渡辺の地との関係について概略をまとめてみたい。

渡辺党は藤原姓遠藤氏と源姓渡辺氏によって構成された。前者の遠藤氏は、摂津国の在庁官人として早くに渡辺で活動を始めた可能性があり、後者の渡辺氏については渡辺伝（つたう）が遠藤氏と姻戚関係を結び、白河院によって十一世紀末から十二世紀初頭にかけて創始された渡辺惣官職を担うべく当地へ入ってきた。渡辺惣官は王家経済の一端を担う大江御厨の管理責任を担う立場にあり、その収益が大きかったことから渡辺党内で惣官職をめぐる対立が発生し、鎌倉期には満流渡辺氏・重流渡辺氏、そして鎌倉幕府・得宗家と結びついた遠藤氏が争うことになったのであった。

しかし、遠藤氏の活動は鎌倉幕府の滅亡とともに事実上終焉を遂げ、南北朝期に入ると重流の渡辺照の系統が後醍醐天皇より渡辺惣官職に任じられた。ただし渡辺には鎌倉時代の得宗領を継承する武家領が広がるなど北朝・室町幕府の勢力が拡大してゆき、渡辺照も延元二年（一三三七）には地頭職安堵を得て渡辺の地を離れ、難波庄（大阪市浪速区浪速元町付近）へ移住する事態となったほか、渡辺党のなかには曾根崎氏や渡辺実のように北朝・室町幕府に従う者も現れたのであった。

その後の渡辺氏については、加地宏江・中原俊章の指摘がある。すなわち十六世紀になると、照の系統が三好氏に従い、渡辺津村の年貢を三好長慶が渡辺孫三郎（則カ）を通じて納入させようとしたことから、渡辺氏が当地の代官的存在となったと述べた[22]。また、渡辺氏は長慶より渡辺で所領を安堵されたようだが、まもなく当地での役割を終えたものとみられる。

このように渡辺党の足跡をたどってみると、渡辺の地における同党の活動はおおよそ鎌倉期がピークであったといえよう。そして渡辺党は、源姓渡辺氏のなかだけでも複数の門流が存在したうえにまったく出自を異にする遠藤氏の存在もあり、内部構造はかなり複雑な様相を呈したが、一方で渡辺惣官職を軸としたひとつの社会集団とみることも可能である。この渡辺惣官職を保持する渡辺党が王家や鎌倉幕府の権威を背景に活動し、王家や鎌倉幕府もその渡辺党を利用しつつ当地への影響力を及ぼそうとしたことが渡辺の重要性を高め、呼称の収斂化をもたらしたのだろう。

こうした渡辺党のありかたは渡辺の空間構造に何らかの影響を与えた可能性があろう。その点を念頭に、渡辺党と在地とのかかわりを具体的に追ってみたい。

まずは遠藤氏である。遠藤氏の渡辺党としての活動は前述のようにおおよそ鎌倉期いっぱいとされるが、当地での活動は渡辺氏より早く、遠藤為方が十世紀末から十一世紀初め頃、摂津国衙の在庁官人であったことが「遠藤系図」の「遠藤為方」項に「号窪津大夫、自是当国渡辺惣官職也、此時自宇治里渡辺ニ移住也、一国田文目録ヲクリテ」と書かれていることから知られる[23]。さらに平氏政権下で平家の家人だった遠藤頼方が摂津・和泉・紀伊三ヵ国の総追捕使に任じられており、在庁官人のなかでも軍事的統帥権を掌握する立場にあったことが指摘されている[24]。こうした立場に連動してか、遠藤為方は「十人ノ子息等ノタメニ、始テ田畑屋敷ヲ立置、爰私領ト今名号スル田畠屋敷等是也」と田畑屋敷を私有していたと記されている。これは渡辺近辺のことと考えるのが自然であろう。

遠藤氏は渡辺所在の寺社とも深い関係を有していた。まず摂津国西成郡唯一の式内社として社格を誇った坐摩社にかかわっては、遠藤氏のなかで家国・依重・信恒の三名が「座摩祐（「社」の誤記か）の長者の一人」であったと「遠藤系図」に注記がほどこされている。遠藤氏は坐摩社の運営に関与する立場にあったことがうかがえる[25]。またやや渡辺から離れるが、遠藤氏は十一世紀末の為依（永順）以降、四天王寺の寺務を管掌する重職の執行を輩出したことも知られている[26]。四天王寺の主導権をめぐっては山門と寺門の対立があり、それに得宗家がからんだ複雑な様相をみせたが、遠藤氏の四天王寺への関与は鎌倉幕府の崩壊まで続いたのである。

一方の渡辺氏であるが、遠藤氏のような国衙・坐摩社への関与は確認できない。他方、大川北岸にあった天満天神社の神事には遠藤氏とともに関与をみせた。当社は『本朝無題詩』巻十に「九月盡日陪天満天神祠　摂州」（藤原敦基作）と登場するのが初見とされ、本詩文の成立を寛治四年（一〇九〇）とみると[27]、創祀はその頃にさかのぼることとなろう。この天満天神社にかかわっては「道誉書状土代」[28]に「遠藤右衛門三郎為景与摂津国御家人後源次右衛門尉栄・□（豊）前左衛門尉嗣・刑部左衛門尉告□相論渡辺天満宮神事間事」とあり、生駒孝臣によれば、遠藤為景(為俊流)と渡辺氏の重流栄・満流嗣・房流告のあいだで、建長四年(一二五二)頃から文永十一年(一二七四)頃にかけて神事をめぐる相論が発生していた[29]。この相論の詳細は不明だが、天満天神社の神事の主導権をめぐる渡辺氏と遠藤氏の争いと推測され、さらに渡辺氏の三門流が結束してこの相論にあたっている様子をみると、天満天神社の存在と神事への関与が渡辺党にとって大きな意味をもっており、とりわけ渡辺氏にとってその意識が強かったことがうかがえよう。当社への関与は渡辺党にとってきわめて重要な意味をもっていたのである。

しかし、渡辺氏は白河院の権威を背景に渡辺に入り、惣官職に関して主導的な立場にありながら、在地への関与を具体的に示す史料は遠藤氏より乏しく、寺社との関係もこの天満天神社の神事への関与以外は天王寺惣追捕使に任じられた若干の例が確認できるのみである[30]。それ以外は惣官に就いた重流の翔にかかわって『古今著聞集』に「渡辺に往年の堂あり、薬師堂とぞいふなる、源三左衛門かけるが先祖の氏寺也、(中略)この堂建立の年紀をかぞふれば、六十餘年になりにけり[31]」と、渡辺氏(重流)の氏寺にかかわる史料のみとなっている点で大きな違いをみせている。

以上のようにみてくると、遠藤氏が摂津国衙や坐摩社という古代以来の権門的存在に対し関与をみせていたのに対し、渡辺氏の関与は後発の天満天神社にほぼ限られていたといえるのであり、好対照の様相を示している。こうした遠藤氏の姿は、国衙図師、平岡社務、大江御厨山本・河俣両執当職を兼ね備えていた河内の武士団水走氏[32]を彷彿とさせるものである。遠藤氏は出自が「宇治里」(「遠藤系図」)と記されているのみで、その実像には不明な点が多いといわざるをえないが、白河院の権威を背景に入部し惣官職に就いた渡辺氏よりも早く渡辺へ入り、国衙や社寺への関与を深めていたことが特徴であり、権力の根源であったと考えられる。それに対し渡辺氏は、基本的に王家や公家社会との結びつきを背景とした惣官職の補任をその権力の中枢に据えていたのであり、そこに両者の違いを見出すことができよう。

三　渡辺の歴史環境と空間構造

上述のように渡辺には惣官職を争う渡辺氏と遠藤氏がおり、さらに渡辺氏には複数の門流が存在した。また在地への関与は遠藤氏が渡辺氏より強固に展開できていたように見受けられる。こうした状況を前提に渡辺の空間構造を考えてみたい。

（1）歴史環境

まず渡辺の歴史環境を確認しておこう。この点にかかわっては、発掘調査から判明した地質データの分析をもとに古地理復元をおこなった趙哲斎の研究が重要である[33]。趙はこの地域の古地理変遷を明らかにするなかで、かつて東横堀の西方、北浜の大川沿いに自然堤防が発達し、その背後（南側）には西で大川につながり東へと広がる水域が存在したことを示した。その東側への広がりは時代により変化がみられ、古代では水面が現在の東横堀付近、そして浅い水域は松屋町筋（「浜路」）へといたっていたが、中世前期では全域が浅い水域へと変化した。そして中世後期の大坂本願寺期になるとその浅い水域も東端は現在の堺筋あたりまで退き、松屋町筋付近には西へ向かう水流があるのみで、それは現在の東横堀の位置に南北方向に存在した浅い水域に流れ込む形となった。趙はこうした地形変遷を図

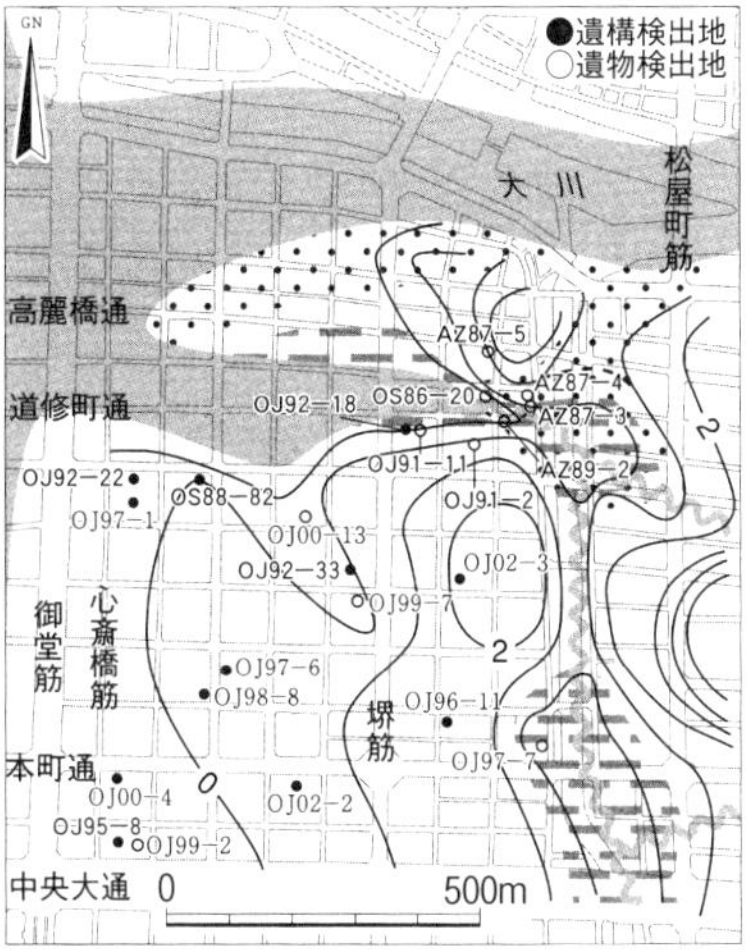

第１図−１　渡辺津周辺地形と遺跡・遺物出土地点（古代）

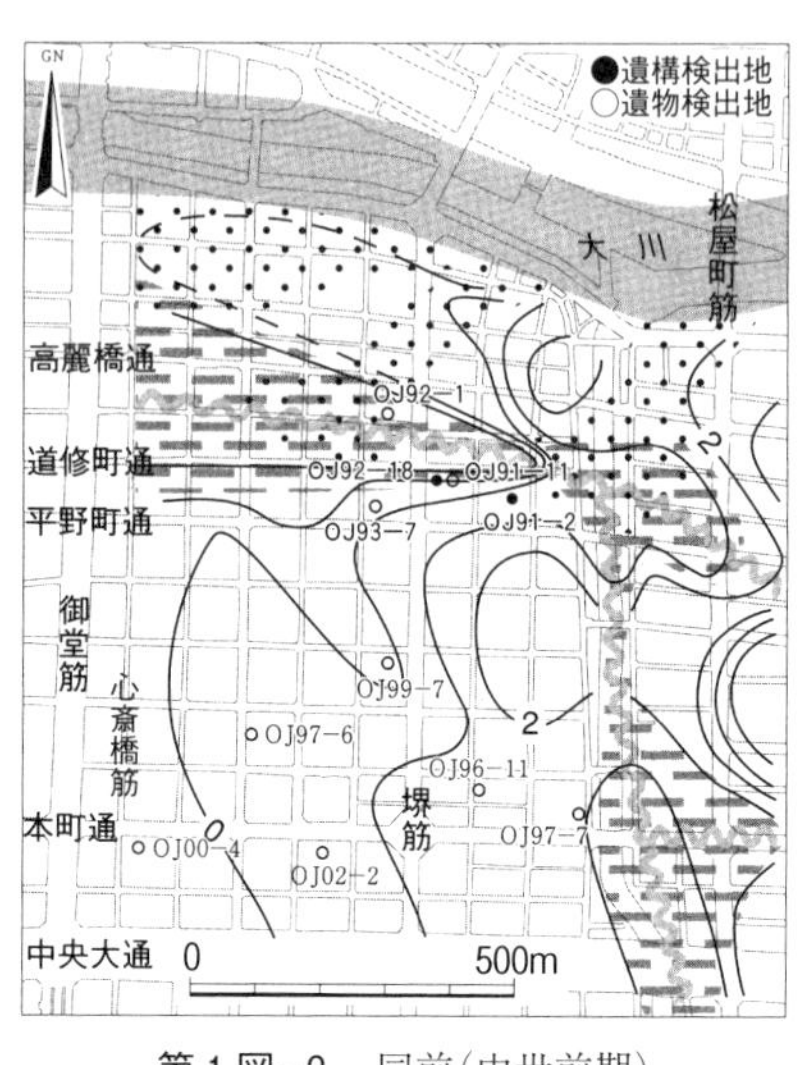

第１図−２　同前(中世前期)

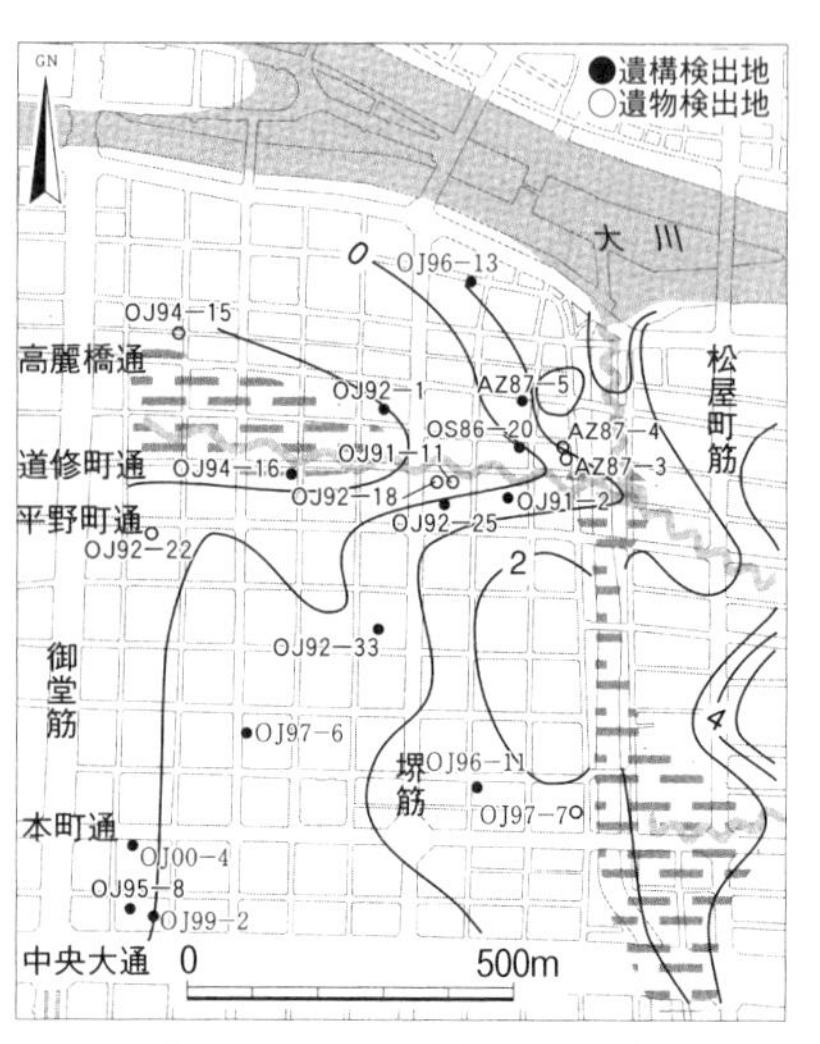

第１図−３　同前(中世後期)

で示し、そのうえに松尾信裕は遺跡・遺物の出土地点を載せ(第1図−1・2・3)、この東西方向の水域を船溜まり(渡辺津)とみなした[34]。妥当な見解だろう。こうした渡辺における水域の存在とその変遷が明らかにされた意義は大きい。

そのうえで私見を述べると、この船溜まりは東西方向に広いことへ注目する必要があると思われる。古代から中世前期の段階では浅い水面も含めると、西は現在の心斎橋筋から東は松屋町筋にいたる一キロメートル弱におよぶと推測される。このことは、ひとくちに渡辺津といっても実際の港湾機能は一ヵ所ではなく、複数箇所存在したと考える余地を生むものと考える。

こうした水域の実態解明は渡辺の空間構造を考えるうえで大きな示唆を与えてくれる。そこで「明応二年御陣図」(第一部第一章第5図・四五頁)を手がかりに交通環境を交え、まずやや広域に当地の空間構造を把握してみたい。

「明応二年御陣図」はラフな描写であり、明応二年(一四九三)という時期の図であるが、渡辺の交通環境を示唆する貴重な図であることはすでに指摘した(本書第一部第一章)。本図のポイントとなる点を確認すると、「天王寺」から「ワタナヘ」(渡辺)へは二本の道が伸びており、そのうち①が平安期以降「浜路」と呼ばれた道(現在の松屋町筋)であり、渡辺と「浄土堂」をかすめるように通り、さらに北へ伸びている。どこまで伸びるかは本図では示されていないが、道はそのまま大川を北(中島＝天満)へ越えたものと理解されよう。そうなると、それより西側となる②については、近世以降の道を参考にすると、紀州街道(現在の堺筋)の前身に当たる道と推定されよう。こちらは渡辺で止まり、北へは延長されない。①・②はこうした違いが意識されて表現されていると解釈すべきである。

このように渡辺津は二本の南北路と接点をもっていたのであり、かつそれらの道の比定ルートは先の渡辺津の推定範囲(東西およそ一キロメートル)におさまっている。したがって渡辺津はそれら二本の陸路と接する位置にそれぞれ一定の港湾機能・施設を備えていたと考えてみるのはいかがだろうか(ただしこれらが中世を通じてつねに同時に機能していたかどうかは検討課題である)。

もう一点、本図から示唆される重要な情報は、渡辺と浄土堂が別空間のように扱われている点である。本図が十五世紀末のものであることを念頭に考える必要があるが、浄土堂がその西側で「浜路」に接し、渡辺が逆に東側で「浜路」に接する描き方となっていることから、浄土堂と渡辺を違う空間としてとらえる認識のあったことが示されているのであり、この点は注意しなければならないだろう。渡辺は広義でとらえる場合、その範囲は北が長柄・天満(中島)、西は福島区に達していたことが指摘されている[35]。それに対し本図の渡辺は明らかに狭義の渡辺である(十五世紀末という時期に渡辺と認識された範囲を指し示している可能性もある)。いずれにしても浄土堂は一定の独立性を有した空間として認知されていたことが知られるのである。

話を道に戻すと、道①を浄土堂からさらに北に延長して描いている点にも注目しておきたい。私見ではこれを「浜路」が大川対岸の天満(中島)へ到達している様子を描いていると考えている。大川北岸には「渡辺天満宮」とも呼ばれた天満天神社があり、「浜路」の延長路は当社の西側を通っていた(後掲第2図)。そして、この大川を挟む南北の地を結ぶ役割を果たしたのが渡辺橋であった。

この渡辺橋については不明な点が少なくないが、中世の大川に架けられた橋としては唯一のものだったと考えられる。古代ではいくつかの橋が大川に架けられていた形跡はあるが(『行基年譜』所引「天平十三年記」[36])、中世では渡辺橋以外は確認できない。しかし渡辺橋は中世を通じて存続していたわけではなく、十四世紀後半以降は失われた可能性が高いが[37]、「中島ヘハ渡辺之わたりをして行也」(『尋憲記』元亀元年〈一五七〇〉九月四日条[38])とある渡船は同じ場所を結んでいたとみるのが妥当であり、このルートが橋や渡船を介しながらも重要な交通路として維持されていたことはまちがいない。「浜路」が古代の直線道路を継承し、大川をはさんで南北の地を結ぶ役割を果たしていたことからすれば、渡辺橋と渡しはその延長線上に存在したと考えるのがもっとも素直であろう。

こうした立地・交通環境にあった渡辺であるが、鎌倉後期に呼称が広域地名として認知された以降、十四世紀後半にはその名を潜めていった[39]。「明応二年御陣図」において渡辺が浄土堂と区別されて描かれたのは、この段階において渡辺は当初の場所のみを示す呼称として、いわば先祖帰りした状況を示している可能性もあろう。

渡辺とは大川南岸の船溜まりにあった津と、その東側で「浜路」と接する一帯が中心部であり、「浜路」の延長部にあった渡辺橋や「渡り」を介して大川北岸と結びついた空間であり、そこに渡辺氏や遠藤氏が関与したさまざまな権門・施設が存在したものと推測されるのである。

続けて、渡辺の構成要素を今少し詳しくみてゆこう。

(2) 摂津国衙

摂津国衙の動静については史料が少なく、詳しくはわからない。所在地については前述のように、治安三年(一〇二三)に後一条天皇が「国府大渡下」(『扶桑略記』同年十月二十八日条)で乗船したという記事が参考となる。

その所在地をめぐっては諸説があるが、上町台地上の石町一丁目とその南側の島町一丁目の間の街区から整然とした配置をもつ奈良時代後半〜平安時代初期の正方位建物跡や平安前期の瓦、九世紀の緑釉陶器、さらには「攝」の墨書（摂津職か）をもつ土器が出土したことから、その一帯を有力候補とみる説がある。(40)しかし最初に述べたように、上町台地上の遺跡は平安初めで廃絶していることから、平安期を通しての国衙の所在地としては認められない。やはり「江頭」とよばれる大川に近い場所を想定すべきであろう。「国府大渡」も国衙の管理下にある渡りと理解すべきであり、渡り（渡辺橋）の所在地からさほど遠くない位置にあったとみて良いので、「大渡」が想定される天神橋近辺と考えておきたい。

摂津国衙には「国衙内市小路市」のあったことが知られている（「蔵人所牒案」貞応二年〈一二二三〉三月）(41)。中世の府中には国衙のみのものと守護所・守護代所が同居するものの大きく二つの形態があるが、摂津の事例は前者の「単一型の府中」と称されるべきものとされ、その場合でも国衙一帯には市・宿・惣社またはそれに準ずる主要な神社が附属していたと考えられる。(42)摂津国衙の場合、「市小路市」そして次に述べる坐摩社がそれに該当するとみてよかろう。摂津国衙はこの貞応二年の史料が管見では終見とみられるが、この頃には国衙・市・坐摩社などから構成される府中空間が当地で存在していたとみてよかろう。「市小路市」の呼称は、この府中空間にある程度の街区が成立していたことを推測させるものである。

なお摂津では、守護所は嘉暦二年（一三二七）段階で兵庫島に存在したことが確認されている。(43)守護所が国衙と一体化しなかったことから、摂津国衙は鎌倉期以降、衰退の道をたどった可能性があろう。この動きは遠藤氏の没落および渡辺の地位低下とかかわる部分があった可能性も考えられよう。

（3）　坐摩社

次に寺社をとりあげてみたい。まずは坐摩社である。坐摩社は西成郡唯一の式内社であり、応和三年（九六三）・安和二年（九六九）には祈雨の奉幣を受ける主要二一社に含まれた大社であった。[44]現在、坐摩社は大阪市中央区久宝寺町に所在するが、それは豊臣秀吉の大坂城下町建設にともなって移転を命ぜられたためであり（本書第三部第一章）、中世までは次の史料のように現在石町にある同社御旅所の場所にあったと伝えられている。

【史料1】「名葦探杖」巻之五　安永七年（一七七八）[45]

其後豊太閤、城を築き給ひし時、此社を今の渡辺町にうつして鎮座石のミ残せり、今に到りて此所を旅所として、例年の祭礼に座摩の神輿を渡す、

しかしこの伝承を裏づける同時代の文献史料は確認されていない。ただし、現在中央区石町二丁目にある同社御旅所南側において剣頭紋軒平瓦が出土し、同紋瓦が神社で多用されることから神社施設がこの近辺にあったとの推測は可能だという（ＯＳ85-28次調査）[46]。したがってここでは【史料1】に拠り、この御旅所一帯に中世の坐摩社鎮座地があった可能性を重視しておきたい。

なお坐摩社については前述のように遠藤氏による運営関与の形跡がある一方、住吉社の社家津守氏による強い関与もあり、神事執行をめぐって住吉社神主津守国平と坐摩社神主清原康重のあいだに相論のみられたことが指摘されている[47]。津守氏は経国が建保三年（一二一五）に摂津守に任じられて以来六代にわたって摂津守に任官して国衙支配を進めたが、坐摩社についても元仁元年（一二二四）に「住吉末社座摩社」[48]と表現されていることから国衙と坐摩社に対する支配が同時に進められたのであろう。国衙と坐摩社が密接な関係にあったことを示唆するものとして興味深い。

坐摩社にかかわった社会集団に関する史料は少ないが、近世の渡辺村の淵源となるキヨメ集団が坐摩社に神役

を奉仕していたと伝えている。これについて盛田嘉徳は「摂津の役人村は、本来の村名は西成郡渡辺村で、中世末には、大川（旧淀川）の渡河点（渡辺）の北の河原に居住し、この地一帯を支配していた渡辺の党の中心であった、座摩の宮に隷属していた。天正十二年（一五八四）頃、秀吉の大坂城普請のため、座摩社が市中の、後の南渡辺へ替地を命ぜられ（大坂濫觴書一件）、移転をしたので、渡辺村の人々も幾らかは座摩社の附近に移住し、往古からの奉仕を続け、残った人々は、市中に散居したので、座摩社からの支配関係が薄れていった」と述べたのであった。[49] この後段部分は「役人村由来書」の「天正年中の頃、役人村の儀、天満・福嶋・渡辺・博労・三ツ寺五ケ所に別れ住居罷在候」[50] を念頭に置いていると思われ、文明十六年（一四八四）「竜安寺領摂津国欠郡渡辺福島春日井年貢算用状」[51] によって「散所村」が百六十五文を竜安寺に納入している様子は知られるものの、大川北岸におけ る坐摩社のキヨメ集団に関する直接の史料は得られていない。今後の課題である。

（4）　渡辺王子

渡辺には渡辺王子があった。渡辺王子は熊野参詣の第一王子で、大渡王子・窪津王子とも呼ばれ[52]、その名や機能から渡辺津および「浜路」に近接していたことがうかがえるが、十五世紀の連歌師宗祇の編による『名所方角抄[53]』には「渡辺いまは橋柱ハカリ也、むかしのことなり、此所に熊野の一の皇子御座なり、鳥羽より舟にてくだれは王寺の前にあかるなり」とあって、渡辺王子は渡辺橋に近接していたことが知られるのである。また近世の史料ではあるが、元禄二年（一六八九）の『一目玉鉾』（井原西鶴著[54]）の「久保津宮」項には「今の天神橋の浜に立せ給ふ、熊野一の王子也」と記されている。これらの史料を総合的に解釈すると、渡辺王子は渡辺橋の南詰付近にあったと考えるのが一案だろう。なお『名所方角抄』に王子の前で上陸すると記されているのは十五世紀の状況を示していると解され、中世前期では渡辺王子の位置は船溜まりのもっとも東奥付近にあったとみられる。

渡辺王子は第一王子であることから、上皇らが立ち寄った場合は奉幣・経供養・供燈明・里神楽などがおこなわれ、ここから「浜路」をたどり、第二王子「小坂王子」へと向かったのであった。

(5) 浄土堂

治承四年(一一八〇)、平氏によって東大寺が焼き討ちされた。その復興のため重源が大勧進となり、建仁三年(一二〇三)に復興の総供養が執りおこなわれた。その過程で重源が勧進活動と同時に物資輸送の拠点として設定したのが七ヵ所の別所であり、そのなかのひとつが渡辺に置かれた。

別所は基本浄土堂を中心とした宗教施設であるが[55]、渡辺では他所と違い宗教施設とは別に木屋敷が置かれた。しかし、券文は別々に作成されているので[56]、その詳細内容は不明なものの、別所と木屋敷は別場所に置かれた可能性がある。このうちまず木屋敷についてみてみると、こちらは東大寺再建用の木材等の中間保管施設と考えられ、その所在地に関しては大川べりまたは渡辺津の船溜まり近辺と考えるのが妥当である。その具体的な場所を示した文献史料は確認できないが、渡辺津の船溜まりに南接したと考えられるＯＪ91‐2次調査地点から十二世紀代の遺構が確認され、東大寺復興用に生産された「東大寺大佛殿」銘の軒丸瓦や軒平瓦片が出土している点は魅力的である[57]。もっともこれら瓦類は十六世紀の遺構からの出土であったり、出土位置が明らかでなかったりしているため木屋敷の場所を特定する史料とはなりえないが、東大寺再建に渡辺津が重要な役割を果たしたことはまちがいない。

他方の別所であるが、こちらには丈六皆金色阿弥陀三尊像を安置した浄土堂のほか、来迎堂・娑婆屋・湯屋等から構成され、迎講(来迎会)が催される宗教施設であった[58]。浄土堂はそのなかでも中心的な堂舎であり、日々の参詣者や浄土信仰にもとづいて実施された迎講への参列者に対し積極的な勧進活動がおこなわれたものと推測される。七別所のひとつ播磨別所（小野浄土寺）の立地を参考にすれば、渡辺別所の浄土堂も東面し、落日の景観などを通じて西方浄土を強く意識させる、西へ開かれた場所に占地されたと考えるのが妥当であろう（本書第一部第四章）。渡辺別所の所在地に関する手がかりも皆無に等しいが、先に検討した「明応二年御陣図」のなかの浄土堂はこの渡辺別所の浄土堂を継承したものと考えてよく、その所在地は先の考察どおり渡辺津と「浜路」を挟んだ反対側（東側）に想定しておきたい（上町台地西側斜面の平坦地などに位置した可能性もあろう）。

なお文永十二年（一二七五）に叡尊が立ち寄った「渡部寺」は浄土堂を指しているとされ[59]、十六世紀に散見される「上手堂」も同様に推定される。[60]「渡部寺」の異名をもつ浄土寺は渡辺を代表する寺院として認知され、存続していったのであった。

（6）天満天神社

大川北岸の天満（中島）の地にあったのが天満天神社である。ここは前述のとおり遅くとも十一世紀には存在が確認でき、さらに源姓渡辺氏を含め渡辺党が神事をめぐって競った事実から当地における地位の高さをうかがうことができよう。

本社と渡辺との関連で注目しておきたいのは、次の史料である。

【史料2】「天満宮神主神原至長嘆願書」（部分）　寛文五年（一六六五）[61]

一、御神領昔高弐千五百貫、天満まハり七ヶ村淀川面まても当社領地にて御座候故、当津出入之船より帆別と申候而役銭なとも取申候得共、其以後神領も少つヽ落来候而、信長公之御時一ヶ所も不残落申候、されとも宮の前町・地下町・そねさき村・福嶋村右四ヶ所より淀川之水銭と申候而六月・九月両度之御神事之時分むかしの神領のしるしとして于今少しつヽ取納仕候、宮の前町・地下町両所之者共天神之百姓に御座

　候故、諸役人夫之入候時ハ于今よひよせつかひ申事御座候、

これは神領の由緒とそれが失われてきた経過を述べたくだりである。当初は天満周りの七ヵ村を社領とし、また出入りの船から帆別銭を徴収していたが信長期に社領を失ったこと。しかしかつて社領であった宮の前町・地下町・曾根崎村・福島村からは水銭の収取をおこない、さらに宮の前町・地下町に対しては諸役を課していることを述べている。

本史料は諸権利を裏づけるための一種の由緒書といえようが、「当津」(大川北岸の港だろう)に出入港する船から帆別銭を収取していたとする点は注目される。渡辺では十三世紀末から渡辺において関が置かれ、港湾や寺社造営料が課せられるようになったが、それは渡辺党などが得ていた在地の既得権を大きく侵害するものであった[62]。天神社の場合、帆別銭収取の主体はよくわからないが、在地の神社であることから渡辺党が関与していた可能性が高いのではなかろうか。寛元元年(一二四三)に「渡辺海賊人」(『吾妻鏡』同年十一月二十六日条)として名が挙げられた源綱はその名から源姓渡辺氏と考えられるので、先の神事の状況などをみると渡辺党、とりわけ源姓渡辺氏が天神社と結んで帆別銭徴収を含む「海賊行為」に及んでいた可能性は十分にあるだろう。

もう一点注目すべきは、社領であり諸役負担も課せられていた宮の前町・地下町の存在である。この二つの町は天満天神社の門前に位置する町とみてよいだろう。このうち地下町については明治十九年『大阪実測図』(第2図のベース図)において、天神橋筋(「浜路」)を挟んで天満天神社の西方に町名が確認できる。宮の前町についてはその名を確認することができないが、その名称から判断して天満天神社の正面(境内南側)に想定することは許されるだろう。この地区は埋蔵文化財調査でも周辺にくらべ中世遺跡・出土遺物ともに充実していることが指摘されており[63]、この地区には宮の前町・地下町を含む、大川に達する天神社の門前町が展開していたと考えてよいものと思われる。

（7）　渡辺屋敷

渡辺党が当地を本拠とした以上、その居地があってしかるべきである。遠藤氏は前述のように「田畠屋敷」を所持していたが、それを含めこれまでこの点に触れた研究はみられなかった。管見によれば後世のものではあるが、関連史料がわずかながら確認できる。

【史料3】『摂陽群談　巻一〇』元禄十四年（一七〇一）[64]

渡辺綱出生古跡　武庫郡武庫庄村にあり、（中略）亦渡部の号は、今大坂の津に在て、西成郡に属し、如も座摩社前を指て、世俗渡部屋敷と云へり、

【史料4】『浪華百事談　巻之三』慶応元年（一八六五）跋[65]

当社（坐摩社：著者註）の祠官は渡辺氏代々連綿す、渡辺の徒はいにしへより摂津の国人にて、彼渡辺綱丁七唱の如き其族にて、又元弘の頃には難波堀江渡辺の橋のほとりに、渡辺の城ありて、渡辺某籠居して南朝を守護せり、

このうち【史料3】は渡辺が西成郡に属していると述べている点で、比定地についてはおおよそ正しく、また坐摩社前が渡辺屋敷と呼ばれているという十八世紀段階の伝承を淡々と記している。それに対し、【史料4】は伝承と考証の境界線が明らかでなく、取り扱いが難しい。ただ、前述のように坐摩社の旧地を現御旅所付近に想定した場合、南北朝期の渡辺氏の居「城」が渡辺橋の辺にあったとする記述は【史料3】とも大きな矛盾はなく、一定程度認められる範囲内の想定といえよう。

これらの伝承を検証する史料が見当たらないので当否の確認は困難であるが、屋敷が坐摩社と近接していたとする内容は興味深い。そうであれば渡辺屋敷は府中の一角を占めていたことになるし、遠藤氏が在庁官人であったことを想起すると、この渡辺屋敷は遠藤氏の屋敷であって、府中を構成する在庁屋敷であったことにならない

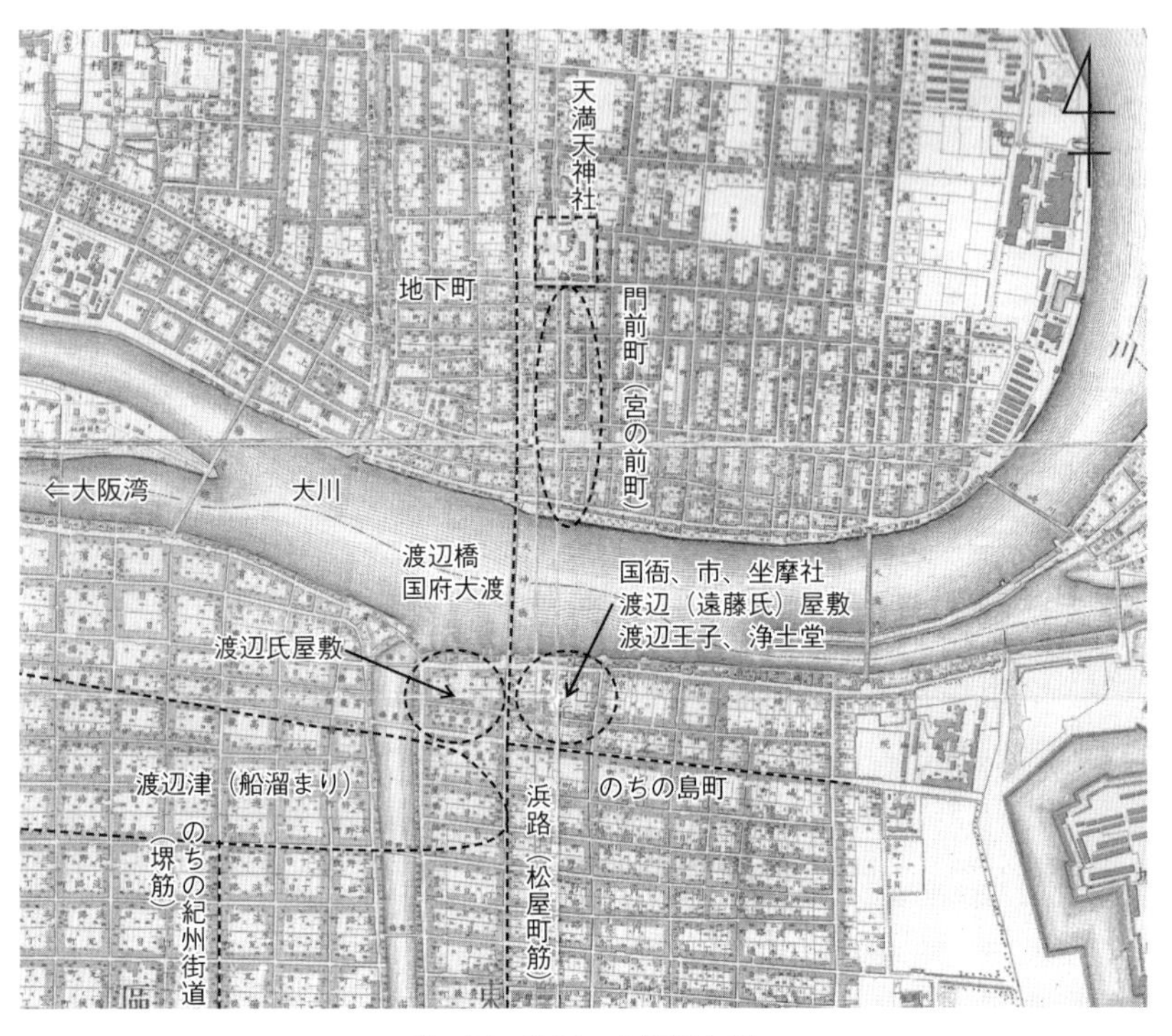

第２図　渡辺の空間想定図

だろうか。

そのように想定すると、渡辺氏の居地はこれとは別に想定しなければならないだろう。これについてはまったく手がかりが確認できないが、渡辺氏が渡辺津や大川を航行する船の点定に関与していたことを考慮し、その両者に挟まれた大川の自然堤防上を想定してみたい。一案として提示しておく。

以上の考察をもとに、渡辺津周辺の空間構造を試論的に示すと第２図[66]のようになる。

上町台地西縁辺部の南北道「浜路」と大川が交わるところに渡辺橋（国府大渡）があり、その南側に国衙・市・渡辺王子・坐摩社・浄土堂・渡辺（遠藤氏）屋敷、そして西へ広がる船溜まりが存在した。この近辺には渡辺氏屋敷を想定した。一方、北岸には天満天神社とその門前町が存在した。南岸は摂津国衙を中心とした府中空間が基本であり、その西方に津（船溜まり）が存在する構成であったことからみても、渡辺の中心部は南岸だったと判断される。北岸で目立った存在は天満天神社のみとなっているのは、その創建が十一世紀に下ったためと推測される。なお坐摩社でも門前空間は形成されていた可能性があろう。

こうした空間構成をもつ渡辺に渡辺党を介して王家や鎌倉幕府、さらに住吉社が直接介入をはかろうとしたのであった。実際の渡辺は、そうした諸勢力が渡辺党とさまざまな絡み合いをみせるなかで動態的な変化をみせていったものと思われる。それは逆にいえば、強力な求心力をもった勢力が渡辺に存在せず（渡辺党であってもしかり）、都市としての一体性が作り上げられる条件にはなかったといえよう。そして、それは大阪湾に面した渡辺という場所が中世という時期に負った性格に規制されたものだったのである。

おわりに――渡辺から大坂へ

以上、渡辺の都市構造について空間を中心について考えてきた。この地は古代以来、国衙や寺社が置かれた要地であったが、王家経済の一端を支える渡辺惣官職が置かれたことで源姓渡辺氏が入部し、それ以前から国衙に関与していた遠藤姓渡辺氏とともに渡辺惣官職をめぐる主導権争いが繰り返された。また両者と結んだ王家や鎌倉幕府、さらには住吉社の介入も及ぶなど、複雑な歴史展開がみられたのであった。しかし鎌倉時代末から南北朝時代にかけて渡辺党に転機が訪れる。遠藤氏の没落と南朝にしたがった渡辺照一族の難波庄への移住である。そして渡辺の地では北朝方の曾禰崎氏が惣官の補任を受けるという事態が発生し[67]、加えて渡辺津が中世後期にかけて徐々に浅くなっていったことは（第1図-3）、渡辺の都市機能を減退させることになったものと推測される。

そうした様子が反映されたものが十六世紀に海外で刊行された地図である。一五五六年、倭寇の取り締まりを要請するため中国から来日した鄭舜功がまとめた報告書『日本一鑑』の所収図をみると、この付近で記されているのは「小坂」のみで、渡辺は登場しない（本書第一部第二章）。同時期にヨーロッパで刊行された「Dourado型」日本図のひとつ「Lazaro Luiz 1563」（一五六三年刊）も同様で、「ozaca」は示されているものの渡辺はない[68]。この近辺における代表的都市だった堺は双方の図でとりあげられているので選択は必ずしも恣意的とはいえず、掲載にあたっては当時の都市に対する評価・認識が反映されたとみてよかろう。

「小坂」とは大坂本願寺の「大坂寺内町」のことを指している。大坂寺内町は本願寺の大坂移転にともなって大きく発展したと考えられる（本書第二部第三章）。大坂寺内町は渡辺と違い、集権的な教団構造が形成した本願寺教団のトップに立つ大坂本願寺を中心とした都市だった。本願寺は平易な教義により門徒に極楽往生を確信させ、さらに本願寺は各地の武将と交流しながらも武力行使をおこなって門徒の保護に努めた。そして、門徒や本願寺を警護する番衆は全国から大坂へ集結し、門徒が納める懇志金は本願寺の財政を支えた。宗主を頂点に高い求心性をもった本願寺教団がつくりだした寺内町には全国から多くの人・モノが集まり、大坂寺内町を発展へと導いたのである。こうした点で都市を成り立たせる基本構造が渡辺とは大きく性格・実態ともに異なっていたのである。

ただ、渡辺が完全に都市としての活動を停止したのかといえばそうではない。戦国期に既存の都市を掌握することで基盤固めを図った三好氏は渡辺および近隣の津村に対しても渡辺氏を介して支配の手を伸ばしているのである[69]。また、坐摩社や天満天神社[70]についても武家らとの友好的な関係のもと存続しており、おそらく一定の都市空間は継続していたと推測される。大坂寺内町は秀吉の大坂城地と重なったことから完全にその姿を失ったが、逆に渡辺は初期大坂城下町の前提となり、その一部として取り込まれていったのである（本書第三部第一章）。それは都市としての機能が直前まで継続していたことの証しでもあろう。

(1) 『新修大阪市史　第二巻』大阪市、一九八八年。
(2) 渡辺津には「窪津」(『玉葉』文治三年八月二十二日条)や「大渡」(『同』文治四年九月十五日条)、「国府大渡」(『扶桑略記』治安三年十月二十八日条)などの異名があった。本章では史料の原文引用時をのぞいて、津呼称は渡辺津に統一する。
(3) 三浦圭一『中世民衆生活史の研究』思文閣出版、一九八一年。加地宏江・中原俊章『中世の大阪』松籟社、一九八四年。河音能平『大阪の中世前期』清文堂、二〇〇二年、ほか。
(4) 生駒孝臣『中世の畿内武士団と公武政権』戎光祥出版、二〇一四年。
(5) 松尾信裕「大坂城下町跡下層の遺跡」(『大坂城下町跡Ⅱ』財団法人大阪市文化財協会、二〇〇四年)。
(6) 積山洋「難波京の変容――奈良末から平安前期の様相をめぐって――」(『条理制・古代都市研究』一八号、二〇〇二年)。
(7) 大村拓生「平安時代の摂津国衙・住吉社・渡辺党」(栄原永遠男・仁木宏編『難波宮から大坂へ』和泉書院、二〇〇六年)。同「中世渡辺津の展開と大阪湾」(『大阪の歴史』七〇号、二〇〇七年)。
(8) 註(7)大村「平安時代の摂津国衙・住吉社・渡辺党」。
(9) 註(4)生駒著書。
(10) 註(7)大村「平安時代の摂津国衙・住吉社・渡辺党」。
(11) 『大阪上町台地の総合的研究』平成二十一～二十五年度科学研究費補助金(基盤研究(A))研究成果報告書、公益財団法人大阪市博物館協会大阪文化財研究所・大阪歴史博物館、二〇一四年。以下、『上町科研報告書』。
(12) 村元健一「発掘成果から見た平安時代の上町台地とその周辺」(註11『上町科研報告書』)。
(13) 西本昌弘「平安時代の難波と難波津」(註11『上町科研報告書』)。
(14) 註(3)河音著書、一五～一六頁。
(15) 『新修大阪市史　第一巻』(大阪市、一九八八年)。平凡社地方資料センター編『日本歴史地名大系　大阪府の地名』(平凡社、一九八六年、「鴻臚館跡」項)。
(16) 大村拓生「寺社から見た平安時代の大阪」(註11『上町科研報告書』)。

(17) 註(3)河音著書、一六頁。
(18) 註(3)河音著書、一九〜二〇頁。
(19) 註(7)大村「中世渡辺津の展開と大阪湾」。
(20) 註(7)大村「中世渡辺津の展開と大阪湾」。このほか渡辺津の異名としては「宮柱津」(『台記』久安三年〈一一四七〉九月十二日条。註(7)大村「平安時代の摂津国衙・住吉社・渡辺党」)のほか、「古津」(『兵範記』嘉応元年〈一一六九〉十月十五日条)が知られる。「古津」は「国府津」が転じたものである可能性がある。
(21) 註(4)生駒著書。以下、渡辺氏に関する記述はとくに注記しない限り本書に拠る。
(22) 註(3)加地・中原著書、一七二頁。
(23) 『続群書類従　第六輯下』続群書類従完成会、一九五七年。
(24) 註(3)河音著書、九一頁。
(25) 註(3)加地・中原著書、一二九頁。
(26) 註(3)加地・中原著書、一〇七頁。
(27) 滝川政次郎「大阪天満宮の創祀年代考」(大阪天満宮史料室編『大阪天満宮史の研究』思文閣出版、一九九一年)。
(28) 『新古今和歌集』文永本第二冊紙背四〇号文書(冷泉家時雨亭叢書第八一巻『冷泉家歌書紙背文書』上、朝日新聞社、二〇〇六年)。
(29) 註(4)生駒著書、一四五頁。
(30) 渡辺傅(かしつく)と渡辺基(もとし)が天王寺惣追捕使となっており、傅の系譜に属する僧観慶と観順がそれぞれ天王寺禅宮・天王寺借住に補任されている(「堺禅通寺蔵渡辺系図」註4生駒著書)。
(31) 『古今著聞集　巻二〇』「渡辺の薬師堂にして大蛇釘付られて六十餘年生きたる事」(『日本古典文学大系八四』岩波書店、一九六六年)。
(32) 註(3)加地・中原著書、四〇頁。
(33) 趙哲斎「大坂城下町跡の自然地理的背景について」(註5『大坂城下町跡Ⅱ』)。
(34) 註(5)松尾論文。

(35) 註(7)大村「中世渡辺津の展開と大阪湾」。
(36) 『続々群書類従　第三』国書刊行会、一九〇七年。
(37) 註(7)大村「中世渡辺津の展開と大阪湾」。
(38) 『大日本史料　第一〇編之四』東京大学出版会、一九六九年。
(39) 註(7)大村「中世渡辺津の展開と大阪湾」。
(40) 『大坂城跡Ⅶ』財団法人大阪市文化財協会、二〇〇三年。
(41) 『鎌倉遺文』三〇七八号。
(42) 小川信『中世都市「府中」の展開』思文閣出版、二〇〇一年、五一五~五一六頁。
(43) 佐藤進一『増訂鎌倉幕府守護制度の研究』東京大学出版会、一九七一年。
(44) 『日本紀略』応和三年七月十五日条、安和二年七月十八日条(『新訂増補国史大系』)。
(45) 大阪府立中之島図書館蔵。
(46) 『大坂城跡Ⅶ』財団法人大阪市文化財協会、二〇〇三年。
(47) 註(3)加地・中原著書、一二八頁。
(48) 『百錬抄』元仁元年四月十三日条(『新訂増補国史大系』)。
(49) 「摂津役人村文書解題」(『日本庶民生活史料集成　第一四巻　部落』三一書房、一九七一年)。坐摩社は「西成郡之惣社」(「大坂濫觴書一件」〈『大阪市史　第五』大阪市参事会、一九一一年〉)と称していたので、その氏地は本来西成郡全体に及んでいたとされる(近江晴子「大阪天満宮の氏地の拡大と坐摩神社との相論」〈大阪天満宮史料室編『大阪天満宮史の研究』思文閣出版、一九九一年〉)。
(50) 註(49)『日本庶民生活史料集成　第一四巻　部落』。
(51) 『大阪の部落史　第一巻　史料編　考古／古代・中世／近世一』部落解放・人権研究所、二〇〇五年。
(52) 「大渡王子」は『修明門院熊野御幸記』承元四年(一二一〇)四月二十一日条、「窪津王子」は『経俊卿記』建長六年(一二五四)八月十九日条にみえる。
(53) 『増補名所方角抄』延宝六年版、大阪府立中之島図書館蔵。

(54)『定本西鶴全集　第九巻』中央公論社、一九五一年。
(55)「南無阿弥陀仏作善集」(『平安鎌倉記録典籍集』八木書店、二〇〇七年)。
(56)建久八年(一一九七)「重源譲状」に「渡部別所幷木屋敷也副各券文」とある(『鎌倉遺文』九二〇号)。
(57)註(5)『大坂城下町跡Ⅱ』。
(58)註(55)「南無阿弥陀仏作善集」。
(59)註(3)加地・中原著書、一一八頁。
(60)『私心記』天文五年七月二十九日条他(『真宗史料集成　第三巻』同朋舎出版、一九八三年)。なお上手堂については、仁木宏「大坂石山寺内町の空間構造」(上横手雅敬監修『古代・中世の政治と文化』思文閣出版、一九九四年)参照のこと。
(61)寛文五年六月七日付「天満宮神主神原至長嘆願書」(滋岡家文書)(『天満まるかじり』大阪市立博物館、一九八八年)。
(62)藤田明良「鎌倉後期の大阪湾岸――治天の君と関所――」(『ヒストリア』一六二号、一九九八年)。
(63)南秀雄「天満寺内町の考古学的調査と研究」一六一七会天満例会レジュメ、二〇一五年。
(64)『摂陽群談　巻一〇』同「古地旧屋の部」雄山閣、一九七七年。
(65)『日本随筆大成　第三期　第一巻』日本随筆大成刊行会、一九二九年。
(66)ベース図は「明治十九年大阪実測図」(大阪歴史博物館蔵)。
(67)註(4)生駒著書。
(68)中村拓『鎖国前に南蛮人の作れる日本地図Ⅰ』東洋文庫、一九六六年。
(69)天野忠幸『戦国期三好政権の研究』清文堂出版、二〇一〇年。
(70)高島幸次「戦国・江戸初期の大阪天満宮」(註49『大阪天満宮史の研究』)。

第四章

中世上町台地の宗教的様相——四天王寺を中心に

はじめに

現在、大阪市内の中心部にあって南北方向に伸びる上町台地は、大阪の歴史を考える際に看過することのできない〝場〟である。堺市との間に流れる大和川より北に向かって徐々に高度を上げつつ幅約二～三キロメートル、長さ一二キロメートルにわたって舌状に突出し、大阪城を北端として急激に大川（淀川）へと下る。標高はもっとも高い北端部で二五メートル、南端では一〇メートルほどに下がる[1]。

大阪には、古代の難波宮、近世の大坂城と、日本史上に名高い政治的拠点施設が置かれたが、これらはすべて上町台地の北端部にあった。また、織田信長は「日本一の境地[2]」として大坂の立地に注目したが、その評価は、周囲の諸山や諸川、あるいは海上に出入りする「高麗・南蛮の舟」を見渡すことのできる「真中に高き地形」、すなわち上町台地の存在を抜きには与えられなかったものと考えられる。

このように上町台地は主として為政者の注目するところであったわけだが、じつは中世においては、そうした台地という地形条件に密接に結びついた宗教的聖地ともいうべき性格を備えていたのである。

その点においてもっとも中心的な存在であったのが四天王寺である。四天王寺が聖徳太子の発願による寺院として、現在にいたるまで多くの人々の信仰を集めてきた、大阪を代表する寺院であることは言を俟たない。その創建の事情や古代における性格を簡潔にまとめると以下のようになる。

『日本書紀』によれば、五八七年頃に用明天皇が没するとその後継者問題と政権掌握をめぐって蘇我馬子と物部守屋が戦った。その際、馬子方の厩戸皇子（聖徳太子）は、戦いに勝利することができれば四天王のために寺院を造ることを誓願し、その戦勝後に造立されたのが四天王寺であった。こうして創建された四天王寺は当初本尊を四天王像とし、それらは「西方に向置し、後代々世々、王位を固く守護せしむ[3]」という役割を期待された。そして、その結果、奈良の諸大寺とともに護国を目的とした諸法会を執り行う寺院として位置づけられることになったのである[4]。

つまり四天王寺はその西方遙か彼方にある〝異国〟・〝異郷〟の存在を前提とした寺であったわけで、これは後述する浄土信仰における極楽浄土と四天王寺との関係に、ある面で共通していることに注目する必要があろう。こうした西方を強く意識した四天王寺の性格が、西に海を臨む高台にあるという立地条件に由来していることは明らかである。

一方、この四天王寺以外にも上町台地にはその宗教性を考えるうえで看過できない寺院や信仰がみられた。そのひとつが鎌倉時代に重源によって整備された渡辺別所である。渡辺別所は上町台地を北へ下ってすぐの渡辺津近くに存在したが、じつはこの重源は四天王寺とも深い関わりをもった人物であった。

また、特定の寺社ではないが、渡辺王子（窪津王子）を発し、熊野へ向かう熊野参詣も上町台地にかかわる信仰として忘れてはいけないものである。この熊野参詣においては、途中熊野街道沿いの王子社において拝礼をおこなうことはよく知られているが、往路においては必ず四天王寺に立ち寄り、舎利供養をおこなっている。四天王寺は王子社ではなかったにもかかわらずである。その理由は熊野信仰と四天王寺の信仰との関係で検討されるべきであろう。

さらには大坂本願寺の存在も注目される。大坂本願寺はいうまでもなく中世後期における一大教団であった本願寺教団の中心寺院で、その社会的影響力は多大なものがあったが、その本願寺が十六世紀に京都山科から上町台地北端部へ移転してきたのであった。宗祖親鸞は強い太子信仰の護持者であり、本願寺は当然その影響を受けていた。本願寺の大坂移転についてもそうした信仰との関係で検討する必要があろう。

このように上町台地は四天王寺以外にも、中世を通して有力な寺院や信仰とのかかわりをもち続けたのであったが、管見によれば、それらの寺院や信仰の多くは四天王寺と信仰面での深いかかわりをもちながら共存していたと考えられるのである。本章ではそうした点について論及し、四天王寺が上町台地を中心とした宗教世界のなかで果たした役割について考えようとするものである[5]。

一　四天王寺の立地

本章では平安期以降の四天王寺の信仰を検討していくことにするが、その前に四天王寺の立地条件について確認しておきたい。四天王寺は上町台地の中央部やや北側にあって、標高はおよそ一六メートルである。上町台地は、東へ向かって緩い傾斜で低くなっていく一方、西側へは急に下っていく地形となっている。そして、台地を下りたのちはそのまま難波砂堆へと連続し、さらに汀線を越えて海へと到達するという状況になっており、したがって四天王寺はその西側が急な崖状地形を呈しており、西に海を臨む位置にあったということになる。

ただし、そうした基本的な地形条件は理解できたとして、実際に中世段階の汀線を具体的に復元するのは困難な作業となる。文献上は中世において四天王寺の西方に今宮・木津といった集落の存在が確認できるものの、考古学的に中世集落を確認できる事例は少ない。そのなかで難波元町遺跡は原始古代以来の変遷がわかる事例として重要である。ここは大阪湾岸流によって形成された砂堆に由来する微高地上に位置し、古墳時代までは海底にあったが、遅くとも鎌倉時代には人々の生活が展開されるにいたったのであった[(6)]。同じ微高地上のやや南方に位置する木津については発掘調査がおこなわれていないが、文献上では『源平盛衰記』の「今宮の前木津と云ふ所[(7)]」が初見であることから、陸地化についてはやはり難波元町遺跡と期を一にしていると考えてよかろう。

では、この難波元町遺跡・木津といった地域と四天王寺に挟まれた場所はどうであったか。この付近は今宮と呼ばれ、ここを拠点に生活を営んでいたのが今宮供御人であった。今宮供御人は御厨子所供御人として延喜年間（九〇一〜九二三）以来、蛤をはじめとする海産物を朝廷に備進した由緒をもち、そののちも京都市場へ生魚を供給し続けた[(8)]。今宮に彼らが本拠地を有していたということは、その周辺は魚貝類が手近に採れる場所、すなわち海水に面する場所であったことになるのである。長堀付近には近世初期においても湿地的な様相が残っていたことを念頭に置けば[(9)]、上町台地の西側には大阪湾流によって形成された砂堆がいくつか存在しており、台地との間はラグーン状であったと推測される。後述するように、平安期には台地下より浄土を目指し海へ漕ぎ出していることを考えると、その頃はまだ砂堆の陸地化は進行中であり、それが難波元町遺跡の登場にみられるように、中世を通じて徐々に陸地化していったものと推測される。

以上、四天王寺が上町台地上にあって、海を眼前に置く立地条件にあったこと、汀線が中世を通じて徐々に後退していったことを述べた。

二　四天王寺の信仰

（1）平安期の信仰の諸相とその基本的性格

古代における四天王寺の基本的性格については先に述べたが、その後も国家安泰が祈願される寺院としての性格は継続した。十一世紀において後三条院をはじめとする皇族がしばしば四天王寺と住吉社をセットで訪問したが、その目的は遊興というよりは国家安泰の祈願であったと思われる(10)。

しかしこの十一世紀は、そうした要素を継承しながらも、中世的な四天王寺信仰が姿をみせ始める時期でもあった。それを示す史料として『四天王寺御手印縁起』がある。これは寛弘四年(一〇〇七)に金堂の六重塔より出現したといわれており、制作が聖徳太子に仮託されている。関係部分を掲げると次のようになる。

【史料1】『四天王寺御手印縁起』

斯処、昔釈迦如来転法輪所、爾時生長者身、供養如来、助護仏法、以是因縁起立寺塔、此地敷七宝、故青龍恒守護、麗水東流号白石玉出水、以慈悲心飲之為法薬矣、宝塔金堂、相当極楽土中心、以髻髪六毛、相加仏舎利六粒、籠納塔心柱中、表利六道之相、

(中略)

宝塔壱基五重、瓦葺、心柱中籠仏舎利、髻毛、四大天王像四体、

金堂壱宇二重、瓦葺、金銅救世観音像一体、四大天王像四体、金塗六重宝塔壱基、金銅舎利塔形壱基台、納入舎利拾三粒檐婆羅門六体、

これらをみていくと、まず「釈迦如来の転法輪所」という部分では、釈迦が直接説法を行った場所とされており、四天王寺を日本における仏法最初の地とする主張がうかがえる。また、宝塔金堂が極楽の東門の中心にあたるという部分では浄土信仰が、そして「髻髪六毛」(聖徳太子の髪・髻(もとどり))と「仏舎利」(釈迦の骨)が塔の心柱に納められているという記述からは、太子信仰と舎利信仰の要素が存在していたことがわかるのである。中世の四天王寺において展開した各種信仰がここに初めてまとまって登場したといえよう。

この『御手印縁起』にみえる四天王寺の信仰については、田中文英が早くにその性格に言及している[11]。それによれば、四天王寺はこのなかで仏法聖地たる由縁を訴え、もしそれが保障されなければ寺塔は滅亡し、また国家も壊失すると主張しているのだという。そしてここで重要なのは、単に四天王寺が存続すればいいということではなく、四天王寺が存続することと国家・王法の存続は直結しているということを四天王寺が主張している点であるとする。

こうした四天王寺の戦略が功を奏したというべきか、『御手印縁起』にみえるこれらの諸信仰は見事に受容され、天皇・貴族層が国家安泰を祈願し続ける一方で、民衆を含む広範な人々によって浄土信仰・現世利益信仰が受容され、多数の参詣者が四天王寺を訪れるようになったのである。

十一世紀後半における四天王寺の信仰の諸相について、三善為康は『後拾遺往生伝』〈保延三年〈一一三七〉～五年成立[12]〉のなかで次のように具体的に述べている。

【史料2】『後拾遺往生伝』

天王寺に参りて念仏の行を修し、九箇日を経て百万遍を満たせり。時に金堂に往詣して舎利を礼し奉り、即ち祈禱して曰く。吾が順次往生の願、弥陀現前の夢、倶に虚妄に非ずは、舎利併ら現前すべし。若し然らずは、顕現すること忽れ。救世観音・護世四王・太子聖霊・護法青龍、同じく証明すべし、と。是くの如く再三祈請して舎利を写し奉るに、瑠璃壺の裏に金玉の声有り。予、合掌して之れを念じ、眼を寄せて之れを見れば、舎利三粒、数に依りて出現す。予、歓悦の涙、覚えず下る。随喜の人、期せずして多し。

これによれば、四天王寺では念仏を唱え、また金堂においては仏舎利を礼すという。この舎利は往生の願を証明するものであったが、また救世観音や太子聖霊なども同様の意味合いを期待されていた。このように複数の信仰が並列的に存在しつつも、それらは最終的に往生実現のために動員されるべきものであったのである。この往生の実現こそがこの時期の四天王寺信仰の本質であったといえよう。

（2）　浄土信仰

『御手印縁起』に姿を現していた浄土信仰であるが、四天王寺がこの浄土信仰の聖地となりえた要因のひとつに、先に指摘した立地条件があると思われる。そのことは十一世紀以降の史料からうかがうことが可能である[13]。たとえば、十二世紀の後半に成立した『梁塵秘抄』には「ごくらく浄土の東門は、難波の海にぞ対へたる、転法輪所の西門に、念仏する人参れとて[14]」とあり、四天王寺が海を越えた先にある極楽浄土の東門にあたるとみなされている。

また『発心集』には「おとにきく難波の海のゆかしきに見せ給ひてんや」「おきの方にむらさきの雲たちたりつる[15]」という文言がみえる。『発心集』は十三世紀初頭の成立であるが、これは十二世紀初めの鳥羽院の頃、ある女房が娘に先立たれたために出家し、四天王寺を訪れて念仏を唱えるという話のなかの一節である。噂に聞く難波の海、として登場し、船に乗って難波の海へ乗り出していくと沖には紫雲が立っている。紫雲というのは通常浄土を象徴するものであるが、ここで注目されるのは、「難波の海」が「おとにきく」として登場することであろう。「難波の海のゆかしさ」とはここでは浄土への道しるべとでもいうべき意味合いで登場していることから、この頃には「難波の海」を越えていくと浄土へ達するという観念が定着しつつあったことが知られよう。四天王寺と海、そして浄土の三者は切っても切れない関係としてとらえられていたのである。

こうした立地（環境）条件に新しく人為的な演出が加えられ、四天王寺の浄土信仰はさらに高揚することになった。それが迎講（来迎会）である。「法皇西門に御し聖人の迎講を覧す。御眼に涙を浮かべ、暗きに及び念仏所へ幸す[16]」。これは『台記』久安三年（一一四七）九月十三日条であるが、内容は鳥羽院が出雲聖人の迎講を四天王寺で見、その感動のあまり涙を流したというものである。迎講というのは、浄土から阿弥陀如来が諸々の菩薩を率いて、現世に往生者を迎えにくるという再現的な儀礼のことで、それに結縁することで浄土への思いをさらに募らせ、往生を確実にするという意味合いをもっていた[17]。

通常、死後、此岸から訪れるべきところであった浄土より如来・菩薩が迎えに来る様子を目の当たりにできるという儀礼はかなりのインパクトをもっていたと思われ、それが鳥羽院を京都より招き寄せ、感激させるという結果を生んだのであった。この段階にいたって四天王寺の極楽浄土への入口という性格は、具体的・視覚的な演出をともなってより強く印象づけられたものと推測される。

（3）太子信仰と舎利信仰

さて、上述のような浄土信仰は平安期の四天王寺を代表する信仰として認められているが、これと並行し、また密接に連関していたのが太子信仰と舎利信仰であった。

太子信仰の四天王寺における芽生えは古代にさかのぼる。現在、四天王寺境内には聖徳太子を祀る太子堂があるが、その初源は奈良時代と推定される。すなわち、太子の一代記を障子絵で掲げる四天王寺絵堂が太子没後約一三〇年の造営であり（『太子伝古今目録抄』[18]）、また宝亀二年（七七一）に四天王寺障子殿が作られたとする（『太子伝玉林抄』[19]）。

その後、『四天王寺御手印縁起』にみられたように、十一世紀初頭には四天王寺に太子の「髻髪六毛」が塔の心礎に納入されているという言説が発せられ、これに触発されるように天皇・貴族層に太子信仰が広まり、四天王寺参詣があいついでおこなわれたのである。

【史料3】『今昔物語集』

此ノ天王寺ハ必ズ人マイルベキ寺也。聖徳太子ノ正ク仏法ヲ伝ヘムガ為ニ此ノ国ニ生レ給テ、専ラ願ヲ発テ造リ給ヘル寺也。

これは、大治五年（一一三〇）～保延六年（一一四〇）頃の成立とされる『今昔物語集』[20]の記事であり、太子と四天王寺の関係を結びつける考え方が着実に広まりつつあったことがうかがえる。

天皇・貴族層は四天王寺参詣の際には聖霊院に立ち寄る事例が多いが、彼らの太子信仰の内実は太子を観音の化身とみなし、極楽浄土への引導者とみる場合と、太子を偉大な政治家として崇敬する場合がみられた[21]。こうした階層の太子信仰は、支配層としての自らの立場を保持・発展させるための思想的支えとして援用されたものとみるべきであろう。

鎌倉期では、いわゆる鎌倉仏教の始祖たちが四天王寺へ関心を示している。まず、一遍は『一遍聖絵』によれば生涯で少なくとも三度、四天王寺に参詣している。また、親鸞は最初比叡山で天台の修行をおこなったもののそれに満足できずに下山し、京都六角堂に百日間参籠した。六角堂は聖徳太子建立と伝えられているが、そこで九五日目に太子が偈をもって示現し、それを受けた親鸞が法然のもとへ走り[22]、真宗を開くにいたったのである。このように太子は親鸞の生涯のなかで大きな役割を果たしたことから、親鸞の太子に対する崇敬の念はとくに強かったのである。

また、親鸞は晩年の建長七年（一二五五）には『皇太子聖徳奉讃』、また正嘉元年（一二五七）には『大日本国粟散王聖徳太子奉讃』の二つの和讃を撰述した[23]。これらのなかでは親鸞は、日本の仏法始祖としての聖徳太子に讃嘆を贈っているが、そのなかで注目すべき点を二点あげておきたい。

まず『皇太子聖徳奉讃』においては、最初に「日本国帰命聖徳太子、仏法弘興ノ恩フカシ、有情救済ノ慈悲ヒロシ、奉讃不退ナラシメヨ」と太子信仰が不変であるべきことを主張している。これはその後の真宗教団における太子観および太子奉賛の法会等を考えるうえで重要な意味をもつ。二点目は、四天王寺の『四天王寺御手印縁起』の内容に言及しつつ、太子が四天王寺を建立し、それにより仏法が興隆した旨を述べている点である。四天王寺についてはまた『大日本国粟散王聖徳太子奉讃』のなかでも、数多ある太子建立寺院のトップに掲げており、親鸞自身のなかでは太子と四天王寺は強固な関係をもつものとして捉えられていたといえよう。太子建立の寺院といえば四天王寺という意識は平安期以降広く形成されており、それに対し法隆寺が台頭してくるのは鎌倉期以降のことであった[24]。

次に舎利信仰である。四天王寺における舎利の存在は遅くとも先の『御手印縁起』により十一世紀初めには確認できるが、舎利会についてはその初見が『大御記』永保元年（一〇八一）九月二十二日条[25]の「舎利三粒出現」である。舎利会における舎利供養とは本来釈迦の骨を礼拝することによって釈迦の復活を願うというものである。しかし、実際には『後拾遺往生伝』に「吾が順次往生の願、弥陀現前の夢、倶に虚妄に非ずは、舎利併ら現前すべし」とあるように、浄土信仰と結びつきながら往生が現世において約されるという現世利益的な信仰が見受けられるのである[26]。こうした傾向は鎌倉期以降になるとさらに強まり、浄土往生よりも現世利益を求めるという性格に転化していくのである。

こうした舎利信仰にみられる傾向は、四天王寺をめぐる信仰の展開に関する岩崎武夫の理解と一致するといえよう。すなわち、岩崎は四天王寺西門における念仏による再生信仰の変遷を検討するなかで、中世後期にかけて現世否定から現世肯定への意識転換がなされたと述べている[27]。四天王寺の信仰は中世のなかで質的な転換を遂げつつ現在にいたっているのである。

以上、平安時代以降の四天王寺をめぐる信仰の様相について検討してきた。その結果、四天王寺は上町台地にあって、その立地条件や由緒を背景に浄土信仰・太子信仰・舎利信仰を展開させていたことがうかがえた。しかし、四天王寺をめぐる信仰は四天王寺という限定された場所（境内）に収斂するものではなく、むしろ周辺地域との深いかかわりのなかで形成・維持されたものであった。次にその点について述べてみたい。

三　上町台地の諸信仰・諸寺と四天王寺

（1）渡辺別所と四天王寺

上町台地上には四天王寺以外にも重要な宗教施設が存在したが、鎌倉時代初期では、平氏によって焼き討ちされた東大寺の復興を目的に重源の設置した渡辺の別所が重要である。渡辺はすでに渡辺住人源伝（つたう）が念仏常唱を勧められ、それに従って長承三年（一一三四）に没するという環境にあったが（『後拾遺往生伝』）、重源はこの地で勧進を図ったのであった。

重源の活動は思想的にみると、浄土信仰と舎利信仰が混じりあう現世利益型の浄土信仰といえるが、そうした面がはっきりとうかがえるのが渡辺別所でおこなった迎講である。迎講は先に四天王寺における出雲聖人のそれを指摘したが、渡辺別所でおこなった迎講は、来迎堂と娑婆屋という新設の二つの建物を舞台に繰り広げられた(28)ところに大きな特徴がある。四天王寺における迎講は西門と鳥居の間の空閑地でおこなわれ、そのために特別の建造物が造られたわけではなかった。それに対して渡辺の場合は、浄土に相当する来迎堂と現世に相当する娑婆屋という二つの建物が準備されたのである。これらを利用して、来迎堂、すなわち浄土を出発した阿弥陀如来（おそらくは『南無阿弥陀仏作善集』にみえる「皆金色来迎弥陀来迎像一躰長八尺」）と菩薩が一旦娑婆屋、すなわち現世へ渡り、そこで法会がおこなわれたのち、往生人を連れて来迎堂へ戻るというきわめて視覚的・体感的効果のある儀礼が展開されたのである。つまり、重源は渡辺において四天王寺よりさらにグレードアップした演出による迎講を実現させ、その宗教的法悦を勧進活動へと結びつけていったのである。

ここで注目すべきは、重源が東大寺復興のために造った七ヵ所の別所のうち、来迎堂・娑婆堂が存在したのは渡辺のみであったという点である。この点については田中文英も指摘しているように[29]、四天王寺の迎講を念頭に造ったものと考えるべきであろう。つまり、浄土信仰のいわば聖地としての地位がすでに確立していた四天王寺に近い渡辺において、勧進活動の効果を上げようとした場合、四天王寺の迎講よりさらに魅力的な儀礼とするための工夫が求められたのであり、それが二つの堂舎の建造であったと考えられるのである。

なお、渡辺別所の具体的な所在地は不明であるが、渡辺津近辺であったことは間違いない（本書第一部第三章）。渡辺別所の中心施設は浄土堂であったが（『南無阿弥陀仏作善集』）、こうした堂舎があったこと自体、この地が浄土を観想する条件にあったことを示しているといえよう。渡辺津は西に大川の河口が開く位置にあって、落日を目の当たりにすることができたであろう。そうした立地条件を前提としつつ、さらにより高い演出効果をねらったのが重源であったということになろう。

重源は建仁元年（一二〇一）に四天王寺の塔修造に関与したり、舎利供養も二度おこなうなど（『南無阿弥陀仏作善集』）、四天王寺を自身の宗教活動と強く結びつけていた。したがって重源の渡辺別所における勧進活動においては、迎講を含む四天王寺にかかわる信仰のありかたを前提とし、さらにそこでおこなわれていた儀礼を超える新しい方法を導入することでより効果を得ようとした意図を汲みとるべきであろう。その意味で渡辺別所も四天王寺との関係においてその存在と活動が評価されるべきものといえる。

（2）　熊野参詣と四天王寺

次に熊野参詣と四天王寺との関係について検討してみる。熊野参詣は一一世紀の終わり頃から盛んとなるが、その参詣ルートとなった熊野街道沿いには王子社があり、人々はそれらに立ち寄りながら熊野を目指した。熊野街道は渡辺津から熊野へと続いていたが、渡辺津から住吉社にいたるまでは上町台地上とその縁辺を通っていた（本書第一部第一章）。

渡辺津に上陸した人々はまず渡辺王子（窪津王子）に立ち寄り、そこでしばしば奉幣や経供養などを執りおこなっている。その後、坂口王子・郡戸（こうと）王子を経由して南下するわけだが、その次の阿倍野王子を訪れる前に必ず四天王寺に立ち寄っていることに注目したい（第1表参照）。

では、なぜ四天王寺を訪れたのであろうか。当時、熊野はそこが浄土であると広く認識されていた。したがって、浄土信仰という点で四天王寺との間に共通点がみられることになるが、それに加えて注目すべきは、確認できるすべての参詣事例において四天王寺で舎利供養がおこなわれている点である。たとえば、永保元年（一〇八一）の『大御記』では「舎利三粒出現」とあり、また建仁元年（一二〇一）の『熊野道之間愚記』では「金堂に御し舎利を礼す、公卿以下参進してこれを礼す、次々形のごとく礼しおわんぬ」[30]とあり、室町期になっても応永三四年（一四二七）『熊野詣日記』に「まつ御舎利御頂戴」[31]とあるように、舎利供養がおこなわれていたことが知られる。そして『頼資卿熊野詣記』寛喜元年（一二二九）十月二十五日条には、舎利盗難事件が発生したため、その後は金堂に兵士が配置され「日出以前、日入以後は舎利を礼せざると云々、仍って礼さずして進発しおわんぬ」[32]という記事までわざわざ記されているところをみると、四天王寺に立ち寄る主目的は舎利供養であったのではなかろうか。

では、この舎利信仰と熊野信仰はどのような接点があったのだろうか。熊野信仰については、従来熊野が浄土信仰の聖地だといわれてきたが、最近、小山靖憲によって来世よりも現世利益を祈願する場所として機能していたとする見解が提示されている[33]。そのようにみた場合、先述の通り、四天王寺の舎利信仰がやはり現世利益の信仰の意味合いを濃くもっていたこととの共通性に気づかされるのである。すなわち、四天王寺の舎利信仰は熊野

第1表　熊野参詣記にあらわれる上町台地の社寺

年代		渡辺津・第一王子社		第二王子社	第三王子社	四天王寺		第四王子社	住吉社		出典
永保元年	1081	大渡				天王寺	舎利出現、諷誦、聖霊院参り		住吉社	奉幣	大御記
承安4年	1174	渡辺王子				天王寺	礼拝、礼舎利		墨江	詠一首、昼養	吉記
建仁元年	1201	クホ津（王子）	奉幣・経供養・里神楽・上下乱舞	坂口王子	コウト王子	天王寺	礼舎利、経供養	阿倍野王子	住吉社	奉幣・経供養・里神楽・相撲・講和歌	熊野道之間愚記
承元4年	1210	渡部・大渡王子	奉幣・供灯明・経供養・里神楽・馴子舞	坂口王子	郡戸王子	天王寺	舎利拝礼	阿倍野王子（奉幣・灯明・経供養・里神楽）	住吉社	祓・奉幣・里神楽	修明門院熊野御幸記
						天王寺宿					頼資卿熊野詣記
建保4年	1216					天王寺					頼資卿熊野詣記
建保5年	1217					天王寺					頼資卿熊野詣記
		窪津・王子	奉幣・経供養・里神楽・馴子舞・白拍子			天王寺	舎利礼拝	（墨江釣台）	住吉社		後鳥羽院・修明門院熊野御幸記
承久2年	1220	渡部王子				天王寺			住吉南里		頼資卿熊野詣記
寛喜元年	1229					天王寺	舎利厳重警備中につき不礼				頼資卿熊野詣記
応永29年	1422					天王寺					看聞御記
応永34年	1427	わたなへの岸・王子	奉幣・（馴子舞）			天王寺	舎利頂戴・亀井		住吉社	御まいり	熊野詣日記

信仰と結合しやすい条件を備えていたのである。[34]

熊野を目指す人々が四天王寺へ参詣したのは以上のような背景があったためであるが、興味深いのは、諸参詣記をみる限り、各王子社同様、四天王寺も熊野への往路のみ拝礼の対象となっていた点である。熊野へ向かう人々は、途中の王子社で拝礼をおこないながら熊野参詣の精神的準備を図ったが、それゆえに参詣を遂げたあとは王子社への拝礼はさほど重要な意味をもっていなかったのであろう。四天王寺がその王子社と同様に扱われたということは、四天王寺が熊野を追慕するその信仰心を充足させるうえで不可欠な存在と認識されていたことを示しているのではなかろうか。

（3）　大坂本願寺と四天王寺

最後に大坂本願寺について述べる。大坂本願寺は天文元年（一五三二）に京都山科本願寺が六角氏・法華宗徒による焼き討ちに遭ったのち、翌二年に親鸞影像が移されて現在の大阪城の位置に成立した。では、なぜこの地に移転したのであろうか。その理由を探るために、まずその前身であった蓮如の大坂坊舎の建立経緯をうかがってみたい。

蓮如は晩年の明応五年（一四九六）に大坂坊舎を建てたが、その選地の理由について蓮如自身は「何ナル往昔ノ宿縁アリテカ」「往古ヨリイカナル約束ノアリケルニヤ」[35]と述べるのみで多くを語らない。一方、蓮如の子である顕誓は永禄十一年（一五六八）の『反古裏書』において次のように語っている。[36]やや長文となるが、引用したい。

【史料４】『反古裏書』

抑摂州東成郡生玉庄内大坂ノ貴坊草創ノ事ハ、去明応第五ノ秋下旬、蓮如上人堺津へ御出ノ時御覧シソメラレ、一宇御建立、ソノハシメヨリ種々ノ寄瑞不思義等是有トナン、マツ御堂ノ礎ノ石モカネテ土中ニアツメヲキタルカ如シ、水モナキ在所ナリケレトモ、尊師ノ御教ニ随ヒ土ヲウカチミルニ、即チ清水湧出セリ、ハシメテ一池ナリシカ、今ハ弥々心ノマヽ也、ステニ天王寺聖徳太子未来記ノ中ニ末世ニイタリコノ寺ノ東北ニアタリ仏閣建立アルヘキヨシ、シルシヲキマシマスト云々、定テ往昔ノ宿縁不浅因縁申モ愚カナルモノヲヤ、（中略）コノ寺ハ推古天皇ノ御願、即女帝ハ聖徳太子ノ伯母、真俗ノ政シカシナカラ太子ニマカセ奉リ玉フ、日本ニテノ摂政コレハシメトカヤ、天王寺ヲ難波ノ荒陵ノ東ニウツシ玉フ、コノ御門ノ勅定御治世卅六年、仏法興隆ノ聖主ニテマシマス、欽明天皇ノ御女、敏達天皇ノ后妃ニテヲハシマシキ、ソノ皇恩最モ奉仰ヘキ者也、（中略）ツキニ三州本宗寺ノ御坊土呂鷲墳勝万寺・上宮寺・本証寺退転シ、尾張国報土寺・願誓寺・長島願証寺国ヲサリ給ヌ、何レモ蓮如上人サタメマシ〳〵ケル真俗ノ御掟ソムキ申サレシ故也、シカリトイヘトモ当住上人御内証アキラカニマシマスシルシニ、大坂霊寺ニヲキテハソノワツラヒナシ、コレ不思議也、イカナル約束ノアリケルニヤト、蓮如上人ノ御筆ノアトイヨ〳〵貴ミ奉ルモノ也、上宮太子ノ未来記信証院法印以後マテモ御心ヲノコサレシ慈愍ナリ、コトサラ前住上人ニモ数度ノ横難ヲノカレヲハシマシ、仏法再興ノ霊場トナシ玉フモ、定テ往昔ノ芳縁太子ノ鑒察、猶以帰依渇仰ハカリナキモノヲヤ、蓮如上人モ、都鄙数ヶ所御建寺ヲホシトイヘトモ、自建立ノ所ハ南北ニ吉崎大坂両所也ト、尊言也ト、

ここで述べられているのは、大坂坊舎が聖徳太子の未来記によって四天王寺の東北に建立すべきと予言された仏閣であり、また蓮如自身もそうした由縁を知っていたためか大坂を吉崎とならんで自ら建立した所と語ったことなどである。つまり、顕誓は大坂坊舎建立の由縁と聖徳太子の存在を強く結びつけて理解していたのであった。

この言説を含む顕誓の太子追慕について名畑崇は、顕誓と当時の本願寺が置かれた立場を救う存在として聖徳太子があったと解釈している(37)。この時顕誓は法義不信として宗主顕如より蟄居を命ぜられており、また蓮如の教えを第一とする立場から逆に本願寺の先行きを危ぶんでいたのであった。

こうした顕誓の太子観は、突如現れたわけではない。真宗の場合、宗祖親鸞が強い太子信仰をみせ、それとの関連で四天王寺を太子建立の寺院と理解していたことは前述の通りである。本願寺では年間さまざまな法要がおこなわれていたが、二月二十二日には太子忌日の法要がおこなわれた。『天文日記』天文六年（一五三七）二月二十二日条には「皇太子、明日たるの間、斎、山科にてのごとくこしらへ候」[38]とあり、山科本願寺時代から聖徳太子の忌日法要をおこなっていたことは確実だが、親鸞の太子信仰や真宗寺院に多数伝来する鎌倉期以降の太子関係の影像や絵像の存在を考慮すると[39]、太子の法要はさらにそれ以前からおこなわれていたと考えることができるのではなかろうか。

また、四天王寺の関係でいえば、大坂本願寺成立後、しばしば本願寺では四天王寺見物がおこなわれている。聖霊会（永禄二年二月二十二日）、精進供（天文二十一年一月七日）、千部経（永禄二年二月九日）、土塔会（天文四年四月十五日・同十年四月十五日）、舎利見物（天文三年二月二十三日）、その他（天文二年八月二十二日・同三年一月十二日・同二十年一月十一日）である[40]。こうした訪問も真宗・本願寺における太子信仰の存在と四天王寺を太子建立寺院とみなす認識なしには考えられないだろう。

こうした本願寺による太子崇敬を考えると、本願寺が山科を退去せざるをえなかった困難の時期に、教団の建て直しを図り、仏法を再興する場として、日本仏法の祖である聖徳太子ゆかりの大坂が選ばれた可能性もあるのではないかと思われる。

一方、浄土真宗はいうまでもなく浄土信仰を背景として生まれた教団であった。そのため、本願寺も山科・大坂と西を背にした伽藍配置をとっていた。この点にかかわっては、本願寺ではなかったが蓮如が約四年滞在した越前吉崎の坊舎も西の海を背としており、吉井克信はそうした立地の背景に汎浄土教的な浄土観があると考えている[41]。そのように考えると、大坂坊舎・大坂本願寺の場合も上町台地の突端部に位置し、四天王寺同様、浄土的観想を得るにふさわしい立地であるといえよう。

本願寺教団は、浄土というものを絵画や儀式などの物理的な手段を用いて門徒に提示する行為を否定し、個人の信心を重視する教団ではあったが、信心を得たのち最終的に浄土へ往生することが目的であったことは間違いない。その意味でいうと、平安時代以来、浄土往生の聖地として認知されていた四天王寺のある上町台地が、本願寺教団の存立にとってふさわしい場所と認識されたと考えることも可能ではなかろうか。

以上のように、本願寺にとって上町台地は教団の存続にあたって頼るべき太子の由緒地であり、また浄土信仰の観点からも上町台地の地形条件がそれにふさわしいものであった。本願寺の大坂移転の背景にはこうした理由も考えておく必要があろう。

（4）摂河泉地域のなかの四天王寺

ここまでは四天王寺とその膝下ともいえる上町台地における宗教的様相との関係についてみてきた。続いてさらに広い地域とのかかわりを考えるとともに、信仰にとどまらない社会経済的つながりについても検討しておきたい。

まずは摂河泉地域に目を広げてみよう。『拾遺往生伝』によれば、長暦頃（十一世紀前半）の話として、河内国高安郡坂本村（八尾市高安付近）に住んでいた古老の室が四天王寺の東門にあたり、そこに僧安助が仏堂を建てて居住したという。また、『中右記』大治二年（一一二七）五月四日条[42]によれば、河内国住人の道心比丘尼が五十才を過ぎたのち、夫のもとを去って出家し、もっぱら四天王寺西門で念仏を唱えている。さらに『本朝新修往生伝』によれば、河内国丹北（たんぼく）郡東条長野郷（藤井寺市）の住人であった比丘尼蓮妙は四天王寺を訪れ、そこで出家をしたという[43]。摂津国島上（しまかみ）郡奈良郷（茨木市）に住む安倍時延については、実際に四天王寺へ出かけることはしなかったが、自宅の井戸の水で四天王寺を供養したという（『後拾遺往生伝』）。これらのうち、僧安助の事例は明らかに四天王寺が極楽の東にあたっているという認識を前提に、さらに仏堂がその延長線上にあることを重視している。これらから、四天王寺の信仰が天皇・貴族層に独占されていたものではなく、摂津・河内に住む人々にも浸透していた様子がうかがえよう(44)。

また、四天王寺は他寺院で執行される法会に関与する事例が見受けられる。たとえば、摂津箕面（みのお）の勝尾寺では宝治二年（一二四八）、般若会興行をおこなうに際して「天王寺定智坊」が勧進をおこなっている（『勝尾寺文書』(45)）。また、法会を彩る舞楽についても四天王寺の舞師が勤仕している例が散見される。摂津においては先の勝尾寺のほか、多田院（川西市）においても正和五年（一三一六）の本堂供養曼荼羅供に参加している（『多田神社文書』(46)）。さらには和泉施福寺（和泉市）(47)、あるいは和泉水間寺（貝塚市）まで出張しているという状況がみられる（大阪歴史博物館所蔵『水間寺文書』(48)）。勝尾寺の場合はさらにそこを介して周辺村落へと舞楽が伝播していったことが推測されており、四天王寺に根ざした宗教儀礼文化が村落の祭礼に影響を与えたという側面は大いに注目されよう。こうした四天王寺の影響力が、古代寺院以来蓄積され整えられた信仰や儀礼の深さや重みに支えられたものであることはいうまでもなかろう。

次に四天王寺の信仰と社会経済との関係を膝下地域を例に考えてみたい。まず、四天王寺の金堂舎利講である。これは金堂に安置された舎利を供養する講である。文明八年（一四七六）の『天王寺金堂舎利講記録』(49)によれば、その供養料は四天王寺の周辺にあった三九にも及ぶ村や庄から納入されており、その範囲は北が摂津中島（大阪市）、東が河内若江（東大阪市）、そして南が和泉深井庄（堺市）という広がりをもっていた。ここから、摂津・河内・和泉の在地において、室町時代にいたるまで四天王寺の仏舎利へ結縁するという行為がなされていたことがわかるのである(50)。

四天王寺の土地支配といえば、四天王寺領庄園として木津庄（大阪市浪速区）のほか、鷺島庄（福島区周辺）・新開庄（東成区）・榎並庄（城東区）が近隣にあったことが知られている。その全貌や変遷の状況は史料の欠如により明らかではないが、膝下に相当数展開していたことが想定されよう。なお、木津庄でいえば、現真宗の木津願泉寺（大阪市浪速区）は聖徳太子が四天王寺を造立する際に助力したとする。もとより伝承にすぎないが、木津庄は四天王寺領であったことから、こうした寺領には荘官的機能を果たす配下寺院が存在していたとしても不思議ではない。

なお、四天王寺の経済構造といえば西門前の市がよく知られている。十五世紀後半の『天王寺執行政所引付』[51]によれば、この市へ出店している座集団には摂津木村布座、深江笠座、豊島筵座などがあった。木村は現生野区、深江は現西成区、豊島はおよそ箕面市から豊能郡にかけての地域となり、近隣から北摂地域にかけて四天王寺の市に商品が供給されていたことがわかる。また逆に、この市で物品の購入をおこなった事例としては、十六世紀後半のことであるが、堺の祐長宗弥が茶壺を入手している（『山上宗二記』[52]）。この市が摂河泉の職人・商人にとって活動の大きな拠点であり、かつ物流の中継地として機能していた様子がうかがわれるが、その場を形づくったのが四天王寺であったのである。

もう一点、四天王寺が抱えていた技術者・技能者集団の存在も注目されよう。先述の舞楽の舞師も広義ではこの枠に入るであろうが、ここでは大工を紹介する。文治三年（一一八七）の「勝尾寺再建記録」（勝尾寺文書）によれば、四天王寺の檜皮大工が勝尾寺本堂等の屋根の吹き上げに参加している。また少し時期は下るが、天正四年（一五七六）、尾道西国寺の三重塔の修造に四天王寺の瓦大工が出張をしている[53]。これらから、四天王寺の抱えている職人の技術力が遠隔地においても高く買われていることがうかがえよう。

おわりに

四天王寺の歴史をふりかえると、十一世紀以降、上町台地という立地条件のもと浄土信仰のメッカとなり、さらにその建立の由緒に基づく太子信仰や舎利信仰の高まりのなかで、各地・各層から参詣者が集まり、宗教的聖地としての様相をみせたのであった。また摂河泉地域との関係では、宗教的な信仰に加え、経済的な関係も結ばれており、四天王寺はこの地域に暮らす人々との間にさまざまな接点を有していたのであった。鎌倉期以降に上町台地周辺に誕生した渡辺別所や大坂本願寺（大坂坊舎）といった有力寺院、あるいは熊野信仰とも宗教的矛盾を起こすことはなかったが、それは太子信仰・浄土信仰・舎利信仰という四天王寺がもつ汎仏教的性格ともいえる特徴と、日本仏法最初の地としての認知があったためで、それゆえ諸寺院・諸信仰は四天王寺に接近しやすかったといえるだろう。中世における上町台地の宗教的様相は四天王寺の存在を軸に考えた場合、その全体像の把握が容易となるのであり、さらにいえば、そうした当地の宗教性が寺社勢力の繁栄を支え、それが有力な門前町や寺内町が生み出される遠因であったと考えられるのではなかろうか。

（1）平凡社地方資料センター編『日本歴史地名大系　大阪府の地名Ⅰ』平凡社、一九八六年、「上町台地」項。

（2）『信長公記』角川書店、一九六九年。

（3）「四天王寺御手印縁起」（『大日本仏教全書　第一一八冊　寺誌叢書第二』名著普及会、一九八〇年）。以下、同史料の出典はすべて同じ。

（4）『新修大阪市史　第一巻』大阪市、一九八八年。

（5）上町台地の南端に位置する住吉社も中世において四天王寺とさまざまなかかわりをもっていたが、その点については拙稿「上町台地の二大聖地　四天王寺と住吉大社」（『大阪春秋』通巻一一六号、二〇〇四年）を参照。

（6）財団法人大阪市文化財協会『浪速元町計画による建設工事に伴う難波元町遺跡発掘調査（NK96-1）略報』一九九七年。
（7）『新定源平盛衰記』新人物往来社、一九八八年。
（8）春田直紀「漁業と水運の地域的展開――今宮魚貝商人の京都進出――」（『大阪府漁業史』大阪府漁業史編さん協議会、一九九七年）。
（9）島之内一丁目の住友銅吹所跡は近世初頭までは湿地であったことが確認されている（『大阪市中央区　住友銅吹所跡発掘調査報告』財団法人大阪市文化財協会、一九九八年）。また明治十九年の大阪実測図にみえる字名には「西浦」、あるいは難波元町遺跡・木津村の東には「東浦」があり、そうした景観のあったことがうかがえる。
（10）註（5）拙稿。
（11）田中文英「十一・十二世紀における浄土教の展開――四天王寺を中心に――」（『ヒストリア』五四号、一九六九年）。
（12）日本思想体系『往生伝　法華験記』岩波書店、一九七四年。以下、同史料の出典はすべて同じ。
（13）四天王寺における浄土信仰の初現については、空海が四天王寺の西門で日想観を開いたとする伝承もあるが（『日本高僧伝要文抄　第三』〈『新訂増補国史大系　第三一巻』吉川弘文館、一九三〇年〉）、真偽は不明である。現在のところは先に紹介した十一世紀初の『御手印縁起』とみるべきだろう。
（14）『日本古典文学大系　和漢朗詠集・梁塵秘抄』岩波書店、一九六五年。
（15）『新潮日本古典集成　方丈記・発心集』新潮社、一九七六年。
（16）『増補史料大成　台記』臨川書店、一九六五年。
（17）岩崎武夫「天王寺西門考」（『続さんせう太夫考』平凡社、一九七八年）。
（18）『大日本仏教全書　第一一二冊　聖徳太子伝叢書』名著普及会、一九七九年。
（19）『日本思想家史伝全集一　太子伝玉林抄』東方書院、一九二九年。
（20）『日本古典文学大系　今昔物語集三』岩波書店、一九六一年。
（21）林幹弥『太子信仰――その発生と発展――』評論社、一九八一年。
（22）「恵信尼書状」（『真宗史料集成　第一巻』同朋舎、一九八三年）。

(23)ともに註(22)『真宗史料集成　第一巻』所収。
(24)註(21)林著書。
(25)『神道大系　文学編五　参詣記』神道大系編纂会、一九八四年。以下、同史料の出典はすべて同じ。
(26)石田瑞麿「四天王寺と舎利信仰」(『四天王寺と大阪・兵庫の古寺』集英社、一九八五年)。なお、一遍も弘安九年(一二八六)に四天王寺を訪れた際に舎利出現の奇瑞を見せている(『一遍聖絵』)。
(27)岩崎武夫「四天王寺考――再生信仰とその変遷――」(『歴史と社会一〇　都市の意味するもの』リブロポート、一九九〇年)。
(28)「南無阿弥陀仏作善集」(『俊乗坊重源史料集成』奈良国立文化財研究所、一九六五年)。以下、同史料の出典はすべて同じ。
(29)田中文英「俊乗坊重源の活動の地域社会――摂津国を中心として――」(『院政とその時代』思文閣出版、二〇〇三年)。
(30)註(25)『神道大系　文学編五　参詣記』。
(31)註(25)『神道大系　文学編五　参詣記』。
(32)註(25)『神道大系　文学編五　参詣記』。
(33)小山靖憲『熊野古道』岩波書店、二〇〇〇年。
(34)『大日本国法華経験記』に、四天王寺に住む法華経護経者である僧道公がつねに熊野で安居を務めるという記事がみられる(註12『往生伝　法華験記』。同史料は十一世紀中頃までに成立)。これは現世利益的側面の強い法華経信仰を介して四天王寺と熊野の間に交流のあったことを示しており、興味深い。
(35)「御文」明応六年十一月二十五日付、および同七年十一月二十一日付(『真宗史料集成　第二巻』同朋舎、一九八三年)。
(36)註(35)『真宗史料集成　第二巻』。なお『反古裏書』の性格については、北西弘『反古裏考証』(真宗大谷派宗務所出版部、一九八五年)参照。
(37)名畑崇「浄土真宗の聖徳太子崇敬――教義と歴史に関して――」(『真宗重宝聚英　第七巻』同朋舎出版、一九八九年)。
(38)『真宗史料集成　第三巻』同朋舎、一九八三年。
(39)註(37)名畑論文。

(40)すべて『私心記』(註38『真宗史料集成　第三巻』)。
(41)吉井克信「真宗史からみた吉崎とその周辺」(『中世大阪の都市機能と構造に関する調査研究――越前吉崎「寺内」の調査研究――』大阪市立博物館、一九九九年)。
(42)『増補史料大成　中右記』臨川書店、一九六五年。
(43)『続群書類従　第八輯上』続群書類従完成会、一九五七年。
(44)女性や障害者の参詣についても、女性の五障を鎮厭する河内国比丘尼蓮妙が四天王寺において出家する話(『本朝新修往生伝』)や、河内高安(八尾市)出身の俊徳丸が盲目の乞食となるも四天王寺で父と再会する話(『弱法師』)があり、四天王寺が個々の境遇や身分を超えて救済される場として認知されていたことがわかる。
(45)「勝尾寺毎年出来大小事等目録」(『箕面市史　史料編一』箕面市役所、一九六八年)。以下、勝尾寺文書の出典はすべて同じ。
(46)「多田院堂供養指図」(『兵庫県史　史料編　中世一』兵庫県、一九八三年)。
(47)河音能平「十六・七世紀四天王寺舞楽の絵画資料」(『大阪の中世前期』清文堂、二〇〇二年)。
(48)河音能平は勝尾寺般若会に参加した四天王寺楽人の舞がさらに能勢郡・豊嶋郡・川辺郡・島下郡の村々に伝播していった様子を紹介している(『新修大阪市史　第二巻』大阪市、一九八八年)。
(49)『四天王寺古文書　第一巻』清文堂、一九九六年。
(50)棚橋利光「中世四天王寺周辺の村と庄――金堂舎利講記録から――」(『大阪の歴史』四五号、一九九五年)。
(51)註(49)『四天王寺古文書　第一巻』。
(52)『堺衆』堺市博物館、一九八九年。
(53)註(48)『新修大阪市史　第二巻』。拙稿「摂津国四天王寺の職人」(『中世東アジアにおける技術の交流と移転――モデル、人、技術――』科学研究費補助金〈基盤研究(A)〉研究成果報告書、研究代表者　小野正敏、二〇一〇年)。

第五章 摂津国平野の成立と変容

はじめに

戦国期、畿内には多様な性格と空間構造をもつ〝都市〟(都市的集落)が存在した。仁木宏は近世都市成立の前提としてこうした存在を認め、それらを射程に入れた都市論の必要性を唱えている。[1] 本章でとりあげる摂津国平野もそうしたもののひとつである。かつて戦国期の平野は武家代官を忌避し、堺とならぶ自治を実現した都市という評価を受け、[2] 大きな注目を集めた。また近世においては河内木綿の流通拠点として発展した在郷町(平野郷町)として著名である。現代に及ぶその長い歴史については二〇〇五年に刊行された『平野区誌』[3] に詳しいが、戦国期から近世へという時代の変革期にどのような過程を経て都市化を遂げたのか、その具体像については不明な点が少なくない。そこで、本章では平野の空間構造・社会構造を検討することでその問題にアプローチすることにしたい。この作業を通じて、畿内における中世村落の近世化・都市化のありかたを考える素材が提供できれば幸いである。

一　平野の概要

平野は、現在の大阪市平野区の北部にあたる(第1図)[4]。戦国時代の最終段階における平野は近世の平野郷町の本郷(第1図の中央部分)とかなり重なっていたと推測されるが、正確なところはわからない。ただ、近世の本郷が戦国期の平野を継承して成立したことはまちがいないので、本章で平野と呼ぶ場合は基本的にこの地区を念頭に置くこととする。では、まず本節で平野の概要をまとめておきたい。

(1)　地理的環境

平野は河内平野の一角にあり、河内国との国境に近い摂津国住吉郡に所在した。北東側に接して流れる平野川を越えると河内国渋川郡となる。平野はその平野川左岸の自然堤防上に立地している。

この場所は交通の要衝であった。陸上交通としては大阪四天王寺前と奈良を結ぶ大和(奈良)街道、および守口方面から南北に平野を貫通し高野山へと続く中高野街道(平野より北を放出街道ともいう)、さらに平野からは久宝寺(きゅうほうじ)・八尾(やお)へ向かう八尾街道と住吉・堺方面への住吉堺街道が伸びていた。平野川の河川交通とあわせて交通上の重要地点であったことが理解されよう。

さて、この地域には条里制の痕跡が明瞭に刻まれていた(第1図、第2図)[5]。平野は摂津国住吉郡に属していたので、まず同郡の地割方位をみると、平野の西～南側にかけては正方位条里(住吉郡条里)が広がっていた様子が知られる[6]。一方、平野川を挟んだ東側の河内国渋川郡には北で二～三度西に傾く条里(渋川郡条里)が広がっていた。では、平野はどうであったか。現在平野で条里地割の痕跡を確認することはできないが、第1図をみてわかるように整然とした街区構造をもっており、その街路は北で約六度東へ振っているのである。つまり平野は周囲

第１図　平野周辺図

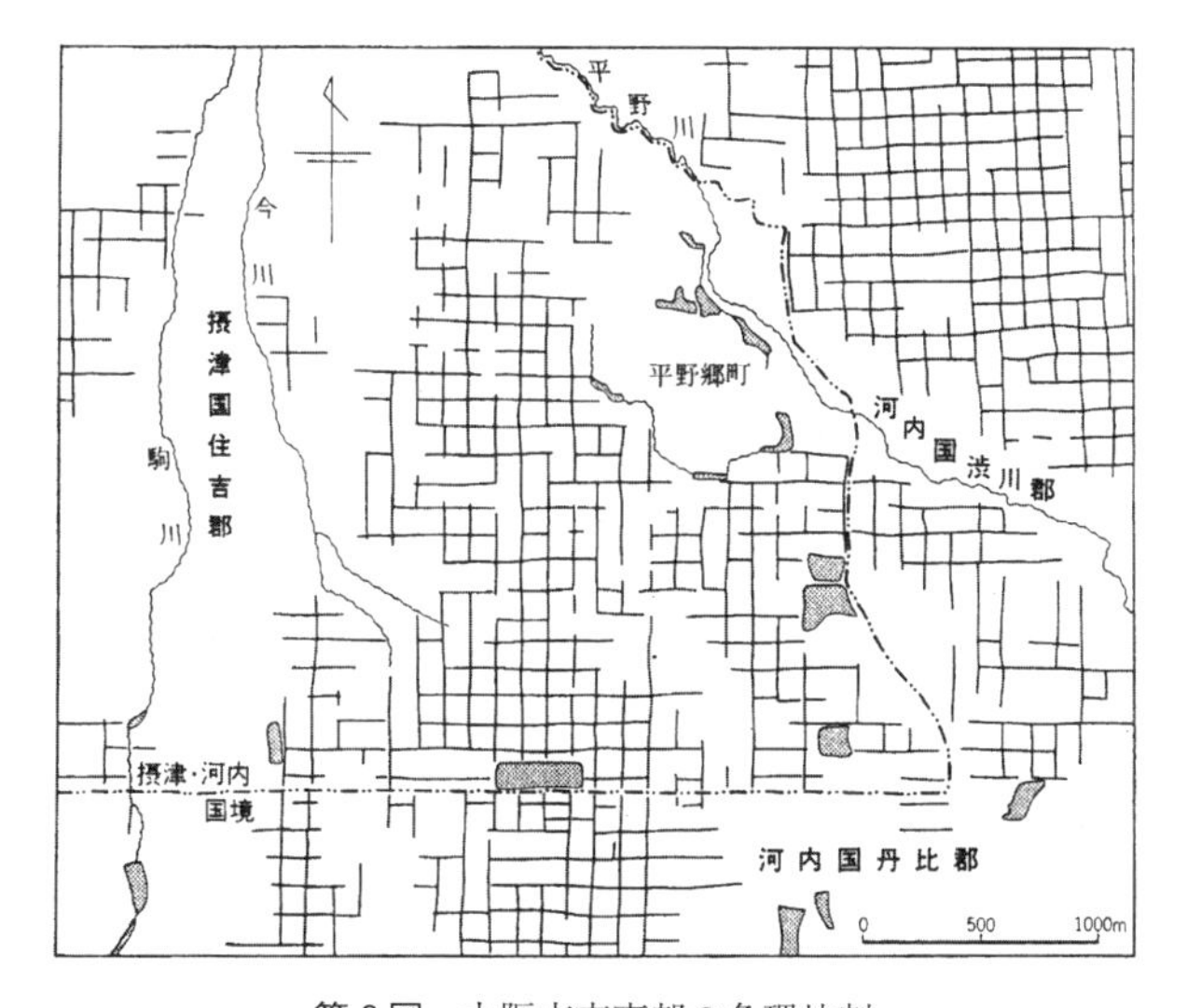

第２図　大阪市南東部の条理地割

の条里地割とは異なる独自の方位空間を実現させていたことになるのである。この街区と方位は基本的に現在まで踏襲されているが、そうなるとこれらがいつ、何を契機として成立したかということが大きな問題となろう。詳細はのちに検討するとして成立時期についてのみおよその見通しを述べるとすれば、周囲の条里地割に先行するとは考えにくいので、ここでは平野を含む平等院領杭全(くまた)庄内における条里制の初見(大徳寺文書二七八二)[7]である徳治二年(一三〇七)頃から、絵図によってこの街区構造が確認できる初見となる元禄七年(一六九四)までの間、すなわち中世後期から近世初期のあいだにこの地割方位が実現されたことになろう。この間に平野は都市化を遂げるため、逆にこうした空間の問題を検討することで、平野の都市化の過程が読み解ける可能性があるといえよう。

(2)　平野の登場

次に平野の歴史的展開をその名称の動向から概観してみたい。中世前期までの平野について語る文献史料はきわめて少なく、そのため次の近世史料でもって語られることが多い。

【史料1】「末吉文書」[8]

由緒書

摂州住吉郡平野庄ハ昔時征夷大将軍坂上田村麻呂利仁公御息大内記広野卿殿御知行所、則御城郭ニ而四方構二重、二重土手を築廻シ、惣門十三四有之、遠見矢倉之跡至于今所々御座候、広野卿殿末裔坂上民部殿于今平野庄ニ幽成住居ニ而御座候、広野卿殿家臣も平野庄住居ニ而、其手筋之者唯今之年寄共ニ而御座候、後冷泉御宇永承年中、藤氏関白左大臣頼道公御知行所ト成、山城国宇治平等院寺領被為成寄附、天文年中迄者平等院入ニ而年寄共所務を納、遂成敗之評議、守護不入之地ニ而御座候、其次河州飯盛山城主三好修理大夫長慶公御下ニ成、松永弾正少弼殿御地頭ニ而御座候、其後織田信長公御蔵入ト成、信長公江者平野庄年寄共御側近ク罷出、御用相勤候付、御年貢等茂纔宛差上候、依之御朱印幷御墨印之御懇書数通被成下、其外昔より故有御方様よりの御朱印御墨印大切成御書数通地下会所土蔵ニ納置候処、大坂乱逆之時被盗取、不知行方候、

これによれば、平野は坂上田村麻呂の子坂上広野麻呂の知行所であったと言い、そのため「広野」の名が転訛して「平野」の地名が生まれたと説明されることもあるが、真偽のほどは不明である。(9)なお、同時代史料における平野の初見は嘉元二年（一三〇四）の「住吉郡平野御庄」と下る（大徳寺文書二七八一）。(10)

むしろこの地域の呼称として登場するのは「杭全」が早い。たとえば十世紀前半成立の『和名類聚抄』には「住吉郡杭全郷」とみえるし、『台記別記』仁平元年（一一五一）八月十日条には杭全庄の名が登場する。この史料は平野周辺を庄域とした摂関家領杭全庄の初見史料であるが、その後平等院領に転じ、十四世紀末には同庄の田所職等が大徳寺如意庵に寄進・売却され（大徳寺文書二七九二・二七九六・二七九九）、平等院領のなかに大徳寺領が拡大していった。

しかし、杭全庄という枠組み自体が失われたわけではなかった。【史料2】は杭全庄惣鎮守である杭全神社（かつては牛頭天王社、あるいは熊野三所権現と称した）の第二本殿造営時の棟札である（杭全神社蔵）。

【史料2】「棟札銘文」永正十年（一五一三）十二月二十六日付

上棟摂州住吉郡杭全庄惣社熊野三所権現玉殿壱宇（下略）

当庄長衆参十四人　　宮所長之一老道圓

烏帽子着衆弐拾九人　　作事惣奉行徳成新左衛門尉家次

これによれば、杭全庄物社の杭全神社の造営にあたって杭全庄の長衆・烏帽子着衆（若衆）が参加していたのであり、杭全庄が十六世紀前半に杭全神社を中心とした惣庄を実現・保持していた様子がうかがえる。なお、この

杭全庄の庄域については、平野川左岸に位置する平野と今林村、新在家村、今在家村、中野村の範囲と推測される。(11)

では、平野という空間的まとまりはいつ頃より現れたのであろうか。平野（庄）は杭全庄と同義で使用される場合があるため見極めが難しいが、史料を少し検討してみたい。

応仁・文明の乱は京都にとどまらず、全国を内乱に巻き込んだ。河内国では管領であり守護であった畠山氏が分裂し、一方の当事者である畠山義就（よしなり）が下向したことから、対する畠山政長と結んだ細川政元の幕府軍が河内に義就を攻めることになったのである。『大乗院寺社雑事記』の文明十四年（一四八二）八月二十七日条に「官領ハ河内之国中矢尾之西歟平野ニ打入」とあるのは、管領畠山政長がそうした動きのなかで河内国八尾の西にある平野に陣どったことを示す記事である。これを書きとめたのは奈良興福寺大乗院の僧尋尊であり、平野の位置について八尾の西か、という確信のない表現をみせている。(12)したがって、奈良の住人の言葉という前提ではあるが、この当時の平野は必ずしも認知度が高くなかったとみられる。(13)しかしながら、陣どるという表現から考えると、ここでいう平野とは杭全庄という広い範囲を指すのではなく、ひとつの集落レベルと認識されていたことがうかがえる。

ところで、その時期でいうと浄土真宗の光永寺（平野本町一丁目：旧西脇町）の開創年代が注目される。同寺は寺伝で明応五年（一四九六）の開創と伝えられてきたが、HN87-5次の発掘調査(14)によって創建期の本堂跡が確認され、その年代観が十五世紀終わり頃と寺伝とよく合うことがわかったのである。光永寺が属した浄土真宗の本願寺派はその頃畿内で急速に勢力を拡大しており、主要な村落・町場に寺院（道場）が建立される状況であったので、光永寺の創建は平野がそうした単位として存在していたことの傍証となろう。

もう少し年代が下ると、平野の様子は少し具体的にみえてくる。

【史料3】『多聞院日記』元亀二年（一五七一）正月十二日条

十日十一日、河内ノ平野在所悉焼亡了、僅三十家計残歟、諸百姓引コミ、群集悉以果ヘキ也中、不便之次第也、

この記事はいくつかの点で興味深い。ひとつは、火災による類焼がみられることである。この事実は、この頃の平野においては家屋が密集するような景観がみられたことを示している。もうひとつは火災による「諸百姓引コミ」という行動である。これは平野に周辺地域の百姓が移住、あるいは経済活動などのために出向いていたことを意味している。それが居住や活動の場を失いもとの在所へ戻ったのであった。こうした周辺地域からの移住による都市の成立は、周辺の村落を含む三ヵ所で祀られていた神を合祀し、都市全体の鎮守となった開口（あぐち）神社を擁する堺の町の成立経過を想起させるものであり、都市的集落の形成過程の一パターンとして注目しておきたい。

以上のように、平野は十五世紀末にはあまり認知度が高くなかったが、十六世紀後半には都市的景観をみせるまでに発達したのである。こうした都市化の背景には当地の立地環境が大きくかかわっていたものと思われる。とりわけ周辺地域における経済活動の活発化は注目される。たとえば、早い段階では南北朝期に杭全庄の長者衆に手工業者と目される金集末正の存在が確認されるほか（大徳寺文書一三二二・観応元年〈一三五〇〉十一月十九日付）、十六世紀後半では油（荏胡麻か）商人が存在した可能性がある[15]。これは杭全庄内に「字油屋」（「個人蔵文書」天正三年〈一五七五〉十二月二十九日付）があることからの推測だが、平野の北方近くには大山崎の油神人と荏胡麻油の製造・販売をめぐって十四世紀から相論となった木村が存在する点が注目される。

また、生産品の流通・販売の拠点となったのが市である。市は杭全庄の「市村」（大徳寺文書二七八五・正慶元年〈一三三二〉八月付）が早くにみえるが、遅くとも十六世紀なかばには「平野市村」（「大阪大学所蔵土橋家文書」天文七年〈一五三八〉七月五日付）が確認できる。「平野市枡」（「真観寺文書」永禄十一年〈一五六八〉八月四日付）と

いう地域枡もおそらく平野を中心に使用されたのであろう。

このような背景のなかで平野は当該地域の中心的な集落としての地位を築いていった。そして、織田信長が上洛を果たし、堺が混乱に巻き込まれた際には「堺津中之道具女子共迄、大坂・平野へ落シ申候也」(『天王寺屋会記　宗及他会記』永禄十二年正月十一日条)とされたように、都市間連携の一角を担うまでに成長した。そして、その空間は天正十一年(一五八三)の大坂城普請にともない「竹木堀以下埋之也」(『兼見卿記』天正十一年九月一日条)とされた堀(環濠)によって周囲とは一線を隔す都市領域の形成を成し遂げたのである[16]。

近世に入ると平野は、元和初年には平野村(「摂津一国高御改帳」)と称したが、元禄十五年(一七〇二)、大坂町奉行所により平野郷町への改称を命ぜられたという(「大阪大学蔵土橋家文書」)。なおこの平野郷町とは、本章で平野と呼んできた地区に相当する本郷(七町：市町、流町、野堂町、泥堂町、背戸口町、西脇町、馬場町)と散郷(四村：今林村、新在家村、今在家村、中野村)から構成されていた。

(3)　空間構造の特質

近年、都市の空間構造研究の進展が著しいが、それらの成果を参考に近世以降の地図・絵図から読みとれる平野の空間的特徴を指摘すると次の五点ほどになる。

①既述のように、周辺の地割が条里に規制された正方位地割であるのに対し、平野だけが北で東に約六度振っている(以下、現行方位と称する)。
②環濠と土塁による惣構が外郭を囲繞しており、都市領域を明確化している。
③周縁部をのぞく全域に一元的な方位地割が採用されており、個別町に空間的独立性は見出せない(ただし、町境での若干の街路のくい違いはみられる)。

④個別町が両側町を形成していない。

⑤寺社地が散在しており、寺町のような計画的配置がみられない。一方で門前町・寺内町のような寺社に付属する空間の存在も認められない。

これらのうち①から③については、平野全体の共同体としての規制と結束の強さを示したものといえよう。これに対し④は松尾信裕がいうところの「一定地域を核とする面的な街区構造」となっており、それは「旧来の町共同体が近世まで継承され」た結果であるとされている。[17]ただし、後述のように地割方位についてはある段階に改変・整理を受けている可能性が大きい。また⑤については、宗教勢力に対する共同体側の統制が緩やかであったことを示唆している。この後者二点については城下町一般と比較した場合とりわけ顕著な特徴であり、都市平野の形成主体を考えるうえで示唆的である。

では、これまで述べた平野の概要を念頭に置いたうえで、平野の空間構造と社会構造について順に考察を加えてみたい。

二　発掘調査からみた空間構造

(1)　先行研究の状況

平野の空間構造にかかわって重要なのは周辺地域とは違う、北で六度東に振る現行方位の成立時期とその契機の問題である。この件については、長らく慶長二十年(一六一五)の大坂の陣による焼失直後の都市改造によるものといわれてきた。[18]しかし、発掘件数が増加するにつれ、大坂の陣の焼土層を挟んで地割に変化がみられない、すなわち大坂の陣以前に現行方位が成立していたことを確認できる地点があいついだのであった(遺跡の位置は第3図参照)。[19]

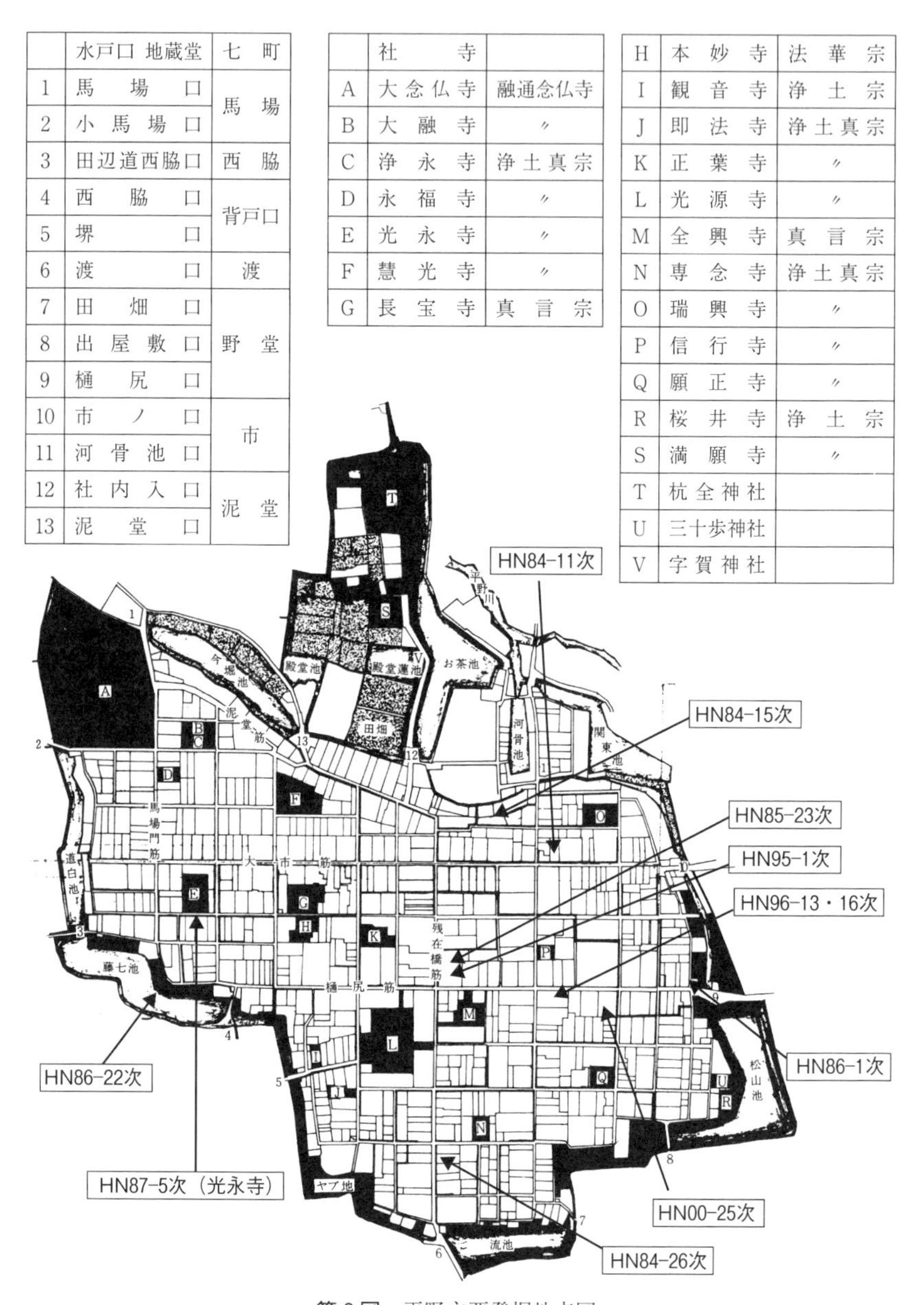

	水戸口 地蔵堂	七　町
1	馬　場　口	馬　場
2	小　馬　場　口	
3	田辺道西脇口	西　脇
4	西　脇　口	背戸口
5	堺　口	
6	渡　口	渡
7	田　畑　口	野　堂
8	出　屋　敷　口	
9	樋　尻　口	
10	市　ノ　口	市
11	河　骨　池　口	
12	社　内　入　口	泥　堂
13	泥　堂　口	

	社　寺	
A	大念仏寺	融通念仏寺
B	大　融　寺	〃
C	浄　永　寺	浄土真宗
D	永　福　寺	〃
E	光　永　寺	〃
F	慧　光　寺	〃
G	長　宝　寺	真　言　宗

H	本　妙　寺	法　華　宗
I	観　音　寺	浄　土　宗
J	即　法　寺	浄土真宗
K	正　葉　寺	〃
L	光　源　寺	〃
M	全　興　寺	真　言　宗
N	専　念　寺	浄土真宗
O	瑞　興　寺	〃
P	信　行　寺	〃
Q	願　正　寺	〃
R	桜　井　寺	浄　土　宗
S	満　願　寺	〃
T	杭全神社	
U	三十歩神社	
V	字賀神社	

第３図　平野主要発掘地点図

その成果をまとめ、さらに方位改変の時期について考察したのが豆谷浩之[20]である。豆谷は六地点の調査成果から、平野では大坂の陣を挟んでの変化はみられず、十六世紀中葉頃（ただし時間幅を認める）に当初の条里地割（正方位）から現行方位へ転換したと結論づけたのである。また、その時期に地割改造がなされた理由については、環濠の成立と地割の転換を結びつけ、堺で環濠の開削された時期が天文～永禄年間と推測されることを参考に、都市住民による自治意識の高まりが環濠の開削、そして地割の転換にいたったとの仮説を提示したのである。

豆谷の研究はそれまで個別の発掘調査で方位転換時期の見直しの必要性が唱えられていたのを受け、初めて包括的な考察をおこなった点で注目される。しかしながら、現在みられる一元的な地割の成立過程という点では慎重に判断すべきところがあると思われる。すなわち、戦国期までの都市的集落では一般に複数の地割方位が並存し、それが近世への移行にともない解消の方向へ向かうという動きがみられるのであるが、平野の場合、従来の研究にはそうした視点はみられない。そこで近年の報告データに拠りながら、豆谷説を検証してみることとする。

（2）　地割方位の再検討

まず確認であるが、豆谷が主張するように大坂の陣がきっかけとなって地割が転換したという明白な考古学的所見がみられないのは確かである。しかし、その事実は大坂の陣以前に平野の地割がすべて現行方位に転換し終わっていたことを意味するものではない。これは豆谷自身も引いているが、ＨＮ84–11次調査で確認された溝などの遺構の方位は大坂の陣の前後で一貫して正方位である[21]。また、ＨＮ84–26次調査でも推定大坂の陣焼土層の上面で磁北に近い方位をもつ礎石建物が確認されている[22]。さらに建物遺構ではなく、道路など地割に直結する遺構に着目してみると、ＨＮ85–23、ＨＮ95–1の両次の調査結果が注目される[23]。この両調査区は平野の中心部を南北方向に通る残在橋筋と東西方向に通る樋尻門筋が交わる地点の東北角という重要な位置にある（ＨＮ85–23の南にＨＮ95－1が隣接する）。ここでは平安時代から鎌倉時代に続くＳＤ02という北で西に一一度振る幅二・八メートル、深さ〇・六メートルの溝が確認されているが、その埋没後にほぼ同じ方位をもつ幅三メートル以上の道路状遺構（版築された盛土層）が発見された。これは十六世紀前半代の湊焼甕を含む地層の上に位置することからそれ以降の造営であることは間違いない。この道路状遺構の上には大坂の陣焼土層があり、そのあいだには道の造替を告げる痕跡がみられないことから、少なくとも慶長二十年までは存続していたとみられている。

さらに、評価は難しいがこれら以外にも現行方位とは微妙な違いをもつ調査結果が報告されている。[24] したがって、大坂の陣までの平野には豆谷が述べるように現行方位に転換した場所もあれば、別の方位を持続した場所もあるという複数の方位空間が並存していたのであり、現行方位一色へと転換を終えていたわけではないのである。よって、現行地割の一円施行は大坂の陣のさらに後の、何らかの契機を考える必要があるといえよう。[25]

（3）地割方位の転換とその場所

次に豆谷が指摘した十六世紀中頃で現行地割に転換する場所の意味合いを考えてみたい。それはＨＮ96－13・16次調査地点であるが、豆谷論文後、さらにその東隣でＨＮ00－25次調査がおこなわれ、情報が増加した。ＨＮ96－13・16次調査地点では現行地割に沿う豊臣期の礎石建物や柵・塀などが確認されていたが、ＨＮ00－25次調査では磁北方向の溝や土管列が確認されたのである。この土管列の埋設は十五世紀後半から十六世紀前半を上限とし、十六世紀中葉から後葉を下限としておこなわれたと推定されている。[26] この成果を考え合わせると、この地点で地割の転換がおこなわれたのは十六世紀後半頃とみなすのが妥当であろう。

この場所は平野の中心部に近く、近世の町としては野堂町のエリアに属する。野堂町は平野の起源と伝えられる町である。[27] その当否は明らかでないが、これら野堂町内の調査地点からは奈良時代の軒平瓦や鎌倉時代の鬼板といった寺院の存在を推測させる遺物や、奈良時代以降の作土層や遺物が確認されており、早くから人々が居住したと推定できる地点のひとつであることは注目されよう[28]。これらを念頭に置くと、今後さらなる発掘調査の進展をまつ必要があるものの、平野の中心部にあたるこの一帯でのちの基準となる北で東に六度振る地割がいち早く導入され、それが全域に伝播した可能性も想定しなければならないだろう[29]。

（4）小括

発掘成果の検討からいくつかの指摘をおこなった。ひとつは中世において複数の地割方位が並存していた点である。その背景には各方位を規定する寺社や共同体の存在が想定されるものの、現段階では明らかでない。しかし、こうした現象は戦国期の都市的な場においては一般的であり、その意味で平野が特殊な存在ではないことは明らかになったといえよう。もうひとつはその地割の一元化への流れである。現状では現行方位への転換は平野の中心部において確認された十六世紀後半がもっとも早い。しかし、その一元化は大坂の陣以降に下り、上述のように元禄七年（一六九四）の絵図の段階までに完了する。その間、平野では元和年間の町割や寛永二年（一六二五）の流町における新屋敷誕生などの動きがみられた[30]。そうした積み重ねの上に現行方位による平野の空間構造が完成したのである。

三　文献史料からみた社会構造

（1）先行研究の状況

平野に関する文献史料はたいへん少ないのが実情であり、そのため社会構造については不明な点が多い。たとえば都市有力層（指導者層）については、【史料1】にみえるように坂上広野麻呂の家臣の末裔が当初より指導的立場にあり、近世の年寄家である七名家（末吉、三上、土橋、成安、西村、辻葩（つじはな）、西脇）にいたったといわれるが、そこまでの道のりは単純ではなかったようである[31]。

たとえば試みに史料を検索してみると、戦国期では末吉氏（杭全神社蔵石燈籠銘・天文二十年九月五日）と成安氏（「大阪大学蔵土橋家文書」弘治三年七月十三日付）の活動が確認できる。その一方で代官忌避の動きなどでは、のちの七名家には名を連ねない徳成氏の名が散見され、主要な立場にあったことが知られる（【史料2・4】）。

【史料4】大阪大学蔵土橋家文書

当庄御代官本庄加賀守殿嫌可申付而、各一味同心仕候、為其連判仕候間、聊不可有相違候者也、仍如件、

弘治三丁巳歳七月十三日

成安善九郎
長保（花押）
徳成兵部丞
家信（花押）
成安甚左衛門尉
定次（花押）
善左衛門尉
家次（花押）
徳成甚十郎
秀信（花押）
（姓をもたない十一名略）
以上拾七人　次第不同

しかし、徳成氏は永禄期以降になると姿を潜めてしまう。したがって、十六世紀後半に平野において何らかの社会変動があったとの想定も可能となろう[32]。

次に、個別町の結合体である平野はその成立経過についても研究が進展していない。先に野堂町を平野でもっとも古い町とする伝承のあることを紹介したが、この点にかかわっては「野堂には町と称したが、流村などの称があつたところから推せば人家の中心となつたのは伝説の如く野堂町であつた。其他の六町は人家が或は少数で村とも云つたのであらう[33]」との興味深い所説がみられるが、その点に踏み込んだ研究はいまだみられない状況である。そこで、以降では以上の二つの問題について検討してみたい。

(2)　平野庄中から平野惣中へ

いま、十六世紀後半に都市有力層に変動が生じた可能性を指摘したが、ここでは角度を変えて為政者側史料から同じ問題を検討してみよう。手がかりとなるのは織田信長政権以降の発給文書の宛所である。

第1表に元亀元年(一五七〇)から天正十一年(一五八三)にいたる平野宛文書の宛所を示した。これによると、信長とその家臣の発給文書は前半期が「平野庄(中)」とし、天正四年頃から「庄」が消えて「惣中」が加わる傾向に変化し、それは秀吉期にも引き継がれることがわかる。他都市の事例を参考にすると[34]、この現象はそれまでの荘園制的共同体とは違い、平野の都市共同体が都市運営を担う存在として立ち現れたことにともなう表現の変化とみなすことができる。ここに杭全庄(平野庄)という荘園制に起因する社会構造が解体し、平野が都市として自立を遂げるなかで都市共同体が確立していくという流れがうかがえるのである。有力層の変動はこうした動きと連動しているとみて間違いない。

この平野惣中はその後、慶長二十年(一六一五)の大坂の陣の際に一時混乱をみせたようであるが、戦災復興の

過程では徳川家康の認可を受けて平野の町割りを主導するなど、平野の運営に大きな役割を果たした。(35)

第1表　平野にかかわる村・町呼称の変遷

呼称	天文7年	元亀元年	元亀2年	天正元年	天正3年	天正3 or 4年	天正4年（推定）	天正5年	天正11年	天正14年
市	市村※1		市村※2							
流	流※1		流村※2		流村※3					なかれ※4
野堂					野堂町※3					
泥堂										
背戸口										せと口※4
西脇										にしわき※4
馬場										ハ、※4
（町全体）				町会所※5						
（平野全域）		平野庄中※6			平野庄※7	平野庄中※8	平野庄惣中※9	平野惣中※10	ひらの中※11 平野庄惣中※5	

出典：※1助次郎畠地売券（大阪大学蔵土橋家文書）　※2流村・市村祓神事定書（同前）　※3宗継田畠売券（個人蔵文書）　※4廿八日講年行司算用状（大阪大学蔵土橋家文書）　※5平野郷町衆議定書写（片桐二〇〇二）　※6（奥野一九八八、一二五五号文書）　※7織田信長朱印状（奥野一九八八、五〇二号文書）　※8織田信長朱印状（奥野一九八八、六四〇号文書）　※9織田信長朱印状（奥野一九八八、六三六号文書）　※10佐久間信盛・信栄連署状（奥野一九八八、七三三号文書）　※11羽柴秀吉判物（東末吉家文書）

（3）文献史料にみる平野の〝村〟と〝町〟

次に後者の問題について検討してみる。すでに述べたように、近世の平野郷町は本郷（市町、流町、野堂町、泥堂町、背戸口町、西脇町、馬場町の七町）、散郷（今林村、新在家村、今在家村、中野村の四村）から構成されていた。ところが、十六世紀後半の文献史料をみると「平野市村」（「大阪大学所蔵土橋家文書」天文七年七月五日付）、「市村」（「同前」元亀二年九月八日付）、「流村」（同前）、「流村」（「個人蔵文書」天正三年十二月二十九日付）という村呼称が散見される一方で、「野堂町」（同前）という町呼称も並存する現象に気づく。

では、これらの村は市町・流町といった近世の町とどのような関係にあるのだろうか。十七世紀以降は市村や流村は実在しないので、それ以前、すなわち中世の村呼称が町呼称に継承されたと考えるのが素直であろう。では、それら中世の村と平野の空間的関連性は具体的にどのようであったのだろうか。それを考えるのに大きな手がかりとなるのが、近代における各町の名を冠した大字の範囲である。

大正十一年、それまで七町によって構成されていた平野は戸数増加にともない町名変更を実施することとなり、市街部（本郷）にはまったくの新町名が施行されたが、その一方で本郷の周辺にあった田畑雑種地に限って七町と同名の大字の使用が認められたという[36]。つまり、七つの大字はもとからそれぞれに環濠内外の地を包摂するエリアの呼称だったことがわかるのである[37]。その場合、大字の地のエリアは何に由来するかが問題となろうが、近世では大字の呼称をもつ村は存在しなかったので、環濠の内外を含む大字の根源はそれ以前、すなわち中世の村落にあるとみなすのが妥当と思われる。したがって、中世においては平野の周辺に近接する位置で複数の村が存在していたことになり、平野はそれらが「結合」することで形成されたと考えるべきだろう。実際には各村から移住がおこなわれて個別町ができ、その集合体である平野の都市空間形成へと展開したと推測される。

こうした村の「結合」が実現した経過については、市村と流村の事例が参考となる。すなわち、この二村は遅くとも天文七年（一五三八）には共有地をもち、また元亀二年（一五七一）には共同祭祀を執りおこなう村組を形成していた[38]。こうした個別村落の連携・結合の動きが先行し、かつ基盤となって平野のような大規模な「結合」が実現されたのではなかろうか。

（4）小括

雑駁ではあったが、十六世紀後半の社会構造の変容について都市有力者層と村・町の動向から検討を加えた。その結果、有力者層の入れ替わりと都市共同体の勃興がみられたこと、および村の結合により平野の都市的空間が形成された様子がおぼろげながら浮かび上がってきたと思われる。

ところで、平野の形成にかかわっては周囲をとりまく環濠が注目される。これは前述のように文献上元亀年間には存在していたと推測されるが、平野の空間と共同体の成立時期をうらなう意味でたいへん重要なので、ここで発掘調査成果からその誕生時期を補足しておきたい。

ＨＮ86-1次調査地点（平野東一丁目：旧野堂町）は東側環濠のすぐ内側に位置する現場であったが、ここでは十六世紀第３四半期の美濃焼天目茶碗（松尾信裕教示）を含む第３焼土層の下層から近世の環濠の方位に一致する、北で約一一度西へ傾く石列が確認された[39]。これは十六世紀後半までには環濠が存在したことを示唆している。一方、環濠の南西部で環濠そのものと内側の堤（土塁）にメスを入れたＨＮ86-22次調査（平野本町一丁目：旧西脇町）では、この部分の環濠と堤は確実に中世にさかのぼるという知見は得られなかった[40]。したがって、現状では戦国期の環濠が近世のそれとまったく同じ位置に整備されていたとは言い切れないが、十六世紀後期には環濠による周辺地域との空間的差異化を図る動きのあったことは確実といえよう。ただし、その内部の空間構造は一元的でなく、いくつかの地割方位をもつ緩やかな結合体であったとみるべきである。

おわりに――都市平野の成立――

戦国期から近世初頭にかけての摂津国平野をめぐる状況を、さまざまな角度から述べてきた。惣村のなかから町が生まれると指摘されたように[41]、杭全庄（平野庄）の村が結合して平野が生まれた。それは当地の立地条件に加え、遅くとも十四世紀には当地でみられはじめた非農業的生産活動および物流の活発化が新たな生活領域をもたらした結果であったと推測される。そしてそうした動きを担ったのが平野の有力者層であった。彼らは浮沈がありながらも武家代官を忌避する力を蓄え、信長からは都市自治の担い手として認定される存在となった。そしてその位置づけは近世へと継承されていった。こうした平野の都市共同体の形成とその活動は周囲に環濠を築造するという動きにつながり、空間的一体感を外部に示すことになったのである。

こうした動きのなかで、中世集落から近世町場へ向けてとりわけ大きな転換期となったのは十六世紀後半、とくに第3四半期から第4四半期にかけての時期であったといえよう。すでに進行していた村落結合が平野という都市への結集へ展開するとともに、都市共同体の確立がみられたのである。その頃に出現する現行方位への転換という事実も平野という空間単位の成立へ向けて大きな意味をもつものであった。

しかしながらその空間構造の一元化は簡単に実現されず、中世以来の何らかの単位を示す複数の地割方位が慶長二十年の大坂の陣以降も存続した。このことは都市共同体も単純な構造ではなかったことを示唆していよう。少なくとも空間構造については十七世紀末まで時間をかけながら一元化を遂げたのであり、平野の在郷町への転換はこうした戦国期までの多元的な空間と共同体のありかたを克服することで実現されたのであった。

（1）　仁木宏「近世都市の成立」（『日本史講座五』東京大学出版会、二〇〇四年）。

(2) 脇田修「戦国末期、平野郷郷民の連判状」(『日本史研究』一二七号、一九七二年)。
(3) 平野区誌刊行委員会編『平野区誌』創元社、二〇〇五年。
(4) 「正式二万分一地形図　大阪東南部」に加筆(地図資料編纂会編『正式二万分一地形図集成 関西』柏書房、二〇〇一年)。
(5) 『新修大阪市史　第一巻』大阪市、一九八八年、図25。
(6) 註(5)『新修大阪市史　第一巻』。
(7) 大徳寺文書の数字は『大日本古文書　大徳寺文書』の文書番号。以下同じ。
(8) 杉森玲子「近世初期の平野庄——年寄・庄屋の動向を中心に——」(『末吉家史料の目録作成と公開および同家史料の総合的研究』科研報告書、課題番号一一四一〇〇八八、二〇〇二年、研究代表者　佐藤孝之)。
(9) 『平野郷町誌』平野公益会、一九三一年(清文堂、一九七〇年復刻)。
(10) ただし、この史料からは「平野庄」は「杭全庄」の別称と推測される。松永久秀書状(「杭全神社文書」天文二十一年十二月十九日付)でも平野のうち、中野(村)を「平野甚三郎」へ安堵しているが、この場合の平野も杭全庄と同範囲を指している。
(11) 「杭全庄末吉名田地坪付注文案」(大徳寺文書二七八五)の所付と、推定延宝年間作の平野郷町絵図(註3『平野区誌』)の字名とのつきあわせ作業による。なお、これは近世の平野郷町の範囲に相当する。
(12) 註(3)『平野区誌』。
(13) 尋尊は畠山政長と義就の遺児基家の戦いにおける配陣の様子を図に描いた。それは「明応二年御陣図」(四二頁)と呼ばれ、摂津国南部から河内国にかけての主要な在所が描かれているが、これには平野はない。
(14) 『大阪市南部遺跡群発掘調査報告』財団法人大阪市文化財協会、二〇〇九年。
(15) 『新猿楽記』に京都七条南在住の金細工師、金集百成の名がみえる(小西瑞恵「堺都市論」〈有光友学編『戦国期権力と地域社会』吉川弘文館、一九八六年〉)。
(16) 元亀元年(一五七〇)に平野は信長により徳政免許を認められた(奥野高廣『増訂織田信長文書の研究』吉川弘文館、一九八八年、二五五号文書)。徳政免許のためにはその対象領域が社会的に認知される必要がある。したがって、その前提として平野を囲繞する堀の存在を想定することが可能である。

(17)『近世城下町における帯状街区・面的街区の受容に関する調査研究』(科研報告書、課題番号一六五二〇四七三、二〇〇六年、研究代表者　松尾信裕)。

(18)註(9)『平野郷町誌』。

(19)ベース図は、白木小三郎・辻野増枝・青木洋子「「平野郷」について」(『大阪市立大学生活科学部紀要』二三巻、一九七五年)。

(20)豆谷浩之「平野環濠都市遺跡における地割の転換をめぐって」(『大阪市文化財協会研究紀要』二号、一九九九年)。

(21)大阪市教育委員会・財団法人大阪市文化財協会編『昭和五十九年度大阪市内埋蔵文化財包蔵地発掘調査報告書』一九八六年。

(22)註(21)『昭和五十九年度大阪市内埋蔵文化財包蔵地発掘調査報告書』。

(23)註(14)『大阪市南部遺跡群発掘調査報告』。

(24)HN84-15(北で東に九度)(註14『大阪市南部遺跡群発掘調査報告』)、HN85-7(北で東に一〇度)(『昭和六十年度大阪市内埋蔵文化財包蔵地発掘調査報告書』大阪市教育委員会・財団法人大阪市文化財協会、一九八七年)、HN85-9・10(北で東に約六~一〇度、および正方位)(同前)が報告されている。

(25)HN85-23、HN95-1次調査で確認された道路遺構は北方向へ延長すると杭全神社の参道につきあたる点で重要である(『宮城氏による敷地造成に伴う平野環濠跡発掘調査(HN85-23)略報』財団法人大阪市文化財協会、一九八五年)。杭全神社が杭全庄の物社であることはすでに述べたが、この遺構からはそれが強く意識されていた様子がうかがえるものの、現行地割ではそうした意識は感じられない。この間に平野の都市空間形成の原理に大きな変化が生じたといわざるをえない。

(26)『吉村氏による建設工事に伴う平野環濠都市遺跡発掘調査(HN00-25)報告書』財団法人大阪市文化財協会、二〇〇〇年。

(27)註(9)『平野郷町誌』。

(28)なお平安時代以降の遺構・遺物は、近世の市町にあたるHN84-15でも検出されている(註14『大阪市南部遺跡群発掘調査報告』)。

(29) ただし、野堂町エリアには先に紹介した北で西に一度振る地割をもつHN85-23、HN95-1次調査地点も含まれる。同じ町内に早くに地割転換した場所とそうでない場所がある点をどう理解するかは今後の検討課題である。

(30) 杉森玲子「平野の町割と元禄七年「平野大絵図」」(註8『末吉家史料の目録作成と公開および同家史料の総合的研究』科研報告書)。

(31) 註(8)杉森論文。

(32) 織田信長の上洛と都市支配にともなう堺会合衆の動揺・再編と類する動きがみられた可能性はあろう。

(33) 註(9)『平野郷町誌』。

(34) 仁木宏『空間・公・共同体――中世都市から近世都市へ――』青木書店、一九九七年。

(35) 註(30)杉森論文。

(36) 註(9)『平野郷町誌』。

(37) 実際、各大字に含まれる小字(註9『平野郷町誌』)は、推定延宝年間作の「平野郷町絵図」(註3『平野区誌』)によれば、各町とも環濠を間に挟みながらも隣接する位置に分布しており、各大字の地域的一体感は保たれているといえよう。

(38) 本城正徳「史料紹介「戦国末期から近世初期の平野郷関係史料について」」(『待兼山論叢』一三号、一九七九年)。

(39) 『黒田邸改築工事に伴う平野環濠都市遺跡発掘調査(HN86-1)略報』財団法人大阪市文化財協会、一九八六年。

(40) 『大平市場新築工事に伴う平野環濠跡発掘調査(HN86-22)略報』財団法人大阪市文化財協会、一九八六年。

(41) 池上裕子「市場・宿場・町」(『戦国時代社会構造の研究』校倉書房、一九九九年)。

第二部

寺内町の成立と展開

第一章　真宗寺内町の構造と展開——山科寺内町を軸に

はじめに

本章は浄土真宗の本山系寺内町について、その構造と展開を山科寺内町を軸にしながら述べていく。まず「寺内町」（「寺内」）そのものについて、用語やその構造を検討する。そのうえで山科に先行する越前吉崎、さらに山科に続く摂津大坂の二つをとりあげて山科と比較し、山科寺内町の位置づけを明らかにするとともに、本山系寺内の展開過程とその存在意義について述べてみたい。

一　寺内町とは

最初に「寺内町」という用語について確認しておきたい。辞典や先行研究でどのように説明されているか、二つの例を挙げる。

まず『国史大辞典』(1)の「寺内町（じないまち）」項によると、「戦国時代、真宗寺院を中心に濠・堀で防禦された自治都市」と書かれている。次に『日本都市史入門Ⅰ　空間』(2)では、「一向宗寺院を中心として河川などの自

第1図　寺内町の分布

然地形や土塁、堀を用いて要害化した都市」と説明がつけられている。内容は重なっている部分もあるが、まったく同じではない。

また、寺内町とは具体的にどの都市を指すのかということになると、人によって指す都市に違いがみられるのである。第1図は『日本都市史入門Ⅰ　空間』所載の寺内町の分布図であり、ここでは同書において寺内町と考えられている都市が黒丸で落としてある。それをみると、山科、大坂(石山)はもちろん存在するものの、後述する越前吉崎は載せられていない。

つまり同書において吉崎は寺内町として認められていないのであるが、その一方で吉崎を寺内町とみなす研究者も存在する。寺内町と一口でいっても研究者によって指す場所が必ずしも同じではないのである。

こうした現象は、寺内町の定義やそのとらえ方に幅があることを示していよう。「寺内町」は学術用語であるが、その読み方ひとつとってみても「じないまち」とも「じないちょう」とも読まれているという事実は、まさにそうした寺内町をめぐる研究状況を象徴しているといってもよいだろう。

そこで、ここでは入口に立ち戻って「寺内町」の定義について考えてみることにしたい。先の辞典類の説明を少し詳しくみていくと、まず『国史大辞典』の説明では、時代を戦国時代と限っており、次いで真宗寺院を中心に、という空間構造の問題に触れ、最後に自治都市であると述べている。

『日本都市史入門Ⅰ　空間』では時代的なことには触れずに、一向宗寺院を中心にしているということ、河川などの自然地形や土塁・堀を用いて要害化したということを述べている。後段は『国史大辞典』とほぼ同じで、空間構造や防禦施設に絞った説明がなされているのである。

これらの説明をみていくと、近年の都市史研究のなかで指摘されていることであるが、周囲を堀や土塁で囲むこと自体は、寺内町をはじめとする戦国時代の都市や集落に広くみられる姿といえる。一方、『国史大辞典』では自治都市という言い方をしているが、寺内町を自治都市と表現してよいかどうか、それ自体に検討の余地があろう。ただし、自治的な運営自体は寺内町に限らずこの時代の都市において一定程度みられることはまちがいない。

したがって、以上の部分については寺内町が同時代の他都市と共通点をもつことになるわけだが、では、寺内町の独自性というものはどこにあるのだろうか。他都市に共通する要素をとり除くと、最後は真宗(一向宗)寺院を中心に、という部分が残るだけになろう。寺内町が寺院を中心にしているというのは自明のことであり、真宗以外の寺内町もあるがその数は多くないので、この真宗寺院を中心に、という点こそが寺内町を考えるときのキーポイントになるのではないかと思われる。なぜ寺内町が真宗に集中しているのかが、寺内町を考える際に解明しなければならない重要な問題のひとつではなかろうか。

ここでいったん「寺内町」の読み方について考えておきたい。著者は学術用語としての「寺内町」については「じないまち」と読ませた方がよいと考えている。なぜなら、中世から近世まで、都市には「ちょう」と読む「町」が存在した。この「町」とは空間的にみると道を挟んで両側に町家が並んだ構造、すなわち両側町を形づくっており、社会的にもその両側町でひとつの共同体をつくっているという存在である。一方、「寺内町」を学術用語として使用する時は「寺内」のなかの町場部分、あるいは「寺内町」という都市の「場」を広く指す意味で使用されており、対象となる時代は同じであっても、「町」の意味合いがまったく違っている。そのため著者は史料用語として概念の明確な町（ちょう）を「寺内町」を呼ぶ際に使用するのは適切でないと考えている。

さらにいえば、「寺内町」ではなく「寺内」という史料用語をできるだけ使用することが当時のバラエティー豊かな「寺内町」を緩やかに包括しつつ、「寺内町」という用語でイメージされる像の違いや誤解を未然に防ぐことにつながるのではないかと考えている。後述するように、中世の「寺内」はあくまで領主であるところの寺院側からみた領域を指す言葉であって、領主としての寺院の存在を強く感じさせる用語であると認識しているが、「寺内町」という用語に置き換えられると、「寺内」の都市空間的な側面への関心が強調され、「寺内」が本質的にもっている基本構造への視線が弱められてしまう危惧を抱くからである。寺院の領主的性格を抜きに「寺内町」は議論できないのである。

以上のようなことから、本章ではできる限り「寺内」という史料用語を使用して議論を進めていきたい。

寺内町（以下、「寺内」）とは何か、という議論に戻ると、まずその空間構造は単純化した場合、中心に真宗寺院（道場あるいは本堂、庫裡など）があってその周りは土塁や堀で囲繞され、その外側を町が取り囲むという姿となる。そしてその全体が中世の用語でいう「寺内」の範囲となるわけである。少なくとも真宗における「寺内」はこれで統一的に考えることが可能である。つまり、「寺内」といった場合、町の部分だけを指すわけではなく、また道場・本堂の部分だけでもない。全体をくくってこれを「寺内」と呼んでいるということに注意しなければならないのである。

二　「寺内」の空間構造

今述べたように、真宗の場合「寺内」という用語は町を含んで使用される点が重要である。そして同様の用法は法華宗にもみられる（ただし、大多数は真宗の事例である）。一方、顕密寺院でも「寺内」という領域観念はあるが、これについては真宗と違い寺院の関連施設・建造物が存在するエリアを「寺内」と称しており、明確な違いがみられる。

第2図は顕密寺院の空間構造を検討した伊藤毅の研究(3)をもとに、筆者が中世の東寺の領域を模式的に示したものである。東寺はまず中心部に伽藍があり、その周囲は塀で囲まれていて、空間としてはいったん完結している。そしてその外側に寺家・院家・在家という東寺社会の根幹を構成する寺僧や寺に従属する人々が居住している。ここまでが東寺では「寺内」とみなされている。ただし実際にはその「寺内」の外側にも在家や耕地が存在しており、そこまで含めた空間が「境内」と称されていた。つまり、東寺の場合、「寺内」とは寺院が寺院であるためのもっとも根幹的な宗教施設と人員が配置される区域を指し、それゆえに「寺内」、すなわち「寺」の「内」と呼ばれているようにみられるのである。

寺院にとってもっとも重要な施設は中心伽藍であって、それに寺僧が住む

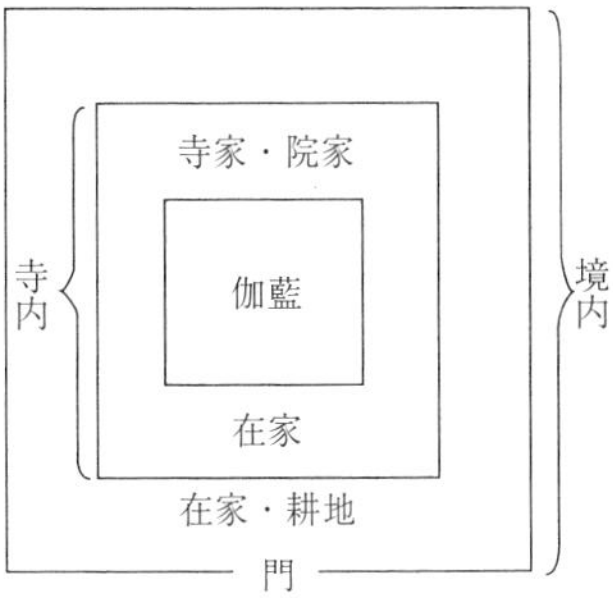

第2図　東寺概念図

区画を含んだ区域が「寺内」、そしてその周りには重要度でいうとやや低くなるかと思われるような「境内」、さらにそこから外へ出たところが門前(町場)というヒエラルキーが存在したものと思われる。こうした東寺のような構造は顕密寺院に多くみられるものであり、このように中心に伽藍があり、それを境内が囲む空間構造を伊藤毅は境内型寺院と呼んでいる(4)。

これに対し、先ほど述べたように、真宗「寺内」は町場を含んでいる点で違いがある。その理由についてとくに考えなければならないのは、「寺内」の中心寺院が「寺内」住人との間にどのような関係を結んでいたのかという問題である。

顕密寺院の場合、「寺内」は中心伽藍と寺僧が住む区域を指した。つまり、寺院にとって重要度の高い施設が集中しているところを「寺内」とみなしたと考えることができるだろう。真宗の場合も同様の認識があったと考えると、本願寺にとって御影堂と阿弥陀堂が存在する区域、および寺僧が住む区域はいうまでもなく重要なエリアであるが、その周りにある町、つまり寺内町の部分も同様に重要であったと考えられよう。そのため町まで含んだ範囲を「寺内」、すなわち「寺」の「内」と言っているのである。

そうなると、なぜ町が真宗寺院にとって重要であったのかという疑問が次に生まれてくることになろう。

それを解くためにはまず、「寺内」における真宗寺院の性格を押さえておく必要がある。すでに先行研究のなかには、なぜ寺内町の中心に真宗寺院があるのかということを検討したものがあり、いくつかの説が提示されている。たとえば、水本邦彦は二つの考えを提示している(5)。ひとつは、真宗寺院は「寺内町における宗教的紐帯の結びとして位置している」という説明である。これは寺院の強い宗教的求心力が信仰の享受者の移住をも促し、彼らによって形成された町場を空間的に組み込んで「寺内」として一体化するにいたったという理解につながっていこう。

もうひとつは、中世社会に占める寺院の地位の高さによる求心力が指摘されている。中世寺院は政治力と経済力を合わせもった領主として存在していたため、さまざまな特権も獲得できたと推測される。中世寺院がもっていた諸権力やそこから生まれる求心力が寺内町をつくりあげる背景としてあったという考えは魅力的である。

ただ、いずれの説明にしても、なぜ真宗なのか、すなわち真宗に寺内町が多いという特質の具体的な理由が提示されるところにはいたっていないのである。そのためこの点についての説明が必要となってくるわけだが、著者としては水本の二つの指摘にかかわっては、前者ではいわゆる仏法領の思想が重要ではないかと思われ、後者では本願寺の経済構造のありかたがそれを説明する観点になりうるのではないかと考えている。では、以下においてそれらを具体的に検討してみよう。

三　仏法領と「寺内」

まずは真宗の宗教性を考えてみたい。この点にかかわって注目したいのが「仏法領」である。[6] 仏法領についてはその概念規定とともに、その現実的形態と寺内町の関係が議論されてきたところである。[7]

「仏法領」は、真宗では頻繁に使用された言葉ではなく、次の【史料1】がもっとも古い用例である。

【史料1】「御文」　文明七年(一四七五)四月二十八日付[8]

ソレ当流トイフハ、仏法領ナリ、仏法力ヲモテ、ホシキマヽニ、世間ヲ本トシテ、仏法ノカタハ、キハメテ疎略ナルコト、モテノホカ、アサマシキ次第ナリ。ヨク〱コレヲ思案スヘキ事トモナリ、

これは蓮如の法語である「御文」であり、かつ「仏法領」の代表的史料である。「仏法領」に関する史料すべてを総合的に検討した大桑斉は「仏法領では仏法がすべてを支配し、人々は仏法によって擁護されあるいは罰せられる」という理解と、理念上その現出の場として寺内町を考えることができると述べた。[9] 著者はこれに賛同す

るものである。

「仏法領」は本願寺が主導する信仰的人間関係そのものを本義とみなすべきではあるが、そうした関係が現出している空間があれば、それを「仏法領」と呼ぶことはあながち的外れではない。具体的には本願寺宗主あるいはその教えを忠実に受け継いだ弟子たちが中心となって営まれる道場・寺院・寺内町は理念上「仏法領」と考えることは十分可能であろう。

当時真宗の道場・寺院・寺内町に集う人々は「一向宗徒」と呼ばれ、雑多な信仰をもつものが少なくなかったことはすでに指摘されている通りである[10]。そこだけをみると、真宗の教義が必ずしも実現されていないようにみえるが、本願寺はそうした人々の存在を排除したわけではなく、本願寺としては彼らの存在を認識したうえで門徒の組織化を強めていこうとしたことを考えると、本願寺傘下の道場・寺院・寺内町は「仏法領」を志向した場所とみなすことができるのではなかろうか。

これに関連して興味深いのが、神田千里が検討した極楽往生を遂げる場への本願寺内での認識である。神田は本願寺において死後の極楽往生を遂げる、アジールとして機能した場が「道場」から「寺内」へと表現を変えていったことを指摘した[11]。

【史料2】『改邪鈔[12]』

道場ト号シテ、簷ヲナラヘ墻ヲヘタテタルトコロニテ、各別々ニ会場ヲシムル事、(中略)町ノウチサカヒノアヒタニ、面々各々ニコレヲカマヘテ、ナンノ要カアラン、アヤマテコトシケクナリナハ、ソノ失アリヌヘキモノ歟、

【史料3】『反古裏書[13]』

シカルニ実如御円寂ノ後、又在々所々ノ新坊主衆ニイタルマテ寺内ト号シ人数ヲアツメ、地頭領主ヲ軽蔑シ、

カキリアル所役ヲツトメサル風情、定メテ他家ノ謗難アルヘキモノヲヤ、ステニ諸州所々ノ寺内破却セラレ南方ニモ北方ニモソノ類アマタキコユ、（中略）シカラスシテ名聞利養ニ着シ、町ノ内境ノ間タニ、アマタ所ニ寺内ノ新義、カヘリテ誹謗ヲ招クタヨリナルヘシ、（中略）軒ヲ並ヘカキヲ、（ヘ）タテ、、町ノ間タ郡ノ中ニ別々ニ寺内造立、仏法ノ興隆ニ似タリトイヘトモ、事シケクナリナハ其失アルヘシ、

神田は、建武四年（一三三七）に著された【史料2】と永禄十一年（一五六八）に著された【史料3】の趣旨は基本的に変わっていないにもかかわらず、【史料2】で「道場」と記された部分が【史料3】では「寺内」と表現されていることに注目した。そしてこの呼称の変化の背景には、極楽往生の信仰の場であった「道場」が、十六世紀には戦国大名によって本来の機能に加え「特権を付与された生活の場」としても認定され、「寺内」として一般化したことがあったと述べた。

この指摘によれば、「寺内」は信仰施設および信仰空間に特化していた「道場」に、新たに社会経済的要素を加えた空間といえよう。「道場」はまさに真宗の教義に覆われた空間であり、先の「仏法領」の理念に合致することは何ら疑いない。「寺内」が「道場」に社会経済的要素を加え展開した空間であれば、「仏法領」とみなせる「道場」の性格を継承していることになり、「寺内」を「仏法領」という概念が現出した空間としてとらえることは可能といえよう。

四　本願寺の経済構造

寺院とは仏法に従い、また仏法を実践する場であるわけだが、経済的にいえば非生産者集団ということになる。そのため寺僧が生活するための食糧やその他必需品は寺外から手に入れる必要があった。ただし、その点についていえば、中世の顕密寺院は大小はあるものの田畠山林を含む寺領や荘園を保有しており、そこから生産物の現

物をとりたてることは可能であった。逆にいえば、寺僧たちの生活のためには、そうした食料品を含む必需品を確実に入手できる手段の確保が重要な課題だったのである。

ところが真宗寺院はどうであったかといえば、その頂点にあった本願寺は土地に対する執着はみせず、荘園的な土地支配を経済的基盤としていたわけではなかった。では本願寺はどこから収入を得ていたのか、どうやって寺僧は食べていたのかということになるわけだが、真宗寺院の場合、門徒や講・末寺寺院から納められる「懇志」または単に「志」と呼ばれる銭貨が重要な収入源だったのである。これは本来門徒の自由意思による寄進という形式であったが、のちに納入額が決められ、年貢化していった。もちろん生産物の現物が収められた例もみられるが、本願寺の収入全体のなかで占める割合は小さく、圧倒的に銭貨が多かったようである。つまり土地で作られた生産物そのものではなく、銭貨が本願寺の経済力の根源だったのである。

そうなると次に必要となるのが、銭貨を必要な物資・品物に換える仕組みである。また当時は為替も使われていたので、そうしたものを処理できる金融機能も必須だったとみられる。つまり、本願寺は当時の他宗寺院、とくに顕密寺院とは大きく違う経済構造面での特徴を抱え込んでいたと考えるべきである。そしてこうした経済構造こそが物資の流通あるいは製造、金融を受けもつ存在、つまり町を身近な存在として必要とした理由ではなかろうか。町がそのように寺院にとって不可欠な存在であったからこそ、「寺」の「内」、すなわち「寺内」として扱われたと考えられるのである。

本願寺の経済力の具体例をみてみよう。本願寺は、永正期には実如が朝廷にまとまった銭貨を進上するなど、かなり潤っていたと思われる部分があるが、その山科本願寺時代の史料としては次のようなものがある。

【史料4】『二水記』天文元年(一五三二)八月二十五日条(14)

本願寺焼痕、至今日取財宝、未尽云々、

この『二水記』の記事では、天文元年に山科本願寺が焼き討ちされた直後に、本願寺の財宝が奪われたことを述べている。その財宝は未だ尽きずとあるので相当な量だったようだが、その実態は次の史料から明らかである。

【史料5】『二水記』天文元年八月二十六日条

焼痕今日如昨日尚求之、剰堀出黄金数十枚（百両）有之云々、諸郷人為之及死者数十人云々、可笑々々、

これも同じ『二水記』で、【史料4】の翌日の記事である。これによれば、前日と同じように山科本願寺の焼け跡に出かけて掘ってみたところ黄金が出土したとある。また略奪をしたあとに泥棒同士が争ったのであろうか、死者が出たとまで書いているくらいに京都周辺では大きな話題となったようであるが、逆にいえばこうした財宝の盗難や黄金の出土が驚くべきこととして認識されたためにこうした記事が残ったのであろう。山科本願寺の経済力がずば抜けていた様子がうかがえよう。

こうした史料から本願寺の経済力の一端が知られるが、その経済力が十分に活かされ、かつ本願寺の経済構造を運用面で支える機能を担った町というものが本願寺にとって必要不可欠な存在であったと考えれば、町が「寺内」として扱われたことが理解しやすいのではなかろうか。

なお、戦国城下町でも領主が直属の商人や職人を膝下に抱えていたことが明らかにされている(15)。それは商人らの存在が領主経済に不可欠であるにもかかわらず、従来から存在した市を城下町に吸収することができなかったためで、流通や金融経済に立脚した構図は寺内町と共通しているといってよい。

しかし、町があって、そこで中心寺院関連の経済活動がおこなわれればそれだけで寺内町といえるかどうかは疑問である。後述するように、十六世紀の本願寺はさまざまな特権の獲得を目指す活発な動きをみせている。それらはいわば「寺内」の治外法権化を志向する動きともいえるものであるが、その特権のなかには、住人に対して守護などの武家勢力が課す税の免除や、徳政令の適用除外が含まれる。そうした動きは、本願寺が領主として

住人や町を守ることを重要事項だと認識していたことのあらわれと考えるべきであり、町を守る防禦施設の設置も同様に考えることができよう。その意味で特権が獲得できていたかどうかは、本願寺や「寺内」の中心寺院と町の関係を考えるうえで重要なポイントになるものと思われ、またそれを獲得できた段階にいたってようやく「寺内」の町というものが名実ともに成立したといえるのではないだろうか。

ここまで、本願寺の経済構造に注目しながら真宗寺院がなぜ町を「寺内」として取り込んだのかという理由について考えてきた。すでに述べたように、「寺内」という用語は寺院であれば広く使われた用語であり、顕密寺院、真宗寺院を問わず寺院にとって重要な、あるいは必要不可欠な空間と認められた範囲がそれぞれに「寺内」と表現されたと考えるべきである。もちろん真宗の場合でも寺院の成立事情はまちまちなので、「寺内」の範囲も画一的なものであったとはいえず、また成立時期の差も考慮する必要があろう。ただしいずれにしても、「寺内」というのは「寺」の「内」と表現されることからわかるように、寺院があって初めて成立するものであることはまちがいない。中世寺院の宗教面・権力面全般を視野に入れながら「寺内」がどのようにして成立したかということを議論しなければならない。

五　吉崎と山科

ここまで「寺内」の空間・宗教・経済面での特質を検討してきた。次にこれらを前提に「寺内」の展開をみていくことにする。以下、山科寺内を軸に、山科に先行して展開した吉崎（福井県あわら市）と山科の後継である大坂をとりあげて、相互に比較を試みたい。吉崎は本願寺自体の所在地ではなかったものの、蓮如が文明三年（一四七一）から四年間滞在し、六字名号の下付や『正信偈和讃』の開版（文明五年）など、宗主同様の積極的な布教活動をおこなったところであり、また大坂は実際に本願寺が置かれたところであることから本山系寺内というくくりが可能である。これらの寺内町は寺内の特質がもっとも典型的にあらわれるという点で比較検討に適していると考える。

吉崎は越前と加賀の境で、越前の最北端に位置している。蓮如は文明三年、日本海につながる北潟湖に張り出した「御山」の山上に坊舎を建立した。この吉崎には多くの参詣者が集まったと伝えられている。

その吉崎を描いた絵図が「照西寺本吉崎御坊絵図」[16]（第3図）である。山上に描かれているのがいわゆる吉崎御

第3図　照西寺本吉崎御坊絵図

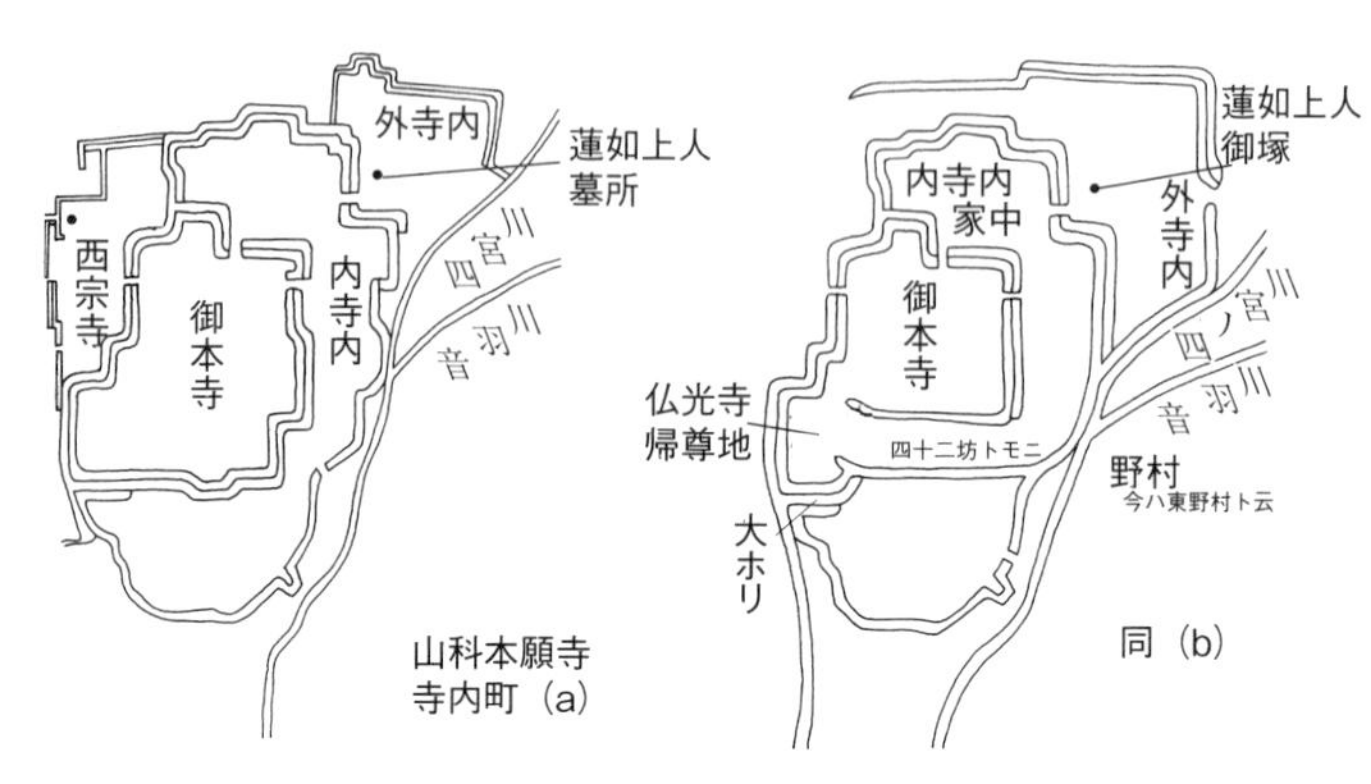

第4図　山科本願寺絵図（読み取り図）

坊で、山の周囲を囲んでいるのが北潟湖である。この絵図は実際の地形をかなり誇張して描いており、また描写年代が十七世紀に下る要素も垣間見られるが、吉崎を描いた絵図としては現在のところもっとも古く、貴重なものといえる。そこでこの絵図をもとに山科寺内と空間構造の比較を試みたい。

（1）山科寺内の空間構造

山科は残されている絵図（第4図）[17]によって構造の違いがあるが、中央西寄りに中心部があることは共通している。ここが第一郭、第4図では「御本寺」と記されている部分である。そしてその北・東・南側に「御本寺」を囲む第二郭、「内寺内」「家中」と記されている部分が本願寺宗主一族や有力坊主衆などが居住した場所と考えられる。この「内寺内」の東北にはさらに「外寺内」と記される第三郭が存在する。ここは町屋があったとも推測される一角である。

ただし、この第三郭の空間復元および性格については疑問もある。たとえば福島克彦がおこなった地籍図による寺内空間の復元では、北西の第三郭は明確な空間の痕跡を伝えていない[18]。また、山科寺内の町についてその所在地を具体的に推測させる史料は管見に触れず、唯一職人の居住地が【史料6】で具体的に判明するものの、この史料については慎重な判断が求められる。

【史料6】源空画像下軸墨書銘（部分）　本覚寺文書[19]

享禄三年庚寅八月二十三日

山科水落ノ教念、信州塩崎之道場ニテ奉ル表具補シ、本覚寺住持浄念寄進スヲ、

これは「水落」に住む教念が表具師として本願寺関連の絵像の表具をおこなっていたことを示している。「水落」は第4図（b）でいえば「内寺内」の南側に隣接する地区の西北角、またはその土居・堀をはさんだ西側付近と推定されている[20]。表具師といえば町人という判断もありえようが、「教念」という法名は真宗関係者を想起させるものであるし、職業の性格上、本願寺の支配下にあった可能性があるので、居住地も町場ではなく本願寺の近臣たちの居住地区だった可能性は十分に考えられる。したがって、本史料から町の存在を想定することは必ずしもできず、町は別途その存在を考える必要があろう[21]。

このように第三郭の存在を積極的に証明する史料が少なく、かつ山科寺内が当初は「御本寺」部分のみで、のちに第二郭以降が段階的に整備されていったという説[22]も出されているなかでは、町部分については散在的な存在形態も含めて考える必要があるかもしれない[23]。

（2）吉崎寺内の空間構造

吉崎の場合、第3図からその構造は二郭が基本ではなかったかと考えられる。その構造を模式的に示したのが第5図である[24]。まず山上には本坊と少なくとも九つの多屋（たや）、それと北大門・南大門があったことが文献からうかがえる[25]。多屋というのは各地の有力寺院が吉崎に置いた出張所を指す。それらが山上にあり、二つの大門と何らかの防禦施設によって外部と仕切られた空間をつくりあげていたと推測される。ここが寺院の中心部で、山科でいえば「御本寺」に当たる第一郭である。

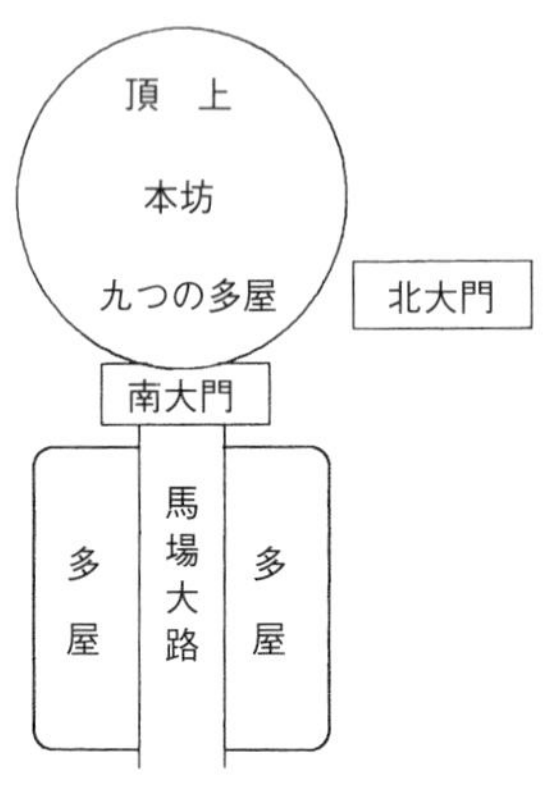

第5図　吉崎構造模式図

「馬場大路」という道があったことも文献によって確認できる(26)。これは山上と山下を結ぶ坂道である。第3図によれば、「馬場大路」を下りたところにも門があったようで、この門と山上の南大門に挟まれたこの区画が第二郭とみられる。蓮如の「御文」には多屋が一〇〇から二〇〇あったと記されるが、それらすべてがそう広くはない山上にあったとは考えにくく、また近世の文献には門外にも多屋があったと記されること(27)から、それら数多くの多屋は「馬場大路」に沿って存在したと考えるのが妥当だろう。この「馬場大路」沿いの第二郭は山科の「内寺内」に相当する区画であったと考えられる。第3図をみると、このように山上の門、および山下の門によって区画された二つの郭が明瞭に存在する。この山上部分と「馬場大路」沿いの二つの郭が吉崎を構成していた基本的な区画と考えておきたい。

では、町はどこに存在したのだろうか。吉崎は日本海からわずかに陸地へ入った北潟湖に面していることから船の停泊には適しており、また大聖寺川の河口にも位置しているため港湾機能があったことはまちがいない。しかし、戦国時代においては、吉崎よりやや南にある三国(みくに)がこのあたりではもっとも大きな港湾であった。そのため吉崎は港としてはそれほど大きくは発展していなかったようである。ただし、御山の北側にある春日神社の前には北陸道の間道であった吉崎道も通っていたことから、吉崎が交通の要衝であったことは疑いない。この地は十三世紀末から興福寺大乗院領であり、それにともなって春日神社も勧請されたと考えられるが、近世の絵図や地籍図(28)では春日神社の門前地割がその周辺地区にくらべやや整ったものとの印象がある。おそらくはその門前に吉崎の原集落が存在していたものと考えられる。ちなみに、第3図では春日神社付近に家屋が集まっている様子が描かれている。

吉崎にはこの門前集落が先行して存在し、御山の開発が進展するにつれて徐々に先の第二郭の外側、つまり「御山」の北側に町ができていったのではないかと推定される。蓮如に随従した下間安芸蓮崇は土蔵を十三も所有していたと伝えられており、[29]この地で一定の経済活動がおこなわれていたことはまちがいない。また吉崎参詣のため道俗男女が各地から集まったのは事実のようなので、従来の春日神社の門前とは別に、「御山」に近いところに少しずつ町が成立していったとみるのが妥当ではなかろうか。なお、第3図ではその付近にも家屋が集まっているように描かれている。ただし町場が寺内の一部としてプランのなかに想定されていたと考えるのは難しいだろう。

（3）吉崎寺内の評価

「寺内」は一般に土居や堀で防禦されていた。山科寺内では第4図にあるように、第三郭にいたるまでそれらで囲われていたと考えられている。しかし、吉崎の場合は残念ながら、そのあたりのことは現状ではよくわからない。山上には土居の跡といわれる微高地があるものの確証はない。まず山上であること自体が防御的機能を果たしたとみておくべきであろう。ただ、文明五年（一四七三）の「御文」[30]には牢人の出張に備え要害を構えたとあるので、状況の変化に対応するかたちで何らかの防禦施設が設けられていったようである。なお「御山」の北側、つまり町があったと想定される付近では、これまでのところ町を囲んだ堀などの防禦施設跡は検出されておらず、地図上もそうした痕跡は見当たらない。いずれにしても吉崎の場合、町部分の実態がはっきりと確認できないのが現状である。それは史料的な制約のためもあるが、計画的な町づくりがおこなわれず、町自体が十分な発達を遂げていなかった可能性も示唆している。

また、「寺内」としての発達の度合いにかかわっては、先述の寺内特権の獲得が大きな意味をもつと考えられる。特権は基本的に本願寺教団の社会的影響力が広く認知された段階以降に獲得できたもので、現在伝えられているなかでは詳しい年代は不明なものの、後述のように『天文日記』に記された細川政元による保障がもっとも古い事例となる。細川政元は蓮如と親しかったことが知られているが、両者が接近したのは山科本願寺建設以降のことのようである。したがって特権の獲得は早くとも山科時代からであり、先行する吉崎ではまだ獲得できていなかったとみるのが妥当と思われる。現段階では、これらの状況から、吉崎は町を含む「寺内」という観点からはまだ萌芽段階であったと評価すべきであろう。

六　大坂と山科

次に大坂をとりあげる。大坂は蓮如が明応五年(一四九六)に建立した坊舎とその周りに誕生した町が始まりである。その後、永正期(一五〇四〜一二)に大坂御坊が置かれ、事実上天文二年(一五三三)に本願寺が大坂に移転した以降、本願寺寺内として本格的に発展をみせたのである。したがって、吉崎・山科よりも新しい「寺内」であるが、空間構造の全体像ということではこの大坂がもっともわかっていないといわざるをえない。なぜなら、これまでのところ、その様子を描いた絵図はまったく知られておらず、また故地が現在の大阪城地に比定されることから、その遺構は大阪城の地中深く眠っていると考えられ、発掘調査が不可能なためである。よって当時の宗主証如の日記である『天文日記』の記事をもとに空間構造を復元するしかない状況のなか、これまでに五つの空間構造図が発表された(31)。これらの研究は比定地をどこにするかによって大きく二つにわけることができる。ひとつは現在の大阪城本丸・二ノ丸を想定するものであり、伊藤・仁木・藤田の説である。もうひとつは大阪城の南に隣接する難波宮周辺を想定するものであり、山根・天野の説がこれにあたる。後者については、この間、多数の発掘調査がおこなわれてきたにもかかわらず、該当する遺構・遺物の検出がなされておらず、さらに大坂本願寺に事実上取り込まれてしまう生国魂神社は難波宮の北側、すなわち大阪城地にあったことがわかっているので、比定地としては難しいといえよう。

(1) 大坂寺内の空間構造

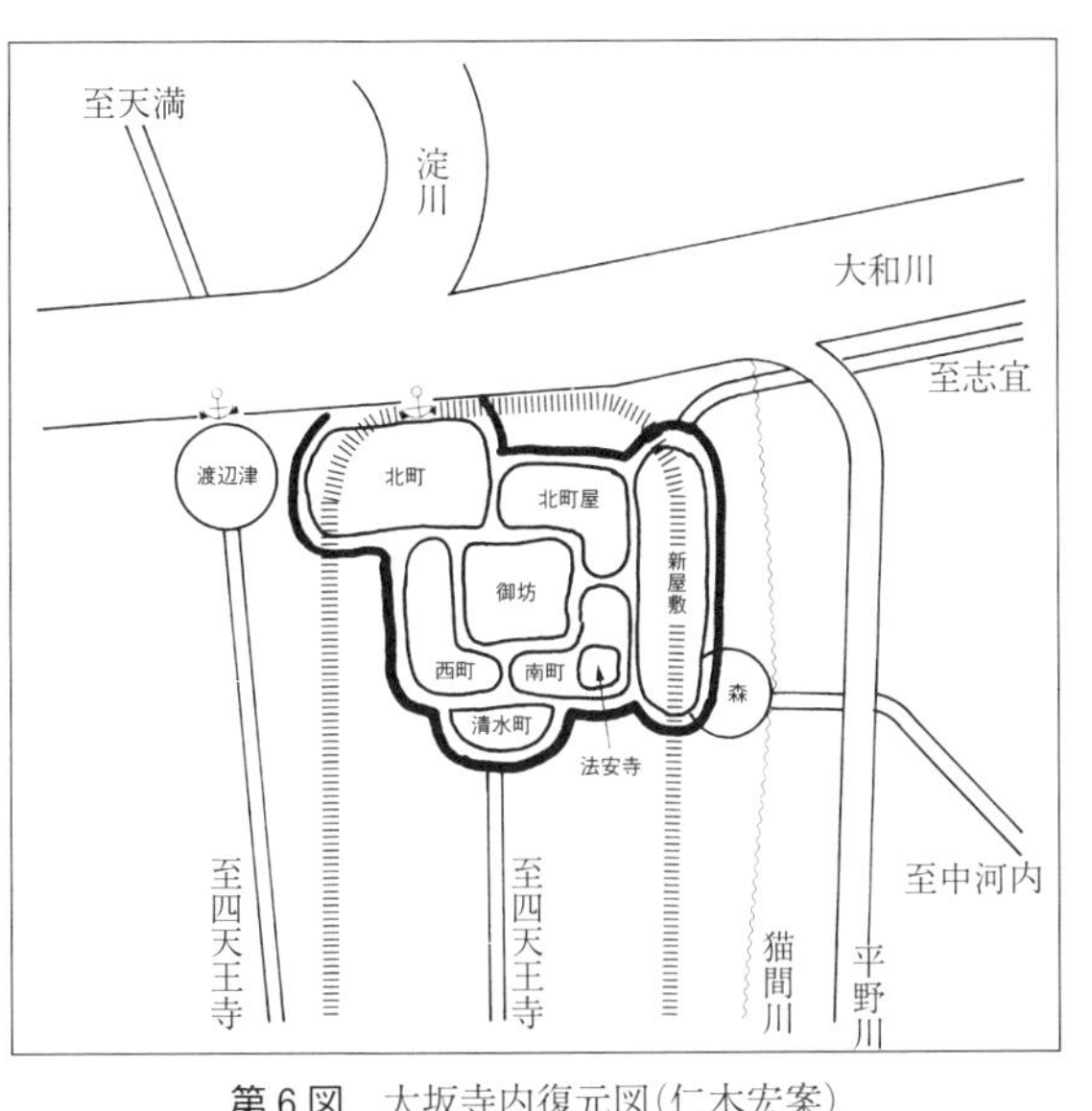

第6図　大坂寺内復元図(仁木宏案)

ここでは仁木宏の復元図(第6図)[32]をもとに空間構造の概要を把握してみたい。まず中心には本願寺があり、それをとり囲むように町があるという構造が復元されている。町は親町が六つ確認されている。本願寺と六町の位置関係、あるいは六町同士の位置関係については諸説があるものの、少なくとも本願寺に山科寺内の「御本寺」に該当する御影堂・阿弥陀堂を中心としたエリアがあることはまちがいない。そして本願寺がひとつのまとまりをもった区画であること、町部分は町部分でひとつのまとまりをもっていたことも疑いない。つまり、山科でいうところの「御本寺」と「内寺内」が合体したエリア＝本願寺と、「外寺内」にあたる町はまちがいなく存在するが、「御本寺」と「内寺内」が空間的にどのような関係になっていたかは明らかでない。山科は三郭構造をもっており、一方で大坂は二郭構造までは想定されるが、三郭の復元にはいたっていないという状況である。この点については今後の課題である。

防禦施設については、『天文日記』から番屋・櫓・橋・塀・惣構の土居や堀のあったことが知られる。大坂も山科同様、実戦を体験している「寺内」であることから、「寺内」の安全を守ることができる諸施設の整備が目指されたというべきである。証如も領主として「寺内」を守る義務があり、防禦施設の見回りを自身でおこなったことが『天文日記』に書き留められている。

（2）大坂寺内の経済機能

『天文日記』を紐解くと、そこには多業種にわたる商人・職人が現れることに気づく。彼らのなかには堺商人など、他地域の出身者で大坂に出店を構えている者がおり、そうした商人たちによって活発な商業活動がおこなわれていたことが容易に想像できる。また重要なのは、商人のなかには門徒が少なからず存在し、彼らによって為替を使用した遠隔地との取り引きや送金がおこなわれていたことである。本願寺の経済構造上、こうした商人の存在は欠かせないものであり、これらの商業・流通の拠点として大坂寺内は大阪平野地域の都市のなかでも重要な位置を占めていたものと考えられるのである。

大坂寺内の経済機能にかかわっては、寺内特権が天文七年（一五三八）に獲得されている。

【史料7】『天文日記』天文七年五月十四日条[33]

細川へ徳政事以木沢申候、就其制札、諸公事免許候段、申遣候、又政元、澄元制札見せ候、

これは、大坂本願寺が諸公事免許等を獲得しようとし、かつて細川政元から徳政免許と諸公事免許を受けた前例のあったことを主張したものである。蓮如と実如が細川政元と非常に近しい関係にあったことはよく知られて

おり、その関係が下地にあって諸公事免許等が獲得できたのであろうが、これが事実であれば、細川政元は永正四年（一五〇七）に没しているので、それ以前の経済特権の獲得ということになる。おそらくそれは山科本願寺の時期のことであろう。時期的にはやや下るが、山科本願寺期に特権が認められていたことを示す史料がある。

【史料8】「山名誠豊書状」(34)大永六年（一五二六）八月九日付

但州山科末寺事、本寺無等閑事候間、諸公事課役免除儀、得其意上者、可為諸色節守護使不入地、然間於相当儀者、直可申出者也、恐々謹言、

大永六

八月九日　　　　（山名誠豊）堯威（花押）

本願寺末寺中

このように本願寺は山科時代に特権の獲得ができていたのであったが、反体制的な位置に追いやられたことで既得権益はいったん白紙に戻されたのであろう。本願寺は改めて特権を認めてもらう必要が生じたのである。細川晴元に対する粘り強い交渉の結果、本願寺は寺内特権が認められた。その直接の背景に両者間の和平成立があったことはまちがいない。しかしそれだけではなく、本願寺は朝廷に対して接近をはかり、その権威を利用することで教団の社会的地位の上昇をねらったようである。具体的には、天文六年（一五三七）、つまり特権を獲得する前年に証如は朝廷の許可を得て大僧都に昇進した。また特権獲得の直前に本願寺が後奈良天皇の寿牌と後柏原天皇の位牌を安置したのも、同様の意図があったと考えるべきだろう。こうした動きはその後も続き、本願寺は永禄二年（一五五九）には寺院格として最上位の門跡寺院となることに成功している。

こうして認められた特権と同様のものが、それ以降各地の寺内町に広まっていったのが大坂本願寺時代の大きな特徴といえよう。それは本願寺が重要拠点とみなした「寺内」（多くは各地の御坊格）について本願寺が直々に

特権獲得に動き、そこで得られた特権がさらに地域権力に認められて小規模な「寺内」へと下降していったのである。こうして特権が認められた拠点「寺内」には、和泉の堺や摂津の富田(とんだ)、河内の富田林などがあり、その下のレベルでは大伴(おおとも)(富田林市)がそれに該当する。大坂寺内を頂点に寺内特権が広がっていくという時期はまさに真宗「寺内」の最盛期といえるものである。そしてその頂点にあった大坂はまさに「寺内」の到達点ともいえる存在であったのである[35]。

おわりに

ここまで寺内町(「寺内」)についてその構造と、真宗における展開を、山科を軸に吉崎・大坂を比較しつつ、その概要をみてきた。萌芽段階の吉崎と到達点であった大坂に挟まれた時期の山科は、まさに寺内町としての要件を備え始めた初めての本格的な真宗「寺内」といえるのではないだろうか。その意味で山科は寺内町の歴史上、重要な位置にあるといえるが、さらに重要なのは、破壊されてしまった部分はあるにせよ、中世の土居や堀を今に伝えている点である。こうした例はきわめて稀で、他の寺内町にまさる山科の重要性はここにあるといっても過言ではない。今後はその遺構の一層の検討や文献・絵図などの調査から、より具体的な山科の実像が明らかになることが期待される。

今回は主として本山系寺内を検討したが、寺内町にはさまざまな規模のものがあり、比較的身近なところにも「寺内」といわれているものが存在する。それらはいわゆる「町」というイメージではなく、鍛代敏雄がいう「村の寺内[36]」というものにあたる。そうしたものも含め、「寺内」の普遍性と特殊性を明らかにしていく作業が今後とも必要であろう。

(1)『国史大辞典』第七巻(国史大辞典編集委員会、吉川弘文館、一九八六年)のうち「寺内町」項(松山宏執筆)。
(2)高橋康夫・吉田伸之編『日本都市入門Ⅰ　空間』東京大学出版会、一九八九年。
(3)伊藤毅「中世都市と寺院」(註2高橋・吉田編著)。
(4)註(3)伊藤論文。
(5)水本邦彦「畿内寺内町の形成と展開について」(『論集近世史研究』京都大学近世史研究会編、一九七六年)。
(6)本節の内容については拙稿「寺内町の構造と展開」(金龍静・木越祐馨編『顕如――信長が恐れた「本願寺」宗主の実像――』宮帯出版社、二〇一六年)でも触れた。
(7)黒田俊雄「仏法領について」(『国史論集』一巻、一九五九年)。遠藤一『戦国期真宗の歴史像』永田文昌堂、一九九一年。
(8)『真宗史料集成　第二巻』同朋舎、一九八三年。
(9)大桑斉「蓮如上人と仏法領」(山科本願寺寺内町研究会編『掘る・読む・あるく　本願寺と山科二千年』法藏館、二〇〇三年)。
(10)神田千里『一向一揆と真宗信仰』吉川弘文館、一九九一年。
(11)神田千里「中世の「道場」における死と出家」(『史学雑誌』九七編九号、一九九八年)。
(12)『真宗史料集成　第一巻』同朋舎、一九八三年。
(13)註(8)『真宗史料集成　第二巻』。
(14)『大日本古記録　二水記　四』岩波書店、一九九七年。
(15)小島道裕「戦国期城下町の構造」(『日本史研究』二五七号、一九八四年。同『戦国・織豊期の都市と地域』青史出版、二〇〇五年に再収)。
(16)照西寺蔵。本図については、酒井一光・大澤研一「照西寺本吉崎御坊絵図の基礎的検討」(『中世大阪の都市機能と構造に関する調査研究――越前吉崎「寺内」の調査研究――』大阪市立博物館、一九九九年)を参照。
(17)註(2)『日本都市入門Ⅰ　空間』。
(18)福島克彦「城郭研究からみた山科寺内町」(山科本願寺・寺内町研究会編『戦国の寺・城・まち――山科本願寺と寺内

町――』法藏館、一九九八年）。
(19) 草野顕之・仁木宏「山科本願寺・寺内町関係史料一覧」（註18『戦国の寺・城・まち――山科本願寺と寺内町――』）。
(20) 木立雅朗「考古学からみた山科と山科本願寺」（註18『戦国の寺・城・まち――山科本願寺と寺内町――』）。
(21) 近年進められている山科本願寺の発掘調査では、寺内の中心域で手工業生産がおこなわれた痕跡が確認されている（柏木有香「山科本願寺」〈『本願寺と考古学の世界』資料集、二〇一六年〉）。前稿（「寺内町の展開と山科本願寺」註18『戦国の寺・城・まち――山科本願寺と寺内町――』）では【史料6】をもって「外寺内」における職人の居住を想定したが、この部分については本書のように修正する。
(22) 草野顕之「山科本願寺・寺内町の様相」、仁木宏「山科寺内町の歴史と研究」（ともに、註18『戦国の寺・城・まち――山科本願寺と寺内町――』）。
(23) たとえば山科寺内に先行し、本願寺誘致に主導的役割を果たした海老名氏が居住する西野村では貿易陶磁が出土しており、一定の町場の存在が想定されよう。
(24) 拙稿「吉崎「寺内」について」（註16『中世大阪の都市機能と構造に関する調査研究――越前吉崎「寺内」の調査研究――』）。
(25) 「御文」文明六年（一四七四）九月付（註8『真宗史料集成　第二巻』）。
(26) 「御文」文明五年八月二日付（註8『真宗史料集成　第二巻』）。
(27) 註(26)「御文」。「蓮如尊師行状記」（註8『真宗史料集成　第二巻』）。
(28) 金井年「絵図からみた吉崎御坊絵図――照西寺本吉崎御坊絵図と明治期地籍図――」（註16『中世大阪の都市機能と構造に関する調査研究――越前吉崎「寺内」の調査研究――』）。
(29) 「天正三年記」（註8『真宗史料集成　第二巻』）。
(30) 「御文」文明五年十月付（註8『真宗史料集成　第二巻』）。
(31) 山根徳太郎『大坂城の研究　研究予察報告　一・二』一九五三・五四年。伊藤毅『近世大坂成立史論』生活史研究所、一九八七年。仁木宏「大坂石山寺内町の空間構造」（上横手雅敬監修『古代・中世の政治と文化』思文閣出版、一九九四年）。藤田実「大坂石山本願寺寺内の町割」（『大阪の歴史』四七号、一九九六年）。天野太郎「大坂石山本願寺寺内町プ

ランの復原に関する研究——位置比定と内部構成をめぐって——」(『人文地理』四八巻二号、一九九六年)。
(32) 註(31)仁木宏「大坂石山寺内町の空間構造」。
(33) 『真宗史料集成　第三巻』同朋舎、一九八三年。
(34) 『兵庫県史　史料編　中世三』光行寺文書。本文書については金龍静「宗教一揆論」(『岩波講座日本通史　第一〇巻　中世四』岩波書店、一九九四年)参照。
(35) 仁木宏「寺内町研究の成果と課題」(『関西近世考古学研究』八号、二〇〇〇年)。
(36) 鍛代敏雄『中世後期の寺社と経済』思文閣出版、一九九九年。

〔付記〕本章の初出は講演録を活字化したものであり、表現が口語体であったり関連史料が収録図書の巻末にまとめられたりしたため、今回、他の論文と体裁を合わせる必要から表現を文語体に改め、かつ必要な史料を文中に盛り込んだ。また一部補訂をほどこしたほか、第三節を新たに追加した。全体の趣旨は初出時と変わらないが、一部見解を改めた点があり、それについては注記をおこなった。

第二章　蓮如の大坂進出の前提——浄照坊の動向を中心に

はじめに

平成十年(一九九八)は本願寺第八世蓮如の五百回忌にあたり、これを機に蓮如、あるいは本願寺関連の出版が相次ぎ、さまざまな成果がもたらされた。[1]そうした研究を概観して感じるのは、文献史学・建築史学・城郭史・歴史地理学など幅広い分野から真宗教団が注目され、多角的にその特質が明らかにされつつあるという点である。そして都市史研究においても、一九八〇年代後半以降、真宗寺院を中心とする「寺内町」が中世都市のなかで形態上・社会構造上、先進性を有していたとの評価が与えられ、その研究の重要性が一層増しているところである。[2]

このように真宗教団(とくに本願寺教団)が注目される理由としては、中世社会において同教団が大きな存在意義をもっていたことから、当該期の社会について考察しようとした場合、同教団に対する分析が有効な切り口になりうるとの評価がある故のことと思われる。

こうした真宗教団に対する関心が広範化・多角化する一方で、真宗史そのものについても精力的な史料調査が進められ、従来の通説を書き換える成果がもたらされつつある。[3] 今後、これらの成果を摂取した本願寺教団構造論・権力論の進展が期待されるところである。

本章では主として、大坂の有力な真宗寺院である浄照坊[4]の初期の寺史に着目し、さらに河内から摂津地域における本願寺教団の勢力展開の大まかな動向を検討することで、蓮如の大坂進出の条件整備について考えてみたい。

大阪の真宗寺院といえば蓮如建立の大坂坊舎や、「寺内町」の到達点と評価される大坂本願寺が著名であるが、とくに後者は中近世都市研究の立場から注目され、緻密な論証にもとづく研究があいついで発表されており、空間構造の実態とその特質が急速に明らかになりつつある。[5] 本願寺や「寺内町」の構造を直接の対象とした研究は今後とも推進されるべきであるが、本章の関心はむしろ本願寺の周辺に展開した主要な真宗寺院の動向にある。大坂本願寺や蓮如建立の大坂坊舎など、教団の中心的存在であった寺院は、周囲に先行する真宗寺院や有力門弟のまったく存在しない「絶海の孤島」に寺基を構えたわけではない。先行する一定の勢力展開を踏まえたうえでの進出であり、そうした条件整備があってはじめて成立しえたのである。

中心的寺院の成立・存続の条件を考えるためには、その寺院についてのみ寺歴や機能を検討しても必ずしも十分な成果は上がらない。その地域内における社会的な要請や機能を明らかにしてはじめてその存在意義も明確になるのである。したがって、周辺寺院の動向の検討は、中心的寺院の成立・存続の条件を考えるうえで欠くことのできない作業なのである。

そうした関心のもと、本章では蓮如の有力門弟である法円を初代と伝え、また開創にかかわる興味深い史料・伝承をもつ浄照坊の草創期の事情を主として検討する。浄照坊や法円については、後述のようにすぐれた先行研究が存在するが、史料解釈の面など、論じ残されている点もあるように思われるため、自分なりの検討を試みたい。そして、広く蓮如期における摂津・河内地域の真宗勢力の動向についても整理し、浄照坊の活動の意義を明確にしたいと思う。

一　「浄照坊来歴」にみる開創伝承

浄照坊の寺歴については、現住職の源義春による詳細な紹介がすでに『大阪春秋』誌上でおこなわれている(6)。源は自坊に伝来する多様な記録・什物裏書類を駆使して寺歴を検討しており、学ぶべき点が少なくないが、ここではまず源も利用した「浄照坊来歴」（享保十七年慈春筆。以下「来歴」と略す）という表題の記録を紹介しておきたい。「来歴」は浄照坊に伝わる寺史としてはもっとも早い時期のものであるとともに(7)、内容的にも注目すべき指摘がなされているため、長文となるが繁を厭わず原文を全文紹介する。

【史料1】

浄照坊来歴

摂津国西成郡大坂浄照坊開基法円は河内国慈願寺第四代の住持也、文永年中河州渋川郡久宝寺村におゐて草創すといへとも、東本願寺教如僧正の慈志によりて、慶長年中敷地を同国若江郡八尾村に移す、その時節よりして東本願寺派となれり、むかしの慈願寺屋敷は久宝寺村の栄照寺屋敷是也、その所を今にいたりて慈願寺町といふなり、此慈願寺元祖は法善と号す、祖師聖人の御直弟にして弐拾餘輩同輩の法徒なり、慈願寺旧記に多田満仲の末孫仲光発心して法心房法善と号す、此法善慈願寺開基なりと見えたり、仲光は八條蔵人仲家か子にして、仲家は源三位頼政か養子なり、頼政ならひに養子仲家もろともに治承四年五月廿六日宇治にて自殺す、考るに治承四年は祖師聖人八歳の時なれは、仲家か子の仲光発心して祖師の御弟子となれりといふこと、時世も符合することを得たり、祖師の在世関東におゐて御弟子となり、帰洛の時分供奉して上京す、又本山往古の能化性応寺了尊より出たる祖師の御弟子たちを列名したる旧記に、関東散在の諸御弟子を書つらねて、第六常念房法善常州北の郡の人と（異本ニ成念房）見えたり、北の郡といふことつまひらかならすといへとも、末灯抄といふ祖師聖人の消息集にも北の郡にありし善乗房といふこと見え侍れは、北の郡といふ所常陸国におゐてさし定めたる所いにしへはありけるにや、さあるときは法善は法心房とも常念房ともいひたる関東にての御直弟なり、故に慈願寺開基法善（仲光入道）・二代法真・三代法祐・四代法円と慈願寺相続して此第四代の法円、年来蓮如上人（本山第八世）常随給仕の御直弟なるか故に摂津大坂生玉庄内本願寺御堂近辺に通寺をとりたて、河州久宝寺村と摂州大坂と両所兼帯すといへとも、後には大坂の通寺別に分れて一箇寺となれり、是則大坂浄照坊敷地の草創なり、よつて浄照坊開基は右慈願寺第四代の法円なり、蓮如上人の御弟子の中におゐて法円ことさら法儀堅固なるか故に、蓮如上人五十三歳文正弐年丁亥二月十六日、口伝抄を法円に授け給ふ、法円往生より十五年前也、口伝抄三帖ともにはしめ一枚蓮如上人御筆を染られ、その余はゆつりて法円にうつさしめたまひ、奥書外題御名判残らず御直筆を染られ、法円に授与したまふ、その奥書にいはく、

右此口伝抄三帖者当流之肝要秘蔵之書也、雖然河内国渋川郡久宝寺法円依所望、予初一丁之分染筆訖、外見旁可有斟酌者也而巳、

時也文正弐年二月十六日　　釈蓮如御判

此口伝抄といふは、本山第三世覚如上人撰述したまひたる聖教にて、当家の奥義をあらハし給ひたる秘書なり、板行の口伝抄にも右の奥書ありといへともその真本は当寺の法物なりといふことを世上に知ものなし、惣して当家の聖教往古は本山祖師御影堂におゐて伝授したまひ、相伝なくしては拝見することあたハす、故に顕如上人准如上人の時代まては本山影堂にて勤役の院室より口授せられける、御相伝の御聖教といふは御本書一部六巻（教行信証本末合而八冊）、御伝抄二巻、浄土文類聚鈔一巻、末灯鈔上下両冊、口伝抄三巻、歎異抄一巻、愚禿鈔二冊、此分御伝授ありける、六要抄十巻は不伝の事といひて、御相伝なかりしなり、よつて深志あるもの

は願にしたかひ、年月を経て御聖教一部〳〵御免ありし也、その礼式の筆記当寺にも今にいたりて所持す、いにしへよりして常楽台におゐて祖師の御伝記を相伝せらるゝも、その遺式と察せられ侍る、しかるときは蓮如上人御手つからミつから奥書までも染筆したまひ、法円に口伝抄を授与ましますこと、寔に比類もなき御恩愛なり、又法円影像は存世の時に画工にかゝしめたる左向の寿像也、没後その寿像に裏書を願ひたてまつり、蓮如上人御自筆にて文類正信偈の必至无上浄信暁といふ以下の四句を像上の讃文に染筆したまひ、また釈法円と法名をも表にあらハしたまひ、幅背には久宝寺法円真影、文明十三年辛丑十二月七日、大谷本願寺釈蓮如と御名判をあそハし、ならひに願主釈法光といふまて残らす御直筆を染られ、第二代法光にたまハる、文明十三年は蓮如上人六十七歳、此後十八年御存在にて、明応八年己未三月廿五日、八十五齢にして御遷化也、右当寺所持の画像と全くかハらさる法円影像、八尾村慈願寺にも有之、則彼御裏書に河内国慈願寺常住文明十三年十二月七日大谷本願寺釈蓮如御名判、願主釈法光と同年同月同日に蓮如上人御染筆被成被下たる也、是また当寺の影とおなしく左向の寿像なり、両地兼住の法円なるか故に両寺に対して影像両軸ともに御裏書を免許ありしなり、しかし慈願寺所持の影の讃は常の正信偈本願名号正定業といふ以下の四句を染筆せられける、外にまた法円に附属したまひたる蓮如上人御真筆の一枚起請文（法然聖人御作）ならひに平仮名四くたりもの、懸字一軸（執持抄の文）有之、是等の法物今にいたりて当寺に所持す、右浄照坊第二代法光は実如上人（本山第九世）御代の人にて、文亀四年甲子正月十六日往生、則影像御免ありて永正元（文亀改元）年甲子六月廿五日書之と実如上人四十六歳にて裏書残らす真筆を染られ、第三代栄春にたまハる、此自影も今にいたりて所持す、是また左向の寿像なり、法光までも角立して両寺とわかれたるほとにはあらすして、両地兼住にひとしかりしかとも、法光第一男法淳は慈願寺第六代の住持となり、第三男栄春は浄照坊第三代の住職となり、慈願寺第六代にあたりて兄弟両地にわかれ、摂河両寺各別となれり、此時分よりして当寺住職の法号は春の字を通り字とし、慈願寺住務の法名は始よりの法の字を通り字とす、此浄照坊第三代栄春は実如上人の御代、聖教書写御免の人なり、次に浄照坊第四代乗春是も実如上人の御代の人なり、その次第五代明春は実如上人（本山第九世）証如上人（本山第十世）顕如上人（本山第十一世）此三御代を経て存世す、実如上人の御代には本山の堂達にして、証如上人の御代には御堂衆一臈となりて、証如上人御遷化御葬所勤行の調声をもつとめし人なり、其時着用の切交の七條、今にいたりて当寺に所持す、老後眼力正しからさるか故に御伝抄細字を除き、延書の御本を奉願、則鱗形切箔の表紙まて御免被成ける、則その御伝抄は今にいたりて堺聞蔵寺に有之、右証如上人御葬送の時に、御遺骸に持せ奉りし御数珠御荼毘灰燼の中に焼残りけるを、御拾骨のとき御遺骨と同しく拾ひ納め帰りけるとなん、此御数珠のこと先達而顕如上人夢中の霊告を蒙らせたまひたるよし、反古裏書にも見えたり（反古裏書の作者如下）、先年御本山に於て宝物数多貴賤の撰ひなく拝見をゆるし給ふ、其時に披露ありし証如上人不焼の御数珠といふは、則右の御数珠のことなり、右浄照坊第五代明春はその時まのあたり御火葬の後、右の御数珠をも御拾骨の時節拝見し奉りし人なり、是又因縁浅からさるか故なる也、天文元年壬辰八月廿四日、山科の御坊炎焼退転已後、証如上人十七齢にして（実如上人遷化八年已後）大坂の御坊に移りたまひ、それよりして大坂の御堂御本山となれる時分の事なれは、右証如上人御葬送は大坂にてのことなり、其次顕如上人の御代祖師聖人三百年忌の前年に、御当家御門跡に勅許あられ、大僧正の極官にまて進ミ給ひたる時分までも、明春は存命して御本山出勤せられしなり、反古裏書（此書は実如上人の甥公法印権大僧都山田光闡坊顕誓法師の作にて本山旧記の仮名書なり、判板にも行ハれて世に流布す）に殊更慶寿院殿御心に入られ、実存・実従・実誓おなしく興正寺蓮秀・浄照坊明春等の芳情、今にわすれかたきものをや、別して蓮淳・実円の広恩、是また報し難しと見えたり、実存は本善寺開基にして実如上人弟公なり、実従は順興寺開基にて是も実如上人御真弟、実誓は慈敬寺開基にして、実存・実従の甥なり、蓮秀は仏光寺より当家に帰参ありし蓮教の次の住務なり、蓮教・蓮秀・証秀と相続し、証秀の次の代の顕尊公本願寺と一同に御門跡に准任あられたる、今の興正寺御門跡の御先祖なり、蓮淳は河州久宝寺顕証寺の開基、是また実如上人の弟公なり、実円は本宗寺開基、円如上人の御真弟なり、然れは右御連枝と一列に浄照坊明春を反古裏書に書つらねられたること、寔に明春の眉目なり、又今古独語といふ旧記に、永禄四年祖師聖人三百年忌の前年に本願寺を御門跡に任せられたる事、または三百年御忌の法事の始終御作法とも書たる所に、浄照坊明春と数箇所に見えたり、これらの説によれは、浄照坊といふ坊号はおよそ百八拾年はかりも已前より称し来れる坊号なり、右今古独語といふ旧記は故能化性応寺了尊家蔵の秘書にて、板行にはなし、先年前住寂如上人の御代今古独語といふ旧記所持するやと当住性応寺了吟に御尋ありしか故に高覧に備へ侍りしとなり、定て本山御文庫の旧記に、今古独語といふ名あらハれたるか故なるへし、また此第五代明春住務の時分、天文年中生玉の荘内御堂近辺に在し浄照坊敷地を鍋屋町に引移す、次に第六代覚春、此時代文禄四年鍋屋町の町内にて所替ありて寺地を引移す、その時の売券小出播磨守折紙今にいたりて所持す、又大坂冬乱の時節、覚春屋敷陣取免除の折紙有之、伊藤忠兵衛政重墨付也、右両通文言左のことし、

なへや町東かハ面六間口家之事、助左衛門入道方ら兵部方へ令沽却候由、意得候也、

(ママ)
文四年五月二日　　　　　　　　　小出播磨守
　　　　　　　　　　　　　　　　　印判　印内
　　　　　　　　　　　　　　　　　　　　宋賢

兵部

大坂鍋屋町之内、覚春之家陣取免除被成候間、誰成共御陣取有間敷候、為其如此候、恐々謹言、

十月十六日　　　　　　　　　　伊藤忠兵衛
　　　　　　　　　　　　　　　　政重判

猶々榊式太家中誰ニ而も御陣取被成間敷候、右之通ニ候、以上、

右小出播磨守といふは太閤秀吉に仕へて北政所醍醐の花見の時の輿添の惣領の武侍なるよし、太閤記にも見えたり、兵部といふは覚春の公名なり、当寺代々後住の公名兵部卿と呼来か故に、近代の後住までも兵部卿といへる公名を用るなり、伊藤忠兵衛といふは、榊原式部大輔家司にして、其時分討死したる人なり、猶々書に榊式太とあるは、榊原式部大輔といふ略称なり、拾余年已前まて北鍋屋町栴檀の木筋南西角、表口七間壱尺弐寸の当寺懸屋敷ありて、屋敷名前も浄照坊と号す、然処に右小出播磨守墨付には東側表六間口と見えたり、第五世明春代に天文年中鍋屋町に寺地を引移し、第六世覚春代に同町内東側表六間口の屋敷に寺地を引移し、其後また拾余年前迄所持の同町内西南角表七間余の屋敷に寺地を引移すといふこと、当寺耆老の伝説なれとも、町内にて両三度の所替心得難し、しかれとも伝説なれは改めかたくして、前段にもそのよしをしるすといへとも、両度の替地はさも有へし、三度の地替は会得しかたし、さあれは天文年中五代明春住職の時分、鍋屋町に寺を引移すといふは混乱の説なるへし、墨付に文四年と有之か故に文禄（文禄四年は七代教春弐十九齢）を天文と心得違たるにや、定て文禄四年始て鍋屋町東側表六間口の屋敷に寺地を引移し、其後七間壱尺弐寸の屋敷に引替たるなるへし、右六代覚春の弟海老名大進法橋六庵は本山の坊官にて顕如上人の時代信長妨難によりて上人籠居の前後、数度忠戦を抽て関ヶ原陣の時分、顕如上人の厳命によりて筑前中納言ならひに黒田官兵衛長正（政）入道如水にしたかひ、その齢七十余にて、関ヶ原にいたり討死したる事につゐて、委細の事をもありといへとも、今の所用にあらされは、略除してこゝにあらハさす、其次第七世教春（童名勘次郎）先代覚春甥にて右海老名法橋実子なり、此教春代に寛永八年辛未三月廿一日、教春六十四歳にして余間の列座免許を蒙る、同年八月九日坊官下間少進上使として内陣列座御免ありける、是までの寺屋敷は鍋屋町なりといへとも、境内ひろからすして徒衆法筵につらなりかたきことをいたみて、此教春住職の時代寛永拾四年本町五丁目南側

表口弐拾三間半裏行弐十間、淀屋箇(个)庵屋敷に寺地を引移す、則箇(个)庵譲証文今にいたりて所持す、次に第八世常春此代泉州境(堺)北御坊の前におゐて一寺を開基す、今の聞蔵寺是也、大坂堺両所兼帯すといへとも、実は次男覚玄堺の聞蔵寺を住持し相続す、始は境(堺)の寺をも浄照坊と号すといへとも、良如上人本山第十三代御代、同号にてまきらハしく思召につゐて、堺の浄照坊は大坂浄照坊よりわかれたる寺なれは、堺の浄照坊改号いたすへきよしの仰ありて聞蔵寺とあらたに寺号をたまはる、しかりといへとも法物の裏書は今にいたりて大坂浄照坊什物と有之也、則堺聞蔵寺安置の祖師聖人・太子七高祖の御影三幅ともに寛永十九年良如上人の御筆にて、願主常春と有之也、次に第九世永春、次に第十代先住円春、次に第十一代慈春、次に第十二代現住嶺春まて相続し来れる也、

弁議

開基法円大徳当寺草創、旧記右のことくなりといへとも、法円大徳往生文明十三年は蓮如尊師山科御坊建立の翌年なれは、いまた大坂には本願寺の御堂ハ無之時分なり、大坂御堂建立は蓮如上人山科の御堂御建立已後御隠居被成、明応第五の秋より大坂御堂御建立なり、此大坂御堂といふは今の大坂津村の御堂のことにはあらす。大坂御城大手のあたりにありし御堂なり、其ほとりに今にいたりて井戸あり、蓮如井戸といふ、是則御堂御敷地の井戸なりといひ伝へ侍る也、信長障難已後、顕如上人御立退被成たる御堂なり、然るときは文明十三年法円大徳の往生より大坂御堂御建立は十五年後の事なり、然処大坂御堂近辺に法円通寺建立といふこと年暦乖角するか故にいふかしく、委細校るに、法円絵像は寿像にして存命の時分書しめたる影像なり、故に法円存命の内に第二代法光御裏書を奉願、蓮如上人六十七歳にして文明十三年十二月七日御染筆被成たるなるへし、其後蓮如上人は十八年御存在、明応八年乙未三月廿五日八十五歳にて遷化したまふ、法円往生を文明十三年十二月七日と定めたるは御裏書の年月日を以て定めたるなるへし、察するに寿像を兼て画師に

かゝしめ御裏書を往生の年月にいたせよと法円遺言にてもありけるにや、外に法円往生の年月忌日の記録見え侍らす、然るときは文明十三年より明応第五年大坂御堂建立の時分まて十五六年いまた法円は存命せられたるなるへし、よつて存するに法円影の御裏書は山科の御坊にて御染筆被成被下たる御真筆なり、それより法円は拾五六年存命にて明応第五年大坂御堂御建立の時分久宝寺村より出津して大坂御堂近辺に一寺を草創せられたるなるへし、然れとも第二代法光は文亀四年甲子正月十六日往生と筆記ありて、御裏書は永正元年甲子(文亀四年改元)六月廿五日と有之を以て存すれは、法光影は寿像なれとも往生已後に御裏書を実如上人御染筆被成被下ける、是を以て推計ときは法円影像も往生已後蓮如上人御裏書御染筆なるへしといふ、不審もあるへけれと法円と法光とハ蓮如上人実如上人御恩恵に親疎のかハりあるへし、蓮如上人と法円とは御親ミの浅からさると、いかてか実如上人と法光と同日の談ならん哉、存命の内に寿像の御裏書御染筆御免許被成候事は御恩恵の疎からさるか故なれは也、

又愚按に

法円真影を慈願寺と浄照坊と両寺に対して両軸とも同年同月同日に御筆を染られ蓮如上人の真蹟末代まても両幅一対残るよりして存すれは、法円の久宝寺村より出津せられ大坂に住居して一寺開基せられたるは、蓮如上人いまた大坂に御堂御建立なされさる以前なるへし、しかれとも蓮如上人御堂建立まては法円住所は一寺開基といふほとの事にはあらさしりかとも、後に蓮如上人大坂御堂御建立被成、幸に法円住居其御堂近辺なれは、ますく門徒其法円住居を来訪するにしたかひ、後には一寺の洪基を聞きたるなるへし、故に旧記に摂州生玉庄内大坂御堂近辺に法円一寺を開基すとしるしつたへたるなる也、

又校に

口伝抄奥書に年号の文正弐年は則改元して応仁元年なり、当年享保十七年壬子まて弐百六十六年なり、此応

仁元年五月廿六日より天下大に騒動す、応仁の乱といふ是なり、具に応仁記のことし、奥書の日付二月十六日とあれは、応仁騒乱初て起りたるよりは百日はかり前に染筆被成たる蓮如上人の御真蹟なり、按するに祖師遷化十一年後文永九年御建立の本願寺知恩院の西、祇園の東、吉水の北にて白川のほとり、大谷ます〱繁昌にして蓮如上人御代にいたるまて相続あられしかとも、文明三年に山門の障難によつて本山炎焼し、大津近松に御真影を移したまひ、蓮如上人は北国畿内を経回したまひて、文明十二年山科に於て御影堂建立ありて、十年の退転を再興したまふ、其翌年文明十三年法円真影の御裏書を染筆被成被下たる也、よつて口伝抄御染筆の時世を校れは、御伝記の下巻の末に文永九年冬のころ本山西の麓鳥部野之北大谷の墳墓をあらためて、同しき麓よりなを西吉水の北のほとりに遺骨をほりわたして仏閣をたて影像を安すと仰せられたる、御本寺を山門の悪徒蜂起し一宇も残らす焼ほろほして退転したる四年前にあそハしたる御筆也、文正・応仁・同二年・文明元年おなしく弐年とつゝきて文明三年に御本山炎焼す、しかれは此口伝抄御染筆の年より第五年にあたりて本山回禄し、其後蓮如上人諸方経回まし〱て、大谷退転已後拾年を経て山科の御坊建立成就あらせ給ひける也、

又愚按に

慈願寺門葉河州其郡其村の老翁のかたりけるよしにて林氏談していはく、慈願寺第二代法真息男に仲太郎といふあり、三四歳の時分、父法真は往生す、此仲太郎後に剃除して法号法空といふ、その息を法恵といふ、法恵の息を法祐といふ、此法空・法恵の二代を慈願寺の家系に脱失す、彼老翁先祖は往古慈願寺家中を扶助し、公氏の諸般を支配したるものなるか故に其寺の所用の事を記したる一巻に見えたる趣、右のことし、慈願寺先代の住持にかたるといへとも、疑ひて領納せられすといへるよし、余に是をかたるといへとも、予もまた信用しかたくして年月を経ぬることひさし、しかるに祖師聖人の出誕、承安二年よりして法円影の御裏書文明十三年まては三百拾年也、祖師聖人と慈願寺開基法善とは同時代にて、又蓮如上人と浄照坊開基法円

慈願寺第四代ともまた同時代なり、然るときは本山の御代祖師聖人・如信上人・覚如上人・善如上人・綽如上人・巧如上人・存如上人・蓮如上人と八代を経たまひける、法善より法円まてはた丶四代なり、三百拾年の年数を四代の間に経過すること心得かたし、然時は右老翁の説もまた信用するに堪たる而已、

享保十七壬子歳五月二日書之

退隠浄照坊

慈春老人

栄筆

この「来歴」は、奥書にあるように、浄照坊第十一代慈春が享保十七年（一七三二）にまとめたもので、「弁議」を挟んで大きく二つの部分から成る。「弁議」より前の前半部はいわゆる寺伝に相当し、法円の出身寺である慈願寺の寺歴と、法円が蓮如の有力な「直弟」であったことが詳細に述べられるほか、第三代栄春の時に浄照坊が慈願寺と別寺になったこと、証如の代に御堂衆となったこと、寺地の移転など、十六世紀以降の動向についても詳しい。

それに対し、「弁議」以降の後半部では、法円の大坂進出の時期を考察するなど、慈春が前半の内容に抱いた疑問や、自分なりの解釈などが述べられている。

このことから、「来歴」は、単に寺伝を記すのみではなく、それに対して積極的に史料解釈と評価をおこない、自坊の歴史を明らかにしようとする意図からまとめられた意欲的な寺史と評価することができよう。

さて、この「来歴」の前半部の記述で、浄照坊の開創にかかわる内容をかいつまんでまとめると以下のようになる。

①浄照坊の初代は蓮如「常随」の「直弟」であった慈願寺（久宝寺所在）第四代の法円である。

②法円は慈願寺と大坂の「通寺」を兼帯したが、その「通寺」がのちに慈願寺から分離し、浄照坊となった。

なお、浄照坊は法円を初代と位置づけ、慈願寺からの分離は第三代栄春の時とする。

また、慈春は法円の「通寺」建立の時期について考察をおこない、「愚按」として次のような結論に達している。

③法円は明応五年(一四九六)の蓮如による「大坂御堂」建立以前に大坂を訪れたが、その段階では一寺開基にはいたらず、明応五年以後、門徒が来訪するようになり、のちに一寺となった。

①～③は、その内容からいずれも蓮如による坊舎建立以前の本願寺教団の動向として看過できない重要なものといえよう。

では、これらの伝承はどの程度事実を反映しているのだろうか。次節以下で検討しながら、浄照坊の動向を考えていきたい。

二　法円の大坂進出

ここではまず、法円という人物について検討することにしたいが、この点についてはすでに上場顕雄の詳細な研究がある[8]。上場は慈願寺・浄照坊に所蔵される蓮如の免物裏書等を検討し、法円が長禄二年(一四五八)に十字名号の修復裏書(慈願寺蔵)を、また文正二年(一四六七)には「口伝鈔」(浄照坊蔵)を蓮如から授与されていること、蓮如が吉崎を退去してまもなくの文明七年(一四七五)九月二十二日に「親鸞聖人絵伝」(慈願寺蔵)が蓮如から法円に与えられていることなどから、法円が蓮如の吉崎進出以前から河内地域の有力門弟であり、また文明七年以降も「摂河泉地方での頼るべき有力門弟」と蓮如から位置づけられていたことなどを指摘した。首肯できる指摘である。

上場はまた法円をリーダーとする門徒集団の社会的性格についても言及し、慈願寺のある久宝寺地域が舟運の泊であったことから、その「門徒集団は河川に関することを職業とし、経済的にも優れたもので構成されていたと考えることも可能である」と述べている。久宝寺の地理的条件から推測すれば、この指摘もやはり注目に値する。以上の上場の研究から、法円の人物像がかなり明らかになったといえよう。

一方、浄照坊と法円の関係については、後述のように、現在浄照坊に所蔵される法円画像は当初慈願寺に伝来していたと推測されること、法円以外の人物を開基と伝える異伝がないことなどからすれば、法円が慈願寺を本拠地としながらも大坂方面に教化に赴き、その活動が後々の浄照坊別立の前提になったことはまちがいなかろう。では、法円が大坂に進出したのはいつの頃だろうか。この点について上場は、浄照坊所蔵の法円画像の裏書が文明十三年(一四八一)であることから同年を下限とし、源は文明年間と述べるにとどまっている。もとよりその進出開始時期を特定することは困難といわざるをえないが、私見ではある程度進出の画期を絞ることができるのではないかと考えている。次の二つの史料に注目してみたい。

【史料2】親鸞聖人絵伝裏書(慈願寺蔵)

釈蓮如(花押)

文明七年乙未九月廿二日

河内国渋河郡橘嶋久宝寺

大谷本願寺親鸞聖人之縁起

慈願寺之常住物也

願主釈法円

【史料3】親鸞聖人画像裏書(慈願寺蔵)

釈蓮如（花押）

文明八年丙申十月廿六日

河内国渋河郡橘嶋

大谷本願寺親鸞聖人御影

（久）
□宝寺慈願寺常住

願主釈法光

【史料2】は上場氏も注目している文明七年の親鸞聖人絵伝の裏書である（慈願寺蔵）。それに対し、同じく慈願寺に所蔵される【史料3】の親鸞画像の裏書はこれまであまり注目されることはなかったように思われる。

この二つの裏書はわずか一年違いであるが、大きな相違点がみられる。それは、願主が【史料1】では法円であるのに対し、【史料2】では法光となっている点である。

通常こうしたケースであれば、文明七年（一四七五）九月二十二日から文明八年十月二十六日までの間に慈願寺住持が法円から法光に代替わりしたとみるのが一般的であろう。ここでの場合、代替わりの理由としては法円の死去、あるいは隠居が考えられるが、実際にはどうだったのだろうか。

そこで注目されるのが文明十三年十二月四日付の裏書をもつ慈願寺（八尾市）・浄照坊（大阪市）所蔵の二幅の法円画像である（後掲第1～2図）。両寺ともにこの裏書の年月日を法円の没年月日としているが、それに従えば法円は文明十三年まで生存したことになり、先の文明七年から八年の代替わりは隠居を指すことになるのである。

では、隠居後、法円はどこで、何をしていたのであろうか。私見では、この隠居を期に法円は大坂方面へ居を移し、そこでの教化活動に乗り出したのではないかと推測している。つまり、法円は形の上では慈願寺の寺務を法光に譲って隠居した形をとりながら、実際には大坂方面への進出を始めたという想定である。

この法円による大坂方面での教化活動の具体像を知る史料はほとんど確認できないが、そうしたなかで、現在、慈願寺・浄照坊にそれぞれ所蔵されている法円画像は重要な意味をもつ存在であると思われる。そこで、次にこの二幅の画像について制作時期や裏書の内容を検討し、法円やその後継者である法光の活動や当該期の浄照坊の実態について可能な限り情報を引き出してみたい。

三　二幅の法円画像

この二幅の法円画像についてはやはり上場が検討を加えているので、最初にその見解[9]を紹介しておきたい。上場はまず、蓮如が単身の門弟画像を同年月日に同じ願主に二点下付した例はこの法円の例が唯一であると指摘し、また両者とも賛文・像主銘・裏書のすべてが蓮如の筆によるものでまちがいないとする。そのうえで慈願寺と浄照坊の関係を検討し、浄照坊が当初、慈願寺の「通寺」であったことから、「両寺のために」法光が二つの法円画像の下付を願い出たと考えるのが妥当とする。

しかし、上場自身も指摘しているように、この二幅は法円の画像のみならず裏書の文言も大きく異なっている。そして、その理由について踏み込んで言及した研究は見当たらないのが現状である。しかしながら、私見ではこの違いこそが法円やその跡を継いだ法光の活動、さらには当該期の蓮如と大坂の関係を示唆する重要な手がかりになると思われる。そのため、次に画像本体・裏書について順次検討してみることにしたい。

（1）画像本体の検討

最初に法円画像の像様を中心に、画像本体の比較検討作業をおこなってみたい（第1・2図参照）。まずは第1図の慈願寺本である。慈願寺本において法円は高麗縁の上畳に右上で数珠を繰りながら坐している。この姿は蓮如裏書の門弟像としては通規のものといってよい(10)。また本図では法円が右向きに坐しているが、青木馨によれば画像の向きは主題別にほぼ決まっていると言い、裏書の付属する門弟画像の場合、右向きが基本であったと指摘されている(11)(第1表参照)。門弟画像は伝存例が少ないが、この慈願寺本については青木の指摘に則るものであり、おおむね通例の様式に則した作品といえよう。このような定型化した像様をもつグループは、本願寺と近い関係

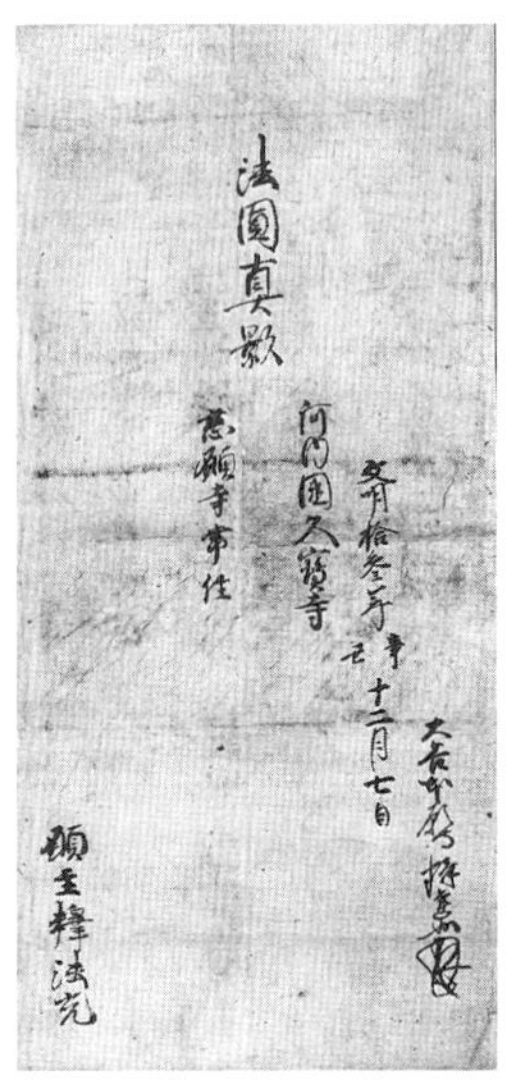

第１図　法円画像(慈願寺本)

第１表　蓮如門弟画像の向き

	像主	向き	裏書年月日	像高:賛高:像賛間	所蔵者
1	道祐	左向	文明八年□□	1:0.45:1.04	真宗寺
2	法円	左向	文明十三年十二月七日	1:0.37:0.39	浄照寺
3	法円	右向	文明十三年十二月七日	1:0.51:0.92	慈願寺
4	善忠	右向	明応三年十月二十九日	1:0.46:0.99	勝願寺
5	法淳	右向	明応七年四月二十六日	1:0.45:0.8	慈願寺

注：像高は像主そのものの高さ、賛高は賛文の天地の高さ、像賛間は像主の１番上から賛文の１番下までの長さを意味し、像高を１とした場合の比率を示した。なお、小数点以下３桁を四捨五入している。

第2図　法円画像(浄照坊本)

にあった特定の絵所で決められた粉本を用いて描かれた作品と推測される。

一方、第2図の浄照坊本であるが、慈願寺本とは好対照ともいえる作品である。上畳に坐して数珠を繰る姿という点は共通するものの、すでに指摘されているように、法円がやや前に乗り出すような姿勢で、躍動的に描かれている点(12)が注目されるほか、数珠を繰る右手人差し指などにも独特の描写がみられるなど、蓮如裏書の門弟画像のなかでは異色の作品といえよう。

しかも、あわせて注目すべきは法円が左向きとなっている点である。門弟像は右向きが基本であるとの指摘があることは先に紹介したが、現在のところ門弟画像で左向きのものは他に道祐画像が確認されるのみである(13)。門弟画像に限らず、本願寺関連の単身画像は右向きが多いことからも、左向きの作品はやはり異例の存在といえよう。したがって、浄照坊本は慈願寺本とは別の制作背景が想定される作品ということができるのではなかろうか。

では、この二幅の画像が描かれたのは何時のことか。まず慈願寺本であるが、画絹の観察によれば、一平方センチメートルのなかに縦糸は一八組、横糸は二〇〜二一本となっており、蓮如の在世期のものとして問題ない。また前述のように、像様が蓮如晩年の裏書をもつほかの門弟像のそれと共通している点も基本的な年代観を示している。一方、本画像の裏書については、文明十三年(一四八一)という年紀をもつものの、吉田一彦・脊古真哉の指摘によると、裏書の蓮如署判「大谷本願寺釈蓮如」は、文明十八年の春から蓮如が実如に宗主の地位を譲った延徳元年(一四八九)八月までのあいだに限定される表記であることから[14]、本画像の制作はむしろ文明十八年〜延徳元年(すなわち法円の没後)と考えるのが妥当ではないかと思われる(なお、現状では本紙人物部分には後世の補筆・補彩がみられる)。

では浄照坊本の制作時期は何時か。こちらも特定は困難といわざるをえないが、まず画絹から観察すれば、一平方センチメートルのなかに縦糸が二一組、横糸が三〇本となっている。この画絹構造は先の慈願寺本や同時期の蓮如下付の免物とは違うものであることから、像様の特徴と相俟ってますます浄照坊本の独自性が浮き彫りになるわけだが、この点からだけでは制作年代は明らかとはならない。

そこで検討してみたいのが、本紙上部に墨書された賛文の位置である。すなわち第2図をみてみると、賛文のすぐ上の位置に横方向の黒い筋のような線があるのに気づく。ここは本紙が傷んでいる部分である(本紙が折れた痕跡のようで、一部画絹が断裂している)。蓮如の賛文はこの部分の下に書かれているわけだが、その賛文の位置(法円の頭の直上から賛の一番下までの長さ)と賛文の天地の長さを、像主の総高さを一として、他の門弟画像と比較してみたのが第1表である。その結果、ほかの門弟画像同士では似通った数的関係がみられたのに対し、浄照坊本では賛文の天地が狭いこと、また人物と賛文の間が極端に狭いことが判明したのである。では、なぜこうした現象が生じたのであろうか。

その理由として考えられるのが先に指摘した傷み部分の存在である。賛文の位置が他例と大きく違うことからすれば、賛文がこの傷みを避けて書かれていることは明らかで、しかも画像の制作当初から傷みがあったとは考えにくいことから、蓮如が賛文を書いたのは、画像がいったん完成し、その後に何らかの理由で本紙が傷んだのちのことと考えるのが妥当だろう。つまり、画像本体の完成と賛文(像主銘も同様と推測される)の揮毫は時期がずれており、また賛文と裏書はともに蓮如筆であることから同時執筆の可能性が高いため、画像本体の制作時期は蓮如が裏書を付与した上限と推測される文明十八年(一四八六)よりさかのぼると考えてもよいと思われる。なおこれにかかわっては、法円が身にまとう墨袈裟が十五世紀中頃の形態を残しているという早島有毅の指摘も重要である。

そしてこの浄照坊本の制作時期に関しては、法円生前の寿像(すなわち文明十三年以前の制作)とする指摘が既述の「来歴」に存在していた。それは「弁議」部分の「法円画像は寿像にして存命の時分書、しめたる影像なり」というものである。「来歴」ではその根拠を示していないため慎重な判断が求められるが、先の検討結果とこの記述は矛盾するものではなく、むしろ浄照坊本は寿像である可能性が高いとみなすべきではなかろうか。よって、本章では浄照坊本を当初は画像本体のみ制作され、のちに蓮如が賛文・像主銘・裏書を追加するかたちで現状にいたったと考えておきたい。

以上、限られた史料から二幅の法円画像の制作年代について検討したが、その結果、慈願寺本については文明十八年以降の作であり、浄照坊本についてはは法円寿像にのちに裏書等を追加したと考えられることを述べた。

(2)　裏書の検討

次にそれぞれの裏書の検討をおこなう。まず釈文を掲げよう。

【史料4】法円画像裏書(慈願寺蔵)

大谷本願寺釈蓮如（花押）

文明拾三年辛丑十二月七日

河内国久宝寺

法円真影

慈願寺常住

願主釈法光

【史料5】法円画像裏書（浄照坊蔵）

大谷本願寺釈蓮如（花押）

文明十三年辛丑十二月七日

久宝寺法円真影

願主釈法光

まず裏書が書かれた時期であるが、前述のように、蓮如の署判からともに文明十八年（一四八六）〜延徳元年（一四八九）の間と推測される点をまず確認しておきたい。つまり、その時期に蓮如が二幅の法円画像に裏書を与えたわけだが、一目でわかるように二つの裏書には大きな相違点がある。

そのひとつは表題部分で、慈願寺本は単に「法円」と法名を記すのみであるが、浄照坊本では「久宝寺」が添えられている。さらにもうひとつの違いは所付の表記で、慈願寺本では通常の位置に「河内国」以下が記載されるのに対し、浄照坊本には所付自体がない。

このふたつの相違点を関連させつつ検討してみると、まず慈願寺本であるが、所付が一般的にその免物の安置場所を意味することからすれば、慈願寺本が当寺に安置されることを明確に予定して制作されたことがわかる。

まさに「慈願寺常住(物)」である。そしてこのことは表題が「法円」のみであり、ことさら在所名を書き添えていないことと対応していると考えられる。

一方の浄照坊本であるが、こちらには所付がない。蓮如下付の免物には所付を欠くものが数点存在し、その理由は必ずしも明らかではないが、この二幅の法円画像の場合は慈願寺本が法円の自坊であった慈願寺安置用として用意されたのに対し、所付を欠いた浄照坊本は安置場所には重きをおかない副本的な用途(たとえば法光個人の礼拝用など)を満たすためのものと考えられないだろうか。

そこで注目したいのが裏書の表題部分に「久宝寺」の文字がわざわざ添えられている点である。この「久宝寺」は法円の出自を明確にするものであることから、この浄照坊本は久宝寺を離れた場所で人々の目に触れる可能性のあったことを示唆していよう。そう考えると、浄照坊本は久宝寺以外、法光が行く先々での使用を想定したがゆえの表記ではなかったかと考えられるのである。そしてそれは実際には大坂方面だったのである。

ところで、「久宝寺」文言は法光自身の身分保証的機能ももったと考えられる。すなわち、蓮如裏書の法円画像は法円が蓮如の直弟であったことを明示し、さらにその画像の裏書を願い出た法光は、法円の後継者であり蓮如の直弟としての身分にあるということを端的に示す意味をもったのであった。文明八年(一四七六)頃から摂津方面への教化活動に乗り出していた法円の跡を継ぐ法光にとって、その身分保証は大坂近辺で教化をおこなう際に必要不可欠とされたのであろう。

このように、浄照坊本の裏書は法円とその後継者である法光がともに大坂進出を図ったことを物語っているのである。

（3）法円画像の伝来と機能

ここまで二幅の法円画像と裏書の成立時期および裏書の意味するところを考察した。ここでは、それらの検討結果から法円画像の伝来と機能についてさらに考えてみたい。

まず伝来であるが、なぜ制作時期の古い浄照坊本が慈願寺ではなく、浄照坊に伝来しているのかという問題がある。浄照坊本の成立が早く、さらに寿像である可能性が高いことを考えれば、浄照坊本は当初本寺であった慈願寺に伝来していたとみるのが自然であろう。ところが、先に指摘した像様の特徴から推測すると、浄照坊本は本願寺側でマニュアル通りに制作されたというよりは、慈願寺側で独自に制作させたものである可能性が高いと思われる。したがって、浄照坊本は法円の生前に善知識像として制作され、門末の教化に用いられたのではなかったかと推測されるのである（この段階では寿像であるので、像主銘はなくてもよい）。ところが、法円が文明十三年に没したのち、法円画像が年忌用としての機能をもたされるようになり[15]、慈願寺は新たに本願寺公認の定型化された画像の下付を願いでた。そして、それ以前から伝来していた浄照坊本（寿像）には蓮如の裏書を求め、それがともなったところで大坂へ移した。こうした想定ができるのではなかろうか。

では、法円あるいは法光の段階で浄照坊は寺院として安定した存在だったのだろうか。前述のように法円の段階で大坂進出は想定されるものの、法円が大坂で没したという記録は知られず、また法光についても、少なくとも文明十五年（一四八三）段階では自身で「慈願寺法光」と名乗っていることや[16]、浄照坊本裏書に所付がみられないことからすれば、浄照坊が寺院として独立した姿をみせだした時期はさらに下ると思われる。後述のように、法光が大坂近辺に居を構え教化の拠点としたのは十五世紀末のことと考えられるので、浄照坊の寺院としての実質的な開創はこの頃とみておく。少ない史料からの推測を多く含んでいることを認めたうえでの提起としたい。

四　河内から摂津・和泉へ――本願寺教線の展開と法円の大坂進出

前節まで二幅の法円画像について考察し、法円の大坂進出にかかわってこれらが制作されるにいたったことを述べてきた。では、法円の大坂進出は、摂河泉における本願寺教団の教線展開のなかで、どのように位置づけられるべきものなのだろうか。

蓮如以前、当地における真宗全般の動向として、淀川流域においては南北朝期に存覚の影響が浸透していたことから、仏光寺教団が本願寺教団に先んじて勢力を伸ばしていたことがすでに指摘されている[17]。また生駒山麓においても同様の状況がみられた模様である[18]。ではそうした状況のなかで本願寺教団はどのように勢力を拡大させ、また蓮如の大坂坊舎建立の条件は整えられていったのであろうか。以下の史料を検討してみたい[19]。

【史料6】免物裏書（西本願寺蔵）

享徳三年甲戌七月十一日　　大谷本願寺釈存如（花押）

河内国新開道光門徒同国蔵作

願主兵衛

【史料7】方便法身尊像裏書（願正寺蔵）

大谷本願寺釈実如（花押）

明応三年甲寅四月廿八日

横枕願正寺門徒

方便法身尊像

摂州西成郡
放出辻
願□(主)釈□□(誓道カ)

【史料6】は存如の裏書である。何の裏書であったかは不明である。この裏書では摂津にほど近い河内国蔵作(くらつくり)（大阪市平野区）に住む兵衛が願主となっているが、ここで注目したいのは、この兵衛が同国新開の道光門徒であったことである。新開（東大阪市中新開地区）は旧大和川の分流に挟まれた地域で、蔵作からは相当離れているが、享徳三年（一四五四）という段階で道光という存如の有力門弟が居住しており、その影響力が摂津近くまで及んでいたことがわかるのである。

【史料7】はやや時期が下るが、蓮如の大坂坊舎建立の直前である明応三年（一四九四）の「方便法身尊像」の裏書である。これによれば、西成郡放出辻(はなてん)所在の願主は横枕(よこまくら)願正寺の門徒であった。横枕とはやはり河内国の地名で、現在の東大阪市横枕地区にあたるが、大変興味深いのは、この横枕が【史料6】にみえる新開に近接した場所にある点である。

この新開地域と本願寺教団の関係については今後さらに検討を加える必要があるが、地理的に中河内(なかかわち)の平野部に位置する点（すなわち、仏光寺勢力の進出地とさほど重複しない）や、そこから摂津方面へ向けて教線が伸びている点が、慈願寺のある久宝寺の立地や法円の大坂進出の動きと共通しており、きわめて注目される。

さらにこの点に関連して興味深いのは、次の『真宗懐古鈔』所収の「堺之御坊御建立」である。[20]

【史料8】

然ルニ其ノ比河内之国若江郡八尾村ニ、吉益半笑ト云ヘル良医ノ有シガ、前々ヨリ薬種ヲ此樫木屋藤左衛門ニテ求ラレ、其ノ縁ニテ、道顕其外ノ人々アマタ療治セラレ、其ヨリ互ニ親シクセラレケルガ、此吉益半笑、近比道顕ニ物語セラル、ヤウハ、京都東山殿（蓮師ノコト）今度北国ヨリ御帰ナサレ、此頃ハ河内国出口村ノ御堂ニテ御化導遊シケル、扨々殊勝ナルコトナリ、何トゾ参詣シテ、蓮如上人ノ御勧化ヲ蒙給ヘトテ、上人ノ徳義、ヲヨビ自分ノ（吉益ノコト）法義ニ入シコト抔委語、懇ニ勧メラレケル処ニ、此樫木屋道顕モ菩提心強人ナレバ、大ヒニ悦、然ラバ御苦労ナガラ上人ヘ引合、然ルベク取計下サレヨト、頼ル、ニ付テ、文明八丙申年（上人六十二歳道顕五十九歳）四月十八日、樫木屋道顕・吉益半笑同道ニテ河州出口村ノ御坊ヘ参詣シ、上人ニ御対面申シテ、御教化ヲ蒙リケル処ニ、宿善開発ノ時節到来ノ所為ニヤ、上人ヲ殊勝ニ思ヒ、御勧化ヲ難有存ラレ、帰依ノ心深クナリシニ依テ（以下略）

これによれば、八尾の住人であった吉益半笑（よしますはんしょう）[21]が堺に真宗が伝わる仲介役を果したとする。この内容はほかの史料では検証できないものであるが、河内国の平野部である八尾を介して和泉へ本願寺の教線が伸びたとする点は、先に指摘した河内から摂津へという教線の浸透と同質のものとみてよかろう。河内国は摂河泉地域のなかでももっとも早く本願寺教団の勢力が浸透し、さらに周辺地域への教化の供給源であったことがうかがえるのである。

以上、十五世紀を通して河内国から摂津・和泉へと本願寺の教線が伸びるという大きな流れのあったことを確認した。したがって、法円・法光による大坂方面への教化活動自体はけっして特別な動きではなかったといえよう。

ただし、法円の場合で特筆すべきは、大坂進出が文明七～八年（一四七五～七六）という時期を画期としておこなわれたことである。文明七年といえば、蓮如が吉崎を退去し、出口へと居を移した年にあたるが、この移転後まもなく、蓮如は摂河泉和における教化の実態に関心を向けていた。

【史料9】「御文」

抑このごろ摂州河内大和和泉四ヶ国のあひだにをいて当流門徒中に、あるひは聖道禅僧のはてなんどいふ仁躰ども当流に帰するよしにて、をの〳〵本宗の字ぢから才学をもて当流の聖教を自見して、相伝なき法義を讃嘆し、あまさへ虚言をかまへ、当家の実義をくはしく存知したるよしをまふして、人をへつらひたらせるによりてなり、これ言語道断の次第なり、こゝろあらん人はこれをもて信用すべからず、又俗人あるひは入道等も、当流聖教自見の分をもては、せめてはわがかたの一門徒中ばかりをこそ勧化すべきに、結句仏光寺門徒中にかゝり、あまさへ改邪鈔を袖にいれて、まさに当流になき不思議の名言をつかひて、かの方を勧化せしむる條、不可説の次第なり、所詮向後にをいて、かくのごときの相伝なき不思議の勧化をいたさんともがらにをいては、当流門葉の一烈たるべからざるものなり、（中略）

文明八　七月廿七日

この「御文」[22]によれば、摂河泉和における「当流門徒中」に他宗からの流入が増加し、法儀に混乱が生じている様子がうかがえ、蓮如がそれを憂いていることがわかる。

こうした蓮如の現状分析と有力門弟法円の大坂進出が同時期であることは無関係であるとは考えられず、むしろ蓮如の意向により法円が慈願寺を退き、教化活動のために大坂方面を訪れたとみた方が自然ではなかろうか。

蓮如の信頼する有力門弟が蓮如に先んじて教化へ赴いた例はほかにもみられるものであり[23]、必ずしも珍しいことではない。ただ法円の場合は、蓮如にとっても画期となった畿内復帰の際に登用されたことからすれば、まさに蓮如の大きな期待と重責を担っての大坂進出であったといえる点で注目されよう。

その法円は、前述のように文明十三年に没した。その後継者の法光もある段階で完全に慈願寺を離れ（すなわち隠居）、大坂へ居を移した。それは次の史料からうかがえる。

【史料10】伝法光画像裏書（浄照坊蔵）

永正元年甲子六月廿五日書之

大谷本願寺釈実如（花押）

願主釈栄春

これは浄照坊に伝来する「伝法光画像」裏書である。(24) 法光画像は慈願寺には伝来しておらず、(25) またこの裏書で願主となっているのが浄照坊第三代栄春であることからすれば、大坂に移住したのち、大坂で没したものと推測できる。(26)

法光も蓮如の有力門弟であったことはよく知られており、(27) やはり法円同様、蓮如の指示を受けての大坂進出であったとみておきたい。

現段階ではこの法光の大坂移住が浄照坊の実質的な開創をもたらしたものと考えておきたい。源義春が指摘するように、法光画像裏書の願主栄春以後、浄照坊では法名に「春」を通字として使用することから、栄春の代より慈願寺と完全に別寺院になったとみる見解もあるが、法光が大坂で没していることからすると、実質的には法光の大坂移住をもって浄照坊の別立とみるべきであろう。

ところで、法円・法光とは別に、大坂における蓮如の有力門弟による活動をうかがわせる新出史料が、最近紹介された。(28)

【史料11】方便法身尊蔵裏書（本遇寺蔵）

大谷本願寺釈□(蓮)如（花押）

方便法身尊像

長享三年己酉二月廿五日

本遇寺門徒摂州西成郡中嶋内福嶋
願主釈道□（空カ）

これは近年注目を集めている河内国出口所在の本遇寺関連史料である。本遇寺は存如・蓮如に仕えた側近であったが[29]、その本遇寺の門徒が現大阪市福島区に存在したことがこの裏書から判明する。本遇寺門徒団の形成過程は不明であるが、蓮如の有力門弟である本遇寺の影響力が蓮如の大坂坊舎建立に先立ち、長享三年（一四八九）段階で大坂に及んでいることがわかる点で大変興味深い史料といえよう。

以上、法円・法光、あるいは本遇寺といった蓮如の有力門弟が、蓮如以前に直接的・間接的に大坂へ進出していたことが明らかとなった。こうした動きは、蓮如自身が大坂坊舎建立へ乗り出す前提となる「地ならし」の意味をもった点で、重要な意義があったものと思われる[30]。

おわりに

以上、浄照坊の動向を中心に蓮如の大坂進出の前提について考えてきた。有力門弟があらかじめ同地へ進出しており、それを踏まえたうえで蓮如の進出がありえたものと思われる。ただし、蓮如は大坂へ坊舎を建設するにあたって胸に秘めた思いがあった。その心境を伝える史料に次のものがある[31]。

【史料12】第八祖御物語空善聞書

明応五年正月廿三日ニ、富田殿ヨリ御上洛アリテ言ク、当年ヨリイヨ〳〵信心ナキ人ニハ御アヒアルマシキ、トカタク仰候キ、安心ノ通イヨ〳〵仰キカセラレテ、又誓願寺ニ能ヲサセラレケリ、二月十七日ニヤカテ富田殿へ御下向アリテ、三月廿七日ニ堺殿ヨリ御上洛ニテ、廿八日ニ言ク、自信教人信ノコヽロヲ仰セキカセラレンカタメニ、上下辛労ナレトモ、御出アルトコロハ信ヲトリヨロコフヨシマウスホトニ、ウレシサニ又

上リタリト仰候キ、

蓮如は山科と摂津・和泉方面の往復を「自信教人信ノコ、ロ」を指導するため、辛労ではあるがおこなうと述べている。つまり蓮如自身、大坂方面での教化の必要性を依然として強く感じていたわけで[32]、それゆえ信心の拠点として大坂坊舎を建立したと考えるべきであろう。

死期が近いことを悟った蓮如が、いったんは大坂で最期を迎えるつもりであったのは、大坂における教化の必要性を強く感じていたためと思われる。

（1）『講座蓮如』全六冊（平凡社、一九九六～八年）がその代表例である。

（2）大澤研一・仁木宏編『寺内町の研究』全三巻（法藏館、一九九八年）参照。

（3）吉田一彦・脊古真哉「本願寺順如裏書の方便法身尊像（一）・（二）・（三）」（『名古屋市立女子短期大学研究紀要』五六・五七集、『名古屋市立大学人文社会学部研究紀要』五）。同朋大学仏教文化研究所編『蓮如名号の研究』法藏館、一九九八年、など。

（4）浄土真宗本願寺派寺院。現大阪市天王寺区所在。寺蔵の寛文七年（一六六七）「由緒書上」では、「浄照坊」の坊号が免許されたのは天文十二年（一五四三）のこととするが、『私心記』天文二年七月二十八日条にはすでに「浄照」とみえる。なお、のちにふれるように、永正元年（一五〇四）の「伝法光画像裏書」には坊号が登場しないことから、坊号の免許はその間のことである可能性がある。本章では、坊号免許以前についても便宜上、浄照坊と呼ぶ。

（5）仁木宏「大坂石山寺内町の空間構造」（上横手雅敬監修『古代・中世の政治と文化』思文閣出版、一九九四年。のち註2『寺内町の研究』第二巻に再収）。大坂寺内に関する諸成果は『寺内町の研究』第二巻所収「参考文献」（吉井克信編）参照。

（6）源義春「浄照坊略誌（一）・（二）・（三）」（『大阪春秋』二・三・八号、一九七四・七五年）。以下、同氏の見解はすべてこれによる。

（7）浄照坊にはやはり慈春によって宝永四年（一七〇七）に記された「浄照坊由来」一冊も所蔵されているが、こちらには加筆等が多いことから草稿本かと推測される。内容的には「来歴」と「浄照坊来歴」はほとんど変わらないため、「来歴」が清書本的な位置にあるとみなし、本章では「来歴」を利用した。

（8）上場顕雄「蓮如の河内進出——慈願寺法円を中心に——」（『福間光超先生還暦記念　真宗論叢』永田文昌堂、一九九三年。のち同『近世真宗教団と都市寺院』法藏館、一九九九年に再録）。以下、法円に関する同氏の見解はすべてこれによる。

（9）註（8）に同じ。なお、このテーマをとりあげた同氏の論考には「二つの「法円画像」」（『蓮如上人研究会会誌』五号、一九九一年）もあるが、ここでは註（8）論文によった。

（10）同様の例としては善忠画像（勝願寺蔵）、法淳画像（慈願寺蔵）がある。前者は『真宗重宝聚英　第九巻』（同朋舎、一九八八年）、後者は大阪市立博物館編『大阪の町と本願寺』（毎日新聞社、一九九六年）にそれぞれ図版が収録されている。

（11）青木馨「本尊・影像論」（『講座蓮如　第二巻』平凡社、一九九七年）。

（12）早島有毅「本願寺歴代絵像解説」（註10『真宗重宝聚英　第九巻』）。以下、同氏の法円画像に関する見解はすべてこれによる。

（13）註（10）『真宗重宝聚英　第九巻』に図版収録。

（14）註（3）吉田一彦・脊古真哉「本願寺順如裏書の方便法身尊像（三）」。なお、両氏は両裏書とも「蓮如の筆跡とは判断することができない」としているが、断定は保留しており、本章では従来通り蓮如筆として取り扱う。

（15）画像が親の葬祭や法要執行の際、シンボル的存在であったことについては、金龍静「戦国期本願寺教団の法物考」（『福間光超先生還暦記念　真宗論叢』永田文昌堂、一九九三年）参照。この点に関連して、法円画像が文明十八年～延徳元年に制作、あるいは裏書を付与された理由をあえて考えれば、法円七回忌が契機となった可能性があろう。

（16）「秋田県大館市浄応寺蔵方便法身尊像」裏書（木村壽・上場顕雄「摂河泉における真宗教団の展開——蓮如の時期を中心に——」〈『講座蓮如　第六巻』、平凡社、一九九八年〉）。

（17）註（16）木村・上場論文。

（18）日野照正「解説」（『河内国諸記　上』同朋舎、一九九〇年）。なお、註（16）木村・上場論文も参照。

(19)【史料6・7】とも註(10)『大阪の町と本願寺』に図版収録。

(20)「真宗懐古鈔」(『新編真宗全書』史伝編七、思文閣、一九七六年)。

(21)吉益氏については十六世紀前半、河内守護畠山氏の渋川郡代官を務めた吉益甚介匡弼の存在が知られている(小谷利明「戦国期の河内における国郡支配について」〈『八尾市立歴史民俗資料館研究紀要』創刊号、一九八九年〉)。吉益半笑の実像は明らかでないが、【史料8】は本願寺教団と在地勢力の関係を考えるうえで興味深い史料である。

(22)「御文」(稲葉昌丸編『蓮如上人遺文』八九号、法藏館、一九八三年)。同八六号も参照のこと。

(23)武内善信「紀伊真宗の開教と展開――蓮如期を中心に」(『講座蓮如　第五巻』平凡社、一九九七年)で指摘されている浄光寺了真の紀伊教化がそれにあたる。

(24)註(7)「浄照坊由来」によれば、もともとこの裏書には「法光真影」との記載があったという。とくに疑念も感じられないので信頼して話を進めたい。

(25)元文二年九月付「慈願寺由緒書之覚」(慈願寺蔵)には法円・法光・法淳の「三代共自影御免被下、御真筆を以御讃銘御裏書迄被遊下し賜はり候」とあるが、法円画像の賛文・裏書、および法光の長男である法淳画像の賛文・裏書は引用・紹介されているものの、法光のそれについては一切引用がない。したがって法光画像の慈願寺における伝来状況については今後の検討課題である。

(26)法光の没年月日は「来歴」によれば文亀四年(一五〇四)正月十六日である。なお、慈願寺に所蔵されている法光の長男である法淳の画像裏書は明応七年(一四九八)四月二十六日付となっていることから、遅くともこの時までに法淳は慈願寺歴代となったうえで死亡しているとみてよい。したがって、法光はこれ以前に法淳へ寺務を譲り隠居したうえで大坂方面へ移住したものとみられる。

(27)法光は延徳年間においても、蓮如が夢で見た法然の衣の色を確認するため、蓮如の指示を受け知恩院を訪れている(「第八祖御物語空善聞書」〈『真宗史料集成』第二巻、同朋舎、一九八三年〉)。

(28)鈴木慎一「新発見の蓮如関係史料」(『大阪の歴史と文化財』創刊号、大阪市教育委員会、一九九八年)。ただし、裏書は復元されたもの。

(29)金龍静「三御坊」(『蓮如上人の風景』本願寺出版社、一九九三年)。

（30）　以上から、摂津・河内の本願寺勢力は密接なかかわりをもっていた様子がうかがえたと思うが、浄照坊に関しては自坊の歴史を背景に十七世紀初頭までに独自の門徒・与力を摂津・河内に形成するにいたっていたことが、次の史料からわかる（浄照坊蔵。大坂・天満覚春門徒中・同与力中宛ての同文文書もあり）。

態令申候、覚春跡目教春相続之義候、早各被其意、覚春ニ不相替入魂候而上儀之御事者不及申、万々可有馳走事肝要候、恐々謹言、

刑部卿法印
頼廉（花押）

五月十三日

河内・摂州
覚春門徒中
同与力中

これは覚春の没後、その跡目を継ぐことになった教春に対し、覚春の門徒・与力が馳走するよう求めている。覚春は文禄四年（一五九五）の没と伝えることからその直後の文書と推測される。以上のような摂津・河内門徒の動向を前提にすると、やや時代がさかのぼるが、永正三年（一五〇六）の細川政元による誉田城攻めの動員を摂津・河内門徒がともに拒否し、蓮能尼親子が居住する大坂坊舎を護持した理由の一端が理解できるように思われる。なお、参考までに近世段階での慈願寺・浄照坊の末寺とその所在地を掲げておく（【第2・3表】）。一部で重複しながらも互いに補完しあっているように感じられる分布である。

（31）　註（27）「第八祖御物語空善聞書」。

（32）　大坂坊舎建立時の大坂の景観を伝えるものとして『拾塵記』の「虎狼ノスミカ」という表現がある。これには続けて「家ノ一モナク畠ハカリナリシ所」という文言もあるが、【史料12】の蓮如の発言を考えると、これらの表現は大坂における教化がいまだ不十分であるという意味の比喩ととらえることもできると思われる。後考を俟ちたい。

第2表　慈願寺末寺

	寺号	所在地	備考
1	長源寺	摂津国西成郡勝間村	
2	願光寺	東成郡馬場村	東西立合
3	(惣道場)	東成郡上辻村惣道場	東西立合
4	良念寺	河内国丹北郡松原村新堂	
5	福応寺	丹北郡松原村上田	
6	安養寺	丹北郡阿保村惣道場	
7	不退寺	丹北郡小川村惣道場	
8	長因寺	丹北郡小川村惣道場	
9	妙心寺	丹北郡大塚村惣道場	
10	称念寺	八上郡河合村	
11	南渓寺	丹南郡藤井寺村惣道場	
12	光乗寺	丹南郡南岡村惣道場	東西立合
13	善徳寺	丹南郡北岡村惣道場	東西立合
14	(惣道場)	丹南郡岡村新町惣道場	東西立合
15	西勝寺	渋川郡渋川村惣道場	
16	西法寺	渋川郡太子堂村惣道場	
17	法光寺	石川郡白木村惣道場	東西立合
18	(惣道場)	石川郡白木村長坂惣道場	
19	光明寺	石川郡下河内村惣道場	
20	光現寺	石川郡山田村惣道場	
21	信曉寺	若江郡成法寺村惣道場	
22	専徳寺	若江郡寺内村	
23	極楽寺	茨田郡南寺方村惣道場	本泉寺･定専坊との立合
24	(惣道場)	茨田郡南寺方村惣道場	本泉寺との立合
25	碧陽寺	大和国葛下郡王寺村懸所	
26	教願寺	葛下郡王寺村張井惣道場	教行寺との立合
27	真善寺	葛下郡穴虫村	
28	安遊寺	葛下郡穴虫村惣道場	
29	浄願寺	平群郡立野村今井惣道場	
30	(惣道場)	平群郡立野村山上惣道場	

注：安政六年「末寺寺号帳」慈願寺蔵。

第3表　浄照坊末寺

	寺号	所在地	備考
1	心宗寺	摂津国東成郡善源寺村惣道場	
2	光照寺	東成郡東今里村惣道場	
3	光蓮寺	東成郡小橋村惣道場	京都光永寺との立合
4	安楽寺	東成郡東小橋村惣道場	京都光永寺との立合
5	明覚寺	河内国茨田郡諸口村	
6	長教寺	茨田郡七番村	
7	極楽寺	交野郡野田村	京都東坊との立合
8	安養寺	渋川郡蛇草村	
9	西照寺	若江郡東弓削村	
10	真曉寺	高安郡大久保村	

注：寛政四年「摂津国末寺帳」本願寺史料研究所保管西本願寺文書。

第三章　大坂寺内の空間構造——古地形と町の観点から

はじめに

一九八〇年代後半から九〇年代にかけて、大坂本願寺寺内町（以下、大坂寺内）の研究は空間構造を中心にそれまでにない活況を呈した。その皮切りは建築史学の伊藤毅[1]であり、続けてその研究を批判的に継承した文献史学の仁木宏が二本の論文を発表し[2]、さらに文献史学の藤田実[3]、歴史地理学の天野太郎[4]が続いた。

それらでは史料解釈や方法論をめぐって議論がおこなわれるとともに、それぞれの寺内復元案が提示された（伊藤復元図〈第1図〉、仁木復元図〈一九三頁〉、藤田復元図〈第2図〉、天野復元図〈第3図〉）。これらの議論はいったん金井年により整理・総括がなされ、復元案については仁木案の蓋然性が高いとの評価がくだされたが[5]、その後も仁木による藤田・天野に対する批判[6]、藤田による反

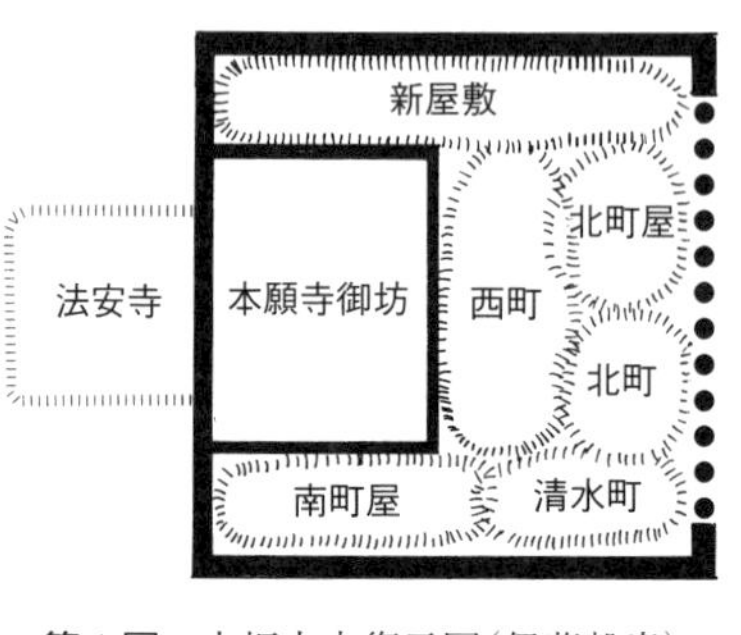

第1図　大坂寺内復元図（伊藤毅案）

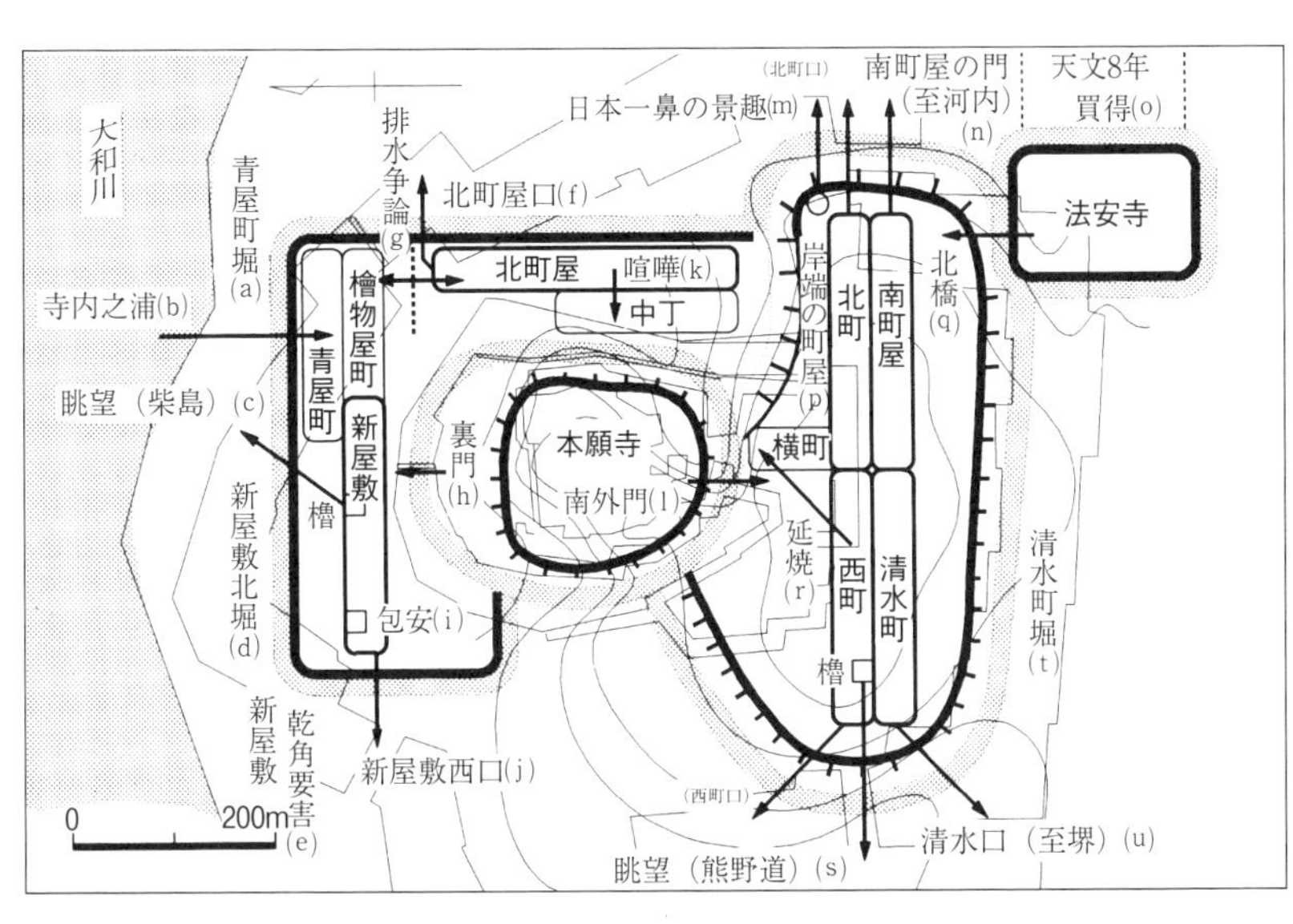

第2図　図　大坂寺内復元図（藤田実案）

批判[7]、そして仁木による再批判[8]がおこなわれてきたところである。

大坂本願寺は中世を代表する宗教権力のひとつであり、その寺内は早くから都市史研究のなかで大きな注目を集めてきた[9]。しかし、その遺構はほぼまちがいなく現在の大阪城の地下に眠っており[10]、それゆえに遺構が発掘調査される可能性はきわめて低い。そのため都市研究の有力な方法のひとつである考古学的検討が大坂寺内においては力を発揮することができないのである。

しかし、だからといって、大坂寺内が十六世紀を代表する社会勢力であった本願寺の膝下寺内として、真宗寺内町の研究はもちろん、中世都市研究全般においても重要な存在であることにかわりはない。そのため、大坂寺内研究の主要な方法のひとつである『天文日記』『私心記』を中心とした文献史料の読み込みを継続しつつ、仁木が当初より重視した地域のなかで大坂寺内の位置づけを考える視角や、当該地の古地形に目を向けるという藤田の試みをさらに深めていく必要が

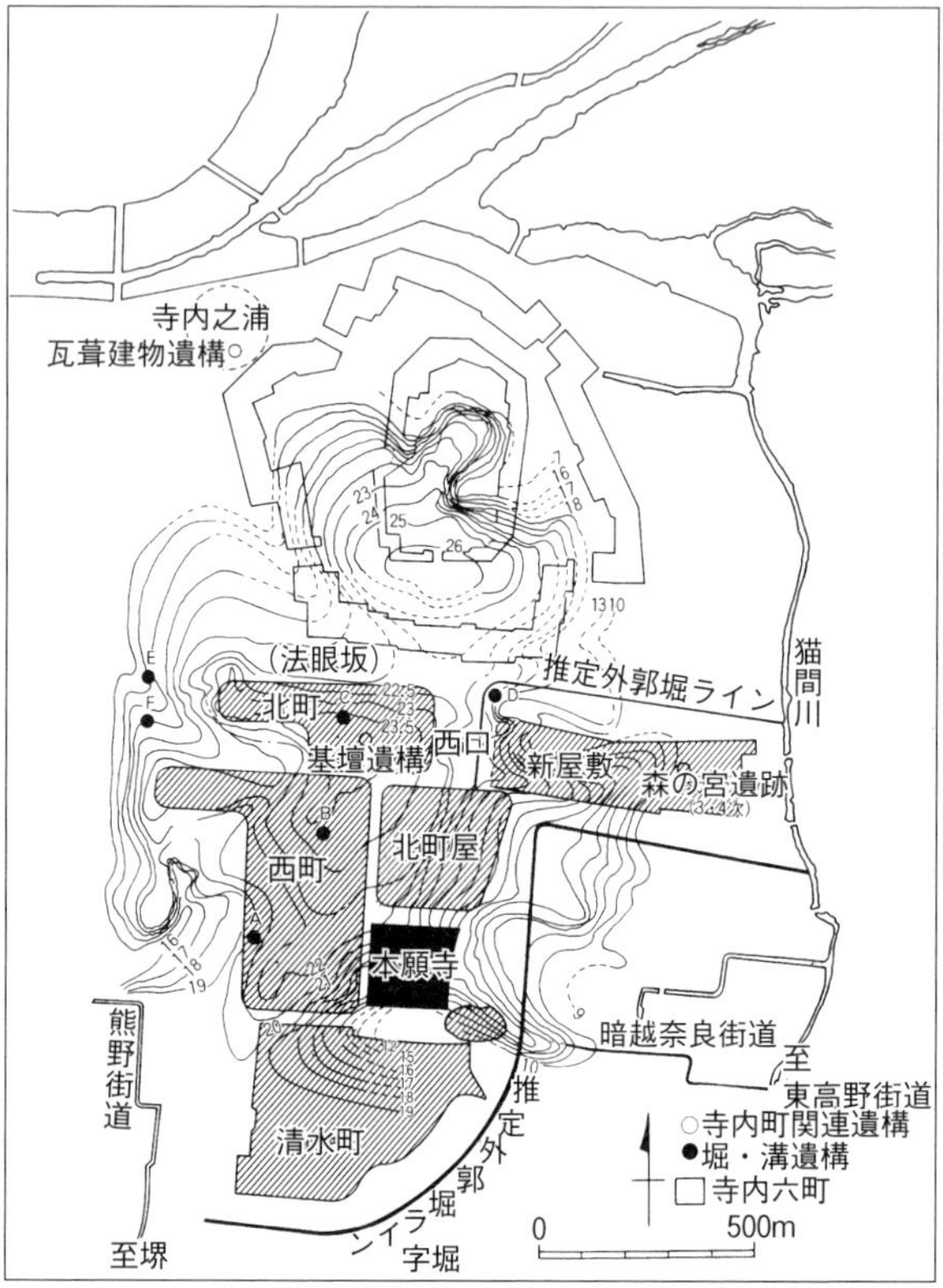

第３図　大坂寺内復元図（天野太郎案）

あると考えている。

そこで先の四氏の議論の推移を簡単に振り返ってみると、伊藤・天野の両氏については仁木より批判を受けたのち特段反論を表しておらず、その後の議論は仁木・藤田の両氏のあいだに限定されたものとなった。その過程で藤田も大坂寺内と周辺地域とのかかわりについて検討をはじめたことから議論が深まる方向に進む部分もあったが、一方で解釈の幅のある史料について微細な議論が繰り返されたところもあり、議論が硬直化してしまった感が拭えない。さらに不幸にして当事者の一人である藤田が亡くなったため、その論争も終焉を迎えることとなってしまい、その後大坂寺内の空間復元をめぐる議論は低調となり、今日にいたっている状況である。

ただし、仁木はその後も中世都市における寺内町の先進性や近世への展開の可能性には大きな評価を与えており[11]、中近世移行期の大坂研究においても、豊臣大坂城下町に先行した都市として大坂寺内はけっして看過できる存在ではない（本書第三部第一章）。そうした認識に立つと、今後の都市史研究、あるいは大坂寺内の研究の深化のため、このあたりでこれまでの大坂寺内の空間復元に関する議論（とくに仁木・藤田両氏の議論）を総括しておくことは意味のないことではなかろう。

そこで本章ではこの間の議論を整理し、最初に空間復元の到達点を確認したうえで議論になっていた点について私見を述べ、最後にそれらを踏まえた空間構造の復元案を提起してみたい。

なおその際留意したい点がふたつある。ひとつは当該地の古地形・古環境であり、もうひとつは寺内を構成する町のありかたである。

先に後者についてであるが、すでに指摘されているように大坂寺内は六町（親町）から構成されているが、それらには成立時期の段階差がある。またその社会集団としての性格については、職人集団を母体としつつ、その一方で宗教講との関係も無視することのできない多面的な性格をもつと指摘されている[12]。

寺内空間はこのように成立の経緯や多様な属性をもつ町が母体となり、徐々に形成されていったものなのである。したがって、空間構造を考えるうえではそうした町のありかたや動態に十分な注意を払う必要があると考える。

前者の古地形については、現在、寺内空間の復元作業をおこなうにあたっては必ず参照しなければならない段階に来ていると考えている。もちろんその作業のためには信頼に足る古地形復元図が得られることが条件となる。

第４図　上町台地復元古地理図（中世後期）

この間、伊藤・仁木は空間配置を実際の地図上に示すことはおこなわず概念図にとどめたが、その背景には古地形研究の水準に対する慎重な考え方があった[13]。一方、藤田・天野は論文執筆の段階で公表されていた古地形復元図や明治期の地図を積極的に利用し、町の位置をそれらに具体的に重ねようとした[14]。

一般に古地形復元についてはは信頼できるデータをいかに多く集めるかがその成否を左右するといえるだろう。その点で大坂本願寺が立地した上町台地ではこれまで長年にわたって膨大な件数の発掘調査が実施され、古地形にかかわる貴重なデータが多数蓄積されてきた。近年刊行された『大阪上町台地の総合的研究[15]』はそれらを集大成し、上町台地の古地形・古環境の復元に取り組んだ一大成果である。そのなかには大坂本願寺の時代である中世後期の図（「古地理図４」）が含まれ、現大阪城周辺の旧地形の等高線や河川流路などの復元が試みられるなど、有意義な情報が多く含まれている[16]。本章ではこの最新の成果を重視し、寺内比定のベース図として使用することにしたい（第４図）。

一方、これも近年のことであるが、現在の大阪城内（本丸）の発掘調査で確認された本願寺期の土師器皿と焼土・焼壁片を含む盛土層について佐藤隆による再評価がおこなわれた。そのなかで佐藤は、大阪城本丸南半分の一帯に大坂本願寺と時期を同じくする建造物があり、それが火災に遭っていたことを指摘したのである[17]。そして、かつて近接地で出土した本願寺期の瓦に対する再評価も促し、この付近に瓦を使用した建造物が存在した可能性を示唆したのであった。建造物の性格は明らかではないが、その位置から考えるに大坂寺内関連の建物であった可能性は充分あろう。こうした情報も空間復元をおこなう際には貴重な参考情報となるものである。

このように、二〇〇〇年代にはいって古地形・古環境復元に関する研究は精度を高め、わずかではあるが本願寺期の遺物に関する知見も増した。大坂寺内の空間構造研究は、従来の研究到達点の上に立ちながらこれら近年の成果を受けて、新たな歩みを始めるべき段階にいたっているものと考えている。

以上のような認識から、この間、大坂寺内の研究をリードした仁木・藤田の二氏の議論を中心に寺内復元の到達点をまず確認し、そのうえでの議論が決しなかった点について検討を加え、それらを踏まえて大坂寺内の空間構造の復元を試みたいと思う。

一　先行研究の到達点

伊藤毅にはじまった空間構造の議論は多岐にわたり、その詳細を紹介する余裕はない。そのためこの間の議論を私見によって整理し、異論がほぼみられない点およびおおよそ議論が決したと考えられる点を現段階での到達点として確認するところからはじめたい(これまでの議論を集約して提示するので、出典は主要なものに限った)。

(1)　大坂寺内の所在地と規模

まずは大坂寺内の所在地と規模である。この件については、かつて山根徳太郎が大阪城南側の法円坂地区一帯を比定地とするいわゆる〝法円坂説〟を唱え[18]、近年では天野太郎がそれを支持し自説を展開した。しかし、大坂寺内の比定地にかかわってはルイス・フロイスの次の報告（一五八五年）があり、天正十一年（一五八三）に建設が開始された豊臣秀吉の大坂城が「旧城」の壁および堀のなかに築かれたと述べられている。

【史料1】「ルイス・フロイス報告」一五八五年十月一日付

筑前殿は先づ同所（大坂）に甚だ宏大な城を築き、其中央に甚だ高い塔を建て、堀・壁及び堡塁を設けた。

（中略）右は悉旧城の壁及び堀の中に築かれたが（以下略）[19]

天正八年（一五八〇）、いわゆる〝石山合戦〟が終結し本願寺が退去した跡には津田信澄が在城し、天正十年六月の本能寺の変直後には当地で津田と織田信孝・丹羽長秀の間で戦いがおこなわれた[20]。その間、当地で大規模な普請があったことを示す史料は確認できないことから、【史料1】にみえる豊臣大坂城に先行する「旧城」とは大坂寺内以外には考えられない。また前述したように、考古学的見地からも大坂寺内が現在の大阪城公園から外れたエリアに存在したとは想定しづらい。〝法円坂説〟については仁木[21]および金井年によっても明快に否定されているところであり、少なくとも大坂寺内の中心部を現在の大阪城外とみなす説は成り立たないと思われる。

では、大阪城内とみた場合のその実際の範囲はどの程度だったのだろうか。【史料1】では「旧城」とあったが、それ以上に具体的に示されていたわけではない。そこで参考となる史料を掲げてみると、「方八町に相構」（『信長公記』巻一三）、あるいは天満（中島）寺内に関する史料のなかに「七町ト五町也、元ノ大坂寺内ヨリ事外広シ」（『貝塚御座所日記』天正十三年五月四日条。以下史料の年月日は、天正十三・五・四のように表記）という二つのよく知られた表記がある。これらの史料に着目した伊藤毅はさらに『津村別院誌[22]』所引の古記録（「石山の土地九万八千三百四十坪を蓮如上人に寄付」）を援用し、大坂寺内の範囲をおおよそ方五町程度、すなわち現大阪城二ノ丸（＝徳川時代≒豊臣時代の二ノ丸）に相当すると推定したのであった。

この推定は大方の賛同を得られており、基本的に承認できると考える。ただし、後述のように大坂寺内は蓮如段階を母体とし、その後町が増加し寺内の範囲が拡大していったと推測される。そう考えると、仮に蓮如が寄進を受けた土地が大阪城二ノ丸相当だったとすれば、天正八年（一五八〇）の最終段階の大坂寺内はさらに広い面積に及んでいた可能性があるのである。

その最終段階での範囲を考えるうえで手がかりとなるのが、前述の『貝塚御座所日記』にみられる「七町ト五町也、元ノ大坂寺内ヨリ事外広シ」という記述である。これは天満（中島）寺内を建設する直前の記事なので、その比較対象となっている大坂寺内はその最終段階の規模であったはずである。

そこで問題となるのがこの「七町ト五町」の解釈ということになるわけだが、伊藤毅はこれらの数値が実寸を指すのではなく、南北に五つ、東西に七つという街区数を意味すると理解した。しかし、天満（中島）が平地の広がる立地条件であったのに対し、大坂寺内が存在した上町台地の北端部は地形の起伏が激しく、そこに整然とした面的街区が成立していたとは考えにくい。したがって、この史料を街区数での比較と理解するのは難しいと考える[23]。

そうなるとこの数字は実寸と理解したほうが妥当なので、「事外広シ」という表現の程度はよくわからないものの、文字どおり大坂寺内の規模はおおよそ七町（七六三メートル）×五町（五四五メートル）に収まる広さだったと推測することができよう。

なお、大坂寺内に先行する山科寺内では、いわゆる「御本寺」を含む「内寺内」の規模が南北約七五〇メートル、東西約五〇〇メートルある。山科寺内の場合、町場の位置を「外寺内」とみるのか、他所とみるのかによってその最大規模が違ってくるが、「内寺内」までで大坂寺内の面積に匹敵する規模だった可能性がある点は注目されよう。

（2）町の構成

大坂寺内は六町から構成される。六町とは、北町、北町屋、南町（あるいは南町屋）、西町、清水町、新屋敷である。これらは親町であり、ほかに四町の枝町が知られる。横町（『私心記』天文十一・七・二十三）、中丁（『同』天文四・五・二十六）、檜物屋町（『同』天文五・四・二十一）、青屋町（『天文日記』天文五・十二・二十八、『私心記』天文十・九・二十五）である。[24]このうち檜物屋町と青屋町は新屋敷の枝町、横町と中丁は北町の枝町と考えられる。

親町の六町については段階的に成立したと考えられており、方位を冠する町がそのシンプルな名称から当初より存在したとみる点で大方の一致をみているものの、どの町を当初からの町（以下、古町）とみなすかについては見解が分かれている。仁木は北町・南町（あるいは南町屋）・西町を古町とみなし、[25]藤田は北町・西町のみを古町と考えている。[26]ただし藤田は南町を除外した理由を示していない。

一方、北町屋については伊藤が指摘するように北町から分化した可能性が高く、新屋敷はその呼称から推測するに他町に遅れて誕生した町であること、清水町も同様に考えられることについては異論がみられない。なお、北町と本町とそれからの分化という関係が成立するのであれば、南町・南町屋も同様の関係であった可能性が残されているという藤田の指摘がある。[27]ただし、北町・北町屋は史料上併記される事例が知られているが、南町・南町屋はそうした事例が確認できない。そのためここでは南町・南町屋については同町異称とみなし、古町については北町、西町、南町の三町と考えておきたい。

なお、「六町」表現は天文五年（一五三六）の「今日之斎如毎年、六町よりつとめ候」（『天文日記』天文五・三・二十五）が初見なので、古町段階とは大坂本願寺の成立以前を想定することになろう。

（3）　方位町名の考え方

今述べたように大坂寺内には北・南・西の方位を冠する町名が存在する。各地の寺内においても同様に方位町名がみられることから、その方位の意味について検討した金井年は、それを寺院からの相対的方位を示すとした。しかし大和今井（現奈良県橿原市今井町）のように寺院が寺内の南端にありその北側に東西南北の四町が存在する事例もあるので、町同士の相対的な位置を示すものや寺院との位置関係を示すものがあると、少し幅をもたせて考えるべきだろう。

なお、大坂寺内の北・南・西の三町は前述のように古町と想定されることから、おそらくは明応五年（一四九六）蓮如建立の大坂坊舎に付属した町場を継承したものと推測されよう。そして、それらは後述のように本願寺を中心とした方位を意味するものと解釈できるのである。

（4）　個別町の位置

六町の位置関係を明らかにすることは復元案に直結する課題であるが、次の三町の寺内における比定位置（相対的位置）については、先行研究で大きな差異はみられない（ただしその広がりについては相違がある）。

南町（南町屋）

南町（南町屋）については、【史料2】にあるように河内方面の門徒が出入りする門があるので、寺内の南に比定される。河内方面とのかかわりが深いことから、この町には寺内の南東部が含まれていた蓋然性が高い[28]。

【史料2】『天文日記』天文五・七・十三

従南町屋中事にハ、盆にハ従河内、夜此方へ各到来候間、門をあけて入候ハんか、又如何と申候間、用心之折節候間、門をうち入候まじく候よし申候、自余の口々も前ニ申候、なお、次の【史料3】も注目される。

【史料3】『天文日記』天文五・五・六

願証寺葬送卯尅也(中略)町蠟燭之儀ハ卅六丁立候(中略)自念仏在之、町ろうそくのたちたるところよりはじまり(中略)願証寺輿□のりて御堂の前被通候、御堂の門の内へハ不入、門外にて輿をたて、それより定専坊前へ廻、南町屋へ出、荼毘候、

これは願証寺兼幸の葬送がおこなわれた際、南町屋経由で荼毘にふされたことがわかる史料である。山科寺内において蓮如・実如が没した際、荼毘にふした火屋は寺外に位置していたことが、草野顕之によって指摘されている。[29] 大坂寺内の場合、火屋の場所ははっきりしていないが、現在の城東区森之宮二丁目に「石山本願寺墓地址」と伝える場所があったという。[30] ここは寺内の東にあった森三ヶ庄に属した可能性があるが、寺内からこの地の火屋へ向かおうとした場合、南町(屋)を経由するという【史料3】の内容は、南町(屋)の位置を寺内の東南部とみる理解と整合的である。

ところで、【史料3】では町蠟燭を三六本と記している。草野によれば山科の例では町蠟燭は寺内から外へ出たところから火屋まで設置されるものであり、しかも二四本の場合は距離が二五〇～三〇〇メートル、四八本の場合は約六〇〇メートルと計算でき、整合的な数値になるという。これを参考にすると三六本の場合、おおよそ四五〇メートルということになろう。大坂寺内の範囲を大阪城二ノ丸とし、その外堀から墓地址とされる城東区森之宮二丁目までを仮に計測してみると約五〇〇メートルとなり、近似値が得られる。当地を寺内の墓地とする伝承はあながち無理なものではなかろう。

西町

【史料4～6】によれば、証如たちは西町の櫓より武家の軍勢の動きを見物している。これは寺内から寺外の様子を眺めていることになるので、西町に寺内の西端部が含まれていたことがわかる。[31]

【史料4】『私心記』天文十五・九・九

御祝之後、西町ヤクラへ○（上・大）御出候、諸勢打出候、見物我等参候、中嶋ニ三吉孫二郎、今朝退出候云々、仍中嶋へ河内衆少入候テ放火候、

【史料5】『私心記』天文二十一・六・二十六

泉勢トホリ候ヲ西町ニテ見物候、自津国退候也、

【史料6】『私心記』天文二十一・六・二十七

昼、又十河自津国退候、西屋蔵ニテ見物候、

清水町

【史料7】によれば、本願寺を訪れていた飯貝実孝が堺へ下向することになり、実従に送られて「清水口」から寺外へ出た。よって清水町は寺内の南寄りに比定される(32)。

【史料7】『私心記』天文十三・閏十一・十

朝、飯貝殿御下候、堺マデ也、△御宿へ参候テヨリ、清水口迄送リ申候也、

なお、清水町の町名の由来は定かでないが、寺内の南方には清水谷と呼ばれる地区が存在している（現天王寺区清水谷町）。〝法円坂説〟はここを清水町そのものに比定するが、これは先述のように採らない。清水谷の地名は十七世紀の大坂城代屋敷のひとつ「清水谷屋敷」として確認できるので近世初頭までさかのぼる地名と考えてもよかろう。この清水谷の存在は、清水町はこの地区とのあいだで人的移動や交通路の結びつきなどがあったことや、それが呼称の由来となった可能性を想起させるものであるが、今後の課題としたい。

（5）隣接する町

次に接して立地していることが判明している町を確認しておきたい。

前述のように北町屋は北町から分かれたと推定される。両町は混同されることがあるので、実際には北町の規模が拡大し、その一部が北町屋と呼ばれるようになったものと考えられている。したがってこの二町の位置は隣接していたとみなせるとともに、北町屋の方が寺内の外縁部に近いという推測が可能となる。

北町と北町屋

新屋敷の枝町である檜物屋町は北町屋と接していたことが【史料8】から知られる。檜物屋町はわずかに北町屋より土地が高く、もともと排水を北町屋へ落としていたが、北町屋が土を盛ったために檜物屋町に滞水することになった。以上から両町ともに水はけの悪い低地環境にあったことが知られるが、とりわけ北町屋側が低かった様子がうかがえよう。

新屋敷と北町屋

【史料8】『天文日記』天文五・六・二十四

新屋敷檜物屋町之水落候方ハ、北町屋落候を、去年従北町屋其町ニ土たかく置候間、北町屋へハ不落候処ニ、当月中旬比之雨ニ檜物屋町にハ水多、ほくり・あしたなどても難往来候処、

西町から出火し、それが北町の枝町である横町（『私心記』天文十一・七・二十三）に延焼したことが【史料9】から知られる。そのため西町と北町は横町部分で接していたこと、および【史料10】からその近接地に御坊が立地していたことが知られる。

西町と北町

【史料9】『私心記』天文五・閏十・十五

十五日　風吹夜、西町ヨリ火事出、横町焼失候、

【史料10】『天文日記』天文五・閏十・十五

戌刻半時ニ火事行候、西町・北町百四十五間焼候、当坊近所迄火来候、

以上、大方の見解に一致がみられる事項についてまとめてみた。その結果、①大坂本願寺寺内の位置とおおよ

その範囲、②六町の存在と北町、南町（あるいは南町屋）、西町という古町および北町屋・新屋敷・清水町という新町からなる構成、③南町屋・西町・清水町の位置と北町・北町屋、新屋敷・北町屋、西町・北町がそれぞれに隣接していた点を確認した。以下ではこれらを前提にしながら、議論が決していない課題について検討を加えてみたい。

二　検討を要する課題

仁木・藤田両氏のあいだで議論が継続され決着を見ていない課題がいくつか残されている。それについては史料解釈上ある程度幅が認められ、容易に判断できないものも含まれているが、ここではそれらについて私見を述べ、できる限り蓋然性の高い理解を導いてみたいと思う。

（1）　本願寺の位置

寺内の範囲がおおよそ大阪城二ノ丸内に収まるとして、本願寺そのものは寺内のどこにあったのだろうか。これは寺内の空間配置を考えるうえでもっとも重要なポイントといえよう。しかし、研究条件的にその解明が容易でないことはすでに述べた通りである。

そこで、これまでは本願寺と町の位置関係を相対的に示すという方法が採られてきた。伊藤毅は、真宗寺院において本堂が東面するのが基本であることから、本願寺を寺内の西端に置き、そこに判明する町同士の位置関係を組み合わせることで、町が本願寺をコの字型に取り囲む空間概念図を提示したのであった（第1図）。次いで仁木宏は本願寺・町の関係を詳細に再検討し、伊藤案を否定したうえで、寺内の中心に本願寺を置き、それを六町が取り囲む案（第一章第6図、一九三頁）を新たに提起した。仁木案は本願寺の位置を具体的に比定したものではなかったが、本願寺と町、町と町との空間的関係が基本的に整理されたうえで提示されたところに意義があったといえよう。基本的な位置関係については金井年も評価した通り、現在でももっとも蓋然性の高い案といえよう。

以上のような伊藤・仁木両氏の案に対し、藤田実の案は本願寺・町の位置を具体的に旧地形にのせようとしたところに大きな特徴がある（第2図）。藤田はまず寺内が台地の高所・低所にまたがって存在したと考え、そのうえで台地高所に北町・西町・南町（南町屋）・清水町の四町があったと想定されること、後掲【史料11】にみえる「南外門」を町に向く正門と考えたことから四町の北側に本願寺があったと考えられることを述べた。そしてこれらを具体的に旧地形上に比定する試みをおこない、四町については大阪城二ノ丸の南部分（現在の大阪市立修道館付近）、本願寺については大阪城本丸（詰ノ丸）に置く復元案を示したのであった。つまり藤田も町との関係から本願寺の位置を考えているのであるが、町の具体的な位置は後述することとし、ここでは立地条件の検討から本願寺の位置にしぼって述べてみたい。

藤田の研究は旧地形を強く意識しながらおこなわれたわけだが、その点でいうと、寺内想定エリア内に高所・低所が存在することに注目した点は重要である。寺内建設においてその点を考慮せずにプランニングがおこなわれたとは考えにくいからである。ただ藤田の所論では、北町以下の四町の場所と本願寺の位置と推定している詰ノ丸を比較すると、本願寺のほうが四町部分より地山が低くなってしまうのである。つまり、本願寺が町場より低い立地条件にあった可能性が生じるのであるが、その点については疑問を感じざるを得ない。

寺内において本願寺が相対的に低い立地条件に置かれるという事例はないわけではない。山科寺内がそれで、本願寺が存在した「御本寺」が「内寺内」「外寺内」より低い立地となっている。山科寺内が存在した山科盆地はそれ全体が広範囲にわたって東から西へ緩やかに傾斜し、その一角を寺内が占めるという構造になっているためである[33]。ただし、山科寺内の場合、積極的に本願寺を誘致したとされる西宗寺の東側に隣接して立地しており、そのなかでも「御本寺」が西宗寺にもっとも近い、寺内の西寄りに占地しているのは山科寺内形成の固有事情を反映している可能性がある。

それに対し、上町台地のように狭い範囲で地形の高低が明瞭にあらわれている大坂寺内において、本願寺が最高地である二ノ丸南に占地をしなかったと考える合理的な理由はあるのだろうか。

実際、やや修辞的な表現ではあるが、『信長公記』巻一三では「加賀国より城作を召寄せ、方八町に相構へ、真中に高き地形あり、爰に一派水上の御堂をこう〳〵と建立し」とあって本願寺が最高所に位置したことを物語っており、寺内で中山西向が没し定専坊から葬列の輿を出した際には「彼輿ハ定専門前ニテ御堂之方へ向テ、自其坂ノ下に行候也」(『天文日記』九・七・二十四)とあって、本願寺の前にあった定専坊から墓所へ向かう際には坂を下っていった様子が知られる。寺内から墓所へは【史料3】のように南町屋を通っていくが、この記事は本願寺がそれらより高所にあったことを示唆するものといえよう。これらの史料から、本願寺の所在地についてはむしろ寺内の最高所と考えるのが妥当ではないだろうか。

ところで、藤田が本願寺を四町の北側(詰ノ丸)に置いた根拠としたのは次の【史料11】であった。

【史料11】『天文日記』天文二十一・三・六

六日◇九条殿以御帰洛之次、寺内へ御出候(中略)如先日申候歓楽通、申候き、則北町道場へ入申候、飯等調参候、◇為御礼此方へ可有渡御之由候へ共、既歓楽不令参之事迷惑候処(中略)既此方へ御出候ニ参合致御供南外門前ニ御輿を被立、

すなわち北町道場に宿を置いていた九条殿が証如を訪ねた際、本願寺の「南外門」に輿を立てたことから北町→本願寺南外門という動きがあったとみて、北町の北側に本願寺を置いたのであった。しかし、仁木が指摘したように九条殿が「南外門」に迂回した可能性は否定できないし、藤田自身も本願寺への訪問客の入寺ルートと

して裏門を通ることもありうると述べている(『天文日記』天文二十一・四・十四)。さらにこの「南外門」とは宗主が門徒や客人と対面する場所である寝殿の南に位置した門である可能性もある(「震殿南之門」『私心記』天文二十三・八・二十二)。そうなれば、九条殿は目的地だった寝殿にもっとも近い門を選んで入ったといえるのであり、この「南外門」の利用事例から本願寺が北町の北側にあったとは言い切れないと思われる。よって、ここでは地形条件を優先的に考え、二ノ丸南の寺内最高所に本願寺があったものと考えておきたい。
なお、大坂本願寺の御影堂は東面していたことが判明しているので[34]、伽藍構成は東向きだったことになる。

(2) 北町の位置

北町の位置については次の史料の解釈が焦点となっている。

【史料12】『天文日記』天文八・一・十二

子刻ニ大阪北町岸端家廿八軒至丑刻焼留候、

【史料13】『天文日記』天文十六・八・十

北町惣道坊日本一之鼻□景趣為歴覧、可相越之由、町衆望申間、女房衆迄行也、

なお、表現から【史料13】の「北町惣道坊(場)」と同じところを指すと考えられる「日本一鼻之道場」については次の史料もあるので、参考に掲げておく。

【史料14】『天文日記』天文五・六・十五

同日　従九条殿、日本一鼻之道場令修理候、

【史料15】『天文日記』天文五・六・十九

同日　九条殿を日本一鼻道場へ入まいり候、

これらの史料によれば、北町の立地を推定する有力な手がかりとなるのは、北町に「岸端」があること、景趣が楽しめる物道坊の「日本一鼻之道場」があること、の二点が挙げられよう。

まずは【史料12】にみえる北町の「岸端」をとりあげる。これは仁木・藤田で解釈が分かれており、北町の位置、ひいては寺内の全体復元をおこなううえで大きな論点のひとつとなっている。

最初に二人の議論を振り返ると、仁木はこの「岸」を「川縁をさす」と考え、また大坂寺内には「寺内之浦」(『天文日記』二十・四・六)と称する港があり(上町台地先端部の旧大和川南岸)、唐船の入港もみられたことから(『天文日記』天文十六・八・十)、寺内の北端が川縁に達していたことは疑いないので、その「岸端家」をもつ北町が川端まで達しているとし、それを寺内町の北西部に置いたのであった(35)。

これに対し、藤田は「岸」は水辺の意味に使用するほか、単なる崖を意味することもあるので(『大字典』「浜」の項に「崖・岸は高くして長し、水なき所にもいう」)、「岸端」とあるだけでは北町が川縁にあるとはいえないこと、先の「日本一鼻之道場」を台地突端に比定すると「岸端」は台地辺縁の崖とみるのが自然であり、川縁と結びつける必然性は乏しいとしたのである(36)。

「岸」については『天文日記』内に若干の用例がみられるものの、それらから水辺とも陸の崖とも断定することは困難と思われる。したがって北町の位置をこの「岸」の解釈から考えはじめるという順序はここでは採らないことにする。

その場合、北町の比定について大きな手がかりとなるのは【史料13〜15】である。これらによれば北町には「日本一鼻之道場」と呼ばれた物道坊があったのであり、その所在地を明らかにできるかが焦点となろう。

この点について、その表現から道場は台地の一部が突起状に張り出した場所に位置したとみる点については異論がなかろう(37)。あとは、その場所をどう具体的に考えるか(旧地形のどこに比定するのか)ということになろう。

これは史料理解の問題となろうが、著者は証如が「日本一鼻」という表現を用いた点を重視したい。この表現はパノラマのすばらしさもさることながら、それは「鼻」のような地形的な突出がとりわけ顕著だったことを誇る表現ではないかと考えるのである。

そうなると、その呼称にふさわしい場所は限られてくるように思われる。そこで後掲第5図により現在の大阪城二ノ丸までの範囲で、その呼称にもっともふさわしい地形的突出を探すと、それは本丸内詰ノ丸部分（第5図④）がもっとも妥当ではないかと思われるのである。ここは広がりのある二ノ丸から北へ向かって急に口がすぼめられたような、くびれた形状となったうえで、まさに鼻の形のような突起状の地形がみられるのである。たぶんに印象評価となってしまうのは避けられないが、ここにくらべると藤田が想定した東側の台地突出部は「日本一鼻」というにはその突出が小さく、逆にこの詰ノ丸部分の地形はかなりの突出ぶりをみせているといえよう。よって「日本一鼻之道場」については詰ノ丸のこの部分を比定地とするのが妥当と考えられるのである。

そうなると、北町はこの場所を含んだ範囲として想定されなければならない。この「日本一鼻之道場」の場所をどこに置くかによって北町の位置のみならず、それから分化した北町屋やそれに隣接する新屋敷（檜物屋町）の場所が違ってくるため、この設定は重要な意味をもつ。この件で藤田は「日本一鼻之道場」を台地の東に置いたため、北町屋はその北側、そして新屋敷はさらにその北側に置くことになった。一方、仁木は「日本一鼻之道場」についてはその具体的な場所を示さず、渡辺津方面への拡大志向を重視する観点から北町の比定をおこなったのであった。

そこで「日本一鼻之道場」の場所を私見のように想定したうえで、北町の位置とその広がりの方向を考えてみよう。そうすると、まず最高所にある本願寺の北に位置する詰ノ丸はまさに北町にふさわしいわけだが、詰ノ丸の周囲は等高線が密なため高低差が大きく、崖状の旧地形を示していた可能性が高い。その崖状地形を越えて同一の町が展開したとは考えにくいので、むしろ北町は等高線の幅の広い本願寺の北西方向へと広がっていたと考えるのが妥当ではないだろうか。藤田案では「日本一鼻之道場」の位置を上町台地の東縁に設定したために北町も台地の東側に置いた。私見では「日本一鼻之道場」の位置が藤田とは根本的に違っているので、北町の位置も必然的に異なった想定となるのである。

一方、仁木案と私見の北町は、本願寺との関係においてはその北側ということでよく似た位置といえよう。仁木案では北町は寺内当初からの町であり、上町台地の先端部にあったものが北へ向かって拡大し、「寺内之浦」がある川縁へ達したという経過が想定され、その過程で北町から北町屋が分割されたと考えたのであった[38]。

ここで仁木が北町を川縁まで達していたと考えた直接の根拠は前述の「岸端家」である。この「岸」が水辺とも崖とも容易に判断しがたいことはすでに述べた通りである。ただ、北町が古町であり、本願寺（当初は蓮如の大坂坊舎）の北側に接する位置からのちに拡大していったと考えれば、詰ノ丸付近には崖状地形が想定されるので、北町には崖の岸端に家があった可能性は充分考えられる。

ただ、以上のように北町の立地条件を考えると、北西方向、すなわち「寺内之浦」方面へと延びていくのが北町であるという仁木説は十分に了解できるものである。そして、北町は北町屋を分けるほどの規模の町として発展していくのであるが、北町が上町台地から旧大和川方面へ拡大していった場合、北町自体が川縁に達していたのか（北町屋はその東側となる）、分化した北町屋が川に接するかたちだったのかはにわかに決めがたい。ただ、本章では古町だった北町の中心は台地上にあったとみなされるので、北町が北へ拡大していく過程で北町屋が分立し、川にいたったと考えておきたい。

(3) 新屋敷の位置

新屋敷は前述のようにその枝町である檜物屋町が北町屋と隣接しており、ともに低地にあった。新屋敷は新町と考えられており、伊藤・仁木・藤田いずれの復元案においても新屋敷が本願寺の北側の一角を占めている点は共通する。さらに北町屋との関係を考えると、少なくともその一部は上町台地突端部北側の低所、すなわち台地高所と大和川の間の低地に位置したと推測されよう(39)。しかしながら、新屋敷の町の広がる方向については伊藤・藤田が東西をイメージしているのに対し、仁木は南北という違いがある。また隣接する北町屋についても伊藤・藤田が新屋敷の東南に北町屋を置くのに対し、仁木案は北西と、その位置関係が逆になっている。

この問題にかかわる主要な史料には次のものがある。

【史料16】『天文日記』天文五・一・二十九

新屋敷之町人ニ上野して申出様、新屋敷西口之わきの堀、未ほりかけておき候、早々堀を堀立、則へい付べきよし申出なり、

【史料17】『天文日記』天文六・二・七

寺内新屋敷就角要害之儀悪敷候間、近所の衆雇、ほかすべき由、以兵庫、乗順・定専坊ニ申付候、

【史料18】『天文日記』天文六・三・二十四

又森庄内田畠為此方に相押、堀ニしたるよし、以日記申候、

【史料19】『天文日記』天文六・三・二十六

又森田畠之儀、新屋敷衆ニ尋可申候、

【史料20】『天文日記』天文七・三・二十八

新屋敷北堀出之、以後土居之用ニ則北ノ畠ノ土取之候、其本役為新屋敷可出之段、無調法候間、為此方出之

候様ト以注文申候、

【史料21】『天文日記』天文七・九・五

従鹿苑院被申候とて興禅軒より、志宜庄内、寺内衆出作内無沙汰候、有坪悉注来、又新堀ニ成分幷其土井につき候土取、其田地荒、無出作分両巻記来候、

これらを整理した仁木は次のように指摘した。[40]まず新屋敷には西口があってその脇を堀や塀で防禦しようとしていること。新屋敷の乾（北西）角の要害を堀を掘って修復していること。新屋敷の北堀を掘り土塁を築く目的で北側の畠の土を取り荒らしてしまったので、志宜庄の領主である鹿苑院から本役の負担が本願寺に要求されたこと、である。これらから新屋敷が寺内北部にあって防御施設の整備が急がれていた様子がうかがえよう。

加えて仁木は、森の田畠にかかわって新屋敷衆へ聞きとりがおこなわれたことから新屋敷は森と近接していたと考えられること。新屋敷が寺内から大沢橋を経て北河内方面へ続く道筋に位置したことを示す史料（『天文日記』天文八・四・二十九）も存在することを指摘し、これらを総合すると新屋敷は寺内の東北隅から東南部にかけて存在したと判断できると述べた。

この新屋敷の位置・範囲に関していえば、その東南部への広がりをどの程度とみるかが大きな焦点となろう。これはすなわち隣接する森三ヶ庄の田畠の範囲がどこまでかということと連動した問題である。仁木はそれを森の居村近くと考え、藤田は森三ヶ庄自体を志宜庄と同一とみることもできるとして、北の大和川縁あたりまでを新屋敷の範囲とみたのであった。

ただ、森の範囲をめぐっては、法安寺の所在地を森と称した事例（すなわち寺内東南部）は藤田も確認しており、さらに考古学の成果から、森一帯における中世集落の中心部は現在の中央区森ノ宮中央二丁目一帯（寺内東南部）と推定されているので、[41]森の田畠はその周辺、すなわち寺内の東〜東南にかけて存在したと考えるのが妥当では

なかろうか。したがって新屋敷は寺内の東南方向へおよぶ広がりをもっていた蓋然性が高いのである。

新屋敷の立地をめぐってあわせて考慮しなければならないのが、新屋敷に隣接する北町屋が寺内の北西部を占めた北町から分化した町であり、かつ新屋敷とさほど違いのない低地に立地する部分があるという前述の状況である。この点について、北町屋が先に推定したように台地上から「寺内之浦」へと展開するその川寄りの地を占めていたとすれば、新屋敷は北町屋の東方に接続する位置に展開したと想定することが可能となる。そうなれば、新屋敷は寺内の北側に立地した北町屋の東側から寺内の東南部にかけて広がっていたと考えるのが妥当ではないかと思われる。新屋敷の位置と広がりについては仁木案を支持するものである。

（4）法安寺の位置

法安寺は古代以来上町台地の北端に社地を構えた生国魂（いくくにたま）社の神宮寺である。伊藤毅はこの法安寺を本願寺の西に接する場所に置いた。一方、仁木は寺内の東寄りに置き、藤田は寺外の東と考えた。

法安寺と寺内の関係をめぐる史料としては次の二つが重要である。

【史料22】『天文日記』天文五・六・三

従薬師寺備後子岩福方、森三ヶ庄之麦之所務之事、祐光寺ところにておさめつけ候ほとに、をさめたく候よし、先日祐光寺申越たるとて候、又只今此方へは、祐光寺所にておさめたく候よし候、又不然者、法安寺にてなりともおさめたく候と申候間、二ヶ所ともに寺内之事候間、可然□申、二ヶ所にておさめさせぬように申て帰し候へと上野ニ申付候、

【史料23】『天文日記』天文七・三・二十八

森三ヶ庄より申とて、正教、上野して、今日於法安寺神事候、然間東の門あけ候てと申、くゞり木戸斗あけ

候ても成候ハヾ明候へと申付候、仍くぐりバかりあきたるとて候、

まず【史料23】であるが、これについては森三ヶ庄の人々が法安寺神事に参加するため東門を通ろうとしたという仁木の解釈と、寺内の生国魂社の氏子が寺外にある法安寺へ行こうとしたとの藤田の解釈がある。しかしこれについては仁木が主張したように、それまでにも本願寺が進めてきた法安寺の買得の流れのなかで解釈すべきであろう。[42]その意味で先行する【史料22】において法安寺がすでに「寺内」と認識されているわけであり、それを前提に判断すると、【史料23】で証如に開閉の判断が委ねられている「東の門」とは寺内惣構の門とみなすことができよう。したがって仁木が述べるように、法安寺は寺内空間に取り込まれた存在であり、さらにその位置は寺内東門から入った、森に近い寺内の東寄りの場所と考えるのが妥当であろう。

その法安寺と寺内の位置関係を考えるうえで参考となるのは次の【史料24】である。

【史料24】『本福寺明宗跡書』

(前略)同年四月廿六日、木沢・日蓮宗京都を引もよおし、同廿九日に和泉の堺へ入津して、同五月二日ニ天皇子のひろしばにこやをかけ責よせ、九日にも大坂殿のどいへつき、保安寺のまへのへい十三間をきる、それもならすして六月廿三日、三善ノ千熊に扱をまかせて敵方悉く敗軍す、

これは天文二年(一五三三)、本願寺を攻める木沢長政らが「大坂殿」(寺内)の土居に迫り、法安寺の塀を切ったことを述べたものであり、この段階で寺内のなかに法安寺が包括されていたことがうかがえる。また『私心記』天文二・七・二十七でも「寺中宝(法)安寺」という表現がみられるので、法安寺が大坂寺内の空間に取り込まれていたことはまちがいない。

この天文初年の時期は激戦が続いており、大坂は本願寺成立前の大坂御坊の堂舎や寺内構成のままであったとみるのが妥当だろう。したがって、法安寺も大坂本願寺成立以前にすでに大坂御坊の寺内空間に取り込まれてい

たと推測されるのである。蓮如は自作の和歌のなかでしばしば生国魂社の神徳を詠んでいる(43)。詳しい経過は不明だが、蓮如以降、生国魂社・法安寺へのかかわりが深まるなかで、大坂本願寺寺内の基礎となる空間ができあがっていったものと思われる。

なお、法安寺の場所については近年、大阪市中央区森ノ宮中央二丁目におけるNW10-4次調査で中世寺院の遺構が確認され、それに当たるとの見解が示されているが、その評価についてはここでは判断を保留しておきたい(44)。

以上、大坂寺内の空間復元にあたって先行研究において議論が決していなかった本願寺、北町、新屋敷、法安寺についてその位置や範囲について検討してきた。その結果として、本願寺については大阪城二ノ丸に置くのが蓋然性の高いこと、北町については詰ノ丸の「日本一鼻之道場」を含み寺内の北西方向へ広がると考えられること(川近くは分化した北町屋)、新屋敷は西側で枝町の檜物屋町が北町屋に接し、南東へ広がるなかで森三ヶ庄の田畠に近いところへ及んだと考えられること、また法安寺は寺内空間の南東部に組み込まれていたと考えるべきことを指摘した。

これらの整理・考察を踏まえた空間復元案は第四節で提示する。

三　大坂寺内の「町」

ここまで大坂寺内の空間復元を試みてきたが、次に寺内の「町」についてその社会的性格を考えてみたい。この件にかかわっては次の【史料25】が興味深い。

【史料25】『天文日記』天文十七・八・二

御上之礎自早朝突之、人数者番衆方、又町衆自一町廿人ヅヽ、（新屋敷ハ三町之役調之、西町ハ二町之役調之間、其分ハ出之）自五町百六十人来、

此衆地突、礎突之也、◇北町、加州番衆除老人両所衆者未踏地有之、仍此衆践之、

この史料は宗主の日常的居所である御上の基礎工事をおこなう際、寺内の六町に対し、町単位の役負担として労働が課せられたことを示しており、町構成（枝町）の実態がよくあらわれているとして伊藤毅が注目した。

この伊藤の研究をうけながら、大坂寺内の「町」が役負担の単位として機能していること、それが近世都市の「町」の前提となることに注目したのが塚田孝である。そして塚田は【史料26】に登場する「十六人番匠」をめぐる相論から町役の負担を求める「町」の存在と機能を具体的に確認したのであった(45)。

【史料26】『天文日記』天文二十一・二・二十五

◇寺内ニ号十六人番匠、町之諸役不致之由、自北町清水町と就構坪事、家役日記左右方上之其時申之間、則彼十六人へ様躰尋之処、蓮如之時、当年五十六年ニ成候、其時六人ニ仰付之、町之番屋、やぐら、橋、塀、くぎぬき、為此衆仕之、此衆申合雖為他町致仕事也、其談合を毎月十六日ニ仕候由、申之、◇此通六町へ尋之処、十六人衆仕候へバ四時ニ罷出、七時ニ罷帰、こけらと号し材木之きれ取て帰候間、町用にハ日賃之番匠を仕候、十六人ハしか〱と不立其用之由、申候、◇今日彼番匠共へ申出様、蓮如之時六人之跡も五人ハ絶候処、十八人加候へ共、町々之用にも不立候、殊五年にも十年にも不仕町南町屋事也も有之間、諸役ハせず町之用にも不立之時ハ、無其詮事候間、如惣次町役等可致之由、以駿河申出了、

では、この史料の内容をみてみよう。寺内には「十六人番匠」という集団が存在した。彼らが町の諸役を免除されていることを北町が本願寺へ告げたところ、かつて六人衆だった番匠集団は蓮如の指示によって「町之番屋・やぐら・橋・塀・くぎぬき」の普請をおこなうとともに「町」の仕事も請け負い、それに関する談合を毎月十六日におこなっている旨を応えた。それに対し六町は十六人番匠の仕事ぶりが不誠実であることから町用には別途日雇いの番匠を雇用する必要が生じたことを本願寺へ訴えた。そこで本願寺は番匠たちが諸役を免除されな

がら町の用に立たないのであれば番匠たちは町人同様町役を勤めるよう裁定を下したのであった。

ここで「町」が役負担の単位となっていたことは塚田の指摘の通りである。また仁木宏もこの史料により蓮如以来の特権を「町の論理」が凌駕していく様子を示す事例として注目している[46]。これらを参考にしたうえで私見では、十六人番匠を本願寺に直結する社会集団とみて、この史料はそうした性格の集団と「町」という地縁的集団が寺内に併存し、かつそれらが相剋をみせている点で、中世宗教都市の社会構造の実態がうかがえる貴重な事例と考えている。

ここで登場した番匠集団は蓮如(本願寺宗主)に直結し、その命による用を勤仕していた由緒から町の諸役が免除されていたため、それを楯に「町」からの依頼をないがしろにする行為にでたのであった。つまり、番匠集団にとって「町」用への対応はあくまで副次的なものであり、基本的には本願寺(宗主)に直結し、寺用の勤仕を第一義とする直参的な身分を有する職人集団だったとみるべきではなかろうか。毎年のように歳末に番匠や諸職人が貢物を本願寺へ献上しているのは(『天文日記』天文七・十二・二十八、天文十三・十二・三十)彼らが宗主に直結する宗教性を帯びた集団であることを示唆していよう[47]。

そうした集団に六町が「町」の論理(町役の負担)を掲げて挑んだのが、この史料に記された一件であった。この裁定をおこなったのは宗主である証如自身だが、この史料を読む限り、証如は番匠集団の由緒を承知していなかったようにも感じられる。直参とは宗主と直接対面し、その場で交盃をおこなうことのできる身分であり、本願寺教団では卅日番衆や儀式の頭役がその代表的なものであるが、その身分は宗主の代替わりごとに確認される必要があった[48]。それでいうと、この番匠集団は蓮如と結びついたことで得た諸役免除の特権はかろうじて生きていたものの、証如との間ではその保障がやや弛緩しつつあったのかもしれない。

そうした番匠集団に対し注目されるのが「町」の行動である。番匠集団の仕事ぶりにしびれを切らした「町」

は蓮如(宗主)との由緒を楯に勝手な振舞をする番匠集団の非を訴え、勝訴したわけであるが、これは本願寺教団の編成論理と「町」の論理がぶつかり、後者が勝利したことを意味している。証如としては教団への番匠集団の編成が不十分であった隙を突かれたということになるだろうが、一方で証如が都市領主として寺内を構成する「町」側の論理を認め、番匠集団に町役負担を求めたという理解もできるのではなかろうか。天文後期、本願寺寺内において「町」の存在が大きくなっていく様子がわかる貴重な事例といえよう。

もうひとつ、「町」という社会単位の動向を知らせる興味深い事例がある。それは「町」単位の宗教講である。大坂寺内には本願寺宗主と直結する「寺内直参衆十人講」という宗教講が存在した。

【史料27】『天文日記』天文十三・十一・八

報恩講中於御影堂茶湯料事、寺内直参衆講衆北町屋帯刀、新屋敷藤左衛門、同帯刀、同五郎兵衛、清水主計、北丁勘解由、同孫左衛門、同宗左衛門、西丁二郎左衛門、北丁彦三郎此十人也、為此講中毎年勤之度之由、以浄照申旨、源八披露之、

直参については先に述べたが、宗主と直接対面できる身分であって、その裏返しとして宗教的奉仕義務(儀礼等の経費提供)を果たす必要があるが、大坂寺内では直参身分の者が十人講を結成し、報恩講中に御影堂の茶湯料を負担していたのである。

この十人講で注目されるのは、【史料27】から知られるように直参衆十人の居住する「町」が北町・北町屋および新屋敷に四名ずつと大きく偏っている事実である。すでに述べた通り、北町と北町屋については北町であり、北町屋はそこから分化したと考えられ、寺内のなかでは由緒が古く規模も拡大傾向にあった町と推測される。一方、新屋敷については成立が古町より遅れるものの檜物屋町・青屋町を枝町にもっており、町役を三町分負担する規模の大きな町であった(【史料25】)。そしてその枝町名や河川に近い立地から推測すると、新屋敷は経済活動が活発な町だった可能性が指摘できよう。直参衆は宗主との個人的なつながりが重視される存在なので、

新屋敷に居住する直参衆については経済活動に秀でた有徳人などを想定することもできるかもしれない[49]。

一方、こうした直参衆の結合のありかたと違い、「町」を単位とする宗教的な講も存在した。「北町五日講」（『天文日記』天文十一・七・二十三）や毎年十月十七日に朝飯を調進する「西町」（『天文日記』天文六・十・十六）がそれである。清水町についても北町五日講同様、天文十一年（一五四二）の阿弥陀堂の柱立の際、清水町が普請衆に「懸水」を調進しているが知られるので（『天文日記』天文十一・八・七）、実際には清水町内の講が担当した可能性が高いだろう。

大坂寺内におけるこうした「町」単位の講集団の初見は現在のところ前掲の西町講中であり（『天文日記』天文六・十・十六）、それ以前については史料が限られてしまうが、そうしたなかで知られているものは、天文四年（一五三五）の「大阪（ママ）講衆」（『私心記』天文四・十一・二十三）、そしてさらにさかのぼっては実如期の「大坂殿講中」「大坂殿北御講中」（ともに『実如上人闍維中陰録』[50]）であり、蓮如期の「大坂女講中」[51]である。ここで注意したいのはそのいずれもが「町」という地縁的単位を基礎にした講ではなく、寺内全体あるいは「女」という構成メンバーの属性による講となっている点である。

これは史料の偏在の可能性も考慮に入れる必要はあろうが、宗主関連の史料に地縁単位の講が登場しないのは、この段階の講の傾向を示しているとみてよかろう。そうなると、本願寺の宗教儀礼に経費を負担するという宗教性の顕著な講であっても、その母体は緩やかに「町」という地縁集団に移り変わっていくという姿が、こうした事例から指摘できるのではなかろうか。本願寺寺内は本願寺があって初めて成立する都市であり、その意味で都市住人と本願寺を結ぶ原理のひとつとして宗教（信仰）が存在したことは相違ない。しかし、それを具体的に支える存在が何であったのかを考えたとき、個人レベルにとどまらず、「町」という社会集団が頭角を現してきた様子がうかがえたのは大変興味深いことである。そして、この動きは【史料26】から知られた「町」の〝台頭〟と相通ずるものではないだろうか。

寺内という宗教性を帯びた都市ゆえ結合原理としての宗教は存在し続けたのであるが、「町」という集団がそれを支えるという社会構造へ切り替わっていく様子がここに示されているのである。

四　大坂寺内の空間構造復元

ここまで大坂寺内の空間構造について整理・再検討をおこなうとともに、寺内の「町」について考えてきた。それらの結果を踏まえて、ここでは寺内の空間構造を具体的に図示してみたいと思う。

まず寺内全体の範囲としては七町×五町を念頭に置き、そのなかに先の検討から明らかになった位置関係を前提に本願寺および町を配置した。その際、復元される古地形を考慮し、等高線が密なところや谷地形は町の境界と想定したうえで設定をおこなった。本願寺については古地形のなかでもっとも高所とみなされる地点に方形で設定してみた。それらの推定される位置と範囲を点線で示したものが第5図である。この範囲であれば七町×五町よりやや広いものの大きな齟齬はないものと考える。

ところで、大阪城周辺ではこれまでに本願寺期の遺構と推定されているものがいくつか確認されている。それをまとめたものが第1表である。これらはいずれも確実に大坂寺内の遺構と証明できるわけではないが、その位置や遺構の性格から大坂寺内との関連が一定推測可能なので、これらを概観し、大坂寺内の範囲について考察を深めてみたい。

まず寝屋川（旧大和川）南岸では護岸遺構が確認された（ＯＳ90‐58次）。これについては前述のように仁木が指摘した「寺内之浦」（『天文日記』二十・四・六）との関連が想定されよう。また追手門学院校内で確認された建物（ＯＳ83‐15次）は台地突端部ではなく、寝屋川に近い低地部に位置することから、北町から分化し港へ向けて拡

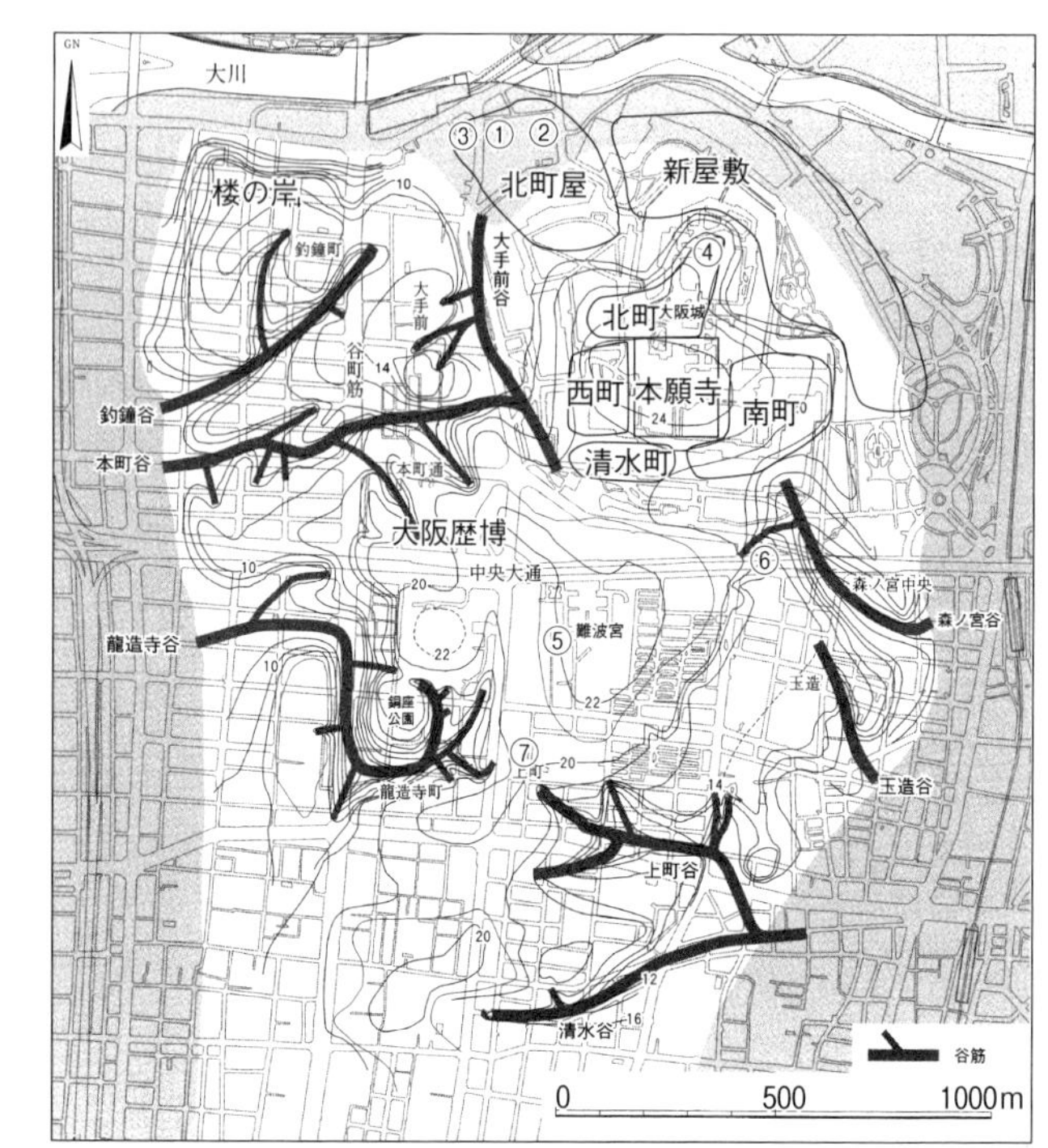

第５図　大坂寺内復元図（大澤案）

大する寺内の町場（本章では北町屋と推定）の遺構ではないかと考えている。

一方、評価が難しいのが南側に散在する薬研掘遺構である（難波宮第15次ほか）。それらは方位もさまざまであり、東西方向のものについては上町台地を切断するものと考えて[52]、その北側に位置する大坂寺内を守る防御装置と考える[53]ことは可能である。しかし、そのなかには途中で断絶しているものもあれば、方位が南北方向になっているものもあり、寺内全体での防御装置というよりはなんらかの施設を取り巻く存在だった可能性も十分に考えられる。

また、これらが仮に寺内の南側を守る東西方向の防御装置だったとすれば、第５図のような復元の場合、寺内の町場と薬研掘遺構とのあいだの空間をどう考えるのかという問題が発生しよう。ちなみにこの範囲に存在する大阪歴史博物館敷地を発掘調査した際には本願寺期の畑地遺構が確認されており[54]、戦時には寺内を守るため本願寺が周辺の空閑地を緩衝地帯として囲い込んだかもしれない。今後の課題としたい。

第1表　本願寺期の遺跡

性格	遺跡	所在地	内容	参考文献	第5図中番号
町場	大坂城跡89	ドーンセンター内	本願寺期遺構面二面、ピット・土坑や火災にあった礎石建物三棟、混入遺物に「元亀三年」銘丸瓦	大阪府下埋蔵文化財研究会（第二七回）資料	①
	OS83-15次	追手門学院校内	建物遺構〔SB八〇一〕、「永禄五天」銘瓦などの遺物	市文協一九八八	②
	OS89-80次	天満橋交差点南東角	推定本願寺期の土塁状高まり	市文協二〇〇二	
	OS89-92次	天満橋交差点南東角	推定本願寺期の土塁状高まり	市文協二〇〇二	
大川の護岸施設	OS90-58次	大阪天満橋ビル	大川護岸の石垣〔SW一一〇一、一〇〇一、一〇〇二〕、杭あり	市文協二〇〇二	③
	OS99-67次		OS90-58の東側延長部分で石垣検出	大阪市教委他二〇〇一	
整地層	OS84-17次	大阪城本丸詰ノ丸	複数の整地層とその上に土師皿を含む火災層（豊臣大坂城築城時）、および大坂城詰ノ丸石垣裏込めに火を受けた水波文軒丸瓦	市文協二〇〇二	④
	OS06-8次	大阪城天守閣北側	本願寺期の土師皿と焼土・焼壁片を含む整地層	市文協二〇〇七	
薬研堀	難波宮第15次	難波宮公園内	V字断面の素掘り堀	難波宮址顕彰会一九六四	⑤
	難波宮第22次	難波宮公園内	V字断面の素掘り堀（15次に続く）	難波宮址顕彰会一九六六	
	難波宮第38次	難波宮公園内	幅六メートル、推定深さ二・三メートルのV字形の東西大溝	大阪市教委一九七一	
	難波宮第93次・112次	橋脚MP-六区	幅五・二メートル、深さ二メートルでV字形、南北やや西に振る大溝〔SD九三六四、一一二六七〕	市文協一九八一	⑥
	難波宮第56次		⑤の南につながる上幅六・八メートル、底幅一・四メートル、深さ一・五メートル以上、南北溝〔SD五六八一〕	難波宮址顕彰会一九七四	
	難波宮第71次		⑤の北につながる幅約三メートルの南北大溝	市文協一九八一	
	NW87-21次	上町一丁目	上幅九メートル、深さ四・三メートルでV字形の東西堀〔SM五〇一〕、長さは最大四〇メートルか	市文協二〇〇四	⑦

注：参考文献は本章末を参照。

第2表　「楼の岸」一帯の本願寺遺跡

遺跡	所在地	内容
S86-6次	石町一丁目	東でやや南へ振る幅約七メートル、深さ約三メートル、断面V字形の堀状遺構〔SM四〇一〕。埋土は底から一・五メートルまで水成層。
S88-1次	釣鐘町一丁目	南北方向で幅二メートル以上、深さ一・五メートル以上の堀〔SM四〇一〕。水成層で埋没。
S90-51次	船越町一丁目	南北方向で幅七メートル、深さ一・五メートル、断面が逆台形の堀〔SM四〇一〕。滞水痕跡あり。
S87-26次	島町二丁目	南西から北東方向の平行する溝三条。幅〇・七メートルと二・五メートルが二本、深さ一・二メートル、一・三メートル、一・一メートル。埋土は砂礫。
S90-47次	島町二丁目	北西から南東方向の溝一条。幅一・〇メートル、深さ〇・四メートル。埋土は砂礫。OS87-26次の三条の溝と直交。
S85-28次	石町二丁目	東でやや南へ振る幅八メートル、深さ二メートル、断面が逆台形の堀〔SM七〇一〕。滞水痕跡あり。

注：出典はすべて『大坂城跡Ⅶ』財団法人大阪市文化財協会、二〇〇三年。

現在の谷町筋の西方（推定「楼の岸」）でも本願寺期の溝・堀遺構が相次いで確認されている。それらは上町台地の北西端一帯で集中的に発見されている（第2表）。これらのなかには等高線に平行に延びるものがあり、高まりを取り囲むように掘られていることから防御用のものと考えられている[55]。では、これらはどのような勢力によって維持されたものなのだろうか。

ここは北側・西側ともに急峻な傾斜地だった地形が復元される場所であり、中世において「楼の岸」と呼ばれた場所と推定されている[56]。当地をめぐっては元亀元年（一五七〇）から天正八年（一五八〇）まで続いた大坂本願寺と織田信長の戦争においてしばしば攻防の地となったことが『信長公記』の次の記事から知られる。

【史料28】

（元亀元年）九月三日、摂津国中嶋、細川典厩城迄公方様御動座、同八日に大坂十町ばかり西のろうの岸と云ふ所御取出に仰付けられ、斎藤新五・稲葉伊予・中川八郎右衛門両三人入置かる。（中略）九月十三日、夜中に手を出し、ろうの岸・川口両所の御取出へ大坂より鉄砲を打入れ、一揆蜂起候といへども、異る子細なく候、（以下略）

（天正四年（一五七六））四月十四日、荒木摂津守・永岡兵部大輔・惟任日向守・原田備中四人に仰付けられ、上方の御人数相加へられ、大坂へ推詰め（中略）御敵ろうの岸・木津両所を拘へ、難波口より海上通路仕候、木津を取り候へば御敵の通路一切止候間（中略）五月三日早朝、先は三好笑岩、根来・和泉衆、二段は原田備中、大和・山城同心致し、彼木津へ取寄り候の処、大坂ろうの岸より罷出で一万ばかりにて推しつゝみ、数千挺の鉄砲を以て散々に打立て、上方の人数くづれ（中略）又切懸り追崩し、大坂城戸口迄追付き、頸数二千七百余討捕り、是より大坂四方の塞々に十ヶ所付城仰付けられ（中略）（七月）御敵は大船八百艘ばかりなり、乗懸け相戦ひ候、陸は大坂ろうの岸、木津ゑつ田が城より一揆共競出で、（以下略）

すでに指摘されているように当地はまさに「大坂」（本願寺推定地）から約一〇町の地であり、ここをめぐって信長軍と本願寺方が攻防戦を繰り返したことは【史料28】から明らかなので、先の遺構群はこの「楼の岸」に置かれ、攻防の対象となった砦にかかわるものであった可能性を考えたい。

この「楼の岸」がそうした攻防の要地だったとすれば、それは当地が大坂寺内にまぢかな場所であったことを示唆することになろう。古地形をみると、「楼の岸」はあいだに谷を挟んで大坂寺内が存在した上町台地北東の突端部分（第5図本願寺・北町・西町・南町・清水町）と向かい合っていたとみることができよう。こうした「楼の岸」をめぐる動向は、逆に大坂寺内の範囲が「楼の岸」の所在地である東エリアに収まっていたことを示唆することになろう。第5図ではそうした点も考慮して大坂寺内の西側の範囲を大手前谷の線までに設定した次第である。

おわりに

大坂寺内の復元作業において初めて原地形への比定を試みた藤田実は、文献史料からは概念的な復元に止まらざるをえない限界がありつつ、それを地形に重ねていくことの難しさを述べている。本章でもそうした根本的な問題が解決されたわけではないが、地形復元作業がより精度を増すなかで、それと有機的に結びついた文献解釈と現地比定に取り組んでいくことが、現段階でおこなう大坂寺内の復元作業には求められているのではないかと考えた次第である。

なお、最後に山科寺内と大坂寺内の規模を比較して本章を閉じることとしたい。大坂寺内はその比定案により当然のことながら推定面積も違っていたため、他の本願寺寺内との比較検討がおこないにくかったが、すでに述べたように七町×五町をその範囲とした場合、山科寺内の町場部分をのぞいたいわゆる「内寺内」が大坂寺内全体の面積とほぼ同じということになり、町場を加えると大坂寺内が山科寺内より規模が小さいことになる。こうした事実の背景には、大坂寺内が蓮如時代の大坂坊から十六世紀前半の大坂御坊、そして本願寺寺内という展開をみせたわけだが、大坂は当初より本願寺の所在地ではなかったため「御堂」(阿弥陀堂)一堂を中核とした境内とその周りの町場という組み合わせで存立していたものと推測される。また境内地として利用できる平坦地が狭いうえに、周囲の起伏の大きな地形条件がそれに輪をかけたものと考えられるのである。

大方の叱正をお願いする次第である。

（1）　伊藤毅『近世大坂成立史論』生活史研究所、一九八七年。以下、伊藤の見解はこれによる。

（2）　仁木宏「大坂石山寺内町の復元的考察」(中部よし子編『大坂と周辺諸都市の研究』清文堂、一九九四年、以下仁木

①)。同「大坂石山寺内町の空間構造」(上横手雅敬監修『古代・中世の政治と文化』思文閣出版、一九九四年、以下仁木②)。

(3) 藤田実「大坂石山本願寺寺内の町割」(『大阪の歴史』四七号、一九九六年、以下藤田①)。

(4) 天野太郎「大坂石山本願寺寺内町プランの復原に関する研究――位置比定と内部構成をめぐって」(『人文地理』四八巻二号、一九九六年)。以下、天野の見解はこれによる。

(5) 金井年「大坂石山本願寺寺内町の空間構造――最近の学説を中心に――」(『比較都市史研究』一七巻一号、一九九八年)。以下、金井の見解はこれによる。

(6) 仁木宏「大坂石山寺内町の復元・再論」(『寺内町研究』三号、一九九八年、以下仁木③)。

(7) 藤田実「大坂にみる新設型寺内の構造――仁木宏氏の大坂寺内論への再批判をかねて――」(『寺内町研究』五号、二〇〇〇年、以下藤田②)、「寺内町大坂(石山)とその地理的環境」(渡辺武館長退職記念論集刊行会編『大坂城と城下町』思文閣出版、二〇〇〇年、以下藤田③)。

(8) 仁木宏「大坂(石山)寺内町の空間復元のために――研究批判の方法と実践――」(『寺内町研究』六号、二〇〇二年、以下仁木④)。

(9) 西川幸治『日本都市研究』日本放送出版協会、一九七二年。

(10) 松尾信裕は、考古学の立場から、豊臣大坂城本丸の下層に本願寺退出時の火災によると推定される焼土が確認できる一方、大阪城の周囲において本願寺期の遺構が発見されていないことから、本願寺とその寺内町は大阪城内の地下に存在すると推測している(同「中世の上町台地北辺の景観」〈『大阪市文化財協会研究紀要』四号、二〇〇一年〉)。

(11) 仁木宏「寺内町と城下町――戦国時代の都市の発展――」(有光友學編『日本の時代史　第一二巻　戦国の地域国家』吉川弘文館、二〇〇〇年)。

(12) 中井信彦『日本の歴史　第二一巻　町人』小学館、一九七五年。

(13) ただしその後仁木は大坂寺内の復元イラストの監修をおこなうとともに(「推定復元　大坂石山本願寺」〈歴史群像シリーズ五四『元亀信長戦記』学研、一九九八年〉)、近い将来に新たな寺内復元図を作成する意思表明をおこなっている(以下仁木④)。

(14)　もっとも藤田は地形を意識しながらも、町の配置については正方位かつ直線状の配置を示すにとどまっており、必ずしも復元地形を十分に活かした図とはなっていない。
(15)　大阪文化財研究所・大阪歴史博物館編『大阪上町台地の総合的研究』(平成二十一～二十五年度(独)日本学術振興会科学研究費補助金基盤研究(A)報告書)二〇一四年。なお、藤田が註(3)論文において利用した旧地形の復元図は木原克司の手によるものであった(木原克司「上町台地北部の微地形と難波宮下層遺跡掘立柱建物」〈『難波宮址の研究』八財団法人大阪市文化財協会、一九八四年〉)。註(1)伊藤著書も木原による復元図を挿図として使用し、町の立地について検討している。
(16)　「古地理図4」は「中世後半の室町時代をイメージして描いた」図と説明され、大坂本願寺の時期も含まれている。当然のことながら本図は決定版の図とはいえないが、本章にもかかわる大阪城本丸地区の旧地形復元については三田村宗樹の研究もおおむね成果を共有している(三田村宗樹「ボーリングデータからみる大坂城本丸地区における地盤の推移」〈大阪市立大学豊臣期大坂研究会編『秀吉と大坂　城と城下町』和泉書院、二〇一五年〉)。
(17)　佐藤隆「大坂本願寺推定に関する考古学資料――特別史跡大坂城跡における発掘調査成果から――」(『大阪歴史博物館研究紀要』七号、二〇〇八年)。
(18)　山根徳太郎『大坂城の研究　研究予察報告　壱』『同　弐』大阪城址研究会、一九五三・五四年。
(19)　「ルイス・フロイス報告」一五八五年十月一日付(『耶蘇会の日本年報　第二輯』拓文堂、一九四四年)。
(20)　「鷺森日記」天正十年条(『真宗史料集成　第三巻』同朋舎、一九八三年)、「細川忠興軍功記」(『新修大阪市史　史料編第五巻　大坂城編』大阪市、二〇〇六年)。
(21)　仁木③。
(22)　鷲尾教導『増補津村別院誌』本願寺津村別院、一九二六年。
(23)　ただし、仮に街区数だとみたとしても、中島寺内の想定範囲は、おおよそで南北に約七五〇メートル、東西に約七〇〇メートルとなり、「七町ト五町」を実寸とみた場合とそれほど大きくかけ離れているわけではない。
(24)　『天文日記』『私心記』の出典はともに註(20)『真宗史料集成　第三巻』。
(25)　仁木②。

(26) 藤田③。
(27) 藤田②。
(28) 仁木①、藤田①。
(29) 草野顕之「山科本願寺・寺内町の様相」(同『戦国期本願寺教団史の研究』法藏館、二〇〇四年)。
(30) 『東成郡誌』大阪府東成郡役所、一九二二年。
(31) 仁木①、藤田①。
(32) 同右。
(33) 木立雅朗「考古学からみた山科と山科本願寺」(山科本願寺・寺内町研究会編『戦国の寺・城・まち――山科本願寺と寺内町――』法藏館、一九九八年)。
(34) 櫻井敏雄『浄土真宗寺院の建築史的研究』法政大学出版局、一九九七年。
(35) 仁木①。
(36) 藤田①・③。
(37) 仁木①では「最突端部」、藤田②では「突角部」。
(38) 仁木②。
(39) 仁木①、藤田①。
(40) 仁木①。
(41) 松尾信裕「森の宮遺跡周辺の中世遺跡」(『郵政考古紀要』通巻二四冊、一九九八年)。
(42) 仁木②。
(43) 『真宗史料集成　第二巻』同朋舎、一九八三年。
(44) 『難波宮址の研究』第一八、大阪文化財研究所、二〇一二年(黒田慶一執筆)。この寺院は最終的に豊臣前期には廃絶しているようであり、その点では法安寺の動向と整合的であるが、本遺構を法安寺と特定する積極的な根拠は提示されていない。
(45) 塚田孝『歴史のなかの大阪』岩波書店、二〇〇二年。

(46)　仁木宏「寺内町における寺院と都市民」(『講座蓮如　第三巻』平凡社、一九九七年)。
(47)　【史料26】にみられた番匠たちが「町之番屋」などを建設したという話も「町」の要請というよりは、寺内施設の一環という位置づけで本願寺からの命による普請ではなかったのだろうか。
(48)　草野顕之「戦国期本願寺直参考」(『戦国期本願寺教団史の研究』法藏館、二〇〇四年)。
(49)　第3表に大坂寺内の町人でその居住する町が判明する事例をまとめた。またその屋号や手継坊主(寺院)から出身地を推定した。史料数は必ずしも多くないが、北町・南町屋・西町の古町、そして北町から分化したと推測される北町屋には摂津東部から河内を本貫地とする事例が多く、新屋敷には摂津西部から南部方面に本貫をもつと推測される事例が多い。とくに新屋敷で木津・堺という港湾地域とのかかわりをもつ町人がみられるのは、新屋敷の町人に商人が多かったことを推測させるものである。
(50)　註(43)『真宗史料集成　第二巻』。
(51)　「御文」明応七年三月付(稲葉昌丸編『蓮如上人遺文』法藏館、一九八三年、名塩本第四冊二八通)
(52)　註(10)松尾論文。
(53)　仁木③。
(54)　財団法人大阪市文化財協会『難波宮址の研究』第九、一九九二年。
(55)　財団法人大阪市文化財協会『大坂城跡Ⅶ』二〇〇三年。
(56)　藤田③。

第3表　居住する町が判明する町人

町名	氏名	出身地	手次坊主	出典	参考
北町	明西（池島孫左衛門が代）	池島（河内国河内郡）		八・四・五、一〇・一・二三	
	八郎衛門			二二・三・二	定番の子
南町屋	木村太郎左衛門	木村（摂津国東成郡）？		六・二・一九	
	御厨屋次郎左衛門	御厨（河内国若江郡）		八・八・五	
	木村了専		溝杭仏照寺（摂津国島下郡）	一一・二・六、二二・一・七	
西町	正善		平野光永寺（摂津国住吉郡）	一二・六・八	
北町屋	深江明道	深江（摂津国東成郡）		六・四・一五	
	与三左衛門		久宝寺慈願寺（河内国渋川郡）	一六・三・八	
	二郎兵衛		興正寺（寺内）	一六・三・八	
	又左衛門		安満浄教（摂津国島上郡）	一六・三・八	
	塗師屋八郎衛門		京都常楽台（今小路下）	一六・三・二三	
	さい八の八郎衛門			二三・三・一六	
新屋敷	絹屋後家			六・二・一三	娘婿が堺の者
	木津屋専千世	木津（摂津国西成郡）		六・六・二五	
	榎並包安	榎並（摂津国東成郡）		六・九・一二	
	住吉屋	住吉（摂津国住吉郡）		一二・一〇・二五	旅宿
	与三左衛門	堺（摂津国住吉郡）	堺真宗寺（摂津国住吉郡）	一五・五・九	
	又三郎		興正寺（寺内）	一六・三・八	
	宗二郎		本願寺直参	一六・三・八	
檜物屋町	五郎兵衛		安満浄教（摂津国島上郡）	一一・一〇・一三	一五・八・四五郎兵衛娘
檜物屋町	六郎二郎		出口光善寺（河内国茨田郡）	一六・三・八	
清水町	（なし）				

注：出典は『天文日記』の年月日。

〔第1表　参考文献〕

大阪市教育委員会　一九七一『難波宮跡調査報告書　昭和四十五年度（第三七次・第三八次）』
大阪市教育委員会・財団法人大阪市文化財協会　二〇〇一『平成十一年度大阪市内埋蔵文化財包蔵地発掘調査報告書』
財団法人大阪市文化財協会　一九八一『難波宮址の研究』第七
財団法人大阪市文化財協会　一九八一『難波宮跡研究調査年報一九七五〜一九七九・六』）
財団法人大阪市文化財協会　一九八八『大坂城跡』Ⅲ
財団法人大阪市文化財協会　二〇〇二『大坂城跡』Ⅵ
財団法人大阪市文化財協会　二〇〇四『難波宮址の研究』第一二
財団法人大阪市文化財協会　二〇〇七『大坂城石垣修復に伴う大坂城跡発掘調査（ＯＳ06-8）報告書』
難波宮址顕彰会　一九六四『難波宮址の研究　研究予察報告第五　第一部』
難波宮址顕彰会　一九六六『難波宮址の研究　中間報告Ⅲ』
難波宮址顕彰会　一九七四『難波宮跡研究調査年報一九七三』

第四章　摂河泉における戦国期本願寺の地域編成

はじめに

十五世紀後半の蓮如登場以降、本願寺教団は各地で武家勢力と衝突（一向一揆）を繰り返しながら、勢力を大きく拡大させた。天正八年（一五八〇）には信長に屈した本願寺であったが、この戦国期における教団の歴史的性格をめぐってはさまざまな角度から検討されてきた。

それらのなかで、一九七〇年代後半以降大きな潮流となっているのが教団構造を対象とした研究である。これは同時代の社会のありかたを念頭におきながら、本願寺の宗教性と教団組織をそれと関連づけて解釈しようとするものである。その端緒となったのが金龍静の一連の研究であり[1]、早島有毅の論考である[2]。そこでは、教団の結集軸を宗祖親鸞とその継承者である歴代宗主とみなし、そこへの結集形態が具体的に明らかにされたが、その後、草野顕之も加わってこの視角は深化し、教団の組織・体制を解明する作業が続けられている[3]。

その一方で近年、本願寺・一向一揆の評価については、地域社会形成を考える立場から批判的検討がおこなわれている。小谷利明は大坂本願寺が経済特権を各地に及ぼしたとされる、いわゆる「大坂並体制」の評価にかかわって、本願寺とそれにつらなる寺院・門徒集団は地域社会の構成者の一員として守護支配の枠組みのなかで理解すべき存在と指摘した[4]。この視角は従来〝反体制勢力〟と評価されてきた本願寺・一向一揆を地域社会とのかかわりで再評価しようとした点で重要である。

ただし、こうした観点からの再検討をおこなうとする場合でも、教団構造自体の解明作業は欠かすことができない。たとえば、小谷利明は永正三年（一五〇六）の河内錯乱を手がかりに、その前提として河内国と摂津国が「一体的」であったとし、さらにこの一件で中心的存在だった大坂御坊主の実賢が、堺御坊主を兼ねていたにもかかわらず、和泉地域の寺院・坊主・門徒がかかわっていない点を不審とした[5]。しかし後述のように、管見によれば堺御坊による和泉地域の統轄については疑問があり、和泉地域の坊主・門徒の組織的動員体制は別の御坊により取り組まれたと考える必要がある。地域のなかの寺院・坊主・門徒は地域社会の論理と教団の論理の狭間にあって存在しているのであり、その両者を視野に入れた議論をしていくべきと思われる。

そのため、本章ではこれまで必ずしも充分な検討がなされてきたとはいえない摂河泉地域における本願寺教団の編成のありかたの全体像について、把握を試みたい。同地域は本願寺を含む真宗勢力が布教面で重視したところのひとつであるが、それにとどまらず、寺内町が他地域に比して多く展開したことからもわかるように、とくに戦国期において本願寺は政治・経済・社会面でこの地に大きなかかわりをもった[6]。したがってこの地域をとりあげることは、本願寺が当該期の社会とどう構造的に結びついていたのかを考える事例研究になりうると思われるのである。

ところでこの課題にアプローチする際の分析軸としては、先行研究で示された次の三つの結集形態[7]の分析が有効と思われるので、その内容について最初に確認しておく。

（一）本末的結集

住持の師弟関係（教義の授受）を軸にして形成される関係で、実際には教団内における本寺・（中本寺）・末寺というヒエラルキーであらわれる。具体的には本尊や聖教類の下付、被下付の関係で確立する（手次関係）。本願寺第八代の蓮如期に発生した長享二年（一四八八）の長享一揆時の軍事動員は、この関係を軸におこなわれた。(8)

□二直参的結集
親鸞と歴代宗主（像）にまみえることができる（面授）の関係。実際には親鸞・歴代宗主の年忌法要の費用負担、および本願寺警護（番衆）を担う。時期的には蓮如期から形成されはじめる（教団の求心的構造を志向）。宗主との個別的関係で形成されるもので、必ずしも永続的ではなく代替わりによる変化もみられる。

□三与力的結集
地域の核である一門・一族寺院、御坊への結集。郡・国といった地域単位で門徒・寺院の組織化を志向したもの。永正末期の新坊建立禁止令により一門寺院の新設が不可能になったため、その後は宗主兼帯の御坊設置が進み、御坊への結集が主流となる。

こうした結集・編成は摂河泉地域ではどのように実現されたのか。また、その特質はどのようであったのだろうか。以下、結集形態ごとに具体的に検討し、同地域における本願寺の地域編成の全体像を把握したい。

一　本末関係による結集

最初は本末関係による結集である。本末関係には時代による変動があり、かつ本願寺教団の場合、第八代蓮如期に教団史全体のなかでの大きな画期があったので、ここではそれ以前と以後の大きくふたつの時期にわけてまとめてみたい。

(1)　第七代存如期(一四五七年没)まで

摂津国　存如にいたるまでの摂津国における初期真宗の本末関係にかかわっては、日野照正の研究がある。[9]それによれば南北朝期以降、この地では本願寺と別派である仏光寺了源(一二九五～一三三六)に近い存在だった存覚(本願寺第三代覚如の子)の活動が際立つ。たとえば、溝杭(現茨木市)へは建武三年(一三三六)、覚如の訪問がみられたものの(「存覚一期記」[10])、その後存覚は貞治二年(一三六三)に溝杭の明教が所持する本尊に外題を書き、影響力を示している(「存覚袖日記」[11])。また存覚は貞和二年(一三四六)、磯島(現在では淀川流路変更により河内国側の枚方市)で報恩講を修したほか(「存覚一期記」)、同五年(一三四九)には舳淵(大阪市都島区)で本尊に由縁を記し(「存覚袖日記」)、さらに豊島(詳細不明)では文和三年(一三五四)に光明本尊に札銘を書く(「存覚袖日記」)など、活発な活動を展開した。

日野照正によれば、仏光寺系寺院の展開やそれにかかわった存覚の活動地域は、淀川の本流とその支流沿いに色濃くみられるという。こうした仏光寺系優勢の状況はその後も継続したが、存如期になると新たに本願寺系の寺院も開創しはじめる。[12]

河内国　淀川の南側に位置し、南北に長い河内国では状況が一様でなかったと推測されるが、北部(北河内～中河内)については早くより仏光寺系が優勢だった。[13]そして、とくに淀川に近い北河内で摂津同様存覚の活動・影響力の大きさがうかがわれる。観応元年(一三五〇)には大枝(守口市)の妙覚が京都に存覚を訪問したほか(「存覚一期記」)、延文元年(一三五六)には存覚が北河内(詳細不明)の絵像に銘を書いている(「存覚袖日記」)。なお、のちに本願寺教団のなかで重要な役割を果たす中河内の光徳寺(柏原市)は当初天台系寺院であったが、四世乗円の母は次のように仏光寺了源の妹栄源尼と伝えており、中河内でも仏光寺系の影響が小さくなかったことをうかがわせる。

【史料1】「松谷伝承記」（光徳寺蔵）　元和七年（一六二一）

次乗栄の（中略）次男、康永元年の冬落髪せしめ顕佑と号す、当寺第四世乗円法師これなり、母ハ空性房了源妹栄源尼なり、

さらには、河内国と摂津国の境界に位置した平野でも仏光寺の進出がみられ、平野からほど近い竹渕にも仏光寺系の先徳連座像が伝来するなどしている[14]。

一方の本願寺系であるが、中河内の慈願寺（八尾市）は応永十四年（一四〇七）の「河内国渋川郡久宝寺道場」と記す奥書をもつ「拾遺古徳伝」[15]を所蔵していることから、寺歴が巧如期にさかのぼることは確実である。続く存如期になると、享徳三年（一四五四）に蔵作（平野区）では「河内国新開道光門徒同国蔵作」の免物裏書（西本願寺蔵）[16]が、また康正三年（一四五七）には亀井（八尾市の西端）所在の「慈願寺門徒」宛の方便法身尊像が存如から下付されており（本法寺蔵）[17]、本願寺系本末関係の拡大がうかがわれる。

このように河内国では北部で仏光寺系の優勢が伝えられるが、これは摂津国の動向と機を一にしたものとみてよい。そうしたなかで本願寺が勢力を拡大させるのはおよそ存如期以降のことと推測される。

和泉国

和泉国でも仏光寺系が優勢であった。確実なところでは、詳しい所在地は不明であるものの存覚が貞和五年（一三四九）、「和泉光明本」（和泉国所在の光明本尊）を見てその座配を写している（「存覚袖日記」）。摂津との境界、堺の覚応寺の所伝では、正慶元年（一三三二）に覚応が了源に真宗の肝要を学んだという。

【史料2】「覚応上人絵詞伝」　天保五年（一八三四）[18]

正慶元壬申の年の秋覚応の御房ハ上洛し給ひて（中略）同しき二年（中略）同しきとしの冬十一月さきに謁したりし空性の御房の草庵山科にあ□りと聞たまひていそき来り給ひぬ、またかの興正寺仏光寺七世了源上人の御前にまうて丶法流相続のため真宗の肝要たる易行の大道を学論し、やや久しく時を移し給ひけり、

泉南地域では真光寺(田尻町)が注目される。同寺は初代和田源秀が一三四二年、本願寺覚如に帰依したと伝えるが、明応五年(一四九六)に実如が下した方便法身尊像裏書に「興正寺門徒嘉(祥)□寺村真光寺」(打越真光寺蔵)とあるので、実際には当初仏光寺派に属していたとみるべきだろう[19]。

このように、和泉国でも当初は仏光寺の勢力が強く及んでいたことがうかがわれるのである。

(2) 第八代蓮如期(一四九九年没)～第九代実如期(一五二五年没)

蓮如期に本願寺が飛躍的に勢力を拡大させたことはよく知られている。ここでは摂河泉全体についてみてみたいが、本末関係にかかわって当該期で注目されるのは仏光寺派寺院の参入である。

文明十三年(一四八一)頃、仏光寺経豪が有力六坊を率いて本願寺に合流し、興正寺と号した[20]。六坊にどれほどの寺院が従ったのかは不明であるが、「興正寺末」「興正寺門徒」を称する寺院や集団はこの時期から実如期頃にかけて転派した可能性が高い。

興正派寺院・門徒は本尊が本願寺から下付されており、基本的には本願寺の本末関係に組み込まれたのである。その後、興正寺は天文四年(一五三五)には一家衆となっており、本願寺の主要構成メンバーとなったが、一方で興正派内部での手次関係はそれまでのものを継承しており、本願寺の陪臣というあつかいで独自の地位を保ったのであった。

摂河泉では堺の阿弥陀寺が経豪に従ったほか、仏光寺系の勢力が強かった淀川流域では蓮如が寛正四年(一四六三)に早くも仏光寺系連座像に裏書をほどこしており(萬福寺蔵)[21]、さらには前述のように和泉国で真光寺が「興正寺門徒」を称していることからすると、広く摂河泉で本願寺への参入が生じた可能性が高いだろう。

また実如の代、延徳元年(一四八九)以降になると、全国的に本尊・各種御影・名号の大量下付が確認されている。[22]これは本末関係を軸にした寺院・道場・門徒の増大を示すもので、摂河泉もその例に漏れない。

（3）小括

本末関係については、蓮如以前の状況としては摂津・北河内（淀川流域）、そして和泉では仏光寺系の勢力が強かった。ほぼ全域を覆う状況だったといえよう。それが仏光寺経豪の参入が大きな契機となって本願寺の勢力が拡大し、さらに実如期には本願寺の積極的な免物の下付により本末編成が図られ、その結果、本願寺派の寺院・門徒が増大していったのである。

二　直参関係による結集

次に直参的結集についてとりあげる。これについては、蓮如期・実如期・証如期に分けてその状況を概観する。

（1）蓮如期（一四九九年没）

蓮如の弟子空善による「第八祖御物語空善聞書」により、延徳元年（一四八九）の報恩講時の斎頭人（ときとうにん）を確認することができる[23]（第1表参照）。彼らはのちの直参身分の前提となる蓮如の直弟たちである。[24]本史料を手がかりに蓮如の直弟関係にあった人々をみてみよう。

摂津国

摂津では「浄顕ノ衆」がみられる。浄顕は三番定専坊の歴代で、それに連なる門徒集団が「浄顕ノ衆」である。定専坊自体は「摂津国西成郡中嶋草苅国分寺庄」[25]（現在は大阪市淀川区豊里の南を流れる淀川の河床）に所在した。その「衆」とは定専坊の手次寺院・門徒が想定されるが、それらは十六世紀から近世にかけての史料によれば、北河内西部（「定専坊下十七ケ所池田顕通後□」『天文日記』天文七年一月九日条[26]）や、

第1表　報恩講頭人一覧

日付	種別	延徳元年※1（1489：蓮如期）	天文4年※2（1535：証如期）	天文12年※3（1543：証如期）	天正17年※4（1589：顕如期）
22日	斎	浄恵・福田寺・誓願寺（近江北郡衆）	北郡三ヶ寺	福田寺	江州福田寺
	非時	慶乗（湖西・湖南衆）	光応寺・顕証寺・超勝寺	東坊（天文10年以降興正寺門末）	西光寺
23日	斎	本遇寺	大阪六人坊主衆	浄願寺	
	非時	浄顕（三番定専坊）ノ衆	大坂講衆	定専坊	
24日	斎	道顕（堺）	堺ノ三坊主	慈光寺	善教寺
	非時	仏照寺	御坊	仏照寺（天文10年以降）	仏照寺
25日	斎	出口対馬	所々坊主衆	乗光寺子 慶勝	真宗寺
	非時	吉野衆	ミナミノ善源寺	浄照坊	真宗寺
26日	斎	大和祐淳	越前衆	越前乗恵	越前衆
	非時	美濃国尾張国	美濃・尾張	北　称名寺	真宗寺
27日	斎		慈願寺	慈願寺	慈願寺
	非時		石畠（近江石畠弘誓寺）	弘誓寺	湯次誓願寺

出典：※1「空善聞書」（『真宗史料集成　第2巻』）。※2「私心記」（『真宗史料集成　第3巻』）。※3青木忠夫「史料紹介 本願寺証如筆、報恩講等年中行事関係文書」（『同朋大学佛教文化研究所紀要』第18巻）。※4『西光寺古記』。

注：『増補改訂本願寺史　第1巻』所収表に追記。

島上郡をのぞく北摂に展開していたことが推測されよう（章末第2表）。

また、仏照寺の名も登場する。これは前述した溝杭の寺院であり、この段階で蓮如にしたがっていた様子がわかる。

摂津の南端では堺北庄に樫木屋道場（のち真宗寺）の道顕がいた。彼は文明二年（一四七〇）に蓮如から親鸞絵伝（真宗寺蔵[27]）を下付されている。これは摂河泉における親鸞絵伝の早い時期の遺例として注目される。

河内国　河内では出口の本遇寺が登場する。同寺は蓮如の側近で、蓮如が吉崎退去後に出口へ入ったのは本遇寺を頼ってのことだったと推測されている[28]。なお摂津福島（大阪市）にはその門徒が存在し、長享三年（一四八九）には蓮如から「本遇寺門徒摂州西成郡中嶋内福嶋」の裏書をもつ方便法身尊像（本遇寺蔵）が下付されている。[29] 出口対馬の名もあり、出口住の人物と思われるが詳細は不明である。

和泉国　和泉国在住の弟子は本史料には見受けられない。

以上をみると、寺号を称しているものもあるが、個人名も少なくない。ここでは蓮如随従の弟子という立場の個人的つながりで頭人が構成されていた様子がうかがえる。

ところで、蓮如期以前でも河内では歴代宗主と直弟関係を結んでいたと推測される門徒集団があった。『天文日記』によれば、小山衆（藤井寺市）は四月二十四日の第五代綽如（しゃくにょ）（一三九三年没）の祥月命日の頭人を一貫して務めていた（章末第3表）。こうした頭人を担当する集団・寺院はその宗主と直接的な関係のあったことが指摘されており、[30] また小山衆の中心的寺院だった妙楽寺は綽如に従って真宗寺院化を遂げたと伝えている。[31] 同様に南河内の丹下衆（松原市および羽曳野市）も十月十四日の第六代巧如（一四四〇年没）の祥月命日で頭人を務めていた（第3表）。巧如にかかわっては前述の慈願寺も山科本願寺時代から忌日の頭人を勤めている（『天文日記』天文五・十・十四）（第3表）。慈願寺については法光が蓮如の意を受けて行動している様子が史料に散見され、[32] 継続して直参的関係を保持していたことがうかがわれる。

さらに蓮如期では、和泉国海生寺（嘉祥寺：田尻町）の了真が仏法の次第を理解した人物として特筆されている。[33] 定期的な上番を果たしているわけではないが、自らが信心を説いた人びとをともなって大坂に蓮如を訪ねており、蓮如と親しい面授の関係にあったと思われる。このように蓮如に随従したり、厚い信頼を受けたりした弟子は直参的存在といってよかろう。

（2）　実如期（一五二五年没）

次に、実如期の直参衆の状況を、大永五年（一五二五）の実如没後、中陰時の斎頭人を記した「実如闍維中陰記」[34]からみてみよう。

摂津国　まず大坂殿坊主衆として、明祐、定専坊、乗順（光徳寺）、恵光寺（萱振）の四名の名がみえる。「大坂殿」とは後述する大坂坊のことである。彼らは大坂御坊在住で常住衆の役を担い、儀式の執行、御堂警護役にあたった[35]。のちの「大坂六人坊主」につながるグループである。そのほかにも大坂殿寺内衆、大坂殿講中、大坂殿北御講衆といった大坂坊（寺内）に居住する集団の名が多く見受けられるが、これは実如が晩年を大坂坊で過ごしたためであり、実如と同坊の集団との深いかかわりが知られる。なお、このように同じ寺内に類似の名をもつ講集団が存在することは、門徒の増大と居住地ごとの編成がなされていた様子を示唆している。

次に堺寺内衆もその名が登場する。堺寺内衆は後述する堺坊居住の門徒集団と推測されるので、その在所は堺北庄＝摂津国と考えられる。詳細は不明だが、実如と堺衆とのかかわりの一端がうかがえよう。

河内国　河内国関係で登場するのは前述の乗順（光徳寺）と恵光寺である。ともに自坊を河内国に構えながら、大坂に宿を持っていた。恵光寺のように寺号で記されている場合は寺院活動の実質的中心が大坂にあった可能性もある。この両寺についても大坂坊を介して実如と結びついた事例といえよう。

和泉国　確実に和泉国住と判定しうる名は存在しない。

以上、本史料に登場する摂河泉の直参衆は大坂坊にかかわる存在がほとんどであったが、親鸞絵像の下付を手がかりにするとさらに広がりをみせる。たとえば、永正二年（一五〇五）には岡山講（岸和田市）[36]、および大永三年（一五二三）には真光寺[37]に親鸞絵像が下付されている。このうち真光寺は前述のように仏光寺派からの参入寺院なので、本願寺との関係がさらに強化されていった様子がうかがえる。

(3) 証如期(一五五四年没)

続く証如期の直参衆についてもみておきたい。

証如期は大坂本願寺の時代であり、同期の状況については、①天文四年(一五三五)および同十二年の報恩講斎頭人(第1表)、②天文期の忌日頭人(第3表)、③「卅日番衆御堂卅日番上勤座配次第」、④その他、から情報が得られる。以下、出典ごとに抽出しておく。

摂津国

①大坂六人坊主衆・大坂講衆・定専坊・仏照寺・浄照坊、②富田光照寺・中嶋野田衆・榎並四ヶ所衆、③アマ浄教・キツ教龍

実如期の大坂坊関連の直参衆が継続しているうえに、本願寺近辺の中嶋野田(大阪市福島区)・榎並(同都島区)・木津(同浪速区)の衆が新たに名を見せている。

河内国

①慈願寺、②小山衆・若江光蓮寺・西浦・古市・誉田・大井衆・丹下衆・河内八里・大地・鞍作・八尾、③盛光寺子祐勝

実如期までに直参衆の地位を得ていた寺院・集団に加え、中河内および南河内の集団の名が多くみられる。これについては、後述する久宝寺坊に証如外祖父の蓮淳を迎えた河内十二坊とのかかわりが想定される。

和泉国

①堺ノ三坊主、②慈光寺、③真宗寺・宝光寺・阿弥陀寺・源光寺・善教寺・真光寺、④小西党(堺)(『天文日記』天文十・九・十七)が確認できるが、真光寺をのぞいてはすべて堺所在である。堺が証如期においても重きを置かれていた様子がうかがえる。なお、堺については摂津・和泉の両国に分けられるがここでは一括した。

(4) 小括

全体的な状況としては、直参衆は宗主との個別的つながりが契機となった関係であることから、宗主の居住地・活動地を中心に分布する傾向にあり、実如期以降はその様子がさらに強くなるようにみえる。また、次に紹介する御坊とその前身にあたる一門寺院の周囲にも存在が確認できる。一方、国別に分布をみると、河内国の場合は中河内・南河内に多く存在し、北河内には比較的少ない。なお、その所在地については守護系国人たちの本貫地と重なる傾向にあることが指摘されている[38]。和泉国については確認できる事例のほとんどが堺で、中南部はきわめて希薄となっている。同一国内でこうした地域偏差がみられるのも、直参という個別のつながりが負うところが大きかったためと思われるが、それはそれまでの本願寺の教線の展開状況を反映したものといえよう。

三　御坊の動向とそれへの結集

(1) 御坊をめぐって

三つめの結集形態は与力的結集である。その結集核として重要なのが一門・一族寺院と御坊である。一門・一族寺院は十五世紀まで建立が続けられた。しかし、新寺建立には与力衆を新たに設定する必要があり、それに対し諸国の坊主衆より批判が寄せられたため、永正の新坊建立停止令により建立が認められなくなった。そのため、それに代って始められたのが御坊の建立である。

一門・一族寺院は北陸では早くから存在したのに対し、摂河泉では蓮如が自ら設置した私坊(隠居所)が濫觴となり、それらに蓮如の晩年に子息や一族が配置されたという経過をたどって形成された。これは蓮如が文明七年(一四七五)に越前吉崎から畿内へ戻り、摂河泉も含めた地域を活動の中心に据えたことと無関係ではない。それらの寺院はのちに御坊へと転じたが、後述のように別の経緯・母体を持つ御坊も摂河泉には存在した。ただし、摂河泉の御坊については研究が進展していないのが現状である。

与力的結集を検討するに際しては、その結集核である御坊の状況が明らかになっている必要があるため、ここでは各御坊（前身の一門・一族寺院を含む）の概況を述べつつ与力的結集のありかたについて言及したい。

ところで、御坊の基本的性格としては次の三点があげられる。一つめは、本願寺の分身（一族の在寺、あるいは宗主兼帯）であること。二つめは、地域の拠点寺院であること。三つめは、本末関係・直参関係にとらわれない地域的動員を図る体制が必要（与力的結集の中核的存在）とされること、である。

つまり御坊には、本願寺が中央集権的体制の確立を目指すなかで、各地域のなかにあって本願寺を支える機能が求められたのである。本末的関係および直参的関係は、その本来的性格から本願寺（親鸞）ただひとつに集約される関係にあったが、それゆえ地理的には必ずしも面状に展開する必要はなく、むしろ散在的な様相を示す点に特徴があった。一方、御坊は本願寺教団の地域的拠点としての性格をもつため、御坊に近接する地域の門徒集団・寺院が地縁を重視した与力的結集によって支えられる必要があったのである。

（2）摂河泉の御坊

大坂坊

（1）動向

大坂坊は明応六年（一四九七）に蓮如が創設した坊舎がもとになっている（「御文」[39]）。ここは「虎狼ノスミカ也、家ノ一モナク畠ハカリナリシ所」[40]に、「大坂殿ヲ御建立サレテ御隠居候」[41]とあるように、蓮如の私坊としてスタートした。蓮如の没後はその第二二子実賢が寺主となった。実賢は当初大坂・堺の両坊相続を想定されていたが、永正三年（一五〇六）の河内錯乱後に退出した[42]。その後、大永二年（一五二二）には隠居した実如が入寺している。先に紹介した実如没後中陰時の斎頭人に大坂衆が多くみられるのはこのためだった。のち本願寺が山科から大坂へ移転したのにともない、寺地は本願寺に継承されたとみられる。

(2)寺中・与力構造

大坂坊の組織構造をみると、寺主とそれにしたがった寺中寺院が中心的存在だったと推測される。永正三年の河内錯乱時に実賢に従い牢人となった「大坂五人坊主」(「山科御坊事并其時代事」)がそれにあたるものだろう。これは、人数に異同はあるものの、前述の「大坂殿坊主衆四人　明祐、定専坊、乗順、恵光寺」(「実如闍維中陰記」)や、大坂本願寺初期に登場する「大坂六人坊主」「寺中六人の坊主」「常の六人」「定衆六人」(『天文日記』天文五年条より頻出)と同一衆と思われる。その構成員は大坂本願寺初期では定専坊、祐光寺(森)、光永寺(平野)、恵光寺、光徳寺、大坂寺中浄恵であった。彼らのほとんどはすでに紹介したように、摂津・中河内の有力寺院(手次寺院・門徒をもつ寺院)である。彼らは常住衆として御坊に日々勤仕する存在であり、その意味で御坊を実質的に支える立場にあったといえよう。

なお、このうち、定専坊・光徳寺がおこなっていた次の行動は興味深い。ひとつは、河内路の七つの役所に礼銭を送る旨を注進している(『天文日記』天文五・一・三)。これは大坂本願寺移転後の記事であるが、「毎年」のことと述べられているので、大坂御坊時代からの慣習とみてよかろう。また両寺は近郷への軍事動員もおこなっている。

【史料3】『天文日記』天文五年十一月七日条

近郷衆幷久宝寺あたりの衆ニ一戦方ニ可然仁候ハゞ、為番被来候様にと申候へと、光徳寺・定専坊二人にハ近郷之儀申候、慈願寺にハ久宝寺あたりの事申候、

このように定専坊と光徳寺が本願寺近くで同じ行動をおこなっているその背景には、大坂坊への結集の歴史があったものとみてよかろう。

一方、永正二年（一五〇五）の河内錯乱時には摂津・河内の坊主衆・門徒衆が大坂坊へと結集をみせた（「山科御坊事幷其時代事」）。次に述べる管轄地域を念頭におくと、本当に摂津・河内の全域から結集したかどうかは疑問だが、この時に集結した面々が与力衆を指すものといえよう。では、与力は実際にはどのような指揮系統のもとで動員されたのであろうか。その具体像を知らせる史料は見当たらないのでよくわからないが、【史料3】は若干の手がかりを与えてくれる。そこでは本願寺が光徳寺・定専坊に命じて軍事動員をはかっているが、光徳寺・定専坊については本願寺近辺、慈願寺には久宝寺近辺での動員を指示している。しかし、慈願寺が久宝寺所在の寺院であったのに対し、光徳寺と定専坊は本寺が大坂にあったわけではなく、手次寺院も大坂近郷にはほとんどなかったと思われる（第2表）。したがってその動員の論理は本末関係でなく、「近郷」といわれていることからも地域的動員、すなわち与力的編成にあったとみなすことができるのではなかろうか。事例が少ないので推測の域を出ないが、御坊の常住衆が与力の編成・動員等にかかわった可能性を示唆するものとして注意しておきたい。

⑶管轄地域

御坊が本願寺の地域的拠点であり、また面的に与力動員をはかったとすると、御坊はそれぞれ一定の管轄地域をもっていたものと考えられる。そう考えると、大坂坊の場合は前述の状況から摂津国・河内国がその管轄地域の目安として指摘されよう。しかしながら、同じ時期に摂津国では島上郡に富田坊、河内国では北東部に出口坊・枚方坊、そして中河内には久宝寺坊が存在しており、それらの近隣については各御坊の管轄だった可能性が高い。したがって、実際には大坂坊は他の御坊と分担しつつ摂津・河内を管轄していたものと推測される。

⑷御坊から本願寺へ

大坂本願寺が誕生し、その体制が確立してくると、大坂六人坊主の集団としての地位は自ずと低下してくる。たとえば、六月二十日の円如忌頭人、十一月二十三日の斎頭人の解除がそれを示している。定専坊など個々の寺院が担当する忌日頭人に変更はないが、集団としての名が失われるのは、大坂御坊体制の終焉と本山体制の確立を示すものといえよう。

富田坊

(1)動向

創設年代は未詳だが、もっとも古い免物として、文明八年（一四七六）裏書の親鸞蓮如連座像（鷺森別院蔵）が確認されている。当初は蓮如自身の私坊的性格が強かったが、明応七年（一四九八）に第二〇子の蓮芸に付属された[43]。またそれにあわせて同年、親鸞寿像（安城の御影）、親鸞絵伝（妙慶寺蔵）が安置されている[44]。したがってこの年が富田坊のひとつの画期ということができよう。

その後、天文元年（一五三二）、細川晴元と本願寺の確執のなかで破却されたが、同五年には再興が認められ、本願寺は「教行寺」としての再建を求めている（『天文日記』天文五・十・二十、閏十・二十二）。

(2)寺中・与力構造

当初、もと蓮如付きだった下間光宗が蓮芸に付属させられた[45]。また、天文期には番衆も付属していた（『天文日記』天文五・十一・六）。こうした寺侍や番衆の存在は本願寺と基本的に同じであり、本願寺の出先としての御坊の性格をよく体現しているといえよう。「永禄記」の「明応七年の秋にいたって、真弟の蓮芸律師兼秀を富田に住せしめたまい蓮如上人真弟、実、如上人の次男なり教行寺と名付け、幷びに門人等を付属ありき[46]」との記述はそうした状況をよく伝えている。しかし、与力構造についてはその様子を告げる史料は管見に触れず、実態は不明である。

(3)管轄地域

大坂本願寺期であるが、本願寺に滞在していた鳥居小路氏が上洛する際に、本願寺が坪井（現摂津市千里丘東付近）まで送り届け、そこから先は富田が送るという史料がある（『天文日記』天文五・四・十）。明確な管轄地域の線引きができるわけではなかろうが、およそこの付近を西端として富田坊の管轄地域は東へ広がっていたものと考えておきたい。

また、少し下るが、天文十五年(一五四六)には、本願寺が淀川を上り下りする船の通航を確保するために、関所への折衝をおこなっている。

【史料4】『天文日記』天文十五年六月二十二日条

此次此方新船各乗之、此方舟也、可得其心、如先々向後上下無相違可分別之通、富田・出口・牧(枚)方為此三ケ所先々申届、役所共へ相理、成其意得由返事申也、

この折衝を担当したのは富田・出口・枚方の三ヵ所だったとするが、後述する御坊の所在地もあわせ考えると、具体的には本願寺の御坊が担当したとみてよい。この三ヵ所は淀川をはさんで向かい合う位置にあるため、富田はとくに淀川右岸にある関所との折衝窓口を担当したのであろう。

さらに、富田坊は本願寺が、摂津の有力国人である三宅国村と接触する際、その間に立ったようである。実際には天文一向一揆時からの関係修復を目指す本願寺が、北摂における有力国人だった三宅氏との窓口を富田坊に預けようとしたのであった(『天文日記』天文五・六・二十二)。三宅国村はその妻が下間頼広の娘という関係もあったが[47]、本願寺は御坊を窓口に据えて接触をはかろうとしたようである。地縁的関係をいかしながら本願寺を支えて活動する御坊の機能がうかがわれる事例である。

出口坊

(1) 動向

越前吉崎から戻った蓮如は文明七年(一四七五)、出口に落居した。ここはのち長男順如に付属されたが、順如は同十五年に没したため、常楽寺光信の三男で蓮如の長女如慶尼を母にもつ光淳が入寺し、一門寺院光善寺として継承されることとなった。天文一向一揆で一時退転するが、天文六年(一五三七)には寺領・買徳分の返付が認められた(「従木沢以若井、久宝寺、出口此両所寺領幷買徳分、長政令存知分返付との折紙両通、上野

方へ来候」〈『天文日記』天文六・十一・二十三〉）。出口坊の還住交渉は証如が久宝寺坊とセットでおこなっており、河内国において久宝寺坊と出口坊は両輪的存在として重視されたことがうかがえる。

(2)寺中構造・与力構造

先述のように出口坊には蓮如の側近だった本遇寺があり、同寺が常住衆的存在で出口坊を管理した。[48]また、のちの実順の時代には坊官として下間頼和が付属されていた。[49]さらに番衆の付属も確認でき（『天文日記』天文五・十一・六）、御坊としての体制が整えられていた様子がうかがえる。与力構造は明らかでないが、本遇寺が手次関係を有する門徒集団としては、前述のように摂津福島での存在が確認できる。

(3)管轄地域

詳細が知られる史料はないが、富田坊の項で紹介したように、天文十五年（一五四六）には淀川沿いの関所との折衝役を担っている。ただし、この史料では枚方坊も名を連ねているのが注目される。出口坊と枚方坊は近接した場所にあるので、担当地域の調整がみられたと推測されるがよくわからない。ただし、後述するようにこの段階の枚方坊は一家衆が入る以前の段階であり、教団内での位置づけに違いがあった可能性は想定されよう。

久宝寺坊

(1)動向

明応年中の蓮如が創建し第二四子実順に付属した久宝寺の西証寺がその濫觴という（「大谷嫡流実記」）。永正三年（一五〇六）の河内錯乱の際には大坂御坊と同一行動をとった（「山科御坊事幷其時代事」）。天文一向一揆で一時退転するが、まず天文六年（一五三七）に出口坊とともに寺領・買徳分の返付が認められ（『天文日記』天文六・十一・二十三）、天文九年には還住が認められた（「自木沢、久宝寺坊舎再興之儀得其心候、最前之筋目無相違之由、返状到来、又中坊書札も藤井持来、即此状共下間筑後並慈願寺ニ渡遣訖」〈『天文日記』天文九・九・二十九〉）。

寺主は実順が永正十五年（一五一八）に没したのち、実真が入寺したもののほどなく享禄二年（一五二九）に没した。そのため、証如の外祖父だった蓮淳が天文四年（一五三五）に入寺した。当時教団内の重鎮だった蓮淳は「河内棟梁」（「大谷本願寺通紀　巻五」）と呼ばれたと言い、またこれを期に寺号が顕証寺と改められたという。

⑵寺中・与力構造

常住衆的存在ではなかったかと推測されるのが既述の慈願寺である。慈願寺については「先日御坊へ以書状令申候時、可申候処ニ于今在京之由申候間無其儀候」（慈願寺蔵「繁元書状[50]」）とあるように、御坊と外部との連絡窓口の任にあったことがわかっている。また、寺侍として下間筑後守頼清の在住も知られる（『天文日記』天文九・九・二十九）。

ところで、実真が没した享禄二年に蓮淳を久宝寺坊へ招いたのは「河内十二坊」と呼ばれる有力寺院であった（「大谷本願寺通紀　巻五」）。「河内十二坊」とは妙楽寺（藤井寺市小山）、明教寺（羽曳野市島泉）、真蓮寺（羽曳野市古市）、西念寺（羽曳野市古市）、覚永寺（羽曳野市西浦）、光乗寺（藤井寺市岡）、元勝寺（羽曳野市蔵之内）、西楽寺（千早赤阪村森屋）、光宗寺（羽曳野市誉田）、正光寺（旧美原町黒山）、光福寺（太子町春日）、浄国寺（松原市）を指す。これら一二ヵ寺については不明な点も多いが、直参の妙楽寺や蓮如下付の方便法身尊像を所蔵する西楽寺が含まれており、中河内から南河内にかけての有力寺院集団として久宝寺坊を直接支える重要な立場にあったことは相違ないだろう。与力集団の中核寺院、あるいは与力寺院の筆頭的存在だった可能性もあろう。

なお、与力の実態については先の【史料3】が参考となる。これによると本願寺が天文五年（一五三六）に軍事動員をかけた際、慈願寺へは「久宝寺あたり」での動員を申し付けた。これは久宝寺坊が退転している時期の出来事であり、また慈願寺は久宝寺在の寺院であることから元来周辺地域への影響力は大きかった。しかし、中世段階の手次関係として確認しうる慈願寺の手次寺院は久宝寺近辺には少なく、南河内から大和にかけて展開していたことが知られている[51]。したがって、ここで慈願寺が果たした役割は久宝寺坊内で培われた地域的動員体制に則ったものとみることもできよう。

(3)管轄地域

久宝寺坊は中河内所在だが、先の「河内十二坊」は中〜南河内地域に厚く分布している。慈願寺下寺院の分布なども参考にすると、久宝寺坊の主力地盤は中河内から南河内地域だったと推測することができよう。

枚方坊

枚方坊にかかわっては鍛代敏雄[52]と草野顕之[53]の研究があるが、ここでは一家衆寺院としての検討を加えた草野氏の成果に拠りながらその概要を述べてみたい。

(1)動向

その濫觴については永正十五年(一五一八)創設とする説もあるが明らかでなく、「河内枚方の道場」(『細川両家記[54]』)がその前身にあたると推測される。その後、永禄二年(一五五九)になって一家衆の実従が入寺し、一門寺院としての格付けを得ることになった。ただし、前述のように天文十五年(一五四六)には富田坊・出口坊とともに淀川沿いの関所との折衝役を担っていることから、この段階で富田坊・出口坊に近い機能をもたされていたことは間違いなかろう。しかし、実従が入寺するまでは本願寺一族が寺主となった形跡はみられず、その間の具体像は不明である。

(2)寺中・与力構造

まず寺中構造であるが、永禄二年(一五五九)以降になると殿原、中居、中間・下部、あるいは御堂衆といった人びとの存在が確認できる。これは草野氏が述べているように基本的に大坂本願寺のそれに準じたものとみられ、御坊の基本的構造といえよう。

与力関係としては西光寺(京九条)の存在が指摘されている。西光寺は大坂本願寺の常住衆・御堂衆に任ぜられる寺院であったが、その寺基は京都にあって枚方からは距離がある。必ずしも隣接地域に限らない与力寺院の存在形態は注目されよう。

⑶管轄地域

与力寺院の西光寺を別にすれば、枚方坊の門徒団の分布は史料上、枚方坊を中心とした数キロメートルの範囲におさまると指摘されている。しかし、これは順興寺と直接寺檀関係を持つ門徒団の場合であり、与力集団の状況はよくわかっていないため、それ次第で管轄地域の広狭は違ってくるものと思われる。しかしながら、枚方坊の西に出口坊があることや西光寺の存在を考えると、管轄地域は北河内から東方に広がっていた可能性があろう。

堺坊

⑴動向

堺坊には蓮如自らの院号をもつ「山口信証院」(願行寺蔵：九字名号裏書)[55]が存在した。本院は文明八年(一四七六)～九年、道顕が寄進した地に創設されたと言い、生前に堺をしばしば訪れた蓮如の活動拠点であった[56]。蓮如の没後は実賢による大坂・堺の両坊相続がとりざたされ、またその後も実従の入寺が検討されたが実現せず(「山科御坊事幷其時代事」)、結局、本願寺一族の本格的な入寺はみられなかった。

他の御坊同様に天文一向一揆の影響で退転したが、天文五年(一五三六)には納帳が証如に届けられており(『天文日記』天文五・二・一)、実質的な活動は早くに再開されたものと思われる。そして同年閏十月には再建が指示されているが(『天文日記』天文五・閏十・二十九)、御堂完成は天文十七年と時間を要した(『天文日記』天文十七・九・九)。そして同二十年に諸公事免許状が細川晴元より到来し、安堵を回復した(『天文日記』天文二十・十二・三十)。

⑵寺中・与力構造

常住衆的立場にあったのが〝堺三坊主〟と呼ばれた真宗寺、慈光寺、善教寺であった。

【史料5】「堺三坊主慈光寺由緒書」天正十一年（一五八三）[57]

堺の御坊に於て三坊主の規模成る事其数あり、御坊御境内に三坊の多屋を建、多屋守を置キ、則御坊の火番役を為仕（中略）是皆蓮如上人より御坊と（ママ）三坊主へ預ケ置せらる、御消息の故なり、

この三ヵ寺が寺中に多屋を構え、御坊の役を勤仕していた様子がうかがわれる。

また天文二十三年（一五五四）、証如の葬礼時の記録には「堺御坊御留守衆・御与力衆」[58]が登場する。堺坊には本願寺一族が止住しなかったため、普段は寺主の立場にあたる人物が在寺することはなく、その代理となる存在が留守衆と呼ばれたのであろう。与力衆についてもこれ以上には手がかりがない。なお、少しさかのぼるが、大永五年（一五二五）には「堺寺内衆」も確認できる（「実如闍維中陰記」）。この寺内衆は堺御坊を中心に形成された寺内に居住する門徒集団だったと推測される。

(3)管轄地域

堺坊の北側に位置した御坊は大坂坊となるので、まずは大坂坊との境界区域を考えてみたい。手がかりとなるのは、すでに大坂坊が姿を消した永禄六年（一五六三）の史料となるが、顕如が堺へと下向した際の記録である。それによると、大坂本願寺から阿倍野までは大坂寺内衆が先頭に立ち、そこから堺までは阿倍野へ迎えにきた「堺衆・三坊主衆」が先導したとある（「永禄六年顕如堺御成記」[59]）。これ以外には史料が見当たらないので、ここではこの一帯を堺坊と大坂坊の境界を考える目安として提示しておきたい。一方、南側の境界については、後述のように海塚坊の与力が和泉一国だったとする史料があるので、少なくとも海塚坊成立後は堺以北ということになる。それ以前についてはよくわからないが、堺坊に遅れて創設された海塚坊に和泉国一国が委ねられたとすると、和泉国における堺坊などの統率機能は必ずしも十分でなかった可能性があるだろう。

現在の岸和田市岡山町に旧地のある岡山坊については『岸和田市史』[60]で検討がおこなわれているので、それを参照しつつ述べてみたい。

岡山坊

(1)動向

岡山坊に関する中世史料はまったく乏しく、「岡山坊」の名が確認できる中世の一次史料は寡聞にして知らない。前述のとおり、永正二年(一五〇五)に実如から岡山講宛てに下付された親鸞絵像が現存しており、またその二年前の文亀三年(一五〇三)に下付された本尊の方便法身尊像も伝わっている。方便法身尊像の裏書の所付は「岡山」であり、願主部分は痛みがひどく有無の確認すらできないが、これらが安置された講の中心寺院が岡山坊だったと推測される。近世の『和泉名所図会』[61]によれば、三好氏が畠山氏と攻防を繰り広げた際に岡山坊に籠ったため畠山氏の手で放火されたと言い、さらに天正八年(一五八〇)にも松浦安太夫・日蓮宗徒らによって焼き討ちにされ、以後再建されなかったと伝えている。なお、本願寺一族が入寺した形跡はみられない。

(2)寺中・与力構造

この件を検討する手がかりは中世史料では見出せないが、岡山講は近世以降も存続しており、その構成員は周辺八ヵ村に広がっていたことがわかっている。中心寺院とその所在地は額原村浄行寺、大町村円勝寺、田治米村正源寺、尾生村浄念寺、箕土路村浄福寺、新在家村円満寺、三田村西教寺、摩湯村正願寺である。これらのうち、浄行寺・浄念寺は永正十三年(一五一六)の中興あるいは開創、円勝寺は大永三年(一五二三)の開創と伝えており、おそらく集落単位で寺院(道場)を中心に結集した門徒集団が岡山講を形成したのであろう。与力衆に関する情報は確認できない。

(3)管轄地域

上記検討によれば、岡山坊を支える基本集団の展開地域はごく近い周辺の村落に限られることになる。近世史料によれば浄念寺は浄行寺の末寺なので、各寺院の本末関係も近隣地域にとどまる可能性がある。以上から判断すると、岡山坊は実如に従った直参門徒の結集拠点として誕生したのであり、その枠を超えた地域的拠点への展開という動きはあまりみられなかったのではなかろうか。

海(貝)塚坊

海塚坊については、拙稿で述べたことがある[62]。それに沿って概要を記しておきたい。

(1)動向

天文十九年(一五五〇)四月、証如は紀伊国の御坊を訪問する旅の行き帰りに海塚へ立ち寄った(「証如上人紀州下向記写」[63])。この時証如は、吉野→「なかの」(河内長野)→「かいつか」→深日→黒江御坊→「へいつい嶋」→清水、黒江→「かいつか」というルートをたどっている。注目されるのは、その年の八月に証如が本尊の方便法身尊像を海塚に下したことである(願泉寺蔵[64])。現在、本像の裏書には「願主釈了珍」と記されるが、この部分は追筆であり、本来は所付までしか書かれていない裏書だった。これは御坊の寺主は本願寺主が兼ねるという理屈から生まれた形式と解釈されるので、海塚が御坊であったことを物語る有力な根拠となる。もっとも、「海塚坊」の名の初見は慶長十二年(一六〇七)の「海塚之坊」(願泉寺蔵、親鸞絵像裏書[65])とやや下るが、「御覚」(願泉寺蔵[66])では「和泉之国貝塚寺内ハ天文二四年三月岸和田兵衛大夫存知之時大坂御門跡之儀としてとりたて申候事」として、貝塚が本願寺並みの寺内だったことが示されており、御坊としての格付けを有していたことが示唆される。

のち、天正十一年(一五八三)から同十三年までは本願寺が当寺に存在したが、その前後を含め本願寺一族が当寺の寺主となった形跡はない。

(2)寺中・与力構造

天文二十三年(一五五四)、証如の葬礼のため大坂本願寺を訪れ、非時に参加したのが「いつミかい塚藤右衛門・同御与力衆」（「証如宗主御葬礼幷諸年忌記」）だった。これによれば、海塚の代表者は「藤右衛門」であり、また与力衆も存在した。葬礼に参加した「藤右衛門」は証如に従った直参身分であり、御坊取立ての立役者だったと推測される。一方、藤右衛門は世俗面では屋号を雑喉屋とする交通業者であった。[67]

与力の実態に関する史料は乏しいが、天正五年（一五七七）、織田信長軍が和泉攻めをおこなった際、国中の一揆が貝塚（＝海塚）に立て籠もっている（『原本信長記』「十六日、和泉の内香庄御陣取、国中の一揆、貝塚と云ふ所海手を拘へ、舟を引付け楯籠り」[68]）。和泉国内の一揆が信長軍に対抗するため貝塚に籠ったとするこの記事は多少の誇張を含むかもしれないが、貝塚に集結したということはこの地の重要性を物語るものであり、実際には御坊の所在地だったことが一揆の集結した大きな理由だったとみるべきだろう。したがって海塚坊の成立以降、和泉国の門徒・寺院はその与力として位置づけられたとみなしておきたい。

⑶管轄地域

和泉一国の門徒・寺院を海塚坊の与力と推定したが、一方で日根郡南部が同坊の管轄地域から外れていたことをうかがわせる史料もある。前述のように天文十九年（一五五〇）、証如は紀州を訪問したが、紀州から貝塚へ戻る際、紀州の者が八丁畷（泉佐野市岡本）および貝塚まで随行してきたという（「証如上人紀州下向記写」）。また他の事例では、石山合戦中の天正六年（一五七八）、泉南から紀北にかけての門徒（湊惣中・雑賀惣中・岡・松江・嘉祥寺・吹（深）井・加太・其外諸浦警固中）宛てに本願寺への上番を求めた文書が伝存しているが[69]、これは紀州の御坊だった雑賀坊（現鷺森別院）に伝来した。さらに同十一年、顕如が紀州から貝塚へ寺基を移転させた際、警固にあたった雑賀衆が嘉祥寺および貝塚まで随伴している（「貝塚御座所日記」天正十一年七月四日条[70]）。これらから考えると、およそ嘉祥寺付近を境に北は海塚坊、南は雑賀坊が管轄していたものと推測されるのである。

ところで、海塚坊については設置時期が堺坊の再興がほぼ終わった時期と重なっている点が注目される。また天文十一年(一五四二)には、興正派に属していた和泉国南部の中心寺院真光寺が本坊を紀州へ移転させている。[71]こうした状況をみると、天文一向一揆後、和泉国の門徒・寺院の組織化をどのようにおこなうかが天文十年代前半に課題となっており、それへの対応策として海塚坊の設置(与力の設定)、および雑賀坊との所管地域の調整が図られたと考えることができないだろうか。

(3)小括

以上、御坊の実態とそこへの結集形態である与力の状況について述べてきた。それによれば、御坊については構造面から分類した場合、一門・一族(宗主の代理)が入寺し中核となった御坊(大坂・富田・出口・久宝寺・永禄以降の枚方・堺)と、直参衆を中心に創建された御坊(岡山・海塚)の二つに大きく分けることができよう。そして、前者のほとんどが蓮如以来の歴史を持ち摂津・河内に置かれたのに対し、後者は実如期以降で、しかも和泉国で誕生するという違いをみせている。

このように摂河泉という地域でみた場合、御坊の動向は摂津・河内と和泉とでは同一でない点が注目されよう。堺を含む摂津・河内においては蓮如の活動がベースとなって教団の拠点となる御坊が誕生したのに対し、和泉国では永正期以降に、一族ではない地域の有力者(直参衆)を核として誕生するという動きがみられたのである。

この状況は御坊を支える与力体制にも影響を与えているといえよう。まず、摂津・河内では大坂坊や富田・出口・久宝寺・堺の各坊があり、管轄地域の明瞭な線引きは困難であるが、それぞれに周辺地域を中心に与力を編成していたと推測される。大坂坊が永正の錯乱の際に摂津・河内から与力を集めたとされるのは、大坂坊の与力に加え、久宝寺坊が大坂坊に与していたこともあって(「山科御坊事幷其時代事」)、広範に河内の門徒・寺院衆を集結させることができたことを示しているのではなかろうか。

一方、和泉では堺をのぞくと蓮如段階では本願寺直末の有力寺院・門徒はほとんど存在しなかった。本願寺教団にとって地域編成の手薄な地域であったといえよう。その後、永正期には直参衆を中心とする岡山坊が創設されるが、御坊としての発展はみられず、そのため、証如の段階になって海塚に直参衆を取り立てて御坊とし、雑賀坊との調整をはかりながら広く与力を編成し、和泉国を掌握する体制をつくりあげたものと思われる。こうして、海塚坊の誕生をもって戦国期の摂河泉では御坊による地域編成が整ったと言いえよう。

四　定専坊にみる本願寺への結集

以上、摂河泉における三種の結集形態をみてきた。寺院・門徒衆はこれらの形態を介して本願寺へと結集していたわけだが、実際にはこれらが同じ寺院・門徒衆のなかで同時かつ重層的に存在しており、それが本願寺による寺院・門徒衆の編成を堅固なものとできた大きな理由と推測される。そこで、ここではそうした側面を確認するため、あるひとつの寺院に着目し、寺院側からみた本願寺への結びつきの実態を示してみたい。この作業をおこなうことで本願寺の地域編成の実像がさらに明確になるものと思われる。

(1)　定専坊の直参化

ここでとりあげる寺院は、すでに何度も登場している定専坊である。まず定専坊をめぐる本末関係からみていきたい。中世の絵像裏書等によれば本願寺と定専坊の間には手次寺院はなく、定専坊は直末だったようである。ところが、定専坊は楠木正成を祖と仰ぐ系譜を有している。その当否を確認する史料には恵まれていないが、手次寺院・門徒が淀川流域に広がっていることや、その系譜が仏光寺とかかわりの深い南朝とのつながりを示唆していることから推測すると、定専坊はもともと仏光寺の法流に属していた可能性が高かろう。つまり、定専坊は仏光寺系の教線の展開に歩調を合わせて、淀川流域において手次寺院・門徒を束ねていったものと想像できよう。その後、定専坊の浄顕が本願寺第七代存如に従ったと伝えている。この点については、摂津国では存如期より本願寺系寺院の開創がみられはじめたとする既述の動向と合致しており、興味深い。

ところで、第2表によれば定専坊の下には北摂地域を中心に西摂や北河内、そして一部中河内まで多くの手次寺院・門徒が存在していたことがわかる。このデータは近世の史料にもとづくものであるが、これらのなかには中世の絵像を所蔵するところも散見されるほか、前述の通りすでに蓮如期において「浄顕ノ衆」と称される人々も存在が確認できるので、定専坊の手次寺院・門徒が早くから存在することは間違いない。定専坊が戦国期において相当数の手次寺院・門徒を有する、摂津を代表する有力寺院として地位を固めていた様子がうかがえよう。

定専坊と本願寺の直参関係については、既述のごとく浄顕と蓮如の関係が確認できるが、定専坊が存如期に本願寺に従ったとすると、存如期からそうした関係が成立していた可能性も否定できない。そしてそれ以後、定専坊が歴代宗主との間に直参関係を保持していたことは、蓮如・実如・証如の各絵像が伝存していることから明らかである。また、石山合戦時の天正八年(一五八〇)閏三月二十五日には、顕如が定専坊の了顕宛てに忠節を催促する書状を直接送っている(定専坊蔵、顕如書状)[72]。大坂退去をめぐる混乱の時期ではあったが、こうした本願寺宗主による書状の存在は両者の緊密な関係を示しており、それはとりもなおさず直参関係に由来するものとみてよかろう。こうして定専坊は戦国期を通じて直参身分を保ち続けたのであった。

(2)　定専坊による地域編成

そして、定専坊が大坂御坊の中枢部にあって地域編成の最前線で活動した側面にも注目したい。定専坊は一般門末のように与力という形で一時的に動員される立場ではなく、大坂六人坊主の一員として御坊を支え運営する側にあった点で重要である。実際に担った機能は多様だったと推測されるが、本章の関心ではとりわけ地域編成にかかわった点が注目される。具体的には、先に紹介したように定専坊は大坂の近郷で軍事動員をおこなった事例が知られるほか、定専坊に伝来している天正八年閏四月二十日付け顕如書状が注目される（定専坊蔵、顕如書状(73)）。これは大坂退去直後に顕如が忠節を求めて発したものだが、その宛所が摂州坊主衆中・門徒衆中となっているのである。この宛所をもつ文書が定専坊に伝来していることは、定専坊が摂津国における、のちでいう触頭的な機能を有していたことを示唆するものである。以上のような状況や史料の存在から考えると、定専坊は大坂坊において摂津国の門末を統括する立場（河内国は光徳寺か）にあったとみなすことができるのではないだろうか。

さて、定専坊は天文五年（一五三六）に榎並四ヵ所の路次で武家が狼藉を働いた際、光徳寺とともにその対応に派遣されたことがあった（『天文日記』天文五・五・二十七）。こうした在地での諸勢力との交渉・調整という役回りも地域門末の編成にかかわる重要な活動の一部だったと思われるが、この点にも関連して注目されるのは本願寺と武家との交渉において定専坊が果たした仲介的機能である。

【史料6】『天文日記』天文二十二年閏正月二六日条

従明石左京亮祐行為音信、太刀百疋、杉原三束来、使者与力保田小兵衛差上之、先日者以安東雖申入候、久不申とて如此、安東者案内ニ来云々、頼資披露、

【史料7】「明石祐行書状」（天文二十二年）閏正月二二日付　定専坊文書

年甫之賀慶珍重々々、更不可有休期候、仍院家江御礼申上候、可令如何候哉、下間大蔵大夫殿迄以一札令申候所、可然様御指南可為本望候、尤細々可申入処、当国依錯乱無音之段、非自由候、近日者爰元先無事趣候条、似相之儀在之者、可令馳走候、随而太刀一腰送進候、喜悦儀計候、猶安藤忠兵衛可申候、恐々謹言、

潤正月廿二日　祐行（花押）

定専坊　床下

本願寺の外交権は宗主に集中しているが、ここで明石氏が本願寺と音信を交わす際に定専坊に本願寺への接触方法について助言を求めているように、実際には本願寺と武家が接触する際にはその間に立つ寺院の存在が大きな意味をもったものと思われる。明石氏と定専坊の接触はこれらの史料以外には確認できないが、明石氏の本貫地が摂津に接する東播磨であるのに対し、定専坊は西摂に手次寺院があったほか、大坂坊が摂津国を管轄するなど両者は近接していることから、この地域における定専坊の活動を前提に武家との関係が成立し、それが本願寺の外交を支える形で機能したのではなかろうか(74)。

以上のように、定専坊は手次寺院が摂津(とくに北摂および西摂)に多数存在するこの地域きっての有力寺院であり、当地に大きな地縁関係を築いていたといえよう。そのうえで大坂坊にあって摂津国の与力動員をおこなうなど、地域編成の最前線にあった。また、同地域において武家などと接する機能を持ったのもこうした背景があったからと思われるが、これらの定専坊の性格と機能は相互に密接にかかわり、補完しあいながら存在していたと考えられ、それが最終的に本願寺を支える構造となっていたのである。

おわりに

以上、煩瑣となったが戦国期の摂河泉における本願寺の末寺・門徒の編成を三つの結集形態を軸に分析し、その実態を述べてみた。その内容は繰り返さないが、簡単にまとめると、この三つの国では蓮如以前の状況は似通っていたものの、蓮如以降になると摂津・河内と和泉とでは相違する点が多く、とくに御坊のありかたについては大きな違いがみられたといえよう。そうした御坊の問題はその直前における本願寺教団の展開の状況の違いを反映したものといえ、今回は御坊を通して各地域における本願寺教団の展開および地域編成のありかたを垣間見ることができたものと思われる。

また最後に、定専坊を手がかりに地域の有力寺院が本願寺にどのような形で結びついていったのかを検討してみた。その結果、定専坊は先の三つの形態を重層的に機能させることで本願寺教団の一翼を担っていたことが判明した。

しかしながら残された課題は少なくない。今回は教団内の議論に終始したが、具体的事例に即した本末関係や与力の実態を明らかにすることはできなかった。また、摂河泉以外の地域との比較もかなわなかった。これらの問題は教団内にとどまらず地域社会のなかで視野を広く検討すべき課題でもある。今後検討を続けていきたい。

（1）金龍静「『卅日番衆』考」（『名古屋大学日本史論集』上巻、吉川弘文館、一九七五年）、同「戦国期本願寺支配権の一考察」（『年報中世史研究』創刊号、一九七六年）、「戦国時代の本願寺内衆下間氏」（『名古屋大学文学部論集』史学二四、一九七七年）。
（2）早島有毅「戦国期本願寺における『頭』考――勤仕の性格と問題情況――」（『真宗研究』二六輯、一九八二年）。
（3）草野顕之『戦国期本願寺教団史の研究』法藏館、二〇〇四年。金龍静『一向一揆論』吉川弘文館、二〇〇四年。
（4）小谷利明『畿内戦国期守護と地域社会』清文堂、二〇〇三年。
（5）註（4）小谷著書、一八七～一八八頁。
（6）石田晴男「戦国期の本願寺の社会的位置」（『講座蓮如　第三巻』平凡社、一九九七年）。註（3）金龍著書。大澤研一・仁木宏編『寺内町の研究　第三巻』法藏館、一九九八年。
（7）『増補改訂本願寺史　第一巻』浄土真宗本願寺派、二〇一〇年。
（8）註（3）金龍著書、三三一頁。
（9）日野照正『摂津国真宗開展史』同朋社、一九八六年。また、草野顕之「蓮如上人と大阪・北摂」（『蓮如上人五百回御遠忌・開基四百年記念　法要記念誌　茨木御堂』真宗大谷派茨木別院、二〇〇二年。のち「大坂・北摂の真宗教団」と

改題し、同氏『真宗教団の地域と歴史』〈清文堂、二〇一〇年〉に再収）参照。
(10)「存覚一期記」（『存覚上人一期記　存覚上人袖日記』同朋舎、一九八二年）。以下、出典は同じ。
(11)「存覚袖日記」（註10『存覚上人一期記　存覚上人袖日記』）。以下、出典は同じ。
(12)註（9）日野著書、一九頁。
(13)日野照正「初期真宗の展開――河内国の場合――」（『仲尾俊博先生古稀記念 佛教と社会』永田文昌堂、一九九〇年）。
(14)光正寺蔵。平野の状況は「反古裏書」（『真宗史料集成　第二巻』同朋舎、一九八三年）参照。
(15)大阪市立博物館編『大阪の町と本願寺』毎日新聞社、一九九六年。
(16)註（15）『大阪の町と本願寺』。
(17)『久宝寺寺内町と戦国社会』八尾市立歴史民俗資料館、二〇〇一年。
(18)「堺市史史料」堺市立中央図書館蔵。
(19)「真光寺由緒書」（『田尻町史　歴史編』田尻町、二〇〇六年）。
(20)「大谷本願寺通紀 巻二」（『真宗史料集成　第八巻』同朋舎、一九八三年）。
(21)註（15）『大阪の町と本願寺』。
(22)註（7）『増補改訂本願寺史　第一巻』。
(23)「第八祖御物語空善聞書」（註14『真宗史料集成　第二巻』）。
(24)註（2）早島論文。
(25)「実如画像裏書」定専坊蔵（註15『大阪の町と本願寺』）。
(26)「天文日記」（『真宗史料集成　第三巻』同朋舎、一九八三年）。以下、出典は同じ。表記は天文七・二・九とする。
(27)『真宗の興隆――真宗寺史と堺――』真宗寺、一九九四年。
(28)金龍静『蓮如上人の風景』本願寺出版社、一九九八年。
(29)註（28）金龍著書。
(30)註（2）早島論文。
(31)「大谷本願寺通紀　巻一」に「河内小山妙楽寺、素為天台宗、帰師（綽如）入真宗、以故毎年四月二十四日忌、本山賜

斎於妙楽寺門徒三人」とある（註20『真宗史料集成　第八巻』）。
(32)「蓮如上人御一期記」七七（註14『真宗史料集成　第二巻』）。
(33)「御文」明応七年閏十月下旬付（註14『真宗史料集成　第二巻』）。
(34)「実如闍維中陰記」（註14『真宗史料集成　第二巻』。以下、出典は同じ）。
(35) 註(3)草野著書。
(36)『岸和田市史　第三巻　近世編』岸和田市、二〇〇〇年。
(37) 註(19)『田尻町史　歴史編』。
(38) 註(4)小谷著書。
(39)「御文」明応六年十一月二十五日付（註14『真宗史料集成　第二巻』）。
(40)「拾塵記」（註14『真宗史料集成　第二巻』）。
(41)「実悟旧記」（註14『真宗史料集成　第二巻』）。
(42)「山科御坊事幷其時代事」（註14『真宗史料集成　第二巻』）。以下、出典は同じ。この一件については他の御坊の動向にもかかわるため、長文となるが関連部分を引用しておきたい。

一、蓮如上人御七年ハ隣国も閑にて各上洛申、ありかたく候き、八年に成候明の年ハ錯乱出来候、それハ永正三年也(一五〇六)、越前国一揆おこり候、河内国錯乱いてき、それに大坂にハ兄にて候宰相実賢住持にて候つるか、不慮の申事出来、大坂五人坊主以下牢人の事に候つる、其砌以来当宗御門弟の坊主衆以下具足かけ始めたる事にて候、

（中略）

一、永正三年に細河右京大夫政元と畠山上総守ゝゝと中わろく成て、河内国誉田の城を政元せめられけるに、いかにも城よくて不成けり、程ふるまゝに、何者のいひける事や覧、河内津の国の本願寺門徒を陣立させて此城を責ハ、たちまち可被得勝利、と政元にいひける程に、政元同心あり、山科殿へ政元まいり給ひ、門徒の坊主達幷惣門徒に出陣させて給り候へ、と申させ給ふ、其時ハ実如上人の御返事にハ、中々左様の事仕付ぬ身と申、門徒ものに左様の事ハ申付たる事もなし、長袖の身と申、中々申付候共、不可承引事にて候、と色々御返事候へ共、年来無等閑申承間の事にて候へば、此時御合力可為満足と種々様々の申され事にて侍しに、中々此儀に限て、一向長袖の身にてさ様の事難申付候由、再三

仰候へ共、前住蓮如御時より甚深に申談事にて候へハ、加様の折節にてこそ候へ、被仰付候て給候へ、とかさね〳〵数日申させ給侍しかとも、堅而退御申候へ共かなはす、或時ハ、右京兆山科へ来臨の間、大津へ実如御逃候つる時も侍し、又大津へ追かけて参らせ給ひ候し程の体にて候間、御料簡なくて、摂津河内両国の坊主衆御門徒衆へ、此事、京兆半将軍の様に今ハ威勢かきりなき人にて、然も御本寺之事を無御等閑馳走人にて候へハ、再三如此御斟酌候へ共、如此仰候間、各出陣候へかしと被仰出候へ共、両国衆、いまた左様の事ハ不仕付候へハ、兵具もなし、如何して俄に可仕候哉、元より開山上人以来左様事当宗になき御事候、いかに右京兆御申候共、不可有御承引事候由被申候、数度以折紙状等丹後（下間頼玄）、源四郎（同弟（下間頼慶））被申遣候へ共、両国衆いかにとて如此の事可仕候哉、正に開山以来なき御事を可仕候哉、又於御進退も無勿体候由、度々被申上、野村殿（山科本願寺）よりハ京兆の催促被申候儀被仰付候へ共、さりとてハ開山以来御座なき事を可仕候哉とて、終領納不被申候、政元よりハ切々被申候間、不被及御料簡候て、加賀国四郡より千人歟と覚候被召上、誉田城へ被立候き、其後此儀被申結候て、宰相殿（実賢）御事ハ蓮如様御愛子之御事候へハ、御本寺様に用可申候、実如様御事不謂開山上人以来無御座事を被仰付候とて、不可用候と申、御内仁隣国坊主衆等以連署被申定、如此ありたる事候、然共宰相殿更無其覚悟事取持被申坊主等の曲事ニなりて、五六人いまに門徒も被召放、無子孫やうに候、則大坂殿へハ源四郎並美濃法橋二百余人召具し下向の間、宰相殿同大方殿（蓮能尼）同御料人いちや〳〵左衛門督未児之時大坂殿をハ御退候、又畠山尾張守（尚順）尚大方殿さあるへき事にあらすとて、又大坂殿へすゝ被申候き、雖然加様の強義有へからすとて、又大方殿も宰相殿も京都御退の事にて、三ヶ年牢々分にて候つるを、御比丘尼御所曼化院御扱候て、山科へ御和与候て、宰相殿ハ少後に御なをり候事にて候、其時の河内摂州衆書状、丹州・源四郎方状の案等大坂殿より下申候間、所持候事候き、

一、大坂の御坊と堺の御坊とハ宰相殿実賢へ御相続坊にて候を、堺の御坊をハ、両所まてハとて、大方殿蓮能上御申候、大坂の坊ハかりハ実賢は住持の分にて、蓮如上人御往生以後数年候しを、申事によりて被明候て、其後ハやう〳〵山科の御坊の傍に南殿と申ハ大方殿宰相殿御入候つる、大方殿永正十五年に御往生候てより、同十六年に江州堅田の坊へ実賢をは被仰付住候色々道具以下まで実如より被仰付給候て住持候事候其後三ヶ年過候てより大坂殿をハ教恩院と名つけられ、実如の御隠居の所と被定侍し、其比より円如ハ本願寺殿御住持分に世上の儀ハ候つる、内儀ハ実如御住持分にて候、堺の坊ハ蓮如上人の御坊にて、信証院と号せられ侍し、其後中比堺坊には左衛門督実従を可被仰付、と内々有増候しかとも、何と成覧申事候て、実如御往生砌ハ、山城三栖坊を被仰付侍しかとも、終不住候、証如の御時牧（枚）方の坊を仰付られ、住し侍る事也、子孫いまにこれにあり、

一、大坂一乱の砌ハ、芳野飯貝の坊にハ弟にて候侍従実孝(本善寺)住持候しかとも、無別儀候き、久宝寺(西証寺)の坊ハ大坂ちかく候へハ、諸事一同に候し間、宰相殿牢々の砌も同前に牢籠し、京都に候し、其後各候てより、如前に住坊の事にて候き、

(43)「大谷嫡流実記」(『真宗史料集成　第七巻』同朋舎、一九八三年)。以下、出典は同じ。

(44)草野顕之「鷺森別院蔵「親鸞・蓮如連坐像」について」(『蓮如上人研究会誌』六号、一九九二年。のち註9『真宗教団の地域と歴史』に再収)。

(45)註(1)金龍「戦国時代の本願寺内衆下間氏」。

(46)『真宗相伝義書　別巻二』真宗大谷派出版部、一九八七年。

(47)「下間系図」(註43『真宗史料集成　第七巻』)。以下、出典は同じ。

(48)註(7)『増補改訂本願寺史　第一巻』。

(49)註(1)金龍「戦国時代の本願寺内衆下間氏」。

(50)註(17)『久宝寺寺内町と戦国社会』。

(51)註(4)小谷著書。

(52)鍛代敏雄「枚方寺内町の構成と機能」(『国学院雑誌』八六―八、一九八五年)。

(53)草野顕之「順興寺と枚方寺内町」(『講座蓮如　第三巻』平凡社、一九九七年。のち「一家衆の地域的役割」と改題し、註3著書に再収)。

(54)『細川両家記』享禄二年正月一日条(『群書類聚　二〇輯』続群書類聚完成会、一九五九年)。

(55)註(15)『大阪の町と本願寺』。

(56)明和四年(一七六七)刊の「真宗懐古鈔」(『新編真宗全書　史伝編七』思文閣、一九七六年)の「堺之御坊御建立」では「道顕ノ寄附セラレタル堺北ノ庄ノ御敷地ニ御留守居ヲ置セラレテ、後ハ上人モ折々御越ナサレ、(中略)幸或寺ノ境内ニ、一ツノ無住ノ空坊アリシヲ買求メ、北ノ庄ノ御敷地へ引直サレケレバ、御坊ノ御普請、凡ソ四五十日計ニ御成就シ給ヒケル、而シテ阿弥陀如来(中略)ヲ御坊ノ本尊トナサレ、御自身ノ院号ヲ当坊へ名附ラレテ、此ノ御坊ヲ信証院トゾ申シケル、又ハ樫木屋ノ御坊トモ申シケル」と記されている。蓮如が晩年、堺をしばしば訪れた様子は「空善聞書」などで確認できる。

(57) 註(18)「堺市史史料」。
(58) 「証如宗主御葬礼幷諸年忌記」(『新修大阪市史　史料編　第五巻　大坂城編』大阪市、二〇〇六年)。以下、出典は同じ。
(59) 草野顕之「史料紹介『永禄六年顕如堺御成記』」(『寺内町研究』六号、二〇〇二年。のち註9『真宗教団の地域と歴史』に再収)。
(60) 『岸和田市史　第二巻　古代・中世編』岸和田市、一九九六年。
(61) 寛政八年(一七九六)刊『和泉名所図会』(柳原書店、一九七六年)。
(62) 拙稿「泉州のなかの貝塚願泉寺」(堺市博物館編『貝塚願泉寺と泉州堺』二〇〇七年)。
(63) 「証如上人紀州下向記写」(覚円寺文書『和歌山県史　中世史料二』和歌山県、一九八三年)。以下、出典は同じ。
(64) 註(62)拙稿。
(65) 註(62)『貝塚願泉寺と泉州堺』。
(66) 註(62)『貝塚願泉寺と泉州堺』。
(67) 慶長十五年卯月十四日付「乍恐申上候事」(願泉寺蔵、『貝塚市史　第三巻』)に「かいつかヨリ堺まで舟渡し之事、むかしさこや藤右衛門殿御坊御取立之時、こんたやと申人過分ニ取替被仕候付、堺への渡しこんたや被召候」とある。
(68) 「原本信長記」天正五年(『新修泉佐野市史四　史料編　古代・中世一』泉佐野市、二〇〇四年)。
(69) (天正六年)九月二六日「下間頼廉書状」(註63『和歌山県史　中世史料二』)。
(70) 『寺内町研究』創刊号、一九九五年。
(71) 註(19)『田尻町史　歴史編』。
(72) 『大阪市内真宗寺院の遺宝』大阪市立博物館、一九九三年。
(73) 註(72)『大阪市内真宗寺院の遺宝』。
(74) 定専坊には赤松氏の一族で摂津国有馬郡を支配した有馬村秀からの書状も伝来しており、両者に音信の関係があったことが知られる。西摂から東播にかけての地域に定専坊が影響力を保持していたことはここからもわかる。明石祐行書状・有馬村秀書状は註(72)『大阪市内真宗寺院の遺宝』参照。

第2表　定専坊手次寺院・門徒一覧

	所在地(旧村名)	所在地(現在地)	寺号・門徒	備考	出典
摂津国島下郡	沢良宜	茨木市沢良宜西・沢良宜浜・島	蓮照寺門徒		3
	主原	茨木市主原	称名寺門徒		3
	宇野辺	茨木市宇野辺	宇野辺門徒		3
	蔵垣内	茨木市蔵垣内	蔵垣内門徒		3
	一屋	摂津市一津屋	阿弥陀寺門徒		3
	坪井	摂津市千里丘東・三島	正覚寺門徒		3
	別府幷鶴野	摂津市別府・東別府・新在家・鶴野	常願寺門徒		3
	味舌	摂津市千里丘東・庄屋・正雀	明教寺門徒		3
	正音寺	摂津市東正雀・正雀・三島・庄屋	正音寺村門徒		3
	庄屋	摂津市庄屋・千里丘東	永福寺門徒		3
	鳥養	摂津市鳥養中	勝安寺門徒		3
	鳥養	摂津市鳥養上	誓覚寺門徒		3
		摂津市鳥養上	西誓寺附同上村門徒		3
	東村	吹田市岸部北・中・南	大光寺		6
	東村	吹田市岸部北・中・南	大光寺門徒		3
	南村	吹田市天道・吹東・岸部中、南・幸	南村門徒		3
	小路村	吹田市吹東・岸部北、中、南・幸	小路村門徒		3
	上村	吹田市山田・古江台・津雲台	専称寺門徒		3
	市場村		市場村門徒		3
			専称寺手次同所門徒		3
	七尾村	吹田市天道・岸部北、中・芝田	七尾村門徒		3

	佐井寺村	吹田市佐井寺·佐竹台·千里山東、西	佐井寺村門徒		3
	上新田	豊中市上新田・新撰理北、東、西	上新田門徒		3
	下新田	吹田市春日・桃山台・千里山西	下新田門徒		3
	吹田西ノ庄	吹田市西の庄町・泉町	浄光寺	天和３年に木仏、寺号、太子・七高祖像下付	6
	吹田	吹田市西の庄町・泉町	浄光寺門徒		3
	吹田都呂須		光明寺	伝文安年中開創、天文２年に方便法身尊像、貞享４年に木仏、寺号下付	6
	吹田		光明寺門徒		3
	金田	吹田市金田	金田村門徒		3
	吹田		正福寺門徒		3
	吹田六地蔵		蓮光寺	伝文禄元年開創、延宝元年に太子·七高祖像下付	6、7
	吹田		蓮光寺門徒		3
	吹田浜ノ堂		光徳寺	伝天文11年開創、寛永17年に木仏、寺号下付	6、7
	吹田		光徳寺門徒		3
豊島郡	垂水村	吹田市垂水·山手·円山	垂水村門徒		3
	牛立	豊中市庄内・豊南	正業寺門徒		3
	原田	豊中市原田・曽根・岡町・桜塚	誓願寺門徒		3
	走居村	豊中市走井・箕輪(原田村西方)	了信(浄行寺)	元和７年12月３日に木仏下付	1
	走井	豊中市走井・箕輪(原田村西方)	浄行寺門徒		3
	熊野田	豊中市熊野・東豊中・緑丘・新千里西(原田村北方)	熊野田村門徒		3
能勢郡	高山	豊能町高山	高山村門徒		3
	吉川	豊能町吉川	西方寺門徒		3
西成郡	三番村	大阪市東淀川区	三番村門徒		3
	柴島	大阪市東淀川区柴島	萬福寺	寛文４年10月15日に太子·七高祖像、良如絵像下付	2

	柴島	大阪市東淀川区柴島	萬福寺門徒		3
	三屋庄	大阪市淀川区三津屋	大恩寺	慶長16年1月14日に木仏下付	1
	三屋	大阪市淀川区三津屋	大恩寺門徒		3
	三屋	大阪市淀川区三津屋	光専寺門徒		3
	三屋	大阪市淀川区三津屋	寿光寺門徒		3
	堀村	大阪市淀川区十三本町	堀村門徒		3
	加島	大阪市淀川区加島	定秀寺門徒		3
	野里	大阪市西淀川区野里	成覚寺門徒		3
	大和田	大阪市西淀川区大和田	安養寺門徒		3
	大和田	大阪市西淀川区大和田	善念寺門徒		3
	佃	大阪市西淀川区佃	善念寺下西法寺門徒	寛文4年10月15日に太子·七高祖像、良如絵像下付	3
	佃	大阪市西淀川区佃	明正寺	寛永20年3月15日に親鸞絵像、万治2年12月2日に太子·七高祖像下付	2
	佃	大阪市西淀川区佃	明正寺門徒		3
	伝法	大阪市此花区伝法	安楽寺門徒		3
東成郡	上毛馬	大阪市都島区毛馬	浄宗寺門徒		3
		大阪市都島区毛馬	中食満門徒		3
河辺郡	尼崎大物		常念寺	伝永禄年中開創、寛永7年に木仏、寛文4年6月23日に親鸞絵像下付	3、4
	尼崎大物		常念寺手次同所門徒		3
	尼崎大物		西教寺	伝明応4年12月開創、享禄4年11月8日に方便法身尊像、慶長7年に木仏下付	4、5
	尼崎		西教寺手次尼崎門徒		3
	尼崎風呂辻		正光寺	伝文禄年中開創	4、5
			正光寺門徒		3
	立花村三反田		西要寺	享禄4年に方便法身尊像、寛文初めに木仏、寺号下付	4
			西要寺門徒		3
	立花村三反田		西教寺通寺	伝永禄年中開創	4

	立花村三反田		西教寺手次三反田門徒		3
	立花村七松		弘誓寺	享禄4年11月28日に方便法身尊像、宝永2年に木仏下付	4
			七松村門徒		3
			大西村門徒		3
			栗山村門徒		3
	橘御園庄生嶋村		西教寺	寛文4年10月14日に良如絵像、同15日に親鸞絵伝下付	3
	橘御園庄生嶋村		願主釈玄□	慶安4年12月28日に准如絵像下付	3
有馬郡			有馬門徒		3
河内国茨田郡	太間	寝屋川市太間	西正寺門徒		3
	十番	守口市八雲北・西・中	専教寺門徒		3
	八番	守口市八雲北・西・中	正迎寺門徒		3
	焼野村	大阪市鶴見区焼野	焼野村門徒		3
河内郡	今米村	東大阪市今米	今米村門徒		3
若江郡	加納村	東大阪市加納	加納村門徒		3
丹南郡		堺市北野田	河内北野田門徒		3
	野田村	堺市野田	野田村		3
	丈六	堺市丈六・大美野	浄教寺門徒		3

出典：1.「木仏之留」『木仏之留　御影様之留』同朋舎、1980年
2.「御影様之留」『同上』
3.「正徳五乙未年興立資道志之記」(定専坊蔵)
4.福田広一郎「尼崎市の真宗寺院の開基年代」(『地域史研究　尼崎市史研究紀要』8-1、1978年)
5.「明治十二年調尼崎関係寺院明細帳」(『同上』7-1、1977年)
6.『吹田市史』第2巻(1975年)所収、表32「近世吹田の真宗寺院」
7.「寺院寺歴縁起明細簿」(亘節「地方史から見た真宗寺院」『近世仏教　史料と研究』2-2、1961年)

第3表　天文期歴代宗主・関係者忌頭人一覧

月日	忌日	天文10年まで	天文10年以降	備考
1月4日	如信祥忌	（なし）	（なし）	
19日	覚如祥忌	湯次誓願寺・石畠瓜生津弘誓寺・法蔵寺・日野本誓寺（近江）	（同左）	
20日	円如月忌	（なし）	（なし）	
25日	法然祥忌	（なし）	（なし）	
28日	親鸞月忌	富田光照坊・三番定専坊（摂津）	（同左）	
2月2日	実如祥忌	（一家衆）	（同左）	
22日	太子祥忌	（なし）	（なし）	
28日	親鸞月忌	金森衆（近江）	金森衆・尾張聖徳寺	
29日	善如祥忌	（なし）	（なし）	
3月2日	実如月忌	箕浦誓願寺	誓願寺・奈良衆（11年～）	
20日	円如月忌	（なし）	（なし）	
25日	蓮如祥忌	六町（大坂寺内）	（同左）	天文6年には大坂六人坊主を喚ぶ（天文日記6・3・25）
28日	親鸞月忌	大和衆（曽根名称寺・百済・吉野）	二条衆（11年～）	
4月2日	実如月忌	山脇明照寺・日野正崇寺・薩摩善照寺（仏照寺系近江衆）	明照寺・善照寺・若州	
20日	円如月忌	（なし）	（なし）	
24日	綽如祥忌	河内小山衆	（同左）	河内十二坊
28日	親鸞月忌	堺三坊主	（同左）	天文6年には祐誓（源光寺）・慈願寺を喚ぶ（天文日記6・4・28）
5月2日	実如月忌	尾州十六日講衆	尾州十六日講衆・仏照寺	
20日	円如月忌	（なし）	（なし）	
28日	親鸞月忌	奈良衆	西美濃衆（西円寺など）	

6月2日	実如月忌	小林光明寺・足近満福寺(尾張)	(同左)	
18日	存如祥忌	(なし)	(なし)	
20日	円如月忌	大坂六人坊主	(なし)	天文6年より喚ばれず(天文日記6・3・20)
28日	親鸞月忌	若江光蓮寺(河内)	加州四郡坊主衆	
7月2日	実如月忌	(なし)	若江光蓮寺(河内)・高野衆(近江)	
20日	円如月忌	(なし)	(なし)	
28日	親鸞月忌	中嶋野田衆・榎並四ヶ所(善源寺・辻・滓上江・放出)	(同左)	
8月2日	実如月忌	船橋願誓寺(尾張)	船橋願誓寺・報土寺(尾張)	
20日	円如月忌	(なし)	(なし)	
28日	親鸞月忌	慈願寺(河内)	興正寺門下衆(天文10年より)	慈願寺は天文6年に牢人で斎を勤める
9月2日	実如月忌	西美濃衆(性顕寺・西円寺・永寿寺・永徳寺・安養寺等)	(同左)	
20日	円如月忌	(なし)	(なし)	
28日	親鸞月忌	西浦・古市・誉田・大井衆(河内)	(同左)	河内十二坊
10月2日	実如月忌	美濃尾張河野衆	河野衆・奈良衆	
14日	巧如祥忌	河内丹下衆・慈願寺	(同左)	慈願寺は山科時代から在京時は相伴(天文日記5・10・14)
20日	円如月忌	(なし)	(なし)	
28日	親鸞月忌	仏照寺(摂津)	三河衆(本証寺下・上宮寺下等)	
11月2日	実如月忌	福勝寺(近江)	福勝寺・百済衆(大和)	
20日	円如月忌	(なし)	(なし)	
28日	親鸞祥忌	(別掲)		
12月2日	実如月忌	(なし)	加州四郡衆(寺井称仏寺等)	
19日	円如月忌	(なし)	(なし)	20日分取越

22日	実如月忌	福田寺(近江)	福田寺・名称寺(大和)	1月2日分取越
28日	親鸞月忌	河内八里(葉[蛇]草・大平寺・横沼・丈[竹]井・八尾・玉櫛・バウシ・サント)	八里衆・吉野乗念・高嶋明誓	
毎閏月2日	実如月忌	大地・鞍作・八尾(河内)	大地・鞍作・八尾・照光寺(伊勢)	
毎閏月28日	親鸞月忌	水谷浄願寺(近江北郡)	浄願寺・称名寺・金光寺・真宗寺(直参衆)	

注：『増補改訂本願寺史　第1巻』554頁表、および早島有毅「戦国期本願寺における「頭」考」(『真宗研究』26輯、1982年)所収表を一部改変。

第五章　中近世移行期における在地寺内町の動向——摂河泉を中心に

はじめに

本章では、中近世移行期における摂河泉地域の在地「寺内町[1]」の動向について考える。

寺内町は主として浄土真宗寺院を中心に形成された町場であり、これまでにも中世後期の都市の一形態として注目され、数々の研究成果が蓄積されてきた。しかし、一九八〇年代以降、都市史研究の隆盛のなかで中世都市から近世都市への展開過程が問い直されるにともなって、寺内町を広く都市史のなかで位置づける作業がおこなわれるようになり、その結果、中世寺内町の空間構造・社会構造の「先進性」が指摘されるようになってきている[2]。

こうした状況にある寺内町研究であるが、著者はかつて今後の寺内町研究の課題として、寺内町の近世への変質過程の解明と、地域社会と寺内町との関係解明の二点を指摘したことがある[3]。

まず前者の課題にかかわっては、これまでの寺内町研究では中世都市史、あるいは織豊政権論（とくに一向一揆との関係）という立場からの研究が主流を占め、地域のなかで寺内町がどのような条件を背景として生まれ、成長し（あるいは変質し）、そして現在にいたっているかという視点からの研究、すなわち寺内町そのものの歴史的展開を明らかにしようとした研究がほとんどみられなかったという状況を認識する必要がある。たとえば、中世に続く近世においても寺内町は「存続」、あるいは新たに建設されていたのであるが、近世寺内町についての研究はきわめて不充分といわざるをえない[4]。

しかしここで主張しておきたいのは、単に先行研究の手薄な時代について研究の活発化を求めるということではなく、隣接する時代の様相を比較することで互いの時代の特質を明らかにしようとする視角をもつことの重要性である。とくに中・近世の寺内町は構造的な違いが大きいため、そうした比較検討が有効な方法ではないかと思われる。前述のように中世寺内町は注目を集めてきているが、近世寺内町との比較によって相対化をはかることで、より一層その特質を浮き彫りにすることが可能になると思われる。

また後者の課題についていえば、寺内町のほとんどが先行集落の存在を前提とする在地型（対立概念は本山型）であったことからすれば、寺内町の存立条件を明らかにするためには、寺内町を取り巻く地域社会の政治・経済・文化・宗教等の構造が、どのような状況にあったかを追究する必要があると思われる[5]。寺内町が存立していくためにはさまざまな条件が必要だったと考えられるが、そのなかでももっとも基本となっていたのが寺内町とその周辺地域が取り結んでいた日常的な諸関係であろう[6]。

この点に関連して、地域史研究の立場から寺内町研究の重要性については一言しておきたい。寺内町は摂河泉に多く形成されたことが知られているが、その摂河泉地域史研究において寺内町はひとつの重要な研究課題であると考えている。なぜなら、寺内町はおおむね十六世紀までに成立した中世都市であるが、その後近世には在郷町としての性格を併せ持ち、さらには現代においても地域の中核都市として機能し続けているという、町場としての性格を一貫して持ち続けている存在だからである。もちろんひとくちに寺内町といっても、時代によって変遷はあるわけだが、中世から在地の町場として「存続」したという事実に注目した場合、地域史では数少ない通時代的な研究がおこなえる題材として、貴重な存在であるといえよう。とくに寺内町の歴史的景観が行政や地元住民から注目されている今日、寺内町の存在意義を地域社会のなかで考える姿勢は、寺内町研究に対する現代的要請でもある点を念頭に置いておく必要があろう。

以上が本章を成すにあたっての基本的な問題関心だが、ここで中近世移行期という時期をとくに設定したのは、同時期が一般社会構造同様、寺内町にとっても大きな変革期であったと考えられるからである。

たとえば、注目されるものに考古学からの問題提起がある。一九九八〜九九年に発掘調査がおこなわれた久宝寺寺内町の場合、現行の地割の方位からやや右に振った十六世紀後半の建物跡が発見されたほか、背割排水溝が中世にさかのぼらないことが確認された(7)。調査地点の面積は必ずしも広くはないが、寺内町の中心部であることからすれば、この成果の投げかけた問題は大きい。現行の地割や背割排水溝が遅くとも十七世紀後半までに成立していたことは絵図で確認できるので、それ以前、すなわち中近世移行期〜十七世紀中頃に町割の改変があったことは間違いない。この成果は、絵図にみられる町割を中世まで安易にさかのぼらせることに警鐘を鳴らした前川要の指摘(8)を補強するものとして注目されよう。

寺内町の町割の成立と改変の時期・契機の問題は、先に述べた中世都市の近世都市への展開過程ともからむ重要な問題である。寺内町は前述のように現代まで「存続」しているが、実際にはこうした町割の改変を含め、「存続」の内実がかなり複雑であろうことは容易に想像できる。その意味でまず、中近世移行期の寺内町をめぐる状況を丁寧に解きほぐしていくことが必要と考えられるのである。

以上、本章では主として織田政権期から徳川政権期(慶長期まで)にかけての寺内町を検討対象とするが、ここでは特定の寺内町に限定せず、広く寺内町をめぐる政治的動向と、寺内町の展開状況について、大きな流れを提示してみることとしたい。

一　織田政権期の寺内町

織田信長と寺内町の関係については対決色一色で語られがちであるが、信長は敵対する寺内町に対しては武力的弾圧(破却)で臨んだものの、敵対しない場合または降伏した場合は安堵するというやりかたで対応した。摂河泉では、信長が厳しい姿勢を見せた例としては、天正五年(一五七七)二月十七日に一揆勢力の拠点となっていた貝塚を攻めたケースがあり[9]、また一揆勢力と分断したうえで旧来の特権を安堵した例としては、河内の富田林が有名である。

富田林を主な素材として信長の寺内町政策を検討したものとしては、堀新の研究[10]と、それに対する脇田修の批判[11]がある。両者の見解の相違点は、信長が諸公事免許等の特権を認めたかどうかという点である。富田林は現在残された史料から判断する限り、信長に対決姿勢で臨んだことは確認できず、むしろ元亀元年(一五七〇)九月付「織田信長朱印状写」にあるように信長に敵対した下間(しもつま)氏に与せず「忠節神妙」と評価され、さらに天正六年には佐久間信盛らから「つけ公事・付沙汰停止」などの経済特権が与えられている[12]。したがって、基本的にそれまでの特権は安堵されたとする脇田説に従うべきと思われる。

摂津の富田の事例はどうか。富田は永禄十一年(一五六八)、信長軍の攻撃を受けた。「寺内」は和議が成立したが、「寺外」は破却された(『言継卿記』同年九月三十日条)。この「寺外」は「寺内」の北東側に展開していた東岡の集落を指すものと推測されるが、詳細は不明であるもののここでも一律な破却措置が採られたのではなく、「寺内」と「寺外」を分離した処分をおこなっている。

また、摂河泉ではないが、寺内町に対する信長の政策を考えるうえで重要なのが大和今井の事例である。今井に対しては、信長は天正三年に「赦免」をおこなうとともに「大坂同前」を認めた(13)。この「大坂同前」の内容についても従来の特権の安堵と見てよく、またその一方で、翌年の「明智光秀書状」によれば土居の破却がおこなわれていることから、武装解除という処分と経済特権の安堵が並行しておこなわれたのであった。

以上、信長は寺内町に対し武力弾圧と特権の安堵を使い分けており、一律な対応ではなく場合に応じた対応をおこなっていた様子を指摘した。これらはいわば一向一揆という具体的な敵対行動に対する対応であったわけだが、一方でこの時期、寺内町における中心寺院の位置づけという、寺内町の構造の根幹にあたる部分に大きな変化がみられた点を見過ごしてはいけない。

富田林に宛てられた戦国・織田期の禁制・掟類を分析した仁木宏は、その宛所が「寺内」「道場」──→「寺内中」──→「惣中」という変遷を見せることに注目し、富田林の性格が寺内町から共同体によって構成される都市へと変化していったことを指摘した(14)。他の寺内町も含めもう少し詳細に見ると、戦国大名や根来寺などの旧勢力は「道場」「御坊」といった表現で寺院そのものを宛所としているが、時期は同じでも織田政権はそうした宛所では一切発給せず、「寺内」「惣中」を宛所としていることに気づく。

このことは、戦国期においては寺内特権が「道場」、すなわち中心寺院に対して認められていたことを示しているが、同時に寺内町における寺院の領主的地位が容認されていたことを意味している。つまり、戦国武家権力が特権を認めた文書は中心寺院へ発給されており、各寺内町においてはそれを受けとった寺院が居住民に対する特権の最終保証主体として臨む構造が認知されていたのである。ところが、織田政権下では寺内町の「主人公」は寺院ではなく、居住民(共同体)とされ、寺院を越えて武家権力と居住民が直結していくのである。この意味で織田政権における寺内町への対応は、戦国期とは大きな画期をなす、歴史的意義をもつものと評価できよう。

また今井の事例でみられた土居の破却は、寺内町の空間構造の変遷を考える際に重要な意味を持つ。なぜなら、今井では発掘調査の結果、中世に存在した環濠が一六世紀後半に一旦埋められ、その後文禄頃に新たに環濠が掘られたと推測できる成果が得られているからである[15]。先に紹介した土居の破却と環濠の埋没は同じ契機によるものと考えるのが妥当と思われることから、これらの出来事は天正三〜四年のことと考えておきたいが、問題はその後再び掘られている点である。環濠(堀)はその防御的機能性が注目されることから、これまでは寺内町の周囲をめぐる堀については防御を必要とする中世期のもの、という説明が与えられてきた。しかし、この事例により豊臣期以降の環濠掘削があり得ることがわかり、近世以降確認される寺内町の堀の掘削時期およびその契機について再考する必要が生じたといえよう(この点についてはのちに再論する)。

以上、信長の寺内町政策を概観した。信長は敵対する寺内町については武装解除という態度で臨んだが(すなわち、空間構造に影響が及ぶ破却がおこなわれた可能性もある)、特権の安堵もおこなわれたのであった。また寺内町の把握が寺院中心から惣中中心へと変わる大きな動きがみられたことは、重要な意味をもったのであった。

二　豊臣政権期の寺内町

天正十一年(一五八三)四月、賤ヶ岳の戦いで柴田勝家を破ったことで天下人への道を歩み始めた豊臣秀吉であったが、その秀吉の寺内町政策をうかがわせるものとしては次の史料が有名である。

【史料1】「秀吉朱印状写」天正十五年(一五八七)六月十八日付(神宮文庫蔵「御朱印師職古格」所収[16])

覚

(中略)

一、伴天連門徒之儀ハ一向宗よりも外ニ申合候条被聞召候、一向宗其国郡ニ寺内ヲ立、給人へ年貢を不成、幷加賀国一国門徒ニ成候而、国主之富樫を追出シ、一向宗之坊主もとへ令知行、其上越前迄取候而、天

下之さハりニ成候義無其隠事、
一、本願寺門徒其坊主、天満に寺を立させ雖免置候、寺内ニ如前々ニハ不被仰付候事、
一、国郡又者在所を持候大名、其家中之者共伴天連門徒ニ押付成候事ハ、本願寺門徒之寺内を立しより太不可然義候間、天下之さハりニ可成候条、其分別無之者ハ可被御成敗候事、
（以下略）

ここでは一向宗が「天下之さはり」であること、また天満での寺内町建設は許可されたものの、「寺内ニ如前々ニハ不被仰付候」という処分がおこなわれたことがわかる。「寺内ニ如前々ニハ不被仰付候」とは、天満寺内町の場合、検地を受けるのは天正十七年（一五八九）三月のことなので（『言継卿記』）、フロイスが伝えるところの「大坂の仏僧（顕如）に対しては（中略）（秀吉）の宮殿の前方の孤立した低地（中之島、天満）に居住することを命じたが、その（住居）に壁をめぐらしたり濠を作ることを許可しなかった」[17]という、構えの建設不許可を指していると考えられる。構えは寺内町を含む中世都市（集落）の自治的性格のシンボルであったが、少なくとも新規建設の寺内町ではそうした性格を視覚的に認識させ、また実際に外部との空間を画し「寺内」空間を現出していた構えの建設が否定されたのであった。

寺内町政策としてもう一点注目したいのは、検地の実施である。天正十七年に天満寺内町に対しておこなわれた検地の意義について、伊藤毅は信長段階ではあくまでも武力により本願寺を屈服させたにすぎず、寺内町内部の掌握・解体、すなわち「中世的秩序の真の意味での解体」は秀吉のこの検地によって初めて実現したという評価を与えた[18]。この見解は寺内町に対する信長と秀吉の施策の違いとその本質を衝いた重要なものといえよう。

ただし、検地については天正十七年と、構えの否定がおこなわれた天正十三年よりやや時期が降り、しかも寺内における牢人衆隠匿事件というアクシデントに端を発したものである点は注意する必要がある。つまり、天満

寺内町の建設当初、その内部の支配権は本願寺に認められていたのであり、秀吉は介入していなかったのである。その理由としては、秀吉政権の成熟度や天満寺内町を大坂城下町建設に利用した点を考慮する必要があるが、それに対し、構えの建設が当初から明確に否定されていたことは注目されるべきであろう。

構えに対する秀吉の施策としては堺の事例が参考となる。すなわち、「貝塚御座所日記」に天正十四年のこととして「去月廿六日より堺南北ノ堀ヲウムルナリ、即時ニウメテ、関白殿ヨリ被仰出候了、十一月三日四日之時分ハ、大かたウメタル由申也、自身罷出普請、即時ニハカ行ト云々」[19]とあり、秀吉自らが現地に赴き、その指示で埋めさせたことがわかる。天満寺内町の場合もその建設に「秀吉御自身御出テ、縄打ヲサセラル、也」(「同」天正十三年五月四日)と参加していることから、秀吉自身が都市の普請に対し重大な関心を抱いていたことがうかがわれる。

この秀吉による構えの「破壊」については次のような意義がある。まず、堺の場合実際には半分程度しか埋められなかったようであるが、その程度であっても、秀吉の権力が中世都市の自治性を否定する強大なものであることが示された点。もう一点は、一部が「破壊」されたことで、逆に、残された構えが秀吉から存続の安堵を得たと評価できる点である。すなわち一部であれ秀吉の「破壊」を受けたことで構えの自治のシンボルとしての性格が否定され、秀吉の庇護のもとでの存続が認められる状況が示されたのである。中世都市が秀吉政権下で存続していくためには、こうした「否定」と「承認」の洗礼を受けなければならなかったのである。

天満寺内町は豊臣期における新設の寺内町であったが、次に中世以来の在地寺内町の動向について考えてみる。織田政権期では前述のように武力弾圧と特権安堵が使い分けられていたが、豊臣期では武力的な弾圧の事例はほとんどなく[20]、むしろその経済機能を重視したふしが見られる。

天正十一年六月、秀吉は大坂城へ入城したが、このことは秀吉が摂津国を支配下に置いたことを意味する。ところが実際には、この時に河内・和泉もあわせた摂河泉全域を入手するのに成功していた[21]。この時の河内国の蔵入地化についてその意図を検討した山口啓二は、この地域の生産力の発達と社会的分業の展開によって蓄積された先進的諸条件を、秀吉が蔵入地として吸収しようと意図したためと推測しているが[22]、それは摂河泉全域に共通していよるといえよう。

さて、河内国には多くの寺内町があったが、寺内町がこの時期、町場としてどの程度展開していたかを推し量る史料として注目すべきものに、天正十二年「河内国御給人之内より出米目録」(大阪府立中之島図書館蔵)にみえる「枚方町」「大ヶ塚屋敷」という表現がある。この目録には全部で三十七ヵ所の集落名が見えるが、「町」「屋敷」地＝町場と認識されているのはこの二つの寺内町のみで、他はすべて一般的な村呼称となっている点が重要である。このことは、この当時、枚方と大ヶ塚が実態として町場の様相を呈しており、またそのように認識されていたことを示している。

さて秀吉は、蔵米処理を円滑に進めるため豪商による徴税請負制を導入したが[23]、その際に金子での定請を命じた場所が二ヵ所ある。久宝寺と平野である。平野は堺との密接な交流があったことでも知られる河内平野有数の町場だが、その平野が金二〇枚を命じられたのに対し[24]、久宝寺では安井清右衛門に金二六枚での納入が指示された。

【史料2】「豊臣秀吉判物」天正十一年(一五八三)九月二十七日付(『安井家文書』[25])

河内国渋河郡久宝寺村高千五拾石者、為定請金子弐拾六枚究候、幷詰夫壱人可出者也、

天正十一

九月廿七日　　秀吉(花押)

安井清右衛門殿

こうした金納の指示が換金機能の発達を前提としたものであることは明らかであるが、ここで久宝寺が対象となっていることは、地域の中心的な町場として十分な経済機能を保持していたということを示すものである。秀吉はそうした久宝寺の経済機能に着目し、新しい経済構造に積極的に組み込んでいこうとしたとみることができよう。

寺内町は検地に際しても厳しい取り立ての対象となったようである。中世段階において寺内町は武家権力に対し諸役免許という特権を有していた。しかし、遅くとも文禄三年（一五九四）の検地時にはすべての寺内町が年貢地となったようで、中世以来の特権は失われてしまった。しかも、その年貢徴発は招提[26]・大ヶ塚[27]で伝えられているように、随分と厳しいものだったらしい。先に述べたように、寺内町に対する検地の基本的意義はその自治的性格の解体にあったが、寺内町の場合、取り立ての代官に近辺の商人が任用された例がみられることから、寺内町で蓄えられた経済力の積極的な徴発も併せて意図されたと考えておきたい。

秀吉は、天正十一年の賤ヶ岳合戦以降は、貝塚の例[28]で知られるように政権の草創期から安全保証の禁制も寺内町に発給していた。したがって、秀吉期では招提など限られた場合を除き、その存続が否定されるということはなかったのであり、むしろその経済機能ゆえに重視された可能性が高い。

このように、秀吉期においては中世以来の寺内町を町場として認識し、そこに蓄積された経済機能および経済力を掌握、吸収していこうとする姿勢がみられたのであった[29]。

三　徳川政権期の寺内町

徳川家康は慶長三年（一五九八）の秀吉没後、権力者としての地位を急速に高めていくが、摂河泉地域の寺内町への家康の対応をうかがううえでまず手がかりとなるのが、慶長五年、関ヶ原の戦い直後に家康が発給した安全保証の禁制である。

ここで対象とする禁制は九月十六日、十九日、二十一日、二十三日の四回にわたって発給されたものであり、現在までに四〇点以上の存在が判明している[30]（第1表）。これらの禁制は関ヶ原の戦い直後の在地掌握と人心収攬を目的としたものと考えられ、戦い直後から時間が経過するにつれて、宛所がおおよそ近江から西の山城・大和・摂河泉に広がっていく傾向がみられる。また宛所を分類すると、大きく寺社（およびその門前）・町場（惣中）・村落にわけることができるが、このうち村落への発給は十六日と二十三日でしかも関ヶ原に近い地域に限定されている。それに対し、町場関係は近江では「日野町中」「八幡町中」、山城では「八幡八郷」「伏見惣町」「淀郷」「大山崎惣中」「稲荷惣中」など新旧の町場が対象となっている点が注目されるが、それらとならんで摂河泉で発給されたのが「富田」「久宝寺」「貝塚」「富田林村」「平野幷六ヶ村」である。また同時期に同内容で発給された福島正則・池田輝正連署禁制の宛所には「塚口村」「天王寺」がある。

つまり、摂河泉で禁制の対象となったその多くが、中世以来の在地寺内町であったわけだが（大和でも今井へ発給されている）、では、これはどのように説明されるべきなのだろうか。一般に禁制は世情の混乱から身を守ろうとする側が、武家権力に対して要請したものと見るのが自然である。しかし、摂河泉が直接の戦場となっていないことや、時期が関ヶ原の戦い直後ということを考慮すると、家康が在地の町場を積極的に掌握しようとしたと考えるのが妥当ではないかと思われる。

また、この点に関連して、家康と本願寺の教如が親密な関係にあったことは重要である。教如が家康と知遇を得たのは天正十五年（一五八七）の教如の三河下向の時と考えられているが、その後文禄初年（一五九二頃）から秀吉と教如の不和が決定的になったこともあって、両者は関ヶ原の戦い前後に急接近し、またそうした関係がもとになって慶長七（一六〇二）～八年の東本願寺分立が実現した[31]。この動きを念頭に置いた場合に注目されるのが、

第1表　慶長5年徳川家康発給の禁制の宛所

		9月16日	9月19日	9月21日	9月23日	9月吉日
美濃	寺社	與市宮			吉田寺 妙応寺	
	町場				北方町中三ヶ村 関ヶ原町中	
	村落				安八郡七ヶ村 方懸郡四ヶ村 養老郡 揖斐郡	
近江	寺社	多賀	西教寺	比叡山幷山下		
	町場	日野町中	堅田村 八幡町中			
	村落	伊香郡内十二ヶ村 浅井郡七ヶ村 浅井郡十九ヶ村 小野之庄四ヶ村				
山城	寺社	(東寺) (賀茂社) (貴船社) (水無瀬宮) (大徳寺) (妙心寺) 東福寺門前	栂尾山幷境内 八幡八郷	松尾 若王子 北野宮 梅津長津長福寺 薪酬恩庵		
	町場			大山崎惣中 伏見惣中 稲荷惣中 淀郷		
	村落					
大和	寺社			興福寺		
	町場		(今井)			
	村落				吉野山中同八郷	
摂津	寺社					
	町場	(富田)		平野幷六ヶ村		
	村落					
河内	寺社			天野山		
	町場			富田林 久宝寺本願寺新門跡寺内		
	村落					
和泉	寺社					
	町場			貝塚本願寺新門跡寺内		
	村落					
他	寺社		(駿河蓮生寺)			
	町場					
	村落					

注：(　)は宛所表記がないもので、禁制の所蔵者を宛所と推定して記入した。

先の禁制のうち、久宝寺と貝塚に宛てられた家康禁制にみられる「本願寺新門跡寺内」という表記である。ここでいう「本願寺新門跡」とは教如を指しており、家康が久宝寺と貝塚を教如に属する寺内町と認めていたことは明らかだが、家康はそれ以前からも秀吉との対抗関係のなかで本願寺との関係を強化しようとしていたことなどからして[32]、寺内町の存在を強く意識していたことは間違いない。

家康の寺内町に対する基本的な対応は、以上のような背景をもとに町場の掌握と本願寺教団との円滑な関係の保持を意識したものであり、家康から寺内町に対する積極的なアプローチがあったとみるべきだろう。

次に寺内町の構造にかかわる部分での、慶長期における徳川方の寺内町政策をうかがってみたい。史料は次のものがある。

【史料3】「徳川家康黒印状写」慶長十五年(一六一〇)六月二十六日付　願泉寺文書[33]

和泉国貝塚本願寺下卜半寺内諸役令免許之処、如件、

慶長拾五年六月廿六日　　御黒印

【史料4】「片桐且元掟書」慶長十四年十月十日付　大信寺文書[34]

掟　　河州
　　　八尾寺内

一、寺内居屋敷年貢直納之事

一、公事出入於在之者、従双方御坊へ相届済可申候、若不相済儀候ハヽ、則両方之書付を以自御坊此方へ御申候様ニ可有之候、付沙汰停止事、

一、竹木伐捕儀令停止候、付国役之儀者、如近年可有之事、

右条々、於相背者、此方へ可被申上候、以上、

慶長拾四酉己十月十日　　　　　　　　　　片桐東市正(花押)

【史料3】は中世以来存続していた貝塚寺内町に関するものである。貝塚は近世に入って中心寺院である願泉寺の住職卜半(ぼくはん)家が地頭として確立し、その後も存続する特例的な寺内町であるが、先にみたように教如と家康との関係もあったことから、中世寺内町が一般に獲得していた諸役免許をこの段階でも認められたのであった。

また【史料4】は慶長十一年(一六〇六)、久宝寺寺内町から分立してできた八尾寺内町に関する史料である。この掟書によれば、年貢や国役については賦課の対象となっていた一方で、公事に関しては御坊に第一次裁判権が与えられていたことがわかる。八尾寺内町が教如方の寺内町である点は考慮する必要があるものの、裁判権が許されていたことは、限定されながらも中心寺院に領主権が認められていたことを示しており、注目される。

じつのところ、慶長期頃には新設寺内町が多く登場しているが、その場合、寺院にこうした領主権が認められていた事例が少なくない。吉川邦子が指摘した田原本や高田もそうした例で[35]、新たな町立ての際に寺院の動員力が利用される一方で領主権も認められたのであった。こうした新設寺内町の動向は、先に述べた天満寺内町の性格と類似する部分もあり、近世寺内町、あるいは寺内町の歴史全体を考えるうえで重要である。

以上、慶長期までの寺内町の動向としては、家康と教如の関係もあり、在来の寺内町が家康側の安全保証の対象となったり、中世段階で保持していた権利を一部保証させるという動きがみられたのである。またさらに、新設の寺内町については、町場建設をスムーズにおこなわせるために、その核となる寺院の寺内町における優位性を保証する必要もあり、限定的ではあるが領主権が認められることもあったのである。

四　中・近世寺内町の構造

以上、簡単であるが、織田・豊臣・徳川政権期の寺内町の状況をみてきた。その結果、中世以来の在地寺内町については、武家権力による寺内町への介入と中心寺院の領主権の剥奪、またそれにともなう寺院の地位の低下と惣中の上昇、といった基本的な動向がうかがえた。ただし、領主権については新設寺内町の場合は限定的ではあるが存続していたことも確認できた。

ここでは、中心寺院の性格変化と寺内町の構造の変化について、関係史料によりさらに具体的に確認しておきたいと思う。

【史料5】「河内国久宝寺村顕証寺記録帳・由緒書」　顕証寺蔵(36)

境内古地境内諸役免許之次第

一、顕証寺境内百姓ゟ年貢顕証寺江収納仕、天文弘治之比迄ハ無恙顕証寺江納所仕候処ニ、此後ハ御公儀之御蔵納ニ成、夫ゟハ支配不仕候、然共境内四反余ハ無恙無役無年貢之古地ニ而相続来候、尤往古久宝寺村を顕証寺支配仕例を以、村中百姓壱屋敷より水汲領と名付、米一升六合ツヽ、唯今ニ至テ顕証寺江納、且又末寺方江罷出候節ハ村中ゟ馬弐匹ツヽ、于今差出候、

（中略）

一、顕証寺家来屋敷儀、往古久宝寺村顕証寺寺内ニ而年貢納取候刻、家来不残無年貢ニ而居申候故、古座之者ハ唯今迄諸役不仕無年貢ニ而罷有候、中古抱之者ハ御年貢地ニ罷有候事、

この【史料5】は河内にある久宝寺寺内町の中心寺院顕証寺の境内(寺内)の諸役免許のあり方について記した顕証寺側の記録である。これによれば、中世段階の顕証寺境内とは寺院建物・家来屋敷・百姓を含むものであったが、そのうち、顕証寺は百姓からは年貢を徴収していたが、家来屋敷については無年貢扱いであったという。ところが近世になると百姓は公儀支配となり、また家来についても「中古抱」(いつから抱えられた家来かは不明)については年貢地という扱いになったことがわかる(37)。

この史料は近世に成立したいわゆる由緒書であり、寺院側の立場に立った史料であることに注意する必要があるが、先に示した大きな流れに照らしてみると、中世と近世の寺内町の基本構造の違いという部分に関しては参考になるものと思われる。

これにより寺内における顕証寺の位置づけを考えると、まず中世段階においては、顕証寺は境内（寺内）の百姓から年貢を徴収することのできる領主的性格と、家来に対する主人的地位を合わせ持っていたことがわかる。それが近世になると、百姓からの年貢徴収権は剝奪され、わずかに若干の水汲料と馬の提供を受けるだけとなった。また、家来屋敷についても由緒分が無年貢地と認められただけとなったことから、領主的性格は基本的に否定され、家来に対する主人的性格も限定されることになったのである。

こうした変化は寺院の権力の低下を示すとともに、寺院を「核」としている寺内町の性格に大きな転機が訪れたことを意味している。これは中世から近世にかけてどの寺内町も受けた洗礼とみることのできるもので、また寺内町の長い歴史のなかでももっとも重要な構造変化が見られた点で注目される時期と評価してよかろう。

こうした中心寺院の性格の変化に即応しているのではないかと推測されるのが、町名の変化である。中世寺内町の場合、町名に方角を付する事例としては大坂がよく知られているが、在地寺内町でも富田林[38]・大ヶ塚[39]に確認でき、また久宝寺[40]の場合でも早い時期には方角地名が存在したと推定できることから、寺内町の初源的な町名としては一般的なありかただったと思われる。この町名は寺院を中心に町の位置を方角で示したところに由来すると考えるのが妥当だが、こうした方角町名は近世以降、基本的に失われていく傾向にある。その代わりに登場するのが町の機能を名称に付した町名で、たとえば富田林では「会所町」が、また大ヶ塚では「市場町」がそれに当たる。もちろん、大ヶ塚に見られるように方角町名が近世に入ってすべて消えてしまうわけではないが、大きな方向として消えていくのは、中心寺院の寺内町における求心制が失われ、居住民本位の町（共同体）へと転換し、機能主義的になったことを示すのではなかろうか。

近世寺内町の中心寺院の性格について、富田林と大伴の事例を検討した澤博勝はその権威性に注目したが[41]、まさに中世から近世にかけて、中心寺院は権力的存在から権威的存在へと大きくその性格を変化させたのであった。

おわりに

以上、雑駁ではあるが、中近世移行期における寺内町の動向についてみてきた。ここまでの内容をまとめると次のようになる。織田政権期は政治状況的に寺内町にとって、存続または廃絶の選択という厳しい状況下に置かれたが、豊臣期以降はそうした政治的な問題は基本的に解決し、むしろ経済的な側面から寺内町の有用性が認識されていったと考えられる。徳川期に入ると、家康と教如の関係もあって寺内町に対する認識が高まり、町の建設に際して寺内町が利用されるケースも増えたが、その際には限定された特権を与えられる場合があったことがわかった。

ところで、最初に久宝寺の町割の事例で紹介したように、町割については中世寺内町と近世寺内町とでは違っていた可能性も生じてきたわけだが、ではこうした変化は何をきっかけとしたものであったのだろうか。ここまでの検討をもとにいくつかの可能性を示してみたい。

まずひとつは、多くの居住者の集住をうながし町場としての機能を高めるための改造ということが想定できる。中世段階では中心寺院は機能的・構造的にみてまさに中心的存在であったことから、平面配置上も中心に存在していた可能性が高い。それに対し、近世以降の寺内町の平面プランを見ると、寺院は必ずしも町の中心部にあるわけでなく、端の方にある場合も珍しくない。しかもそれはほとんどの場合、地形的な条件とは関係がないようである。その場合、寺院が中心部から外れている点を重視すると、改造の主体として考えられるのが惣中である。

寺内町の主体が中世から近世にかけて寺院から惣中へと変わっていったことは先に述べた。平面プランもその変化に対応して改造が加えられていったと考えることができるのではなかろうか。

また次のような史料がある。

【史料6】「久宝寺百姓等目安」慶長十一年(一六〇六)十一月十一日付(『顕証寺文書』[42])

一、田地のまん中に立毛を打やふり、三町はかりの間に新儀ニ道を付もむかしから有道にハ木を植、下代しんたいニ仕候、道つけられ候田地ハ、道の両方きれ〳〵に成申候て作人めいわく仕候事、

慶長十壱年
卯十一月十一日
河内久ほうし村百姓
七郎兵へ
(以下略)

御奉行衆様

これは久宝寺寺内町から八尾寺内町が分立する際、それを主導した七郎兵衛らが久宝寺における下代の非法を訴えたものである。これによれば、田地に突然三町余の新しい道がつけられたことがわかる。この道の性格は明らかではないが、たとえば貝塚でも紀州街道の付け替え(整備)が慶長七年におこなわれるなど[43]、この時期は社会的な土木工事が各地でおこなわれた可能性がある。こうした動きは村切りとも連動する可能性もあるがその実態は定かでない。しかし、単に寺内町固有の問題でなく、地域社会から何らかの要請を受けて改造がおこなわれた可能性がある点に留意しておく必要があろう。

また構えについては摂河泉地域の場合、徳川家康との関係で整備が進められたとする伝承が貝塚や富田東岡でみられる。貝塚の場合は「大坂籠城前、家康公ゟ林ヲ拵へ駿州之松苗を植、幅二十間之堀ヲホリ候様卜半江被仰付候へとも、卜半分際ニテハ難出来、漸幅四五間斗ニ堀申候[44]」とあり、大坂の陣にともなう整備と伝える。また

富田の場合も「爰に慶長のはしめ上方騒動の聞へありしに、新庄駿河守殿より利重に御内意下され、富田庄ハ（中略）彼是要害の場なれハ　神君はからすも御陣をめさるへし、用意仕れとの仰を蒙り、利重ハ三方ノ門に八戸扉を願ひつくり、東北の堀をふかめ御厩を建て」[45]と伝えている。

ともに由緒のなかで家康との関係を重視する傾向にあるため、その内容は俄に信用できないが、先に堺の堀の事例でみたように、権力者は構えを「破壊」する一方で存続の「承認」もおこなっている。したがって、家康の指示ということはさておいても、権力者の指示と承認のもと、構えの整備がおこなわれたという可能性は十分にありうることである。中近世移行期という時期が断続的な戦時体制下にあったということからすれば、現実的な防御の必要性から新たな造営も含め、構えの整備は当然あり得たこととして考えておかなければならないだろう。ただそうした場合でも、造営にあたっては権力者側の承認が必要であったと考えるべきだろう。そう見た場合、造営技術の共通性・類似性という問題についても展望が開ける可能性が出てくると思われる。

（1）「寺内町」は学術用語であり、中世段階での史料用語は「寺内」であるが（本書第二部第一章）、本章では町場を比較的広く取り込んだ「寺内」を「寺内町」と称することにする。
（2）仁木宏「文献史研究よりみた寺内町研究の成果と課題」（第一一回関西近世考古学研究会大会「寺内町の成立と展開――考古学から――」レジュメ集、一九九九年）。
（3）拙稿「解説」（『寺内町の研究　第二巻・第三巻』法藏館、一九九八年）。
（4）近世寺内町については、福尾猛市郎「近世寺内町の性質」（『紀元二千六百年記念史学論集』内外出版印刷、一九四一年。のち註3『寺内町の研究　第三巻』に再収）、千葉乗隆「近世本願寺寺内町の構造」（『龍谷史壇』五五号、一九六五年。のち『寺内町の研究　第二巻』に再収）、吉川邦子「大和における近世寺内町」（『寺内町研究』二号、一九九七年）がある。また、中世から近世への移行を検討した研究としては、伊藤毅「天満の成立――摂津天満本願寺寺内町の構成と天満組の成立過程――」(『近世大坂成立史論』生活史研究所、一九八七年。のち『寺内町の研究　第二巻』に再収)が重要である。

(5) 原田正俊「戦国期の山科郷民と山科本願寺・朝廷」(『封建社会と近代』同朋舎、一九八九年。のち『寺内町の研究　第二巻』に再収)は山科地域における真宗受容の実態を明らかにしたほか、『中世大阪の都市機能と構造に関する調査研究――越前吉崎「寺内」の調査研究――』(大阪市立博物館、一九九九年)では、吉崎について歴史的・宗教的環境に踏み込んだ検討をおこなっている。

(6) 地域社会と寺内町の関係については、その経済的側面を富田林を題材に検討した脇田修の成果が重要である(「寺内町富田林の成立と構造」「在郷町の形成と発展」。ともに『日本近世都市史の研究』東京大学出版会、一九九四年に収録)。また、仁木宏「大坂石山寺内町の空間構造」(『古代・中世の政治と文化』思文閣出版、一九九四年。のち『寺内町の研究　第二巻』に再収)と、小谷利明「戦国期の河内国守護と一向一揆勢力」(『宗教と政治』佛教大学総合研究所、一九九八年)も注目される。

(7) 岡田清一「久宝寺寺内町遺跡の調査」(註2第一一回関西近世考古学研究会大会レジュメ集)。

(8) 前川要『都市考古学の研究――中世から近世への展開――』柏書房、一九九一年。

(9)『信長公記』同日条(角川文庫本)。また、信長は同年四月二十二日付朱印状で「和泉一国一揆寺内」の破却の確認を柴田勝家に命じている(『羽曳野資料叢書三　畠山文書集』羽曳野市、一九九一年)。

(10) 堀新「織田権力の寺内町政策――関連資料の検討を中心として――」(『古文書研究』三三号、一九九〇年)。

(11) 脇田修「寺内町の歴史的特質」(『日本近世都市史の研究』東京大学出版会、一九九四年)。

(12) 富田林に関する史料は「興正寺御門跡兼帯所由緒書抜」(『富田林市史　第四巻』富田林市役所、一九七二年)、『興正寺年表』(真宗興正派興正寺、一九九一年)、『大阪の町と本願寺』(毎日新聞社、一九九六年)参照。

(13) 森本育寛編『今井町周辺地域近世初期史料』一九八六年。

(14) 仁木宏『空間・公・共同体』青木書店、一九九七年。

(15) 竹田政敬「今井・寺内町」(註2第一一回関西近世考古学研究会大会レジュメ集)。

(16)『豊臣秀吉展』図録、大阪城天守閣、一九九一年。

(17)『フロイス日本史二』中央公論社、一九七七年、第二部六六章。
(18)註(4)伊藤論文。
(19)『真宗史料集成　第三巻』同朋舎、一九八三年。
(20)招提のみが天正十年、明智光秀に与同したため破却を受けたという。
(21)『大阪府史　第五巻』大阪府、一九八五年、一五頁。
(22)山口啓二「豊臣政権の成立と領主経済の構造」(『日本経済史大系三　近世上』東京大学出版会、一九六五年)。
(23)脇田修『近世封建社会の経済構造』お茶の水書房、一九六三年。
(24)「東末吉文書」(東京大学史料編纂所架蔵影写本)。
(25)『八尾市史　史料編』大阪府八尾市役所、一九六〇年。
(26)「招提寺内興起後聞記幷年寄分由緒実録」(『枚方市史　第六巻』枚方市役所、一九六八年)に「其下代ノ役人、河州ノ枚方宿ニ富田屋ト云町人ナリ、義理モ知ラヌ非道ノ欲深キ者故、人ヨリ物ヲ取ヲ専一トシタル故、下百姓甚難儀ス」とある。
(27)「河内屋可正旧記　巻四」(『河内屋可正旧記』清文堂、一九五五年)に「藤兵衛ハ平野ヨリ来リシ者也、能書ニシテ算用方ニ功有、当地ニ有テ山城村ノ庄屋ヲ、伊東左馬頭殿ノ御内、玉井助兵衛ト云人ト能示合、理不尽ナル事多シ、御年貢ヲ納ニ百姓共参ル時モ、八木気ニ入ザレバ足ニテ蹴チラシ」とみえる。ただし、この内容は慶長前期頃のことである。
(28)『貝塚市史　第一巻』大阪府貝塚市役所、一九五五年。
(29)秀吉政権期における在地寺内町対応を考えるうえで、摂津富田東岡宿の事例は参考になると思われる。先に述べたように富田は永禄十一年に信長軍の攻撃を受け、寺外は破却された。その寺外に当たると推定されるのが東岡宿であるが、ここは天正七年の織田信長禁制も伝えているが、内容的に重要なのは天正十三年の「羽柴秀勝掟書」(『高槻市史　第三巻』高槻市役所、一九七三年)である。この掟書では無座無公事、国質所質停止、年寄差配の承認、陣取免許、理不尽催促の停止、徳政停止、武家屋敷停止がうたわれているが、内容から大きく分類すると経済特権、安全保証、自治的運営保証、身分による居住制限について規定しているといえよう。
　ここで注目されるのは、経済特権については寺内町を含む中世都市が武家勢力から獲得していたものとほぼ同内容であるのに対し、年寄差配までもが承認事項となったことや、近世的な身分による居住制限が指示されている点である。これらから基本的に都市は振興の対象であったことがうかがえるが、一方でその内部構造については権力側のチェックや承認が必要とされたことがわかる。

東岡宿も一旦破却されていることからすれば新規の町立てといえるかもしれないが、基本的な方向性は寺内町を含む当時の都市に共通するものであったと考えられる。なお、寺沢光世は豊臣秀吉の側近六人衆が上方蔵入代官としての位置にあり、寺内町がその六人衆に与えられ、各寺内町の有力者を彼らの下代として位置づけたり、在地から切り離したりすることで、豊臣政権が寺内町を支配に組み込んだことを指摘している（「秀吉の側近六人衆と石川光重」〈『日本歴史』五八六号、一九九七年〉）。

(30) 中村孝也『徳川家康文書の研究』日本学術振興会、一九五九年。徳川義宣『新修徳川家康文書の研究』徳川黎明会、一九八三年。久宝寺は註25『八尾市史　史料編』所収、顕証寺文書「記録幷由緒書」、貝塚は『貝塚市史　第三巻』（大阪府貝塚市役所、一九五八年）所収「願泉寺文書」参照。

(31) 大桑斉「教如」（『浄土真宗』小学館、一九八五年）。

(32) 新行紀一『一向一揆の基礎構造』吉川弘文館、一九七五年。

(33) 註(30)『貝塚市史　第三巻』。

(34) 『八尾別院史』真宗大谷派八尾別院大信寺、一九八八年。

(35) 吉川邦子「大和における近世寺内町」（『寺内町研究』二号、一九九七年）。

(36) 註(25)『八尾市史　史料編』。

(37) 顕証寺境内が年貢地となった年代については「往古ハ顕証寺之さわきなと仕候由ニ候得共、信長公御代ニ天正九年ニ久宝寺屋敷方高百三拾五石請所ニ申請候」との記述がある（註25『八尾市史　史料編』所収「顕証寺境内出入次第書」）。

(38) 元亀四年二月吉日付弥衛門尉作職売券（京都大学所蔵杉山家文書「河州石川郡富田林御坊御禁制書其外諸証拠諸写」）に見える「北町」は売主が富田林寺内町の住人であることから、寺内の町名と考える。

(39) 大ヶ塚の当初の町名は、南中町・南西町・北西町・東町・乾町であったようだが（「大雅塚由来略記」〈『河内石川村学術調査報告』大阪府南河内郡石川村役場・石川村学術調査報告刊行会、一九五二年〉）、その後の町名として市場町が誕生している。

（40）「久宝寺村屋敷方各々高坪覚」（大阪市立博物館所蔵安井家文書）に「東町」「北町」「南町」「西町」が確認される。なお、この史料は元禄二年の坪改めに関連するものと推測されている（内田九州男『八尾市史紀要九号　久宝寺寺内町の町割りについて』八尾市教育委員会文化財室、一九八六年）。

（41）澤博勝「近世中後期の村・地域社会と仏教」（『仏教史学研究』三六―一、一九九三年）。同「「寺内」寺院の近世的変容――大伴道場円照寺の時世から――」（『寺内町研究』二号、一九九七年）。

（42）註（25）『八尾市史　史料編』所収。

（43）註（30）『貝塚市史　第三巻』所収の慶長九年指出参照。

（44）慶應四年「卜半従来仕来之覚」（註30『貝塚市史　第三巻』所収）。

（45）松井良祐翻刻「富田丙午記一」（『立命館文学』五一四号、一九八九年）。

第三部

豊臣大坂城下町の成立と展開

第一章　豊臣大坂城下町の建設――初期を中心に

はじめに

戦国末期、摂津・河内・和泉地域には門前町・寺内町・湊町など多様でかつ相当規模の都市が複数存在した[1]。上町台地上とその周辺では天王寺、大坂、渡辺、堺、平野がそれに該当する。そのなかでは上町台地北突端部にあった大坂本願寺寺内町がネットワークの中心性をもつ都市として注目されるが、それも天正八年(一五八〇)に大坂の地を織田信長に譲ることとなり、続けて羽柴(豊臣)秀吉が信長の後継者になると、同十一年、これらの中世都市を凌駕する規模の大坂城下町が建設されるという変転をみせた。

大坂は秀吉が為政者となって以降本格的に建設を試みた初めての城下町である。その意味で城下町史上重要な位置にあることは大方の一致する見方と思われるが、近年、小牧他の信長期の主要都市と比較した場合、大坂は必ずしも傑出した都市ではないとの見解も示されており[2]、改めて大坂の研究深化が求められている状況といえよう。

その際に重要なのが、秀吉がどのような構想をもって大坂城下町を建設しようとしたのかという点と、実際にはそれがどう実現されたのかあるいはどう変更されたのかという点を区別し、その建設過程を丹念にあとづけることであろう。秀吉は天正十一年（一五八三）の賤ヶ岳の戦いで勝利し、軍事的優位性は確保しつつあったものの、その政治的立場はしばらく不安定だった。[3] そうしたなかで形成された大坂城下町の構造もこうした秀吉の政治的立場のありかたとは無縁ではなかったであろうし、むしろそうした点や大坂という地域の歴史的前提条件を十分に踏まえたうえで大坂城下町の意義を議論すべきであろう。

ところで、大坂建設の諸段階については、内田九州男が次のように整理している。[4] Ⅰ天正十一年の大坂城本丸建設、Ⅱ天正十四年の大坂城二ノ丸建設、Ⅲ文禄三年（一五九四）の惣構建設、Ⅳ慶長三年（一五九八）の大坂城三ノ丸建設の四段階である。この大坂城の建設段階は城下町建設の段階と密接にかかわっており、参考とされるべき画期と認められるが、今述べたような視点を取り入れるとすれば、早い段階であればあるほど紆余曲折がみられたであろうことが想像されるのである。

そこで本章では、とくにⅠの時期（以下、初期と称す）を対象に、①秀吉の大坂城下町建設構想、②城下町建設の実態、③城下町の構造、④居住民（町人ほか）の動向の四点について検討し、大坂城下町の成立の過程を今少し詳細に跡づけてみたいと思う。この作業から判明する結果は、近世城下町の最初期と位置づけられる大坂城下町の特質解明につながると考えるからである。

一　秀吉の大坂城下町建設構想

大坂の地で秀吉が構想した城下町とはどのようなものだったのだろうか。内田九州男は秀吉の大坂建設の構想を次の六項目から説明した。[5] ①大坂城の築造、②諸大名屋敷の建設、③内裏の移転、④五山ならびに都の主要な寺院の移転、⑤セミナリヨ（神学校）の建設、⑥繁栄する巨大な市（いち）の建設。これらは大坂への遷都計画と大坂幕府構想のふたつの政治構想にもとづいていたという。なお、①の大坂城は本丸、二ノ丸、惣構、そして三ノ丸の順に建設されたとするが、当初どこまでが構想されていたかは示されていない[6]。

次に朝尾直弘は大坂建設構想を次の三点に集約できると述べた[7]。⑴大坂（城・武家地・町人地）の建設、⑵内裏の移転、⑶大坂の拡張（堺まで）。これらは自らに権力・権威を集め公儀の確立をもくろむ秀吉の政治構想にもとづくものだったという。そして、都市建設にあたっては他都市を凌駕する規模のものが目指され、そのための具体策として堺との連続構想があったとしている。

この両者の見解はおおよそ、Ⓐ秀吉政権の本拠となる大坂城およびその城下町の建設、Ⓑ内裏や五山寺院に代表される京都の伝統勢力の移転と支配にまとめることが許されよう。それらを物語る史料は次の【史料1・2・3】である。

【史料1】『柴田退治記』天正十一年（一五八三）十一月[8]

秀吉者摂津国大坂定城郭（中略）平安城十余里、南方平陸而天王寺、住吉、堺津三里余、皆建続町店屋辻小路、為大坂山下也、

【史料2】「ルイス・フロイスのアレシャンドウロ・ヴァリニャーノ宛書簡」一五八四年一月二十日[9]

大坂に新たな城と市（まち：原注）を建設することにした。人々の言うところによれば、信長が安土山に築いたものの二、三倍も広大で壮麗なものであり、これをより良く達成するため彼は征服した各国の諸侯に対し、（同所に）居を定め、城の周囲に大邸宅を建設することを命じた。（中略）これが広大で偉観を呈することのほかに、新たに建設する市が大坂より三里離れた堺に続くよう拡張することを望んでいる。（工事は）本年、始まったにもかかわらず、聞くところによれば、家屋はすでに約一里離れた天王寺にまで達しているという。ジュスト（右近）は家族と共に住むべきはなはだ立派な邸宅を建て始めた。さらに羽柴は、もし可能ならば都

の市を同所に移そうと決心し、このため、五山と称するかの地の五つの主要な僧院と、その他すべての仏僧の宗派に対し、建物を移転するよう命じた。

【史料3】「大友宗麟書状」（天正十四年〈一五八六〉）卯月六日[10]

一、五日之二番鳥裡ニ堺妙国寺立候而、住吉・天王寺と□□にて夜明、従堺住吉・天王寺・大阪（ママ）之中間諸政□之儀、驚耳目候、天王寺より大坂は一里候、其間作続たる在家見事結構、不及言語候、銘々ハ難尽紙上候間、閣筆候、

これらから大坂城を頂点に天王寺・住吉・堺という南方に位置する主要な町場を空間的に結合した城下町が目指されていたことがわかる。そして京都の伝統勢力についてもそれを膝下に取り込んだ都市＝首都として大坂が構想された様子がうかがえるのである。

しかし、内裏等の京都からの移転が早々に断念され、その代わりに天正十三年（一五八五）、本願寺が移入してきたことはすでに指摘のあるとおりである[11]。こうした当初の構想が変更された背景には天正十二年（一五八四）の小牧・長久手の戦いに象徴されるように、秀吉政権がこの段階ではいまだ安定的でなかった事情があったのは明らかである。そして、こうした変更の事例は他にもあったと考えられるのである。城下町建設の実態を具体的にみていこう。

二　城下町建設の実態

秀吉が大坂・天王寺・堺を連結した巨大な城下町を建設しようとしたことはさきに紹介したとおりである。既存の中世都市の空間と人的・物的資源を有効に活用しようとしたわけだが、この構想には実現した部分と実現しなかった部分があった。そのなかで実現したものは良く知られている大坂と天王寺の連結であり、それを結ぶ平

野町の建設である。まずはこれからみていこう。

（1）四天王寺の復興と平野町の建設

後述するように堺との連続は実現しなかったが、内田九州男によって指摘されているように、上町台地上に設定された平野町を介して天王寺は大坂城下町と連結された[12]。その様子は天正十四年（一五八六）の【史料3】からも知られるところである。これは中世都市を組み込む形で大坂城下町が建設されたことを具体的に示している点で重要だが、ここではそれと並行して進められた四天王寺復興と平野町建設の意義について注目してみたい。

大坂へ入ってまもなくの天正十一年（一五八三）七月、秀吉は四天王寺の太子堂奉加を堺に命じたが（後述）、それはいわゆる石山合戦で焼亡した四天王寺の再興を助けようとしたためと考えられよう。そうした秀吉の意向は同年十一月、四天王寺亨順が認めた次の「四天王寺再興勧進帳[13]」からうかがうことができる。

【史料4】

勧進沙門　　敬白

特請蒙貴賤同俗助成、営造摂津国四天王寺仏閣、祈国家安全状

（中略）天正四年五月三日、不図為兵火災、宝塔露盤雑塵芥、金銅救世観音登銅煙、三面僧坊一時頓滅、見之者湿袖、聞之者断腸、爰羽柴筑前守秀吉朝臣、達武将深智略、而暴逆之輩速疾誅罰、御国家以仁寿之化、撫民

屋以憲章猷、択賢良輔治、用善哲摂政、加之欲興隆仏教、紹耀玄風、頻驚当伽藍再興之計策、遮而為大檀主可加下知諸国云云（中略）即本願縁起曰、若有興隆輩、官位福栄自以相続、子孫世々、常安常楽、

（中略）

天正十一年十一月日

秋野来迎院法印　亨順　朱印

ここでは本願縁起(四天王寺御手印縁起)の文章を引き、仏法興隆を扶助する人物は官位や福徳が永続するとあり、事実上秀吉の行為を讃える内容となっている。これは奉加を命じた秀吉の行動などが前提にあるとみてまちがいないだろう。

この秀吉の四天王寺に対するアプローチが、大坂城下町建設に際してその南部の核となる四天王寺の復興が欠かせないとの認識によるものであったことは容易に想像できよう。しかし秀吉のねらいはそれだけだったのだろうか。四天王寺といえば中世以来広く摂河泉の民衆の信仰を集めてきた寺院であった(本書第一部第四章)。寺領の安堵がおこなわれた形跡はみられないが、このように四天王寺に庇護の手を差し伸べることは、新たに大坂へ入部し、そこに本城を置く領主として支配の正当性をアピールするうえで恰好の方法ではなかったのだろうか。中世の宗教権門とそれを核とした町場の上位に立ち、保護の姿勢を打ち出すことは秀吉にとって重要なパフォーマンスだったと考えられるのである。

その四天王寺の復興とセットで進められたのが平野町の建設である。この平野町について内田九州男は中世都市平野から移住を命じられた住人たちにより建設されたことを指摘した[14]。ここでも中世都市の存在を前提とした大坂城下町の建設が知られるのである。なお管見によれば、秀吉の平野に対する接近は四天王寺と同じ天正十一年(一五八三)七月、平野を豊臣家の蔵入地とすべく一柳市介をその代官に任じたところから確認でき[15]、さらに大坂の寺町建設に際しても、谷町八丁目寺町に平野から久本寺が転入するなどしている(本書第三部第三章)。秀吉は早い段階から平野に注目し、その経済力を大坂へ動員すべく動いていたといえよう。

平野町はこのように中世都市平野とのかかわりという点で評価されるが、それ以外にも、管見によれば平野町の街区形成過程が城下町（都市）建設の観点から重要と考えている。

平野町は上町台地上の二本の南北道（四八頁、第一部第一章第7図Ⓐ・Ⓑ）をはさんで展開し、長さ六十間、奥行四十間の街区を基本としている[16]。では平野町の基軸となっている二本の道は秀吉の城下町建設にともないまったく新規に設定されたものなのだろうか。

この点にかかわって、信頼できる現存最古の近世大坂図「明暦元年大坂三郷町絵図」[17]（四七頁、第一部第一章第6図）に書き込まれたこの二本の道をはさむ町名に注目してみたい（秀吉当時の信頼できる絵図は確認されていない）。そうすると、西側のⒶについては「塩や町すじ」とあるのに対し、東側のⒷは「本平野町すじ」（傍点大澤）と記していることに気づく。この表記を重視すれば、平野住民の関与・移住はⒷが先行的、または中心的だったという推測が可能になろう。同じ図にみえる字名も、延宝五年検地帳で確認できる平野ゆかりの町名[18]である「野土（堂）町」がⒷの北寄りに、また「字泥堂町」は同じくⒷの南端にと、いずれもⒷの側に確認できる。さらには、元和元年以降、平野町の〝村化〟に由来するかと推測される「字町跡」の位置もⒷのなかほど南にと、平野にかかわる町名・字名はすべてⒷの側に集中しているのである。このような状況をみると、平野住民たちの移住で開発された町は、基本的にⒷの筋だったと考えるのが自然ではないかと思われるのである。

ではそうなると、西側のⒶはどう評価できるのだろうか。Ⓐの道で注目されるのは、ここが上町台地の尾根道に当たることである。この道はすでに触れたように（本書第一部第一章）、上町台地の地勢にかなっており、かつ十六世紀に大坂寺内と天王寺を結ぶ幹線としての機能を高めるという動きがみられたところである。これを念頭に考えると、平野町とはこの中世以来の南北道Ⓐを前提とし、さらにそれに平行する道Ⓑを新たに建設することで、二本の道を軸とした町として整備されたものと考えるべきではなかろうか。

なおこの道Ⓐを指したのではないかと考えられる次の史料がある。

【史料5】「羽柴秀吉書状[19]」

書中披見候、先度申付候道儀、水つき候付而、天王寺之古道相拵之由得其意候、然者千塚之石可然候ハヽ、それ♂之道をも同事ニ見計可造候、何も不可有由断、尚期後音候、恐々謹言、

（天正十一年）八月廿八日　　秀吉（花押）

筑前守

石川加介殿

一柳市介殿

小野木清次殿

これは秀吉が新規に建設を命じた道が水没してしまったため、「天王寺之古道」を修復して使用することを命じた文書である。後段の内容を考慮すると、この新規の道とは大坂城築城のための石材を運送するための道と解釈され、「天王寺之古道」より低い位置にあったことが想定される。「古道」が新道より高い位置にあったため、安定した道として再利用されたのであろう。こうした理解から、この「古道」とは上町台地の尾根道Ⓐだった可能性があろう。なお、新規の道については、低地部を通りつつ石材の行き先である大坂城へ直結するルートとして、ここでは現在の上町筋に比定しておきたい[20]。

以上、ここでは秀吉は中世以来の道Ⓐを大坂と天王寺を結ぶ基軸線として継承し[21]、さらにその東側に、平野住民を動員することでⒶに平行する道Ⓑを新たに建設したと考えた。中世では一本街村状であったものが豊臣期になって二本の道を軸とした面的な町へと展開したと考えられよう。

中世以来、一本街村状の町並みが卓越していたなかで、京都・伏見・大坂では二本の大路を通し、両側町が複数横にならぶ町並みが形成された点が評価されている[22]。述べてきたように平野町はすべてが新規建設ではなく、

平野の経済力を動員し、一本街村状から二本の道を軸とする、複数の両側町がならぶ町並みへと転換していったところに都市の新段階への移行と、その際の建設手法をみることができるのである。(23)

(2)　中世権門の移転と支配の一円化

秀吉の構想のなかにはみられなかったが、渡辺(本書第一部第三章)も大坂城下町との一体化がはかられた。この点について松尾信裕は、遺構の方位から位置が変わっていないと推測される上町台地北端部の東西道(島町)を基軸としてその北側地区が整備され、その西延長部に存在した渡辺が城下町に組み込まれたと述べている。(24) 首肯できる指摘である。

ただし、中世都市との一体化による城下町建設は空間の連結のみで実現されるものではなく、当地の中世的世界の解体が不可欠であった。その点を渡辺でさぐると、同地を代表する宗教権門だった坐摩(いかすり)社の動向が注目される。現在当地を離れている坐摩社は中世末まで、現在では御旅所が置かれている石町(こくまち)付近に鎮座していたと推測されるが、大坂城下町建設にともない【史料6・7】のように他所へ移転させられたと伝えている。

【史料6】『大坂濫觴書一件』元禄十二年(一六九九)(25)

座摩大明神之社ハ元来西成郡之惣社ニ而、南渡辺江替地太閤様　被仰付、社料弐千八百石余有之候、

【史料7】「名葦探杖　巻之五」安永七年(一七七八)(26)

其後豊太閤、城を築き給ひし時、此社を今の渡辺町にうつして鎮座石のミ残せり、今に到りて此所を旅所として、例年の祭礼に座摩の神輿を渡す、

坐摩社の移転の実態についてはのちに詳述するが、移転先が当初の城下町範囲外だったと推測されることから、同社を移転させることで秀吉は渡辺所在の中世権門を排除し、その空間を城下町の一部として吸収したと考えら

れる。

なお、これと同様の手法は大坂城地でもみられた。すなわち秀吉は同所が社地であった生国魂社に新たな社領を宛てがい、社地を大坂城地として接収したのであった。

【史料8】「羽柴秀吉寄進状写」(27)

生玉明神領摂津国西成郡下難波之内三百石之事令寄附之畢、全社納不可懈怠状如件、

天正十一年七月　　　　　秀吉印

存続していた寺社の存在自体を否定するものではないが、それらと在地の関係を断ち切って移転させ、その所在地を城地・城下町として吸収・再編するという手法を秀吉は採用したのである。

以上、秀吉が新たな権力者として既存の中世都市・権門を支配下に置き、保護の姿勢もみせながら移転・改編を加え城下町に組み込んでいった様子を述べた。当初の構想では渡辺に対する言及はみられなかったが、おそらくこれも含まれていたのであろう。では次に当初の構想が変更された事例である。

(3) 堺吸収の中止

前掲の【史料1・2・3】によれば、秀吉が堺まで町をつなげる構想を持っていたことはまちがいない。しかし、それがどの程度実際に取り組まれたのかはこれまで検討されてこなかったと思われる。

そこで最初に秀吉の初期における堺支配の体制をうかがってみると、その責任者である政所の人事が注目されよう。すなわち堺政所は信長期に松井友閑が就いていたが、秀吉が政権を握ったのちも友閑が在任を続けたのである。これは評価が難しいが、堺衆との人脈を有する友閑の留任は堺支配をスムーズに継承する意図が背景にあったことは認められるであろう。

そして、次の史料は大坂・天王寺・堺の一体化構想をにおわすものではないかと考えられる。

【史料9】「羽柴秀吉判物写」天正十一年七月[28]

天王寺太子堂為奉加、並銭五百貫文遣候間、其津地子銭御納候を、彼寺へ可被相渡者也、仍如件、

天正十一

七月十一日　　　　　秀吉判

宮内卿法印

これは天正十一年(一五八三)七月、秀吉が堺の地子銭をもって四天王寺太子堂の奉加銭に宛てようと松井友閑に命じた内容となっている。前述のとおり、四天王寺はこの時、戦後復興がままならない状態に置かれていた。そこで秀吉が手を差し伸べたわけだが、注目すべきは奉加銭を堺に負担させようとした点である。大坂城下町の建設はもうしばらくのちの八月末頃からはじまったようなので(『兼見卿記』天正十一年九月一日条[29])、この奉加銭の動きは、本格的な城下町建設を前に、四天王寺の復興を堺の経済力によって実現させようという秀吉の姿勢を示したものといえるのであり、そのタイミングを考えると、この指示は大坂・天王寺・堺を一体化させようとする構想に沿って出されたとみてよいのではなかろうか。

ところが天正十四年(一五八六)六月、秀吉は突然松井友閑を罷免した。そして子飼いの直臣石田三成と小西立佐・如清をその後任にあてたのである。そして同年十月〜十一月には秀吉みずから訪堺し、南北堀の埋め立てを命ずるなど、この時期になって秀吉は強い姿勢で堺支配に臨むことになったのである。これをもって、堺の豊臣政権への従属が確立したのである[30]。

こうした動きと同じ頃に書かれたフロイス書状が注目される。

【史料10】「ルイス・フロイスのインド管区長アレシャンドウロ・ヴァリニャーノ宛書簡」

一五八六年十月十七日付[31]

大坂には、すべての物品が持ち込まれるよう配慮しているので、品物が豊富にあり、堺〔日本全土の市である〕で見つけることができない物でも、大坂では簡単に見つかる。

この内容は、大坂がこのときすでに堺を凌ぐ物流機能を備えた都市となりつつあったことをうかがわせるものである。大坂に基盤のなかった秀吉は当初、天王寺・堺という既存の中世都市を援用し大坂の都市機能を強化しようとしたと考えられる。しかし【史料10】によれば、天正十四年(一五八六)段階ですでに大坂は独自に急速な発展を遂げていたようで、とくに堺に求められたと推測される物流の拠点機能を大坂が早々に獲得してしまったのである。これにより堺を大坂と空間的に連結する理由は失われてしまったのではなかろうか。大坂の急速な発展が堺を大坂へ吸収しようとした構想を中止させ、堺については別都市として支配する方向へと方針転換されたものと考えられよう[32]。

(4)　聚楽第建設にともなう城下町整備

秀吉の初期城下町構想のなかで大きな位置を占めたと考えられるのが内裏の移転である。最終的にそれは実現しなかったが、それに連動して天正十一年(一五八三)十一月、「中嶋普請」が完了したのは内裏移転に備えてのことだった[33]。そして、それに歩調を合わせるように同年、大坂城膝下と中島(天満)を結ぶ天満橋が初めて架橋されたのである。次の史料の「木造の橋」とは天満橋を指している。

【史料11】『フロイス日本史』一五八三年[34]

大坂付近には一河川(淀川)があり、都に赴くには船でその川を航行せねばならなかったが、夥しい群衆が往来したので、通行はこの上なく困難であった。乗船は人々を捌ききれなかったし、各人は一定の船賃を支払うのを余儀なくされたので、貧乏人にとって、(淀)川を渡航することは容易なことではなかった。(だが)筑前殿は、そこに非常に美しい木造の橋を構築させて、そうした障害を除去した(ので)、昼夜を問わず人馬はなんの苦もなく(川を)渡れるようになった。

天正十一年(一五八三)の天満橋架橋の最大の目的は大坂(上町)と中島(天満)のあいだの交通を安定的に確保するところにあったと考えられるが、その前提として船による通行の混乱が発生していた様子がこの【史料11】から知られよう。大坂と中島(あるいは以北)を結ぶ交通が早くに活発化していた様子がわかる。[35]ここにも大坂の都市発展の一端がうかがえるのである。

ところが内裏の移転はまもなく断念され、天正十三年(一五八五)四月には秀吉が本願寺に天満への移転を命じ、さらに翌天正十四年、秀吉は京都において聚楽第の建設を開始したのであった。これにともない大坂と京を結ぶ交通は重要度を増すことになったのは想像に難くない。そしてそれに連動したのが大坂と京都を結ぶ街道と、大坂城下町における街道の玄関口部分の整備であった。

【史料12】「ルイス・フロイスのインド管区長アレシャンドウロ・ヴァリニャーノ宛書簡」

一五八六年十月十七日付[36]

大坂の市は、すでに堺の方に伸び、天王寺まで一里以上家屋が並び、今、都に至る川の側に、同じ位の長さの町並みを建てるよう命じ始めている。市の別の側には、大坂の仏僧の大きい集落があり、そこには良い家屋や建物があるが、関白殿は濠やその他の防禦に役立つような施設をつくることは許さない。

先の【史料11】では、すでに一五八三年段階において、大坂と京都方面を結ぶ重要な交通手段であった舟運の運航に問題の生じていた様子が知られる。そして【史料12】によれば一五八六年、秀吉が京都へ向かう川に沿って町建てをはじめたことがわかるのである。大坂と京都を結ぶ街道といえば淀川左岸堤防を利用した京街道(前述第6図〈四七頁〉のⒻ)を想定するのが妥当なので、京街道の整備と連動した町建てということで考えると、この町建てとは大坂城下町が京街道と接続する場所の片腹町を指すものと思われる。なお片腹町は鯰江川を渡る野田橋に木戸が存在したようで[37]、片腹町の建設以降、ここが大坂城下町の北東端となった。

この【史料11・12】は、大坂~京都方面を行き来する人・物資の増大に舟運が対処しきれなかったことが、両者を結ぶ淀川左岸の陸路整備が着手される契機となったことを物語っているわけだが、その前提として中世には上町台地突端部から大和川を北へ渡り、淀川左岸に沿って北上する道がなかった(主要な道でなかった)という事情(本書第一部第一章)を想起する必要があろう。

秀吉の大坂入部、そして内裏移転の中止にともなう聚楽第建設は大坂と京都のあいだの交通の重要性を大きく押し上げたのであり、それに対応した大坂城下町の町建てが要請される形となったのである。

以上をまとめてみよう。秀吉は天正十一年(一五八三)段階で大坂・天王寺・堺を結ぶ構想をもっていた。しかし、大坂の都市機能が高まるなかで堺との連続は天正十四年(一五八六)までに取り止めになったものとみられる。その一方で天王寺は四天王寺の復興・面的な町づくり手法を採用した平野町の建設により大坂と結ばれ、渡辺についても同様であった。また内裏の移転中止・聚楽第の普請にともない、天正十四年には大坂と京都を結びつける街道整備の必要に迫られ、その玄関口となる片腹町の町建てが着手されるはこびとなった。ここに当初の構想にはみられなかった動きが生まれることになったのである。このように天正十四年までは当初構想のいくつかが変更を余儀なくされ、それを補う次の手が打たれた時期とみることができよう。こうした点に着目すると、天正十一年から十四年までを大坂城下町建設の第一段階ととらえることができるのではなかろうか。

三　大坂城下町の構造

近世城下町の空間構造上のもっとも大きな特徴は身分制を反映したゾーニングとされている。その主要な構成要素としては武家地・町人地・寺社地があげられ、それを多様な社会関係にもとづく分節構造（社会集団）と結びつけて空間構造を解き明かそうとする視点が提示されてきた[38]。

しかしながら、豊臣大坂城下町については各構成要素の個別分析、そしてそれらを総合化した全体構造論のいずれをとってみても研究が進展しているとは言いがたい現状にある[39]。そこで及ばずながら、以下では武家地・寺町・町人地についてそれぞれの特徴を述べ、さらに第四節において初期居住民の実態をさぐったうえで、大坂城下町の初期の構造について全体像を素描してみたいと思う。

ただし、武家地・寺町については別途個別に検討をおこなったので（本書第三部第三章・第四章）、詳細はそちらに譲ることとし、ここでは概要にとどめ、主に町人地について述べてゆきたい。

（1）　武家地

武家地の建設は近世城下町にとって領主への権力集中の観点から重要な意味をもつ。城下町への家臣団集住の動きはすでに安土においてもみられており、大坂でも当初からその構想があったことは想像に難くない。武家地を奉行ら直臣の居宅と大名屋敷に大きく分類すると、とりわけ奉行たちは政権運営に必須の存在であって秀吉に近侍する必要のあることから、彼らの居宅の所在地は二ノ丸に想定されるべきであろう。他方、大名屋敷については一門大名である豊臣（羽柴）秀次屋敷が二ノ丸の南西角に近接したところに復元できることから、まずは二ノ丸の西側に大名屋敷の一画が想定されるであろう（豊臣前期の場合）。しかしながら大名屋敷は町人地内に存在した形跡も確認されるので、集中と散在が併存していた可能性が高いといえよう。完全な集中を城下町の完成形態とみた場合、豊臣大坂城下町(少なくとも前期)は過渡期の段階にとどまっていたといえそうである。

（2）寺町

大坂では城下町の建設開始とほぼ同時に寺町の建設がはじめられた。その位置は、天満と大坂城の南方で平野町の北にあたる大きく二ヵ所である(天満寺町・城南寺町)。そして大坂の寺町は近世城下町のなかでもっとも早い例とされてきた[40]。近世城下町の寺町は城下町の外縁に沿って設定されるのが通例である。ところが大坂の場合、城南寺町についてはおもむきを大いに異にしている。なぜならここは最初期の城下町である平野町を挟むよう南北方向に長く置かれているからである。これは大坂の寺町が都市域の区画装置として設定されただけではなく、幅をもつ面的な街区建設の一翼を担う役割をもっていたためと考えられる。大坂の寺町は秀吉が建設した他の城下町と比較した場合確かに早い事例であり、それゆえに都市固有の多様な性格をもつ存在だったと考えるべきではなかろうか。

（3）町人地

最後に町人地について検討する。町人地の形成過程については文献史料がきわめて少なく、とくに上町については内田九州男・伊藤毅の一連の研究でも具体的には触れられていない[41]。その点で考古学の成果から街区構造の特徴や道の形状から段階的な町人地の建設過程をあとづけた松尾信裕の成果は注目されよう[42]。その松尾の研究によりながら、豊臣大坂城下町における町人地(天満をのぞく)の形成過程を整理すると次のようになる。

まず大坂城の城南地区については、すでに触れた平野町が当初はその北端を内安堂寺町通に置きつつ四天王寺までの範囲で設けられた。他方、大坂城の西に位置する上町では、その北端部で中世からの道と推定される島町を軸とし、そこから北へ拡幅して石町を出現させ、この二町による街区をつくりだした。そして、それらを渡辺に向けて西へ延長し、大川に近い今橋通と高麗橋通を軸とした街区が整備されたのであった[43]。ここまでが豊臣初期の整備とされる。その後（天正十九年〈一五九一〉以降か）、上町の島町以南で開発が進められ、慶長二十年（一六一五）大坂の陣の段階では本町通まで町人地は広がっていたが、それより南側は町場として開発がおこなわれた痕跡は確認されないという。

このように大坂における町人地の建設は、中世都市四天王寺・渡辺へ向けた平野町、島町を軸としたエリアが早く、続いてそのあいだ（上町）を埋めるように島町から南へ向けて開発が進められていったとの全体像を松尾は提起したのであった。

上町の形成過程に関する研究が遅れていたなかで、この松尾の提起は大変重要なものといえるが、一方でこれを検証する作業が必要であろう。そこで、手がかりは少ないが、文献の立場から若干の考察を加えてみたい。第1表は上町において天正年中までに開創（移転を含む）した浄土真宗寺院（大谷派）を寛文六年（一六六六）の由緒書き上げからひろいあげたものである[44]。

これによれば、天正十一年（一五八三）の城下町建設以降の開創地は、№2光徳寺の上堺町、№3仏願寺の上本町、そして№4円周寺以降と大きく三つに分類できよう。このうち№2光徳寺の移転先である上堺町は、十六世紀にいったん光徳寺が支坊を構えた地と伝えるところである[45]。また、№3仏願寺の上本町は平野町へ向かう道筋に位置する。ともに東西・南北の交通ルートに沿った町の萌芽をうかがわせるものといえるが、ここで注意したいのは、№4円周寺以降の四ヵ寺の所在地が上町という点である。さらに、№4円周寺〜№6本真寺が島町・内鍛治町（徳川期では島町の二本南）・谷町二丁目（谷町筋沿いの町でその北端は島町）という上町北部に集中して

第1表　上町開創の浄土真宗寺院

No.	寺号	開創・移転年	開創・移転先場所	備考
1	定専坊	天正9年	（内鍛冶屋町へ移転）	
2	光徳寺	天正11年	（上堺町明誓寺へ移転）	
3	仏願寺	天正12年	上本町	
4	円周寺	天正13年	嶋町にて屋敷買得	
5	光円寺	天正15年	内鍛冶町	
6	本真寺	天正16年	谷町二丁目にて屋敷買得	五・一間×一五・四間
7	浄安寺	天正年中	安土町上町	詳細場所不明

いる様子は注目に値しよう。

浄土真宗は大坂市中で寺院（道場）建設が認められた数少ない宗旨であり、民衆への布教を旨としていることからすれば、その成立は当該地の町場開発の動きとリンクしていると推測される。第1表は大谷派寺院に限ってのものではあるが、一定の傾向を示しているとみてよく、したがって開創時期の早い真宗寺院が上町北部に多いということは、その地域の開発の早さを示唆するものといえよう。そして、この推論は先の松尾の提起に沿うものではないかと考えられるのである。

なお、天正年間の町名の検討からも松尾の提起が検証できるが、それについては後述したい。

次に船場地区の初期開発についても検討しておきたい。この件について松尾は前述のように、初期における町人地を今橋通と高麗橋筋をあいだとする見解を示した。実際高麗橋通の南に接する街区（徳川期の本靱（もとうつぼ）町一帯）からは豊臣前期の鋳物工房が出土しており、このあたりが当時の船場の南限だったと推定されている(46)。

この点に関連して、天正十一年（一五八三）に渡辺から立ち退きを余儀なくされた坐摩社の移転先を考えてみたい。なぜならそうした移転は当時としては町場から外れていたところへ向けておこなわれたと推測されるからである。そこで再度【史料6】を確認すると、ここでは移転先を「南渡辺」

と記している。ただしこれだけでは場所の特定は難しい。そこで他の手がかりを検索すると、次のような史料が確認できる。

【史料13】『蘆分船』延宝三年（一六七五）[47]

当社むかしは、八軒屋の辺にありしか、中比淡路町一町目にうつし、其後今の渡辺に勧請しけると也、

ここでは坐摩社の旧地を「八軒屋」と記すが、実際には渡辺と考えるのが正しい（本論文第一部第三章）。したがって本史料は、最初に渡辺から淡路町一丁目へと鎮座地が移転し、その後現在地へと再移転したと読むべきだろう。ここでポイントとなるのは最初の移転先とされる淡路町一丁目である。淡路町は船場にあって、東横堀に架けられた平野橋を通る平野橋筋の一本南側の町であり、一丁目はその一番東寄り、すなわち東横堀に接する位置となる。淡路町は先ほどの豊臣前期の鋳物工房が出土した本靫町より三本南の町なので、ここは初期段階ではまだ開発が及んでいなかった場所と考えるのが妥当であろう。【史料13】は十六世紀後半以降の船場の開発状況を的確に示しているのである。

続いて町名から町人地開発の手がかりをさぐってみよう。伊藤毅は豊臣期末期までの文献史料に登場する町名を博捜し、とくに船場における町名が多く確認できることを指摘した[48]。しかし、そこではどの町名がいつから存在したのかという観点からの検討はおこなわれなかった。そのため、ここでは豊臣初期の事例に限って掲げ、町名の出現から町場の開発状況をうかがってみたいと思う。

一次史料において初期段階での町名が確認できるのは、管見では次のものに限られる。

①大坂赤坂町　天正十四年十一月十九日条　『言経卿記』[49]
②大坂藍屋町　天正十五年十一月十六日条　『言経卿記』
③大坂町瓦町　天正十五年十一月十八日条　『言経卿記』

④長柄町　　天正十五年五月二日条　　『言経卿記』
⑤大坂平野町　天正十六年閏五月三日条　『言経卿記』
⑥浜ノ町　　天正十六年七月十九日条　『天正記[50]』
⑦道修町　　天正十六年七月二十日条　『天正記』

『言経卿記』において「大坂」は上町台地上を指しているので、①～③・⑤がそれにあたり、長柄町は山科言経が住んだ天満の町となる。また⑥・⑦は船場に比定される。

まず船場からみていこう。⑥浜ノ町については、徳川期に呼称が継承されておらず、場所の特定は困難だが、「北浜」地名との親和性が感じられるので、大川の浜に近接した町と考えて問題ないと思われる。⑦道修町は徳川期の道修町に比定可能である。徳川期の道修町は前述した本靭町の一本南側の道にあたるので、ここであれば豊臣初期でも人の居住は十分に想定される場所である。

次に上町の町名である。城南の平野町と考えられる⑤平野町以外の①～③は徳川期に呼称が継承されておらず、現在地比定は難しい[51]。ただ赤坂町については近世史料のなかにわずかな手がかりが確認できる。

【史料14】「石山旧録[52]」

京橋口

一、豊臣秀吉公御代、赤坂御門と云、此時高麗橋筋を赤坂町と云、かくいふハ秀吉公朝鮮征伐之時赤坂町御通り、以後高麗橋といふ、夫　高麗御門と云改、秀頼公御代京橋口と改也、

これによれば、高麗橋筋(通)は当初赤坂町、京橋口門は赤坂御門と呼ばれており、それが朝鮮出兵を期に通り名称は高麗橋筋、門名は高麗御門に変更されたうえで秀頼期にはさらに京橋口に改められたという。この説明にしたがえば、高麗橋筋から京橋口門にいたるまでの通りは一貫して「赤坂」と呼ばれていたと解釈されるので、

江戸期以降「島町」と称している町は「赤坂町」と呼ばれていたと理解されるのである。

島町の町名については、豊臣期にさかのぼる史料のなかでは確認されていない。したがって、さらなる検討は必要であるものの、ここでは「石山旧録」の記述を採って、赤坂町を島町に比定する案を提起しておきたい。よって、島町（赤坂町）は文献史料からも天正十四年（一五八六）段階で存在していた可能性が高いのであり、上町北端部の開発が早いとした松尾説に適合的といえよう。

以上、少ない文献史料からではあるが、上町および船場の初期町人地の状況をみてきた。その結果、上町においては北寄りの町が開発が早い様子がうかがえたほか、船場でも同様に北側から道修町付近までが初期の開発であったと推測されるのである。松尾説は文献史料からもおおむね認められよう。

なお『言経卿記』天正十五年三月十二日条には「大坂町々見物」という記述があり、新たな町が生まれつつあった様子がうかがえる。それらの実態解明はこれからの大きな課題である。

四　居住民の動向

大坂城下町の居住民に関する史料も、豊臣期全体を通じて必ずしも多く残されていない。とりわけ初期城下町期における史料不足は深刻であるが、それはさておき、この時期の居住民を考える際には大きく二つのグループを設定する必要があろう。ひとつめは基本的に定住が想定される町人たちであり、もうひとつは城・都市建設のため一時的に居住した職人や日用たちである。行論上、後者から検討してみたい。

（1）一時的な居住者

天正十四年の大坂城二ノ丸普請時の記録であるが、『貝塚御座所日記』（同年三月条）に「大坂ニハ中国之大名ノホリテ普請アリ、人足七八万、又ハ十万人ハカリアルヘシト云々」[53]と記されている。この数字をそのまま鵜呑みにはできないものの、多数の「人足」が労働力として動員されたことが知られる。そのなかには大名が本国から連れてきた者もいれば、大坂で日用として雇用された者もいたことが想像される。

大坂築城に人びとが動員された様子を伝える史料は散見されるが、地域的にある程度まとまって確認できるのは、播磨の人びとである。たとえば、天正十一年(一五八三)八月、大坂城へ石材を運ぶ道の普請に徴発されたのは「播州衆」であった[54]。

播磨の人びとの関与が知られるものには大坂城への瓦の供給もある。大坂城所用瓦については大坂城近辺で焼かれたものと、製品が他所から持ち込まれたものの二種あることが指摘されている。山崎信二は天正十一年の本丸普請から同十六年頃の二ノ丸普請終了までに大坂城で使用された瓦のかなりの部分、少なくとも約半数程度は姫路からの搬入品(姫路城築城以前の古瓦と新規に焼成されたもの)でまかなわれたと推測する[55]。一方、黒田慶一は二ノ丸のすぐ外側(大阪府立大手前高校)から出土した次の瓦の銘文より、瓦職人の播磨三木からの移住を想定している[56]。

【史料15】

播磨三木郡大塚住人
□□□甚九郎同甚八両作
□天正拾二年正月吉日

なお、大坂城関連の瓦窯としては、和泉町一丁目で確認された遺構があり、ここでは四天王寺再建用の瓦や塼(せん)のほか、大坂城や城下町にあった大名屋敷や武家屋敷で使用する瓦が焼かれていたと考えられている[57]。ただし、ここが三木の瓦工とかかわりをもっていたかどうかは不明である。

ところで、三木と大坂とのあいだには、大坂の寺町へ三木から妙光寺が移転してきたという事例もある（本書第三部第四章）。秀吉は天正八年（一五八〇）、三木城に別所氏を滅ぼしたのち、ただちに三木町に制札を下し、その復興に積極的に関与していた[58]。秀吉はそうした関係をもつ三木の人びとやその経済力を大坂建設に積極的に利用しようとしたのではなかろうか。

同様に一定の関係が想定されるのは姫路である。山崎信二が指摘した先の瓦の事例はそうであるが、大坂城建設用の材木を姫路から運ばせた事例も知られている[59]。大坂城築城前の秀吉の居城は姫路城であり、黒田孝高を責任者にあてて普請をおこなっていた。大坂城普請でも黒田孝高は石持衆の指揮をおこなっていたことから、秀吉は人的資源を含め、姫路城普請で得たノウハウを大坂築城にフルに活用したと考えるべきだろう[60]。

ではこうした普請に動員された人びとは、城下のどこに居住したのであろうか。数少ない文献史料をあたってみると、秀吉は石持衆に対して、宿が各在所にあれば石丁場まで遠いことから丁場に野陣を張り、「大坂ニ宿在之衆」について宿より出かけなければならないことを覚悟するよう「石持掟」のなかで告げている[61]。これにより石持衆は在所に宿を確保する者もいれば、大坂に確保する者もいたことがわかる。作業場所の移動にともなって宿が移動するのは当然のことである。こうした史料からうかがえるのは、作業場が移り変わる場合には普請丁場に近いところに野陣を張ったり、時には城下町に分かれて宿を得るケースもあったという状況である。

一方、作業場が大坂城周辺にほぼ固定した職人らであれば、大坂城の近辺に住居が確保されていたと考えるのが自然であろう。その場合、参考となるのが大坂城西方の大阪府庁新別館敷地で確認された豊臣前期古段階とされる鋳造遺構である。これらは固定的な鋳造工房の痕跡と推測されており、また小規模な家屋の存在も想定されるという。そしてこれらは豊臣前期のなかで廃絶し、規模の小さな屋敷群へと移り変わっていく[62]。こうしたことから、この工房跡は本丸・二ノ丸といった早い段階の大坂城普請に関与した、職住一致の職人たちの活動の場だった可能性が高いのではなかろうか。

(2) 定住者

では次に定住を前提とした町人たちの動きをみてみよう。彼らの出自情報は得られていないが、想定されるのは、前代の大坂本願寺寺内からの移住である。天正八年(一五八〇)まで存在した大坂本願寺には寺内町が付属し、多数の人びとが住んでいた(本書第二部第三章)。織田信長は本願寺を退去に追い込んだが、住人については当地に残ることを認めた[63]。実際どれほどの住人が残ったかはわからないが、第1表で示した早くからの真宗寺院の開創・移転という動きは、大坂寺内から大坂城下町へ移り住んだ人びとが一定数存在した可能性を示しているのではなかろうか。

また天正十一年(一五八三)九月、吉田兼見は「至平野見物、当在所悉天王寺へ引寄也[64]」と記しており、秀吉の指示により、平野町建設のため多数の平野の住人が大坂へ移住した様子がわかるのである。こうした集団移住の例はほかに確認できないものの、大坂城下町の建設が周辺地域からの人口移動を引き起こしたことはまちがいなかろう。

このようにして城下町に人びとは集まってきたわけだが、その生業を含めた具体的な実像はなかなか見えない。その点で次の大中院文書は大変貴重である[65]。これは、豊臣秀吉が天正十四年(一五八六)二月に建設を開始した京都聚楽第の城下町である聚楽町の住民に関する記録である。そこには聚楽町に属した個別町住民の名前、出身地、出身地での職業、在京年数、現在の職業が記されており、そのなかの文禄三年(一五九四)作成の記録には第2表のような「大坂」出身者の名前と職業がみえ、在京年数表記から大坂での居住年が割り出せるのである。

実際の記載例として、二条通土場西町居住の又衛門尉に関する記述を掲げてみよう。

【史料16】「家持衆・借家人書上帳（二条通土場西町）」

又衛門尉　生ハ津国大さかの者にて候、
在所にても大く、在京五年仕候、
当町にても大く仕候、

この当時「大坂」といえば大坂城下町（上町）のことを指す。生業については「商売」とのみある人物が二人もいるが、大工・麩屋・紺屋がみえており、多様な生業の商人・職人が初期大坂城下町に居住していた様子は十分うかがえるであろう(66)。

第2表　大中院文書にみる大坂の旧住人

名前	現居住地	大坂⟶京都移動年	大坂での生業
又衛門尉	二条通土場西町	天正17年	大工
新介	大宮通二丁目横町	天正17年	商売
善五郎	大宮通二丁目横町	天正17年	商売
与左衛門	大宮通二丁目横町	天正16年	ふ屋
甚左衛門	大宮通二丁目横町	天正19年	こん屋

それと同時にこの史料は、当時、各地でおこなわれた都市建設にともなって人口移動が発生していたことを推測させる貴重な記録でもある。聚楽町の町々は天正十五年（一五八七）五月頃からその名があらわれ、天正十九年（一五九一）には移転・再整備されるので(67)、第2表にみえる天正十六年（一五八八）〜十九年という時期はまさに聚楽町へ商人や職人が集まってきた時期となる。大中院文書からはかなりの広域から京都へ商人・職人が集まってきた様子が知られるが、大坂からも実際には相当数の移住者があったのではないかと推測される。

秀吉は当初大坂の首都化をもくろんだが挫折し、京都の支配拠点として聚楽第を建設することになった。聚楽第の建設時期と大坂城二ノ丸建設時期は重なっており、こうした大規模な普請が並行しておこなわれることで住人の流動化が引き起こされたのであり、さらに同様の現象は伏見城建設時まで続いた可能性があろう。

話が少しずれてしまったが、最後にこうした町人たちの居住地について述べておきたい。すでに指摘されているが、大坂城二ノ丸のすぐ西側（大阪府立大手前高校敷地内）で発掘された初期の町屋群は初期居住民にかかわる貴重な手がかりである。これらは年代不明の火災で焼失しており、まもなくほぼ同規模で再建されていた。また基準方位が北で東に十九度振っているという通常の上町の遺跡方位とは合わない点で特異な性格をもつ可能性はあるものの、火災後復旧し慶長三年（一五九八）まで継続して存在していることから一時的な居住者を想定した建造物とは考えにくいとされる[68]。定住志向を持った居住民たちの住んだ痕跡と考えておきたい。

もっとも、大坂城に近接したこうした場所に町人地が置かれるというのは一般の近世城下町では考えにくい現象とみる向きもあろう。しかしながら当地は慶長三年の大名屋敷・武家屋敷の拡大によって町人地としての歴史を終えたと考えられているので、この時をもって大坂城近接地のゾーニングは整理が進んだという評価も可能ではなかろうか。

おわりに

以上、天正十一年（一五八三）から天正十六年（一五八八）頃までの大坂城を含む初期城下町の構想とその実現の具体像をみてきた。豊臣前期に建設された大坂はおおよそ第1図[69]のようにあらわせよう。

いくつかの構想のうち、柱となっていたのは内裏の大坂移転であり、秀吉の入部以前に存在した中世都市の解体（渡辺）・吸収・統合による大都市建設であった。しかし、前者については、秀吉の公儀としての地位確立につながる重要課題であったものの、天正十一年段階では実現が困難であり、そのため候補地だった天満には天正十三年に本願寺が移転することとなり、さらに天正十四年に聚楽第建設が開始されると、それにあわせ、京都との交通を意識した城下町北部における町建てが実施されたのであった。また後者にかかわっては、若干の距離を隔てた天王寺・堺を大坂と連続させるべく動いていたが、最終的に堺は別都市として存続し、天王寺までの一体化で終わった。これも天正十四年までのことであった。このように天正十三年から十四年にかけて立て続けにおこなわれたことは、これらの変更が連動して考えられた可能性を示唆するものであり、その点でこの時期は大坂城下町建設の画期のひとつとして認められるべきではなかろうか。

最初に述べたように、これまで大坂建設の段階を考える場合、四つの時期区分が提起されていた。しかし、それは城下町建設ともリンクしているとは言いながら城郭としての大坂城建設を主とした時期区分であった。今回、明らかにした天正十三年・十四年の動向は城下町に立脚した時期区分として重要であり、今後さらに同様の視点

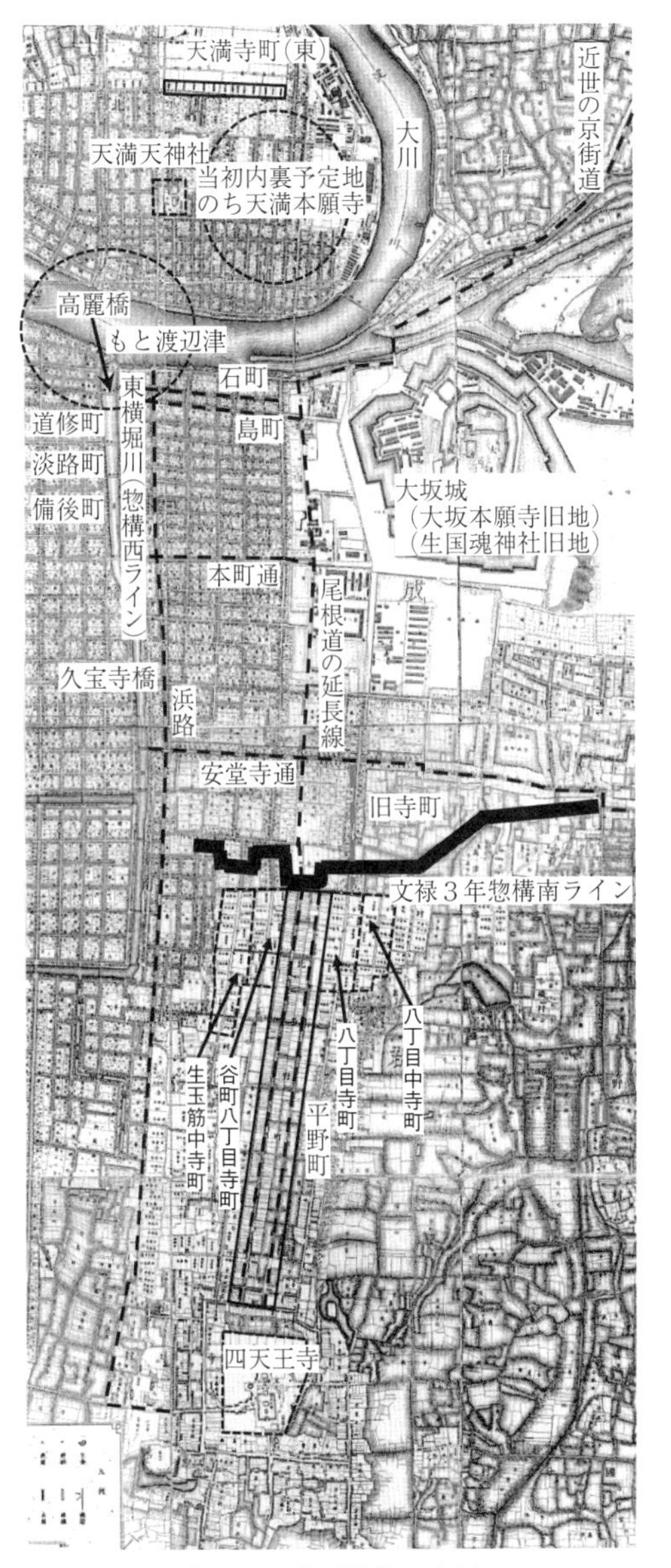

第１図　豊臣前期の大坂

で城下町としての画期を考えていく必要があろう。

また、大坂城下町の構造についても不明な点は多いものの、のちの完成された近世城下町の空間構造とは違う、過渡期的な様相を示していることを指摘した。とは言いながら、その背景には一定の計画性があったことも事実だが、その詳細については今後の課題としたい。

なお、同様に残された課題として、社会集団としての「町」がどのように構成されていたのかという問題がある。これについてはわずかな史料をもとに豊臣後期の事例を検討した内田九州男と八木滋の研究があるのみである[70]。この件にかかわっては、町名の検討のなかで、『言経卿記』による限り、上町では徳川期へ町名が継承されない事例の少なくないことを指摘した。これは豊臣期のなかで(あるいは豊臣期から徳川期への移行段階かもしれないが)町空間のなんらかの再編があったことを示唆するものではなかろうか。「町」の動向については慎重に検討してゆく必要を指摘しておきたい。

(1)　仁木宏「戦国時代摂津・河内の都市と交通」(栄原永遠男・仁木宏編『難波宮から大坂へ』和泉書院、二〇〇六年)。
(2)　仁木宏「「信長の城下町」の歴史的位置」(仁木宏・松尾信裕編『信長の城下町』高志書院、二〇〇八年)。
(3)　藤田達生「小牧・長久手の戦いと羽柴政権」(『愛知県史研究』一三号、二〇〇九年)。
(4)　内田九州男「豊臣秀吉の大坂建設」(佐久間貴士編『よみがえる中世二　本願寺から天下一へ　大坂』平凡社、一九八九年)。なお私見では、三ノ丸は惣構建設と同時に二ノ丸との間に成立した空間と考えている(本書第三部第二章)。
(5)　註(4)内田論文。
(6)　この点については二ノ丸までを当初構想とみる考えがある(中村博司「秀吉の大坂城拡張工事について――文禄三年の惣構普請をめぐって――」〈『大坂城と城下町』思文閣出版、二〇〇〇年〉)。拙稿でも奉行衆や大名たちの屋敷の具体像に迫り、それらの建設が本丸普請と同時に二ノ丸と二ノ丸外で開始されていることから(本書第三部第三章)、最低でも当初から二ノ丸までは具体的な範囲と内部構成が決められていたと考えた。ただし、二ノ丸外については武家地と町人地の基本的なゾーニングが示されるにとどまっていたのではないかと推測している。

（7）朝尾直弘『将軍権力の創出』岩波書店、一九九四年。
（8）『続群書類従　第二〇輯下』続群書類従完成会、一九五八年。
（9）『十六・七世紀イエズス会日本報告集　第三期第六巻』同朋舎出版、一九九一年。和暦では、天正十一年十二月。
（10）『新修大阪市史史料編　第五巻　大坂城編』大阪市、二〇〇六年。
（11）註（4）内田論文。
（12）註（4）内田論文。
（13）「秋野家伝証文留」所収（『四天王寺古文書　第一巻』清文堂、一九九六年）。
（14）註（4）内田論文。
（15）「羽柴秀吉判物」（天正十一年）七月十日付（『豊臣秀吉文書集一』吉川弘文館、二〇一五年、七三六号）。
（16）註（4）内田論文。
（17）拙稿「大阪歴史博物館所蔵明暦元年大坂三郷町絵図　解説」（大阪市立大学大学院文学研究科都市文化研究センター・大阪歴史博物館編『大阪歴史博物館所蔵明暦元年大坂三郷町絵図』二〇〇八年）。
（18）註（4）内田論文。
（19）註（15）『豊臣秀吉文書集一』八〇八号。
（20）拙稿「「豊臣期大坂城下町図」について」（大阪市立大学豊臣期大坂研究会編『秀吉と大坂――城と城下町――』和泉書院、二〇一五年）。
（21）なお、これにかかわっては、近年指摘されている中世大阪の地割方位との関係が注目されよう。すなわち、上町台地は北で八度東に傾く自然地形をもっている。八世紀初頭までの遺構方位はおおむね自然地形に沿うが、それ以降、中世末までの方位が判明する遺構は基本的に正方位をとる。これは後期難波宮を中心に施行された難波京の条坊ラインを前提としたものと推測されている。四天王寺周辺でも条坊ラインに合致ないしは近接する正南北方位の溝・堀が中世末まで一定数確認される。これらは豊臣期から徳川初期にかけて埋められ、周囲の地割も上町台地の方位に沿ったものに転換していくという(市川創「中世難波地域の遺構方位と地割」都城制研究会報告レジュメ、二〇一五年)。これまでの発掘調査では、北で東へ傾く上町台地の尾根道の方位に近い遺構は中世末までのなかではほとんど確認されていない。ただし、大坂本願寺南方のNW87‐21次・10‐2次調査では、本願寺期と推定される約四度東偏する堀状遺構が確認されており、本願寺段階でこうした方位の地割がまったく存在しなかったというわけではない。

(22)　仁木宏「豊臣期大坂城下町の歴史的位置——中近世移行期大坂研究の課題——」(『市大日本史』四号、二〇〇一年)。

(23)　なお、中世平野の街区は、近世がそうであることから、四方を道に囲まれたなかに町が存在する面的街区(松尾信裕『近世城下町における帯状街区・面的街区の受容に関する調査研究』科研報告書、課題番号一六五二〇四七三、二〇〇六年)だったと推測されている。一方、平野町は両側町を基本としていることから、平野の住民を動員しながらも、大坂では新しい形状の都市空間をつくりあげたところに、大坂と中世都市との違いが見出せよう。

(24)　松尾信裕「豊臣氏大坂城惣構内の町割」(財団法人大阪市文化財協会『大坂城跡Ⅶ』二〇〇三年)。

(25)　『大阪市史 第五』大阪市参事会、一九一一年。以下、出典は同じ。

(26)　大阪府立中之島図書館蔵。

(27)　「摂陽落穂集」(『官幣大社生國魂神社誌』西浦又兵衛、一九一九年)。

(28)　註(15)『豊臣秀吉文書集二』七三六号。

(29)　『兼見卿記　第二』続群書類従完成会、一九七六年。

(30)　朝尾直弘・栄原永遠男・仁木宏・小路田泰直『堺の歴史』角川書店、一九九九年。

(31)　『十六・七世紀イエズス会日本報告集　第三期第七巻』同朋舎出版、一九九四年。和暦では天正十四年九月。

(32)　大坂では免除された地子が、堺では賦課されたことが慶長三年(一五九八)「蔵入目録」によって確認されることは、脇田修により指摘されている(『近世封建制成立史論』東京大学出版会、一九七七年)。

(33)　註(4)内田論文。

(34)　『フロイス日本史一　豊臣秀吉篇Ⅰ』中央公論社、一九七七年、第四章(第二部六六章)。

(35)　中世段階で大川に架橋されていたのは渡辺橋であり、これは渡辺の南北地区を結ぶものであった(本書第一部第三章)。しかし、渡辺橋は十四世紀以降、史料から姿を消し、次に同位置に天神橋が架橋されるのは文禄三年(一五九四)といわれており(「天満宮社伝」〈『新修大阪市史　第三巻』大阪市、一九八九年〉)、秀吉段階では大坂城に近い天満橋が重視された可能性が高い。

(36) 註(31)『十六・七世紀イエズス会日本報告集　第三期第七巻』。

(37) 「大坂冬の陣図屛風」(東京国立博物館蔵)に描かれている。

(38) 吉田伸之「城下町の構造と展開」(佐藤信・吉田伸之編『新体系日本史六　都市社会史』山川出版社、二〇〇一年)。

(39) 伊藤毅は『近世大坂成立史論』(生活史研究所、一九八七年)のなかで豊臣～徳川期の町人地や天満地区の形成過程を明らかにし、「近世都市と寺院」(『日本の近世九　都市の時代』中央公論社、一九九二年)では寺町の形成過程について検討したが、武家地については触れるところがなかった。内田九州男も武家地・町人地(平野町以外)には言及していない(註4内田論文)。仁木宏も先行研究の成果と問題点を指摘しているが、具体的な分析はおこなっていない(註22仁木論文)。一方、松尾信裕は考古学の調査をベースに文献史学の成果を参照しながら大坂城下町全体の展開過程を跡づけており(「豊臣期大坂城下町の成立と展開」〈『ヒストリア』一九三号、二〇〇五年〉)、参照すべき点が少なくない。

(40) 註(4)内田論文。

(41) 註(4)内田論文および「秀吉の遷都構想と大坂の都市開発」(『歴史科学』一七六号、二〇〇四年)。註(39)伊藤著書。

(42) 註(39)松尾論文。

(43) なお宮本雅明は、豊臣大坂城下町では島町をヴィスタとして利用し、大坂城を東に置き、西へと伸びるタテ町型の町場が当初の構想だったとみている(『都市空間の近世史研究』中央公論美術出版、二〇〇五年)。

(44) 拙稿「近世初期の都市大坂と真宗寺院――『大坂惣末寺衆由緒書』の分析を通して――」(大阪真宗史研究会編『真宗教団の構造と地域社会』清文堂、二〇〇五年)。

(45) 「松谷伝承記」元和七年、光徳寺蔵(大阪市立博物館編『大阪の町と本願寺』毎日新聞社、一九九六年)。

(46) 森毅「都市のなかの職人・商人」(註4『よみがえる中世二　本願寺から天下一へ　大坂』)。

(47) 『浪速叢書　第一二』浪速叢書刊行会、一九二七年。

(48) 註(39)伊藤著書。

(49) 『大日本古記録　言経卿記二』岩波書店、一九六〇年。以下、『言経卿記』の出典は同じ。

(50)『戦国期毛利氏史料撰』マツノ書店、一九八七年。
(51)豊臣期において、本町通りの南方に位置するのちの和泉町で豊臣前期からの瓦窯が確認されているが(註39松尾論文)、ここを瓦町と呼んだかどうかは不明である。
(52)東京都立中央図書館蔵。
(53)『寺内町研究』五号、二〇〇〇年。
(54)「秀吉書状」(天正十一年)八月二十二日付(註15『豊臣秀吉文書集一』八〇六号)。本文書の宛所である一柳氏は同じころに河内から石を輸送するための道の整備を秀吉から命ぜられた一柳市介と推定されるので(『同前』八〇四号)、播州衆が請け負った道の場所も大坂周辺だったと考えられよう。
(55)山崎信二『瓦が語る日本史』吉川弘文館、二〇一二年、一七三頁。
(56)黒田慶一「大坂の瓦生産」(大阪歴史博物館・大阪文化財研究所編『大坂　豊臣と徳川の時代　近世都市の考古学』高志書院、二〇一五年)。
(57)註(56)黒田論文。大坂城所用瓦には四天王寺系の瓦があることが指摘されている。
(58)『三木城跡及び付城跡群総合調査報告書』三木市教育委員会、二〇一〇年。
(59)「羽柴秀吉書状」(天正十一年)十二月十四日付(註15『豊臣秀吉文書集一』八五九号)。
(60)秀吉が黒田孝高に姫路城普請を命じたことは「羽柴秀吉書状」(天正九年)二月六日付(『黒田家文書　第一巻　本編(二分冊の二)』福岡市博物館、一九九九年)参照。黒田孝高は天正十一年八月に秀吉より石持掟を発せられている(天正十一年八月二十八日付〈註15『豊臣秀吉文書集一』八一〇号〉)。
(61)「羽柴秀吉石持掟」(註15『豊臣秀吉文書集一』八〇八～八一四号)。
(62)『大坂城跡の発掘調査三』財団法人大阪文化財センター、一九九三年。鋤柄俊夫「大坂城下町にみる都市の中心と周縁」(『中世都市研究一　都市空間』新人物往来社、一九九四年)。
(63)「織田信長朱印状」(天正八年)七月十七日付(『本願寺文書』)。仁木宏『空間・公・共同体』(青木書店、一九九七年)参照。
(64)註(29)『兼見卿記　第二』天正十一年九月一日条。
(65)『叢書京都の史料九　大中院・永運院文書』京都市歴史資料館、二〇〇六年。

(66) このほか、天正十四年七月十日に山科言経が薬をとりに行っている「上町、又宗五郎」は薬種商とみられる(『言経卿記』)。
(67) 杉森哲也『近世京都の都市と社会』東京大学出版会、二〇〇八年。
(68) 佐久間貴士「天下一の城下町」(註4『よみがえる中世二　本願寺から天下一へ　大坂』)。
(69) ベース図は「明治十九年大阪実測図」大阪歴史博物館蔵。
(70) 内田九州男「秀吉の遷都構想と大坂の都市建設」、八木滋「慶長・元和期の町と町人」(ともに『歴史科学』一七六、二〇〇四年)。

第二章　文献史料からみた豊臣大坂城の空間構造

はじめに

天正十一年(一五八三)に豊臣秀吉が築城を開始し、慶長二十年(一六一五)に落城した大坂城(以下、豊臣大坂城または大坂城)については戦前から多くの研究が積み重ねられてきた。その結果、現在では次の四期にわたる工期により、四重の空間構造をもつ豊臣大坂城が完成したとみるのが通説となっている(1)。

第一期:天正十一年～十三年頃──→〝本丸〟普請

第二期:天正十四年(一五八六)～十六年頃──→〝二ノ丸〟普請

第三期:文禄三年(一五九四)～五年頃──→惣構堀普請

第四期:慶長三年(一五九八)～──→〝三ノ丸〟普請

ここでの四重とは〝本丸〟・〝二ノ丸〟・〝三ノ丸〟・惣構を指す(惣構をのぞく各呼称についてはいずれも建設当初には確認できず、その示す範囲も必ずしも明確でないが、ひとまず通説にしたがって使用する。以下では繁を避け、引用符を省略する)。

しかし、後述のように、現在でも三ノ丸の実態をめぐって活発な議論が続けられており、また四重構造という空間の把握の仕方についても注意が喚起されるなど、空間構造に関する議論は依然進行中である。そこで、本章では可能な限り同時代の文献史料にもとづき、主として同時代の人びとに豊臣大坂城がどう認識されていたかという観点からその空間構造を再検討してみることにしたい。

一　これまでの空間構造研究の成果と課題

最初に豊臣大坂城の空間構造をめぐる研究方法と成果について振り返っておきたい。空間構造の枠組みを提示してきたのは文献史料と絵図・絵画史料にもとづく研究であった。文献史料から知られるのは、四期と推測される普請の時期区分、曲輪・曲輪内各所の呼称、および曲輪内に存在した建造物の名称である。ただし、縄張り(平面プラン)の具体像や建物の配置場所などはほとんどわからず、曲輪・曲輪内各所の呼称についてもそれが具体的にどこを指すのかという点については文献史料からだけではよくわからない。また呼称については使用開始時期が明確でないうえに、同一の場所を違う呼称で呼ぶ事例もみられる。

他方、絵図・絵画史料については惣構にいたる大坂城全体の空間構成のイメージを提供してくれるものであり、建造物の位置情報などを得るうえでも有益な史料といえるものである。しかし、豊臣大坂城の全体にわたって詳細に描き込んだ同時代の図は確認されておらず、描写場所が限定されていたり制作(内容)年代が後世に下ったり、あるいは描写内容に疑義が感じられたりするものが多くを占める。そのため利用に際しては十分な史料批判が欠かせない。(2)

以上のように、各史料には一長一短があることを前提に、それらを史料批判したうえで得られた情報を組み合わせ、大坂城の空間構造を考えていく必要性がある。そうした作業を経て提示された復元案のうちもっとも有力なのが、最初に紹介した四重構造説である。ただしこれまでに提起されたのは四重構造説だけではない。しかも四重構造説であっても細部では見解が異なる復元案も存在した。それらこれまでの主要な復元案の概略を渡辺武の整理によりながらまとめると、以下のようになる。(3)

①三重構造説(4)…曲輪：本丸(内堀内)、二ノ丸(外堀内)、三ノ丸(外堀と惣構堀の間)
※惣構は三ノ丸を囲繞する堀・土塁によるライン(線状)と理解する。
②四重構造説ａ(5)…曲輪：本丸(内堀内)、二ノ丸(外堀内)、三ノ丸(京橋口・生玉口・玉造口の馬出曲輪)、惣構
※惣構は堀・土塁を外周にもつ空間とし、三ノ丸は馬出曲輪のことを指す。
③四重構造説ｂ(6)…曲輪：本丸(内堀内)、二ノ丸(外堀内)、三ノ丸、惣構
※惣構は堀・土塁を外周にもつ空間とし、三ノ丸は惣構と二ノ丸の間の曲輪とみなす。その範囲は二ノ丸の南方・西方では馬出曲輪を含み、北側ラインには大川、東側ラインには旧猫間川を想定する。

これらの相違点は、惣構と三ノ丸のとらえ方の違いである。惣構については①では線状の防御ライン、②・③では面状の空間としてとらえている。また、三ノ丸については二ノ丸と惣構に挟まれた面状の空間とみる点で①～③は共通するが、範囲については広狭がある。

これらのうち、③についてはその後、渡辺武により補強がおこなわれた。『僊台武鑑』所収の「大坂冬の陣配陣図」(以下、「僊台武鑑図」)が発見され、そこに曲輪状の三ノ丸と思しき描写が確認されたことから(第1図)(7)、この「僊台武鑑図」にもとづく四重構造説が有力となり、通説化を遂げることになったのである。しかしながらその後、その三ノ丸の形状・位置づけをめぐって、次のような疑問が呈されることになった。それらをみてみよう。

Ⓐ三ノ丸の範囲(8)

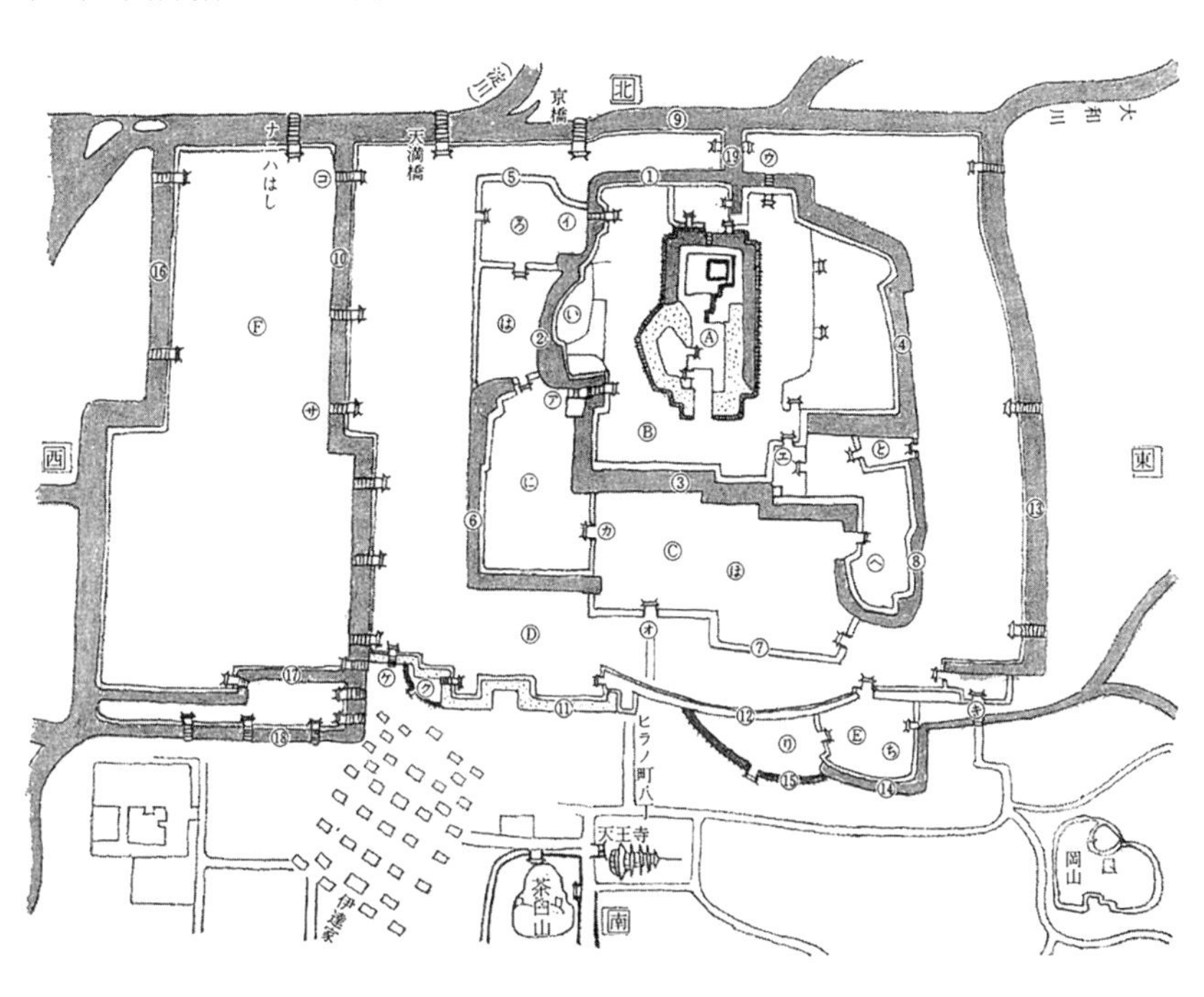

第１図　大坂冬の陣配陣図（「僊台武鑑」読み取り図）

慶長二十年（一六一五）の大坂夏の陣時、大坂城を攻めた加賀前田家の軍勢と越前松平家の軍勢が軍功を書き上げた文書（以下、軍功状）が多数現存する。(9) そして、それらのなかには「あおや口三ノ丸」（後掲第2表のNo.8）のように、三ノ丸が二ノ丸の東側にもひろがっていたと理解される文言が散見されるのである。「僊台武鑑図」によって推定・復元された三ノ丸は二ノ丸の西方と南方のみで、青屋口側の東方は外れていたが、この文言によって三ノ丸は二ノ丸東方を含むより広範な区域を指す可能性が生じることになったのである（ただし、その場合でも三ノ丸の外側の範囲をどことみるかは別の議論となる）。

Ⓑ馬出曲輪の評価(10)

二〇〇三年からはじまった大阪府警察本部庁舎建て替えにともなう発掘調査で、大坂城の大手口前から馬出曲輪状の遺構が発見された。その形状と酷似する曲輪は「僊台武鑑図」

や『大坂城慶長年間之図』にも描かれていたが（織田上野屋敷）、規模については「僊台武鑑図」から想定されたものよりずいぶん小さく、そのため織田上野屋敷に対応する遺構との見方も提示された。加えてこの曲輪は調査の所見から、三ノ丸を築いたとされる慶長三年（一五九八）開始の第四期工事の時期に合致するものと考えられた。そのため、この時期の大坂城普請とは『大坂城慶長年間之図』で北東・南西・東南の三ヵ所に描かれた馬出曲輪の普請を指す可能性も生まれてきたのである。その結果、「僊台武鑑図」の再検討が不可避となったのである。

なお、これに関連しては、推定慶長三年九月二日付蒲生郷成書状に「大坂御普請の様子被仰下候、当年ハ南・東出来候ハ先可被置候、其分にて能御座あるへく候、至来春又北之方をも可被仰付候」[11]と記されたなかの〃南・東・北〃の普請が三ヵ所の馬出曲輪を意味するという指摘もある[12]。その当否はにわかには決め難いが、いずれにしても、この遺構の発見は空間構造の復元研究に大きな影響を与える出来事だったといえよう。これにより、そもそも第四期工事とはどのような内容の工事だったのか、そして三ノ丸とは何なのか、という課題が改めて浮上してくることになったのである。

Ⓒ三重構造説と四重構造説

Ⓐおよび Ⓑの動きを受けて三ノ丸の見直しがはじまったが、それは空間構造全体の再検討のはじまりでもあった。中村博司は「僊台武鑑図」の推定三ノ丸ラインを採用せず、物構の内側に接する空間全体を三ノ丸とみなす復元案（第2図）を提示した[13]。この案は、空間としては本丸・二ノ丸・三ノ丸の三重構造となり、外周にラインとしての惣構が廻るという先の①三重構造説（三重空間＋惣構）と同じものである。四重構造説の抜本的見直しということになろう。続いて跡部信は近著において文献史料や絵図にあらわれる縄張り表記を検討し、いわゆる本丸内に二ノ丸があると記した絵図があることなどから、豊臣大坂城は三重構造とも四重構造とも表現されることになったと指摘した（第3図）[14]。これはすでにあった指摘の再提起であったが、ここにいたって議論は空間を何重と

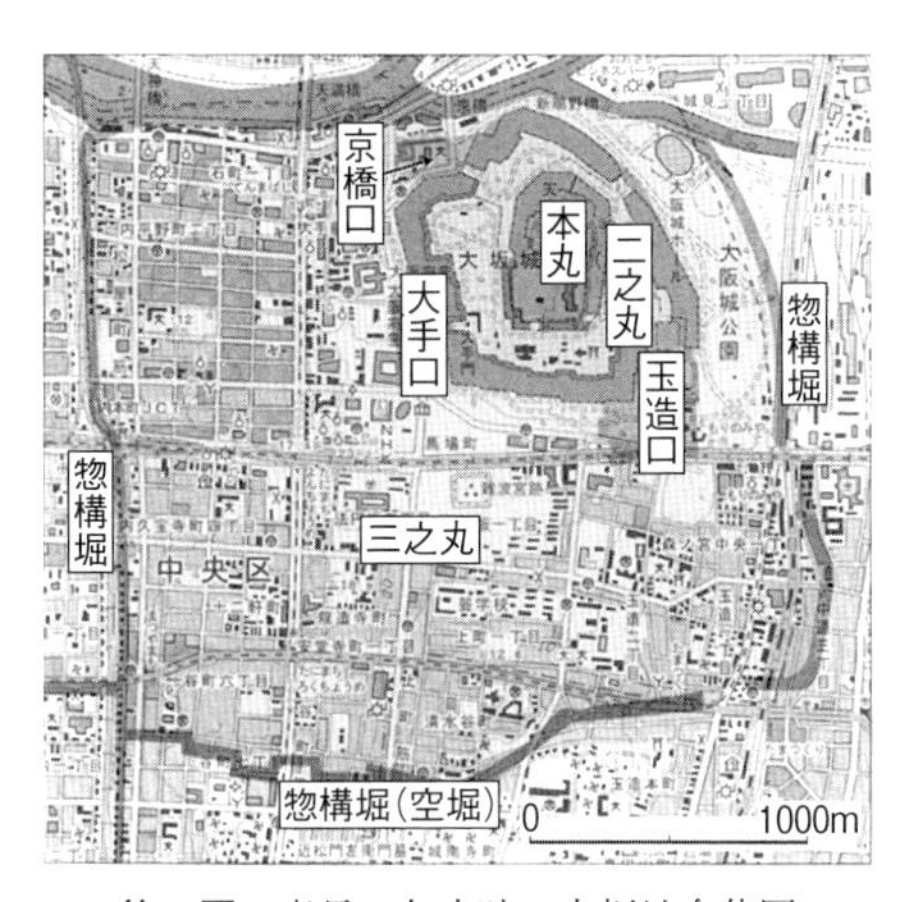

第２図　慶長５年当時の大坂城全体図

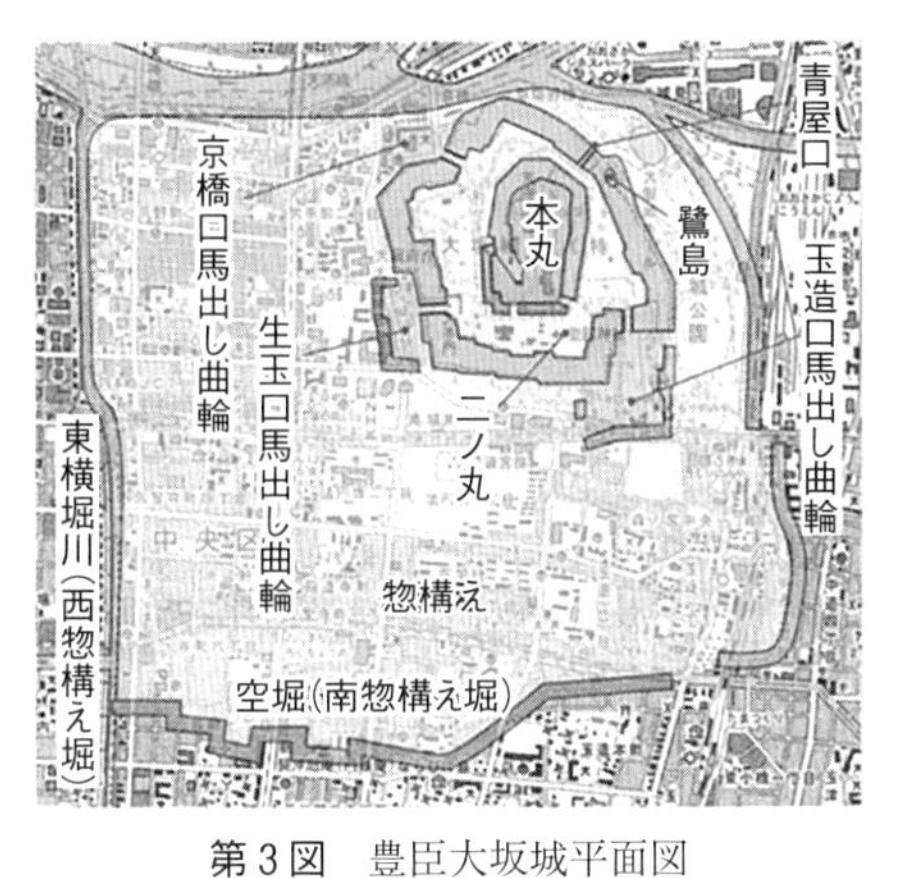

第３図　豊臣大坂城平面図

みるのかというだけでなく、そのとらえ方自体への配慮も求められる段階へと移ってきたのである。

以上、長くなったがこれまでの研究史をまとめてみた。このようにみてくると、豊臣大坂城の空間構造をめぐる当面の論点は次のようにまとめられよう。まずは惣構と三ノ丸の理解である。惣構と三ノ丸に対する理解の違いが諸説を生んでいることはすでにみたとおりである。加えて近年、第2図・第3図のように、惣構・三ノ丸の理解に関して近年の発掘成果を加味した空間構造想定図も発表されつつある。ただ、その史料的検討は必ずしも十分ではない。そのため、本章では文献史料にもとづき改めて惣構と三ノ丸の実態を検討したいと思う。

それらを含めた全体構造の解明が次の課題である。ただし、筆者は全体構造に関する議論が〝○重構造〟かという点に収斂されていくことには疑問を感じている。なぜなら、〝○重構造〟という把握のしかたは理念的に整理された本丸・二ノ丸・三ノ丸・惣構という曲輪(空間)呼称を前提としているからである。すでに高田徹が指摘しているように「城郭の縄張り上、序列的に考えてそれぞれの部位を二ノ丸・三ノ丸とする定型的評価、あるいは研究上の位置づけと、往時における各部分の呼称状況とは当然区別して行う必要があ」ろう[15]。実際、大坂城の場合、惣構と三ノ丸はそれがラインなのか曲輪(空間)なのかそれ自体が議論の的であり、必然的にその指し示す範囲も明確でない。さらに同一空間を指す呼称にも異同がみられるほどである。

このように各曲輪に対する認識が定まらないなかで理念的な空間構造論を展開させるのはあまりに無理が多く、有効とは思えない。まずは実際の曲輪・防御ラインのありかたを再確認し、そのうえでそれらがどう認識されていたか(呼ばれていたか)を明らかにすることが重要ではなかろうか。幸い、豊臣期の最末期となるが、大坂城の空間構造の全体像を考えるうえで重要な手がかりとなる大坂の陣時の文献史料が複数伝存している。そのほとんどは徳川方のものであるが、大坂城を攻める側であるがゆえに大坂城の全体構造に関心が示され、当時存在した曲輪・防御ラインの呼称がひとつづきの文章のなかに登場するというメリットがある。本章ではこれらの史料を活用したいと思う。

以上を踏まえて、次節以下では三点の検討をおこなう。一点目は惣構の認識と実態、二点目は同様に三ノ丸、そして三点目としてそれらを踏まえつつ全体構造を検討していくことにしたい。

二　惣構について

豊臣大坂城の惣構は文禄三年(一五九四)正月、伏見城のそれと同時に前田玄以を介して普請が命ぜられたことが知られている[16]。大坂城の惣構とは、具体的には北は大和川・大川、東は猫間川、南は清水谷から西へ向けて人工掘削した堀(空堀)、西は東横堀という河川および堀川を結んだ全長八キロメートルを超える防御ラインである。

物構の概念について同時代の認識を示す史料としては『日葡辞書』がある。そこには「市街地や村落などの周囲をすっかり取り囲んでいる柵、または防壁[17]」と説明があって、物構を区画装置であり区画ライン(線)とみる認識が示されている。福島克彦によれば、物構についてはそれによって囲まれた郭(空間)という理解も存在しているが[18]、ここで区画装置とみる理解が代表的なものとして示されている点は重視しなければならないだろう。

では、第1表から大坂城の物構の実態を探ってみよう。No.1〜3は物構の普請開始を命じた史料である。これらにおいて物構の普請が「物構堀」と表現されている点にまず注目したい。物構の要件として堀をともなうことが第一に認識されていた様子が知られるからである。ここから当時の物構に対する代表的かつ一般的なイメージがうかがえよう。

No.5以降は大坂の陣にかかわるものである。このうちNo.5、6、22、23以外が軍功状であり、これらをみていくと、柵という物構の設備に言及したもの(No.8、16、20)があるほか、物構を越えて攻め込んだという内容(No.11、12、17、18、19、21)や、物構からの距離表示(No.7、9、10、13)にかかわる文脈で物構が登場していることがわかるのである。物構が大坂城を取り囲み城内外を区画するラインとして認識されていた様子がわかる。

もう少し関係史料をみていこう。平時の物構の様子はなかなか知りがたいが、No.23に記されている「石垣なし」は物構堀が基本的に素掘りだったことを伝えている。なお、南面堀については発掘調査がおこなわれており、空堀だったことが確認されている[19]。

慶長五年(一六〇〇)の関ヶ原の戦いに際し、東軍により物構において大坂方武将の妻子の出入りがチェックされたことがあった。具体的には物構上で大坂城内への出入口となった箇所に番所が置かれたのである(No.4)。ただし、この時も一般の往還については平時同様認められていた。No.4の続きには番所の設置箇所が書き上げられ

第1表　文献史料にみえる惣構

No.	史料本文	年月日	史料名
1	於大坂惣構堀普請、従来月十日被仰付候	(文禄三)一・十九	豊臣秀吉朱印状写(宮部文書)
2	於大坂惣構堀普請、被仰付候	(文禄三)一・十九	豊臣秀吉朱印状写(生駒文書)
3	大坂御普請割之様子、伏見之丸之石垣・同惣構堀、大坂惣構堀三ヶ所江三ニ分而被仰付由	文禄三・一・二十	駒井日記
4	大坂惣構口々番手	慶長五・七・十五	当代記
5	将又大坂のやうすいよ〳〵惣まわりのかわはたへい仕、てんのうじくちニもほりをほり、せいらうなとも仕	(慶長十九)十・十一	中井信濃守利次書状(中井家文書)
6	新堀を御越候而あんとう嶋と申町迄御破入候	(慶長十九)一二・八	御手許文書(山内家史料)
7	高名仕候はところは惣かまへ一丁はかりこなた	(慶長二十)五・八	越前松平家首取状二一
8	壱ツハ惣構之さくの外ニて	(慶長二十)五・八	越前松平家首取状二二
9	さうがまへより五六町ほとこなたニて馬上の者一人つきおとし	慶長二十・五・九	元和大坂役将士自筆軍功文書一二七―一七
10	さうがまへより四五町こなたニて馬上ノ者一人つきおとし申候	(慶長二十)五・九	元和大坂役将士自筆軍功文書一二三―一三
11	去年さなた居申候丸之通惣がわのゆき当の屋敷ニてくびをとり申候	(慶長二十)五・九	元和大坂役将士自筆軍功文書一二九―一〇
12	くひとり申候は所、惣かまいおしこミ殿町ニて打申候	(慶長二十)五・十三	越前松平家首取状三三
13	さうかわの町口より一丁目参候て東之よこ町へ二三十間程おいこミ	(慶長二十)五・十五	越前松平家首取状二八
14	壱ツハ天王寺口之さうかまへ之きわ	(慶長二十)五・二十一	越前松平家首取状二三
15	惣かまへの外にて馬を乗放、町之内にて手負、それより二ノ丸へ押籠	(慶長二十)六・八	越前松平家首取状四三
16	我等首取申所ハ、惣構さくの内、長屋之きわニてうち申候	(慶長二十)六・二十五	越前松平家首取状二四

17	我等首取申所、惣かまへ之内町はいり口ニて候、西ノ丸むめ申候堀きわニて志摩様懸日、其より御馬之跡ニ付、二ノ丸へはいり申候	(慶長二十)六・二十五	越前松平家首取状二六
18	我等取申首、惣構之内、殿町之所つい地きわ拾間程内ニて取申候	(慶長二十)六・二十五	越前松平家首取状三四
19	大坂惣かまへまてハ参候へ共、惣構をものりこみ申	八・十三	元和大坂役将士自筆軍功文書一二四-一二
20	頸壱ツハ大坂惣かわ柵のきわニて打申候	慶長二十・閏六・十五	越前松平家首取状八
21	其ゟ真田丸・そうかまへ之内江乗入申迄ハ	十一・十三	元和大坂役将士自筆軍功文書一二五-一二
22	惣がまへ、西ハ高麗橋筋横堀の内、南は八町目黒門の内、町ヤハ壱間もこぼち不申候		大坂御陣山口休庵咄
23	惣構堀は石垣なし、たゝきといニて、堀の向ニさくを一重、堀の中ニさく一重、へいぎはニさく一重、以上三重ぬり申候、何も栗丸太ニて御座候、三の丸にハさくは附不申候		大坂御陣山口休庵咄

出典：元和大坂役将士自筆軍功文書：『新修大阪市史　史料編　第五巻　大坂城編』大阪市、二〇〇六年。越前松平家首取状：註(9)渡辺論文、番号とも。

ているが、その表記から惣構と外部との接点の様子がわかる。番所は惣構の西側ラインにあたる東横堀の地点にもっとも多く、次いで南側ライン上の地点が多い。その場所は、東横堀では「橋」、南側空堀では「口」と表記されている。「橋」は文字通り架橋であり、一方の「口」は土橋状だったと推測される。ところで、この南側ラインの惣構は慶長十九年(一六一四)の大坂冬の陣時に大坂方によって急遽整備がおこなわれた。それは「惣まわりのかわはた」に塀を設け、出入口にあたる天王寺口にも堀をほり、井楼(櫓)をあげたというものである(No.5)。塀を設置した川端とは大川・東横堀であろうか(大坂冬の陣図屏風では東横堀の縁には柵が設置されている)。惣構の北・東・西側ラインはもともと存在した河川・堀川を惣構堀に見立てたものであり、南側ラインについても既存の谷を利用しつつ整備したものであった。堀そのものは存在した（整備された）ものの、それ以上に平時から防御設備が充実した状態ではなかった様子が示唆されよう。

以上、限られた史料からではあるが大坂城の惣構の実態とその認識を検討してみた。その結果、平時の惣構は堀を基本としたもので、戦時に柵等によって強化されたことが知られた。また、大坂城全体の最外周に位置し、内外を区画するラインとして認識されていた様子もうかがえたのである。これらは先の『日葡辞書』の記述とも合致するものである。したがって、本章では惣構を外周のラインと考え、空間としてとらえる第3図の復元案は採らないものとする。

なお、大坂城の惣構の性格については防御機能だけでなく境界機能もあわせて考慮する必要があると著者は考えている。その場合、その境界は何を可視化するためのものであったかという問題が浮かび上がってくるわけだが、この点については天正十九年（一五九一）に大坂の町を対象に実施された地子免がかかわってくるのではないかという推測をもっている。これについては後考を期したい。

三　第四期工事と三ノ丸について

上述のように、惣構を堀や柵からなるラインとみれば、その内側に接して存在した空間をどう考えるかが次の課題となる。惣構をラインと評価した先の①三重構造説にしたがえばそれは三ノ丸ということになろう。しかし、前述のように三ノ丸については課題が多い。そこで、ここでは通説において三ノ丸の普請と理解されてきた慶長三年（一五九八）開始の第四期工事の実態を明らかにするところから作業をはじめ、その次に三ノ丸がどう認識されていたのかを文献史料から確認し、そのうえで三ノ丸をどう理解すべきか考えてみることにしたい。

（1）　第四期工事の内容

第四期工事の実態については内田九州男が研究に着手して以降[20]、近年では中村博司が全般的な再検討をおこなったほか[21]、横田冬彦も秀吉没後の政治体制の視点から言及をおこなうなど[22]、幅広い視点から研究が進められている。これらを参考にしつつ、第四期に実施されたとみなされる普請の中核的なものは下記の事項に集約されるだろう。

（1）馬出曲輪の建設[23]

（2）大坂城における新たな城壁の建設と、新城壁の対象地区に住んでいた商人・職人らの家屋の撤去および代替地への強制移転[24]

（3）妻子を含めた伏見在住の東国・北国大名の大坂移住[25]

第四期工事の背景としては、秀吉亡き後の政治体制として、大坂城を秀頼の居城としつつ伏見城もあわせて維持していく方向性が定められたことがあった（大坂城：秀頼、前田利家、東国・北国大名。伏見：北政所、徳川家康、九州・西国大名）。そのため大坂城では防御能力の向上と大名たちの屋敷地の再編が急務となったのである。では、こうした背景のなかで実施された（1）・（2）・（3）は大坂城の空間構造とのかかわりでどのように評価できるのであろうか。具体的に史料にあたってみたい。

まず（1）の馬出曲輪の建設であるが、この件については本章第一節で述べたので省略する。馬出曲輪は二ノ丸の虎口の防御能力を高めるとともに、出兵時の軍を整える場所を設ける目的で建設されたもので、北西・南東部にも設置された可能性がある。

次に（2）である。まず新たな城壁の規模であるが、その長さについては史料により三里[26]または一里と述べられており[27]、その差は小さくない。また、一里を四キロメートルとして計算すると[28]、三里の場合は十二キロメートルとなり惣構よりも長くなってしまう。そうかといって『日本西教史』の一里説(四キロメートル)が妥当かといえば、そうとも簡単にはいえない。移転を余儀なくされた家屋についても七万軒以上[29]または一万七千戸[30]と記されていて、その差は無視できるものではない。結局のところ、これら二件については数値だけでどちらが妥当かという判断は下せず、一定の距離または戸数という程度の理解にとどめておかざるをえないだろう。ただし、少ないほうの数字でみてもいずれも小さいものではないので、それなりの規模を念頭に置いたうえで考えていく必要があろう。

(2)よりいくぶんか具体的な情報のあるのが(3)である。在伏見の東国・北国の大名に対し大坂への屋敷移転が命ぜられ、二ノ丸南方で町家が撤去されて大名屋敷への転換が図られたことが『西笑和尚文案』所収の「西笑承兌書状写」から明らかにされた[31]。

同史料によれば、慶長三年(一五九八)七月終わり頃には「大坂御普請之趣者、西者安芸中納言殿屋形之辺まて不残家をのけられ候、町屋もすてに御のけなされ、地ならし之儀被仰付候、大坂にて残り候屋形ハ備前中納言殿・増右・石治までに候由候」(大坂の普請については、西は毛利輝元の屋敷付近まで残らず家を撤去した。町屋もすでに取り除かれ、地ならしが命ぜられた。大坂に残る大名の屋敷は宇喜多秀家・増田長盛・石田三成だけということだ)という状況にあった。

ここで示されている町屋から大名屋敷への転換場所に関する具体的な情報は(2)に関連しても貴重なものといえる。とりわけ注目されるのは、西端を毛利輝元屋敷とする区域で家屋が撤去されたという記述である。ここでいう毛利輝元屋敷は毛利家の上屋敷で、その所在地は現在大阪歴史博物館の建つ場所と推測されるので、本書状写で示されている大名屋敷転換地はここを西端とし、大坂城の二ノ丸堀に沿って東へと広がる一帯だったことがうかがわれるのである。つまり、この地区が慶長三年以前に商人・職人たちが集住した場所のなかの少なくとも一ヵ所であった公算が強いのである。

ただし、この地区には豊臣前期、すなわち慶長三年(一五九八)以前からすでに大名屋敷があったようである。文献史料からはわからないが、かつて玉造において豊臣前期の地層のなかから出土した鉄砲の輸送にかかわる木簡はそのことをうかがわせる。[32] もっともこの地区が豊臣前期にどのように利用されたのかその全貌は明らかでなく、商人・職人たちの居住の状況も不明である。そうした場所であるが、慶長三年に商人・職人たちが移転させられることによって大名屋敷地として広域に整備されることになったのであろう。当時の大名屋敷は細川忠興邸のように築地塀[33]によって囲まれるものもあった。そうした構えをもつ屋敷が二ノ丸南側地区に立ち並ぶ景観が出現したのであろう。

このように慶長三年において、少なくとも大坂城二ノ丸堀南側で大名屋敷地区への転換がおこなわれたとみた場合、改めて考えてみたいのが、(2)においてこれらを取り巻いたとされる「新城壁」の一件である。ただし、これにかかわる具体的な文献史料は他にないので、この間三ノ丸の史料として利用されてきた「僊台武鑑図」(第1図)を再検討してみたい。

「僊台武鑑図」は元和八年(一六二二)に完成した長堀とおぼしき堀川が描かれるなど、大坂冬の陣終了直後に作成された図ではない。また、大手口前で発見された前述の馬出曲輪が「僊台武鑑図」ではかなり誇張されて描かれているなどの問題を含んでいるのも事実である。しかしながら、その馬出曲輪も存在の事実や形状面では齟齬はなく、なにより形状ということでいえば、「僊台武鑑図」の場合、本丸の形状が豊臣期のそれを正しく描いているという他の大坂の陣配陣図にはみられない大きな特長をもっている。さらに大坂城の外堀が北側で大和川と連結されている点もしかりである。[34] こうした点を考慮すると、「僊台武鑑図」は描写のスケール感に注意する必要はあるものの、描写内容そのものまで簡単に否定しさることはできないのではなかろうか。

そう考えると、「僊台武鑑図」で描かれている、南西の馬出曲輪（伝織田上野屋敷）と東南の算用曲輪を結んで二ノ丸南側の地区をめぐる壁または塀状の区画装置は、大名屋敷転換地とのかかわりで検討してみる価値はあるように思われるのである。この区画装置は二ノ丸南堀の南西隅から南へ伸び、馬出曲輪の南東端を経てまもなく東へ折れ、さらに門を経たのちにクランク状に折れて最後は算用曲輪に接続している。この区画装置に囲まれたエリアの西端は、惣構南堀南に記される「ヒラノ町八丁」を手がかりとすると、現在の上町筋かその西側あたりと推測される。(35) そうなると、この区画装置は上町筋の西側に接していた毛利輝元屋敷の位置とも大きな齟齬はみられないので、大名屋敷地を囲い視覚的に明示する施設として設置されたとみることも可能ではないかと思われるのである。そして、このような解釈ができるとなれば、馬出曲輪（伝織田上野屋敷）の北側に連続する同様の区画装置の内側も同性格の場所だった可能性が生まれてこよう。その広さがどれほどであったかは現大阪城の外堀のため確定することはできないが、この付近では大阪府立大手前高校や大手前女子学園から、推定慶長三年廃絶の町屋群が検出されている。そしてこれらの遺構はその位置から慶長三年に移転を余儀なくされた商人・職人たちの居住地だったとみられている。(36) このようにみてくると、商人・職人たちの居住地から大名屋敷地へ転換した場所は先ほどの二ノ丸南側を含め、二ノ丸の外側に接する地区に一定程度分布していた可能性があるのではなかろうか。それが慶長三年にいたって移転させられ、大名屋敷が集まる武家地として整備されることになったのであろう。

以上、慶長三年に開始された第四期工事の内容について述べてきた。その結果、二ノ丸の虎口の前に馬出曲輪が置かれ、さらに二ノ丸に沿って居住していた商人・職人たちが排除され大名屋敷地が設定された可能性の高いことが推測できた。

（2）　三ノ丸の実態

では、以上の推測と文献史料に登場する三ノ丸とはどのように関係するのであろうか。文献史料にみえる三ノ丸の記述を第2表にまとめてみたので、三ノ丸に関する高田徹の考察[37]を参考にしつつ、その具体像をみていきたい。

まず注意しておきたいのは、三ノ丸と呼ばれた（認識された）場所が各所に及んでいる事実である。まず№2、3である。火災の発生場所と片桐且元の屋敷地に関する記述であるが、これはともに通説では二ノ丸と呼ばれる場所での出来事であることが他の史料から明らかである[38]。なお、この両者の出典である『当代記[39]』のなかでも呼称は統一されていない（本章第四節参照）。

さらに№6、13では〝三ノ丸千畳敷〟が登場する。千畳敷は通説では本丸内の施設という理解だが、これらでは〝三ノ丸千畳敷〟から本丸へ続けて進攻する意志が述べられていることを考えると、『当代記』同様、本丸はひとつの曲輪ではなく複数の曲輪に分かれていたと認識され、それが三ノ丸という表現を生み出したのかもしれない。戦時の記録であるため空間の誤認識の可能性はもちろん排除できないが、複数例みられるだけに千畳敷の所在地を当初より三ノ丸と理解していた可能性も捨てきれないだろう。

上記以外はほぼ通説的な理解に沿ったもので、三ノ丸は通説の二ノ丸の外側という解釈にもとづいているとみて問題ない。ただし、その範囲については注意が必要である。とくに「僊台武鑑図」の描写からでは三ノ丸と受けとめられなかった二ノ丸東側においても、№8「あおや口三之丸へいきわ」という記述から青屋口の外側が三ノ丸と認識される場合があったことがわかるのである[40]。№21も興味深い。ここでは豊臣方が敵将の首をとり、それを晒した場所が「三ノ丸西の大手」だと表現されているのである。この場合の三ノ丸は通説の二ノ丸とみなすことも可能だが、同じ出典である『大坂御陣山口休庵咄[41]』の№20の文脈からは三ノ丸が堅固な施設をもつ通説の

第2表　文献史料にみえる三ノ丸

No.	史料本文	年月日	史料名
1	三丸ニ宿坊	慶長十六・九・十五	義演准后日記
2	大坂火事出来、三之丸長屋米石多以失火（中略）自余之丸へ不移	慶長十八・二・二	当代記
3	片桐市正同主膳此間大坂三の丸居、今日執人質茨木江退	慶長十九・十・一	当代記
4	惣町焼ハらひ三之丸へ引入候間、被押詰三之丸限ニ被取巻由候	（慶長十九）十二・十五	薩藩旧記雑録後編（『新修大阪市史　史料編　第五巻』）
5	三ノ丸町ニ而てきしろゑつるヲさし居申候	慶長二十・五・九	元和大坂役将士自筆軍功文書　一―二〇―一
6	八町めのまちより壱町にしかたのさぶらいまちおすくにのりこみ申（中略）三ノ丸せんてうしきにひかゝり申候ゆへほん丸のうちゑはのり不申	慶長二十・五・九	元和大坂役将士自筆軍功文書　一―二七―一七
7	三の丸の下町々ぎわにてくび壱つとり申候	（慶長二十）五・九	元和大坂役将士自筆軍功文書　一―二一―九
8	あおや口三之丸へいきわにてきと出合申候	（慶長二十）五・九	元和大坂役将士自筆軍功文書　一―一九―一九
9	三ノ丸南条中書門之前にてくび一ツ取申候	（慶長二十）五・九	元和大坂役将士自筆軍功文書　一―二一―二二
10	昨日七日ニ三ノ丸南之方堀をうめ申候、といのきわまて瀧右衛門（中略）なと一所ニ参候処	（慶長二十）五・九	元和大坂役将士自筆軍功文書　一―二一―二五
11	玉つくり口二ノ丸・三ノ丸之間へい下へつき申候	（慶長二十）五・九	元和大坂役将士自筆軍功文書　一―二二―一一
12	三丸ノ堀うめ申あとニてとり申候	（慶長二十）五・九	元和大坂役将士自筆軍功文書　一―二二―三六
13	八町めより東ノかたのさふらい町お七八町ほとしろの方へ参（中略）三ノ丸千条敷ニ火かゝり申候故、丸ノ内へハのり不申	（慶長二十）五・九	元和大坂役将士自筆軍功文書　一―二三―一三

14	七日之日私はたらきハ、三ノ丸ととろ町の間ニてやりを三度まてあわせ候	(慶長二十)五・九	元和大坂役将士自筆軍功文書 一二八―一八
15	三ノ丸算用場之通侍町	(慶長二十)五・九	元和大坂役将士自筆軍功文書 一二八―三四
16	三のまるのうち侍町大手の筋へ罷越候	(慶長二十)五・十	元和大坂役将士自筆軍功文書 一二〇―一
17	今度大坂御かせん二三の丸のむめ申候ほりにてくひ壱ツ打取申候也	(慶長二十)五・十五	越前松平家首取状二五
18	三ノ丸より御算用場たもんのまへニて(中略)それゟくろもんのみきのわきをのり申候て、片桐市正まへへ参候	八・十六	元和大坂役将士自筆軍功文書 一二四―一
19	玉作口三の丸東門	八・十三	元和大坂役将士自筆軍功文書 一二四―九
20	惣構堀は石垣なし、たゝきといニて、堀の向ニさくを一重、堀の中ニさく一重、へいぎはニさく一重、以上三重ぬり申候、何も栗丸太ニて御座候、三の丸にハさくは附不申候		大坂御陣山口休庵咄
21	大将の首は三方ニのせ、本多出雲守と書附いたし、三ノ丸西の大手ニ首をもならべ被置候を見物いたし候		大坂御陣山口休庵咄

出典：元和大坂役将士自筆軍功文書：『新修大阪市史史料編　第五巻　大坂城編』大阪市、二〇〇六年、番号とも。越前松平家首取状：註(9)渡辺論文、番号とも。

二ノ丸を前提に語っているとは思われないので、惣構内の曲輪と解釈したほうが理解しやすいだろう。『大坂御陣山口休庵咄』は同時代史料ではないものの、豊臣方関係者がまとめた記録なので、豊臣時代末の大坂城に対する豊臣方の認識が、通説の本丸・二ノ丸の外側に三ノ丸があり、それを惣構が囲むというものであったことがうかがえる点で重要な意味をもつと考える。

(3) 三ノ丸の内部構造

続けて三ノ丸の内部の状況をみていこう。まずは町屋の存在である。No.5では「三ノ丸町」、No.7では「三の丸の下町々」という記述がみられる。これらは町屋が一定程度集まる地区が三ノ丸内にあったという認識を示すものである。すでに紹介したとおり、慶長五年(一六〇〇)の関ヶ原の戦いに際し、東軍により惣構において大坂方武将の妻子の出入りがチェックされたことがあったが[42]、この時も一般の往還は認められていた。これは惣構内に町屋が存在したことを意味しており、三ノ丸との重なりという点で示唆的である。

次に武家の屋敷の存在である。これについては、No.16「三のまるのうち侍町大手の筋」という記述がみられるので、武家の屋敷が集まった区画＝「侍町」が三ノ丸内に存在した様子がわかる。武家の屋敷が集中した場所といえば前述の二ノ丸南側の大名屋敷群とイメージが重なるものであるし、ここで侍町が大手筋にあったとする表現は、やはり前述の商人・職人居住地から大名屋敷地への転換があった場所として大阪府立大手前高校付近が推測されている点とかかわって大変興味深い。そして、そうした侍町(武家地)が存在したのが三ノ丸だという認識なのである。個別大名の屋敷が判明した事例もある。No.9の「南条中書」がそれである。南条中書は大坂方武将で、残念ながら南条が三ノ丸に屋敷を構えた時期やその詳細な場所はわからないが、前田家の家臣の軍功状に登場することから玉造方面にあった可能性はある[43]。

以上、三ノ丸の所在地が通説の二ノ丸の外側と解釈できる史料をとりあげ、三ノ丸のなかには町屋や武家の屋敷が集まる侍町が存在した状況を確認した。前述の慶長三年の第四期工事によって誕生した大名屋敷地も二ノ丸の外側に位置するので、二ノ丸の外側を三ノ丸と解釈する認識ではここは三ノ丸に含まれる場所となろう。このほか、京都から大坂を訪れた義演のように三ノ丸に宿坊を構えた事例もある(No.1)。宿坊の詳細は不明だが、宿屋または寺院だった可能性もあろう。じつに三ノ丸とはこうしたさまざまな要素を含む空間として認識されていたのであり、事例の多さから判断するとこれこそが三ノ丸に対する一般的な認識だったと考えられよう。
では、これほど多様な要素を包摂する三ノ丸の範囲はどこまで及ぶのだろうか。これには先に検討した惣構の理解が前提となる。表1の№12、17、18によれば、惣構を越えて侵入した越前の軍勢はその後町や殿町(侍町)に達している。個別の検証は困難だが、それらが存在する景観は三ノ丸の景観と共通するものである。以上のような点を考えると、二ノ丸と惣構に挟まれた空間を一般的に三ノ丸と認識された空間と理解することができるのではなかろうか。この空間は文禄三年(一五九四)の惣構普請開始と同時に二ノ丸との間に生まれた空間である。その意味で三ノ丸の成立時期は惣構の完成と同時という理解になろう。そうなると、第四期工事はその三ノ丸の一部を囲い込んで馬出曲輪と大名屋敷地を設置した普請と解釈すべきではなかろうか。つまり、第四期工事は三ノ丸内の土地利用の変更をおこなう普請だったと理解するのが妥当であり、その意味で三ノ丸の改造ということは可能だが、三ノ丸の新設と理解することはできないのである。

四　豊臣大坂城の縄張り認識

ここまで惣構と第四期工事にからめて三ノ丸の実態について考えてきた。なお後述のように本丸、二ノ丸についてもそのとらえ方については若干の認識の違いはみられるが、堀をともなう曲輪空間の建設段階という観点から大坂城の普請経過をまとめなおすと次のようになろう。

第一期：天正十一年(一五八三)~十三年頃――→〝本丸〟普請
第二期：天正十四年~十六年頃――→〝二ノ丸〟普請
第三期：文禄三年~五年頃――→惣構堀普請、〝三ノ丸〟の出現
※惣構ラインが設定されたことにより、それと二ノ丸堀の間に曲輪空間が事実上誕生する結果となった。こ

れが〝三ノ丸〟と認識される。

第四期：慶長三年（一五九八）〜──→〝三ノ丸〟のなかに馬出曲輪と大名屋敷エリアが設定される。

これを前提として、最後に豊臣大坂城の縄張りの全体認識を文献史料から確認することにしたい。この作業は、ひとつの史料のなかの、さらにひとつの文章のなかですべての曲輪の名称を書き上げている事例を基本的に対象とし、曲輪の序列がどのように認識されているかを把握したうえで、各史料間での認識を比較するという方法をとる。なお史料の制約上、確認できた事例は大坂の陣関連のものに限られたので、慶長末年の認識となる点を断っておく(44)。

第3表は上記の観点から史料を検索し、史料の内容から同じ曲輪を指すと理解されるものを同じ縦の欄にまとめてみたものである。なお、曲輪呼称の違いがあった場合、それがどの位置にあたるかという判断は、冬の陣後、破却されずに最終的に残ったのが本丸だけだったという事実(45)と、No.1『義演准后日記』において火事のため二ノ丸の米蔵等が焼失したものの本丸は無事だったとする記述に照らしあわせることでおこなった。

第3表を史料本文も参照しながらみると、多くの史料で各曲輪のとらえ方が共通（呼称が一致）している様子がうかがえる。曲輪①＝本丸（内堀に囲まれたエリア）、曲輪②＝二ノ丸（外堀に囲まれたエリア）、曲輪③＝（惣構の内側のエリア）、外郭ライン＝惣構、という把握のされかたである。

ただし、曲輪のとらえ方について理解の異なる史料が一部あることも事実である。No.6『当代記』は冬の陣直後の交渉において破却対象とされた場所として惣構・三ノ丸、残される場所として本丸・二ノ丸と正しく記していたが、一方で慶長十八年に火災で被災した長屋の所在地（通説の二ノ丸（曲輪②））を三ノ丸と称しており（第2表のNo.2）、一貫していない。なお、No.8『大坂陣山口休庵咄』においても三ノ丸について同様の解釈の可能性があるが、既述のとおり、ここでは三ノ丸を通説どおり理解する。埋められたはずの二ノ丸堀が夏の陣時に残っていたという記述も、堀の掘り起こしがおこなわれたという報告があることから説明は可能である[46]。

さらにもう一点、検討しておく必要のあるのは№４『大坂御陣金地院日記』の記述である。本章では惣構をラインとし、その内側の空間を三ノ丸と考えているため、それを厳密に解釈すれば、三ノ丸の堀というものは存在しないことになる。しかし、№４『大坂御陣金地院日記』には「本丸の堀は残して二ノ丸・三ノ丸の堀を埋める」とした常光院の発言と、「当初は惣構堀だけを埋めるという約束だったのが、城内の堀まで残らず埋められてしまった」という大野修理の発言が収められており、三ノ丸堀と惣構堀が併存するような記述となっている。

しかしこれについては、同一人物が同時に三ノ丸堀と惣構堀に言及した発言ではないことから、同じ最外郭の堀を指すのに異なった名称を用いたと解釈することも可能であろう。実際、同時に三ノ丸堀と惣構堀に言及し、それぞれが別々に存在すると解釈される史料は管見に触れず、むしろ「秀頼ハ従来城ヲ繞ル三湟アリシヲ、今其二湟ヲ埋ムベキコトヲ条件トナセリ」（『日本西教史　下』[47]）のように、大坂城全体を囲む堀は三重だったという認識がほとんどである。これは本丸堀（内堀）、二ノ丸堀（外堀）に惣構堀を加えた三重と理解するのがもっとも自然であろう。三ノ丸は惣構に接していたため惣構堀のことを三ノ丸堀と表現する場合があっても大きな違和感はない。したがって、ここでは三ノ丸堀と惣構堀が別個に存在したという理解は採らず、『大坂御陣金地院日記』は同一の堀が別々に呼ばれた例とみておきたい。

以上、惣構・三ノ丸に対する個別の認識を踏まえつつ豊臣大坂城の縄張り認識について述べてきた。その結果、本丸に二ノ丸を認める理解も一部みられたが、大多数が内堀内を本丸、外堀内を二ノ丸、そしてその外側に三ノ丸を置き、それを惣構堀が取り巻くという認識で大坂城の縄張りを理解していたことを明らかにした。

史料本文	出典	参考
「大坂御城北方二ノ丸矢蔵御門并米蔵等焼失、本丸無為」(慶長18.2.4)、「三丸ニ宿坊新造被仰付」(慶長16.9.15)	①	出火元は「極楽橋」(「資勝卿記」慶長18.2.3)。「東丸ノ下マテ一町余焼亡ナリ」(同前)。「東丸」は二ノ丸東一帯か。宿坊のある三之丸は町場か。
「惣構之堀、二之丸之堀、何れもうめ候而、本丸計ニ而、其上如何様共、大御所様上意次第との通」(慶長19.12.21)、「大坂惣構二之丸堀埋之普請、各御先手衆ニ被仰付候、事外手間入申候」(慶長20.1.10)	②	一貫して二ノ丸堀と惣構堀。三ノ丸堀はない。結局、惣構から二ノ丸まで徳川方が埋める。本丸以外を埋め兵移動を容易にする。
「本城而巳、二丸、三丸皆可壊平」(慶長19.12.19)。「城中二丸石垣矢倉堀巳下自秀頼以人数可壊埋之由」(慶長19.12.20)	③	縄張り表現として本城・二丸・三丸。堀表現はない。豊臣方に伝えた内容。
「(常光院の発言)可埋二三之丸之堀而為和平之実、本丸之堀者不能埋之」(慶長19.12.19)、「(大野修理の発言)初修和議之時可埋捴堀約諾巳成、今埋堀者到城内之堀埋之無残焉」(慶長19.12.23)	④	大坂方の認識のズレが露見している。
「大坂本丸計被為置、二ノ丸三ノ丸惣かまへ御割被成候て平地に被仰付」(〈慶長20〉1.10)	⑤	平地とするために土塁や堀を崩す。
「惣構并三の丸可有破却、(中略)本丸二の丸は如前々無破却沙汰、(中略)大坂三の丸惣構被破却」(慶長19.12.19)	⑥	慶長18.2.2の大坂城火災で「三之丸長屋米石多以失火」⇒義演准后日記では二之丸。
「二之丸堀存外深く広し、(中略)二之丸千貫櫓を始め、有楽家屋、其外西之丸并修理家、何も引崩し、右之堀埋」(慶長20.1.12)。「大坂城二之丸迄悉壊平、本城計相残云々」(慶長20.1.18)「三之丸二之丸堀門櫓等迄悉崩埋云々」(慶長20.2.1)	⑥	本城桜門下を上下往還可能にする意図あり。
「夏陣には二ノ丸堀は御座候」、表2の№20	⑦	
「大坂御城も二ノ丸・三ノ丸・総構をハ御わり被成、本丸迄に被成」(〈慶長20〉12.26)	⑧	「惣構ハ此方」「二ノ丸三ノ丸ハ城中」で破却(当初の分担)。

閣文庫蔵本、⑤山内家史料『忠義公紀　第一編』、⑥史料雑纂本、⑦続々群書類従本、⑧岡本良一『大

第３表　豊臣大坂城の曲輪呼称

No.	史料名	曲輪①	曲輪②	曲輪③	（曲輪④）
		天守（詰ノ丸）、千畳敷（中ノ段）、山里	米蔵、櫓、桜馬場、西ノ丸		外郭ライン
1	義演准后日記	「本丸」	「二ノ丸」	「三丸」	
2	本光国師日記	「本丸」	「二ノ丸之堀」		「惣構之堀」
3	大坂冬陣記	「本城」	「二丸」	「三丸」	
4	大坂御陣金地院日記	「本丸之堀」	「二三之丸之堀」		「捴堀」
5	高木半七書状（山内家御手許文書）	「本丸」	「二ノ丸」	「三ノ丸」	「惣かまへ」
6	当代記	「本丸」	「二の丸」	「三の丸」	「惣構」
7	駿府記	「本丸」「本城」	「二之丸堀」	「三之丸」	「総堀櫓」
8	大坂陣山口休庵咄		「二之丸堀」	「三ノ丸」	「惣構堀」
9	細川家記（綿考輯録）	「本丸」	「二ノ丸」	「三ノ丸」	「惣構」

出典：①大日本史料12-10、②大日本史料12-17、③内閣文庫蔵本、大日本史料12-17、④内
坂城』（1970年、70頁）、『新修大阪市史　史料編　第５巻　大坂城編』

おわりに

文献史料の検討を中心に、豊臣大坂城の空間構造がどう認識されていたのかについて述べてきた。曲輪の呼称については、あくまで大方の理解がどうであったのかという観点を重視したのであり、それから外れた事例を〝間違った呼称〟というつもりはまったくない。そもそも曲輪名称が明確に定められていたという形跡もみられないからである。

本章での検討結果を縄張り復元図として提示すると、それは中村博司の復元図(第2図)と同じものとなる。ただし、本章では惣構と三ノ丸、および第四期工事の再検討をおこなうことで三ノ丸成立の時期とその範囲を提示し、さらに第四期工事の内実についても「僊台武鑑図」を積極的に活用しつつ三ノ丸の改造という視点を打ち出した。乏しい史料のなかで恣意的な解釈に陥ったことを危惧する。大方のご叱正をお願いする次第である。

(1)『新修大阪市史　第三巻』大阪市、一九八九年。
(2)拙稿「「豊臣期大坂城下町図」について」(大阪市立大学豊臣期大坂研究会編『秀吉と大坂——城と城下町——』和泉書院、二〇一五年)。
(3)渡辺武「豊臣時代大坂城の三の丸と惣構について」(『難波宮址の研究　第七　論考篇』財団法人大阪市文化財協会、一九八一年)。
(4)参謀本部編『日本戦史(大阪役)』元眞社、一九一一年。『大阪市史　第一』大阪市参事会、一九一三年。
(5)櫻井成廣『豊臣秀吉の居城(大坂城編)』日本城郭資料館出版会、一九七〇年。
(6)岡本良一『大坂城』岩波書店、一九七〇年。

（7）註（3）渡辺論文。
（8）中村博司「豊臣期大坂城の構造について」（『シンポジウム「大坂城」――秀吉の大坂城縄張りをさぐる――　発表要旨』財団法人大阪府文化財センター、二〇〇四年）。高田徹「文献史料からみた豊臣期大坂城」（『戦乱の空間』三号、二〇〇四年）。
（9）岡本良一「加賀藩の大坂夏の陣首取状について」（『大阪の歴史』九号、一九八三年）。渡辺武「「大坂夏の陣越前兵首取状」について」（『大阪城天守閣紀要』一号、一九六五年）。
（10）江浦洋「堀83をめぐる諸問題」（『大坂城址Ⅲ　本文編』大阪府文化財センター、二〇〇六年）。
（11）『広島大学所蔵猪熊文書（一）』福武書店、一九八二年。
（12）中村博司「慶長三～五年の大坂城普請について」（『ヒストリア』一九八号、二〇〇六年）。
（13）中村博司『天下統一の城・大坂城』新泉社、二〇〇八年。
（14）跡部信『豊臣秀吉と大坂城』吉川弘文館、二〇一四年。
（15）註（8）高田論文。
（16）『増補駒井日記』（文献出版、一九九二年）文禄三年正月二十日条。
（17）『邦訳日葡辞書』岩波書店、一九八〇年。
（18）福島克彦「戦国織豊期における「惣構」の展開と倭城」（『韓国の倭城と壬申倭乱』岩田書院、二〇〇四年）。
（19）積山洋「豊臣氏大坂城惣構の防御施設」（『大阪の歴史』四六号、一九九五年）。
（20）内田九州男「秀吉晩年の大坂城大工事について」（『大阪城天守閣紀要』五号、一九七七年）。
（21）註（12）中村論文。
（22）横田冬彦「大名屋敷からみた〈首都〉伏見」（大阪歴史学会大会特別部会報告、二〇一四年）。
（23）註（10）江浦論文。
（24）「一五九八年十月三日付、長崎発信、フランシスコ・パシオ師のイエズス会総長宛、日本年報」（『十六・七世紀イエズス会日本報告集』同朋舎出版、一九八八年）。『日本西教史』洛陽堂、一九一三年。
（25）「西笑和尚文案」（『相国寺蔵西笑和尚文案――自慶長二年至慶長十二年――』思文閣出版、二〇〇七年）。

(26) 註(24)「一五九八年十月三日付、長崎発信、フランシスコ・パシオ師のイエズス会総長宛、日本年報」。
(27) 註(24)『日本西教史』。
(28) フロイスは日本の一里計算を使用していたとされる。『フロイス日本史一　豊臣秀吉編Ⅰ』中央公論社、一九七七年、第一章註(55)。
(29) 註(24)「一五九八年十月三日付、長崎発信、フランシスコ・パシオ師のイエズス会総長宛、日本年報」。
(30) 註(24)『日本西教史』。
(31) 豆谷浩之「慶長三年における大坂城下の改造をめぐって――『西笑和尚文案』所収史料を中心に――」(『大阪歴史博物館研究紀要』一〇号、二〇一二年)。
(32) NW94-20次調査『難波宮址の研究　第一二』財団法人大阪市文化財協会、二〇〇四年。
(33) 『兼見卿記　第二』(続群書類従完成会、一九七六年)天正十一年八月三十日条。
(34) 『当代記』の「城幷丸々江落入水を可被関留」(慶長十九年十二月四日条)からこの連結は確認できる。
(35) 註(2)拙稿。
(36) 佐久間貴士「天下一の城下町」(同編『よみがえる中世二　本願寺から天下一へ　大坂』平凡社、一九八九年)。
(37) 註(8)高田論文。
(38) №2は『資勝卿記』同年二月三日条、『義演准后日記』同年二月三日・四日条。№3は『鹿苑日録』慶長十五年正月十五日条。
(39) 『当代記・駿府記』続群書類従完成会、一九九五年。
(40) 註(9)岡本論文。
(41) 『続々群書類従　第四』国書刊行会、一九〇九年。
(42) 註(39)『当代記・駿府記』慶長五年七月十五日条。
(43) 註(8)中村論文。
(44) この分析方法については跡部前掲註(14)書を参考とした。
(45) 『大日本史料　第一二編之一七』慶長十九年十二月十九日条の各史料(東京大学史料編纂所、一九一四年)。

（46）　曽根勇二『大坂の陣と豊臣秀頼』吉川弘文館、二〇一三年。

（47）　註（45）『大日本史料　第一二編之一七』。

〔補注〕　本章において、著者は文献史料上、大坂城の惣構に対する豊臣期の認識は防衛ラインとみなすのが妥当であると述べた。それに対し中村博司氏は、第1表のNo.22（『大坂御陣山口休庵咄』）にみえる惣構が「明らかに領域とみなす事例」であるとし、拙稿の理解は成立しないと批判した（「豊臣期大坂の「惣構」をめぐる諸問題」〈『ヒストリア』二五九号、二〇一六年〉）。しかしこの史料は、惣構である西側高麗橋筋横堀および南側八町目黒門の内側では町屋は一軒も破壊せず、とも読め、これをもってラインという理解を否定することはできないと考える。そのうえ現段階で確認される慶長二十年までの同時代史料において、惣構はすべてラインと認識されていることから、拙稿の主張に変更は必要ないと考えている。

また惣構の範囲について、中村氏は慶長五年七月十五日付豊臣氏三奉行連署状に「惣構」の文言があることから、そこに示された「口」が拡大した惣構の範囲を示す史料として注目された。しかしながら、そこに登場する「福島川口」「天王寺より南の口」「天王寺より平野口」「天王寺小坂水所」については特段理由が示されないまま「大坂城下町と「惣構」の変遷・概念図」（出典同前）から外されている点は承服しがたい。したがって、惣構の範囲理解については本章で採用した従来のものに従っておく。

第三章　文献史料からみた豊臣前期大坂城の武家屋敷・武家地

はじめに

豊臣期大坂城・城下町の研究が進展するなかで、容易に実態が明らかにならないものに武家屋敷・武家地の問題がある。[1]もちろんこれまでにも文献史料を用い、個々の大名屋敷の位置復元などはおこなわれてきたところである。しかし、その研究には方法面での疑問が感じられるなど、課題は少なくないと思われる。そこで本章では、主として一次史料によって豊臣期大坂城の武家屋敷・武家地の実態を追究し、その動向の把握に努めたい。

なお、本章で対象とする期間は、豊臣前期（天正十一年〈一五八三〉～慶長三年〈一五九八〉）までとする。豊臣後期（慶長三年～同二十年）については、慶長三年の豊臣秀吉没後、伏見を含めた大規模な大名屋敷の改編がおこなわれたため、史料が比較的豊富で、その状況もある程度判明しているのに対し、[2]豊臣前期については研究がきわめて手薄であるためである。

一　武家屋敷・武家地にかかわる先行研究

ここでは武家屋敷・武家地に関する先行研究を概観し、その特徴・成果と課題を整理しておきたい。まずは櫻井成廣の研究である(3)。櫻井は大坂城の構造解明に積極的に取り組んだが、その一環として武家屋敷・武家地の検討もおこなった。具体的には主要な大名屋敷の所在地を記録類から検索し明らかにした(章末第1表)。その結果、玉造に屋敷を構えた大名の多いことや、大坂城近辺の他地区や天満、中之島にも屋敷の分布がみられることが指摘された。加えて櫻井は二ノ丸内における秀吉近親・近臣の屋敷についても検討をおこなった。第1図はそれを筆者が概念図化したものである。こうした武家屋敷の検索・比定作業はその後おこなわれてこなかったので、櫻井の研究はまことに後学への影響・学恩が大きいといえよう。ただし、いくつかの課題も感じられる。そのひとつが依拠している文献史料の問題である。櫻井が武家屋敷を検索した史料は同時代史料が少なく、後世の編纂史料・家譜類が多数を占めている。これらの史料は参考とすべきものではあるが、そのまま信用するにはためらいも感じられる。まずは一次史料の検索とそれによる分析から始める必要があろう。

もう一点、櫻井の場合、武家屋敷の存続期間や時期変遷

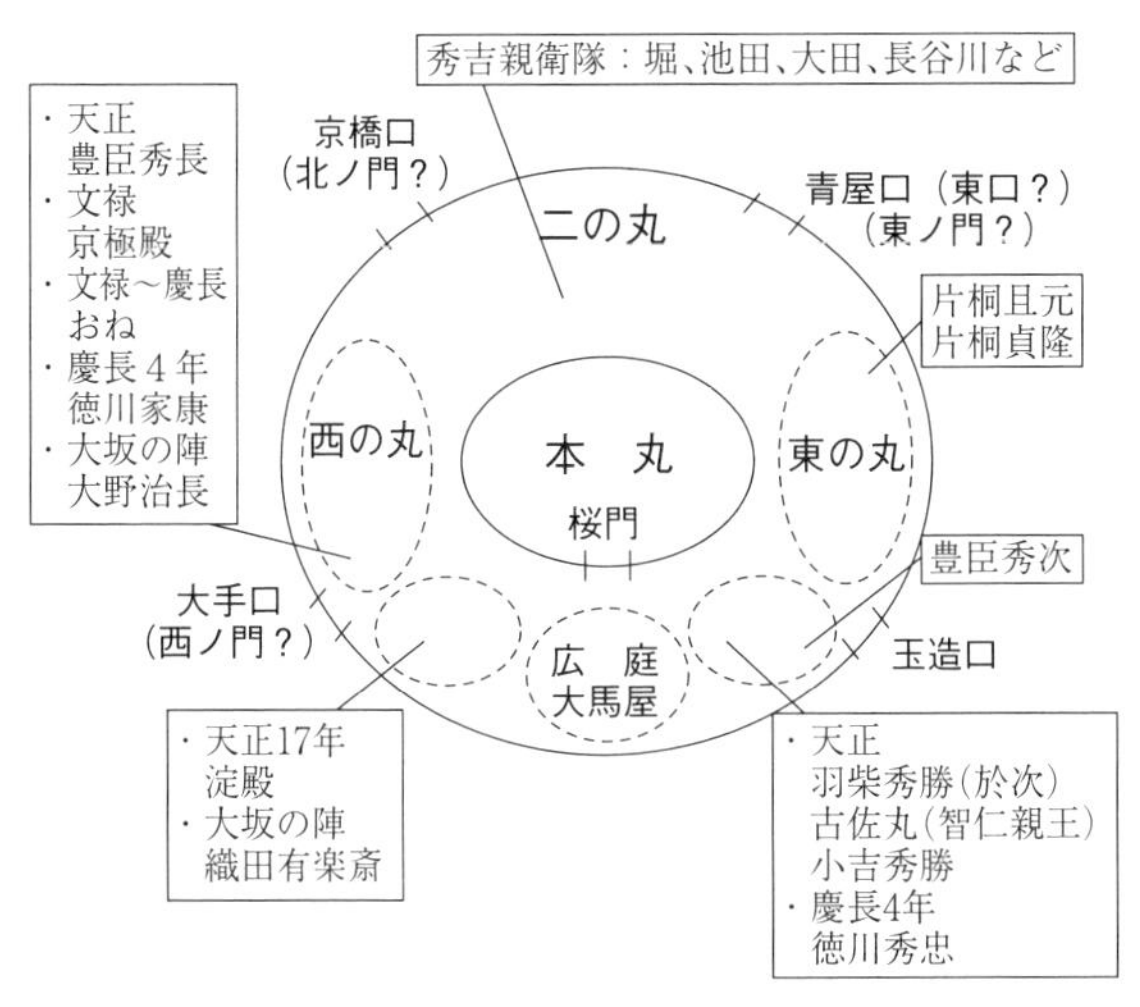

第１図　大名屋敷配置概念図(櫻井氏の想定を大澤が作図)

に対する関心が弱いように感じられる。武家地に関する文献史料（編纂史料等）は大坂の陣の時期に多いなど、残存する史料に偏りがあり、万遍なく検討するのが困難なのは事実だが、豊臣期は少なくとも政治的には秀吉期の豊臣前期、秀頼期の豊臣後期に大別できるし、普請の段階としては後述のように四期が想定される。武家屋敷・武家地についてもこうした政治史の諸段階や大坂城の建設段階を念頭に置きつつ、全体的な動向を明らかにしていく必要があるのではなかろうか。

櫻井の研究はその後、大坂城の武家屋敷に関する言及においては必ずといってよいほど参照されてきた。たとえば、大坂城研究の第一人者である渡辺武はその成果や「大坂図屛風」の描写にもとづき、豊臣期の大坂では武家地と町人地が混在していたと考えた。この見解は、武家地の全体配置に関する数少ない指摘であり、注目されるものである(4)。

次は横田冬彦の研究である(5)。横田は、豊臣政権の権力構造を示す指標として大名屋敷に注目した。そして、秀吉子飼いの家臣、豊臣取立大名は大坂に屋敷をもち、妻子を含め在大坂が基本だったとしたうえで、大坂城は豊臣家の城だったと位置づけた。そして天正十五年（一五八七）六月の聚楽第移徙以前に秀吉に服従した大名は妻子とともに大坂居住が基本だったが、それ以降は京都への居住と変化したこと(6)、および東国大名は京都に屋敷を持ち、西国大名は大坂に宿所を構えることはあったものの妻子は原則京都住であったと指摘した。それが秀頼期になると、大坂城において豊臣家の城と「公儀」の城としての性格の統合が図られ、大名屋敷はいったん大坂へ移されるが、関ヶ原の戦いを経て大名屋敷は再び伏見へ戻り、さらに慶長八年（一六〇三）の江戸幕府開府を契機に江戸へ集められたと述べたのであった。

秀吉政権の構造を考える際、大坂城・聚楽第・伏見城を比較しそれぞれの役割を明らかにしていく視点は重要であり、そのための分析対象として大名屋敷が有効であるとの指摘は首肯できる。為政者の下への大名の結集が近世国家の成立にとって不可欠な要素となるからである。ただし、横田自身が指摘するように、大坂における大名屋敷の実態は必ずしも十分に明らかにされてこなかったのであり、聚楽第・伏見城との機能分担やそれぞれの構造の特質を比較検討するうえでも、大坂の武家屋敷・武家地について信頼できる史料による検討が欠かせないと考えている。

なお、横田はその後、慶長三年（一五九八）秀吉没後の政治状況の変化のなかで伏見城・大坂城がどのように整備されていったのかを大名屋敷の配置の分析などから迫っており、大坂城における第四期普請で建設された三つの馬出曲輪は、外様大名の屋敷地を惣構のなかに抱え込む必要が生じたことからそれに対する二ノ丸・本丸の防御強化を目的としたものであったと評価している。(7)

矢部健太郎は、武家身分制を中心とした政治構造研究の観点から大坂城に言及した。(8)そのなかで矢部は、秀吉が天正十二年（一五八四）の正月以降、基本的に武家の参賀を大坂城で受けていること、秀吉の武家の棟梁としての地位は大坂城で確認されていたことを明らかにした。さらに大名屋敷は支配秩序の確認装置であることから、大名不在でも屋敷は存在すべきこと、聚楽第を例に大名屋敷は大名自身の常住義務を前提としないことを指摘した。これは大名屋敷の本質論にかかわる議論を提起したものであり注目されるが、こと大坂城に限っていえば、京都（聚楽第・伏見城）とかわらない規模で大名屋敷が存在していた可能性を提起した点で重要である。

曽根勇二の研究も注目される。(9)曽根は伏見城と大坂城の関係を検討し、秀吉が大坂城と文禄三年（一五九四）から普請が本格化した伏見城の両者を拠点と定め、馬廻衆が両者に分かれて妻子ともども居住したり、朝鮮に出兵した大名たちの妻子を大坂へ差し出したりするよう命じたことを明らかにした。そして、秀吉が没した慶長三年（一五九八）以後も大坂城の普請や都市整備が継続していたことを述べ、河川交通で結ばれた伏見と大坂は豊臣政権内において並立すべき存在だったことを指摘したのである。これにより、大名屋敷の問題については朝鮮出兵がひとつの画期となりうること、大坂と伏見はセットで考えていく必要のあることが明確になったものと思われる。

少々長くなったが、近年の研究を含め、武家屋敷・武家地にかかわる文献史学の研究を振り返った。とくに近年の成果は、武家屋敷・武家地の問題を単に城内における土地利用の一形態として考えるのではなく、大名や秀吉家臣団の政権内における位置づけや、大坂城と聚楽第・伏見城の機能分担という政権構造のありかたとからめて検討することを要請しているといえよう。

ただし、大坂における武家屋敷・武家地に関しては先に述べたとおり、一次史料による基礎的な検討すらいまだ十分でない状況にある。考古学側からも武家屋敷に関する研究が公表されつつある今[10]、秀吉政権構造論との本格的なリンクは今後の課題として認識しつつ、まずはその実態と大きな動向を史料に即してとらえてみたいと思う。

なお今回の検討は、大坂城の建設段階を目安に時期区分しておこなうこととする。それは、武家屋敷・武家地の動向が大坂城全体の整備と連動する可能性があるためである。その段階とは次のとおりである[11]。

第一期：天正十一年（一五八三）～十三年頃──→本丸普請
第二期：天正十四年～十六年頃──→二ノ丸普請
第三期：文禄三年（一五九四）～五年頃──→惣構堀普請
※惣構ラインが設定されたことにより、それと二ノ丸堀の間に曲輪空間が事実上誕生する結果となり、これが三ノ丸と認識される。
第四期：慶長三年（一五九八）～──→三ノ丸のなかに馬出曲輪と大名屋敷エリアが設置される。

二　天正十一〜十三年（第一期：本丸普請期）の動向

（1）全体状況

第一期は大坂城本丸の建設期間でありかつ聚楽第の建設に着手するまでの期間、すなわち秀吉の城郭が大坂城に限定される時期である。秀吉は天正十一年（一五八三）五月二十五日に大坂を領有することになり、六月二日に初めて大坂へ入った（『多聞院日記』）[12]。大坂城関連の普請は遅くとも八月には着手されていたことが『兼見卿記』（天正十三・八・三十）[13]から知られるが、この年の武家屋敷・武家地の動向全般にかかわってはルイス・フロイスの次の手紙がある（「一五八三年度日本年報」[14]）。

遠国の諸侯に対し、自ら家臣を率いて作業に従事するか、もしくは子が代理として家臣と共に来るようにと召集した。（中略）また、他の諸国の領主たちには城の周囲に非常に大きな邸宅を建てることを命じたので（中略）四十日間の工事で七千軒の家屋が建ち、（後略）

つまり秀吉は、大名（または子息）たちに家臣をともなって来坂し、大坂城の普請に参加するとともに「城の周囲に非常に大きな邸宅」を建設するよう命じたのであった。

大名たちの屋敷の建設が、本丸普請と並行して鋭意進められた様子は国内史料からもうかがえる（「諸侍各屋敷築地也、広大也」『兼見卿記』天正十一・八・三十）。ただし天正十二年（一五八四）の秀吉への年賀に備え、前年末に大坂に集まった大名のなかには「諸大名被罷上ニ付而、町人之家ニ寄宿」（『貝塚御座所日記』天正十一・十二）[15]という者もあった。こうした「町人之家ニ寄宿」は、年末に屋敷の完成が間に合わなかったり、あるいはいまだ建設に着手できていなかったりした大名が、年賀という欠席の許されない儀礼に参列するための臨時かつ応急的な対応策だったと考えられよう[16]。

こうした史料から、秀吉に従った大名たちは大坂城普請の開始とともに自身の屋敷建設にとりかかった一方、その過程では町人屋敷を宿として利用する大名も存在した様子がわかる。秀吉は、大名たちに大坂で屋敷を確保させることで、自身への臣従を本人だけでなく、広く視覚的に知らしめようとしたのであろう。

では、以上の状況を念頭に置きながら、順に秀吉一門や直臣、大名たちの屋敷の動きを具体的にみていくことにしたい。

(2) 秀吉一門・直臣

まずは秀吉の弟、羽柴秀長である。秀長屋敷は一五八六年一月の「イエズス会日本書翰集」[17]に、「彼(秀吉)の弟の美濃殿の屋敷は倒壊した」(地震発生はグレコリオ暦では一五八六年正月十八日。和暦では天正十三年十一月二十九日)と登場するのが初見である。この屋敷は、早速翌年には再建されたようである(「殿様(徳川家康)去廿六日ニ大坂へ御着被成、御宿ハ美濃守也」『家忠日記』天正十四・十・晦[18])。したがって、秀長屋敷の存在は確実に天正十三年(一五八五)にさかのぼる。秀長は秀吉の手足となって天正十一年(一五八三)賤ヶ岳の戦い、同十二年小牧・長久手の戦い、同十三年和泉・紀州攻めおよび四国攻めと続けて戦争に赴き、功績を残した。秀吉の信頼の厚さを考えると、実際には大坂城の建設開始と同時に屋敷を構えたとみても大過あるまい。ただし、その所在地は確認されていない。

次に秀吉養子の羽柴秀勝(織田信長四男)である。秀勝は天正十一年九月、城主となっていた丹波亀山から大坂へ下向した(「御次大坂へ御下向之由也、為御祈禱料八木三石給之間、可下人足之由被申也、今度大坂之普請各罷下之間、自此方可申付之由御理也」『兼見卿記』天正十一・九・十六)。秀勝は人足を吉田兼見に手配させて大坂普請に参加すべく下向したのである。大坂での滞在期間や滞在場所はよくわからないが(天正十二・九・十三には在亀山)、一定期間大坂に滞在したことは間違いないだろう。秀勝は秀吉の養子であってその信頼も厚く、さらに天正十二年(一五八四)の小牧・長久手の戦いでも活躍した人物なので、大坂に居宅を与えられていても不思議ではないが、詳細は不明である(天正十三年十二月没)。

第2表　秀吉・玄以の動向

	豊臣秀吉	前田玄以
天正11年	6.10　大坂	
	7.4　大坂	
	↕	
	7.11　大坂(京都・坂本周辺)	
		8.23　京都→大坂(経)
	8.4　大津→大坂(有馬)	
	8.30　大坂	8.30　大坂(兼)*1
	↕	10.4　京都(兼)
	10.10　大坂	
		10.23　京都→大坂(経)
		11.4　京都(経)
	11.6　亀山→大坂	
	11.8　大坂→京都	
		11.9　京都(兼)
	11.14　京都→坂本	
	11.29　坂本	
		12.9　京都(兼)
	12.28　大坂	
天正12年	↕	1.7　大坂→京都(兼)
	2.1　大坂→京都(京都・坂本周辺)	
	3.1　大坂	
	↕	
	3.10　大坂→京都	
		3.16　京都(兼)
	(近江・濃尾方面)	5.14　(美濃)→京都(兼)
		5.15　京都→美濃(兼)*2
		5.17　京都～ 6.13(兼)
	6.28　坂本→大坂	
	7.9　大坂→坂本(坂本・美濃)	
	7.29　坂本→大坂(有馬)	
		7.30　京都(兼)
	8.8　大坂	
	↕	
	8.11　大坂→京都(近江・濃尾方面)	
		9.8　京都(兼)
		9.15　京都(兼)
	10.6　大坂	10.初　大坂(貝)
	↕	

	秀吉	玄以
	10.20　大坂→坂本(伊勢・京都方面)	
		11. 2　京都(兼)
	11.27　京都→大坂	
		12. 2　京都(兼)
	12.17　大坂→京都	
	12.18　京都→大坂	12.27　京都(兼)
天正13年	1.17　大坂→有馬	
	2. 3　有馬→大坂	
		2.22　京都→大坂(兼)
	2.27　大坂→淀	
	3.12　京都→坂本	
	3.21　大坂→紀州(紀伊・和泉方面)	
	4.26　紀州→大坂	
	5.10　大坂→淀(坂本)	
	6.14　坂本→大坂	
	7. 6　大坂→京都	
	7.21　京都→大坂	
	8. 2　大坂→淀(北陸方面)	
	閏8.27　淀→大坂(郡山・有馬)	
	10. 1　大坂→京都(京都・坂本)	
	10.22　淀→大坂	
		11. 9　京都→大坂(兼)＊3
	11.28　大坂	11.22　大坂(兼)
	11.29　坂本 (京都)	
	12. 2　京都→大坂	
		12.15　京都(兼)
		12.27　京都→大坂(兼)
天正14年	1.11　大坂→京都	

注：→は移動、↔は継続滞在を示す。
＊1：秀吉への取次。
＊2：実現せず？
＊3：秀吉による検地帳の確認。
出典：秀吉…『織豊期主要人物居所集成』
玄以…(兼)：兼見卿記、(経)：言経卿記、(貝)：貝塚御座所日記

秀吉の直臣にうつる。これには奉行衆、馬廻衆などが含まれる。まずは奉行衆である。秀吉の奉行衆の一人に前田玄以がいる。玄以は秀吉のもとで天正十三年(一五八五)に京都所司代に任じられるが、秀吉が大坂を領有した当初はまだ織田信雄の京都奉行職であった[19]。しかし、天正十一年(一五八三)〜十三年にかけての玄以の動向を

調べてみると、秀吉が大坂に滞在した期間と玄以が大坂に滞在した期間は重なるケースが少なくない（第2表）。寺社領などをめぐる争論の裁定を秀吉から受けるべく、大坂滞在中の秀吉のもとを訪ねる必要があった模様である。天正十三年（一五八五）に前田玄以ほか松浦重政・大野光元・一柳末安・山口宗長の「奉行五人各大坂へ下向云々」（『兼見卿記』天正十三・十一・九）とあるのも、京都寺社本所領の検地帳の確認を秀吉に仰ぐためであった。

では、玄以が大坂へ滞在した際の居所はどうなっていたのだろうか。時期は少し下り天正十五年（一五八七）となるが、「法印宿所」という記述が見受けられる（『兼見卿記』天正十五・二・二十九）。このように秀吉の奉行でありながら大坂における居宅が「宿所」として継続したのは、玄以が長らく京都支配に携わっていたことから本宅は京都に置かれ[20]、大坂での滞在は一時的なものであったためではなかろうか。

一方、同じく奉行人だった松浦重政の場合は、在坂時には吉田兼見が使いとして鈴鹿定継を下し、「松浦弥左衛門尉夫婦・息十二人」らに神供等を献上したことがある（『兼見卿記』天正十三・十二・二十）。これを文字通り受けとめれば、この時松浦重政は大坂に妻子ともども居住していたことになる。その場合、居宅が自身の屋敷だったのか「宿所」だったのか、その居住形態は史料上確認できないが、こうした奉行衆でも大坂に妻子を同居させていた点は注意されるべきだろう。

馬廻衆としては、稲葉重執関連の史料がある。吉田兼見に「大坂こちや〳〵方ヨリ書状・美濃紙廿帖、到来」したとあるが（『兼見卿記』天正十三・一・二十八）、この人物は重執の妻であることから、天正十三年段階で稲葉重執は妻をともなって大坂に居住していたことがわかる。しかもその滞在は継続的なものだったことが、翌年以降も吉田兼見が大坂住の稲葉重執・女房衆へ音信を遣わしたことから推測可能である（『兼見卿記』天正十四・六・二十八、十五・二・三十）。稲葉重執は秀吉の馬廻衆として秀吉警護のため大坂に居住していたのであり、それが妻をともなってのことだったことを確認しておきたい。その居住形態はわからないが、秀吉に近侍し警護する立場で、しかも妻をともない継続的に居住したとなれば自身の居宅を得ていたと考えるのが妥当ではなかろうか。

秀吉の使番としての役割を果たした人物に豊田定長（龍介）がいる。『兼見卿記』によれば、豊田は秀吉朱印状を宛所に届けたり（天正十一・八・十六）、秀吉からの面会の指示を相手に伝達する役割を果たしたりしているが（天正十一・八・三十）、なお、定長の居所については「龍介宿所」（天正十一・八・三十）と表現されている。

（3）大名衆

大坂城の建設が始まった頃の秀吉配下の大名には、早くから随従した子飼いといわれる者や本能寺の変以降に傘下に入った者など、さまざまな立場の大名が含まれていた。

早い段階から秀吉に従っていた大名から順にみていこう。まずは黒田孝高と蜂須賀正勝である。二人は天正十一年（一五八三）、「大坂へ詰ける造作料」[21]「大坂にあひつめ申候造作料」[22]をともに河内国にて与えられており、大坂築城開始と同時に大坂在住が推測されるところである。

実際この二人については、天正十一年十一月一日、小早川秀包（ひでかね）・吉川広家が毛利輝元から人質として大坂へ出仕した際（「去夏先書ニ委曲如申入候、北国・西国不残申付候故、小早川・吉川両人事、去朔日ニ致出仕、在大坂仕候事」（「常順寺文書」[23]））、秀吉の使者として二名が宿泊した堺に派遣され、二名を大坂城へ招き入れたと「吉川家譜」[24]は記している（「秀吉公ヨリ蜂須賀彦右衛門正勝・黒田官兵衛孝高ヲ使トシテ大坂ノ城ニ招請ス」）。このように黒田・蜂須賀の二名は、天正十一年段階から秀吉の側近として行動しているので、二人は当初より大坂に何らかの形で居宅を持っていたとみるのが妥当だろう（なお後述のように黒田屋敷の初見は天正十六年「輝元公御上洛之日記」である）。

なおこの時、小早川秀包は堺に屋敷を与えられて大坂城へ出仕し(『萩藩閥閲録』[25])、吉川広家も堺の旭蓮寺を宿寺として大坂城に出仕したのちに帰国したという(「吉川家譜」)。彼らは大坂に宿所を確保したわけではなかったのである。

次に、本能寺の変後に秀吉に従った大名についてみていこう。まず長岡(細川)忠興である。忠興は織田信長の家臣であったが、本能寺の変後に秀吉に従った。忠興屋敷の普請の様子は『兼見卿記』に次のようにあらわれる。「長岡越中宿所へ音信、屋敷普請場ニ在之、即面会、築地以下普請驚目了、宿所未仮屋之躰也」(天正十一・八・三十)。長岡忠興は築地を廻らす屋敷を建設中であって、この時は宿所に滞在しながらの建設であった。なお築地をともなう大名屋敷の実例としては、豊臣後期のものが惣構の北西角近く(大阪市中央区北浜東三丁目大阪府立労働センター敷地内)で確認されている[26]。ちなみにここは、出土した鬼瓦の家紋が桔梗文であったことから加藤清正の屋敷と推定されている。大名屋敷の普請の実際が発掘成果から検証できる貴重な事例である。

ところで長岡忠興といえばこの時期の本城は丹後の宮津であり、そのうえで上記のように大坂にも屋敷を構えていたことになる。さらには、天正十四年(一五八六)七月段階ではその妻も大坂に滞在し、山科言経のもとを訪ねている(「長岡越中守妻・官女いと、元　禁中ニテ伊予局、外記道白女」『言経卿記』天正十四・七・十四)。そして忠興は秀吉の大坂下向(『兼見卿記』天正十二・六・二十八、第2表参照)に合わせて、「長岡越中守大坂へ下向」(『兼見卿記』同・六・二十九)することもあった。こうした史料をみるかぎり、少なくとも聚楽第の建設以前は、忠興は大坂に構えた屋敷に妻を置き、自らは各地に赴きつつ秀吉の大坂在城に合わせて上坂するという行動パターンをとっていた可能性があろう。

さらには長岡忠興の父、長岡幽斎(藤孝・玄旨)についても丹後から再々大坂を訪れ、滞在していたことが知られる。天正十三年(一五八五)二月では「幽斎大坂へ下向畢」(『兼見卿記』天正十三・二・二)、「幽斎大坂ヨリ上洛」

（同・一一・十四）。同年九月では「幽斎へ遣使者兵庫助、見舞也、明日大坂へ下向之由披申畢」（同・九・六、なお九・十二では在坂）。天正十四年三月から四月にかけては「幽斎大坂へ下向云々」（『兼見卿記』天正十四・三・九）、「幽斎大坂へ下向」（同・四・三。四・七も『言経卿記』から在坂が確認される）、という具合である。以上の幽斎の大坂滞在期間で注目されるのは、そのほとんどが秀吉の大坂在城期間（第2表参照）と重なっていることである。これは偶然とは考えられないだろう。これが幽斎だけの行動なのかどうかは定かでないが、秀吉が本城である大坂城に滞在しているあいだ、それに合わせて大名が大坂に滞在するという行動パターンがあった可能性がうかがえるのである。

ただし幽斎の場合は、居宅が「向幽斎旅宿」（『兼見卿記』天正十五・一一・三十）と記載されていることから、自身の屋敷ではなかった可能性がある。幽斎はこの時すでに家督を忠興に譲っていたのがその理由と想定されるが、一方で、幽斎も「玄旨女房衆大坂ヨリ上洛」（『兼見卿記』天正十三・四・五）とあるように、妻が大坂に滞在することもあったことが判明する。この滞在がどのような目的で、どれほどの期間おこなわれたのかはよくわからない。しかし、幽斎にともなわれ、秀吉の大坂在城にあわせて来坂した可能性はあろう。そして幽斎とは別行動をとって大坂に残ったとみられる点で、大名の妻に大坂在住が求められていたことをうかがわせる事例といえるのではなかろうか。

次に筒井順慶をとりあげてみよう。大和の大名筒井順慶は本能寺の変・賤ヶ岳の戦いを経て秀吉の配下に属した。順慶は大坂で秀吉と行動をともにする姿が早くから確認される。秀吉が初めて大坂に入った天正十一年（一五八三）六月二日、順慶も大坂を訪れ、少なくとも六日まで大坂に滞在している（『多聞院日記』）。そして、家譜史料によれば同年六月中旬、秀吉は「於舟場宅地ヲ与ヘリ、順慶大ニ修営ス、為旅館、今ノ順慶町是ナリ」（『増補筒井家記』[27]）という。この六月段階で順慶が屋敷を構えていたとするのはやや早すぎるように思われるが、天正十二年（一五八四）二月には「筒井ニハ大坂へ宿ヲ被引、則順慶ハ今日被越了ト」（『多聞院日記』天正十二・二・十一）という順慶の大坂移住を告げる史料があり、同年末には「大坂へ家康ノ息九才為養子被入、筒井ノ小屋ヲ借テ被置之」（『多聞院日記』天正十二・十二・二十六）とあって、秀吉の養子となった徳川家康の次男（義伊、のちの結城秀康）を順慶の屋敷に住まわせていることがわかるので、順慶屋敷の設置は比較的早い時期におこなわれたとみてよかろう。

なお、この義伊にかかわる人物と推測される武将が大坂に滞在していた。その人物は細井政成（新介）である。細井政成は徳川家康の家臣である。『兼見卿記』には「細井新介女房衆申来云、大坂新屋へ徙移、去二月ニ仕也、巽ニ当テ作之屋也、于後新介以外相煩、于今不得験気、祈念之義頼入也」（天正十三・七・二十七）とあって、細井政成室から吉田兼見に病平癒の祈禱依頼が入ったことがわかる。去る二月に「大坂新屋に徙移」したところ「巽ニ当テ作之屋」だったために政成が煩ったからだという。詳細は不明だが、この時期における家康家臣の大坂在住は義伊に随従した人物である可能性があろう。さらにここで妻が兼見に祈禱を依頼していることから推測すると、細井政成は妻をともなって大坂に居住していたものと思われ、注目される。

大名では、高山右近も筒井順慶とあまり違わない時期に大坂に屋敷を設置したようである。「日本耶蘇会年報」[28]に「ジュスト（右近）は同所（大坂）に甚だ立派なる家を築き、其家族と共に此処に住せんとす」（一五八四年一月二十日。和暦では天正十一年十二月八日）という記述がみられるので、高山右近の屋敷が天正十一年（一五八三）には建設に着手されていた様子が知られるのである。なお、その所在地については、二ノ丸建設中の一五八六年五月四日に秀吉を訪問しようとしたイエズス会の副管区長が、「我らは居城（大坂城：著者註）に入る機会が与えられるまで右近殿の邸でしばらく待った[29]」と記しているので、二ノ丸外と考えるのが妥当だろう。高山右近はそこに家族とともに居住していたのであった。

以上のように、史料上、天正十一年から十三年にかけて大坂での居住が確認される大名らは少なくない。一方、史料上の初見は下るものの、明らかに天正十一年から大坂城で秀吉に近侍していた奉行衆にも目を向ける必要がある。第3表は本願寺からの音信を秀吉とともに大坂で受けとった人物を『貝塚御座所日記』から書き上げたものである。ここには秀吉一門の浅野長政のほか、長浜時代から秀吉に従った事務官僚的家臣の石田三成・増田長盛らが名前を連ねている。彼らは大坂築城当初から大坂城内で日々秀吉に近侍していたのであり、したがって、彼らが屋敷を構えていたのは当然であるが、ではその実態はどうだったのだろうか。

まず石田三成である。彼については天正十五年（一五八七）、『宗湛日記』（天正十五・一・一二）に「夜ニ入令着候処ニ、宗及老石田治部則治少ニ参候ヘハ、奥ニヨヒ入ラレ酒アリ」とあって神屋宗湛が茶会前夜に三成屋敷を訪れたことが知られている。その所在地については少し時期が下るが、『鹿苑日録』（慶長四・九・七）によれば、前田玄以が大坂城の片桐且元邸（二ノ丸）に入った徳川家康を訪ねた際、家康はすでに「石田治部少輔殿之殿ニ出御也」とある。この時の家康の行動は二ノ丸内にとどまっていると推測されるので、三成屋敷は二ノ丸内に置かれていたものと考えることができよう。(30)(31)

一方、増田長盛屋敷は、史料上の確認が慶長三年（一五九八）まで下る（「西笑和尚文案」）。増田はその段階で二ノ丸に屋敷を構えていたと推測されるが、なお検討が必要である。(32)(33)

松井友閑については、やや具体的な史料が存在するが、所在地とからめて後述することとする。

第3表　大坂在住が推測できる秀吉の側近

天正11.7.4	浅野長政、石田三成、堀秀政、羽柴秀長
天正11.9.17	松井友閑、前田利家、千利休、津田宗及、荒木村重
（天正11.10.24）	浅野長政、石田三成
天正11.12.28	浅野長政、石田三成、増田長盛
天正12.1	石田三成、増田長盛
天正12.10.初	前田玄以
天正13.1	浅野長政、石田三成、堀秀政、増田長盛、細井中書

出典：『貝塚御座所日記』

以上、天正十一年から天正十三年頃までの、大坂築城第一期における状況について関係史料をみてきた。その結果、大坂築城当初より秀吉の直臣や大名たちが大坂城内外で屋敷を建設したり、宿を確保したりする形で大坂に居宅を構えていた様子が確認できた。諸大名屋敷が建設されていたという先の『兼見卿記』の記事は、まさにそのとおりであった。

また直臣・大名を問わず妻子をともなっての大坂在住が確認できた点には注意しておきたい。秀吉が妻子同伴による大坂居住を指示した史料は管見にとまらないが、複数の事例が確認できたことから秀吉の指示があってのこととみて相違なかろう。この本丸普請期においては大坂城が秀吉にとっての唯一の本城だったのであり、宿という形態をとったとしても、大坂に妻子を置く体制がとられたのではなかろうか。大名自身は戦争等のため大坂を離れることがあっても宿所を含めた居宅は保持され、そこには妻子の継続居住がみられたものと思われる[34]。

では、大名屋敷や秀吉の直臣たちの居宅は実際どこに置かれたのであろうか。大名については家譜史料でしか確認できないため、それによって拾い出すと、黒田孝高については、黒田屋敷が慶長八年(一六〇三)に天満に移転したことがわかっており、それ以前については「初大坂長良ニ御屋敷御座候と申説、実正可為候[35]」といわれ、黒田家では長柄と伝えられていることがわかる。蜂須賀正勝についても、慶長五年(一六〇〇)まで下るが、その段階では武家屋敷が集中する玉造にあったとされる[36]。一方、筒井順慶については先述のように船場と伝えられ、それは早い段階で実現されている可能性がある。また、高山右近については二ノ丸外が想定されることを述べた。明確な事例はないものの、大名屋敷については二ノ丸外に置かれていたと考えるのが妥当であろう。ただし、それが一定の場所に集中していたかどうかは定かではなく、黒田の長柄、筒井の船場が当初からの位置であれば、むしろ散在する傾向にあった可能性が高いだろう。

奉行衆クラスについては、ここで松井友閑の事例を検討してみたい。友閑屋敷の存在は、天正十三年(一五八五）の『貝塚御座所日記』（天正十三・一一・二十二）に織田信雄を「友感（閑）ニテ振舞」とあるので、この段階での存在がまず確認できる。そのうえで注目されるのが、推定天正十四年（一五八六）卯月六日付の大友宗麟の書状である。そこには宗麟が大坂城を訪れた際の様子を次のように記している。(37)

一、宮内卿法印江立宿之儀可仕之由候間、辰刻程に法印江罷着候、御門内御普請之様子、従諸国之馳走人夫幾千万とも無申計候、（中略）

一、従法印午刻程ニ遂出頭候、普請半之事候間、漸道を凌出、□□先、鉄の御門を見候て仰天申候、

宗麟は堺から大坂へ入ると友閑屋敷に立ち寄り、その後に「鉄の御門」（桜門）を見て仰天したというのである。そこで、友閑屋敷の位置が問題となるわけだが、前半部をよく読むと、友閑屋敷に到着したという内容のあとに門内の普請作業が真っ盛りであったと記している。ここは、屋敷に到着するまでを振り返り、門内での普請が盛んだったと述べている場面である。後述するように、天正十四年の普請は二ノ丸普請なので、宗麟が友閑屋敷に到着するまでに見た光景はやはり二ノ丸普請となり、したがって、友閑屋敷はその普請がおこなわれている二ノ丸にあったということになろう。

友閑は織田信長以来堺奉行を務めた人物だった。秀吉は大坂城下町建設の当初、堺まで町を続けることを目指しており、その構想は天正十四年まで継続していたとみられる（本書第三部第一章）。秀吉はそうした重要人物を身近な二ノ丸に屋敷を構えさせたものと考えられよう。

このようにみると、奉行衆クラスの人物は、少なくとも二ノ丸には屋敷を持っていたと考えるのが妥当ではなかろうか。本丸は秀吉が政務を執りおこなう表御殿や居住区の奥御殿、そして天守が存在する場所であることから、ここに奉行衆屋敷や大名屋敷が置かれることはありえない。一方、二ノ丸についても本丸に接するエリアであるので、屋敷を構えられた人物が職掌や人数の面からおのずと限られたであろうことは容易に想像がつく。そ

の意味で二ノ丸が奉行衆たちの居住区域となり、大名たちはさらにその外側に屋敷を構えることになったのは、ある意味当然のことといえよう

　では、二ノ丸外と想定される大名屋敷の配置については、どのように考えるべきであろうか。寄宿先とされた「町人之家」については町人地に散在したとして、それ以外の屋敷地についても散在が基本ということになるのであろうか。

　それに関連して注目されるのが、天正十四年(一五八六)の第二期普請開始前の状況を伝える『言経卿記』の記述である。そこには「大坂誓願寺へ参詣了、次諸侍家幷町々見物了」(天正十四・一・十八)、「大坂諸侍町々見物」(同・一・二十八)と記され、大坂に「侍家」「侍町」と呼ばれる一画のあったことがわかるのである。ここで山科言経は自らが住む天満から八丁目寺町にある誓願寺を訪れ、そののちに「侍家」を見物していることがわかる。誓願寺からの帰途であれば、その場所は上町ということになろう。「侍町」もおよそ同じ場所を指しているとみられるが、「侍町」については慶長二十年(一六一五)まで年代が下るものの、大手通、すなわち上町に存在したことのわかる史料がある(「三のまるのうち侍町大手の筋へ罷越候」元和大坂役将士自筆軍功文書一二〇-二[38])。これらによると、上町の大手前、つまり大坂城二ノ丸の西側には一定武家屋敷の集中した場所があったと考えるのが妥当ではなかろうか。

　そして、その「侍町」の内実であるが、「侍」を武士にしたがう「若党」と理解する高木昭作の論[39]に拠れば、吉田伸之が城下町の分節構造の構成要素として提示した足軽町[40]がそれに相当する可能性が生まれよう。しかし、「侍町」を山科言経らが見物対象とし、好奇の目をもってみつめていることや、発掘成果によって大手にあたる大阪府庁敷地に豊臣前期の広大な武家屋敷地が復元されていることから[41]、大手前に大名屋敷を含む武家屋敷＝「侍町」が誕生していたとみてよいのではなかろうか。細川忠興屋敷のような大名屋敷が一定数集中したことで、

新たな都市景観の出現として、公家たちの注目をも集めたと推測されよう。

したがって、豊臣前期大坂城下町では、大名屋敷は集中的に存在していた「侍町」＝武家地もあれば、散在していたケースもあり、さらに宿の場合は、町人地のなかで「宿」に滞在したケースもあったということになろう。その意味で、豊臣前期の大坂城下町は、武家屋敷が集中配置される「完成された」城下町の形態とは違う、散在配置も織り交ぜた姿が許容されていたことを指摘しておきたい。

以上、武家たちの居住地として、奉行衆は二ノ丸内、大名たちは二ノ丸外での集住と散在という想定をおこなった。ところで、従来、大坂城の普請過程では本丸と二ノ丸の普請は時期がずれているように考えられてきたところであるが、今回の武家屋敷の問題から考えると、奉行衆クラスの屋敷については、その役割の重要性から、配置は本丸と並行して構想され、普請も早くより着手されていたとみるのが妥当ではなかろうか。中村博司は、大坂城の縄張りが当初より最低二ノ丸までの構想があったと述べたが[42]、実際には二ノ丸では普請までもが本丸と同時に進行した部分があり、奉行衆の屋敷もそのなかで建設されていったと考えるべきではないかと思われるので、提起しておきたい（通常天正十四年に開始された第二期普請とは主に外堀の普請を指すのかもしれない）。

三　天正十四〜十六年（第二期：二ノ丸普請期）の動向

（1）全体状況

秀吉は天正十三年（一五八五）に紀州・四国・北陸を立て続けに平定し、秋には畿内近国で大規模な国替えを実施した。これにより、畿内とその周辺地域に政治的安定がもたらされた。こうした情勢を背景に、秀吉は翌天正十四年正月二十三日、「大坂普請」を二月十五日から開始するよう命じた[43]。この普請は、一般に二ノ丸普請と解されているものである。他方、秀吉はほぼ同時に京都において「内野御構」（聚楽第）の普請に着手し、同三月二十六日にはその普請場を訪れている(『兼見卿記』天正十四・三・二十三)。この大坂城の第二期普請と聚楽第の普請が重なる事実を偶然とみなすことはできない。秀吉は京都と大坂を二大拠点とする方針に転じたのである。

大坂と聚楽第が並立することになると、秀吉は大名に大坂と同様聚楽第への屋敷建設も命じた(「一五八九年二月二十四日付、日本副管区長ガスパル・コエリュ師のイエズス会総長宛、一五八八年度・日本年報」[44])。

> 彼は日本の大諸侯の大部分が大いなる経費をかけてそこに住居を構えることを強要し、自らの政庁の所在地におけると同様に彼らがそこに居住するように命じた。

この史料から一五八八年、すなわち天正十六年にかけても大坂での大名屋敷が存続し、大名たちの居住も続いていた様子がうかがえるが、では大坂における状況は実際、どのようなものだったのだろうか。

その少し前となるが、大坂における大名たちの屋敷建設は盛んに続いていた。「一五八六年十月十七日付フロイス書簡」(和暦では天正十四・九・五)[45]は次のように伝えている。

> 遠方の国主や、重立った者たちには、大坂に豪壮な邸宅を建てさせ、これが完成すると彼の気に入りの者に、これを与えるようにと命ずる。また、完成させた者には、さらに新邸宅を建てるよう命ずる。

同様の内容は『フロイス日本史』第八章(第二部七四章)にも記されている[46]。

> 彼はすべての権勢家たちをして、壮大な宮殿や優れた屋敷を大坂に造営せしめ、彼らが多大な労苦と費用をもって築き終えると、それらを新参者たちに引き渡すように命じ、それらを築いた者に対してはまた別の(宮殿や屋敷)を造営せしめ、確実な人質として、その妻子らを己れの許に留めしめ、(大坂城内に)同居させた。

これらの史料からは、天正十四年(一五八六)以降も大坂で大名屋敷の建設が継続していたことがわかるが、興味深いのは、完成した屋敷には「新参者たち」が入る事例のあったことと、その妻子らについては人質として差し出すことが命ぜられた点である。では、この「新参者たち」とは一体誰のことなのであろうか。「新参者たち」とは、天正十三年に秀吉に服従した四国・北陸などの大名たちとみられる。彼らの動向についてみてみよう。[47]

まずは四国の大名長宗我部元親である。秀吉は同年六月から四国攻めをおこない、土佐の雄長宗我部元親を屈服させた。そしてその実子を人質として大坂に住まわせようとした。[48]

今度長曽我(元親)阿波讃岐致返上、実子出之、子共在大坂させ、可致奉公与申候間、既人質雖請取候、伊予儀其方御望之事候間、不及是非、長曽我部人質相返候(後略)

元親は臣従の証として実子を人質とすることを命ぜられそれに応じたが、その後戻されたことがわかる。一方、元親自身については、『土佐物語』[49]に天正十四年(一五八六)年頭に大坂城へ出仕した際のこととして「元親年頭の出仕有へしとて(中略)摂州天満に至り今井宗久所を宿として羽柴美濃守殿へ使を遣し案内を申」と記されている。すなわち元親は今井宗久屋敷を宿所としたようで、人質とされた実子は大坂城に置かれたと推測されるが、元親本人は服従直後ということで、一時的な滞在場所を確保して最初の出仕を乗り切ったのであろう。ただし、文禄五年(一五九六)には秀吉が御成をおこなっているので[50]、元親は服従後まもなく、大坂屋敷を置いたのであろう。

同様に天正十三年(一五八五)、秀吉に従属した武将としては佐々成政がいる。その妻子については「越中半国被下、妻子をつれ、在大坂に付て、不便に被思召、津の国能勢郡一色ニ、妻子堪忍分として被下之[51]」とあって人質として大坂に送られた。やはり大坂城に居住したものと思われる。

次いで天正十五年(一五八七)になると、秀吉は九州出兵を実施した。その際、「御開陣之刻、国人くまもとの城主(城久基)、宇土城主(名和顕孝)、小代城主、かうへをゆるされ、堪忍分を被下、城主妻子共、大坂へ被召連、国にやまひのなき様ニ被仰付」（同前）とあるように、服従した肥後国の土豪クラスが妻子ともども大坂に召し出されている。しかし、彼らの居住実態はよくわかっていない[52]。

同じく九州出兵の際、島津氏も秀吉に降った。島津氏は義久と弟義弘が翌天正十六年に上洛した。その途中、義久は大坂にて石田三成の訪問を受けたが、その時の様子が「（閏五月）廿八日、石治少以異見、大坂　太守様御かり屋迄忍ひて罷越」とある[53]。また同じ書状から妻の亀寿も同道していたことがわかる。この時は「御かり屋」は急な上洛に合わせて一時的に確保した屋敷だったのだろう。島津氏はのちに大坂屋敷を構えるが、この「御かり屋」が直接それにつながるものかどうかはよくわからない。しかし、このような形であれ、島津氏も大坂に屋敷を置くことになったのである。

立花宗茂もやはり同じ時に秀吉に降伏した。宗茂については、「九月・十月比ニ而候哉、妻子召連大坂へ罷登、屋敷被下、在大坂仕候」という記録が残っている[54]。これは天正十八年（一五九〇）のこととされ、宗茂は翌十九年までは大坂に滞在したと推測されている[55]。屋敷を下され、とあるので、宗茂は先の『フロイス日本史』にあった、「新参者」に他大名から提供された屋敷に居住した可能性があろう。秀吉はそのような方法をとってでも、速やかに大坂に大名たちを居住させようとしたのだろう。

このように、秀吉は服従させた大名・武将に対し、本人に対しては屋敷を提供することも含めて大坂に在住させ、あわせてその妻子については人質として大坂城へ住まわせるという方式をとったのであった。その屋敷地に関する情報は得られていないが、彼らを豊臣政権の秩序に組み込むための施策であることを考えると、その場所は大坂城に近い武家屋敷の集中地だった可能性が高いのではなかろうか。

次にこの時期になって史料に登場するほかの武家たちの屋敷をみていきたい。

（2）　秀吉一門・直臣

秀吉周辺の人物で、史料上この段階になって大坂での居住が確認できるのは羽柴秀次である。秀次については、『言経卿記』に「羽柴宰相殿へ御礼申入之」（天正十四・十二・二十九）、「羽柴宰相殿へ罷向、宿了、飯有之」（同十二・晦）とあるのが初見である。秀吉の甥にあたる秀次は早くから秀吉陣営の一員として戦争に加わり、天正十一年（一五八三）五月の兵庫城・三田城攻めにおいても秀吉に従い、その後、大坂へ戻った可能性が指摘されている。また、天正十三年（一五八五）閏八月に近江八幡城主となったが、そののちも実際には京都・大坂に居住し、秀吉の留守居として地位が期待されていたという[56]。そうであれば、秀次の大坂屋敷は、実際には大坂城の第一期普請時から存在した可能性が高いとみてよかろう。所在地については後述する。

秀吉家臣で手がかりが知られるのは、河原林越後守である[57]。『言経卿記』（天正十五・十一・十八）によると、その後室が「大坂町瓦町」で「崩漏」を患っていたことがわかる。妻が病のために居宅を移していたということでなければ、河原林越後守の屋敷は瓦町、すなわち町人地内にあったということになろう。近臣であれば宿所という可能性は低いので、町人地内に屋敷が存在した事例となる可能性があろう。

（3）　大名衆

すでに秀吉に従っていた大名でも、史料上はこの段階になって屋敷が確認できる事例が少なくない。天正十六年（一五八八）、毛利輝元は京都・大坂を訪れた際、宿泊や茶席に参じる形で多くの大名たちの屋敷を訪れていることから、当時の大名屋敷の存在が判明する（「輝元公御上洛之日記」[58]）。それは黒田孝高（天正十六・七・十九、九・七）、大谷吉継（同・七・二十）、毛利吉成（同・七・二十）、津田宗凡（同・七・二十）、毛利重政（同・七・二十一）、羽柴秀長（同・九・十）、宇喜多秀家（同・九・十）、津田宗及（同・九・二十一）、小寺休夢（同・九・二十一）である。

前述のように、毛利輝元は天正十一年(一五八三)段階で人質を送って秀吉に臣従していたが、本人の上洛はこの時は初めてであり、大坂にも屋敷は置かれていなかったのである。そこで輝元は知己の大名宅を訪ね、大坂での滞在場所としたのであった。

このなかで宇喜多秀家については、自邸に輝元を招いただけではなく、秀吉の御成も受けている。その際、屋敷では能が舞われ、また「御門外橋」「御庭」(同・九・十二)があったとの記述がみられ、大名屋敷の構造の一端が知られる。ここで毛利輝元が訪ねた人物はみな秀吉に近い人物ばかりなので、実際には前述の羽柴秀長・黒田孝高のように、早くから大坂に屋敷を構えていたとみてよいのではなかろうか[59]。

以上、第二期においても、天正十四年(一五八六)開始の聚楽第造営にともなう京都での大名屋敷建設に並行して、大坂での大名屋敷の建設が継続された様子がうかがえた。とりわけ、秀吉の四国・北陸・九州出兵によって新たに秀吉に従属した大名たちには屋敷の提供がおこなわれるなど、大坂居住が推進されたのであり、さらにその妻子たちも大坂城で人質生活を送ることになったのである。大坂では大名屋敷の拡充が続いていったものと推測される。

ではここで大名らの屋敷の所在地をいくつかみていこう。まずは羽柴秀次である。秀次屋敷の所在地については、大坂城二ノ丸の南東角の外側にあたる大阪歴史博物館敷地内で、秀次が使用していた沢瀉紋を飾りに用いた方形瓦が出土したことから、当地をその故地とみなす説が提示されている[60]。この場所は大坂城下町の要路である本町通りと上町筋が交差する札の辻に面する要地でもある。文献史料から所在地の特定は困難であるが、山科言経が秀次を自宅に訪ねた時のことが、「羽柴宰相殿へ罷向、御城へ御出也云々、不及対顔了」(『言経卿記』天正十五・八・十七)と記されている。秀次が大坂城へ出かけたという表現、さらにこの段階では大坂城は二ノ丸の普請がおこなわれている事実を念頭に置くと、秀次屋敷は二ノ丸の外にあったとみてまちがいないだろう。したがって、その点では発掘調査結果と矛盾はなく、大阪歴史博物館地内とみることは可能である。

次に町人地に分散している例をみてみると、まず前述の河原林越後守屋敷は瓦町にあった可能性があるが、大谷吉継の屋敷地についても町人地にあった可能性が指摘できる。大谷吉継は秀吉の重臣であり、『兼見卿記』（天正十三・十二・二十）では吉田兼見が大坂へ差下した鈴鹿定継を介して吉継に神供を遣わしていることから、早くより大坂に居住していたことは相違ない。そのうえで吉継の屋敷については、慶長四年（一五九九）まで下ってしまうが「大坂町」所在という記述がみられる（「於大坂町刑部少輔殿、於門外、向殿迎之乗物ニ相逢」『鹿苑日録』慶長四・十二・十四）。この「大坂町」については個別町名とは考えにくいので、ここでは大坂の町場（町人地）という意味と受けとっておきたい。慶長三年（一五九八）の武家屋敷再編後でも町人地に屋敷があったということは、吉継屋敷は当初より町人地に混じって存在していたことを示唆するものといえよう。

このように一門大名である羽柴秀次屋敷は二ノ丸外にあり、重臣であった大谷吉継屋敷は町人地にあったとみなされる。主要な奉行衆をのぞき、一門大名も豊臣取立大名も基本的には二ノ丸外に屋敷を構えたと考えてよかろう。ただ、秀次屋敷の場所は二ノ丸の南西角にあたる重要地点であることから、近親者にはそうした点が配慮されて屋敷地が与えられた可能性はあるのではなかろうか。

なお、秀次屋敷が第一期普請時から当地に存在したとすれば、大坂築城当初から二ノ丸の範囲とその外側の大名屋敷の配置プランについては一定程度できていたことになろう。ここからも前述した本丸・二ノ丸の一括プランニングおよび着工の様子がうかがえるのである。

四　文禄三～五年頃（第三期：惣構普請期）の動向

（1）全体状況

文禄三年（一五九四）正月、大坂城における惣構堀普請と伏見城（第二期：指月城）の三ノ丸石垣および惣構堀の普請が同時に命じられた（『駒井日記』文禄三・正・二十）。これにともない、大坂城では惣構と二ノ丸の間に三ノ丸の空間が誕生している（本書第三部第二章）。今回の秀吉の指示は、伏見・大坂二城の整備が並行しておこなわれるべきものであることを明確に示すこととなった。これに先立ち、秀吉はすでに前年の閏九月に伏見城へ移徙していたが、文禄四年（一五九五）年七月には秀次の失脚事件が発生するなど、秀吉にとって政権体制の見直しを迫られた時期でもあった。こうした政治動向もこの時期の大名屋敷に何らかの影響を及ぼした可能性はあろう。

（2）朝鮮出兵にともなう動き

最初に大名本人ではないが、朝鮮出兵にともなう大名妻子の大坂住について触れておきたい。この件については、最初に紹介したとおり、曽根勇二の指摘がある。国内の平定を終えた秀吉は中国を服属させる目的で、そのルートにあたる朝鮮半島に兵を送ることとなった。そして自ら兵を率いて出兵した大名たちに対し、妻子を大坂に人質として置くことが命じられたのであった[61]。推定文禄二年（一五九三）正月十四日付の毛利秀元書状[62]には「太閤様御渡海付而、中国被残置候旁妻子之儀、在大坂可仕之由被仰出候」と、また同年正月十七日付の秀吉朱印状写[63]には「九州・中国雖為少身者、妻子悉大坂へ被差上候」とあって、人質を大坂へ送ったのは大名クラスにとどまらなかったことがうかがえよう。

そのため、同じく文禄二年正月十九日付秀吉朱印状写[64]によれば、「九州中国之者共妻子相越候条、於其地宿無之衆ニハ、見合明家相渡尤候、不然者皆々為留守居、請取〳〵宿可仕候」と指示が出されており、肥前名護屋城で新年を明かした秀吉は大坂にいる帥法印らに対し、大坂に「宿」が得られない者に対しては適当な空き家を与えるよう申し伝えたのであった。

九州平定時の人質は前述のように大坂城に預けられたのであったが、今回は「少身者」の妻子までもが対象となり場所が不足したためか、基本は「宿」（町人地だろう）が充てられたのであり、さらにそれでも足りない場合は適当な空き家が渡されようとしたのであった。

その結果がどうなったかは不明であるが、朝鮮出兵を機に武将たちの妻子が幅広く大坂に集結し、町人地を中心に滞在する動きとなったことは、武家関係者の居住動向として注目されるであろう。

なお、朝鮮出兵時のことなのかどうかは不明だが、相良長毎（ながつね）の子の長誠（ながとも）が文禄四年（一五九五）にはおそらく人質として大坂に在住していた[65]。長毎は天正十五年（一五八七）秀吉の九州攻めの折に降伏し、隈本城主佐々成政の与力となっていた。人質はこの降伏時のことかもしれない。

相良長毎は文禄五年（一五九六）、朝鮮に出兵しながら伏見城と大坂城の普請にも動員されていた。そして石田正澄より「大坂御宿も無何事候」（〈文禄五年〉五月二十五日付）[66]との連絡を受けていた。状況はよくわからないが、長毎が大坂に「宿」を確保していたことはまちがいない。

（3）　大名衆

曽根勇二が指摘するように、朝鮮出兵に連動し、秀吉は主従関係強化の一環として御成をしばしば実施した[67]。その関連で大坂の大名屋敷が確認されるのは、前田利家屋敷（『文禄三年前田亭御成記』文禄三年[68]）、長宗我部元親屋敷（前掲、推定文禄五年）と蜂須賀家政屋敷（南部家文書、推定慶長元年）である[69]。ただし前田利家については、天正十一年（一五八三）に本願寺が大坂に秀吉を訪ねた際に、松井友閑らとともに同席していることから（第3表）、実際には大坂築城と同時に大坂に屋敷を構えたものと考えられる。[70]

横田冬彦は、文禄三年（一五九四）に秀次が大坂に滞在した際の記録から、当該期の大名たちの大坂屋敷の所在を指摘した。[71]そのなかで新たに確認される大名としては、寺沢広高（「寺澤志摩守家屋敷」『駒井日記』文禄三・二・三）、宮部継潤・小出秀政（『駒井日記』文禄三・二・八）、木下吉隆（秀吉馬廻）「大坂にて可有御越年由候」（「木下吉隆書状」〈文禄三年〉十二月二十日付）[72]、生駒親正「在大坂料」（『生駒宝簡集　乾』文禄四・七・十五）[73]があげられる。

このうち生駒は文禄四年に「在大坂料」を受けとったということで、この年に大坂居住の動きがあったとみてよいが、この年は毛利輝元も大坂で本屋敷を「御定辻」（「吉川広家書状」〈文禄四年〉十月二十九日付）[74]に得たのであった。この年はまさに秀次事件の年であり、生駒親正に「在大坂料」を宛行う秀吉朱印状は七月十五日付と、秀次附きの大名に加増がおこなわれたのとまったく同じタイミングであった。[75]毛利輝元がこの時期に大坂に屋敷地を与えられたのも、この事件を機に「坂西」の統括責任者を輝元と小早川隆景が宰領するという体制（「坂東」は徳川家康）が確認されたことによるものと推測される。[76]

このことだけでも、秀次事件が大坂の武家屋敷の動向に一定の影響を及ぼしたことがうかがわれるが、その最たるものが、毛利輝元屋敷が新規に置かれた「御定辻」が現大阪歴史博物館敷地にあたり、そこは前述の秀次屋敷だったという事実である。[77]つまり毛利輝元は秀次の屋敷地を継承したのであった。当地はすでに述べたように、大坂城二ノ丸の南西角にあたる要地であった。秀次没後、ここが無主の地になったことはあるにしても、それ以上に「坂西」を宰領する立場にふさわしい屋敷地の場所として当地が輝元に与えられたのではなかろうか。

この時期の大名屋敷の動向として興味深いのが、津軽為信と蒲生氏郷の事例である。津軽為信の場合は家譜史料となるが、「工藤家記」に名護屋城在陣中の文禄二年(一五九三)、「京都釜ノ座御屋敷・大坂天満・越前敦賀ノ御屋敷御求被成、京都・大坂御留守居館山善兵衛・吉岡十兵衛両人被仰付」[78]とあって、京都・大坂天満・越前敦賀に屋敷を求め、京・大坂には留守居を置いたとされている。一方、蒲生氏郷も文禄三年(一五九四)、「京・ふしミ・大坂」に屋敷を与えられている[79]。津軽為信やこの当時会津若松城主となっていた蒲生氏郷は東国大名であり、さらに津軽氏は外様大名である。数は少ないがこうした事例のあることは、大坂を豊臣家の城、伏見を公儀の城とみる横田の見解[80]では説明できず、少なくともこの段階では、秀吉は京都(伏見)と大坂をセットで機能させようとしていたと理解すべきであろう。

また津軽氏の場合は、敦賀にも屋敷が設けられている点で注目される。敦賀という場所がもつ流通の拠点機能も視野に入れると、津軽氏にとっての在外屋敷は物流機能をも担う存在だったのではなかろうか。九州の立花氏も文禄五年(一五九六)に財務担当の由布七右衛門を在坂させていた記録があり[81]、大坂に設置された大名屋敷が経済的機能を高めていた様子がうかがえるところである。大名屋敷の設置は臣従の証しだけではなく、曽根勇二が指摘する大坂の経済機能の高まり[82]とパラレルの関係にあって、物流拠点としての性格を担うようになっていったのではなかろうか。

以上、第三期においては、伏見・大坂両城の普請と朝鮮出兵が同時進行し、さらに秀次事件が発生するなかで、大坂では新たな大名屋敷建設の動きがおこなわれた。また、東国大名の津軽・蒲生の両氏が京都のみならず大坂に屋敷を設ける動きがみられたが、こうした事例は、京都と大坂の政治機能がセットであったことを示唆するとともに、大名屋敷が大坂の経済機能の高まりに応じ、物流拠点としての役割を担うものとして浮上してきたことを示す現象とみられよう。

おわりに――慶長期への見通し

以上、一次史料を中心に豊臣前期における武家屋敷・武家地の状況について検討をおこなってきた。検討漏れの史料があることを恐れるが、おおよそ次のような動向にまとめることができよう。

天正十一年(一五八三)の大坂城の建設当初より、秀吉の直臣や秀吉に早くから臣従した大名たちの屋敷も大坂城内外で普請が開始され、当初は宿も利用しつつ、大名たちの大坂居住がはじめられた。そして彼らの居住は妻子をともなうものであった。天正十三年以降、秀吉の天下統一戦争によって秀吉に服属した大名たちは新たに大坂屋敷を与えられることとなり、妻子は大坂城で人質生活を送った。大坂には聚楽第普請にともなって命じられた京都屋敷の設置と並行するかたちで屋敷が置かれたのであった。文禄年間には伏見城普請と朝鮮出兵・秀次事件が発生した。朝鮮出兵で派兵された武将たちの妻子は、町人地を含めた宿の確保により、大坂で人質生活を過ごした。一方、秀次事件にかかわっては、支配体制の見直しがあり、新たに毛利輝元や生駒親正の大坂居住が行われるようになった。また、津軽氏のように東国の外様大名の屋敷が大坂に置かれたのも文禄期であった。大坂における大名たちの武家屋敷は基本的に存続し、かつ機能を拡充していく方向にあったとみてよかろう。その点で、大名屋敷についてその存在を重視する矢部健太郎の所説は首肯できるところである。

次に空間構造の観点から、武家屋敷の所在地についてまとめておきたい。まず秀吉を支える奉行衆については、石田三成・松井友閑を事例に二ノ丸内居住との想定をおこなった。その点については、時期が下るものの、小出秀政の事例も紹介しておきたい。小出秀政の屋敷については、慶長二十年(一六一五)の史料ではあるが「二の丸にて、前小出はりま屋敷之前」[83]という史料が存在する。小出秀政は、天正年間より秀吉の命を受け平野や四天王寺に文書を発給するなど町奉行的な行動をみせているので[84]、屋敷地の確認はこのように遅れるものの、実際には早くよりここにある二ノ丸内に屋敷を構えていた可能性は十分にあるのではなかろうか。おそらくは、増田長盛ら他の主要な奉行たちについても同様であったものと推測される。

一方、大名たちの屋敷については、二ノ丸西側と推測される「侍町」がその集中地として存在したものとみられる。そして、秀次屋敷のように一門大名には大坂城に近い要地が与えられた可能性があろう。しかし、黒田孝高や大谷吉継の屋敷が「大坂町」に存在していたことからわかるように、町人地に大名屋敷が散在していたのも事実である。金箔瓦の出土地点も豊臣期を通して町人地を含め散在していることが報告されていることから[85]、両者はおおむね整合的であるといえよう。豊臣前期大坂における武家屋敷は集中(武家地)と散在の並存型といえるのではなかろうか。

なお、使番・馬廻衆については詳細な事例が確認できなかった。稲葉重執が妻をともなっていたことや、そもそも秀吉の近臣衆は膨大な数にのぼった可能性があるので[86]、その居住形態は不明であるが、それなりの広さが確保される必要があったものと推測される。

以上のまとめを前提とし、最後に豊臣前期大坂城下町における武家地の意義について考えてみたい。大坂の直前に政権の直轄都市であったのは織田信長の安土城下町であるが、安土での武家の居住地は、上級家臣についてはは安土山の山腹や山麓、中・下級家臣団については安土山西方の水郷地区に集住地が想定される一方で、町人地に武家が混住している状況もあわせて想定されている[87]。

そこで豊臣前期の大坂であるが、まず二ノ丸には秀吉の政務運営を補佐する奉行衆の屋敷が存在し、さらに二ノ丸外でも大手前には大名・直臣屋敷が集中したと想定される「侍町」が置かれた。ここまでは武家屋敷が集中した武家地といえるであろう。加えて武家の屋敷は町人地に散在していたが、そのなかには大名屋敷も含まれた。一門大名や毛利氏のような有力大名の屋敷地については二ノ丸に近接した場所が想定されるので、武家地については一定のヒエラルキーをもって屋敷地が設定された可能性もあるが、大名屋敷の散在も確認されるので、一貫した武家地設定がおこなわれたとはいえないだろう。以上の状況は安土と大きくは違わないとみて良いのではなかろうか。

したがって、豊臣前期の大坂城下町はのちの城下町と比較した場合、武家地については必ずしも明確な形をもって確立していたとはいえないであろう。それは、秀吉が大坂城の普請を開始した天正十一年(一五八三)段階は秀吉政権がまだ不安定であり、諸大名の統率と城下町建設が十分にリンクしていなかったためではなかろうか。

一方で、大名妻子の居住が進められたり、新たに臣従した大名たちの屋敷が次々と大坂に設けられたりしたことからすれば、武家屋敷が大坂城下町の大きな構成要素のひとつとして位置づけられていたことはまちがいない。秀吉の支配の確立にともない変化していく大坂城下町の象徴が武家屋敷・武家地だったといっても過言ではなかろう。

なお、大坂城と伏見城は並行して整備が進められたことから、武家地についても両者の比較が必要だが、今回はかなわなかった。ただ伏見絵図を見るかぎりでは、大名屋敷・武家地は基本的にまとまって配置されており[88]、散在感は薄い。やはり大坂では武家屋敷の配置に豊臣政権の段階が色濃く反映しているとみるべきだろう。そして、慶長三年(一五九八)の秀吉没をうけて、伏見から大名屋敷が大坂へ移転し、町中屋敷替えが実施されたことで、大坂の武家地整理が一気に進んだのであった。

大坂の武家屋敷は、慶長期にかけて、途中で指摘したように流通機能を増してゆく[89]。これらは近世の蔵屋敷の前提となると考えられるが、その点の検討はまだ手つかずの状況である。それらを含めた豊臣後期の大名屋敷の検討は別の機会を期したい。

（1）武家地とは、近世城下町において実現された身分別居住地のなかのひとつで、武家の集住地を指す。本章でもそれを念頭に置いているが、豊臣大坂城の場合は武家屋敷が散在していることも想定されるので、ここではそれも含めて武家地と称する。

（2）玉井哲雄は、慶長三年（一五九八）に大坂で実施された大名屋敷改編を高く評価し、これをもって城下町における武家地の確立とみた（「都市の計画と建設」〈『岩波講座日本通史　第一一巻　近世一』岩波書店、一九九三年〉）。

（3）櫻井成廣『豊臣秀吉の居城　大阪城編』日本城郭資料館出版会、一九七〇年。以下、櫻井の所説はこれによる。

（4）渡辺武『図説　再見大阪城』大阪都市協会、一九八三年。なお渡辺は、『歴史群像名城シリーズ　大坂城』（学研、一九九四年）八〇頁にも「豊臣時代の城下町大坂と武家屋敷図」を掲載している。

（5）横田冬彦「豊臣政権と首都」（日本史研究会編『豊臣秀吉と京都――聚楽第・御土居と伏見城――』文理閣、二〇〇一年）。

（6）天正十七年（一五八九）正月段階で、諸大名に対し京都在住が命じられていることが知られている（註5横田論文）。

（7）横田冬彦「大名屋敷からみた〈首都〉伏見」大阪歴史学会大会・特別部会「伏見城研究の成果と可能性」レジュメ、二〇一四年。横田はここで、豊臣一族・奉行衆らについては大坂城・伏見城の両方に屋敷を所持していたと述べている。

（8）矢部健太郎「秀吉の政権構想と聚楽第」平安京・京都研究集会「聚楽第の再検討」レジュメ、二〇一三年。

（9）曽根勇二「秀吉による伏見・大坂体制の構築」（山本博文ほか編『偽りの秀吉像を打ち壊す』柏書房、二〇一三年）。同「秀吉の首都圏形成について――港湾都市・大坂の成立を中心に――」（大阪市立大学豊臣期大坂研究会編『秀吉と大坂――城と城下町――』和泉書院、二〇一五年）。

（10）考古学からは、豊臣前期の豊臣秀次屋敷が現大阪歴史博物館敷地（中央区大手前）に推定されている（中村博司「大坂城と城下町の終焉」〈『よみがえる中世二　本願寺から天下統一へ　大坂』平凡社、一九八九年〉）。また全体的な動向として、金箔瓦の出土状況から武家地の広がりや変遷を検討した宮本佐知子・寺井誠の研究が注目される（「大阪市内出土の金箔瓦」〈『大坂城跡Ⅶ』財団法人大阪市文化財協会、二〇〇三年〉）。さらに、豆谷浩之「大坂にいた大名と発掘された武家屋敷」（大阪歴史博物館・大阪文化財研究所編『大坂　豊臣と徳川の時代　近世都市の考古学』高志書院、二〇一五年）では代表的な武家屋敷の発掘調査事例が紹介されており、便利である。

(11) 惣構をのぞく縄張りの呼称については、いずれも建設当初段階では確認できず、また史料によってその指し示す範囲が違っている場合もあるが、本書第三部第二章での検討結果をもとに、この建設段階を示した。
(12) 『多聞院日記　三』三教書院、一九三六年。以下、出典は同じ。
(13) 『兼見卿記　第一～第三』続群書類従完成会、二〇一四年。以下、出典は同じ。なお史料の年月日は、天正十三・八・三十のように記す。
(14) 「一五八四年一月二日付ルイス・フロイス師のイエズス会総長宛」(『十六・七世紀イエズス会日本報告集　第Ⅲ期　第六巻』同朋舎出版、一九九一年)。
(15) 『寺内町研究』創刊号、一九九五年。
(16) 「宿」については『日葡辞書』に「宿」(Xucu)とは「宿屋。つまり、旅人が泊まる宿」とあるので、臨時あるいは仮の滞在先を指している(『邦訳日葡辞書』岩波書店、一九八〇年)。
(17) 『大日本史料　第一一編之二三』東京大学史料編纂所、二〇〇二年。
(18) 『続史料大成二〇　家忠日記(二)』臨川書店、一九六七年。
(19) 藤田達生「小牧・長久手の戦いと羽柴政権」(『愛知県史研究』一三号、二〇〇九年)。
(20) 『言経卿記』(天正十一・十・十五)によれば、山科言経は「玄以へ普請見舞」に訪れている。これは玄以の本宅と推測される(『言経卿記二』東京大学史料編纂所、一九六〇年)。以下、出典は同じ。
(21) 「黒田家譜」(『大日本史料　第一一編之五』東京大学史料編纂所、一九三四年)。
(22) 「蜂須賀家記」(註21『大日本史料　第一一編之五』)。
(23) 註(21)『大日本史料　第一一編之五』。
(24) 註(21)『大日本史料　第一一編之五』。以下、出典は同じ。
(25) 註(21)『大日本史料　第一一編之五』。
(26) 註(10)『大坂城跡Ⅶ』。
(27) 『大日本史料　第一一編之四』東京大学史料編纂所、一九三二年。
(28) 註(21)『大日本史料　第一一編之五』。

(29)「一五八六年十月十七日付、下関発信、ルイス・フロイス師のインド管区長アレシャンドウロ・ヴァリニャーノ師宛の書簡」(『十六・七世紀イエズス会日本報告集　第Ⅲ期　第七巻』同朋舎出版、一九九四年)。
(30)「宗湛日記」(『茶道古典全集　第六巻』淡交社、一九五六年)。
(31)『鹿苑日録　第三巻』太洋社、一九三五年。以下、出典は同じ。
(32)『相国寺蔵西笑和尚文案――自慶長二年至慶長十二年――』思文閣出版、二〇〇七年。以下、出典は同じ。
(33)『鹿苑日録』(慶長四・九・十三)によれば、大坂城に増田を訪ねようとしたところ「増右私宅」で待つようにいわれたとの記述がある。この記述から、増田は慶長段階で城内(二ノ丸か)に上屋敷、二ノ丸外に「私宅」にあたる下屋敷を所持していた可能性があるといえよう。その場合、石田三成などにおいても同様のケースが想定されよう。今後の検討課題としたい。
(34)註(5)横田論文、註(8)矢部レジュメ。
(35)「黒田御用記」(『新修大阪市史　史料編　第五巻　大坂城編』大阪市　二〇〇六年)。
(36)慶長三年(一五九八)の大名屋敷改編によって三ノ丸・玉造では大名屋敷の整理・整備がおこなわれた可能性があるので、蜂須賀屋敷についてもその影響を受けなかったとは言い切れない。なお、蜂須賀家では家政の代の文禄三年(一五九四)二月二日、秀吉が御成を実施している(『増補駒井日記』文献出版、一九九二年)。
(37)註(35)『新修大阪市史　史料編　第五巻　大坂城編』。本書状は前述のように天正十三年十一月に地震で倒壊した羽柴秀長邸を「直に美濃守殿へ参候、折節普請之仮屋に御座候」と記していることから、天正十四年のものとみなしてよい。
(38)註(35)『新修大阪市史　史料編　第五巻　大坂城編』。
(39)高木昭作「大名と藩制」(『日本歴史大系三　近世』山川出版社、一九八八年)。
(40)吉田伸之「城下町の構造と展開」(『新体系日本史六　都市社会史』山川出版社、二〇〇一年)。
(41)鋤柄俊夫「大坂城下町にみる都市の中心と周縁」(『中世都市研究一　都市空間』新人物往来社、一九九四年)。『大坂城跡発掘調査報告Ⅰ』財団法人大阪文化財センター、二〇〇二年。
(42)中村博司「秀吉の大坂城拡張工事について」(渡辺武館長退職記念論集刊行会編『大坂城と城下町』思文閣出版、二〇〇〇年)。

(43)「一柳文書」東京大学史料編纂所蔵（註35『新修大阪市史　史料編　第五巻　大坂城編』）。
(44)『十六・七世紀イエズス会日本報告集　第Ⅰ期　第一巻』同朋舎出版、一九八七年。
(45)『十六・七世紀イエズス会日本報告集　第Ⅲ期　第七巻』同朋舎出版、一九九四年。
(46)『フロイス日本史一　豊臣秀吉篇Ⅰ』中央公論社、一九七七年。なお『フロイス日本史』の第二部は一五八七年（天正十五）から一五九二年（文禄元）頃に執筆されたという（同書「第八章（第二部七四章）」の註12参照）。
(47)註（5）横田論文。
(48)「天正十三年六月十八日付羽柴秀吉書状」（『大日本古文書　小早川家文書之一』東京大学史料編纂所、一九二七年、五五一号）。
(49)註（35）『新修大阪市史　史料編　第五巻　大坂城編』。
(50)「推定文禄五年卯月十五日付豊臣秀吉奉行衆連署状」（『大日本古文書　吉川家文書之二』東京大学史料編纂所、一九二六年、九八六号）。
(51)「天正十六年後五月十四日付豊臣秀吉朱印状」（『大日本古文書　島津家文書之一』東京大学史料編纂所、一九四二年、三八一号）。
(52)城親基と名和顕孝の大坂居住は、「森壱岐守他宛秀吉朱印状」（〈天正十五年〉九月八日付、黒田家文書）で確認できる。なお、天正十六年九月十六日に大村由己邸でおこなわれた連歌会に参加した「勢辰　甚蔵坊法印　肥後国衆」（『言経卿記　三』）は、その関係者の可能性があろう。次に述べる島津氏の上洛の際、島津義弘に同道した深水宗方もこの連歌会に参加しており、「宗方　フカミ入道　嶋津内」（同前）と記されている。
(53)「推定天正十六年六月六日付島津義弘書状」（『大日本古文書　島津家文書之三』東京大学史料編纂所、一九六六年、一四九三号）。なお、すでに天正十五年五月二十八日の秀吉朱印状において、島津義久と義弘の大坂上坂は命ぜられていた（徳川家康宛・一柳直末宛。『豊臣秀吉文書集三』吉川弘文館、二〇一七年、二二〇六号・二二〇七号）。
(54)「立斎様御自筆御書之写」（柳河藩立花家文書三八、柳川文書館蔵）。
(55)中野等『立花宗茂』吉川弘文館、二〇〇一年。
(56)藤田恒春『豊臣秀次』吉川弘文館、二〇一五年。

(57)　阿部猛・西村圭子編『戦国人名事典』新人物往来社、一九八八年。
(58)　『戦国期毛利氏史料撰』マツノ書店、一九八七年。
(59)　宇喜多秀家屋敷の初見史料はこの天正十六年であるが、秀家の家臣である寺町光直は「備前少将殿内　寺町」(『言経卿記』天正十五・三・二十一)と、天正十五年開催の連歌会への参加が確認されるので、秀家の大坂居住もさかのぼるのはまちがいない。
(60)　註(10)中村論文。
(61)　註(9)曽根論文「秀吉の首都圏形成について」。
(62)　註(35)『新修大阪市史　史料編　第五巻　大坂城編』。
(63)　蒲池家文書『福岡県史　近世史料編　柳川藩初期(上)』福岡県、一九八六年。
(64)　有浦文書『改訂松浦党有浦文書』清文堂出版、二〇〇一年、二一七号。
(65)　「推定文禄四年二月二五日付大村由己書状」(『大日本古文書　相良家文書之二』東京大学史料編纂所、一九一八年、七四二号)。
(66)　「推定文禄五年五月二五日付石田正澄書状」(註65『大日本古文書　相良家文書之二』七六五号)。
(67)　註(9)曽根論文「秀吉による伏見・大坂体制の構築」。
(68)　『群書類従　第二三輯下』続群書類従完成会、一九五九年。
(69)　註(9)曽根論文「秀吉による伏見・大坂体制の構築」。
(70)　前田屋敷の所在地については、元和に下る史料ではあるが、玉造と記録するものがある。それは前田利常屋敷を指すもので、推定元和元年(一六一五)八月十六日付「河合数馬口上書」に「玉つくりまへ肥前様被成　御座候御やしき」(「元和大坂役将士自筆軍功文書」一二四―二三〈註35『新修大阪市史　史料編　第五巻　大坂城編』〉)とある。編纂史料では「川角太閤記」に利家が慶長四年(一五九九)閏三月三日に「大坂玉造口の屋形にて遠行」と記している(『改定史籍集覧　第一九冊』一九八四年、臨川書店)。ただし、いずれも大名屋敷が改編された慶長三年(一五九八)以降のものである。
(71)　註(7)横田論文。
(72)　『大日本古文書　吉川家文書之二』東京大学史料編纂所、一九二五年、七六六号。

(73)「生駒宝簡集　乾」(『新編香川叢書　史料篇二』新編香川叢書刊行委員会、一九八一年)。
(74)註(35)『新修大阪市史　史料編　第五巻　大坂城編』。
(75)註(56)藤田著書、二〇一頁。
(76)同右、二〇九頁。
(77)豆谷浩之「慶長三年における大坂城下の改造をめぐって――『西笑和尚文案』所収史料を中心に――」(『大阪歴史博物館研究紀要』一〇号、二〇一二年)。
(78)註(35)『新修大阪市史　史料編　第五巻　大坂城編』。
(79)「文禄四年六月三日付豊臣秀吉朱印状」(『大日本古文書　毛利家文書之三』東京大学史料編纂所、一九二二年、九六五号)。
(80)註(7)横田論文。
(81)曽根勇二「秀吉の首都圏形成について」大坂城下町研究会レジュメ、二〇一四年。
(82)註(9)曽根「秀吉の首都圏形成について」。
(83)「元和大坂役将士自筆軍功文書一〇-二六」(註35『新修大阪市史　史料編　第五巻　大坂城編』)。
(84)『義演准后日記』慶長四年十一月十四日条に「町奉行小出播磨守」とある。また天正十二年には天王寺牛市に対して禁制を発するなどしている(「石橋家文書」)。ともに註(35)『新修大阪市史　史料編　第五巻　大坂城編』三四二頁。
(85)註(10)宮本・寺井論文。
(86)『言経卿記』で、天正十四年(一五八六)～十五年に「殿下御内」と登場する人物だけで、大村由己・薄田古継・山名禅高・佐久間家勝・光珍・養云・玄尋・平野長治・中江栄継・津田卜真・石田正澄・楠長諳・帥歓仲・太一坊・ナフヤ新三郎・宇喜多安津・溝江長成・片岡長雲・良三・木下吉隆・尾藤知宣・伏屋十内・木下勝俊がいる。彼らも大坂に居住していたことは明らかである。
(87)小島道裕「織豊期の都市法と都市遺構」(同『戦国・織豊期の都市と地域』青史出版、二〇〇五年)。
(88)伏見絵図は、山田邦和「伏見城とその城下町の復元」(註5『豊臣秀吉と京都』)参照。なお同論文には伏見の武家屋敷一覧が掲載されている。

(89) 黒田屋敷が慶長八年(一六〇三)に長柄から天満へ移設されたことや、慶長以前に山内一豊が土佐堀川南岸に大坂屋敷を構えたことは、その立地条件から流通機能とのかかわりが十分に想定されよう(拙稿「城下町の再生と展開」〈大阪歴史博物館・大阪文化財研究所編『大坂　豊臣と徳川の時代』高志書院、二〇一五年〉)。

第1表　先行研究にみる武家屋敷の所在地

大名	場所	時期	出典	備考
羽柴秀勝(於次)	二ノ丸南側高台東寄り	天正	櫻井1970	
古佐丸(八条宮智仁親王)	同上継承	天正	櫻井1970	
小吉秀勝	同上継承	天正	櫻井1970	
淀殿	二ノ丸南側高台西寄り	天正～	櫻井1970	
徳川秀忠	二ノ丸(秀勝邸継承か)	慶長	櫻井1970	
羽柴秀長	西ノ丸	天正	櫻井1970	
羽柴秀保	西ノ丸(秀長邸継承か)	文禄	櫻井1970	
京極殿	西ノ丸	文禄	櫻井1970	
徳川家康	西ノ丸	慶長	武功雑記、櫻井1970	
羽柴秀次	玉造口大門北側	天正～	櫻井1970	
織田有楽斎	近世の東照宮(九昌院)付近		摂津名所図会大成、櫻井1970	大坂の陣時は別荘か？
	城中南二の丸	慶長末	櫻井1970	上屋敷？
	京橋口(大坂の陣時？)		冬御陣覚書、櫻井1970	下屋敷
雲生寺長頼	玉造門辺	慶長末	櫻井1970	織田有楽の子
片桐且元	二ノ丸東丸	慶長	櫻井1970	
片桐貞隆	二ノ丸東丸	慶長	櫻井1970	
大野治長	西ノ丸北部	慶長末	櫻井1970	
織田上野介信包	生玉口馬出	慶長	櫻井1970	
江原与右衛門	京橋口馬出	慶長	櫻井1970	
細川忠興	玉造　越中町	～慶長	霜女覚書、小須賀氏聞書、櫻井1970	越中町は伝細川越中守忠興邸址。「越中井」。
	玉造　越中町一丁目・二丁目		摂津名所図会大成	「すべて越中侯のやしき趾なり」
宇喜多秀家	玉造　岡山町	～慶長	武徳編年集成(慶長4～5年)、櫻井1970	細川邸の隣
	備前島		輝元公上洛日記、利家夜話、櫻井1970	関ヶ原当時は下屋敷。石田三成邸の隣。

前田利家・利長	玉造	文禄～	細川忠興軍功記、川角太閤記、櫻井1970	文禄3.9.26秀吉御成。利長邸の隣に宇喜多邸(細川)、鍋島・島津両邸(川角)。
鍋島直茂	玉造	文禄～	櫻井1970	慶長2.5.9秀吉御成。前田利長邸の隣。
浅野長政・幸長	玉造　紀伊国町	～慶長	櫻井1970	浅野幸長が紀伊守
蜂須賀正家～	玉造		岡本1970	
	阿波座	～慶長	冬の陣の同家進軍の記録、櫻井1970	
小出吉英	玉造　伊勢町		櫻井1970	吉英弟が伊勢守吉親
前波半入勝秀	玉造　半入町	～慶長	櫻井1970	
増田長盛	玉造　仁右衛門町		櫻井1970	鴫野の衛門殿橋は下邸跡か
明石守重	玉造「将監山」	～慶長	櫻井1970	守重は左近将監
曾呂利新左衛門	玉造　八尾町		摂陽奇観、摂津名所図会大成、櫻井1970	「安威殿坂の東の辻北へ入八尾町ニあり」
古田織部	玉造		摂津名所図会、摂津名所図会大成、櫻井1970	「金城の南玉造口榎の大樹南東角にあり」
千利休	玉造　禰宜町		摂津名所図会大成	「玉造禰宜町安堂寺町通北へ入る東側」
加藤嘉明	玉造　二本松町		摂津名所図会大成	
安威摂津守	安威殿坂(千利休宅門前の小坂)		摂津名所図会大成	「右同所(玉造)門前の小坂をいふ」「伝云、豊臣家の近臣安威摂津守の邸宅ありし所なりと云」
毛利輝元	札之辻・木津	慶長	櫻井1970	
石田三成	備前島	～慶長	ト斎記、櫻井1970	下邸？　佐和山移住まで、宇喜多秀家邸隣にあり。
	近世の弓奉行屋敷(大手前高校テニスコート)		落穂雑談一言集、櫻井1970	上邸？
黒田孝高・長政	天満		櫻井1970	二町南に近世の東照宮
	外曲輪内		櫻井1970	上邸？
織田信雄	天満		櫻井1970	
山岡道阿弥	城内	天正	大友文書、櫻井1970	

	天満	慶長	宗湛日記(慶長2.3.27)、櫻井1970	別邸？
藤堂高虎	中之島	～慶長	藤堂家覚書、櫻井1970	
	鴫野村大和川の岸	慶長	水戸本「大坂記」、櫻井1970	別邸？
加藤清正	中之島		関ヶ原物語、櫻井1970	
	外曲輪内		常山紀談、櫻井1970	上邸？
宇喜多直行(坂崎出羽守)	高麗橋の東北隅		卜斎記、櫻井1970	
塙団右衛門	今橋のたもとから二十間南		武辺咄聞書、櫻井1970	
大野道犬	本町橋(または思案橋)西北		山口休庵咄、櫻井1970	
龍造寺政家	龍造寺町		摂津名所図会大成、櫻井1970	あるいは茶人龍造寺六郎次郎宅か
生駒親正	生駒町		摂津名所図会大成	「生駒家邸趾　生駒町の地なり、故に名とす卜云」
安国寺恵瓊	安国寺坂(農人橋通谷東へ上る坂)		摂津名所図会大成	「天正慶長年間安国寺慧圭のやしき趾なりといふ、一説に此辺より南の方鈴木町までの間やしきなりといふ」
福島正則	太夫殿坂(上本町上三丁筋より東の小坂)		摂津名所図会大成	「福島左衛門太夫正則のやしき此辺りに有しといふ」
亀井茲矩	亀井町(平野町の西)	天正	摂津名所図会大成、櫻井1970	「中古石州津和野城主亀井侯の第この地に有しゆへ今亀井町の名のこれり」
堀久太郎	久太郎町		櫻井1970	
筒井順慶	順慶町		摂津名所図会大成、櫻井1970	
木村重成の母	城東練兵場		大阪風土記、櫻井1970	
大蔵局	中浜村		摂津名所図会大成	
伊達政宗	今宮		櫻井1970	

注：各出典の書誌情報は章末註参照。

第四章　豊臣期大坂城下町の寺町考——城南寺町を中心に

はじめに

寺町[1]は近世城下町の空間研究において早くからその主要な構成要素として認められており、さらに近年では城下町の分節構造の視点からも注目されるにいたっている。[2]

寺町はおおよそ、「都市領主が都市建設の一環としてその一角に寺院を政策的・計画的に集め建設した寺院街」と定義することができるが、従来寺町は、天正十九年(一五九一)、豊臣秀吉の手により京都において初めて建設され、主として都市防御のため城下町の縁辺部に配置されたと評価されてきた。[3]しかし、その初源については先年、内田九州男が天正十一年(一五八三)に誕生した豊臣大坂城下町の寺町が京都に先行することを明らかにした。[4]また寺町は、その特徴のひとつとして浄土真宗寺院の排除という点が指摘されてきた。その理由について小野晃嗣は「肉食妻帯の俗人宗教たる本願寺派寺院を他宗派寺院と相混淆せしむることを避けたもの」と述べ、ほぼ定説化していたが、伊藤毅は近年、大坂では真宗寺院が中世以来展開していた事実があり、それが他宗とは異なり、寺町ではなく町人地への立地が認められる重要な前提条件となった(すなわち既得権益が安堵された)との見解を提示した[5]。

このように寺町をめぐっては、新たな研究が示されつつあるわけだが、こうした寺町研究の成果が、近世城下町の最初期に位置づけられる豊臣大坂城下町の研究や、広く近世城下町の空間研究に活かされているかといえば、まだそこまでいたっていないように思われる。

そこで、本章ではまず先行研究を振り返って寺町分析の視角を確認し、それをうけて大坂の寺町の実態を再把握し、その特徴を明らかにする。そのうえで大坂に先行する城下町の事例を比較検討し、近世城下町形成過程における豊臣大坂城下町の寺町の位置づけについて考えてみることにしたい。

一　先行研究にみる寺町

寺町に関する先行研究をふりかえると、個別城下町の事例についてはは枚挙にいとまがないが、ここでは寺町の目的・意義にかかわるものをとりあげたい。

この点については、原田伴彦が提起した、①都市の防御機能、②寺社に対する統制管理の強化、③寺社参詣者の吸引による町の活性化、という三つの建設目的が代表的なものである。しかし、原田はこれらを裏づける具体的な史料を示しておらず、その後その内容だけが一人歩きをしている感がある。

実際、寺町の建設目的に言及した一次史料はほとんど確認できないのが実状であるが、そうしたなかで参考とすべきは次の史料である。

【史料1】『フロイス日本史』第三部第四四章[6]

町には古くから、各地区に諸宗派の僧侶たちの約三百あまりの寺院と僧院があり、すでに関白は以前から彼らの収入の大半を没収していたのであるが、僧侶たちが、（自分らは）重圧と労苦から免除されたと吹聴することがないようにと、関白は、町の中心部にあった彼らの寺院、屋敷、僧院をことごとく取り壊し、それらを町の周囲の（城）壁に近いところで、すべて順序よく新たに再建するように命令した。

通事たちの談話によれば、（関白）がそうしたのには、次のような二つの目的があった。第一には、都で戦争が勃発した時に、敵は最初に僧侶やその寺院と僧院に遭遇する（ように仕向けたこと）。第二には、僧侶たちはその門徒らと、（居住している）市内の街（の関係から）あまりにも緊密であり密接しているので、（関白）はその親密さを不快に思い、僧侶らの放埒（な日常生活）は、人々に悪影響があろうとみなした（からである）。関白はそれらを改善しようとして（上記のような）若干のささやかな試練を彼らに加えたのであった。

（傍線著者。以下同じ）

これは長らく寺町の初源とされてきた京都において、天正十九年（一五九一）、都市改造に連動するかたちで都市内に散在していた寺院に移転が命ぜられ、新たに寺町が建設された経過についてフロイスが述べたものである。なお、京都には寺町が三ヵ所存在したが、ここで話題とされているのは「町の周囲の（城）壁（御土居：著者註）に近いところ」とあるので、賀茂川に沿って築造された御土居の内側に南北に並べられた京極寺町のことである。これによれば寺町建設には、ⓘ都市の防御機能、ⓘⓘ僧侶と町人（民衆）の居住地分離、という二つの目的があったことがうかがえる。それぞれ原田が指摘した目的の①と②に対応するものとみてよかろう。

また、フロイスは次のようにも述べている。

【史料2】「一五九二年十月一日付、長崎発信、ルイス・フロイス師のイエズス会総長宛、一五九一、九二年度・日本年報」[7]

本年、関白殿は、都においてまったく新たな事業を始めた。すなわち関白殿は、己が名声を記念するために、都の市の周囲を巨大な濠で取り囲み、都を一新するために、仏僧たちをその屋敷または僧院から立ち退かせて、先の濠の（城壁に）近いところに一箇所に（順序よく）移転させようとした。このような命令は非常な困難を伴うため、他の誰も簡単に手をつけなかったことであるが、関白殿は仏僧たちの大いなる不満にもかかわらず、いとも迅速に短時日で終了した。これは（仏僧たちの）ひどい虐待であったため、仏僧たちをすっかり憤らせてしまった。仏僧たちは門徒らの社会から遠ざけられて、あたかも疫病者か癩病者のように隔離された場所に押し込められ、その幾千もの諸宗派は混沌とした一団にされてしまった。そのうえ仏僧たちは収入を奪われ、今また寺領からも追放されてしまい、生活の糧と（門徒の）喜捨をまったく奪われてしまった。そのため彼らのある者は、己が寺院を再建することもできず、別の生活手段を求めることを望んだ。またある者は非常な貧困に陥り、門徒の集まりもきわめて悪く喜捨もわずかしかなかった。

ここでは京都の寺町建設が「巨大な濠」＝御土居建設に連動するものであって、それにともない寺院・僧は民衆との緊密な交わりが断たれ、所領が没収されるにいたったことが述べられている。これは先の㋑僧侶と町人（民衆）の居住地分離（原田の②）に当たる指摘であり、フロイスは寺町建設の目的がこの点にあると強く認識していた様子がうかがえる。

フロイスがこの点に注目したのは、「わが宗門（キリシタン）の為めには好都合なりき」という表現から知られるように、宣教師として仏教教団への対抗心がその背景にあったためと思われる。それゆえフロイスの言い方には誇張が含まれるかもしれないが、当時京都において、市中の寺院・僧侶がそれまで保持してきた経済権益や宗教的な諸関係を断ち切ろうとする政治的動きがみられ、寺町建設がそれと連動するものだったことはまちがいないだろう。

したがって、京都における寺町建設の意義は、寺院・僧侶が受けた所領の没収や民衆との居住地分離という処分の目的を明らかにすることで、その一端を知ることができるといえよう。このうち、前者についてはすでに小野晃嗣による先駆的な研究が存在する。それによれば、寺町誕生以前の中世京都は上京・下京に分かれ、都市のなかには空閑地がモザイク状に発生して都市発展をさまたげ、かつ市中に散在する公家・寺社等の土地支配や諸権利が錯綜する状況にあった。秀吉はそうした既得権益を排除し、京都の一円支配をおこなうことをめざして、寺社地を特定の場所に移転・集中させ、旧地には地子免除を実施し、寺社など個別領主の収取権を完全に排除したのであった。そしてその強制移転によって誕生することになったのが天正十九年（一五九一）の寺町であった。つまり秀吉が京都支配の一元化をめざす動きのなかで、寺町は創出されることになったといえよう。伊藤毅も、京都における市中町割の施行と洛中を囲む御土居建設を含む秀吉の都市改造計画の一環として、縁辺部において寺町の建設がおこなわれたことを指摘し、寺町は都市の建設プランと大きなかかわりをもったことを強調している(8)。これらの研究により、京都の寺町は京都の中世都市から近世都市への構造改革が都市プランと結びつくなかで誕生したことを明らかにしたのであった。つまり、京都における寺町とは、それ自体の創出が目的ではなく、中世都市から近世都市へと転生する過程で、相当の必要性が認められて設定されたものともいえよう。

こうした京都における散在寺院の諸権益の整理という事例は、大坂の寺町を考える際にも参照されるべきものである。大坂の寺町は後述のように、豊臣大坂城下町の建設に連動して設置されたものであり、その時期はまさに大坂が近世都市への歩みを始めたタイミングにあたるからである。ただし、大坂が京都と違う歴史的前提をもった都市であることはいうまでもない。たとえば近世初期の町のありかたに注目した場合、京都を中世からの継承を前提とする「安堵型」、大坂を新規建設の「創出型」とみる見解がある(9)。前提となる都市のありかたについては慎重に評価したうえで、普遍性と固有性の両面から大坂の寺町を考えていく必要があると考えている。

後者の寺院・僧侶と民衆の居住地を分離させたとする点については、これが近世城下町における身分別居住実現の一環だったという通説的理解が存在する。しかし、その具体像はこれまで深められてこなかったように思われる。分離の背景には、小野晃嗣のいう寺院・僧侶の諸権益の剝奪と移転があったことは認められるが、私見によれば、この政策の断行に並行するかたちで、当時の寺院・僧侶と民衆のあいだに信仰面での矛盾が存在したと思われる。そして、それを明らかにする手がかりは、先に紹介した寺町に真宗寺院が入らないという事実にあると考えている。大坂が寺町の嚆矢だとすれば、それは宗教的な観点からもその意義を考える必要があるのではなかろうか。

以上から、本章では、近世都市の成立および寺院・僧侶と民衆の宗教的関係という二つの観点をもって論じていくことにしたい。

二　寺町の成立と構造

ではまず、内田九州男[10]および伊藤毅[11]両氏の研究をふりかえり、大坂の寺町（天満と城南）に関する成果と課題を確認し、そのうえで検討の余地が少なくない城南寺町について詳しく考えてみたい[12]（寺町の位置は三六九頁第一章第1図および後掲第1図参照）。

（1）天満寺町と城南寺町

天満寺町　大坂城の北側に位置する天満地区に、東西方向に並ぶ片側町を形成する寺町が存在する。これが天満寺町である。寺町は天神橋筋を挟んで大きく東西に分かれており、東を東寺町、西を西寺町とも称している。

その成立過程をみていこう。東寺町については、東端の専念寺、西端の九品寺という浄土宗寺院が、ともに大坂城・大坂城下町の建設が開始された天正十一年（一五八三）の開創と伝えており、城下町建設当初より寺町のプランが存在したと内田は考えた[13]。ただし、天満寺町は一気にできあがったわけではなく、内田は東寺町の九品寺が天正十八年(一五九〇)になって当初の位置から二町東の現在地に移転したことも指摘した。さらに東寺町の寺院は、文禄年間以降の開創と伝えるものも散見される(第1表)。このことは、東寺町は天正十一年に建設プランがありながら、のちの一部移転と寺院の充塡を経て完成にいたったといえよう。西寺町については、東寺町の西延長線上にあるが、寺院の開創は文禄年間以降元和初期にかけてと伝えているので、実際の整備は東寺町より遅れ、松平忠明期にかけて整備されたと考えられる。

つまり、天満寺町(とくに東寺町)は城下町建設当初に設定されたものの、実際に寺院が出揃い、配置が確定するまでにはかなりの時間を要したものといえよう。以上の内田による天満寺町の展開過程はおおむね了承できるものである。

ただし、寺町の構成寺院の開創にいたるまでの前歴については慎重に考える必要がある。伊藤毅は寺町構成寺院の開創について、他所で開創し当地へ移転したものとは考えず、当地で新規開創したと考えた[14]。しかし、内田も使用した元禄九年(一六九六)の『蓮門精舎旧詞』では、たとえば専念寺開山の意参は当初尼崎で一宇を建立し、その後天満へ移ったとする。また、同じ専念寺については、天正十一年に上町の松江町で開創し、元和二年(一六一六)に天満東寺町へ移転したという伝承もある(『大阪府全志』[15])。『大阪府全志』は大正十一年(一九二二)編纂の大阪地誌書であり、記述内容の出典を記していないという難もあるが、天満寺町の浄土宗寺院の開創年については『蓮門精舎旧詞』の記述とほぼ一致しており、そのうえで開基や開創場所など『蓮門精舎旧詞』にはみられない情報を載せている点で大きな特長をもつ。したがってその記載内容を簡単に切り捨てることはできないだろう。この専念寺の移転伝承の当否を明らかにすることは容易ではないが、寺町構成寺院の過去の存在形態や所在地・移転の契機などの検討の必要性を我々に迫るものといえよう(この点については後述)。

第１表　天満寺町寺院

天満東寺町

	寺号	宗旨	本末	開山檀林	開創年	開創・移転場所	現在地移転年	出典	備考
1	専念寺	浄土	知恩院		天正11年	意参は当初尼崎一宇建立(蓮)、当初大坂松江町(全)	元和２年(全)	蓮	開山意参和尚は尼崎人(蓮)、開創同年(全)
2	大信寺	浄土	知恩院		慶長10年	当初備前島→当地(全)	元和５年(全)	蓮	
3	運潮寺	浄土	知恩院		文禄４年	当初天満川崎(全)	元和３年(全)	蓮	
4	龍海寺	曹洞	金剛院		天正12年	当地		全	開基：亀州宗鶴は秀吉が越前から招来
5	宝緑寺	浄土	知恩院		慶長元年			蓮	
6	瑞光寺	臨済	妙心寺		寛永３年			全	
7	長徳寺	浄土	知恩院		元和２年	当初天満橋北詰札の辻(全)	元和２年(全)	蓮	開山周珍は生国大坂
8	九品寺	浄土	知恩院	開山三好宗三一子	天正11年			蓮	もと禅宗、天正11年改宗(全)
9	宝珠院	真言	仁和寺		弘仁年中			全	
10	栗東寺	曹洞	福昌寺		天正18年			全	
11	天徳寺	曹洞	総持寺		天正元年			全	
12	善導寺	浄土	知恩院		文禄元年			蓮	同年(全)
13	超泉寺	浄土	知恩院		文禄３年			蓮	同年(全)
14	大鏡寺	浄土	知恩院		文禄２年			蓮	同年(全)
	智源寺	浄土	知恩院		慶長９年			蓮	東寺町内の所在地不明

天満西寺町

	寺号	宗旨	本末	開山檀林	開創年	開創・移転場所	現在地移転年	出典	備考
1	冷雲院	浄土	知恩院		文禄４年			蓮	同年(全)
2	幡龍寺	浄土	金戒光明寺		慶長13年			蓮	開創年不明、往時長相寺(全)
3	大林寺	浄土	金戒光明寺		慶長元年			蓮	開基生国相模
4	西福寺	浄土	知恩院	舘林善導寺・江戸幡随意院	慶長年間	和歌山湊西岸寺暫住→当地	元和３年	蓮	開基魯念和尚相州三浦の人(全)
5	龍淵寺	浄土	金戒光明寺		元和元年			蓮	開基生国筑後、慶長19年(全)
6	法輪寺	浄土	金戒光明寺		元和３年			蓮	同年(全)
7	法住寺	浄土	金戒光明寺		元和３年			蓮	慶長４年(全)
8	妙光院	浄土	金戒光明寺		元和３年			蓮	同年(全)
9	円通院	曹洞	天徳寺		元和２年			全	
10	正泉寺	曹洞	全昌寺		文禄年中	伏見桃山	元和７年	全	
11	本伝寺	法華	本国寺		文禄４年			全	
12	法界寺	浄土	知恩院		文禄２年			蓮	
13	寒山寺	臨済	妙心寺		寛永９年			全	

注：出典は以下のとおり(以降の表も共通)。
　浄：『浄土宗寺院由緒書』(『増上寺史料集　第５巻』)
　蓮：「蓮門精舎旧詞」(『浄土宗全書　続18・19』)
　全：『大阪府全志』
　大：『大阪の日蓮宗』

天満寺町の意義については、伊藤毅が天正十三年(一五八五)に天満の地(寺町と大川の間)に寺基を構えた天満本願寺の寺地(天満寺内)を割り出す境界線の役割を担ったと述べている[16]。たしかに寺町は天満本願寺に先だって存在しているのでそうした機能を担ったことはまちがいないだろう。一方、寺町のプランが示された天正十一年(一五八三)段階といえば、内田が明らかにしたように秀吉は天満に京都から内裏・五山寺院を移転させる構想をもっていた[17]。しかも当寺町の寺院が片側町でかつ南面するように配置されていることを考えると、天満寺町は内裏の北にあって、大坂城下町の北端を画する役割を担わされたと考えるのが妥当である。まさに大坂城下町建設と連動した寺町設定といえるのである。

なお、寺町寺院の構成宗旨についてはやはり伊藤が検討を加えており、東寺町については主要な宗旨が混在する点で大坂の他の寺町と比べてやや特異であると述べている[18]。西寺町についても東寺町ほどではないが、やはり混在の傾向が強いようである。

城南寺町　南地区の寺町は複数の個別寺町の集合体である。大坂城寄りに生玉筋中寺町(北)・谷町八丁目寺町・八丁目寺町・八丁目中寺町・八丁目東寺町・小橋寺町の六つが西から東へと並ぶ。また、四天王寺寄りには生玉筋中寺町(南)・生玉寺町・天王寺寺町・西寺町が置かれる(第1図参照)。

その成立過程について内田は、開創年情報が乏しい法華宗寺院が多く存在する生玉筋中寺町(北)と谷町八丁目寺町を除外したうえで、他の個別寺町寺院の開創年を検討し、八丁目寺町・八丁目中寺町の構成寺院の多くが「天正年中」の開創と伝えていることから(後掲第4・5表参照)、城南寺町が大坂城下町の建設当初から存在していたことを示唆した。重要な提起といえよう。ただし「天正年中」という表現は、大坂城下町の建設がはじまった天正十一年(一五八三)以前を含む余地があるし、開創地についても、寺院としては他所で開創し、のちに寺町へ移転したという可能性は排除できないので、天満寺町同様、その点は注意が必要であろう。

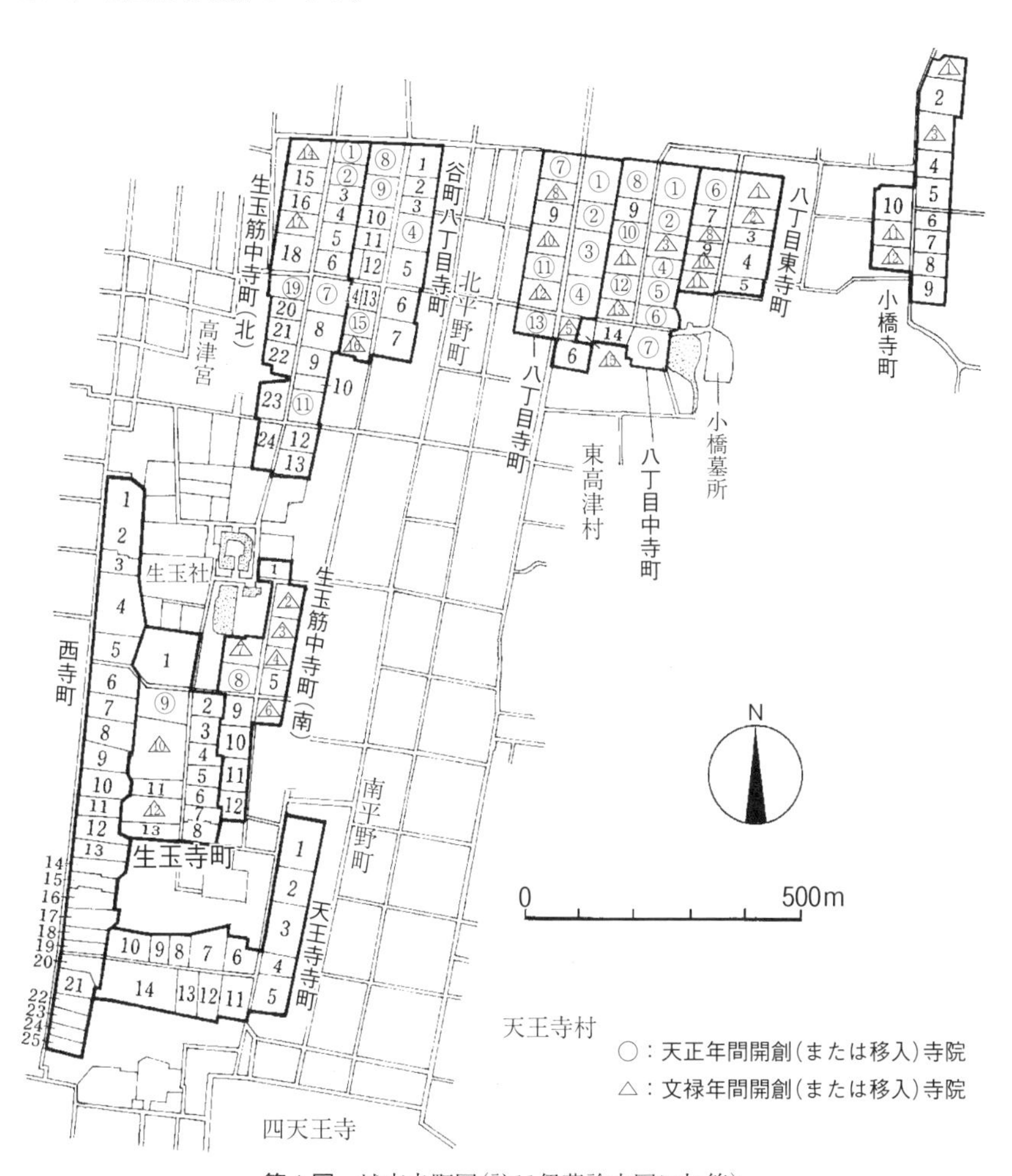

第１図　城南寺町図(註11伊藤論文図に加筆)

なお、城南寺町全体の成立年代を考えるうえで、内田らが除外した法華宗寺院の検討は欠かせない。なぜなら、伊藤毅が明らかにしたように、城南寺町では個別寺町によって特定宗旨・宗派の集中現象がみられ、その総体として城南寺町が成立しているからである[19]。伊藤は、城南寺町には基本的に浄土宗寺院が多く、そのなかでも八丁目寺町・八丁目中寺町・八丁目東寺町・生玉筋中寺町(南)は知恩院派、小橋寺町は知恩寺派、生玉寺町は金戒光明寺派の各寺院が集中していることを確認した。また生玉筋中寺町(北)と谷町八丁目寺町は法華宗が優位となっている。これだけ宗旨別の構成が明快であれば、法華宗寺院の動向を考慮せず城南寺町の全体像を考えることはできないだろう。

この宗旨構成にも関連する問題として、各寺院の由緒がある。これは先の寺町の成立過程ともからむ問題である。各寺院の来歴がわかる事例は大坂では極端に少ない。それもあってか、伊藤毅は浄土宗寺院を例に、上町台地西縁辺部に展開する西寺町では、浄国寺以外に開創年代が天正以前にさかのぼる寺院がみられないことから、城南寺町の寺院は城下町建設にともなって新規に創建されたものであるとした。そしてその背景には、寺町の計画段階から教団側と計画者側の間での調整があったと推定した[20]。

ただ、内田・伊藤ともに検討をおこなわなかった法華宗寺院の史料からは、新規開創とはいえない事例が知られる。谷町八丁目寺町にある妙光寺は、一次史料を交えつつ由緒が伝えられている数少ない寺院である。同寺は天正十三年(一五八五)に播磨国三木より大坂へ移入してきたとの伝承があり、それに連動するかのように寺領を播磨国加東郡より摂津国岩屋村へ移すことを指示した秀吉安堵状(同年九月十日付)が同寺に伝来している(後述)。播磨は秀吉の旧領であり、寺町寺院の形成過程を考えるうえで注目される事例といえよう[21]。このことからも、法華宗寺院の検討が不可欠であることが理解されよう。

次に城南寺町のプランに関して述べれば、個別寺町の配列がすべて南北方位であるだけでなく、両側町構造をもっている点、平野町を挟むように配置されている点が注意される。この件についても伊藤毅がすでに注目しており、城下町とその外とを画するために配置されるという近世寺町の「常識」からすれば、天満寺町はそれに近親性が高いのに対し、城南寺町は違和感をもたせる配置といえよう。この配置について伊藤は「初期の城下建設と直接連動した計画」という評価をしたが[22]、さらにその意味合いを深める必要があろう。

ただし、城南寺町の北端が大坂城惣構に位置している点については、文禄三年(一五九四)のことであるとの提起がおこなわれている。それは、大坂城下町建設に連動して設置された城南寺町の北端の位置が、のちに建設された惣構に規制されているのは不自然だと考えられるからである。そして、この点にかかわって、寺町がもともと惣構より北へ伸びていたことをうかがわせる考古学的知見(寺院の存在を想起させる石造物の出土)が得られたことから、松尾信裕は、当初の城南寺町は内安堂寺町通付近まで北端が延びていたとする見解を提起した[23]。そして、その見解には内田も同意し、当初城南寺町は平野町を間に挟んで両側に一列ずつ並んでいたという新説を提示したのであった[24]。これが正しければ、城下町建設当初の城南寺町の形状を再考する必要性が浮上することになり、かつそれは城下町のプラン全体にもかかわってくる問題となるのである[25]。

以上、天満寺町と城南寺町の先行研究を振り返り、若干の課題を指摘した。とくに城南寺町は検討すべき課題の多いことが判明したため、次にそれら城南寺町の課題を中心に検討することにしたい。

(2)　城南寺町の検討

生玉筋中寺町(北)・谷町八丁目寺町の寺院と開創年代

ここでは内田・伊藤が検討しなかった生玉筋中寺町(北)と谷町八丁目寺町の構成寺院の開創年代を確認し、それを含めて城南寺町の成立過程を再検討してみたい。

第2・3表は生玉筋中寺町（北）と谷町八丁目寺町の寺院一覧である。大坂の法華宗寺院の寺歴に関するまとまった史料は存在しないため、先の『大阪府全志』を基本とし、他の史料で補った。では両寺町寺院の開創年代からみていこう。

生玉筋中寺町（北）の寺院は全二四ヵ寺である。うち法華宗が一八ヵ寺を占め、他に曹洞宗が三ヵ寺、臨済宗が二ヵ寺、浄土宗が一ヵ寺という構成となっており、すでに指摘のあるとおり法華宗寺院が多い。谷町八丁目寺町は全一六ヵ寺だが、内訳が法華宗一二ヵ寺（一ヵ寺はもと浄土宗）、浄土宗三ヵ寺、臨済宗一ヵ寺で、こちらも法華宗寺院が多数を占めている。それぞれのなかでの開創年代をみていくと、生玉筋中寺町（北）の法華宗寺院は天正二年（一五七四）〜慶長十七年（一六一二）、曹洞宗が天正元年（一五七三）と寛永六年（一六二九）、臨済宗が天正十三年（一五八五）と寛永四年（一六二七）、浄土宗が慶安年中となっており、天正末年までの開創寺院は五ヵ寺（法華宗三ヵ寺、臨済宗一ヵ寺、曹洞宗一ヵ寺）となっている。一方、谷町八丁目寺町では法華宗が大永七年（一五二七）〜寛永四年（一六二七）、浄土宗が文禄年中〜元和三年（一六一七）、臨済宗が天正十二年（一五八四）となっている（ただし、法華宗寺院は近世に入って大坂に移入してきた寺院を含む）。

ここで注目したいのは、法華宗寺院のなかに開創年代を天正年間までとする寺院が少なくない点、さらにいえば、天正十一年（一五八三）の大坂城下町建設以前を開創年を伝える寺院が含まれている点である。とくに後者は重要で、少ないとはいえ永禄五年（一五六二）開創の久本寺、天正元年（一五七三）開創の禅林寺、天正二年開創の本覚寺、天正八年（一五八〇）開創の本行寺・妙経寺の五ヵ寺の存在は目を引く。なぜなら、これらは他所からの移転伝承をともなっていないからである（ただし久本寺については後述）。もちろん移転伝承は各寺の長い歴史のなかで失われる可能性もあるだろうが、大坂において寺町成立以前からのちに寺町となる地に継続して寺院が立地したとは考えにくいので、ここでは寺町以前に大坂の近隣地に寺地を構えていたものが、寺町建設にともなっ

第２表　生玉筋中寺町(北)の寺院

	寺号	宗旨	本末	開創年	開創・移転場所	現在地移転年	出典	備考
1	本行寺	法華	本興寺・本能寺	天正８年			全	開基日尊
2	蓮成寺	法華	妙満寺	天正19年			全	開基日忠
3	妙寿寺	法華	立本寺	慶長元年			全	開基日周(大)
4	宝泉寺	法華	妙覚寺	慶長13年			全	開基日利(大)
5	福泉寺	法華	本隆寺	慶長９年			全	開基日銀
6	法性寺	法華	妙覚寺	慶長13年			全	開基日進(大)
7	法雲寺	臨済	妙心寺	天正13年			全	当初円成寺、中絶を経て元和６年改号
8	江国寺	臨済	妙心寺	寛永４年			全	
9	本経寺	法華	本興寺・本能寺	慶長14年			全	開基日精
10	久成寺	法華	妙蓮寺	寛永10年			全	開基日達
11	本覚寺	法華	妙蓮寺	天正２年			全	開基日守
12	常国寺	法華	妙国寺	慶長12年			全	開基日周(大)
13	妙尭寺	法華	本興寺・本能寺	慶長11年			全	開基久本寺二世日祐
14	妙徳寺	法華	妙顕寺	文禄元年	不明 → 当地(大)	元和年間(大)	全	開基日安(大)
15	薬王寺	法華	妙覚寺	慶長17年	豊臣時代は玉造→当地(大)		全	開基日近(全)
16	大雲寺	浄土	知恩院	慶安年中			浄	寛文元年(全)
17	本要寺	法華	本国寺	文禄２年			全	開基日就(全)、日就は秀吉叔父？(妙光寺)
18	雲雷寺	法華	久遠寺	慶長３年			全	慶長13年(大)、開基日宝(大)
19	禅林寺	曹洞	崇禅寺	天正元年	摂津宮原村→当地	天正元年	全	
20	顕孝庵	曹洞	総持寺塔頭覚皇院	不明			全	玉泉寺を寛文元年再興
21	大倫寺	曹洞	珊瑚寺	寛永６年			全	
22	円妙寺	法華	頂妙寺	元和元年			全	開基日政(大)
23	正法寺	法華	本法寺	元和２年			全	開基日性(大)
24	蓮光寺	法華	本国寺	慶長17年			全	慶長10年(大)、開基日義

注：いずれの寺院も開山檀林の記載なし。

第３表　谷町八丁目寺町の寺院

	寺号	宗旨	本末	開創年	開創・移転場所	現在地移転年	出典	備考
1	本照寺	法華	本国寺	永禄元年	天満橋創建→当地(大)	宝永２年	全	開基日沾
2	法妙寺	法華	妙覚寺	永禄５年	大坂城東→当地(大)	寛永７年	全	開基不明
3	正覚寺	法華	久遠寺	寛永４年			大	開基日潤
4	妙光寺	法華	本国寺	永禄５年	播磨加東郡三木庄→当地	天正13年	大	天正13年に加東郡から摂州河辺郡岩屋村に所領替え、開基日就は秀吉叔父
5	久本寺	法華	本興寺・本能寺	永禄５年	(当地？)		全	平野塩谷氏の合力
6	妙法寺	法華(元浄土)	本興寺・本能寺	元和２年			全	もと浄土
7	海宝寺	法華	久遠寺	大永７年	小田原→当地	慶長６年	大	寛永元年現在地移転(全)、開基日海
8	長久寺	法華	本国寺	天正17年			全	天正７年創建、同17年本堂建立(大)、開基日長
9	妙経寺	法華	本満寺	天正８年		天正８年(大)	全	開基日清
10	妙像寺	法華	妙顕寺	元和元年	石見→当地(大)	元和元年(大)	全	元和３年(全)、開基日顕
11	本長寺	法華	本国寺	元和３年	伏見→当地(大)	元和３年	大	開基日存
12	本政寺	法華	本国寺	元和４年			全	元和元年(大)より草庵、開基日秀
13	願生寺	浄土	金戒光明寺	元和３年			蓮	開山秀誉寛永20年没
14	専修院	浄土	知恩院	慶長年中			浄	慶長２年(全)、開山慶長９年没(浄)
15	大仙寺	臨済	妙心寺	天正12年			全	開創の後中絶、寛永３年再興(全)
16	重願寺	浄土	知恩院	文禄年中			浄	文禄３年(全)、開山寛永20年没(浄)

注：いずれの寺院も開山檀林の記載なし。

て移転してきたと仮定しておきたい。

そう考えた場合、これら五ヵ寺のなかに天正八年(一五八〇)開創の二ヵ寺(本行寺・妙経寺)が含まれている点が注意される。天正八年は大坂本願寺の紀州退去の年にあたり、その後の大坂の状況はよくわかっていないものの、本願寺故地一帯が織田政権の手によって掌握・管理されていたことはまちがいなく[26]、大坂寺内の町人が大坂にとどまることも認められていたので[27]、秀吉の大坂城・城下町建設に先立って都市復興の動きが見られた可能性はあるのではなかろうか。そう考えると、天正十一年(一五八三)以前の段階で、のちに寺町に移入する寺院が大坂近隣に寺地を構える事例があったとしても不思議ではなかろう。

では、この生玉筋中寺町(北)・谷町八丁目寺町の成立年代はどう考えられるだろうか。第2・3表をみる限り、内田が天満寺町で見出したような天正十一年そのものの開創を伝える寺院は確認できない。ただし寺町プランの成立という観点で考えた場合注意すべきは、内田が天満寺町において検討した寺町の両端に位置する寺院の開創年代である。その点に注目してみると、生玉筋中寺町(北)の場合、もっとも北寄りに位置する本行寺が天正八年であり、その南隣の蓮成寺は天正十九年(一五九一)と、天正年間の開創を伝えている(本行寺の寺町移転年は不明)。また、谷町八丁目寺町では北端の長久寺が天正十七年(一五八九)で、南端から二ヵ寺目の大仙寺については天正十二年(一五八四)を開創としている。これらをみると、天正十一年の開創寺院こそないものの、大仙寺は天正十二年開創であるし、生玉筋中寺町(北)のなかには天正十三年(一五八五)開創の法雲寺も存在する。

こうした天正十一年からあまり間を置かない時期での開創を伝える寺院の存在は、天正十一年の城下町建設とほぼ同時期にこの二つの寺町建設のプランが存在していたことを示唆しているのではなかろうか。したがって、内田が八丁目寺町・八丁目中寺町の検討をもとに、城南寺町のなかでも大坂城近くに位置する寺町の建設が城下建設と同時であるとした指摘は、この二つの寺町をあわせたエリアについても有効なのではなかろうか。

先に、生玉筋中寺町（北）・谷町八丁目寺町の構成寺院の検討のなかで、これら寺町にはそれ以前から大坂近隣に存在した寺院の移入事例のあったことを指摘した。これは寺町寺院を基本的に新規開創とみた伊藤説がそのままでは認められないことを意味している。このことは、大坂城下町をそれ以前の大坂地域と関係づけて考える視点へとつながっていくので、それを念頭に移入寺院の実態についてさらに検討を進めてみたい。

移入寺院の実態と出自

まずは内田が検討した天正十一年（一五八三）の建設開始と目される八丁目寺町・八丁目中寺町の構成寺院に、天正十一年以前の開創寺院および移入寺院がなかったかどうかを確認してみたい。内田は浄土宗寺院の由緒書を主たる検討史料としたが、そこに記された開創年代はほとんどが「〜年中」であり、とくに天正年間は先に指摘したとおり、天正十一年を挟んでいるためとりあつかいが難しい。そのため、生玉筋中寺町（北）・谷町八丁目寺町の検討で採用した『大阪府全志』から開創年代を検索してみると第4・5表（備考欄）のとおりとなる。

これによると、八丁目寺町では大福寺・念仏寺・実相寺・誓願寺が、八丁目中寺町では慶恩院が天正十一年以前の開創と伝え、かつ具体的な移転情報をもたないことから大坂近隣からの移入と考えておきたい。

ただ、わずかとは言いながら、鈴木慎一によって紹介された、先に触れた谷町八丁目寺町所在の法華宗妙光寺が播磨国から移転してきたことに関連するとみられる史料が存在する。

【史料3】

以加東郡之内弐百石申付候、全可有寺納者也、仍如件、

天正八

十月廿日　　藤吉郎

秀吉（花押）

妙光寺

【史料4】

為三木郡替地、摂州河辺郡之内岩屋村百八拾石屋すば村弐拾石合弐百石令扶助畢、全可寺納者也、

天正十三

九月十日　(花押)(豊臣秀吉)

妙光寺

妙光寺は寺伝によると、もともと播磨国三木庄にあり、寺領を播磨国内に保持していたが(史料3)、天正十三年(一五八五)、三木郡の分は豊臣秀吉によって摂津国内へ替地を与えられることになった(史料4)。これは妙光寺自体が同年に大坂へ移転することにともなってのことだという。

この史料に注目した豆谷浩之は、大坂城下町建設に播磨が関わりを有している可能性を示唆した。播磨地域と大坂城建設の関係については著者も、大坂城建設に播磨の瓦職人が関与した事例が知られることから、大坂へ播磨からの移住者が存在した可能性を指摘した(本書第三部第一章)。播磨国は秀吉の旧領であり、秀吉は大坂に先行して姫路城の建設をおこなっており、城郭・城下町建設の経験を積んでいた。その経験を大坂城・城下町建設に大いに活かしたものと推測されるが、こうした播磨で培った技術や関係をもった都市からの住人の大坂への移住は充分にあり得たものと思われる。寺院についても同様の可能性を指摘しておきたい。

もう一例、寺町寺院の出自について注目される事例をとりあげてみたい。それは谷町八丁目寺町の久本寺である。久本寺は同寺に所蔵される「当山由緒幷代々什物帳」によれば、永禄五年(一五六二)、平野の塩谷新兵衛の寄進により平野において建立され、その後大坂に移転した(28)。その移転時期は明らかでないが、移転の大きな契機になったと推測されるのが大坂城下町における平野町の成立である。平野町は、平野の人々によって天正十一年(一五八三)に建設された大坂城下町の最初期の町である。そしてその平野町の西側に接して存在するのが谷町八

丁目寺町なのである。こうした関係を前提に考えると、平野と関係の深い久本寺が平野町の成立にあわせて移転したと考えるのが妥当ではなかろうか。寺町の誕生が平野町の成立と同じ天正十一年とみられることもその推定を助けるものである。

以上、事例はさほど多くないが、播磨や平野から大坂の寺町へ移入してきた寺院のあったことを指摘した。またそのほかにも寺町の成立以前の開創伝承をもつ寺院が一定存在することも述べてきた。これらの事実は大坂の寺町寺院が必ずしも新規開創寺院ばかりではなかったことを示している。

前述のように、京都においては天正十九年（一五九一）、それまで市中に散在していた寺院を整理・移転するこ

備考
天正元年（全）、開山円誉天正19年没（蓮）
天正８年（全）、開山導誉慶長元年没（蓮）
天正元年（全）、開山足利義昭子元和５年没（浄）
天正年中（全）、開山当麻寺奥院21世慶長11年没（浄）、天正18.3.27「大坂当麻寺」言経卿記、慶長12.2.6「大坂寺町天性寺之浄土之衆」鹿苑日録
慶長２年（全）、開基不明
正保元年（全）、開山大誉慶長８年没
慶長14年（全）、開山元和７年没（浄）
文禄元年（全）、開山寛永元年没（浄）
永禄11年（全）、開山永禄11年没（浄）
文禄３年（全）、開山後北条氏由縁・寛永７年没（全）
天正９年（全）、開山天正18年没（浄）
天正年中（全）、開山慶長17年没（浄）
慶長５年（全）、開山慶長14年没（浄）

備考
天正元年（全）、開山天正15年82歳没（浄）
寛永２年（全）、開山承応10年没（浄）
元和２年（全）、開山元和３年82歳没（浄）
慶長10年（全）、開山元和３年73歳没（浄）
慶長３年（全）、開山慶長３年没（浄）
寛永元年（全）、開山慶長７年没（浄）
不明（全）、開山慶長３年没（浄）
天正16年（全）、開山慶長16年没（浄）
慶長年中・もと浄土（全）、開基俊佐
天正７年（全）、開山元和３年没（浄）
天正19年（全）、開山慶長15年没（浄）
明暦元年（全）、開山慶長12年没（浄）
文禄元年（全）、開山慶長２年没（浄）
元和２年（全）、開山寛永11年没（浄）
慶長４年（全）

第4表　八丁目寺町の寺院

	寺号	宗旨	本末	開創年	開創・移転場所	現在地移転年	出典
1	大福寺	浄土	金戒光明寺	天正年中			蓮
2	念仏寺	浄土	金戒光明寺	天正年中			蓮
3	実相寺	浄土	知恩院	天正年中			浄
4	天性寺	浄土	知恩院	天正年中			浄
5	光明寺	浄土	知恩院	文禄3年			蓮
6	正念寺	浄土	知恩院	慶長2年			蓮
7	大念寺	浄土	知恩院	天正年中			浄
8	長楽寺	浄土	知恩院	文禄年中			浄
9	白雲寺	浄土	知恩院	永禄3年	大坂城北→当地	元和年中	浄
10	専念寺	浄土	知恩院	文禄年中			浄
11	誓願寺	浄土	知恩院	天正年中			浄
12	源光寺	浄土	知恩院	文禄3年			浄
13	西光院	浄土	知恩院	天正年中			浄

第5表　八丁目中寺町の寺院

	寺号	宗旨	本末	開創年	開創・移転場所	現在地移転年	出典
1	大通寺	浄土	知恩院	天正年中	伏見→町屋敷→寺屋敷	家康期	浄
2	栄松院	浄土	知恩院	天正年中			浄
3	極楽寺	浄土	知恩院	文禄年中			浄
4	龍淵寺	浄土	知恩院	天正年中			浄
5	誓安寺	浄土	知恩院	天正年中			浄
6	誓福寺	浄土	知恩院	天正年中			浄
7	無量寺	浄土	知恩院	天正年中			浄
8	天然寺	浄土	知恩院	天正年中			浄
9	梅松院	臨済(元浄土)	妙心寺	慶長年中			全
10	慶恩院	浄土	知恩院	天正年中			浄
11	超善寺	浄土	知恩院	文禄年中			浄
12	長安寺	浄土	知恩院	天正年中			浄
13	蓮生寺	浄土	知恩院	文禄年中			浄
14	竹林寺	浄土	知恩院	慶長年中			浄
15	西光寺	浄土	知恩院·専念寺	文禄年中			浄

注：いずれの寺院も開山檀林の記載なし。

とで寺町が創出されたが、それは京都には上京・下京という核になる都市が先行し、それを再編成して近世都市へ移行させせようとしたために採られた手段であった。

一方、大坂では、渡辺・四天王寺という中世都市の存在を前提としながら、その中間に大坂本願寺寺内およびその後の織田時代の大坂を包含した上町(大坂城地を含む)を建設し、さらに中島(天満、もと北渡辺)を連結して大規模な近世城下町を建設しようとしたのであった。こうした多様な前歴をもつ空間の存在が前提となっている点が大坂城下町の特徴であるが、そうした連結された中世都市からの移転によって寺町寺院が構成されたという痕跡は今のところ見出しがたい。むしろ少ない史料からではあるが、城下町建設に動員された秀吉旧領の播磨国や近隣都市平野との関連性がうかがえるのであり、またそれにさかのぼってみられた大坂本願寺退出後の流入寺院の再配置も含んで寺町が形成された可能性が高いのではなかろうか。城下町建設にともなう住人の移動との関連で寺院の移転がみられた点に、大坂の寺町建設のひとつの手法があったとみるべきだろう。

配置プラン　城南寺町における個別寺町の位置については特段変動の史料が知られていなかったため、当初より現在の配置であったという理解がなされてきた。しかし近年、先述のように、惣構を北端とする位置は文禄三年(一五九四)の惣構建設にともなう改造を受けた後の姿であり、それ以前は北限を内安堂寺町通に置いていたのではないかという見解が松尾信裕より提出されている。ここではこの点について考えてみたい。

内田は、内安堂寺町通からのちの惣構までの範囲にあった当初の寺町が惣構建設にともなって移転を余儀なくされ、それが平野町の東側では八丁目中寺町と八丁目東寺町に、西側では生玉筋中寺町(北)として再配置されることになったと推測した。その根拠として挙げたのが、移転した個別寺町の南北の長さ(東側では八丁目中寺町と八丁目東寺町の合計)が内安堂寺町通から惣構までの長さとほぼ一致するという点である。(29)

第6表　八丁目東寺町の寺院

	寺号	宗旨	本末	開創年	出典	備考
1	楞厳寺	浄土	知恩院	文禄年中	浄	慶長2年(全)
2	大善寺	浄土	智恩寺	文禄3年	蓮	慶長6年(全)、開基正誉寛永6年没
3	宗心寺	浄土	知恩院	慶長年中	浄	慶長3年(全)、開山寛永16年没(浄)
4	洞泉寺	浄土	知恩院	慶長年中	浄	永禄2年(全)、開山元和5年没(浄)
5	宗円寺	浄土	知恩院	慶長年中	浄	慶長3年(全)、開山明暦元年没(浄)
6	天龍院	浄土	智恩寺	天正14年	蓮	開基堆誉元和乙卯年没
7	拾万寺	浄土	光明寺	慶長2年	全	開基雪巣
8	法蔵院	浄土	知恩院	文禄年中	浄	天正5年(全)、開山元和2年没(浄)
9	仏心寺	浄土	知恩院	慶長年中	浄	寛永13年(全)、開山承応3年没(浄)
10	全慶院	浄土	知恩院	文禄年中	浄	慶長13年(全)、開山慶長19年没(浄)
11	宝樹寺	浄土	知恩院	文禄年中	浄	文禄2年(全)、開山元和2年没(浄)

注：いずれの寺院も開山檀林、開創、移転場所、現在地移転年の記載なし。

内田はこの寺町の当初の位置を町の長さからだけ推定しているが、ここではもっとも北に位置したと推測される八丁目東寺町、および生玉筋中寺町(北)に属する寺院の開創年代との間に矛盾が生じないかどうか検討してみたい。この二つの個別寺町が城南寺町の北端に位置したとすれば、もっとも大坂城に近い位置となるので、寺町の計画上、そこに配置される寺院、とりわけ最北端の寺院の開創が寺町建設、すなわち城下町建設の開始から大きく遅れるとは考えにくいからである。

八丁目東寺町の寺院の開創年代を第6表で確認してみたい。するとここでは天正年間の開創寺院は天龍院一ヵ寺しかなく、残りは文禄年間が五ヵ寺、慶長年間が五ヵ寺ということで圧倒的に文禄年間以降の開創寺院となっている。ただし注意すべきはその唯一天正年間(天正十四年＝一五八六)の開創と伝える天龍院が当寺町においてもっとも北に位置している事実である(第1図)。

ではもう一方の生玉筋中寺町(北)はどうであろう

か。同寺町についてはすでに紹介したように、寺院間で開創年代の幅はかなり広いが、もっとも北寄りに位置する本行寺が天正八年（一五八〇）、隣の蓮成寺が天正十九年（一五九一）と天正年間の開創を伝えているのは注目される（第2表・第1図）。本行寺は寺町成立と同時に開創地から寺町に寺基を移したと考えることも可能なので、生玉筋中寺町（北）が当初内安堂寺町通に近い位置に北端を合わせていたとみることを妨げるわけではない。

このように八丁目東寺町・生玉筋中寺町（北）ともに北端に位置する寺院を基準に考えると、城下町建設と同時に内安堂寺町通を北限とする寺町のプランが存在した可能性は充分あると考えられよう。

なおこの当初の寺町が文禄三年（一五九四）の惣構建設によって分断され、現在のような位置関係に置かれたとみた場合、注目される現象の存在に気づく。それは平野町の東側に位置する八丁目寺町・八丁目中寺町・八丁目東寺町・小橋寺町に文禄年中の開創と伝える寺院が散見され、さらに文禄年間でも具体的な開創年が記される事例のすべてが惣構の築造年である文禄三年なのである。その関連性を具体的に物語る史料は得られていないが、

備考
元和８年（全）、開山寛永９年没（浄）
元和２年または寛永元年（全）、開基証誉寛永16年没
慶長11年（全）、開基笈誉
慶安２年（全）、開基寂誉万治２年没
慶長10年（全）、開基栄誉
開基智誉元和９年没
開基頓誉
開基功誉慶安２年没
開基袋中寛永16年没、慶長初年開創・慶長16年寺院化（全）
天正14年（全）、開基寂誉
元和５年（全）、開山寛永16年没（浄）

備考
慶長２年中興（全）
寛永20年（全）、文禄年中（浄）、開山寛永21年没（浄）
文禄３年（全）、文禄年中（浄）、開山慶長11年没（浄）
慶長２年（全）、慶長年中（浄）、開山元和９年没（浄）
慶長11年（全）、慶長年中（浄）、開山寛永９年没（浄）
開山鏡誉寛永11年没
慶長17年（全）、慶長年中（浄）、開山寛永11年没（浄）
元和２年（全）、天正年中（浄）、開山慶長15年没（浄）
慶長３年（全）、慶長年中（浄）、開山寛永18年没（浄）
慶長年中（全・浄）
慶長17年（全）、慶長年中（浄）、開山寛永11年没（浄）、開山慶安２年没（浄）
寛永16年（全）

第7表　小橋寺町の寺院

	寺号	宗旨	本末	開山檀林	開創年	開創・移転場所	出典
1	心眼寺	浄土	知恩院		文禄年中		浄
2	興徳寺	真言	高野山高南院		天正頃中興		全
3	大応寺	浄土	智恩寺		文禄年中		蓮
4	伝長寺	浄土	智恩寺		慶長年中		蓮
5	本覚寺	浄土	智恩寺		慶長17年		蓮
6	西念寺	浄土	智恩寺		慶長年中		蓮
7	両岩寺	浄土	智恩寺		慶長15年		蓮
8	大円寺	浄土	智恩寺		慶長14年		蓮
9	慶伝寺	浄土	智恩寺		慶長17年		蓮
10	成道寺	浄土	智恩寺		慶長年中		蓮
11	宝国寺	浄土	智恩寺		文禄３年		蓮
12	最勝寺	浄土	知恩院		文禄年中		浄

第8表　生玉筋中寺町(南)の寺院

	寺号	宗旨	本末	開山檀林	開創年	開創・移転場所	出典
1	持明院	真言	仁和寺		慶長２年中興		全
2	安楽寺	浄土	知恩院		文禄５年＝慶長元年		浄
3	本誓寺	浄土	知恩院		文禄５年＝慶長元年		浄
4	一乗寺	浄土	知恩院		文禄５年＝慶長元年		浄
5	菩提寺	浄土	知恩院		慶長７年	五分一町→当地(移転年不明)	浄
6	法泉寺	浄土	知恩寺		文禄２年		蓮
7	法音寺	浄土	知恩院		文禄５年＝慶長元年		浄
8	隆専寺	浄土	知恩院		天正14年		浄
9	円通寺	浄土	知恩院	下総国生実大巌寺安誉	慶長３年	開山は京都専称寺→大坂浄国寺→円通寺建立→堺遍照寺	浄
10	清恩寺	浄土	知恩院		慶長14年		浄
11	大乗寺	浄土	知恩院	下総国生実大巌寺安誉	慶長６年	淡路町→五分一町→当地(移転年不明)	浄
12	堂閣寺	法華	妙満寺		寛永16年		全

まったくの偶然とも考えにくいだろう。惣構の築造がこれら個別寺町の移転と固定化をもたらすことになったわけだが、それが契機となって構成寺院の出入りや空閑地の充塡＝寺院の移入等の現象が生じたこともあったのではなかろうか。ここではそうした可能性のあることを指摘しておきたい。

なお、内安堂寺町通が寺町の当初の北限とされた点については、内安堂寺町通が中世にさかのぼる可能性をもつ東西道であること（本書第一部第一章参照）に注目する必要があると考えている。秀吉の大坂城下町建設において、新規の都市空間として面的に建設されたのは渡辺・四天王寺の間に挟まれ、大坂城の膝下に位置することになった上町である。その範囲は地勢的にみると、北限は大川、東限は大坂城、西限は上町台地西縁辺部（「浜路」付近）とみなせよう。残る南限が問題となるが、これについては南にあった四天王寺の空間と上町を結ぶ場所が平野町だったので、その平野町の北限が上町の南限という理解になるわけだが、先述のとおり発掘調査により寺町の北限が推定される地区においてなんらかの基準となりうるものを探すと、この内安堂寺町通となろう。西縁辺の「浜路」同様、中世の道が近世都市の外郭ラインとして採用されたとの説を本章では提起しておきたい。

以上のように、八丁目東寺町と生玉筋中寺町（北）においてもっとも北に配置される寺院の開創が天正十一年（一五八三）よりさほど下るものではないことが確認されたことから、城南寺町は当初

備考
開基伝誉寛永３年没
慶長７年(全)、開基念誉慶長18年没(蓮)
元和元年(全)、開基良誉寛永６年没(蓮)
開基大誉寛永６年没
開基照誉寛文３年87歳没
開基住誉、慶長18年没
寛永３年(全)、慶長年中(浄)
当初大福寺(全)、開基縁誉慶長３年没(蓮)
文禄２年島之内で創建、延享４年に現在地(全)、文禄年中(浄)
開基大誉寛永６年没
開基念誉元和３年没
開基荘誉寛永８年没

第9表　生玉寺町の寺院

	寺号	宗旨	本末	開山檀林	開創年	開創・移転場所	出典
1	齢延寺	禅			元和9年(全)		
2	光善寺	浄土	金戒光明寺		慶長元年		蓮
3	大善寺	浄土	金戒光明寺		慶長17年		蓮
4	増福寺	浄土	金戒光明寺		慶長7年		蓮
5	浄運寺	浄土	金戒光明寺		慶長5年		蓮
6	長円寺	浄土	知恩寺		慶長11年		蓮
7	宝泉寺	浄土	金戒光明寺		慶長6年		蓮
8	宝国寺	浄土	知恩院・大宝寺		慶長7年		浄
9	銀山寺	浄土	金戒光明寺		天正19年		蓮
10	大宝寺	浄土	知恩院	下総国生実大厳寺安誉	文禄元年	島之内か (延享4年移転)	浄
11	大安寺	浄土	金戒光明寺		慶長元年		蓮
12	西方寺	浄土	金戒光明寺		文禄2年		蓮
13	九応寺	浄土	金戒光明寺		慶長18年		蓮

内安堂寺町通を北端としてプランが作成され、天満寺町同様に端(ただし城南寺町は北端)に寺院を設置するところから実際の建設を始めたものとみなすのが妥当ではないかと思われるのである。

しかし、文禄三年(一五九四)の惣構建設により、寺町と平野町の一部は惣構内に取り込まれることになった。そのため寺町の一部は移転をやむなくされたが、一方でこの移転によって個別寺町の配置は確立し、それを契機として新たな寺院開創がみられるなどし、寺町は完成へと向かうことになったのであった。

ただ一方で、城南寺町自体は惣構の外側に位置することになったわけで、のちに城下町外としてのあつかいを受ける道がここからはじまった点も確認しておかなければならない。その点を含め、文禄三年は城南寺町の歴史のなかで大きな画期となったと理解しておきたい。

三　信仰面からみた寺町――真宗寺院をめぐって

次に寺町の意義を信仰面から考えてみたい。その際の手がかりは、先に述べた構成寺院から真宗寺院が排除されているという点である。大坂の寺町寺院は主として浄土・真言・法華の寺院から構成され、京都同様、真宗寺院は一ヵ寺も入っていない。中世において大坂寺内町とその周辺村落には真宗寺院が存在しており[30]、城下町建設開始後も城下町に散在したままであったことが知られるので[31]、やはり意図的に寺町から真宗寺院がのぞかれたといわざるをえないだろう。

この件の背景については、先述のように肉食妻帯の問題があるという小野晃嗣の指摘があり、その後伊藤毅は真宗寺院が中世以来当地に分布していたことが既得権益化したものであったという解釈を示した[32]。

伊藤はその根拠となる史料を提示していないが、小野は自説の論拠として次の史料に触れているので、まずはこれをみてみたい。

【史料5】「大坂濫觴書一件」元禄十二年(一六九九)[33]

一、東西本願寺門徒宗末寺ハ元来肉喰妻帯之宗門、其上先年公儀へ敵たひ候趣意も在候ニ付、町家同様之取斗ニ被仰付、市中所々ニ而勝手次第道場を建、丁人同様公役丁役等相勤候様被仰渡候、

これは十七世紀末の史料であるが、その段階で大坂市中に東西本願寺の末寺が散在し公役・町役を負担している理由について、末寺が肉食妻帯であるうえに、かつて公儀へ敵対する意思をみせたためと述べている。公儀への敵対とは本願寺と織田信長とのあいだに繰り広げられたいわゆる「石山合戦」を指すと解されている。

肉食妻帯や信長への敵対という点では、本山の本願寺も末寺となんら違いはない。しかし、少し下るが、文禄四年(一五九五)九月二十五日に京都で執りおこなわれた大仏千僧供養には「一向宗」の僧が真言・天台・律・五

山・日蓮・浄土・遊行の各宗と並んで参加していることから、本願寺自体が他の寺院と違うあつかいを受けていたわけではない。そうなると、この史料は真宗のなかでも在地寺院に特有の事情が背景となっていることを示唆することになろう。

そこで真宗教団の末端に位置していた在地寺院(末寺)の状況をみていくと、それらの前近代における存在形態は、寺号をもたない道場あるいは惣道場が一般的であった。これらは本願寺教団の近世化が進むにつれて寺号を獲得し、制度的にも寺院として位置づけられていったが、畿内・北陸ではその後も道場という形態が多く残った。

そうした道場を維持運営したのは、道場主である。彼らは半僧半俗であったり、共同体の長を兼ねたりというのが常態であり、多くが専門僧ではなかった。また道場の外観もいわゆる寺院建築ではなく、一般の町家や農家と区別がつかないものが多かった。こうした道場という形態は真宗以外でも存在していたが、とりわけ真宗に顕著なものであり、それらが本格的に寺院化を遂げていった時期は寛永期〜延宝期であったと考えられている[34]。つまり、本章で対象としている時期の真宗末寺は道場・惣道場として存在していたところが多かったのであり、その点で他宗と比較した場合、真宗は寺院としての体制整備(専門僧・建築と荘厳)が進んでいなかったとみなされるのである。

こうした真宗末寺の特徴は、浄土宗と比較することでより明らかとなる。著者は先に融通念佛宗の研究のなかで、十六世紀末〜十七世紀初頭にかけて融通念佛宗の檀那が同宗を去り、浄土宗の檀那へと変わっていったことを指摘した。そしてその理由として、祖先崇拝の盛行にともない民衆側が死者の葬送・回向の実施を求めたこと、それを実現するためには、半僧半俗であった融通念佛宗の僧侶より知識持＝専門僧が確立しつつあった浄土宗のほうが檀那の宗教的欲求に合致していたことを指摘した。そしてこの現象は同時期における広範な「家」の成立に連動するものと理解されるのである[35]。つまり戦国期から近世初頭にかけての社会が寺院に求めたものは「僧侶らしい僧侶」(専門僧)と「寺院らしい寺院」の外観を備えた浄土宗寺院のような存在だったのであり、真宗はそれに対する対応が「遅れた」のであった。

じつはこうした真宗寺院の状況は、他宗でも一定程度みられたものであった。【史料1】で述べられている僧侶の生活倫理の問題も、当時そうした姿が仏教界に広くみられたことに由来していると思われる。ただし、そうしたなかでも浄土宗はいち早く社会の欲求に応じ、体制の確立に動いていったのに対し、真宗は立ち遅れたのであった。

以上のような特徴と社会的評価、そして身分制確立の動きが真宗末寺を「寺院」ではなく町家としてあつかい、寺町から除外する理由のひとつとなったのではなかろうか。逆にいえば、秀吉のそうした民衆の宗教に対する要望を的確に見抜いた結果が、寺院統制のひとつのあらわれである寺町のありかたに反映されたといえるのではなかろうか。

大坂には中世段階から多数の真宗寺院が存在し、大坂城下町建設直前にも相当数存在していたはずである。それに対する対応も近世都市の濫觴である大坂が取り組む必要があった。宗教勢力を武力により圧伏させるのではなく、支配機構の一部に組み込んでいくという基調のなかで、秀吉は当時の社会と宗教の関係を観察し、両者の新しい関係の建設に舵を切ったと考える次第である。

四　秀吉関連の城下町と寺町

ここまで豊臣大坂城下町における寺町について検討してきた。内田はこの大坂の寺町は寺町の濫觴と位置づけられると述べ、評価したが、具体的に大坂に先行する城下町の事例が検討されたわけではない。そこで、ここでは秀吉が大坂以前に建設した城下町や、そのもと主君であった織田信長が建設した城下町における寺院配置の状況を確認し、それらと比較することで、都市史における大坂の寺町の位置づけを考えてみたい。

（1）尾張小牧

小牧城下町は小牧山城と同時に織田信長が永禄六年（一五六三）に建設を開始し、同十年までの四年間存続した。城下町の西半分に南北方向の両側町が東西に四条並ぶ帯状街区が存在し、東半分には北部に武家地、南部に寺院があったと推定されている[36]（第2図）。そのほか小牧山南麓にも多数の寺院があったとも[37]、城下町の南西部にある「西林寺山」に寺町の存在を想定する向きもある[38]。武家地の南側に寺院が推定されている根拠は、同地の南端を東西方向に通る道が「善光寺筋」（善光寺の去就は不明）と呼ばれていることと、その推定区画では短冊形地割がみられず一定の広さをもつ区画が確認されるためである[39]。ただそのいずれの場所においてもこれまでに寺院跡が発掘調査で確認されたことはないため、寺院の存在は推測されるものの、その存在形態（単独なのか寺町を形成

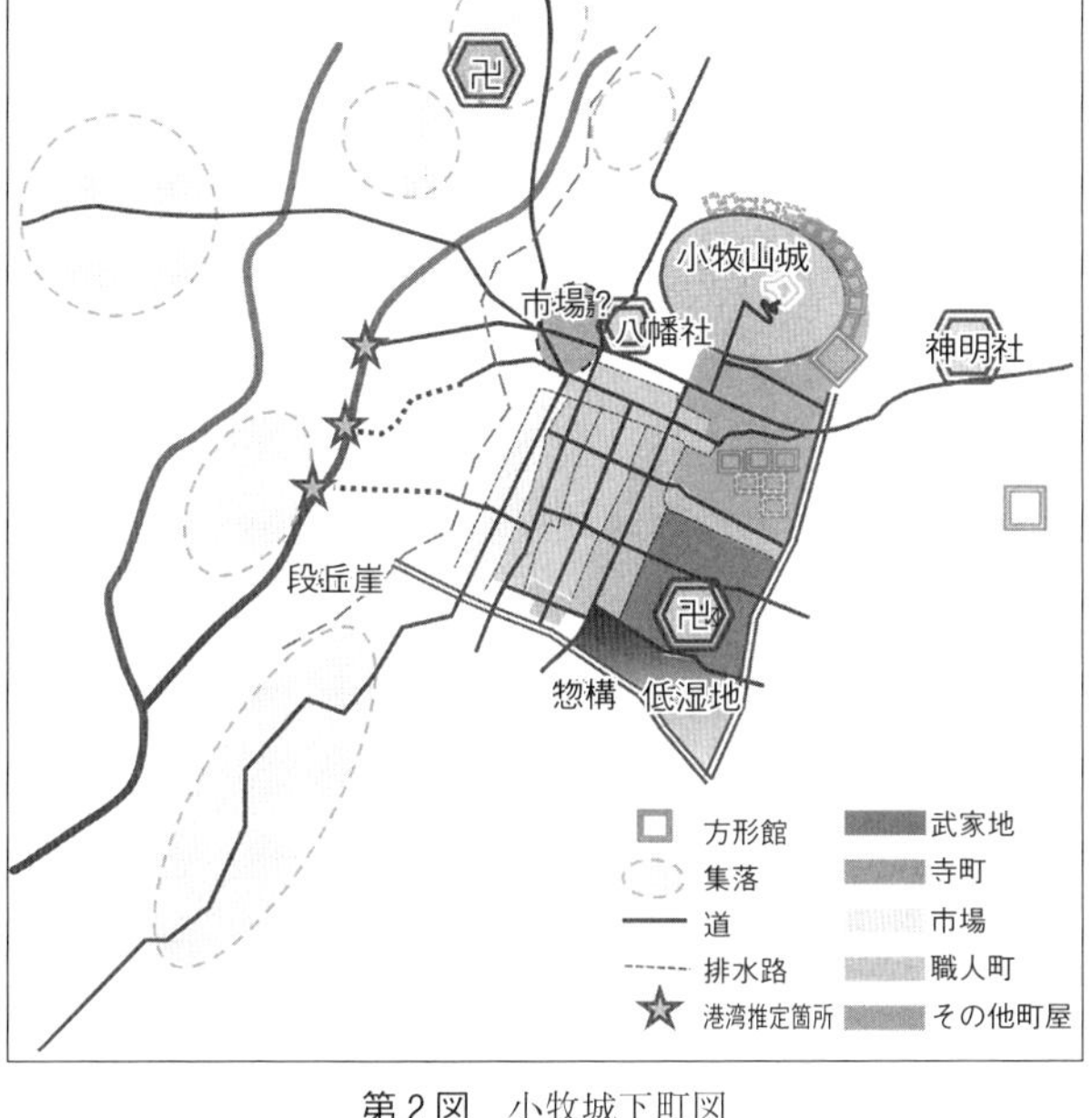

第2図　小牧城下町図

しているのか）については今後の検討課題である。

（2）近江長浜

長浜城下町は秀吉自身が天正二年（一五七四）に築城を始め、城下町もそれと並行して建設が進められたと考えられている。長浜はもと今浜と呼ばれた場所であったが、秀吉の新しい都市計画のもとに新規に城下町が建設された。その点で大坂城下町に近い歩みをもっている。なお、現在の町割りは基本的に秀吉時代の城下町を踏襲していることが明らかにされている（第3図）[40]。

長浜城下町における寺院は第10表のとおりだが、これらと先行研究による指摘事項[41]をまとめると、以下のことがいえよう。

①長浜城下町内の寺院は多くが小谷城落城を契機に移転してきたものである。したがって移転時期は天正初めとなろう。

②寺院の所在地は、秀吉によって小谷から移されたとされる「横町」（南北方向の通り）の各町に散在しており、寺町のような寺院の集合地はみられない。

第10表　長浜城下町の寺院

寺院名	宗旨	寺地	移転年	備考
知善院	天台律	浅井郡小谷城下大谷→知善院町	天正年中に移転、秀吉命により建立（近）	
浄琳寺	真宗	浅井郡尊勝寺村→上呉服町	天正元年小谷城落城につき現在地移転（志）	
善隆寺	真宗	浅井郡小谷山下→鍛冶屋町	天正元年小谷城落城につき現在地移転（志）	
願養寺	真宗	浅井郡小谷村→西北町→下呉服町	長浜城建設時に西北町へ 延宝5年に下呉服町へ（志）	もと天台
妙法寺	法華	浅井郡小谷村→南片町	秀吉に信任せられて現在地移転（志）	もと天台
徳勝寺	曹洞	浅井郡小谷村清水谷→長浜城内→田町	小谷廃亡の後に長浜移転（近） 田町へは慶長11年移転	

注1：『長浜市史　第2巻　秀吉の登場』（長浜市役所、1998年）所収表9「小谷から移った伝承寺院」（302頁）に加筆して作成。

2：出典は以下のとおり。（近）：『近江国輿地志略』。（志）：『近江長濱町志』。

加えて「知善院町」という町名が注目される。この呼称が天正期までさかのぼるかどうか不明であるが、個別寺院の寺号を冠した町名は通常寺町ではみられないものであり、むしろ寺院を中心とした小「寺内」の存在をうかがわせるものである。中世寺院の存在形態の継承を想起させるものといえよう。

以上のような状況から、長浜においては近世的な寺町は成立していなかったと考えられ、むしろ独立性の強い

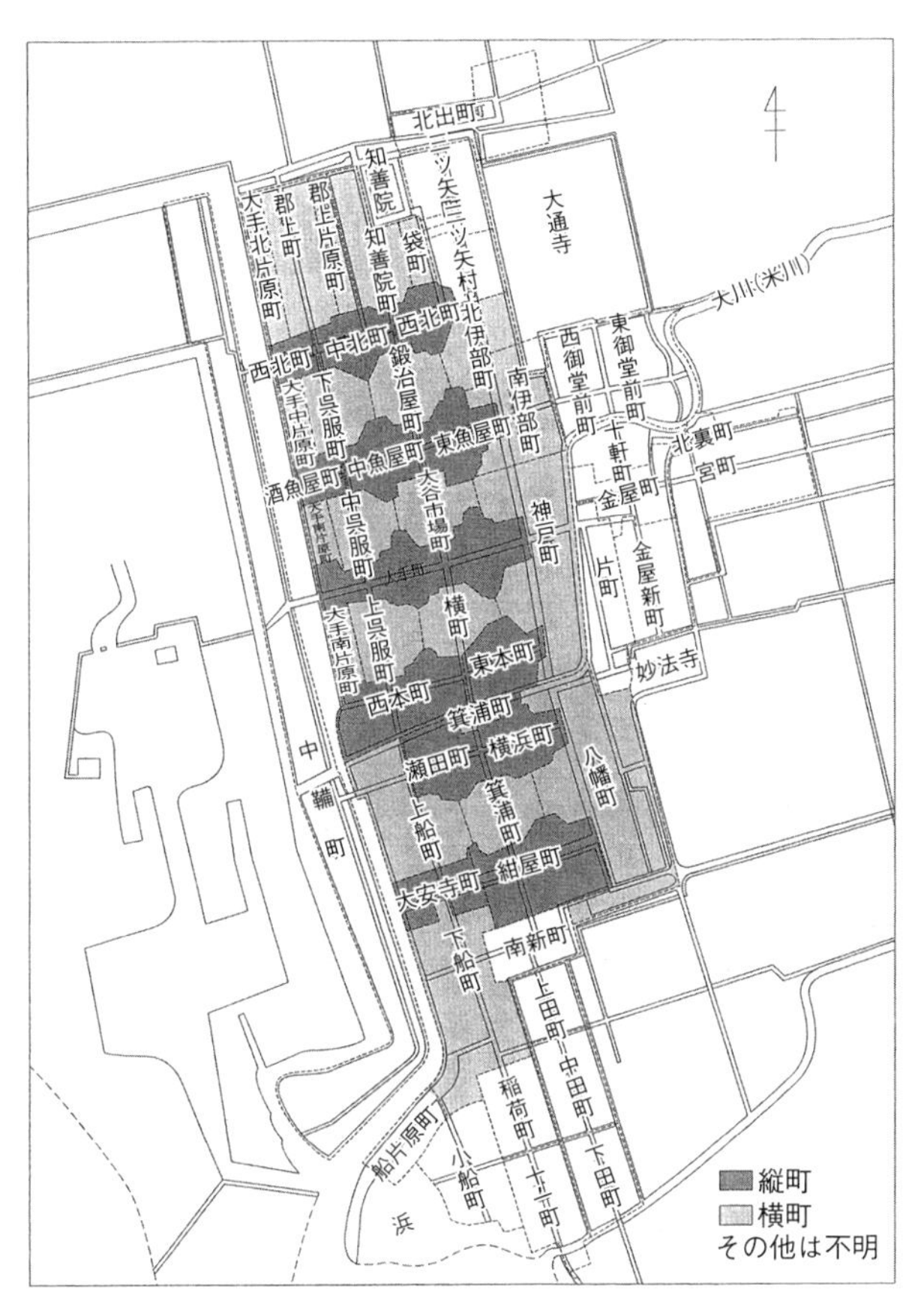

第３図　長浜城下町図
注：註(40)『長浜市史　第２巻　秀吉の登場』より。

寺院が城下町内に点在する形がみられたことに注目しておきたい。

（3）　播磨姫路

秀吉は天正五年（一五七七）、播磨周辺の攻略を目指し姫路をその拠点に位置づけた。また同八年（一五八〇）、主君織田信長から姫路在城を指示されている（『信長公記』天正八年四月二十四日条）。秀吉はまもなく姫路に近い英賀（あが）より町人を移住させ市場を立てさせ、城下の興行を目指した(42)。

姫路は中世には府中の所在地であり、総社も存在したことから都市空間が先行し、それを前提に秀吉が城下町を建設したと想定されるが、秀吉時代の姫路の空間構造はよくわかっていない(43)。城下の寺院にかかわる史料も未確認だが、慶長五年（一六〇〇）の関ヶ原の戦い後に姫路に入部した池田輝政は、姫路城の内曲輪・中曲輪を建設するにあたってそれらの地にあった寺社を外曲輪に移転させ、そのなかには寺町を構成する寺院もあったといわれる(44)。したがって、それ以前の寺院は城下町に散在する形であったと推測される。

ところで、姫路の北側に連続する在町である野里（のざと）には「寺町」が存在した。野里は有力土豪である芥田氏の本願地で、のち姫路城下町に組み込まれた経緯をもつ。ここの「寺町」の初見は天正十五年（一五八七）十月二十八日付の木下家定年貢米割付状（芥田文書）である。ただし、その由来は中世に同地に曼陀羅寺があったことによるようで、複数の寺院の存在に由来する町名ではない模様である(45)。在町のなかの寺町呼称であり、城下町において政策的に設けられた寺町とは性格の違いが感じられる。

以上、大坂城下町に先行する秀吉関連の城下町における寺院配置の状況をみてきた。その結果、小牧では状況が不明であったが、秀吉が城主であった長浜・姫路については寺院の存在が確認できた。ただし、その配置については町等へ分散して存在する形をとっており、集合する寺町の形態にはなっていなかったことが判明した。したがって、寺院を計画的に集合配置した寺町については、現段階では大坂を初源と考えるのが妥当ではなかろうか。

おわりに――大坂の寺町の意義

ここまで、大坂城下町の寺町について検討してきた。その結果をまとめると次のようになろう。

(1) 成立過程

まず寺町誕生の時期であるが、天満寺町および城南寺町の北半分(八丁目寺町・八丁目中寺町・八丁目東寺町・生玉筋中寺町(北)・谷町八丁目寺町)については、天正十一年(一五八三)の城下町建設開始にあわせて建設プランができあがっていたとみてよかろう。とくに城南寺町でこの点を明らかにできたことで、先行研究の成果を補強することができたと思われる。

次に寺院の出自と寺町の成立の関係である。伊藤毅は、寺院は新規に創建されたものであり、また個別寺町で宗旨・宗派がかなり明瞭に分けられているのは事前に教団側と設計者(権力)側で調整が図られたためと理解した。たしかに宗旨・宗派別構成が明瞭な状況は事前調整なしでは実現できないだろう。ただその一方で、寺院を基本新規開創であるとした点には賛同できない。それは城南寺町の谷町八丁目寺町にある妙光寺が秀吉ゆかりの播磨からの移転であることや、平野町建設に携わった平野町人ゆかりの久本寺の移入が判明したためである。こうした事例は、実際にはさらに多かったのではなかろうか。城郭・都市建設には膨大な労働力の動員が必要であり、秀吉は大坂建設のために多くの人々を大坂に集めた。それらの人々の大坂移住に連動して大坂に移転・集結する寺院があったと考えても不思議ではなかろう。こうした契機による寺院を寺町を構成するグループのひとつとみてよいものと思われる。

もうひとつ想定されるグループとしては、寺町成立以前に大坂の地にあった寺院である。この点については、開創年代が天正十一年(一五八三)よりさかのぼりながら旧地を伝えていない寺院が該当する。これに該当する寺院は今回新たに由緒を紹介した法華宗寺院に限らず、『大阪府全志』によれば浄土宗寺院にもみられた。したがって、このグループに属する寺院も一定数存在したと考えてよいのではないかと考えている。その具体的な旧地が解明できていない点は残念であるが、大坂近隣にあった寺院が再編され、寺町に集められた可能性がある点で大きな意味をもつといえよう。

京都では、上京・下京が再編成される過程のなかで市中に散在していた寺院は寺地を失い、それらが集められて寺町が形成された。大坂の場合、そこまで明快な移行時の状況は確認できないが、大坂本願寺退去直後のタイミングで開創したと伝える寺院の存在は、それらが大坂本願寺・寺内町旧地やその隣接地にいったん流入し、のち大坂城下町建設にともなって寺町へ集約された可能性を示しているとみておきたい。

これまで大坂の寺町については、天正十一年(一五八三)の城下町建設開始にあわせて新規に寺院が開創することで建設されたと説明されてきたが、本章では城下町建設を担わせるために秀吉が動員した人々の出身地域との関連性や、城下町以前から存在する寺院の動向に目を向ける必要性のあることを指摘した。大坂城下町の寺町は、大坂城建設直前の大坂の状況を前提とし、さらに大坂城下町の建設経緯と結びついたものであったことを確認しておきたい。

(2)　配置と平面形態

次に寺町の配置と平面形態についてまとめておきたい。

まず配置であるが、天満寺町については、天満地区の北端部に片町状に南向きで配されている。一方城南寺町

（北半分）は内田が提起したように、当初内安堂寺町通を北限とし平野町を挟みながら南北方向に配されている（その後も北端の位置に変更はみられたが南北方位は不動である）。寺町は最初に紹介したようにしばしば防禦的役割を目的に設置されたといわれる。その点でいえば、城南寺町の場合は大坂城の最大の弱点である南面部分に東西方向に配置しなければならないが、実際は南北方向となっていることから、大坂城の防禦という観点では説明できないであろう。

この城南寺町の配置の意味を考える際に参考となるのが、個別寺町が二条の平野町を挟んで東西に一条ずつ配置されているという平面形態である。この形態については伊藤毅が「初期の城下建設と直接連動した計画」だったとした。城下町建設との関連性を指摘した点は傾聴すべきであるが、その「連動」の具体的な意味についての説明はみられなかった。私見では、この点については、寺町と平野町を組み合わせ、面的に広がる帯状街区を建設しようとしたのではないかと考えている。

道を挟んで家屋が向かい合う両側町はもともと一本街村状の景観として出現した経緯がある。それが複数横に並ぶ帯状街区としては織田政権下の城下町においてみられるようになっていく（初見は永禄六年〈一五六三〉建設開始の尾張小牧で、四条からなる帯状街区が存在する）。

豊臣大坂城下町における街区建設の経過をみていくと、上町台地上においては、中世から存在した一本街村の東側に並行するもう一条の道がつくられ、その二条の道を挟む両側町が整備されてあわせて平野町と称した（本書第三部第一章）。したがって、平野町としては二条の道からなる最小規模の帯状街区を形成したことになるが、実際にはさらにその東西外側に寺町を一条ずつ配置されており、全体として東西四条の帯状街区が実現する形となっている。

平野町同様、初期の豊臣大坂城下町において存在した帯状街区としては、上町と渡辺を結ぶ地区に存在した二条あるいは三条に復元される街区が指摘されているが[46]、この平野町とその両側の寺町からなる街区が大坂城下町のなかでもっとも都市的な街区を構成していたとみるべきだろう。

こうした空間が城下町建設当初より平野町一帯において実現可能だったのは、ひとつに平野町人の経済力が投入されることで町・寺院が建設できたという事情が背景にあったと推測しておきたい。そしてこうした核となる町の存在は寺町寺院の誘致・建設にあたっても有利な条件になったと推測されるのである。

このように、城南寺町は単に寺院を集めて寺町を建設したというだけではなく、城下町建設の一環としての帯状街区の建設に寄与するという役割を担った点にその意義を見出しておきたい。

(3)　宗教面

大坂の寺町は、伊藤毅が指摘するように教団側との一定の交渉を経て実現したことはまちがいない。つまり、それは教団側としても寺院の移転や、真宗寺院の場合は寺町から排除されるということも了解済だったことを意味している。そうした教団側の動きの背景には、当時の宗教に対する社会の要請があり、さらに秀吉が寺社を支配の体制側に立たせようとし、寺社側も教団体制の確立のためにそれを受け入れたという事情があろう[47]。

秀吉は信長と違い、根来寺の事例をのぞき、寺社との武力衝突に及ぶことがなかった。秀吉政権期に入って寺町が成立した背景には、秀吉が信長とは宗教教団に対する方針が違っていたことがあるものと考えられる。

豊臣大坂城下町の寺町は、以上のような経過と背景をもって成立した。とくに完成された近世城下町の寺町との比較でいえば、天満寺町と城南寺町とで配置と平面形態が違うという点が大きな特色といえよう。このように画一的なかたちをとっていないところが興味深いが、これはそれぞれの担った役割が違っていたことに由来するものと考えられる（内裏建設と、天王寺との間を結ぶ町場建設）。こうした状況は、大坂固有の城下町建設の経緯に規制されたがゆえの特徴とみることが可能かと思われる。ただし、城南寺町の平面形態については、江戸でも初期の本町通で同様のものが存在したことが玉井哲雄によって指摘されている[48]。新規で建設された都市の、空間建設の一手法としてとらえる必要があるかもしれない。大坂の寺町はその点でも注目されるべき存在といえよう。

（1）小野晃嗣が紹介した小瀬甫庵「永禄以来物之初」にみえる次の記載は寺町呼称に関する初期のものといえる（『近世城下町の研究　増補版』法政大学出版局、一九九三年）。

秀吉公御代之事

一、寺々をかた付寺町と号し、洛中ことの外よくなりし事、

（2）吉田伸之「城下町の構造と展開」（『新体系日本史六　都市社会史』山川出版社、二〇〇一年。のち吉田伸之『伝統都市・江戸』東京大学出版会、二〇一二年に再収）。

（3）註（1）小野著書。原田伴彦「近世都市と寺町」（永島福太郎先生退職記念会編『日本歴史の構造と展開』山川出版社、一九八三年）。以下、小野・原田両氏の見解はこれらの論著による。

（4）内田九州男「城下町大坂」（『日本名城集成　大坂城』小学館、一九八五年）、以下内田①。

（5）伊藤毅「中世都市と寺院」（『日本都市史入門Ⅰ　空間』東京大学出版会、一九八九年）、以下伊藤①。同「大坂の寺町」（高橋康夫・吉田伸之・宮本雅明・伊藤毅編『図集日本都市史』東京大学出版会、一九九三年）、以下伊藤②。

（6）『フロイス日本史2　豊臣秀吉篇Ⅱ』中央公論社、一九七七年。

（7）『十六・七世紀イエズス会日本報告集　第Ⅰ期第一巻』同朋舎出版、一九八七年。

（8）伊藤①。

（9）吉田伸之『近世都市社会の身分構造』東京大学出版会、一九九八年。なお、塚田孝は大坂本願寺寺内の六町が役負担の単位として存在していることや、各町に住む職人・商人を町人と認めることができることから、この寺内の町・町人

に「近世大坂の出発を見ることができる」と述べている(『歴史のなかの大坂』岩波書店、二〇〇二年)。

(10)　内田①。同「豊臣秀吉の大坂建設」(『よみがえる中世二　本願寺から天下一へ　大坂』平凡社、一九八九年)、以下内田②。同「秀吉の遷都構想と大坂の都市建設」(『歴史科学』一七六号、二〇〇四年)、以下内田③。

(11)　伊藤毅「近世都市と寺院」(『日本の近世九　都市の時代』中央公論社、一九九二年)、以下伊藤③。

(12)　豊臣前期(一五八三～九八)の早い段階における天満は一般的に中島と呼ばれていたが、本章では便宜的に天満と一括する。また、大坂城の南から四天王寺にかけて上町台地上に展開した寺町を一括する場合、本章では城南寺町と称す。

(13)　内田①。

(14)　伊藤③。

(15)　井上正『大阪府全志』大阪府全志発行所、一九二二年。

(16)　伊藤③。

(17)　内田②。

(18)　伊藤③。

(19)　同右。

(20)　同右。

(21)　鈴木慎一「妙光寺伝来の豊臣秀吉書状について」(『大阪の歴史と文化財』三号、大阪市教育委員会、一九九九年)。豆谷浩之「内田九州男氏の近世大坂成立史研究について」(『歴史科学』一七六号、二〇〇四年)。以下、両氏の見解はすべてこれらの論文による。

(22)　伊藤③。

(23)　松尾信裕「戦国時代の大坂」(小野正敏・萩原三雄編『戦国時代の考古学』高志書院、二〇〇三年)。以下、松尾の見解はすべてこれによる。

(24)　内田③。

(25)　宗旨を問わず、寺町寺院の存在が一次史料で検証できる事例はきわめて少ない。そのなかで『言経卿記』に登場する二ヵ寺は貴重な事例なので、ここで確認をしておきたい。一ヵ寺は誓願寺である。天正十四年(一五八六)正月十八日条に「大坂誓願寺」と登場する。誓願寺は八丁目寺町に所在する浄土宗寺院で、『浄土宗寺院由緒書』には天正年中の開創（開山は天正十八年没）とあり、出典は不明だが『大阪府全志』では天正九年（一五八一）の開創とする。もう一ヵ寺は当麻寺である。天正十八年（一五九〇）三月二十七日条に「大坂当麻寺」と記される。じつは当麻寺という寺号の寺院は「大坂」すなわち上町においては確認できない。ただし、八丁目寺町の天性寺が山号を当麻山とし、開山は当麻寺奥院の二十一世であった。かつ『浄土宗寺院由緒書』によれば同寺は天正年中の開創（開山は慶長十一年没）と伝えていることから、この当麻寺が天性寺のことを指している可能性はあると思われる。天性寺は『鹿苑日録』慶長十二年（一六〇七）二月六日条に「大坂寺町天性寺之浄土衆」とも記されている。なお、生玉筋中寺町（南）には「当麻院」という名の寺院も存在した。これは一乗寺の院号ではないかと推測されるので（『浄土宗寺院由緒書』）、参考までに記す。

(26) 天正十年に織田信長が本能寺の変で倒れた段階で、のちの大坂城地には津田信澄が入っていたことが知られている（『鷺森日記』天正十年六月二日条）。

(27) 本願寺教如が大坂を退出するにあたり、織田信長は町人の大坂残留を認めていた（仁木宏『空間・公・共同体』青木書店、一九九七年）。

(28) 櫻井敏雄「久本寺の遺構に関する研究」（『近畿大学理工学部研究報告』三九、二〇〇三年）。

(29) 内田③。

(30) 拙稿「戦国期大坂の本願寺門徒衆と寺院」（渡辺武館長退職記念論集刊行会編『大坂城と城下町』思文閣出版、二〇〇〇年）。

(31) 拙稿「近世初期の都市大坂と真宗寺院――『大坂惣末寺衆由緒書』の分析を通して――」（大阪真宗史研究会編『真宗教団の構造と地域社会』清文堂出版、二〇〇五年）。

(32) 伊藤②。

(33) 『大阪市史』第五、大阪市参事会、一九一一年。

(34) 道場に関することは、澤博勝「道場主」（高埜利彦編『民間に生きる宗教者』吉川弘文館、二〇〇〇年）を参照した。

(35) 拙稿「近世融通念佛宗の成立と民衆」（『大阪歴史博物館研究紀要』一五号、二〇一七年）。

(36) 小野友記子「小牧山城と小牧城下町」（新・清洲会議実行委員会編『守護所シンポジウム2@清洲　新・清洲会議資料

集』二〇一四年)。
(37) 千田嘉博「小牧城下町の復元的考察」(『ヒストリア』一二三号、一九八九年)。
(38) 鈴木正貴「信長を生んだ戦国尾張——発掘された尾張守護所——」(『戦国あいち　信長の見た城館・陶磁・世界』愛知県埋蔵文化財センター、二〇一二年)。
(39) 註(36)小野論文。
(40) 太田浩司「長浜城下町」(仁木宏・松尾信裕編『信長の城下町』高志書院、二〇〇八年)。『長浜市史　第二巻　秀吉の登場』長浜市役所、一九九八年。
(41) 註40太田論文。
(42) 推定天正八年六月十九日付「羽柴秀吉条々写」(『紀伊続風土記　第三輯』巌南堂書店、一九一〇年)。
(43) 多田暢久「姫路城下町」(註40『信長の城下町』)。
(44) 『姫路市史　第一四巻　別編　姫路城』姫路市、一九八八年。
(45) 『日本歴史地名体系　兵庫県の地名Ⅱ』(平凡社、一九九九年)「野里」項。
(46) 松尾信裕によれば、同地では島町・石町の二条、あるいは高麗橋通・浮世小路・今橋通の三条からなる帯状街区が復元される(「豊臣期大坂城下町の成立と展開」〈『ヒストリア』一九三号、二〇〇五年〉)。
(47) 伊藤真昭『京都の寺社と豊臣政権』法藏館、二〇〇三年。
(48) 玉井哲雄「都市の計画と建設」(『岩波講座日本通史　第一一巻　近世一』岩波書店、一九九三年)。

第五章

大坂の陣後の町の復興と玉造地区の武家地転換
――高津屋史料の紹介をかねて

はじめに

慶長二十年（一六一五）五月七日、大坂夏の陣によって豊臣秀吉が築城した大坂城は落城し、大坂の町もその戦火により荒廃した。徳川家康は早速、自らの外孫である松平忠明を大坂復興の責任者として任じ、同年（元和元年）六月、忠明は天満・船場の町地子五千石ほかを知行として与えられて大坂へ入部した。忠明は在坂期間が元和五年までと短かったせいか、彼の事蹟に関する確かな史料はほとんど伝わらず、その間の具体的な復興の過程についてもよくわかっていないのが実状である(1)。

そうしたなかでこのたび、作成年代は十八世紀後半に下るものの、大坂の陣後における町の復興、および玉造地区の武家地への転換過程をうかがうことのできる史料に接することができた。そこで、本章ではその史料を全文翻刻して内容を紹介するとともに、十七世紀における徳川時代の大坂の町の復興とその変容過程の一端を明らかにしたいと思う。

一　「乍恐御願奉申上候」の翻刻と概要

当該の史料は天明六年（一七八六）十一月十八日に作成された、玉造平野口町年寄の高津屋吉右衛門による「乍恐御願奉申上候」（以下、本史料）である。まずはその翻刻を掲げる（闕字・台頭は残した。なお便宜上、囲み数字をふった）。

【史料1】

乍恐御願奉申上候
玉造平野口町年寄
高津屋吉右衛門

先年御役屋鋪地面御用相勤候者ニ御座候、当時困窮仕候ニ付御拝借之御願

一、私七代以前先祖吉右衛門儀、大坂御陣御平均之後、被為　御召出、上町分町割仕候様被為　仰付、御上意請町割仕差上申候、其節町場打余り地其外御陣場跡・御外曲輪御堀埋跡等被　下置開発仕候処、高四百石余御座候、然ル処右開発地之内先年御城代様御屋敷幷御定番様御組其外御地役様方御役屋鋪地之御用被為　仰付、当時減少仕、高弐百石余相続支配仕、吉右衛門肝煎地と相唱罷在候御事、

一、台徳院様御上洛之御時、先祖吉右衛門被為　御召出、大坂町廻り神社仏閣御案内仕候様被為　仰付相勤申候、其節為　御褒美御毛氈被　下置、難有頂戴仕候御事、

一、先祖吉右衛門儀、大坂惣年寄役儀被為　仰付難有相勤申候処、病身ニ付役儀御免奉願上、夫ゟ私祖父迄本弐拾八町年寄相勤罷在候御事、

一、右開発依頼御用地相勤候高反別乍恐左ニ奉申上候、

①高四石九斗七升八合　　聚楽町南裏
是ハ寛文八申年御蔵方御同心様御屋敷地御用為　仰付、奉差上候、

②高七石　　上堺町南裏
是ハ寛永年中阿部備中守様御屋鋪地御用被為　仰付、奉差上候、

③高壱斗五升四合　　山家屋町北裏
右同断

④高弐斗三升壱合　　仁右衛門町西裏
右同断

⑤高四石九斗八升　　玉造　算用曲輪東南之下
是ハ承応三午年保科弾正忠様御与力様屋鋪地御用被為　仰付、奉差上候、

⑥高弐石八斗壱升九合　　森村北之堀端
右同断

⑦高四石六斗壱升三合　　鈴木町南裏
此反別四反四畝十歩
是ハ貞享元子年万年長十郎様御代官御屋鋪地御用被為　仰付、奉差上候、

⑧高弐石九斗三升弐合
此反別弐反三畝十歩
是ハ元禄十弐卯年御破損方御同心様御屋敷地御用被為　仰付奉差上候、

⑨高壱石八斗五升六合
　此反別弐反三畝弐歩
是ハ元禄十弐卯年御具足御奉行様御屋敷地御用被為　仰付奉差上候、
右之分ハ延宝五巳年青山大膳亮様御検地帳面ヲ以御用地相勤候諸書記在之候御事、

⑩高拾壱石七升
　此反別壱町壱反壱畝拾九歩
是ハ鈴木三郎九郎様御代官之御時、慶安弐丑年曾我丹波守様・松平隼人正様御勤役之御時御改之上
御金御奉行様・御具足御奉行様御同心様御屋敷地御用被為　仰付奉差上候、

⑪高壱石九斗七升弐合
　此反別壱反六畝十三歩
是ハ鈴木三郎九郎様御代官之御時、承応三午年曾我丹波守様・松平隼人正様御勤役之御時御改之上
保科弾正忠様御同心様御屋敷地御用被為　仰付奉差上候、

⑫高八石九斗四升弐合
　此反別八反壱畝十九歩
是ハ鈴木三郎九郎様御代官之御時、寛文八申年彦坂壱岐守様・石丸石見守様御勤役之御時御改之上御

蔵方御同心様拾弐人之御屋敷地御用被為　仰付奉差上候、

⑬高五石壱斗弐升弐合

此反別四反六畝十七歩

是ハ鈴木三郎九郎様御代官之御時、寛文八申年彦坂壱岐守様・石丸石見守様御勤役之御時御改之

上御蔵御奉行様御屋敷地御用被為　仰付奉差上候、

⑭高拾弐石八斗

此反別壱町六反歩

是ハ先年清水谷東裏ニ而阿部備中守様御屋鋪地御用被為　仰付奉差上候、右之分者慶安弐丑年古

検地帳面御用地相勤候諸書記在之候御事、

⑮御用地高合六拾八石七斗六升九合

外ニ五拾三石余

是ハ元和六年上町再住之町人屋鋪地面不足ニ差出申候、

右之通先祖吉右衛門開発之地所数口御役屋敷地御用相勤申候、尤先祖吉右衛門義御用相勤候節者、相応

ニ相暮シ麦飯ニ而も心易給候得者御替地幷地代銀等も不奉願上、其侭御用相勤申候御義御座候処、数代

相続之内段々困窮仕、別而私儀幼年之節、親共ニ相離れ何卒取続申度程之難義仕、漸家名相続ハ仕候得

共此節ニ至誠困窮身ニ逼り、且夕之煙も渇々ニ立候様成行、乍恐

東照御神君様御吉例之御場所等迄被下置難有開発仕候処、家名難取続、乍恐先祖之勤労空敷相成り可申候哉

と何程歟歎ヶ敷奉存候、就中先祖吉右衛門御用地相勤候節、御替地之儀も不奉申上候段、全子孫之興廃之程も無覚不存候故御用向等其侭ニ而相勤置候儀と乍恐奉存候、且又先年差上候御用御屋鋪地之内、御不用ニ而御明屋敷ニ相成候場所ハ先規私江御返シ被成下候場所も御座候、前書ニ奉申上候通、私ニ至別而困窮仕候ニ付、今般奉恐入候得共、左之通御願奉申上候、何卒御憐愍ヲ以御聞済被成下候ハ、取続ニも相成難有奉存候御事、

一、御金千両

右御慈悲ヲ以今般御拝借被成下度御願奉申上候御金六拾分之金之積りヲ以弐朱之御利足之銀壱貫四百四拾目御元銀之内江年々五百目都合壱貫九百四拾目宛納仕度奉存候、尤身元慥成者ヲ請負人ニ相立乍恐奉願上候、先祖吉右衛門儀所々御役屋敷地御用相勤候儀ニ御座候得者、右御願奉申上候通候、何卒御慈悲ヲ以御聞済被成下御拝借被為　仰付被下置候ハ、累代之家名取続相成、私幷子孫之者共ハ不及申上、乍恐先祖之者共勤労も相顕シ広太無辺之御仁慈生々世々難有可奉存候、以上、

天明六丙午年十一月十八日　　高津屋

吉右衛門

御奉行様

まず、本章の関心に立って本史料の要点を時間軸に沿ってまとめると次のようになる。

Ａ　大坂玉造平野口町年寄高津屋吉右衛門の七代前の吉右衛門が、慶長二十年（一六一五）の大坂夏の陣後に上町の分の「町割」をおこなうよう公儀より命ぜられ、実施した。

Ｂ　その際、町場とするに余った土地や大坂の陣の陣場跡・大坂城の外曲輪の堀を埋めた跡の地をたまわって「開発」をおこない、それは高四百石余に達した。

Ⓒ それらの開発地はのちに城代屋敷や定番・幕府役人衆の屋敷地として収公されて減少したが、残る高二百石余については相続を続け、その地を吉右衛門肝煎地と称した[2]。

Ⓓ 土地の減少のため高津屋は困窮し、大坂夏の陣以来の経過を説明したうえで幕府に借金千両を申し入れた。

本史料の趣旨は、高津屋が困窮にいたる経緯を述べ幕府へ借金を依頼するというものであるが、その経緯の部分において大坂の陣後の町割りやその後の幕府用地の確保に貢献した実績を主張している。本章はその部分に注目したい。

二　高津屋吉右衛門家に関する史料

この高津屋吉右衛門家にかかわって従来知られていた史料・記述は限定的であるが、最初にそれを確認しておきたい。

【史料2】「玉造平野口町并吉右衛門肝煎地湯屋株前書」[3]

寛政四子年七月、吉右衛門肝煎地庄屋玉造平野口町年寄兼帯高津屋吉右衛門儀、先祖之者へ被下地之内、先年所々御役屋敷ニ差上置候処、近年不如意ニ付取続為助成、平野口町限り通用湯屋株壱軒（中略）都合五株奉願上候処、御免被成候、

まず高津屋吉右衛門についてであるが、吉右衛門が同名の肝煎地庄屋と平野口町年寄を兼帯していたこと、先祖に下された土地のなかから幕府関連の屋敷地を提供したこと、近年になって困窮していることが述べられている。この【史料2】は高津家伝来の史料をもとに作成されたと思われ、内容的に本史料との齟齬はみられないが、高津屋の事績については簡単な記述にとどまっている。

続けて吉右衛門肝煎地であるが、その存在は以前からよく知られており、下記のような説明がなされてきたと

ころである。

【史料3】『大阪府全志』[4]

吉右衛門肝煎地は元和以降大坂城定番屬吏の邸宅を設けたる剰余の畑地を、高津屋吉右衛門に肝煎せしめられたるより此の称起れりといふ。

これは吉右衛門肝煎地に対する代表的な解説であり、これ以降、この解説が引用されることが多い[5]。ただし、この内容は典拠が明らかでないうえに、本史料のⒸ部分のみを述べた文章となっているので、その前提となる動きがわからない。それに対し、本史料は高津屋吉右衛門による町割りへの関与から始め、肝煎地の成立にいたる経過が順序立てて述べられているため、全体像が理解できる点で重要である。

このように高津屋に関する既知の史料・記述がいずれも断片的なものにとどまっているのに対し、本史料は時間軸にそって高津屋の事蹟、とくに大坂の陣後の町の復興、および玉造地区の武家地への転換という十七世紀の大坂の都市史に関する重要事項への関与について述べている点で注目されるのである。そこで、以下では大坂の陣からの復興と玉造地区の武家地への転換について、関連史料とともに詳しく検討していくことにしたい。

三　大坂の陣からの復興

まず大坂の陣からの復興について、元和年間の実際の動きをみていきたい。前述のように大坂の陣の直後、松平忠明が大坂へ入部したが、その時に忠明がおこなった復興策についてよく知られているのは次の史料である。

【史料4】「大坂濫觴書一件」元禄十二年（一六九九）[6]

元和二辰年大坂地割付被仰付候、御外廓御取払之節、御城内八町内玉造り伏見坂町・笠屋町・東伊勢町等他所へ替地被仰付、同二月丁割出来、始而水帳差出候様被仰付、

この史料は、元和二年（一六一六）二月に町割りが命ぜられ、その際「外郭」（惣構や三ノ丸の区画装置か）[7]が壊平されて市街地として開放され、惣構内にあった伏見坂町などに替地が与えられ町の整理がおこなわれたこと、およびそれが二月に完成し初めて水帳が作成されたことを伝えている。

このうち、伏見坂町などへの替地提供については、内田九州男により伏見町人の大坂移住そのものが元和五年以降と論証されているため、この記述をそのまま元和二年段階のものと受けとることはできない[8]。ただし、町割りについては大坂夏の陣終結後まもなく着手されたことは次の史料から明らかである。

【史料5】『新訂　本光国師日記』元和元年九月二十日条[9]

一、同日松首座大坂ゟ上ル、松下総殿・山清大夫十九日之返状来、清大夫方ゟハ、大坂町屋敷相渡由申来也、

【史料6】『新訂　本光国師日記』元和二年十二月二日条[10]

一、同日、大阪（ママ）之町屋敷年貢出候へと書付来、案左ニ有、本文を者吉右衛門ニ持せ、大阪（ママ）松首座方へ遣ス、

御年貢米之事

合拾弐匁七分者

辰ノ十二月二日　　　　内平野町

金地院分

これらによれば、金地院崇伝は元和元年（一六一五）九月、山田清大夫より大坂で屋敷（内平野町所在）が確保された旨を告げられ、翌年から地子を納めたことがわかる[11]。内平野町は、豊臣期より町人地であった上町にあった町（大坂城の西側で惣構の内側）である。よって、これらの史料から上町では元和元年より早々に復興がはじまり、まもなく町割り・屋敷割りにいたった様子が知られるのである。

一方、豊臣後期には武家地が広がっていたと推測される玉造地区でも元和五年（一六一九）九月頃には屋敷割り

が施行されようとする状況であった。

【史料7】『新訂　本光国師日記』元和五年九月六日条[12]

大坂屋敷割候者、算用場之隣、覚長老屋敷申請候様ニ御肝煎頼入之由申遣ス、

ここにみえる算用場とは玉造地区に接した豊臣大坂城南東角の曲輪のことで、もともと周囲に堀をめぐらせていた。ここではその算用場の隣接地で屋敷割りがおこなわれるということなので、これをもって内田九州男は【史料4】に記された松平忠明の施政下とされる「外郭」の撤廃とは、じつはこの元和五年、すなわち忠明移封後の直轄事業である可能性が高いとした[13]。もっとも忠明の大和郡山移封はわずか二ヵ月前の同年七月のことだったので、少なくとも算用場の堀の埋め立てについては、忠明期より開始されていた可能性も捨てきれない。

いずれにしても、復興のための町割り・屋敷割りが松平忠明期の元和元年から元和五年の直轄後にかけて、上町・玉造地区において実施されたことはまちがいなかろう（ただしその指示主体が忠明と幕府に明確に区分できるのかは不明である）。

では、こうした動きのなかで、高津屋吉右衛門がかかわった「町割」と「開発」はどのように位置づけられるのであろうか。前掲Ⓐおよび Ⓑの内容を再度確認してみたい。

まずⒶであるが、町割りについて開始時期は明記されないものの場所は上町だったと記す。上町の復興が元和元年（一六一五）よりはじまったことは【史料5・6】から明らかであり、かつ復興は城下町の中心部である上町からはじまったと考えるのが自然なので、Ⓐについては元和元年（文字通り「大坂御陣御平均之後」）のことと考えるのが妥当である。

一方、Ⓑについても具体的な年代は記されていないが、大坂城外曲輪の堀を埋めた跡の地を受けとったという内容に着目すると、それは【史料4】の「御外郭御取払」という動きや【史料7】と一連のものである可能性が

あろう。よって、元和五年前後に堀の埋め立て等が実施され、下されたその跡地の開発にたずさわったというこ
とになろう。

したがって、高津屋吉右衛門は忠明期から直轄期にかけて、「町割」や「開発」という行為を通して大坂の復興に関与したことになる。そして、本史料⑮に「是ハ元和六年上町再住之町人屋鋪地面不足ニ差出申候」と書かれていることから、直轄期に入っても継続して屋敷割りの実務を担っていたのがわかるのであるが、その前提として高津屋は復興地の所持、さらには資金提供をおこなって復興にたずさわったというのが実態ではなかったのだろうか。

このようにみてくると、大坂の復興は政治支配体制的には忠明期と直轄期の二時期にまたがっておこなわれたが、実際の復興は高津屋のような有力町人の請け負いによって、二時期をまたいで継続的に取り組まれたといえるのではなかろうか。

以上、大坂の陣からの復興に際し、高津屋の関与がみられ、またその関与は支配体制に変化がみられたとしても継続した可能性のあることを述べてきた。これは大坂の復興が事実上、体制側から在地側に委ねられて実現したことを示唆しているものと思われる。

なお、【史料7】の元和五年（一六一九）といえば、徳川大坂城の第一期工事が元和五年九月十六日に幕府年寄から普請担当大名へ発令されていることが想起される(14)。この時の屋敷割りが徳川大坂城の築城と何らかの関係をもっていたのか、現段階では不明であるが、今後の課題としたい(15)。

四　徳川期における武家地の拡大

本史料では高津屋が支配地のなかから定番や幕府役人衆の屋敷地として土地を譲渡したことも記されている。

第１表　高津屋肝煎地より収公された土地

No.	史料No.	譲渡年		名称	譲渡地	高	面積	備考
1	②	寛永年中	1624～44	阿部備中守正次屋敷地	上堺町南裏	7石	（記載なし）	定番：寛永3（1626).4.6～正保4（1647).11.14
2	③	寛永年中	1624～44	阿部備中守正次屋敷地	山家屋町北裏	1斗5升4合	（記載なし）	定番：寛永3（1626).4.6～正保4（1647).11.14
3	④	寛永年中	1624～44	阿部備中守正次屋敷地	仁右衛門町西裏	2斗3升1合	（記載なし）	定番：寛永3（1626).4.6～正保4（1647).11.14
4	⑭	先年		阿部備中守正次屋敷地	清水谷東裏	12石8斗	1升6反	定番：寛永3（1626).4.6～正保4（1647).11.14
5	⑩	慶安2	1649	金奉行･具足奉行同心屋敷地	（記載なし）	11石7升	1町1反1畝19歩	
6	⑤	承応3	1654	保科弾正忠正貞与力屋敷地	玉造算用曲輪東南之下	4石9斗8升	（記載なし）	玉造口定番：慶安元(1648).6.26～万治3（1660).11.21 ?
7	⑥	承応3	1654	保科弾正忠正貞与力屋敷地	森村北之堀端	2石8斗1升9合	（記載なし）	玉造口定番：慶安元(1648).6.26～万治3（1660).11.21 ?
8	⑪	承応3	1654	保科弾正忠正貞与力屋敷地	（記載なし）	1石9斗7升2合	（記載なし）	玉造口定番：慶安元(1648).6.26～万治3（1660).11.21 ?
9	①	寛文8	1668	御蔵方同心屋敷地	聚楽町南裏	4石9斗7升8合	（記載なし）	
10	⑫	寛文8	1668	御蔵方同心12人屋敷地	（記載なし）	8石9斗4升2合	8反1畝19歩	
11	⑬	寛文8	1668	御蔵奉行屋敷地	（記載なし）	5石1斗2升2合	4反6畝17歩	
12	⑦	貞享元	1684	万年長十郎代官屋敷地	鈴木町南裏	4石6斗1升3合	4反4畝10歩	代官：延宝5（1677)～（正徳5（1715)没）
13	⑧	元禄12	1699	破損方同心屋敷地	（記載なし）	2石9斗3升2合	2反3畝10歩	
14	⑨	元禄12	1699	具足奉行屋敷地	（記載なし）	1石8斗5升6合	2反3畝2歩	

それを年代順に整理したのが第1表である。これらは譲渡先と譲渡された時期を勘案すると、三つ程度のグループに分類できそうである。

まずは№1〜4である。これは寛永年中に、阿部備中守正次の屋敷地として提供されたグループである。ここはのちの大坂城代屋敷において寺山屋敷（№1・3）、十三小路屋敷（№2）、清水谷屋敷（№4）と称される場所である。阿部正次は寛永三年（一六二六）に定番衆の一人として着任した人物である。宮本裕次によれば、阿部は元和五年の大坂直轄化にともない伏見城から移ってきた内藤信正の後任であることから、阿部が入った屋敷地はもともと内藤が居住していた、大坂では最初の武家地だった可能性が高いという[16]。阿部の屋敷地は寛永八年あるいは九年と推測される「大坂城幷町中絵図」（個人蔵。以下、寛永図[17]）ではすでに大坂城大手門前から南側にかけて広がっている（「阿部備中守者屋敷」）様子がわかる。この寛永図と本史料との関係をみてみると、№1〜3の譲渡地は「大坂城幷町中絵図」ですでに阿部屋敷として表記されるが、№4の清水谷については図外となっており確認できない。この阿部正次の清水谷屋敷については拙稿で触れたことがあるが、承応三年（一六五四）までには成立していると考えられる「大坂絵図」（篠山市教育委員会蔵。以下、承応図）に同屋敷が描かれている[18]。この承応図は正保四年（一六四七）に没した阿部正次の名を残したままであるところに問題があるが、その部分が改訂されないままに制作されたと推測されるので、阿部の在任中に清水谷まで屋敷が拡大したものと拙稿では考えたが、№4の内容はそれを補うものとなる。№4ではその時期を「先年」と書いているが、№1〜3の「寛永年間」とは別の書き方になっているので、清水谷屋敷の成立は寺山・十三小路の屋敷より遅れた寛永以降、正保初年に下るかもしれない。

なお、№1〜3にくらべると№4はさらに大坂城から遠い。宮本が推定した内藤信正からの継承地の場所は明確でないが、おそらくは大坂城にもっとも近い位置を想定すべきで、その後、その南側に位置する№1〜3そしてNo.4という順に高津屋支配地を入手することで、阿部屋敷は南へ拡大していったとみるのが妥当ではなかろうか。[19]

次はNo.6～8のグループである。これは承応三年（一六五四）に、玉造口定番であった保科弾正忠正貞の与力屋敷にあてられたとある。保科は慶安元年（一六四八）六月二十六日に着任し、万治三年（一六六〇）までその職にあった。保科の着任後の屋敷範囲をもっともよく示すのは明暦元年（一六五五）「大坂三郷町絵図」（大阪歴史博物館蔵。以下、明暦図。[20]四七頁）であるが、これは与力屋敷を増やした承応三年の後の状況となってしまうので、その屋敷地の変遷を知ろうと思えば、現状では前述の寛永図（この段階では前任の定番稲垣摂津守重綱屋敷）および承応図との対比で考える以外に手はない。

そこで具体的な場所表記のないNo.8をのぞいたNo.6・7とこれらの図を比較してみると興味深いことがわかる。No.6の「玉造算用曲輪東南之下」付近では、寛永図・承応図によれば町人地を挟んで東西に稲垣屋敷が配置され、承応図ではその町人地を東伊勢町・北新町と記している。またNo.7は「森村北之堀端」だが、これはその表記から猫間川西岸の定番屋敷隣接地のことと考えられる。

ところが後の明暦図になるとこの部分は玉造口定番下屋敷へと変わっていることがわかる。

じつをいうと、No.6～8の動きのあった承応三年とは、保科の与力同心の人数増加にともない、隣接する町家を下博労地区へ移転させ、跡地を屋敷地として吸収した年であった。おそらくは東伊勢町等と同時に近接する高津屋支配地も吸収し、定番の屋敷地を拡大させたのであろう。この承応三年の措置によって玉造で東西に分かれていた定番屋敷がひとつの大きな塊となって大坂城をその東から南にかけて大きく覆うことになったのであり、定番機能の充実を図り、大坂城の防衛をより強固なものにする動きの一環だったことがわかる。

残るNo.5・9～14はいわゆる大坂代官と六役に含まれる大坂役人衆関連の屋敷地である。ここで特徴的なのは、

№9～11の三ヵ所が蔵奉行関連でかつ譲渡年が寛文八年（一六六八）に集中していることと、№13・14は破損奉行・具足奉行と譲渡先が別々でありながら二ヵ所の譲渡年が元禄十二年（一六九九）に重なっていることである。これらの年に集中している理由は未詳であるが、奉行や同心用地として提供されているので、ここでは組織改編などの動きが背景にあったと推測しておく。

なお、大坂役人衆の屋敷地の位置については、明示されているのは№9蔵方同心屋敷の聚楽町南裏、№12万年長十郎屋敷地の鈴木町南裏という二ヵ所のみである。大坂役人衆の屋敷地自体はすでに寛永図においてもみられ、それらは大坂城と大手通・谷町筋・町奉行屋敷地に囲まれた位置と、上町筋・上堺町・谷町筋・農人橋通に囲まれた位置に集中しているが、その後の明暦図をみると、後者の範囲はさらに南方へ拡大していっている様子がわかる。№9・12はまさにそこに含まれており、それ以外の屋敷地についてもこの地域に置かれた可能性は少なくないだろう。

高津屋は上堺町以南にも広く土地を支配していたのであり、それらから大坂役人衆の屋敷地が提供されたのであった。肝煎地として幕末まで残った場所は現在の天王寺北端に広がっていたことは『大阪市史　附図』の第五図（天保十四年）[21]から知られる。この段階でも肝煎地はけっして狭くないが、それに当初肝煎地だった役人衆の屋敷地をあわせると、高津屋が当初復興にかかわった土地は相当な広がりをもっていたと推測されるのである。

おわりに

以上、高津屋史料を紹介し、そこから高津屋吉右衛門が大坂の陣後の復興を担って上町の町割りをおこなったり、堀跡の開発事業にたずさわったりしたこと、その際誕生した土地を支配し、そのなかから幕府用地を提供したことについて述べてきた。また当初の復興は元和初年から少なくとも六年までは続き、その後寛永年間からは高津屋の支配地が幕府用地として譲渡され、それは十七世紀いっぱい継続したのであった。高津屋が支配していた土地は広さ・分布とも相当な規模に達しており、高津屋が大坂の陣後の復興に果たした役割は看過できないものがある。なお高津屋の立場であるが、繰り返しになるが、先祖吉右衛門が上町分の町割りを命ぜられ、土地開発も担ったとされること、父までは惣年寄を務めていたがのちに退き二十八町の町年寄を務めたことが本史料で述べられているので、高津屋は町方支配にたずさわる元締衆の一人ではなかったかと推測されよう。[22]

本史料が今後さまざまなかたちで活用されることを希望する次第である。

（1）内田九州男「大坂三郷の成立」（『大阪の歴史』七号、一九八二年）。中村博司「松平忠明の大坂城「三ノ丸壊平・市街地開放」をめぐって」（『日本歴史』七三九号、二〇〇九年）。このうち内田は、長らく忠明時代の事蹟のひとつとされてきた伏見町人の大坂移住は元和五年（一六一九）の、彼が大坂を去った後のことと指摘している。内田は、従来忠明の事蹟とされてきたものの多くが直轄時代になってからのものと述べている。

（2）天和三年（一六八三）頃の「摂津国御料私領村高帳」（大阪府立中之島図書館蔵）に載せられた「吉右衛門肝煎」は高二三八石余と記される。

（3）「株仲間名前帳前書巻五」（『大阪市史　第五』大阪市参事会、一九一一年）。

（4）井上正雄『大阪府全志　巻之三』一九二二年。

（5）平凡社地方資料センター編『日本歴史地名大系二八　大阪府の地名Ⅰ』（平凡社、一九八六年）「吉右衛門肝煎地」項。

（6）註（3）『大阪市史　第五』。

（7）拙稿において、惣構を外周のライン、三ノ丸をその惣構と二ノ丸の間のエリアと解釈しており（本書第三部第二章）本章もそれを前提としている。「外郭」といえばまっさきに惣構が想定されるが、三ノ丸内では慶長三年（一五九八）に武家地の囲い込みがおこなわれているので、それにともなって何らかの「外郭」が設置されていた可能性もある。

（8）註（1）内田論文。拙稿「伏見組に関する一考察――伏見組町名を載せる大坂絵図を手がかりに――」（『大阪歴史博物館研究紀要』一一号、二〇一三年)でも提示したが、伏見坂町は伏見町人の移住によって成立した町であり、東伊勢町も名称の前提となる伊勢町が当初伏見伊勢町と呼ばれていたことから、東伊勢町の成立も伏見町人の移住後となるのはまちがいない。

(9)『新訂　本光国師日記　第三巻』続群書類従完成会、一九六八年。

(10)『新訂　本光国師日記　第四巻』続群書類従完成会、一九七〇年。

(11)内田九州男「近世初頭大坂三郷の地子について」(『大阪の歴史』一七号、一九八九年)。

(12)註(10)に同じ。

(13)註(11)内田論文。

(14)中村博司「大阪城再築の経過と普請参加大名の編成」(大坂歴史学会編『大坂城再築と東六甲の石切丁場』大阪歴史学会、二〇〇九年)。

(15)第一期徳川大坂城の普請は二ノ丸の北部とされ、算用場のある位置とは正反対である点に留意する必要があると思われる。

(16)宮本裕次「江戸時代大坂城周辺の武家地について」(『大阪城天守閣紀要』三九号、二〇一一年)。

(17)「大坂城幷町中絵図」(『日本名城集成　大坂城』小学館、一九八五年)。

(18)拙稿「絵図にみる十七世紀大坂城下町の武家地の動向――篠山藩青山家伝来の絵図の検討から――」(『特別展　天下の城下町　大坂と江戸』大阪歴史博物館、二〇一三年)。

(19)宮本裕次は、阿部屋敷について寛永十五年(一六三八)以降に拡大した可能性を指摘している(註16宮本論文)。

(20)明暦元年「大坂三郷町絵図」(大阪市立大学大学院文学研究科都市文化研究センター・大阪歴史博物館編『大阪歴史博物館所蔵明暦元年大坂三郷町絵図』二〇〇八年)。

(21)『大阪市史　附図』大阪市参事会、一九一一年。

(22)元締衆とは「大坂三郷町中御取立承伝記」(註3『大阪市史　第五』)に「長崎・京都・江戸・大坂・堺五ヶ所ニ而、身体手厚町人御改之上、糸割符人数御定被成候、大坂表右人数之内由緒之家柄衆御撰出シ被成、町方支配被仰付、元〆衆と唱、御年貢地子銀取集メ未進等ハ取替、下総守様へ上納被致候、町々年寄も元〆ゟ被極候由」といわれる富豪衆だった。

〔付記〕　最後となりましたが、史料の使用をご許可いただいた飯嶋信治氏および仲介の労をとっていただいた奈良拓弥氏に厚く御礼申し上げます。

補論1 「丁目」史料からみた豊臣大坂城下町の空間構造

はじめに

天正十一年(一五八三)に始まった豊臣大坂城下町の初期段階における建設の方向性とその経過についてはすでに述べたところである(本書第三部第一章)。ただし、城下町の具体的な空間構造を考えようとした場合、その手がかりとなる当時の一次史料はきわめて少ない。そのため、発掘調査成果や「明治十九年大阪実測図」等の検討もあわせておこない、その実態を明らかにしていく必要がある(1)。

そこで、本稿では出土遺物や文献史料に書き記された三件の「丁目」表記に注目してみたい。その表記とは、「(○○町)××丁目」という形式のものである。この「××丁目」という呼称は、一定の広さをもって存在した街区を前提に生まれたものと推測されるので、その当時の都市空間の整備状況をうかがううえで貴重な手がかりになると考えられる。推測に頼るところは多くなるものの、豊臣大坂城下町の建設経過を参考にしつつ、この「丁目」表記から大坂城下町の実態にせまってみたいと思う。

まず、本稿の前提となる大坂城下町建設の概要を簡単にまとめておきたい。大坂城下町は天正十一年より建設が開始された。手はじめにおこなわれたのは、南では天王寺との間を結ぶ平野町の建設であり、北では渡辺との間を結ぶ島町の建設であった。こうして中世都市を吸収しながら面的な都市の建設へと進んでいった。

発掘成果と現存地割を中心に検討した松尾信裕は、上町地区と船場地区において以下のような街区の建設段階があったと述べている[2]。上町地区では、第一段階として天正十一年（一五八三）より島町を中心とした街区から整備が開始され、続けて第二段階として、その南に続く釣鐘町から大手通までが、慶長三年（一五九八）にかけて建設された。ここまでがいわゆる豊臣前期の街区形成である。そして、慶長三年以降の豊臣後期に入って大手通よりさらに南側で街区が建設されるようになったとする（第三段階）。

船場地区では、第一段階において島町の西に続く高麗橋通の街区が形成された。その南側に続く道修町から唐物町（現在の中央大通北側）付近にかけては豊臣後期に入ったのち、すなわち第三段階をまって街区建設が始まり、さらに唐物町以南は慶長二十年（一六一五）までのあいだに建設されたという（第四段階）。船場地区は早くから人の居住は確認できるものの、豊臣秀吉が没した慶長三年以降、本格的に街区の整備がおこなわれたという理解である。

一方、大川を挟んで北側に位置する天満（中島）地区は当初京都より内裏を移転させる構想があったものの実現せず、天正十三年（一五八五）に秀吉が本願寺を貝塚より移転させ、その寺内が開かれることになった。近年、この地区の発掘成果の集大成をおこなった南秀雄は、本願寺の所在地を現在の造幣局敷地にあて、寺内の町場についてはその西側に展開したこと、および天正十九年（一五九一）の本願寺京都移転後も中島地区ではとりたてて遺構・遺物の断絶が見られないことから、天満の城下町は徳川期にかけて順調に発展を続けたと指摘している[3]。

一　「六丁目」丸碗

では「丁目」史料の検討を始めたい。最初にとりあげるのは、墨書された「六丁目」という表記である。これによって上町の街区を考えてみたい。

この「六丁目」を記す遺物は、旧大阪市立中央体育館敷地（現大阪歴史博物館、大坂城二ノ丸の南西角の外側）内から出土した瀬戸美濃焼鉄釉丸碗で、その外底面に「六丁目　妙善　井ツハラ　卯ノ年祈」の墨書が記されている（第1図）。この「卯ノ年」については、共伴遺物等の年代観から天正十九年（一五九一）にあたるとの報告がなされたところである。[4] ここではそれに従うこととする。

第1図　瀬戸美濃焼鉄釉丸碗

そうなると、この「六丁目」は天正十九年段階で存在した丁目呼称と理解できるわけだが、この墨書を考えるうえでもっとも問題となるのは、町名が記されていないという事実である。あとでとりあげる「八丁目」の例もあるので、単に記すスペースがないためなのか、あるいはこれで完結したものである可能性も排除できないが、そもそもこの表記だけでは、これが大坂の町を指したものとは確定できない。ただ「六丁目」といえば、ひとつの町が一方向に最低でも六つの街区を連続させる必要があり、またそれほどの規模の町が一本街村にとどまるとは考えにくいので、最低でも町が複数並列する構造の、計画的な平面プランの存在が前提になるとみられよう。そして、そうした空間をもつ都市が天正段階においてどこにでもあるというわけではないだろう。よって、ここではこの遺物が大坂で出土した点を重視し、この「六丁目」が大坂城下町の街区を示しているものと考えて論を進めることにする。

「六丁目」という表記にかかわってもっとも関心が持たれるのは、東西方向に

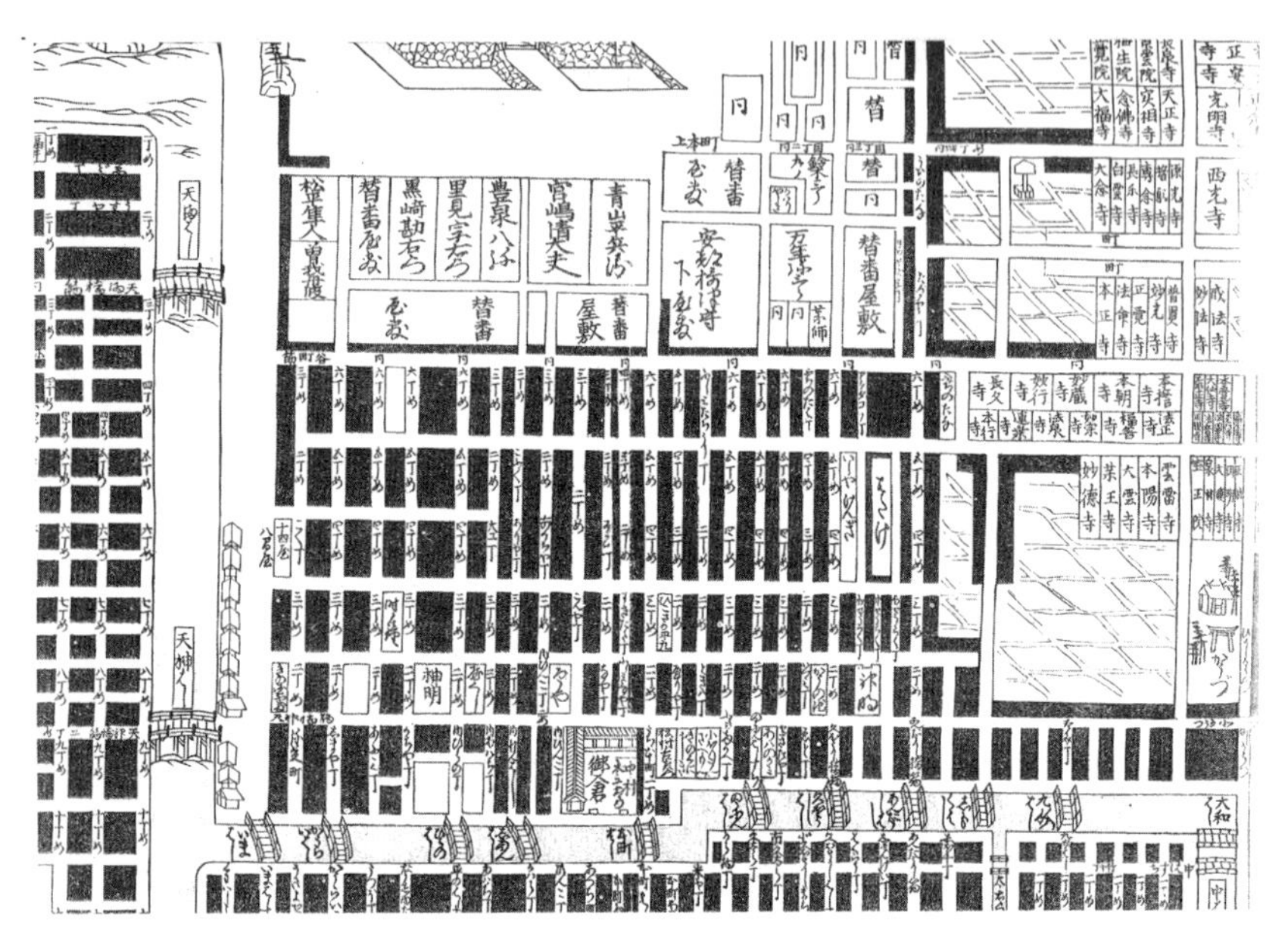

第2図　明暦三年「新板大坂之図」(部分)

町が設定されたと推測される豊臣時代の上町（西は東横堀から東は谷町筋まで）において、一町あたりの丁数が六だった（すなわち六丁目まで存在した）可能性が高いことである。

豊臣時代の信頼できる絵図・地図は確認されていないため[5]、この点を考える際の有力な手がかりとなるのは明暦三年（一六五七）の「新板大坂之図」である（第2図[6]。以下、「明暦三年図」）。本図は大坂の陣後、元和二年（一六一六）に実施された町割りを反映した図と推定されているものである[7]。これによれば、上町では多くの町が東西方向の端から端までを通してひとつの町として設定されている。これは通し丁目と呼ばれているが、その丁目が一丁目から六丁目までとなっているのである。

もちろん、この通し丁目が豊臣時代にさかのぼるかどうかは慎重に考える必要がある。そこで街区割りの系譜をみていくと、「明暦三年図」に描かれた街区は「明治十九年大阪実測図」にみえる街区に継承されており、さらに道路部分の拡幅はあるにせよ基本的に現代へと継承されている。そこで、現代の街区割りの制約のなかで実施されている発掘調査の成果をみてみると、現代の道路と豊臣時代の道路が同じ位置でみつかった事例は、初期の城下町建設エリアでの一ヵ所（大阪市中央区北浜東三―一四　エルおおさか敷地の東側）が確認される。一方、道路の位置が現在と異なり、現在の街区内で確認された事例も存在する。ただしそれは豊臣後期の開発である本町通付近である。[8]したがって、天正十九年（一五九一）を含む豊臣前期の開発とされる大手通以北であれば、豊臣前期以降、現在まで街区割りの変更がおこなわれていない可能性があるとみることも許されよう。

さらに町名をみていくと、慶長二十年（一六一五）という豊臣後期の事例であるが、「御小人町」という町名が確認でき、[9]これは「明暦三年図」でも「おこ丁」の名称で存在が確認される。もっとも豊臣時代における場所比定は困難だが、豊臣時代から徳川時代へとつながる町があったことは見逃せない。

このように街区や町名の連続性が確認できる部分があることを考慮すると、上町北部を中心に、「明暦三年図」に描かれた街区が豊臣前期までさかのぼり、町も六丁目（すなわち六つの街区）を最大丁数として存在した可能性があるのではなかろうか。そうとなれば、豊臣前期となる天正十九年の丸碗に「六丁目」の墨書があっても矛盾はしないのであり、むしろそうした丁目呼称がこの段階において大坂で成立していたこと、すなわち広域的な都市空間が整っていたことを示唆する貴重な文字史料ということになろう。

二　「道正谷七町目」木簡

次に同様の丁目表記から船場における街区成立の状況について考えてみたい。

二〇〇三年からおこなわれた大阪府警本部庁舎建て替えにともなう発掘調査で（表）「道正谷七町目」、（裏）「あふらや　宗左衛」の墨書のある木簡が発見された[10]（第3図）。慶長十九年（一六一四）十二月に大坂城の馬出曲輪の

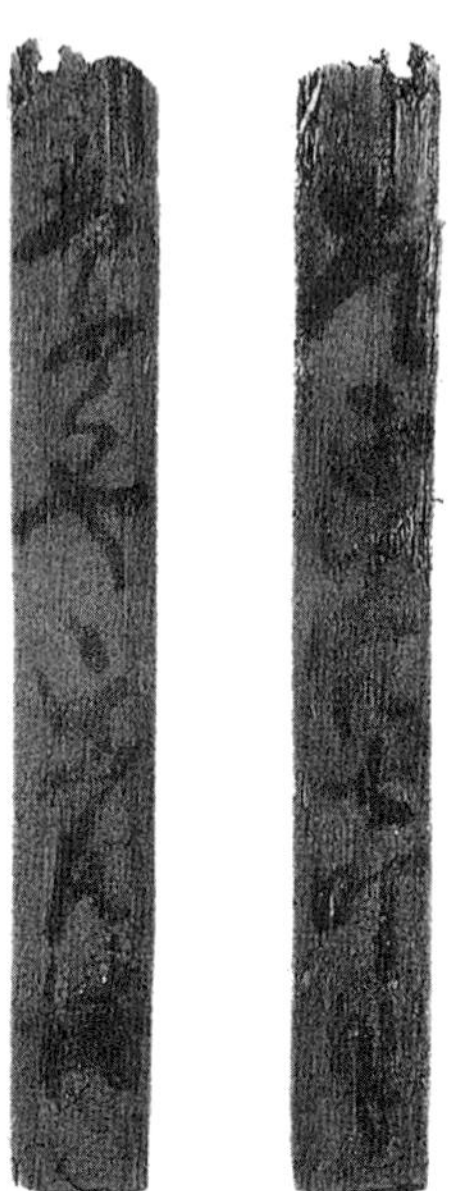

第3図　「道正谷七町目」木簡

堀を埋めた土のなかからみつかったこの木簡は、豊臣末期に道修町七丁目（道修谷は古名）が存在したことを示す。

道修町は前述のように船場のなかでも慶長三年から開発が本格化した地区の北端にあたる東西方向の町である。船場の東端は東横堀、西端はのちの心斎橋筋（徳川時代には「物尻切町」と呼ばれた）であり、東端を一丁目としたこの道修町七丁目は、先の「明暦三年図」によれば栴檀木橋筋の西側のブロックにあたる。ここからもう一ブロック西（八丁目）へ行くと心斎橋筋なので、船場の西端に近い位置だったことがわかる。

発掘調査の成果によれば、船場のなかでは北東部の道修町・平野町一丁目付近における町場形成が比較的早く、西方向・南方向へ向かうにつれて遅れることがわかっている。道修町でも、栴檀木橋筋東側に位置した六丁目で確認された遺跡では豊臣後期の遺構面は一面しか確認されず、活発な生活行為の痕跡は認められなかったという[11]。

そうしたなかでこの木簡の出現は、豊臣末期に船場の西端近いところまで「〇〇町××丁目」という表記で示される街区割りが設定されていたこと、物尻切町にあたる八丁目までがこの段階で成立していた可能性のあること、通し丁目という性格上おそらく一丁目から八丁目まで一括して街区がプランニングされたことを示唆していると思われる（その設定時期は慶長三年ということになろう）。そして船場の西端近くまで実際に油屋を生業とする住民が暮らしていたことを明確に教えてくれるのである。

三 「八丁目」表記

大坂城下町関連の文字史料のなかでもう一点、丁目表記をもつものが存在する。それは「八丁目」である。これは文献史料に散見されるもので、具体的には慶長二十年(一六一五)の大坂夏の陣終了直後の五月九日に、前田家家臣の井上勘左衛門が提出した軍功書上書に「八町めの口さく内やがてきわにてとり申候壱ッ之くひ」(「大阪(ママ)表働之様子面々書付抄」[12])とあらわれたり、『僊台武鑑』所収の「大坂冬の陣配陣図」[13]に「ヒラノ 八丁」と記されるものである。これらの史料から、「八丁目」とは惣構の内側でかつ上町筋沿いの地であることがわかる。惣構の外から攻め込む際に、上町筋との交点にある「八丁目口」を越えているので、八丁目とは現在地でいえば、上本町一丁目交差点付近を指すものと考えられる。

こうした史料類に登場したり、「八丁目寺町」が存在したりしたことから、「八丁目」自体は早くからよく知られた丁目表記といっても過言ではないが、なぜここが「八丁目」と称されたのかについて検討した研究は寡聞にして知らない。

そこで関連史料を検討してみると、貞享四年(一六八七)「新撰増補大坂大絵図」(第4図[14]。以下、「貞享四年図」)の記載によれば、上町筋(上本町筋)の北端が一丁目となっており、その後七丁目まで数えてこの「八丁目」の地がまさに八丁目にあたる。この事例であれば素直に理解できるだろう。ところが、これより古い絵図、たとえば先に利用した現存最古の版行大坂図である「明暦三年図」や最初期の肉筆図である推定寛永八年あるいは九年の「大坂城幷町中絵図」(個人蔵)[15]や承応三年(一六五四)頃の「大坂絵図」(篠山市教育委員会蔵)[16]、明暦元年(一六五五)「大坂三郷町絵図」(大阪歴史博物館蔵)[17]では、上本町は一丁目〜四丁目までしか存在せず、その南側は札之辻となっていて八丁目の表記はみられない。しかもこの場合、仮に四丁目より南に五〜七丁目を想定しようとして

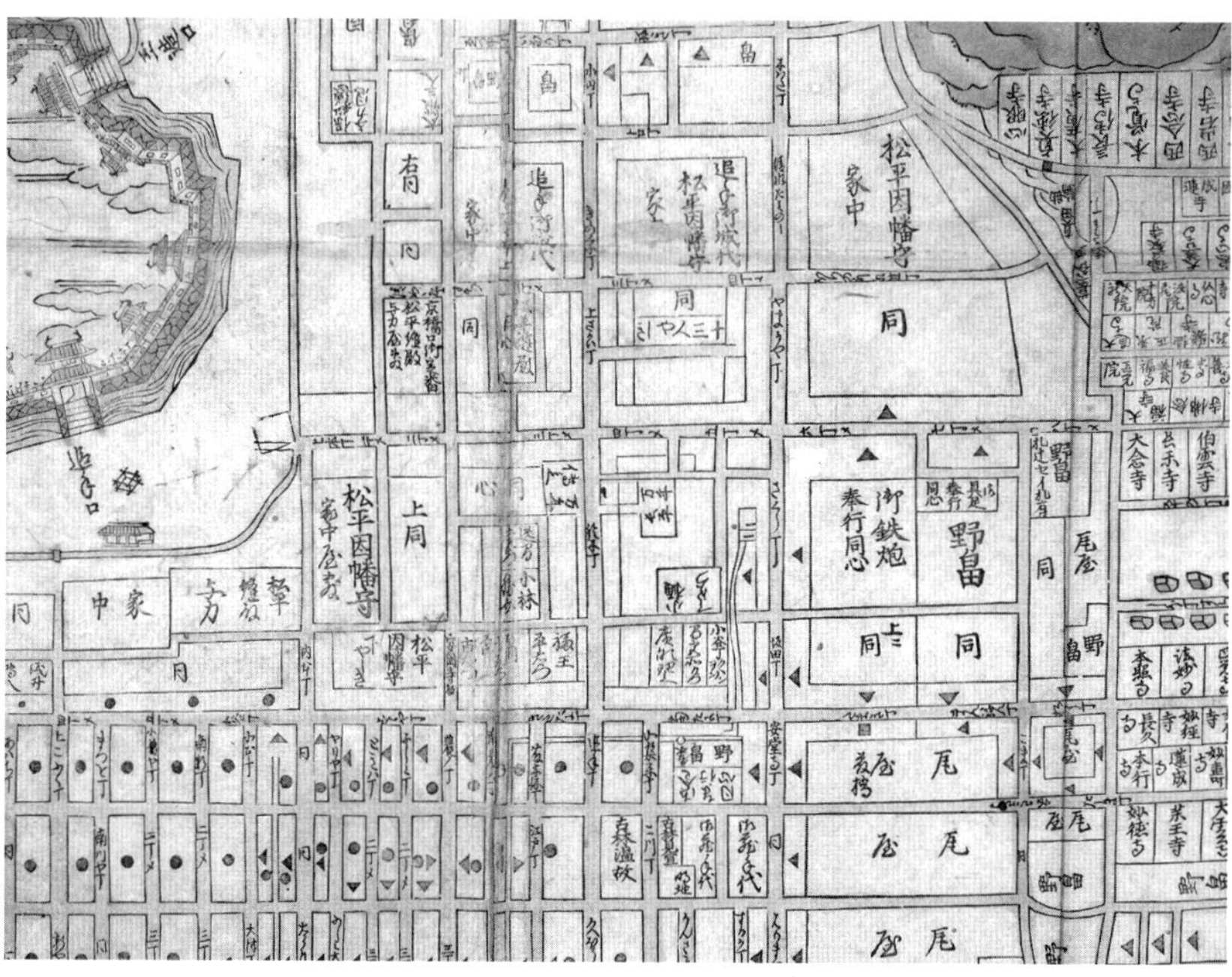

第４図　貞享四年「新撰増補大坂大絵図」(部分)

も一丁目~四丁目の長さが「貞享四年図」より長く、八丁目までの位置がうまく収まらないという状況もある。

　このように、「八丁目」は十七世紀の絵図では説明がついたりつかなかったりという状況であり、決め手に欠ける。

　そこで別の案を考えてみたい。それは「八丁」を南北方向の町割りではなく、東西方向の町割りと考える案である。その前提となるのは、城南寺町が文禄三年(一五九四)の惣構建設以前は内安堂寺町まで伸びていたという説である[18]。著者もその可能性が高いと考えているが(本書第三部第四章)、それはすなわち八丁目寺町の中心道路である上町筋が城下町建設初期から存在していたことを示唆する。豊臣時代の上町において東西方向に六町の町割りが成立していたと考えられることは先に述べたとおりであり、その場合東端にあたるのが谷町筋である。そしてこの谷町筋から上町筋までが二街区となっていた。「明暦三年図」によれば、内安堂寺町通も東横堀側を一丁目とし、上町のなかでは六丁目が東端であった。その先は別の町となっているが、街区及び町名を数えると上町筋までがちょうど二つとなっており、まさに上町筋と内安堂寺町通の交点部分が「八丁目」となるのである。

豊臣大坂城下町の中心は上町であった。その上町から数えて八丁目という呼称はあながちありえないものではないと考え、一案として提示しておきたい。

おわりに

以上、三点の丁目表記をもつ文字史料から豊臣前期・後期の上町および船場の空間構造について考えてみた。これらの史料はこれまで分析を加えられず等閑視されてきたが、豊臣時の大坂城下町の構造を知るうえで有力な手がかりとなることが判明したと思う。とくに丸碗に記された干支が比定される天正十九年（一五九一）は豊臣前期にあたることから、城下町建設当初から上町（北部）において計画的な平面プランが施行されていたことを示唆する点で注目されよう。

ところで、この「丁目」呼称は、京都の町名と比較した場合、対照的である。周知のごとく京都の町名には「丁目」がない。つまり、京都では共同体の単位が町名単位と一致するのに対し、大坂の場合は「丁目」が実質的な共同体の単位だったとみられるのであるが、これは町の成立過程の違いに由来していると推測される。すなわち、京都の町が住民たちによって歴史的につくりあげられた地縁的な共同体であるのに対し、大坂の場合、平野町でこそ住人たちの出自が知られるが、上町で豊臣期以前から継続して多くの住人が居住した形跡はみられない。したがって上町の町立ては政治的・計画的におこなわれたとみるべきであろう。「丁目」という、いわば無機質な呼称はそうした状況下での都市建設だったことを示しているのではなかろうか。

吉田伸之は、新規に創出された町を「創出型」と名づけた[19]。そして、その典型とされる江戸の事例として吉田が掲げた慶長十七年(一六一二)成立の銀座四町においても一～四丁目が存在する点は注目されよう。詳細は承知していないが、この銀座四町も江戸幕府が新たな町立てをおこなうなかで誕生した点で大坂と共通しているとみてよかろう。その意味で、「丁目」は「創出型」の町の象徴といえるのではなかろうか。

ただし小牧や長浜のように、先行する都市・集落がない場所で面的な街区を建設した城下町でも「丁目」が採用されていないところもある[20]。したがって、「丁目」は豊臣大坂城下町で初めて導入され、のちに江戸を含む他都市へ伝播した可能性も考えられよう。長浜では小谷からの移住者が想定されることから、出自を同じくする人々の共同体で町が完結する場合は故地を町名に採用したのかもしれない(大坂の平野町も同様か)。それに対し、大坂では主として、各地からの移住者を交えるかたちで新たな町共同体をつくろうとしたのではなかろうか。そして、その際に導入したのが「丁目」だったという理解であるが、それは大坂の都市規模が従来の都市より大きかったこともその背景にあったかもしれない。推測が多くなったが、「丁目」は、それまでとは違う規模の都市が大坂で誕生し、新たな町づくりが開始されたことを物語る証人と考えておきたい。

(1)　大坂城下町の町名は文献史料に散見されるが(伊藤毅『近世大坂成立史論』生活史研究所、一九八七年)、断片的なため、それだけで空間構造の全体像を描くには限界がある。
(2)　松尾信裕「大坂城下町の町割」(『大坂城下町跡Ⅱ』財団法人大阪市文化財協会、二〇〇四年)。
(3)　豆谷浩之・南秀雄「豊臣時代の大坂城下町」(大阪市立大学豊臣期大坂研究会編『秀吉と大坂――城と城下町――』和泉書院、二〇一五年)。
(4)　『難波宮址の研究　第九(本文)』財団法人大阪市文化財協会、一九九二年。
(5)　拙稿「補論「豊臣期大坂城下町図」について」(註3『秀吉と大坂』)。

(6) 明暦三年「新板大坂之図」大阪歴史博物館蔵。
(7) 矢内昭「大坂三郷の形成過程」(『大阪の歴史』九号、一九八三年)。
(8) 松尾信裕の教示による。
(9) 「大坂濫妨人幷落人改帳」(『新修大阪市史 史料編第五巻 大坂城編』大阪市、二〇〇六年)。
(10) 『大坂城址Ⅲ』財団法人大阪府文化財センター、二〇〇六年。
(11) 森毅・豆谷浩之「考古学から見た船場の成立と展開」(渡辺武館長退職記念論集刊行会編『大坂城と城下町』思文閣出版、二〇〇〇年)。
(12) 金沢市立玉川図書館近世史料館蔵。
(13) 渡辺武「豊臣時代大坂城の三の丸と惣構について」(『難波宮址の研究 第七 論考篇』財団法人大阪市文化財協会、一九八一年)。
(14) 貞享四年「新撰増補大坂大絵図」大阪歴史博物館蔵。
(15) 「大坂城幷町中絵図」(『日本名城集成 大坂城』小学館、一九八五年)。
(16) 「大坂絵図」(拙稿「伏見組に関する一考察――伏見組町名を載せる大坂絵図を手がかりに――」〈『大阪歴史博物館研究紀要』一一号、二〇一三年〉)。
(17) 大阪市立大学大学院文学研究科都市文化研究センター・大阪歴史博物館編『大阪歴史博物館所蔵明暦元年大坂三郷町絵図』二〇〇八年。
(18) 松尾信裕「戦国時代の大坂」(小野正敏・萩原三雄編『戦国時代の考古学』高志書院、二〇〇三年)。内田九州男「秀吉の遷都構想と大坂の都市建設」(『歴史科学』一七六号、二〇〇四年)。
(19) 吉田伸之「町人と町」(『近世都市社会の身分構造』東京大学出版会、一九九八年、初出は一九八五年)。
(20) 小野友記子「小牧山城と小牧城下町」(新・清洲会議実行委員会編『守護所シンポジウム2@清洲 新・清洲会議資料集』、二〇一四年)。太田浩司「長浜城下町」(仁木宏・松尾信裕編『信長の城下町』高志書院、二〇〇八年)。

補論2　「石山」呼称の再検討——豊臣大坂城評価の観点から

はじめに

かつて吉井克信は、一般に流布している「石山本願寺」呼称について詳細な史料検討をおこない、中世においては「石山」が用いられた形跡は認められず、すべて「大坂本願寺」呼称であったことを明らかにするとともに、その「石山」呼称が使われだす時期がおおよそ十七世紀なかばであったことを指摘した。そのうえで、「石山」呼称の創出が本願寺によりおこなわれたこと、創出時期については天満(中島)本願寺の存続期間(一五八五～九一)であった可能性を残すこと、その理由として中世の大坂本願寺の所在地(大坂)と天満(中島)本願寺の所在地を含む豊臣大坂城下町を区別する必要から、かつての大坂本願寺の所在地を指す言葉として「石山」が創出されたと考えたのであった(1)。

地名呼称のとりあつかいは歴史認識の観点からないがしろにされてはならず、とりわけ地域の支配・社会構造が細分化していた前近代においては慎重にその指し示す範囲や呼称の変遷を社会背景と重ね合わせつつ考えていかなければならない。その点において吉井の研究はいわば常識理解化していた「石山本願寺」の呼称を問い直したものであり、これによって本願寺権力論や大坂地域論を再考するきっかけが提示されたことから、その研究の意義はけっして小さいものではない。

しかしながら、管見によれば吉井の研究はいくつかの点で再考の余地が残されていると思われる。たとえば「石山」呼称については十六世紀にさかのぼる一次史料が確認できるし、そもそも「石山」呼称を本願寺側の事情からだけで考えるのが妥当なのかという疑問も感じられる。

そこで本稿では吉井論文の成果を批判的に継承しつつ新史料の紹介・検討をおこなうことで、「石山」は本願寺ではなくもともと豊臣大坂城の呼称だったこと、「石山」は豊臣大坂城の城郭としての画期性を象徴する呼称と評価すべきことを指摘し、あわせて「石山」が近世において使用された理由について若干の見通しを示してみたいと思う(2)。

一　「石山」呼称の再検討

まず、吉井が指摘した「石山」が史料に登場するとした年代とその契機、およびこれまで説明されてきた「石山」の語源について再確認・再検討をしてみたい。

吉井は「石山」呼称の出現期を見極めるため本願寺関連史料や軍記物にいたるまで広く関連史料を検索した。その結果、慶安五年(一六五二)までに成立している『紫雲殿由縁記』(金宝寺明専著)のなかに、蓮如の建立した大坂の坊舎が「石山ノ道場」と登場するのを確認し、これを「石山(本願寺)」成立の下限年代を示す史料と指摘した。

一方、軍記物として著名な『足利季世記』にも数ヵ所にわたって「石山」記載のみられることが確認された。「石山今ハ号大坂」、「石山城今ノ大坂ナリ」、「石山上人今ノ大坂一向門跡」のごとくである。ただし、『足利季世記』は成立年代の幅が一五七三年～一六七三年頃と大きいことから、ここでの「石山」表現が実際いつ頃の用例なのかを見定めるのが鍵となる。その点で吉井が注目したのは「石山上人今ノ大坂一向門跡」の表現である。吉井はこれを〝石山上人、すなわち現在大坂にいる一向門跡（本願寺門主）〟と解釈した。そして大坂本願寺の時代には一次史料に「石山」がみられないことからすると、〝現在大坂にいる一向門跡〟という表現は本願寺が天満（中島）にあった時期しかありえないと考え、その存続期間、すなわち天正十三年（一五八五）～十九年（一五九一）に「石山」が用いられていた可能性を示唆したのであった。そして、天満（中島）本願寺の時代に「石山」が使用され始めた理由として、本願寺側にかつての大坂本願寺の所在地を天満（中島）本願寺を含む豊臣大坂城下町と区別する必要があったためと考えたのであった。

ここで再検討したいのは、『足利季世記』の解釈と「石山」登場の契機である。まず前者について考えてみよう。吉井は「石山上人今ノ大坂一向門跡」を〝石山上人、すなわち現在大坂にいる本願寺門主〟と解釈したために、それは天満（中島）本願寺時代を指すことになると理解した。しかし、この解釈には疑問がある。前述のように『足利季世記』には「石山今ハ号大坂」「石山城今ノ大坂ナリ」という類似の表記がみられ、これらは〝石山（城）、すなわち現在の大坂（にあたるところ）〟と解釈できるであろうから、これを参考にすると、「石山上人今ノ大坂一向門跡」は〝石山上人、すなわち現在の大坂（にあたるところ）の一向門跡〟との解釈が妥当ではなかろうか。そうなれば、この部分は単に石山が古名称、大坂が新名称という時間の相対的前後関係が示されるに過ぎなくなり、「石山」がいつの呼称なのかを特定する史料として使用することは困難となる。したがって、これを中島（天満）本願寺の時代に限定することはできなくなるのである。

さらに、これにもかかわることであるが、大坂と天満（中島）の関係で大坂が天満（中島）を含むという理解についても疑問がある。大坂は羽柴秀吉が天正十一年（一五八三）に城下町の建設を開始した以降も長らく大坂城の膝下（上町台地上）に限定された地名であり、中島についても中世以来のその呼称が継続して使用されており、両者は明瞭に使い分けされていた。この点は本願寺坊官下間氏が発給した文書においても天正以降、少なくとも文禄四年（一五九五）頃までは確認できるものである。[3]したがって、この点からも「石山」登場を天満（中島）本願寺時代にさかのぼらせて考えることは難しいのである。

以上を総合的に考えると、『足利季世記』の「石山上人今ノ大坂一向門跡」を天満（中島）本願寺の時代を指すとみなすのは無理があり、したがって『足利季世記』を『紫雲殿由縁記』よりさかのぼる「石山」登場の史料と評価することはできない。吉井が提示した史料のなかで「石山」呼称の登場がもっとも早いのはやはり『紫雲殿由縁記』ということになろう。

続けて「石山」そのものの語源についても検討しておきたい。「石山本願寺」という呼称が流布していたためか、「石山」の語源はこの間、本願寺側の史料をもとに説明されてきた経緯がある。その代表的な史料をみてみよう。

ひとつは、永禄十一年（一五六八）成立の『反故裏書』[4]にみえる次の記事である（傍線著者、以下同じ）。

【史料１】

抑摂州東成郡生玉庄内大坂ノ貴坊草創ノ事ハ、去明応第五ノ秋下旬、蓮如上人堺津へ御出ノ時御覧シソメラレ、一宇御建立、ソノハシメヨリ種々ノ奇瑞不思議等是有トナン、マツ御堂ノ礎ノ石モカネテ土中ニアツメヲキタルカ如シ、

これは本願寺第八代蓮如が明応五年（一四九六）、大坂に坊舎を建立しようとした際、その礎石となる石がすでに集められていたかのように土中より出現したという伝承である。これが「石山」の語源となったとする。[5]

もうひとつは、天正二年（一五七四）成立の『蓮如上人仰条々』[6]八五の記事である。

【史料2】

蓮如上人ノ御母儀ハ化人ニテマシ〳〵ケリ、無疑石山観世音菩薩ニテソオハシケル、上人六歳ノトキ我ハ是ニアルヘキ身ニアラストテ、応永廿七年十二月廿八日東山ノ御坊後ロノ妻戸ヨリ唯一人ハシリ出給ヒシカ行方シラス成給ナリ、其比上人六歳ノ寿像ヲ絵師ニ書セ表褒衣マテサセテトリテ出給フ、我ハ九州豊後国ノトモト云所ノ者ナリトソ宣ケル、彼所ヤ観音ノ由緒ノ何トソ侍ラン、上人御成人ノ後ニ人ヲ下御尋アリケレ共、左様ノ人ユカリトテハナク知タル事モナシト申ケル、其比江州石山ノ観世音ハ石山ニハマシマサヌトイヘル支証明鏡ナル事ノ侍ルヲ、寺家ノ人々語リケルコソ不思議ナレ、其後カノ六歳寿像ハ石山観音堂ノ内陣ニカ、リテアリケリト各申伝タル事ノ子細アリ、

これは蓮如の生母が近江国石山寺の観音の化身であったとする伝承である。蓮如はこの石山寺を篤く信仰しており、大坂に坊舎を建立するに際して石山観音に祈請したとか、石山の高山において盤石が露呈している形勝が大坂坊舎一帯のそれとよく似ていたところから大坂を「石山」と命名したという見解がある[7]。

後者の説明については牽強付会といわざるをえないが、前者についても無理な理由づけとの印象はぬぐえない。たとえ石の出土という事実があったとしてもそれが「石山」という言葉を生みだすことになるかどうかは別途説明が必要となろう。さらにこれまでのところ、現在の大阪城域で礎石を持つような中世以前の建造物が確認された事例はないうえに、本丸一帯のボーリング調査では地表面近くで顕著な岩盤の分布は確認されていない[8]。したがって、現状では本願寺関連の史料から「石山」の語源とその出現の契機を説明するのは、はなはだ困難といわざるをえないだろう。むしろ別契機による「石山」呼称が先行して存在し、それに【史料1】のような伝承が結びつくことで、本願寺側による「石山本願寺」呼称の使用が始められたと考えるのが自然ではないかと思われる。

以上、吉井の見解と本願寺側で語られてきた「石山」の語源について検討してきた。その結果、吉井が提示し

た史料のなかで「石山」表現の初出といえるのは『紫雲殿由縁記』であることを指摘した。また、本願寺側が「石山」を創出したとみる見解は現状では採りがたく、「石山」の語源とされる本願寺側の伝承も「石山」を生みだした理由とは認めがたいことがわかった。

では、「石山」は実際、いつ頃、どのような背景のもとで登場することになったのだろうか。次節で検討してみたい。

二　豊臣大坂城を「石山」と呼ぶ史料

これまで十六世紀にさかのぼる一次史料での「石山」事例の報告はみられなかったが、このたび一点ではあるものの、次の史料が確認された。

【史料3】『宗湛日記』慶長二年（一五九七）三月十三日条（茶道古典全集本）

一、石山御城ニテ、大坂ニテ

酉三月十三日昼

一、秀頼様　御食被下候、

其時、白アヤ御小袖一重拝領仕候也、

【史料4】『同前』同日条（国会図書館本）

大坂石山御城ニテ

一、同十三日昼　秀頼様　御食被下候、其トキ白アヤノ御小袖一重拝領仕候也、

『宗湛日記』は博多の豪商である神屋宗湛の手による茶会記である。宗湛は畿内の武将や商人たちとの間に幅広い交遊関係をもっており、彼らと同席した茶会の様子を丹念に日記に書き遺したのである。そのなかに、慶長

二年（一五九七）三月十三日、宗湛が大坂城で豊臣秀頼と昼食をともにした際の記録がとどめられていた。なお同書は自筆原本の所在が未確認であるため、ここでは善本とされる茶道古典全集本と、比較検討のため国会図書館本の二本を【史料3】【史料4】として掲げた。[9]【史料3】では「石山御城ニテ、大坂ニテ」、【史料4】では「大坂石山御城ニテ」と表現が微妙に違っているが、秀頼が居住する豊臣大坂城が「石山御城」と呼ばれていたことはまちがいない。

じつは、宗湛はこれ以前、天正十五年（一五八七）にも大坂城を訪れていた。そこで注意しておきたいのは、その時は大坂城を単に「大坂御城」と記していたことである（『宗湛日記』同年十月二十一日条）。それが慶長二年になって、【史料3】【史料4】のように「石山」が登場することになったわけだが、【史料3】をよく観察すると、宗湛はいったん「石山御城ニテ」と書いたのち、そのうしろに追記するように「大坂ニテ」と記しているのに気づく。この書き方は「大坂ニテ」が「石山御城ニテ」を説明するために書き添えられたものと理解すべきではなかろうか。つまり宗湛はいったん「石山御城」と書いたものの、それに対する注釈（備忘のためか）が必要と感じたために「大坂ニテ」を追記したとみられるのである。[10]このことは、宗湛がこの時初めて「石山（御城）」という呼称に接したことを示唆しているように思われる。そのため、自分の覚えとしてわざわざ「大坂」を書き添えたとみなすのが妥当ではないだろうか。

このようにみてみると、『宗湛日記』という限られた史料からではあるが、ひとつの目安として、「石山（御城）」は天正十五年頃から慶長二年（一五九七）頃の間に、豊臣大坂城を指す言葉として広まっていったとみることも可能なように思われる。

また、上述のような状況から、この対面の場において「石山（御城）」を口にだしたのは宗湛ではなく秀頼側、すなわち大坂城関係者であることは間違いなかろう。彼らが「石山（御城）」呼称の創始者であったかどうかはわからないが、少なくともこの言葉は大坂城側の関係者がよく承知していたものと推測することは許されよう。「石山」表現が十六世紀にさかのぼる一次史料で確認できたものはこの『宗湛日記』一点のみであるが、十七世紀に下る二次史料ではもう一点豊臣大坂城を「石山」と称したものが確認できる。

【史料5】「湯原軍記」

湯原太郎左衛門尉元嘉(中略)

一、大坂御陣、慶長廿年五月御供仕候、大坂御陣之御供仕罷上候、然処七日ニ石山落城仕ル(中略)

一、大坂石山詰丸御普請、元和九年十二月□福原相州御組ニ而(中略)

元禄拾年正月十一日

中山惣左衛門写之

「湯原軍記」は毛利氏の家臣である湯原氏の家譜であり、現在の伝本は元禄十年(一六九七)の奥書をもつ[11]。ここではその家譜のなかから湯原元嘉(一五九二〜一六五七)の事績を掲出したが、掲出部分の最初のひとつ書きによれば、湯原元嘉は毛利秀就に従って慶長二十年(一六一五)大坂夏の陣に参加したのであった。そして、ここでは五月七日の大坂城落城が「石山落城仕」と記されているのである。この記述の典拠は湯原氏の伝来史料とみられるが、詳細は明らかでない。しかし、これ以前に先の『宗湛日記』の「石山」文言がみられることを考えると、慶長二十年段階で「石山落城」という表現が用いられることに不自然さはなく、むしろ毛利氏家臣にいたるまで「石山」表現が知られていたことに注目する必要があるのではなかろうか。

以上、二点ではあるが、豊臣大坂城を「石山」と称していたことを示す史料を紹介した。とりわけ『宗湛日記』は一次史料であり、かつこれによって「石山」呼称の出現時期が天正十五年頃までさかのぼりうる可能性が示された点は重要であると考える。

ところで、豊臣大坂城廃絶後に建設された徳川大坂城についても「石山」と記した史料がある。そのひとつが【史料5】の二番目のひとつ書きである。ここで元和九年（一六二三）八月中旬に普請の発令があった築城工事は徳川大坂城の第二期工事を指している。[12]その内容をここでは「大坂石山詰丸御普請」と記し、本丸の普請がおこなわれたとするが、第二期工事は実際本丸普請であったので、内容的な矛盾はない。したがって、徳川大坂城についても建設の早い段階より「石山」と称されたとみてよいと思われる。

その後、徳川大坂城は「石山」の呼称が定着していった。

【史料6】『摂津名所図会大成』巻之三

按ずるに近世まで御城を石山の御城とも称せしと見へて西鶴が一目玉鉾ニ云　猶君が代ハさゞれ石山の御城とも申侍る云々、

『摂津名所図会大成』は十九世紀中頃成立の大坂の地誌だが、[13]ここで作者暁鐘鳴は井原西鶴の『一目玉鉾』を引用し、それを手がかりとして「近世」（ここでは、近頃の意）まで「御城」（大坂城）が「石山の御城」と称されていたと述べている。『一目玉鉾』は元禄二年（一六八九）成立の文芸作品なので、十七世紀終わり頃には徳川大坂城を「石山」と称するのは一般化を遂げていたものとみられる。

以上、豊臣期大坂城が「石山」と呼ばれたこと、その呼称は天正十五年（一五八七）頃から慶長二年（一五九七）にかけて広まった可能性のあること、大坂の陣後に再築された徳川大坂城についても「石山」と呼ばれ、それが定着していった様子を指摘した。

徳川大坂城については豊臣大坂城の「石山」呼称をそのまま継承した可能性があるので、順序としては豊臣大坂城がなぜ「石山」と称されたのかを明らかにしなければならない。次節ではその点の検討をおこなう。

三　豊臣大坂城を「石山」と称する理由

それでは、なぜ、豊臣大坂城は「石山」と呼ばれたのであろうか。『宗湛日記』からヒントが得られた天正十五年（一五八七）頃から慶長二年（一五九七）頃までの豊臣大坂城の動向にかかわる史料のなかに手がかりを探ってみたい。

豊臣大坂城の普請は天正十一年（一五八三）より開始された。その普請は大きく次の四つの時期にわけることができる(14)。

・第一期　天正十一年～同十三年頃⟶〝本丸〟普請
・第二期　天正十四年（一五八六）～同十六年頃⟶〝二ノ丸〟普請
・第三期　文禄三年（一五九四）～同五年頃⟶惣構堀普請、〝三ノ丸〟出現
・第四期　慶長三年（一五九八）～⟶馬出曲輪と大名屋敷エリアの設定

このなかで、時期的に関連するのは第二期と第三期の時期ということになろう。本丸普請に続いて大坂城の縄張りが拡大・充実していった時期である。

ルイス・フロイスは第一期工事の終わった頃の豊臣大坂城について、次のように述べている。

【史料7】「一五八五年十月一日付フロイス書簡(15)」

筑前殿は、信長がその栄華・偉大さを示すため安土山に作らせたすべての建造物を凌ぎ、匹敵するもののない御殿や城を作る新しい都市として大坂を選んだ。

ここでフロイスが大坂城との比較で信長が築城した安土山（安土城）を引き合いに出し、大坂では安土城とはくらべものにならない規模の城と建造物が出現したと述べている。これはまだ本丸だけの段階での評価である。

大坂城がそれまでの城郭と一線を画す存在であったことは、豊後府内から大坂城を訪れた大友宗麟の、次の書状からもうかがうことができる。

【史料8】「大友宗麟書状」（天正十四年）卯月六日[16]

一、宮内卿法印江立宿之儀可仕之由候間、辰刻程に法印江罷着候、御門内御普請之様子、従諸国之馳走人夫幾千万とも無申計候、其国之祇薗会・放生会四ツ五ツ合候ても、人数ハ是程難有之候条、凡可有校量候、大石持はこひ入替〳〵馳走候に、高く仕候者一人も無之候、堀の深さ・口の広き事者無比類、た丶大河之様候、堀底より大石を以いしさしを被仰付候様躰、見るさへも、きとくふしきと存候、況難被及校量候、百千万之事を一言申程之事候、推察あるへく候、

この引用部分は宗麟書状のなかの二番目のひとつ書きの全文である。著者はここに「石山」の手がかりがあると考えている。宗麟はこの時大坂城を訪問すべく豊後府内から堺へ到着し、天王寺を経て大坂城近くの宮内卿法印（松井友閑）邸に到着した。そして「御門内」の普請の様子をうかがったわけだが、この次の、三番目のひとつ書き（省略）に「鉄の御門」を見て本丸を訪問したことが書かれているので、この引用部分で指す普請とは二ノ丸工事のこととみてまちがいない。

ここで宗麟は武将らしく築城技術について関心を示しているが、それにより私たちは大坂城の特徴を知ることができる。そのひとつが「大石」の使用である。「大石」を運び込んだり、「大石」で石垣築造が命ぜられたりと、この短い引用文のなかに二度も「大石」が登場することから、宗麟が「大石」の使用に強い衝撃を受けた様子を知ることができる[17]。

そして、その「大石」を用いた石垣の築造も注目された。石垣を一気に積み上げることは困難だったようだが（すなわち段積みを採用）、堀底から立ち上がる石垣の築造は宗麟の目を驚かすには十分であった。

大坂城が大量の石でもって構築された城郭であることは衆目の一致するところであった。次も二ノ丸普請の際の史料である。

【史料９】「一五八六年十月十七日付フロイス書簡[18]」
御殿・塔・塀・座敷・庭、その他すべてこの地に建設させたものは、尊師が安土山で見られた信長の建造物を数倍上廻わる、と当地に来た者は皆言っている。（中略）濠の巾は四十間、深さは十七間である。（中略）皆が驚き、賛嘆するのは、大小さまざまな石を、石がないこの地で、このように多数山のように集められるのを見ることで、このため大坂の周辺の二十乃至三十里の範囲内のすべての領主は、その収入に応じて毎日石を積んだ相当数の船を送るよう命ぜられており、堺の市だけで、毎日二百隻の船を、強制的に送るよう割り当てられている。我らの大坂の修道院から河が見えるが、司祭たちは、毎日千隻、時には千隻を超える、石を積んだ船を見ており、午後微風を帆に受けて河をさかのぼれば、船以外何も見えないほどである。

表現にいくぶんかの誇張が含まれているとしても、石が近くで調達できない上町台地の突端部に想像を超える大量の石が船によって外部から搬入され、それを積み上げることで豊臣大坂城の二ノ丸（本丸についても同様だろう）が築造された様子がうかがわれるのである。

以上の史料によって豊臣大坂城の特徴をまとめると、「大石」を含む大量の石が使用されたこと、それらの石を駆使し石垣を組み上げるという高い技術がみられたことをあげることができよう。この件にかかわって城郭研究の立場から中井均は次のように述べている[19]。

大坂城は上町台地の先端を利用して築かれている。淀川の河岸段丘ではあるが、天王寺からはまったくの平地であり、平城の範疇に属することは疑いない。つまり大坂城は石垣によって築かれた最初の平城として位置づけられる。平地における石垣の城の土木量は安土築城の比ではない。まず石垣石材については現地では調達できず、遠方からの搬入となる。豊臣期大坂城の場合、生駒西麓より掘り出していることが知られており、大量の石材を掘り出し、そして大坂までの運搬は大土木工事であった。さらに平地に幅二十二間以上、深さ（高さ）八間以上の濠を幾重にも掘り込む工事も、それまでの築城では考えられない規模であった。石垣こそ安土城で出現したが、広大な堀は大坂城によって出現したのである。安土城が山を切り盛りして築かれたのに対し、大坂城は平地を切り盛りして築かれたのであった。以後、近世城郭は平地に巨大な石垣を築くが、そうした平地の近世城郭の始祖は安土城ではなく、むしろ秀吉による大坂城によって成立したと見てよいだろう。

豊臣大坂城は平地において、大量の石材によって築かれた総石垣造りの城ということになるわけである。中井均はこの豊臣大坂城を「石の城」とも呼んでいる。

そうなれば、その景観はいわば〝石の塊〟であったことは想像に難くない。底辺から本丸の詰ノ丸に向かって徐々に高度をあげていく巨大な〝石の塊〟である。

二ノ丸石垣の高さは不明であるものの、本丸は次のような高さに達していた（「中井家本大坂城本丸図」中井正知氏・正純氏蔵）[20]。

・下ノ段石垣（堀底から下ノ段帯曲輪まで）──→七間半（約十五メートル）
・空堀（堀底から天端まで）──→七間半（約十五メートル）
・山里石垣（堀底から山里丸まで）──→八間四尺五寸（約十七・三メートル）
・中ノ段石垣（下ノ段帯曲輪から中ノ段帯曲輪）──→六間（約十二メートル）
・詰ノ丸石垣（中ノ段帯曲輪から天守横櫓台）──→六間（約十二メートル）

立つ位置によって見える石垣の高さは当然違ってくるが、随所で三〇メートル近い石垣が段積みを経ながらも立ち上がっている様子を目にすることができたであろう。

平地に立ち上がったこの「石の城」の景観こそが「石山」の語源ではないだろうか。この当時、九州・関東・東北では本格的な石垣による城郭はなく、いわゆる「土の城」であった。大友宗麟が驚いたのはそうした背景があったわけだが、さらに秀吉の場合は、山地形をベースにして石垣を使用する城郭づくりではなく、平地に最新の技術をもって石垣を積み上げ、従来の城郭の規模を大きく上回る〝石の山〟といえる大坂城を築いたのであった。そうした城が多くの人の目を驚かせたことは想像に難くない。豊臣大坂城の城郭としての画期性が「石山」という呼称を生みだしたと考えてよいのではなかろうか。

おわりに

ここまで「石山」呼称の起源について考えてきた。もとより『宗湛日記』以外に一次史料がなく、推論を重ねてきた感はぬぐえない。しかし、「石山」を本願寺の事情で説明するのは困難なことであり、文字通り「石山」という言葉にふさわしい印象を多くの人々に与えたのは、隔絶した規模と高い技術力によって築城された豊臣大坂城だったことは指摘できたと思う。このことは、「石山」呼称の問題が単に当該地の呼称がどうであったのかということに留まらず、豊臣大坂城の城郭としての歴史的位置、および推定百万個といわれる石を用い(21)、近世城郭の最高峰といわれる高石垣を実現した城郭である徳川大坂城の歴史的評価、そして日本城郭史の発展段階を考えることにもつながっていく、今後の大きな課題となることを私たちは認識しなければならないだろう。

最後に、本稿での検討を念頭に、「石山本願寺」呼称の登場について私見を述べておきたい。徳川大坂城の時代、すなわち十七世紀なかばになると、吉井が指摘したように、本願寺側でも「石山」呼称が使用されるようになる。これは構造物としての徳川大坂城に限って「石山」が使用されたのではなく、もう少しゆるやかに、「石山」が大坂城の所在地一帯（すなわち大坂本願寺の故地）を指す言葉として使用されたためではなかろうか。つまり「石山本願寺」という呼称は、大坂城地の別称である「石山」が遡及的に使用されることで誕生したと考えることができるように思うのである。

ただし、元来大坂城を指した「石山」呼称であるがゆえに、その用例には城郭のイメージが深くともなっているように感じられる。吉井が紹介した『足利季世記』のなかの「石山城」はその一例であるし、江戸時代中期以降の刊行と推定されるいわゆる〝石山合戦〟の配陣図『石山古城図』（大阪歴史博物館蔵）もそれにあたる。つまり、当該地が「石山」と呼ばれた豊臣大坂城・徳川大坂城が築かれた場所であるうえに、本願寺にとっては信長とのあいだに繰り広げられた〝石山合戦〟の中心地であったとの意識が加わったために、大坂本願寺を〝石山の城〟と称する表現が散見されることになったのではなかろうか。この点については、「石山」呼称の用法の拡大という別の大きな問題へとつながっていく。今後の課題としたい。

（1）吉井克信「戦国・中近世移行期における大坂本願寺の呼称――「石山」表現をめぐって――」（『ヒストリア』一五三号、一九九六年）。

（2）「石山」が豊臣大坂城を指したと考えられる点についてはすでに短文をまとめ公表している（拙稿「大阪と石山」〈大阪歴史博物館・大阪文化財研究所編『大坂　豊臣と徳川の時代――近世都市の考古学――』高志書院、二〇一五年〉）。しかし、その掲載書が一般書であり、紙幅の関係もあって詳細な論証過程は示すことができなかった。そのため本書においてその点の作業を補ったうえで論文として報告させていただくことをご了解願いたい。

（3）本願寺坊官の下間頼廉が浄照坊覚春の門徒中・与力中に宛てた書状（年欠五月十三日付、浄照坊文書）の宛所は、
大坂
天満

覚春門徒中
同与力中

のように、大坂と天満が並記されている。この文書は覚春の没後、その跡目を継ぐことになった教春に対し覚春の門徒・与力が馳走するよう求めたもので、覚春は文禄四年（一五九五）の没と伝えることから、その直後のものと推測される。少なくともその頃までは大坂と天満は同一とは認識されていなかった可能性が高い。

（4）『真宗史料集成　第二巻』同朋舎出版、一九八三年。
（5）『紫雲殿由縁記』（『真宗全書　第七〇巻』国書刊行会、一九七六年）。
（6）註（4）に同じ。
（7）小野清『大坂城誌　上』一八九九年。
（8）三田村宗樹「ボーリングデータから見る大阪城本丸地区における地盤の推移」（『連続講座大阪城の地中を探る』レジュメ集、二〇一四年）。
（9）『茶道古典全集　第六巻』淡交社、一九五六年。
（10）国会図書館本の「大坂石山御城」という表現も同様に、「石山御城」がどこを指すのかを明確にするために「大坂」が冠せられたと解釈することができる。
（11）山口県文書館蔵。
（12）中村博司「大阪城再築の経過と普請参加大名の編成」（『別冊ヒストリア　大坂城再築と東六甲の石切丁場』大阪歴史学会、二〇〇九年）。
（13）『浪速叢書　第七』（浪速叢書刊行会、一九二七年）の「石山御坊旧趾」項。
（14）本書第三部第二章。なお、ここで示した第三期と第四期の普請内容は定説と異なっている。
（15）『十六・七世紀イエズス会日本報告集　第Ⅲ期第七巻』同朋舎出版、一九九四年。
（16）『新修大阪市史　史料編　第五巻　大坂城編』大阪市、二〇〇六年。なお本書状は年欠であるが、一五八六年正月に地震で倒壊した羽柴秀長邸（「イエズス会日本書翰集」『大日本史料　一一編二三』）が、本書状において「直に美濃守殿へ参候、折節普請之仮屋に御座候」と記されることから、天正十四年のものとみなされる。

(17) 豊臣大坂城で使用された石垣石の実態については発掘調査によりその一部が明らかになっている。そのなかで本丸内詰丸南東角の石垣については基本自然石の野面積みで、三十センチメートルから百センチメートルを超える石の使用が確認された。ここでは隅角に算木積みを意識したかのような比較的大型の直方体の石を、長辺がみえるように積んでいる（『大坂城跡Ⅵ』財団法人大阪市文化財協会、二〇〇二年）。

(18) 註(15)に同じ。

(19) 中井均「信長の城と秀吉の城」(仁木宏・松尾信裕編『信長の城下町』高志書院、二〇〇八年)。

(20) 北垣聰一郎「いわゆる「豊臣時代大坂城本丸図」について」(『大阪城天守閣紀要』三号、一九七五年)。

(21) 村上行弘『大坂城の謎』学生社、二〇〇二年。

結論と展望

本書は「戦国・織豊期大坂の都市史的研究」と題して、主として十六世紀から十七世紀前半までの大坂地域を対象とし、そこでの都市形成と変容のありかたを実証的に跡づけ、さらにわが国の都市史における大坂の意義を明らかにしようとするものであった。

以下では、補足を交えながら個々の論文の成果を部ごとに総括し、さらに徳川大坂城下町への展望を述べたうえで上記課題に対するまとめをおこなうこととしたい。

第一部　中世大坂の歴史環境と都市

第一部のテーマは、中世大坂の立地環境や交通路の実態を示し、それら歴史環境のうえに展開した都市の存在形態とその特質を明らかにすることであった。今回の検討を踏まえつつ、それらについてまとめてみたい。

大坂の歴史を考える際にいつも考慮しなければならない立地・地形環境としては、大阪湾と上町台地の存在がある。淀川・大和川が大阪湾に流入するその河口部近くに大坂は存在したが、その中心部は長らく現在の大阪市中央部を南北に貫く上町台地上に位置した。そしてその上町台地から、北方から西方の低地にかけて村落や都市的な場が形成されてゆくのが中世であり、その開発が全面的に展開されはじめるのが豊臣期であった。

上町台地は南から北へ高度を高め、現在の大阪城付近を最高地点（海抜二十数メートル）とした。古代にはその最高点近くに生国魂社と難波宮があり、台地南方には四天王寺が占地した。難波宮（京）には条坊制が採用されていた痕跡があり、それに沿った地割は中世を通じて残るものがあった。その地割を利用して道が形成されたが、中世にかけて確認できるのは西京極の位置に通っていた南北道で、遅くとも十二世紀初めには「浜路」として登場する。「浜路」は、十二世紀になって川港としての機能を高めた大川（淀川支流）沿いの渡辺津を起点とし、南進すると四天王寺門前から西へ伸びる東西道と交わる。京都の貴顕らをはじめ、陸路で熊野参詣や四天王寺参詣をおこなう場合に利用された道筋は主にこの「浜路」と考えられるのであり、中世を通じて「浜路」は渡辺と四天王寺という二つの都市を結び、さらに南北へと続く交通を支えるもっとも重要な道であったと評価されよう。

一方、上町台地北端部には明応五年（一四九六）、本願寺蓮如が坊舎建立をおこない、その後十六世紀になって大坂本願寺が成立した。全国に末寺・門徒をもつ本願寺の成立は台地上の交通を活発化させることになり、四天王寺方面に向かう台地の尾根筋にあたる道がクローズアップされることになったと推測される。中世大坂の陸上交通路の動静は、当地の都市の発達とパラレルな関係にあったのである。

とりわけ立地・交通環境と密接な関係にあった都市が、大川をはさんで展開した渡辺であった。八世紀までに難波宮にかかわって当地に置かれた国家的施設は平安期に入ると姿を消したが、古代以来の宮廷祭祀の場としての難波の重要性を前提とし、王権の内廷経済の一端を担う大江御厨が設定され、ここに渡辺党（渡辺氏）を置いて大江御厨の惣官職を与えることで、形を変えながらも王権の影響力を存続することとなった。また、変転はありながらも国衙や式内社坐摩社という伝統的施設も当地で存続をはかった。

こうした立地・交通環境や王権の影響は当地での都市成立をうながす大きな条件になったと考えられるが、渡辺の都市構造は単純でなかった。渡辺党は遠藤氏と渡辺氏の二流からなり、その支配基盤は異なっていた。国衙・坐摩社という伝統権門には遠藤氏、渡辺津(さらには天満天神社もか)に対しては渡辺氏の影響力が大きかった可能性が高い。そして、渡辺党の権力は自立性の高いものではなく、王家や鎌倉幕府の後ろ盾があってこそのものだった。そのうえ当地へは王家や鎌倉幕府が直接の介入をおこなうこともあり、さらには住吉社の関与もみられるなど、渡辺は権益を求める諸権門が乱立する空間だったとみられる。そのため渡辺党は自立した都市権力になりえなかったのであり、在来の寺社についても渡辺全体に影響力を及ぼす都市核に昇華することはできなかった。その結果、渡辺党は南北朝時代までに事実上当地を去ることになり、寺社などが分散する空間構造のまま中世末を迎えることになったのである。こうした状況は、やはり当地が京都・奈良からもっとも近い海岸部にあって、主要権門が権益を求めて介入を繰り返す交通・流通の要衝であったという立地上・歴史上の特質を抜きに語ることはできないだろう。

次に「浜路」で渡辺と結ばれていた四天王寺は、十一世紀頃より西に海を臨むという立地環境を活かし、古代寺院から浄土信仰のメッカへと転生した。加えて太子信仰や舎利信仰により大坂に限らない広範な崇敬も集めるようになり、重層的な信仰に支えられた中世寺院としての四天王寺が誕生したのであった。貴顕以外の参詣者の具体像は絵画・芸能資料に頼る部分が大きいが、信仰の重層性が四天王寺内外に複数の信仰対象となる子院的施設を生み出し、四天王寺一帯の都市化を加速化させる大きな要因となったとみてまちがいない。

こうした四天王寺の宗教的重層性は、近隣に信仰面で共通点をもつ渡辺の浄土堂や大坂本願寺が存立する基盤ともなったといえよう。浄土堂は勧進と布教を結びつけて活動する渡辺の都市核のひとつであり、大坂本願寺の前身に位置づけられる蓮如の大坂坊舎が上町台地上に建立されたのも、四天王寺でみられた信仰との親和性を背景にしていると考えられる。上町台地という立地が醸成した宗教風土が都市立地・成立の共通の基盤となっていた点に、中世大坂の都市の特質のひとつを見出すことができるであろう。

上町台地の東南にあった平野は、村落から都市が形成された事例とみることができる。肥沃な河内平野に位置した平野は戦国期になって都市としての姿がみえてくるが、ここは周辺村落に出自が求められる「町」の結合により形成されたと考えられる。平野では総鎮守社や主要寺院という宗教施設よりも都市運営層の存在が際立っており、その点でこれまで述べた大坂の他都市とは大きな違いがあり、むしろ都市間交流のみられた堺の状況に近い。また発掘成果によれば、中世段階では複数の核による小空間の集合体を土塁や堀による惣構で囲っていたことが確実視され、それが近世にかけて一元化されてゆく動きが確認できる。在地の経済拠点として都市の形成がもたらされた好事例といえよう。その点でも堺と共通する部分があり注目される。ただし、都市運営層が十六世紀後半に入れ替わる状況などについてはまだ十分に明らかにできていない。「町」の構造・運営のありかたと関連づけながら、さらに検討してゆく作業が残されている。

以上の検討結果から、大坂の中世都市はそれぞれに固有の成立契機と存立基盤を有しつつ並立していた様子が判明した。また都市構造については都市核が分散型といえる渡辺の事例があれば、四天王寺のように基本的には単核構造(寺内における小単位はある)をとるところもあった。一方、平野については、十六世紀に在地社会の成熟のなかから生み出された「町」によって都市が構成されたのであった。

このように多様な都市が大坂で勃興しえた背景としては、大坂が京都や大和に近接しつつ海に近接していたことから、古代以来王権・寺社による政治・経済・文化の影響が及びやすい条件にあったこと、それと並行して周辺地域において高い経済発展(生産と消費)が実現されたことをあげる必要があろう。

しかし、大坂の外部に本拠をもつ諸権門の関与が強い都市については存続に困難さがともなった。渡辺にはそれが顕著で、内部に都市形成・運営を主導する主体が乏しいうえに分立的であった。そのため渡辺は都市発展の歩みを進めることができず、本書第一部第二章で『日本一鑑』所収の「滄海津鏡」から推測したように、十六世紀には都市としての認知度を低下させることになったのであった。

それに対し、四天王寺は同じく王権や幕府のかかわりがあったとはいえ、自身の立地場所であった上町台地に根差した信仰を求心力として広範な人々を集めえた点が大きな特徴であった。そしてその信仰圏の拡大が四天王寺への物資の移動を生みだし、市立てや門前町の形成へとつながっていったのであった。

都市形成の契機はまったく違っていたが、平野も村々が自律的に生みだした経済拠点としての都市であり、その意味でやはり地域に根差した存在であった。地域との関係が確立していることが安定的な都市発展の要件だったといえよう。

豊臣秀吉が大坂城下町を建設した際、渡辺については城下町域に吸収されることもあって解体にいたったが、その背景には上述のような状況があった。一方、四天王寺や平野は空間的に城下町に組み込まれたり建設への労働力徴発がおこなわれたりしながらも、都市としての自律性は一定保持され、近世へと継承されていくのは、秀吉にとってこれらの都市が有用な存在であったことから、その存在をあえて否定することなく、むしろ自身の支配機構のなかで活用を図ろうとしたためと考えられる。

第二部　寺内町の成立と展開

第二部のねらいは、浄土真宗の寺内町のうち、本山系寺内町と摂河泉の寺内町を、その展開過程や空間構造・教団構造の側面から検討し、大坂における寺内町の意義を明らかにしようとするものであった。

真宗寺内町を考えるうえで、まず注意を払うべきは史料用語の「寺内」である。これは中世寺院では普遍的に存在する領域観念であった。ただし、その領域が含む範囲は宗旨によって違いがあり、真宗および法華宗では中心堂舎のみならず、周囲に展開した町場もあわせて「寺内」と認識されていたところに特徴があった。その「寺内」の思想的背景になりうるのが、蓮如が真宗教義の及ぶ領域として提起した「仏法領」である。本願寺教団が各地で他宗との確執を深めるなか、蓮如は真宗と他宗の教義の併存を認め、生き抜きを図ったのである。そうした背景があって、真宗では俗地＝町場であっても教義が及ぶ場所であれば「寺」の「内」、すなわち「寺内」と認められたのであった。

もっとも、荘園経済に依存しない本願寺にとって「寺内」の町場はそうした宗教上の位置づけだけでなく、寺院経済を担う交換の場としても欠かせない存在であったことから、本願寺宗主（あるいは寺内の中心寺院）の領主権に包摂され、地域権力である武家との交渉をへて諸役免許等の寺内特権が認められる場所として確立していったのである。

寺内特権は山科本願寺の段階で末寺への下降例は確認されるが、大坂本願寺の時代になると、本願寺を頂点とし、摂河泉の拠点寺院である御坊を介して末寺・道場へと特権が下降していく動きが顕著となった。大坂は蓮如が晩年坊舎を建立した場所であり、実如期の大坂御坊を経て本願寺が置かれた場所であった。蓮如以来、大坂とその周辺は本願寺教団の有力な地盤だったことから摂河泉は御坊の設定が顕著であり、本願寺教団による地域編成が積極的に展開された地域だったと考えられる。

御坊は本願寺の直轄寺院であり、主要地におかれて地域ごとに末寺・道場を編成する中核の存在として重要な役割を負った存在である。御坊は基本的に寺内町を形成しており、本願寺が獲得した特権はいったん御坊の寺内町に適用され、そのうえで御坊の配下に属した在地寺内町へと特権下降の橋渡しがおこなわれたのであった。

ただし、在地寺内町は真宗信仰のみで成立したのではなく、地域社会の経済発展があって誕生しえた町場だった。したがって十六世紀なかば以降は武家勢力と本願寺・寺内町は協調の動きをみせており、在地寺内町はいわば地域ぐるみで維持されたのであった。

しかし、織田信長が登場し大坂本願寺との対立が深まってゆくと、摂河泉の在地寺内町のなかにはその特権の保障体を本願寺ではなく、武家権力に求めるところがあらわれた。それらでは寺院ではなく、惣中が主導的地位にあって既得特権の維持が目指されたのであった。織田政権下の寺内町の動向については、すでに先行研究が明らかにしているところであったが、本書ではそれに続く豊臣期についても政権側の承認・保障のもと寺内町が誕生し、存続してゆく状況を指摘した。

ここで再度確認しておきたいのは、摂河泉の在地寺内町は基本的に地域社会のなかで醸成された場であり、そこに本願寺教団の編成の手が入ることで都市としての発展度を高めたと考えられることである。そのため在地寺内町は、地域の中核都市としての性格と役割を担う存在となったのであり、とくに豊臣秀吉は積極的に自らの経済構造に組み込もうとしたのであった。その結果、特権の幅が狭められながらも、八尾のように新規の寺内町建設が認められた事例もあり、摂河泉の寺内町は地域における経済拠点としての地位を保ちながら、近世では在郷町として存続していった点が注目されよう。

今回は以上の寺内町の展開過程に加え、寺内町史上とくに重要な位置にあったと評価される大坂寺内町について、空間構造・社会構造の観点から検討をおこなった。空間構造については、近年進展した上町台地の古地形復元研究の成果を利用しつつ、先行研究で議論が決していなかった点を中心に再検討を加えた。そして、台地最高部とその周辺に本願寺と古町を配置し、その北側と東側の低地に新町である北町屋と新屋敷を置いたほか、寺内町の西限については「楼の岸」の遺構群が織田信長方の砦遺構であった可能性を考え、その東側に位置する大手前谷付近を西限とする復元案を作成・提示した。実際の地図のうえに寺内町の範囲を具体的に示した試論である。

さらに今回は「町」の性格についても検討をおこなった。とくに注目したのは、すでに指摘のあった近世の

「町」へと続く役負担の単位という性格にとどまらず、寺内町としての「町」の特質である（それはまた中世の「町」の性格を、宗教という観点を含めて考えることでもある）。具体的には、本願寺の直参的身分を有する職人集団に対し、「町」側の論理が優勢になっていく状況を本願寺が認めていく事実に着目し、近世の「町」への胎動を確認する一方で、「町」が宗教講の単位と合致する事例のある点を指摘した。宗教講の成立契機はさまざまなものが想定されるが、そうしたなかで「町」が地縁的な講の単位としての性格を帯びるのはもちろん「町」成立後であり、おそらくそれは「町」の共同体的性格が高まっていくのと機を一にした現象と考えられる。

このように大坂寺内町は、中世都市が色濃くまとっていた宗教という性格を「町」という都市構成単位で体現していた様子が確認される点で注目されるのであり、中世と近世の両方の「町」の様相を示す貴重な位置にある存在といえよう。この大坂寺内町の「町」と豊臣大坂城下町の「町」の関係はいまだ不明ではあるが、大坂寺内町町人の残留が織田信長によって認められていたことを念頭に置くと、双方の具体的な継続性について今後検討を続ける必要があろう。

第三部　豊臣大坂城下町の成立と展開

第三部のねらいは、豊臣大坂城下町の形成過程の再検討、および具体的な空間構成要素の実態解明を通じて豊臣大坂城下町の全体構造を再把握し、その特質を明らかにしたうえで、徳川大坂城下町への展望をおこなうところにあった。

天正八年（一五八〇）八月二日、本願寺教如が大坂を退出し、大坂は織田信長の手に落ちた。これをもって大坂の中世は終りを遂げたのであった。その際、すでに主を失っていた本願寺から火の手があがり、一晩燃え続けたという（『多聞院日記』）。その本願寺の故地には津田信澄・丹羽長秀が在番衆として「在城」（『鷺森日記』）した。

本書第二部第三章で述べたように、大坂寺内町は大川に及ぶ範囲までひろがっており、その寺内町がすべて焼失したとは考えにくいが、詳細は定かではない。また短期間だった織田軍接収期の大坂は史料が僅少であり、その解明は今後の課題である。

そうしたなかで天正十一年(一五八三)に豊臣秀吉が大坂に入部をはたし、巨大な大坂城と城下町が出現することとなった。この年は長い大坂の歴史のなかでもひとつの大きな画期といえるものである。その豊臣大坂城下町について、次の三つの点から本書での検討結果をまとめておきたい。

ひとつめは大坂城下町の構想と実際の建設画期の問題である。これは近世城下町に占める大坂の評価につながる問題でもある。秀吉は当初、大坂から天王寺を経て堺へと町を続けるという壮大な城下町構想をもっていた。しかしながら、天王寺までは完成したものの、堺までを結ぶ町については実現されなかった。これについては天正十四年(一五八六)頃までには断念されたものと推測した。一方、北方の天満(中島)でも当初内裏の移転が目論まれていたが、こちらも最終的に天正十三年(一五八五)に本願寺が移入してきたのはすでに指摘のあるとおりである。そして同十四年、聚楽第建設が始まると、大坂と京都を結ぶ陸路の重要性が高まり、京都方面への玄関口となる街道筋の片腹町の建設がおこなわれるようになったことを指摘した。

これら三つの動きが直接的な連動性を有していたかどうかは定かでない。ただし、当初構想の変更ないし新たな政治動向に対応した動きという点では共通しており、さらにこれらが天正十三年・十四年に集中しているという点に着目すれば、この時期に城下町建設のひとつの画期を認めることができるのではなかろうか。そしてこのことは、大坂城下町には従来の指摘以上の建設段階があった可能性を示唆するものである。

たとえば、そのひとつとして直ちに想起されるのは大坂城第三期(文禄三年)の惣構建設期である。大坂城の惣構は大坂城の最外郭の防御線であるが、同時にそれまでの城下町を物理的に区分けする結果をもたらした。しかし、この惣構建設が城下町に与えた影響についてはこれまでほとんど検討がおこなわれてこなかった。惣構の建設は伏見城の整備と連動しているため大坂城の問題にとどまらないが、城下町に与えた影響はけっして小さくないと考えられる。城の縄張りだけでなく城下町の立場からの検討が今後の課題である。

このようにみると、大坂城下町の建設段階と大坂城の建設段階をリンクさせて検討しなければならないのはもはや自明であろう。従来、豊臣大坂城下町の時期区分といえば、慶長三年(一五九八)の「大坂町中屋敷替え」が重視される一方で(これ以降、豊臣後期)、他に画期が見出されることはほぼなかった。しかし、天正十一年(一五八三)の本丸普請は除くとしても、二ノ丸以降の普請の開始年代については、政治状況等に応じて設定されたと考えるのが妥当だろう。したがって、今回、城下町構想の変化を指摘した天正十三年・十四年についても二ノ丸普請と関連づけた検討が必要だと考えている。

ふたつめは、先行した中世都市と大坂城下町のかかわりである。従来の都市より広大な規模の城下町を構想した秀吉にとって、その計画地内に存在した中世都市の具体的なあつかいが課題になったものと推測される。その結果、すでに指摘されているように、四天王寺の境内空間は温存されたうえで、新規建設の平野町を介して城下町に組み込まれた。そのうえで秀吉は宗教権威を保護する外護者として四天王寺に臨み、その支配下に置いたのであった。一方、渡辺(大川南岸)の場合も城下町との空間的接続が目指されたことは明らかにされていたが、ここには都市全体に対して求心力を及ぼしていた権門がなかったことから、秀吉は坐摩社を移転させることで渡辺の空間を解体したことを指摘した(ただし港湾機能については東横堀の開削により同地で再整備がはかられた)。また大坂寺内町跡についても、秀吉は寺内に組み込まれていた生国魂社に対し同様に代替地を与えて移転させ、その一帯を大坂城地として接収した。このように秀吉は中世都市の諸権門の上位に立つことによって、その都市空間を解体・吸収・支配したのであった。

中世都市との関連はこうした物理的空間だけではなかった。すでに指摘されているように、大坂と四天王寺を結ぶ平野町は中世都市平野の人々を移住させて建設をうながしたが、それ以外にも、秀吉の支配地であった播磨の所々の職人たちが大坂建設に参加した様子を指摘した。既存の中世都市は空間のみならず、人的資源の「供給地」として大坂城下町の基盤づくりに大きな役割を果したといえよう。

三つめは、城下町の空間構造の実態である。まずは分節構造と関わるゾーニングである。近世城下町として欠くことのできない要素が武家地である。本書では一次史料を用いて初めて武家地の実態解明に取り組んだ。そして、秀吉の直臣や早くから秀吉に従った大名たちは当初より屋敷を大坂に構えていたことや、その所在地について全貌はとらえがたいものの奉行衆の屋敷は二ノ丸の例が確認できること、また発掘調査成果を参照すると大坂城外堀の西側に一定範囲の武家地が想定されることを述べた。ただし、大名屋敷は天満などにも散在していた事例が確認され、朝鮮出兵時に西国諸将の妻子が人質として大坂へ留め置かれた際には町人地への在住も想定されるなど、少なくとも豊臣前期までの大名屋敷・武家地は集中と散在の併存が実態だったのではないかと考えられる。のちの近世城下町ほど整理された武家地の設定とはなっていなかったものと思われるのである。

なお、この武家地の問題にかかわっては、慶長三年(一五九八)の秀吉没後に伏見城と大坂城とのあいだでおこなわれた大名衆の移動にあわせ、大坂では三ノ丸内に武家地が整備されたという事実が重要である。ただし、豊臣期末でも大名クラスの屋敷が散在していた事実は大川沿いの発掘調査で明らかになっている[1]。そして旧来より大坂にあって、しかも市中に散在していた大名屋敷が整理された事実は確認されておらず、さらに京都(伏見)と大坂の両方に屋敷を所持していた大名は少なくなかったという見方もあるので[2]、豊臣大坂城下町は武家地の集約化が進行してゆく過程の段階に位置づけられるとみるのが正しい。

寺町については、他都市との比較検討から大坂で初めて出現したとみてよい。ただし、その設置目的のひとつとされる都市内外を画する装置という評価のみでこの段階の寺町をとらえることはできず、街区整備の一環として設定された可能性のあることを提起した。

なお、大坂以降、新たに城下町が建設される際は基本的に都市内寺院は寺町に集められ、さらに寺町からは真宗寺院が排除されている。そうした動きをみると、寺町が寺院・寺僧統制の目的をもって設定された側面をもつことは疑いない。秀吉は既存の大寺院に対しては基本的にその存在を認め、検地をおこなったうえで境内地等の安堵をおこなったが、新たに都市に流入してくる寺院については、寺町という枠のなかでの寺地占地に限ることで、寺院権力の無制限な拡大を抑制しようとしたのではないかとみられる。

空間構造にかかわっては、町人地の街区構成の発達度も重要な問題である。平野町では二条の道を挟むかたちでの両側町の設定となっていることから、そこだけをみると必ずしも面的な広がりをもつ構造とはいえないが、実際にはその両側に城南寺町が設定され、四条の南北道を軸とした帯状街区が出現したのであった。上町でも大手通以北は町人地として街区が整えられたことが発掘成果から明らかにされているが、本書ではその上町で「丁目」をともなう町割りが新規に設定された可能性を指摘した。なお、豊臣前期における「町」の社会構造はいまだ明らかでないが、上記の両側町を基本とした空間構造はそのありかたを示唆するものといえよう。このようにみてくると、豊臣大坂城下町はその初期から近世城下町としてのゾーニングへの動きや面的な街区構造の存在を確認することはできるが、それらは豊臣末期まで断続的に続けられたのであり、とくにゾーニングの完成については次代を待つ必要があったのである。

以上から豊臣大坂城下町の意義をまとめるとすれば次のようになろう。秀吉政権の誕生と時期をあわせる形で建設がはじまった城下町であるがゆえに、当初は政権の不安定さが原因となりプランの変更を余儀なくされる場面があった。ただし、初源的ではあるもののゾーニングが出現し、それまでの中世都市を大きく上回る面積に整然とした町割りを施した点でそれまでとは隔絶した存在であり、その後も状況に応じて改変が加えられ「進化」していった点で注目される。そして、その中心に位置した大坂城も高石垣を構築する初めての平城として、城下町とあわせて秀吉政権の出現を印象づけたであろう。豊臣大坂城下町は新しい要素を多分に含んだ画期的な城下町であると同時に、「完成型」へ向けて改変が続く過渡的な段階に位置したと評価するのが妥当と考える次第である。

都市大坂の意義

では、こうした豊臣大坂城下町はその後どのように展開していったのであろうか。ここでは徳川大坂城下町への展開の見通しについて今後の検討課題とともに述べ、あわせて中世から近世にいたる都市大坂の意義を考えてみたい。

都市空間が大きな転機を迎えたのは、慶長十九年(一六一四)・二十年の大坂の陣である。これにより広範囲に被災した大坂の町は徳川政権下で復興に着手されることになった。元和五年(一六一九)までの松平忠明在坂期の事蹟は限られるとされるが、本書第三部第五章で高津屋吉右衛門の事蹟にからめて紹介したように、夏の陣終了後まもなく復興作業が開始されたことはまちがいない。その際、大坂城外曲輪の堀の埋め立てや惣構の防備が撤去され、上町や玉造地域で町割・屋敷割が実施され、豊臣末期まで存続していた当地の武家屋敷も撤廃されたと考えられる。これは大きな転機といえよう。

これにともない武家地は集約化が一気に進行した。徳川大坂城下町においては大坂城代や幕府の奉行たちの屋敷が大坂城西側から南側にかけて、また与力・同心たちの屋敷は天満の北に集中配置されることになった。ここに徳川幕府の支配・徳川大坂城の成立と連動した新たな武家地が明快なゾーニングをともなって大坂に出現することとなったのである(徳川大坂城下町の特徴である諸大名の大坂屋敷については後述)。

寺町は誕生以降、豊臣後期を通して特段大きな動きはみられなかった。それが徳川期に入って元和年間には上町台地西下の西寺町(下寺町)と天満西寺町において寺院流入がみられ、この動きによって前代から存在した両寺町は最終的な姿を整えることとなった。なお、これらの流入寺院は北船場外縁部や五分一町での開発進行にともなって移転したとみられている。(3) このことは豊臣城下町の周縁部には寺町に属さない散在型の寺院が誕生していたことを示しており(城下町の拡大にともなうものだったと推測される)、それが徳川期に入って寺町に集約されたのであった。その意味で寺町の完成は徳川城下町において実現されたということになろう。

町人地についてみては、上町と船場に分けてみてみる。大坂城西方の上町は豊臣期を通じて大手通以北は町人地、以南は豊臣政権にかかわる施設や武家屋敷のあった可能性が指摘されており、そこを通る東西方向の本町通も屈曲していた。(4) 上町では本書第三部補論1で述べたように、天正期より「丁目」が施行されていたとみられることから、整然とした街区は豊臣期を通じて存在し、おそらくは徳川期に継承されたと推測されるところである。

ただし豊臣期を通じて、あるいは豊臣期から徳川期にかけて町名、および街区と「丁目」の対応関係が不変であったのかどうかはよくわかっていない。たとえば第三部第一章で触れた赤坂町のように、豊臣期を通じて確認できるものの徳川期の町名史料では確認できない町名がある一方で、御小人町や農人橋筋のように豊臣後期と徳川期で確認できる町名もある。(5)

船場・島之内については慶長三年(一五九八)を機に街区が整備され、あわせて「丁目」が施行されたと推測されるが、(6) ここでは豊臣後期と徳川期とで、上町以上に町名の共通性が見出される。平野町・淡路町・本町・久太郎町・久法(宝)寺町・安堂寺町・鰻谷などである。(7) 今後の精査は必要だが、船場・島之内では豊臣後期の街区・町名が徳川期に継承された可能性は高いように感じられる。

これら町名は「町」の設定がどのようにおこなわれたのかを知るうえで、有力な手がかりになりうると考えている。それはまた町共同体が大坂でどのように根づいたのかを考える際にも重要な示唆を与えるものだろう。ただし、同時期の豊臣期から徳川期への町共同体の動向についてはなお不明な点が多い。役負担の構造については豊臣後期からの継続性が指摘されているところであるが[8]、住人構成や町制機構の検討は不十分であり、本書でも取り組めなかった。空間構造と町共同体の構造は当該期の都市を分析する視点の両輪として今後一層深められなければならない。

市街地周辺地域では、徳川期にかけて、船場の南部・西部で村落(農地)の町人地への転換がはかられた。すでに指摘されているように、中世以来の集落だった三津寺村は元和六年(一六二〇)、上難波村は元禄十三年(一七〇〇)に市街地へと転換されて消滅し、下難波村も旧地を譲って三郷の南へと移転したのであった[9]。ところで、市街地の拡大には堀川の開削が連動している事例が少なくなかった。その代表例が、豊臣期の慶長十七年(一六一二)に着工されながら大坂の陣の影響で一時中断し、元和元年(一六一五)に完成した道頓堀である。道頓堀は成安道頓・安井九兵衛らという町人請負の開発であった。また安井九兵衛は延宝五年(一六七七)の「由緒書上」[10]によれば、元和に入って松平忠明より下された玉造の所々の土地を焔硝場・定番米津出羽守下屋敷・定番保科弾正家来屋敷として提供し、その残った分を保持したという[11]。これは本書第三部第五章で紹介した高津屋吉右衛門の事例と通じるものであり、請負者の名は伝わっていないが天正十一年(一五八三)の平野町開発までさかのぼる方式だった可能性が高い。町人の関与は豊臣期以来、大坂の都市建設においてはいわば常套手段であり、その意義は見過ごせないものがある。

最後に、本書第三部第三章の検討結果をうけ、従来は別々に語られてきた豊臣期の大名屋敷と徳川期の大坂屋敷(蔵屋敷)とのかかわりを、豊臣時代から徳川時代にかけて大坂が担った経済機能の観点から述べておきたい。

曽根勇二が指摘したように、大坂は遅くとも文禄期には米や材木の集散地となっており、その後も畿内の流通拠点としての地位を高めてゆく[12]。その具体例として山内家の屋敷の実態をみておきたい。

【史料1】「御記録[13]」

一豊公御代より土佐堀にて白子町に御屋敷在之処に、大坂御陣以後御大名方之御屋敷悉公儀へ被召上、其後江戸堀ニて御屋敷御求被成候得共、畳地狭候に付、当年長堀にて御屋敷求被成也、

山内一豊は慶長五年（一六〇〇）十一月、関ヶ原の戦いの論功行賞によって遠江国掛川から土佐国へと転封となった。本史料からは、遅くとも大坂の陣以前に土佐堀川南岸の白子町において屋敷を構えていたことがわかる。しかし、一豊の大坂屋敷は関ヶ原の戦いに際し一豊の妻が「大阪（ママ）御屋敷」にいたと伝える史料もあり[14]、秀吉と一豊との密接な関係を考えると、大坂屋敷が秀吉時代までさかのぼることはほぼまちがいない。そのうえ、さらにさかのぼって掛川時代の文禄五年（一五九六）、一豊は遠江一宮筋の租米を大坂にて受けとったことがあった[15]。このことは大坂には単に山内家の屋敷が存在したのみならず、そこには租米を収納する機能があったことを示唆するものである。実際にはここを拠点に租米の売りさばきもおこなわれていたのであろう[16]。

先に述べた土佐堀川南岸の白子町という屋敷の立地が文禄年間にさかのぼるかどうかは定かでないが、この立地は大いに注目されるべきだろう。なぜなら、土佐堀川は大川が中之島によって分流したうちの南側を流れる川であるが、北側の堂島川は十七世紀の後半までは水流が不通であることが多く[17]、そのためこの立地は河川交通を強く意識したものと推測されるからである。そのように考えると、筑前黒田家が長柄、天満という比較的河川に近い場所に大名屋敷を設けたのも、物資輸送の便を意識したうえでの選地だった可能性があるのではなかろうか。そう考えると白子町の山内家屋敷が豊臣期にさかのぼることも十分にあり得るし、豊臣期の大名屋敷散在の背景にはこうした理由も想定される必要があろう。

ただし、【史料1】によれば、大坂の陣後、大坂に置かれていた屋敷はいったんすべて公儀に収公されたのであった。そのため、土佐藩は新たに江戸堀にて大坂町人を名代として屋敷地を入手することになった。元和二年（一六一六）には百百七左衛門が「大坂御留守居役」を仰せつけられたという記録があることから[18]、屋敷の再設置はほどなくおこなわれたと推測される。しかし、この地は狭かったため、同七年には長堀白髪町（長堀川南岸）へ屋敷を移し、長屋も建てられた。そして同藩はさらに寛永五年（一六二八）に長堀川北岸で屋敷を二ヵ所、さらに同十三年には心斎橋に近い長堀十丁目南輪で屋敷一ヵ所を買い入れている。

このように一時期の断絶を挟みながらも、豊臣時代から徳川時代にかけて大坂に継続して屋敷を置いた大名は少なくなかったのではなかろうか。もっとも豊臣期は豊臣政権への忠誠の証しという性格が主であったのに対し、徳川時代には経済機能重視の蔵屋敷へと性格を変えたのであったが、大名の領国外での拠点のひとつとして大坂の屋敷が徳川期末期まで重要な役割を持ち続けた点は注目されよう。

都市空間については、豊臣期と徳川期の間にひとつの画期をみることができるが、都市機能としてはこのように連続する部分があったのである。そうした視点をもって豊臣期と徳川期の大坂城下町を比較する作業はこれまであまりおこなわれておらず、そのためもあってか暗黙のうちに両時期の間にはむしろ断絶を見ることが多かったように思われる。史料の具体的な検討により比較検討を続ける必要があると考える。

さて、以上のような徳川期への見通しを持ちつつ、中世から近世にかけて展開していった大坂が都市としてどのように評価されるのかを最後に述べることとしたい。

従来の織豊期城下町研究において、都市は時系列に沿って完成度を高めたとみるのが一般的であった。そうしたなかで「天下統一」を果たした秀吉の大坂城下町は近世城下町の初源としてみられてきた経緯があるが、一方、近年の研究では織田信長期の小牧において「突出」して整備された城下町が出現したことが指摘され、単純に時系列に沿った発展論では説明が難しくなってきている[19]。織豊期の各城下町の評価が相対化しつつあるのである。

そうした研究動向のなかで、本書ではまず中世都市の存在形態を明らかにし、秀吉がそれらの存在を前提としながら城下町建設をおこなったことを具体的に述べた。大坂城膝下に新たな街区を建設し、先行する中世都市を結ぶことで、一定の広がりをもつ城下町を短期間に確保することができたのである。この手法は新規建設とされる小牧や同じく秀吉が大坂に先行して天正二年(一五七四)に建設を開始した長浜とは異なっている点で注意されよう。まだ権力が安定していない段階で短期間に本拠地を建設しようとする秀吉にとって大坂は京都に近いうえに交通至便という立地条件にあり、魅力的な場所だったに違いない。こうして建設されはじめた大坂には秀吉に臣従した大名たちの屋敷地が置かれ、寺町も整備された。これらの動きは大坂城下町で強力に推進されたとみられる点であり、織豊期城下町のなかでひとつの画期をなすものといえ、大きく評価されるべきであろう。一方、のちの整備されたゾーニングをもつ近世城下町と比較した場合、武家地の散在は豊臣期を通じてみられ、それが解消されるのは徳川期に入ってからであった。その意味で豊臣大坂城下町は過渡期の城下町という側面もあわせもつ。

近世城下町への道のりは単純でなく、それぞれの場所において固有の都市展開がみられたところである。そうしたなかで大坂は諸権門・諸権力の直接の関与によって時代ごとに特徴ある都市が誕生したのであったが、それらが空間や機能において一定の継承性をもちながら試行錯誤もおこないつつ連続的に展開したことが今回明らかになった。こうした継承性と「不安定さ」をあわせもちながらダイナミックな変遷を遂げる点は当該期の都市に一定共通する部分ではないかと考えるが、とりわけ大坂は秀吉の城下町を経たことによってそれが大きくあらわれた点が特徴といえるのではなかろうか。その意味において大坂は都市史研究において重要な位置を占める存在なのである。

都市が現代社会においてもつ意味と役割は大きく、その未来像には多くの関心が寄せられている。中世から近世へという大きな時代の変化を乗り切った都市大坂の歴史は今後の都市展開を考えるうえでも示唆的な存在といえよう。

（1）豆谷浩之「大坂にいた大名と発掘された武家屋敷」（大阪歴史博物館・大阪文化財研究所編『大坂　豊臣と徳川の時代』高志書院、二〇一五年）。
（2）矢部健太郎「秀吉の政権構想と聚楽第」（平安京・京都研究集会「聚楽第の再検討」レジュメ、二〇一三年）。
（3）内田九州男「城下町大坂」（『日本名城集成　大坂城』小学館、一九八五年）。
（4）松尾信裕「豊臣期大坂城下町の成立と展開」（『ヒストリア』一九三号、二〇〇五年）。
（5）拙稿「補論「豊臣期大坂城下町図」について」（大阪市立大学豊臣期大坂城研究会編『秀吉と大坂――城と城下町――』和泉書院、二〇一五年）。
（6）久太郎町・久法寺町でも慶長二十年（一六一五）に「丁目」が確認できる（「大坂濫妨人幷落人改帳」〈『新修大阪市史　史料編　第五巻　大坂城編』大阪市、二〇〇六年〉）。
（7）『当代記』慶長五年の惣構口書き上げと、註（6）「大坂濫妨人幷落人改帳」参照。
（8）八木滋「慶長・元和期の町と町人」（『歴史科学』一七六号、二〇〇四年）。
（9）内田九州男「大坂三郷の成立」（『大阪の歴史』七号、一九八二年）。
（10）『安井家文書』（大阪市史編纂所、一九八七年）八号文書。
（11）塚田孝「十七世紀における都市大坂の開発と町人」（塚田孝編『大阪における都市の発展と構造』山川出版社、二〇〇四年）。
（12）曽根勇二「秀吉の首都圏形成について――港湾都市・大坂の成立を中心に――」（註5『秀吉と大坂』）。
（13）『山内家史料　第二代　忠義公紀　第一編』（山内神社宝物資料館、一九八〇年）五六九頁。
（14）「御家中名誉」『山内家史料　第一代　一豊公紀』（山内神社宝物資料館、一九八〇年、三一八頁）。

（15）「御手許文書」（註14『山内家史料　第一代　一豊公紀』二六二頁）。

（16）森泰博は慶長六年九月四日付山内一豊書状に蔵米を京都の商人志方源兵衛経由で「大坂台所」ほかへ送ったことから（註14『山内家史料　第一代　一豊公紀』五七七頁）、大坂には蔵屋敷はまだなかったと考えた。しかし、租米の受けとりは、屋敷が初源的な蔵屋敷機能を有していたことを物語っていると考えられる。

（17）「畿内治河記」（『大阪編年史　第六巻』（大阪市立中央図書館、一九六九年、二一三～二一六頁）。

（18）「御侍中先祖書系図牒」（『山内家史料　第二代　忠義公紀　第二編』山内神社宝物資料館、一九八一年、六七頁）。

（19）仁木宏「「信長の城下町」の歴史的位置」（仁木宏・松尾信裕編『信長の城下町』高志書院、二〇〇八年）。

初出一覧

※本書収録にあたり、適宜加除修正をおこなった。

序　章　新稿

第一部　中世大坂の歴史環境と都市

第一章　中世大坂の道
「中世大坂の道と津」（『大阪市立博物館研究紀要』三三冊、大阪市立博物館、二〇〇一年）に、「道からみた豊臣初期大坂城下町」（『大阪歴史博物館研究紀要』一〇号、二〇一二年）の一部を加えて改稿。

第二章　『日本一鑑』所収「滄海津鏡」の基礎的検討――十六世紀大阪湾周辺の地形と港湾都市
『共同研究成果報告書』一号（大阪歴史博物館、二〇〇七年）を一部改稿。

第三章　渡辺の都市構造
新稿

第四章　中世上町台地の宗教的様相――四天王寺を中心に
栄原永遠男・仁木宏編『難波宮から大坂へ』和泉書院、二〇〇六年。

第五章　摂津国平野の成立と変容
「村から在郷町へ――摂津国平野の空間・社会構造をめぐって――」（小野正敏・五味文彦・萩原三雄編『中世はどう変わったか』高志書院、二〇一〇年）を改題。

第二部　寺内町の成立と展開

第一章　真宗寺内町の構造と展開――山科寺内町を軸に

「寺内町の展開と山科本願寺」(『山科本願寺・寺内町研究会編『戦国の寺・城・まち――山科本願寺と寺内町――』法藏館、一九九八年)を改稿・改題。

第二章　蓮如の大坂進出の前提――浄照坊の動向を中心に

『大阪市立博物館研究紀要』三一冊、大阪市立博物館、一九九九年。

第三章　大坂寺内の空間構造――古地形と町の観点から

新稿

第四章　戦国期摂河泉における本願寺の地域編成

大阪市立大学日本史学会『市大日本史』一五号、二〇一二年。

第五章　中近世移行期における在地寺内町の動向――摂河泉を中心に

地方史研究協議会編『巨大都市大阪と摂河泉』雄山閣出版、二〇〇〇年。

第三部　豊臣大坂城下町の成立と展開

第一章　豊臣大坂城下町の建設――初期を中心に

「上町台地の中世都市から大坂城下町へ」(中世都市研究会編『中世都市から城下町へ』山川出版社、二〇一三年)に「道からみた豊臣初期大坂城下町」(『大阪歴史博物館研究紀要』一〇号、二〇一二年)の一部を加えて改稿、改題。

第二章　文献史料からみた豊臣大坂城の空間構造

大阪市立大学豊臣期大坂研究会編／大澤研一・仁木宏・松尾信裕監修『秀吉と大坂――城と城下町――』和泉書院、二〇一五年。

第三章　文献史料からみた豊臣前期大坂の大名屋敷・武家地
『大阪歴史博物館研究紀要』一三号（大阪歴史博物館、二〇一五年）を改稿。

第四章　豊臣期大坂城下町の寺町考――城南寺町を中心に
新稿

第五章　大坂の陣後の町の復興と玉造地区の武家地転換――高津屋史料の紹介をかねて
『大阪歴史博物館研究紀要』一四号、大阪歴史博物館、二〇一五年。

補論1　「丁目」史料からみた豊臣大坂城下町の空間構造
「移動する町人と広がる街区」（大阪歴史博物館・大阪文化財研究所編『大坂　豊臣と徳川の時代』高志書院、二〇一五年）を改稿、改題。

補論2　「石山」呼称の再検討――豊臣大坂城評価の観点から
「「石山」呼称の再検討――豊臣大坂城評価の観点から――」（『ヒストリア』二五四号、二〇一六年）。

結論と展望　新稿

あとがき

本書は著者が大阪市立大学に提出した博士論文「戦国・織豊期大坂の都市史的研究」をまとめたものである。

定年退職まで残りわずかとなった年齢で学位を得、続けて本書を編むことができたのはひとえに歴史の道を志して以来、お世話になったすべての皆さまのおかげである。まずは衷心より御礼を申し上げたい。そのうえで最後に自らの歩みを振り返りつつ、本書にいたる著者の関心の経過を述べてあとがきにかえたい。

思い起こせば故郷岩手県で高校三年生となり進路を考えていた際、クラスの副担任であった中村三千男先生から日本史(古代史)を勉強したいのであれば関西が良いと薦められ、それまで東京以西に足を踏み入れたことのなかった人間が大阪市立大学へ入学し、関西での生活がはじまった。そしてその年は中村先生の大学時代の同級生であり、筆者が在学中に指導を仰ぐことになった栄原永遠男先生が大阪市立大学に赴任してこられた年でもあった。偶然とはいえ驚いたことをよく覚えている。栄原先生は現在、著者の職場である大阪歴史博物館の館長を務められており、博士論文の執筆についても早くから激励をいただいていた。学生時代よりさまざまな場面でお世話になり続けている栄原先生には感謝の申し上げようもない。

大学院の前期博士課程(修士課程)を途中退学し、現在の職場の前身大阪市立博物館に学芸員として就職したのは一九八六年十一月のことであった。学芸員の道をご紹介いただいたのは故大月明先生であった。古代・中世史担当の学芸員として着任した現場ではあったが、実際に目の前を行き交い展示で扱うのは摂津・河内・和泉地域ゆかりの、もっぱら中世後期から近世にかけての歴史史料であり、近代以降の史料に触れることも珍しくなかった。それは地域博物館という現場の宿命であるが、それらの史料に着想を得た展覧会を担当するうちに自らの関心も大阪の中世～近世初期が主となっていった。

とりわけ戦国期への関心を強くもったのは本願寺の歴史に触れたことがきっかけだった。前身職場が大坂本願寺の故地だった大阪城本丸内にあったこと、しかしながらその大坂本願寺の遺構は地中に埋もれその実態が杳として知られていなかったこと、その一方で著名な真宗寺内町は大阪周辺に多くかつ真宗寺院自体も大阪は少なくなかったことから、中～近世の大阪の歴史を分析する切り口のひとつとして本願寺教団は有効なのではないかと考えたのであった。その検討の成果は職場で開催した特別展『大阪の町と本願寺』（一九九六年）として結実し、さらに本書第二部所収の諸論文が生まれ、仁木宏氏との共編『寺内町の研究』全三巻（法藏館、一九九八年）の刊行にもつながることとなった。こうした過程において、門外漢だった真宗史については上場顕雄先生や吉井克信氏より多くのご指導・ご教示を頂戴するとともに、寺内町研究会や大阪真宗史研究会での議論は貴重な勉強の機会となった。

寺内町の研究に取り組んだことが契機となり、都市史へと関心が広がっていった。折から学界でも都市史研究が盛んとなっており、大坂を都市史の側面からどう位置づけることができるのかを意識しだした。その際、強い学問的刺激を受ける場となったのが、現在も活動を続けている一六一七会である。仁木宏氏・松尾信裕氏・山上雅弘氏とともに発起人を務め、二〇〇〇年に活動を開始したこの研究会は中近世移行期の都市的場をさまざまな学問分野から多角的に検討する作業をおこなってきた。

この研究会で各地を訪れ、文献史学はもとより考古学・歴史地理学・建築史学・城郭史という多彩な研究者との交流から得られた学恩は極めて大きいものがある。

著者自身は大坂周辺以外の都市を具体的に分析する作業はこれまでほとんどできてこなかったが、大坂の特質を考えるうえで比較すべき都市の知識はまずこの研究会で得られることが多かった。この研究会に参画できたことは何よりの財産だと考えている。平野や四天王寺、寺内町の貝塚、そして大坂城下町の天満についてはこの研究会で報告したことがあり、その内容も含めて成稿した論文が本書の第一部・第三部におさめられている。

もうひとつ都市史への関心にかかわって大きな刺激を受けている場として、職場をあげたい。職場にはさまざまな分野の学芸員が配置されているが、とりわけ考古学・建築史学を専門とする同僚とのあいだで日々それぞれの研究方法や新しい発掘・研究成果について情報交換ができるのはとてもありがたいと思っている。特に都市の空間構造についてこうした環境から多くを学ぶことができたのは幸いであった。

なお職場に関して付言すれば、当然といえば当然のことであるが、大坂研究の素材を身近にもったこともプラスとなった。特に資料担当として普段から親しんでいる絵図資料については、元来自らが地図好きであることとあいまってその積極的活用を心がけており、それらをもとにした町歩きや古道歩きなどのフィールドワークは都市史研究にも大いに役立っている。

第三部に収めている豊臣期を中心とした大坂城下町に関連する研究は自分のなかではもっとも新しい時期にはじめたものである。もっとも、中世(戦国期)へ向けられていた関心が、続く時代である織豊期へ及んでいくのは当然のことかもしれない。ただし、豊臣期の大坂といえば大坂城への関心の高さに比して城下町は特に文献史学の立場からの研究が少ないことは早くから気づいていた。その一方で発掘調査がもたらす考古学の研究は着実に蓄積を増していたことから、諸分野による議論がおこないやすい都市空間構造について文献史料による再検討からとりかかることにした。もちろん都市は空間のみの検討では不十分であるが、空間構造は社会構造と不即不離の関係にあり、空間構造を解明することは社会構造へのアプローチにもなるとの認識から、まずは空間構造に重きをおいた研究に着手したのであった。第三部の所収論文は主としてその作業の成果であり、社会構造を直接ターゲットにした検討は今回かなわなかったが、続けて取り組んでいきたいと思う。

本書の内容にかかわってはこのような経過があったわけだが、ここにいたる研究生活のなかではさまざまな経験をさせていただいた。とりわけ自分の歴史認識について考える大きな機会となっているのが東アジア(特に韓国)の研究者との交流である。二〇〇一年以降、韓国など東アジア諸国の文物をあつかう展覧会にかかわったり、職場の館蔵品に含まれる近世の朝鮮通信使関連資料を担当したりするなかで現在でも日常的に交流が続いており、そのため彼らの母国の存在を意識することが少なくない。こうした付き合いは時に政治・外交の動向とあいまって精神的な負担になる場合もないわけではないが、日常的な職場業務や研究において視野が狭くなってしまいがちななかで、歴史を勉強することの意味を考えさせてくれる貴重な機会になっている。こうした交流の機会を与えていただいた日本、韓国、その他諸国の先生方にも感謝の意を伝えたい。そしてこのほかにも書きされない数多くの経験・機会が底流となって現在のわたしを支えてくれていることを付言しておきたい。

さて、本書のもととなった博士論文は母校へ提出したものであるが、大阪市立大学は現在、日本における都市史研究のメッカであり、諸外国とも活発に都市史研究の交流を実施しているリーダー的存在である。その母校に都市大阪を対象にした博士論文を提出できたことは大きな喜びであり、主査を務めていただいた仁木宏氏をはじめ日本史教室の各先生から頂戴した厳しくかつ丁寧な指導には厚く感謝申し上げるとともに、ご指摘を充分に反映できなかったことにお詫び申し上げる次第である。

なお、本書の出版にあたっては平成三十年度科学研究費助成事業(JSPS科研費18HP5086)の助成を頂戴した。また思文閣出版には大部の原稿となったにもかかわらず本書の刊行を引き受けてくださり、編集部の三浦泰保氏は原稿の不十分な点を丁寧にご指摘いただくなど、たいへんお世話になった。

終わりに私事ではあるが、遠く大阪の地への進学を認めてくれた盛岡の両親と見守ってくれた姉、そして日々マイペースでの生活を支えてくれている妻と二人の子どもたちに感謝の意を捧げたい。

二〇一九年二月一日

堺の自宅にて

大澤研一

◆著者略歴◆

大澤　研一(おおさわ　けんいち)

1962年　岩手県生まれ
1981年　大阪市立大学文学部入学
1986年　大阪市立大学文学研究科前期博士課程史学専攻中退、大阪市立博物館　学芸員
2001年　大阪歴史博物館　企画広報係長
2011年　大阪歴史博物館　企画広報課長
2017年～現在　大阪歴史博物館　学芸課長
博士(文学)
日本中世史・大阪地域史専攻

主要編著書：〔共編著〕『寺内町の研究』全3巻(法藏館，1998年)，〔共編著〕『岸和田古城から城下町へ　中世・近世の岸和田』(和泉書院，2008年)，〔共編著〕『秀吉と大坂』(和泉書院，2015年)．
主要論文：「近世初期の都市大坂と真宗寺院――『大坂惣末寺衆由緒書』の分析を通して――」(『真宗教団の構造と地域社会』清文堂出版，2005年)，〔共同執筆〕「真田丸について――「真田丸図」と構造の検討――」(『2016年NHK大河ドラマ特別展「真田丸」図録』NHK・NHKプロモーション，2016年)ほか．

戦国・織豊期大坂の都市史的研究

2019(平成31)年2月28日発行

著　者　大澤研一
発行者　田中　大
発行所　株式会社　思文閣出版
〒605-0089 京都市東山区元町355
電話 075-533-6860(代表)

装　幀　北尾崇（HON DESIGN）
印　刷
製　本　西濃印刷株式会社

ISBN978-4-7842-1963-6 C3021

索　　引

【人　名】

あ行

か行

さ行

た行

な行

は行

ま行

や行

ら行

わ行

【事　項】

あ行

か行

さ行

た行

な行

は行

ま行

や行

ら行

わ行

挿図出典一覧

――――――第一部――――――

第一章

第１図　中世の大坂……明治19年大阪実測図(大阪歴史博物館所蔵)を元に著者作成

第２図　古代難波地域の微地形復原図……木原克司「古代難波地域周辺の景観復元に関する諸問題」(『大阪の歴史』48号、大阪市史編纂所、1996年)。一部加除を行った

第３図　上町台地復元古地理図(古代)……『大阪上町台地の総合的研究』公益財団法人大阪市博物館協会大阪文化財研究所・大阪歴史博物館、2014年

第４図　上町台地復元古地理図(中世後期)……同上。一部加筆した

第５図　明応二年御陣図(読み取り図)
……『新修大阪市史』第２巻、大阪市史編纂所、1988年、図35。一部加筆した

第６図　明暦元年大坂三郷町絵図……大阪歴史博物館所蔵。一部加筆した

第７図　明治19年大坂実測図……同上。一部加筆した

第８図　上町台地北端の旧地形復元図
……『難波宮址の研究』第12、財団法人大阪市文化財協会、2004年、図154。一部加筆した

二章

第１図　「滄海津鏡」(『日本一鑑』所収)
……木村晟等編輯『日本一鑑の総合的研究』本文篇、棱伽林、1996年

第２図　「夷都城関図」(『日本一鑑』所収)……同上

第三章

第１図-１　渡辺津周辺地形と遺跡・遺物出土地点(古代)
……『大阪城下町跡』Ⅱ、財団法人大阪市文化財協会、2004年、図293

第１図-２　同前(中世前期)……同上、図294

第１図-３　同前(中世後期)……同上、図295

第２図　渡辺の空間想定図……明治19年大阪実測図(大阪歴史博物館所蔵)を元に著者作成

第五章

第１図　平野周辺図……正式二万分一地形図「大阪東南部」大正元年(国土地理院１/25000地図〈『正式二万分一地形図集成　関西』柏書房、2001年〉)を元に著者作成

第２図　大阪市南東部の条理地割
……『新修大阪市史』１巻、大阪市史編纂所、1988年、図25

――――第二部――――

第一章

第二章

第三章

―――――第三部―――――